O Intercâmbio de Informação Tributária

O Intercâmbio de Informação Tributária

NOVA DISCIPLINA COMUNITÁRIA
ESTADO ACTUAL DA PRÁTICA ADMINISTRATIVA
CONTRIBUTOS PARA UMA MAIOR SIGNIFICÂNCIA
DESTE INSTRUMENTO

2012

Maria Odete Batista de Oliveira
Doutora em Direito

O INTERCÂMBIO DE INFORMAÇÃO TRIBUTÁRIA
AUTOR
Maria Odete Batista de Oliveira
EDITOR
EDIÇÕES ALMEDINA, S.A.
Rua Fernandes Tomás, nºs 76, 78, 80
3000-167 Coimbra
Tel.: 239 851 904 · Fax: 239 851 901
www.almedina.net · editora@almedina.net
DESIGN DE CAPA
FBA.
PRÉ-IMPRESSÃO, IMPRESSÃO E ACABAMENTO
G.C. – GRÁFICA DE COIMBRA, LDA.
Palheira Assafarge, 3001-453 Coimbra
producao@graficadecoimbra.pt
Julho, 2012
DEPÓSITO LEGAL
346224/12

Apesar do cuidado e rigor colocados na elaboração da presente obra, devem os diplomas legais dela constantes ser sempre objecto de confirmação com as publicações oficiais.
Toda a reprodução desta obra, por fotocópia ou outro qualquer processo, sem prévia autorização escrita do Editor, é ilícita e passível de procedimento judicial contra o infractor.

 GRUPOALMEDINA

BIBLIOTECA NACIONAL DE PORTUGAL – CATALOGAÇÃO NA PUBLICAÇÃO
OLIVEIRA, Maria Odete Batista de
O intercâmbio de informação tributária: nova disciplina comunitária, estado actual da prática administrativa, contributos para uma maior significância deste instrumento. – (Tese de doutoramento)
ISBN 978-972-40-4840-6
CDU 34
366

NOTA PRÉVIA

Este livro corresponde, depois da introdução de ligeiras alterações, à dissertação de doutoramento europeu em Direito Financeiro e Tributário, apresentada na Faculdade de Direito da Universidade de Santiago de Compostela e defendida a 16 de Dezembro de 2011, com a classificação final de *Sobressaliente, cum laude*, por unanimidade do júri.

O essencial das análises, tanto teóricas como mais pragmáticas foi mantido, esperando-se que este trabalho possa contribuir para um conhecimento mais aprofundado e para uma utilização mais frequente, esclarecida e profícua do intercâmbio de informação tributária, não só no espaço comunitário, informado pelos específicos instrumentos de Direito comunitário derivado, mas também a um nível mais geral no contexto das Convenções de Dupla Tributação celebradas, onde se encontra expressamente previsto.

Na elaboração deste trabalho de investigação e na sua concretização, pude contar com contributo de muitas pessoas, às quais quero manifestar o meu sincero agradecimento, assumindo desde já que os erros e incorrecções que o mesmo possa apresentar são só e apenas da minha responsabilidade.

Este agradecimento geral não dispensa, porém, que pormenorize alguns em especial. O primeiro é devido à Professora Amelia González Méndez, catedrática de Direito Financeiro e Tributário da Universidade de Santiago de Compostela e co-directora da dissertação de doutoramento, pelo seu magistério extraordinário, a sua disponibilidade, o seu constante estímulo à investigação jurídica, contribuindo de modo muito importante para aumentar a minha dedicação e gosto pelo trabalho desenvolvido, o qual não teria sido realizado na ausência da sua sábia ajuda. A sua conduta académica, a sua curiosidade intelectual sem limites e o seu trato tecnicamente exigente e humanamente compreensivo serviram-me de exemplo a seguir e reflectem a atitude séria e a honestidade intelectual com que elaborei este estudo.

Também à Professora Luz Ruibal Pereira, co-directora da tese, que embora num contacto menos próximo, me inspirou na escolha do tema, tendo as suas opiniões sido fontes relevantes para reflexão e aprofundamento da abordagem.

Aos membros da Área de Direito Financeiro e Tributário da Faculdade de Direito da Universidade de Santiago de Compostela, agradeço toda a ajuda prestada, muito em especial aos professores Yebra Martul – Ortega, Nieto Montero e Iglesias Casais.

Ainda os meus agradecimentos ao Instituto de Direito das Empresas e do Trabalho (IDET), da Faculdade de Direito da Universidade de Coimbra, onde há vários anos venho desenvolvendo actividades de investigação e de ensino, e em especial aos Professores Casalta Nabais, pela disponibilidade que manifestou para estar presente na fase final e de avaliação deste trabalho e Coutinho de Abreu pelo estímulo que sempre me deu para continuar com a realização da investigação deste tema.

Aos Professores Rui Duarte Morais, da Escola de Direito do Porto da Universidade Católica e Miguel Pestana de Vasconcelos da Faculdade de Direito da Universidade do Porto agradeço a colaboração que me deram, disponibilizando-se para ler, analisar e informar a dissertação. Ao Professor Xavier de Basto, amigo de longa data, devo a motivação para me iniciar nas lides do Direito.

A todos eles e à minha família que me acompanhou em todo o percurso, sirvam pois estas linhas de testemunho de grande gratidão.

PRÓLOGO

En el actual marco de internacionalización de las relaciones económicas, el sometimiento de las operaciones transfronterizas a la concurrencia de varias soberanías fiscales conlleva inevitablemente problemas de doble imposición y de evasión fiscal. Ello afecta, naturalmente, al funcionamiento de los sistemas fiscales nacionales, viéndose defraudados tanto el interés público a su justa y eficaz gestión, como, correlativamente, cercenados derechos y/o incumplidos deberes ciudadanos. Esta situación resulta aún más perniciosa si se produce en el contexto de una organización supranacional en la que se desarrollan políticas comunes, como es el caso de la Unión Europea, que, por añadidura, está atravesando tiempos convulsos por mor de la crisis financiera; ello determina que la eliminación de disfunciones en el Mercado Interior y la defensa a ultranza de las libertades comunitarias de circulación, se convierta en el objetivo primordial de sus Instituciones.

Una de las medidas adoptadas ya muy tempranamente para corregir las situaciones antedichas fue, en el marco de la promovida cooperación administrativa entre los Estados miembros, la formalización del intercambio de información tributaria (a través de la muy conocida Directiva 77/799/CEE). El reconocimiento del potencial que como arma para luchar contra el fraude fiscal entrañaba, ha estimulado recientemente a las instancias europeas para, a pesar de su insatisfactoria implementación por los ejecutivos nacionales y su escasa virtualidad, impulsar una reforma, a través de la Directiva 2011/16/UE, del pasado 15 de febrero de 2011, que amplía y concreta su ámbito de actuación y que controla en mayor medida la acción de las Administraciones nacionales en esta parcela de la asistencia mutua. Y lo que es más importante, se encarga a los propios Estados miembros y a la Comisión de la realización de actividades periódicas de seguimiento del funcionamiento del dispositivo, que proporcionarán, además de una evaluación realista de su eficacia, una información valiosa a los estudiosos del tema, de la que prácticamente se carecía hasta el momento.

En este escenario, los legisladores nacionales han empezado a proceder a la transposición de varias de las Directivas reguladoras de la asistencia mutua, e incluso en el caso español, en los últimos meses se han incorporado las obligaciones dimanantes del intercambio de información tributaria directamente al Código tributario (Ley General Tributaria del 2003) con gran amplitud y detalle.

Precisamente este instrumento ha servido al propio tiempo al Tribunal de Justicia de la Unión Europea para certificar el carácter discriminatorio o restrictivo de alguna de las libertades comunitarias por parte de normativas nacionales de índole tributaria. En este sentido, los Gobiernos han alegado como causa justificadora de las disposiciones discriminatorias o restrictivas el irrenunciable objetivo de "preservar la eficacia de los controles fiscales" y de "prevenir la evasión fiscal". En la mayor parte de estos casos -y salvo que concurriera alguna otra causa de justificación-, la doctrina jurisprudencial estableció que, al poder lograrse tales objetivos por la vía del intercambio de información, no se puede consentir la vulneración de las libertades de circulación y sus efectos negativos sobre el funcionamiento del Mercado Interior, y por lo tanto, declara que tales medidas legislativas son contrarias al Derecho Comunitario.

La exposición precedente habla por sí misma del interés y la oportunidad que reviste en este momento el estudio, análisis y evaluación de los diversos aspectos y elementos que inciden tanto en la fundamentación y definición de este mecanismo de cooperación administrativa, como en su aplicación práctica por los Estados miembros.

Tal es la importante contribución que ha proporcionado, después de más de siete años dedicados a esta investigación, la Sra. Batista de Oliveira. Ella reúne tanto el perfil profesional como la perseverancia y el rigor académico que deben acompañar a una tarea llena de dificultades como la presente. El volumen y la complejidad de los documentos comunitarios y de la jurisprudencia del Tribunal europeo relacionados con el tema, la alarmante escasez de datos estadísticos que pudieran contribuir a clarificar el estado de la cuestión, la amplia literatura científica europea a manejar y, por supuesto, los problemas lingüísticos que acompañan por tanto esta clase de estudios, son dificultades a las que la autora se ha enfrentado, como el lector podrá comprobar, con valentía y honestidad intelectual.

Odete Batista, licenciada en Economía y Doctora en Derecho, ha sido, durante más de treinta años, funcionaria altamente cualificada de la Administración tributaria portuguesa. Entre otras muchas responsabilidades, ha sido la impulsora y Directora del Servicio de Relaciones Internacionales del Ministerio de Hacienda (que tiene atribuida la competencia relativa al intercambio comunitario de información tributaria) y es todavía actualmente Asesora directa del Director General de Tributos. Además, fue designada como representante de su país en diversos Grupos de Trabajo propiciados por las instituciones comunitarias sobre temas fiscales, e igualmente formó parte durante muchos años del panel de peritos de diversos Departamentos del Fondo Monetario Internacional, llevando a cabo, en condición de tal, labores de asesoramiento para la realización de reformas tributarias de amplio calado en diversos países.

Pero a los efectos que nos ocupan, es importante poner de manifiesto igualmente su dedicación académica. Colabora desde hace tiempo como docente en diversos posgrados que se imparten sobre diferentes temáticas fiscales en las Universidades de Porto, Fernando Pessoa, Católica de Porto y Coimbra (en esta última Universidad es asimismo Coordinadora del curso junto con mi respetado colega el Prof. Casalta Nabais). Merece destacarse también el hecho de que de forma regular ha encontrado tiempo para realizar publicaciones científicas en medios especializados, que le han permitido, junto con diversas estancias y colaboraciones de investigación, afrontar con solvencia el trabajo que tengo el placer de prologar.

Como se destaca profusamente en algunos foros, la UE vive actualmente una crisis de su Unión Económica y Monetaria. Siendo innegable este hecho, es destacable que ello se ha producido en un momento de la construcción europea especialmente inoportuno, cuando se estaba avanzando en la creencia de que resultaba posible conjugar la realización del Mercado interior con otros objetivos sociales y políticos de más amplio alcance. Por ello resulta más relevante reseñar que el momento crítico al que estamos asistiendo lleva involucradas también cuestiones ideológicas profundas, ya que se están reabriendo debates (o se avizoran con la observación de la política de hechos consumados a la que empezamos acostumbrarnos) como los relativos al modelo de Estado/organizacional supranacional que necesitamos, o los valores cuya preeminencia ha de defenderse en la coyuntura actual.

En mi opinión, en la encrucijada que significa la ponderación entre el interés a la protección del Mercado europeo *versus* la preservación de principios generalmente constitucionalizados en los Estados miembros como el de justicia tributaria –al que el instrumento del intercambio de información tributaria puede rendir un gran servicio –, la situación que vivimos abona más que nunca la defensa de estos valores, en la medida que, además de la intrínseca moralidad de esta opción, su rentabilidad social suministrará indudablemente retornos económicos estimables.

Por otro lado, los operadores jurídicos no debemos olvidar que la validez jurídica de un ordenamiento se asienta en su validez social, y que en los modernos Estados constitucionalizados, construidos sobre valores consensuados, la validez social lleva implícita la validez ética. Es indudable que la validez en su sentido ético conecta jurídicamente con el concepto de justicia. Como señaló Larenz con expresivas, y más que nunca vigentes palabras, los dos componentes principales de la idea de Derecho son la paz jurídica y la justicia, de modo que "sólo puede asegurar una paz jurídica duradera... un Derecho que se oriente hacia lo justo".

Compostela, marzo de 2012
AMELIA GONZÁLEZ MÉNDEZ
(Catedrática de Derecho Financiero y Tributario de la Universidad de Santiago de Compostela)

ABREVIATURAS

APT Imposto sobre o sistema automatizado de pagamento de transacções

BEI Banco Europeu de Investimento

C M Convenção Modelo

CMONU Convenção Modelo da Organização das Nações Unidas

CDT Convenção para Evitar a Dupla Tributação Internacional

CEE Comunidade Económica Europeia (antes da entrada em vigor do Tratado da União Europeia)

CMOCDE Convenção Modelo da Organização para a Cooperação e Desenvolvimento Económico

CARICOM Comunidade dos Países do Caribe

CATA Associação das Administrações Tributárias da *Commonwealth*

CBCT Imposto sobre os Movimentos de Capitais Transfronteiras

CECA Comunidade Europeia do Carvão e do Aço

CED Comunidade Europeia de Defesa

CEEA Comunidade Europeia da Energia Atómica

CFC rules Regras antiabuso para transacções de empresas controladas internacionalmente

CIAT Centro Interamericano de Administrações Tributárias

CIS/SAI Serviço de Informação Aduaneira

CLO Serviço Central de Ligação

ECOFIN Conselho de Ministros da Economia e Finanças de todos os Países da União Europeia

CREDAF Centro de Encontros e Estudos dos Dirigentes das Administrações Fiscais

EFTA Associação Europeia de Comércio Livre

EMCS Sistema de Controlo dos Movimentos de bens para efeitos dos Impostos Especiais de Consumo

EUROCANET Sistema Europeu de Troca de Informações para a Fraude Carrossel

EUROFISC	Rede descentralizada de Troca de Informação da fraude IVA entre os Estados-Membros
FEADER	Fundo Europeu Agrícola para o Desenvolvimento Rural
FEAGA	Fundo Europeu Agrícola de Garantia
FEDER	Fundo Europeu de Desenvolvimento Regional
FEOGA	Fundo Europeu de Orientação e Garantia
FSE	Fundo Social Europeu
G20	Grupo formado pelos Ministros das Finanças e Chefes dos Bancos Centrais das 19 maiores economias do Mundo mais a União Europeia, 1999
G7	Grupo formado pelos Ministros das Finanças de sete países desenvolvidos – Canadá, França, Alemanha, Itália, Japão, Reino Unido e Estados Unidos da América
G8	G7 com a junção da Rússia
IVA	Imposto sobre o Valor Acrescentado
IECS	Impostos Especiais de Consumo
IOTA	Organização Intra-europeia de Administrações Tributárias
JOCE	Jornal Oficial das Comunidades Europeias
JO L	Jornal Oficial das Comunidades Europeias "Série L"
JO C	Jornal Oficial das Comunidades Europeias "Série C"
MCCCIS	Matéria Colectável Comum Consolidada do Imposto de Sociedades
MCUSA	Modelo de Convenção dos Estados Unidos da América
MEMAP	Manual do Procedimento Amigável da OCDE
MERCOSUL	Mercado Comum do Sul
MOU	Memorando sobre Troca de Informações
NATO	Organização do Tratado do Atlântico Norte
OCDE	Organização para a Cooperação e o Desenvolvimento Económicos
OECE	Organização Europeia de Cooperação Económica
ONU	Organização das Nações Unidas
OEC	Organização para a Cooperação Económica
OLAF	Organismo Europeu de Luta Antifraude
OMC	Organização Mundial de Comércio
ONU	Organização das Nações Unidas
PAC	Política Agrícola Comum
RNB	Rendimento Nacional Bruto
RTDE	Revista Trimestral de Direito Europeu
SAARC	Associação do Sul da Ásia para a Cooperação Regional
SCAAC	Comité para a Cooperação Administrativa
SEED	Sistema de Troca de Informação para efeitos dos Impostos Especiais de Consumo

TCEE	Tratado da Comunidade Económica Europeia (Roma, 1957)
TCE	Tratado da União Europeia, Maastricht, 1992
TFUE	Tratado de Funcionamento da União Europeia
TOC	Técnicos Oficiais de Contas
TUE	Tratado da União Europeia
UE	União Europeia
VIES	Sistema de Troca de Informação para efeitos do Imposto sobre o Valor Acrescentado

Capítulo I
Introdução

A globalização económica a que se vem assistindo materializa-se num conjunto de práticas exclusivamente dirigidas ao aproveitamento de vantagens fiscais, quer por parte dos sujeitos passivos quer por parte dos países que tentam captar investimentos apenas com base nelas, gerando uma concorrência fiscal agressiva e prejudicial (*harmful tax competition*), que conduz a uma erosão das receitas fiscais. A localização do exercício de actividades económicas para além das fronteiras nacionais e as dificuldades das autoridades nacionais na integral apreensão e tributação da capacidade contributiva, limitadas que estão à aplicação de regras fiscais domésticas aos fluxos transfronteiriços, tornam o conhecimento desses fluxos indispensável para o correcto estabelecimento da carga tributária, evitando quer a sua tributação em mais do que uma jurisdição quer a sua não tributação em nenhuma delas.

Na Europa comunitária, a integração exige a eliminação das assimetrias fiscais susceptíveis de gerarem distorções nas condições de concorrência e na localização dos investimentos no Mercado interior, reivindicando da parte das várias Administrações tributárias chamadas a dar execução aos sistemas fiscais em vigor, uma actuação que assegure maior eficácia a cada uma e melhor equiparação de todas no respectivo desempenho. Neste contexto, é indispensável uma atitude de cooperação e assistência mútua que potencie a capacidade de actuação das Administrações tributárias de forma a que o seu carácter nacional não se esgote nos seus limites territoriais, cooperação e assistência onde o intercâmbio de informação tributária assume papel fulcral.

Ao nível comunitário, os meios da assistência mútua têm vindo a ser sucessivamente aperfeiçoados e alargados a diferentes campos da tributação. Começando pela Directiva 76/308/CEE, do Conselho, de 15 de Março de 1976 (hoje substituída pela Directiva 2008/55/CE, de 26 de Maio de 2008), relativa à assistência mútua em matéria de cobrança de créditos respeitantes a certas quotizações, direitos, impostos e outras medidas, até à Directiva 77/799/CEE, do Conselho, de 19 de Dezembro de 1977, em matéria de tributação do rendimento, e aos Regulamentos (CE) 2073/2004 do Conselho, de 16 de Novembro de 2004, quanto aos Impostos Especiais de Consumo e (CE) 1798/2003 de 7 de Outubro de 2003, em sede do Imposto sobre o Valor Acrescentado (este a ser substituído pelo Regulamento (UE) 904/2010, do Conselho, de 7 de Outubro de 2010 com aplicabilidade, em geral, prevista para 1 de Janeiro de 2012), passando pela Directiva 2003/48/CE de 3 de Junho de 2003, em que a assistência mútua aparece com o objectivo bem determinado de assegurar a tributação dos rendimentos da poupança sob a forma de pagamento de juros, no Estado da residência do respectivo titular.

Todavia, com toda esta panóplia de instrumentos legislativos, e do seu constante reforço e melhoria, com destaque para os avanços tecnológicos que a tornam crescentemente mais fácil (fazendo com que muitos países transmitam automaticamente informação aos outros usando formatos electrónicos), o que a realidade parece demonstrar é que o intercâmbio de informação está longe de produzir os resultados esperados. A falta de um número fiscal internacional de contribuinte que permita ao país recebedor de informação específica fazer um uso completo dessa informação, combinando-a com a existente nos seus próprios registos, continua muito difícil de concretizar, além de que uma quase generalizada falta de cultura de cooperação continua a fazer com que, no interior das Administrações fiscais, seja dada maior prioridade aos pedidos domésticos de que aos pedidos de informação do estrangeiro, com as informações recebidas do exterior ou solicitadas do exterior a correr o risco de acabar "no sopé da montanha" (*at the bottom of the pile*), especialmente se não houver perspectiva de que os custos em que se incorre para obter e fornecer a informação serão compensados pelos Estados requerentes.

O volume das dificuldades com que depara este mecanismo fiscal, indispensável para a realização de objectivos comunitários e nacionais essenciais (como a luta contra a fraude e a evasão fiscal internacional, a realização dos fins do Mercado interior comunitário e a realização dos princípios de justiça financeira), assim como a recente aprovação da nova Directiva 2011/16/UE, que produzirá efeitos a partir do ano de 2015, tornam oportuna a realização de uma avaliação do estado actual de implementação do instrumento do intercâmbio de informação tributária, e das possibilidades de melhorar a sua aplicação.

Por isso este trabalho tem dois objectivos básicos: identificar e descrever os mecanismos de cooperação administrativa e assistência mútua, neles individualizando o intercâmbio de informação, e aprofundar o impacto neles da legislação comunitária, com a preocupação ou objectivo de servir de contributo para

INTRODUÇÃO

a melhoria da sua concretização, tanto na perspectiva porque hoje a temática é encarada, como na procura de novos horizontes informadores.

Porque a assistência mútua e cooperação administrativa como linhas de investigação têm demasiada amplitude, entendemos voltar a análise essencialmente para o intercâmbio comunitário de informação, identificando e analisando os instrumentos normativos comunitários respectivos, dando nota das razões que justificam o seu aparecimento, o contexto em que surgiram as respectivas alterações ou, em alguns casos, as novas disciplinas e o papel que lhes será pedido no evoluir da realização do Mercado único europeu. Neste contexto, duas questões pareciam nucleares. Por um lado, como se disse, compreender qual é o estado actual de cumprimento das obrigações comunitárias derivadas do intercâmbio de informação através da investigação da prática administrativa dos últimos anos. Por outro lado, e tendo em conta que não se recolheu expressamente no ordenamento comunitário, identificar a existência de um mandato constitucional que dote do necessário amparo e relevância este instrumento fiscal.

Como metodologia, optou-se por um estudo sistemático e valorativo das normas jurídicas que regulam o instituto do intercâmbio de informação tributária, comentado pela respectiva jurisprudência do TJUE, a qual, ao realizar, no concreto, enunciados sobre o Direito positivo, contém critérios e descobre problemas que ajudam na compreensão daquelas normas, na sua sistematização, e na recondução a um sistema claro, simples, abarcável, coerente e de valoração racional das mesmas, mediante a interpretação e confronto com os princípios superiores que devem inspirar o seu conteúdo. O Direito comparado serviu de apoio em situações em que se requeria um raciocínio adequado a uma ideia escrita, ou naquelas em que era preciso um critério diferente ou um exemplo de um modelo apropriado.

Em consequência, estruturou-se a análise em seis partes distintas.

Primeiro, faz-se uma abordagem das razões fundamentantes do interesse da cooperação internacional em matéria tributária num contexto económico, social e jurídico, identificando as práticas mais usuais de planeamento fiscal dirigido à manipulação das bases tributáveis por deslocalização dos factores de produção que apresentem características de maior mobilidade para países ou territórios de nula ou baixa taxa de tributação, enumerando as reacções que a propósito vêm sendo tomadas, quer pelos países, unilateralmente considerados, quer pelas organizações internacionais em que os mesmos se inserem, e aqui, numa dupla perspectiva: a de combate às práticas agressivas dos sujeitos passivos e também a de combate à existência dos regimes fiscais que, por apresentarem determinadas características, criam e fomentam uma forte concorrência fiscal internacional. Por fim, aborda-se o interesse da cooperação tributária na Europa comunitária.

O INTERCÂMBIO DE INFORMAÇÃO TRIBUTÁRIA

De seguida, a preocupação é a delimitação do que haja de entender-se por cooperação em matéria tributária, confrontando conceitos que com ela resultam interligados e que assumem relevância não despicienda no Direito Comunitário. Reflecte-se sobre cooperação, coordenação e harmonização, para depois, dentro da subespécie da cooperação administrativa, delimitar os instrumentos do intercâmbio de informação, da assistência na cobrança e de outras manifestações de cooperação administrativa e assistência mútua em matéria tributária.

A análise continua com a delimitação da figura do intercâmbio de informação tributária, conceituando-o, definindo as suas fontes, objectivos e funções, circunscrevendo o seu âmbito subjectivo, objectivo e temporal, e dando nota dos limites com que se defronta. Nesta análise, e porque são essencialmente duas as fontes internacionais da disciplina do intercâmbio tributário de informação, entendemos dever abranger na apreciação tanto as normas convencionais sobre a matéria incluídas no Modelo de Convenção de Dupla Tributação da OCDE (nas várias versões que tem apresentado desde a inicial de 1963 até à mais recente do ano de 2010), como as normas de Direito Comunitário materializadas em Directivas e Regulamentos. Remata-se o exame do regime jurídico com uma proposta de categorização dos intercâmbios de informação, adoptando como critérios estruturantes o tipo de iniciativa, o procedimento de captação da informação e o alcance subjectivo da informação intercambiada.

O Capítulo seguinte desenvolve-se em torno da análise dos deveres que para o poder executivo derivam da obrigação de intercâmbio de informação, e a identificação das dificuldades sentidas, tanto as que dimanam do marco legislativo, e da prática administrativa, como as relacionadas com a respectiva implementação; tudo na tentativa de obter resposta para as razões que têm justificado os resultados pouco animadores dos seus níveis de concretização e execução.

O último Capítulo averigua sobre o fundamento constitucional da obrigação de intercâmbio comunitário de informação tributária, fazendo apelo ao princípio da cooperação leal que desde o Tratado de Roma tem estado presente no Direito primário comunitário. Delimita-se o princípio, nos seus aspectos conceptuais, no seu âmbito subjectivo e objectivo, para depois defender a sua qualificação como fundamento da obrigação de cooperação administrativa como um todo, e do intercâmbio de informação tributária em particular.

Finalmente extraem-se as conclusões do que ao longo da investigação se foi constatando, apontando dúvidas e constrangimentos e propondo sugestões a propósito de algumas das questões mais fulcrais do tema.

Capítulo II
A Cooperação Internacional em Matéria Tributária: Um Contexto Económico, Social e Jurídico

1. A globalização e os seus efeitos em matéria tributária. A concorrência fiscal prejudicial

Fala-se hoje em globalização económica como processo que começou a fazer-se sentir nos finais do século XIX mas que, sobretudo a partir dos anos 80 do século passado, tem significado uma liberalização crescente do comércio mundial, do investimento directo estrangeiro, da circulação de capitais e da movimentação de pessoas, aspectos que bem caracterizam a radical transformação dos padrões clássicos numa nova realidade económica que se move, não apenas numa sucessão controlada de espaços nacionais, mas num contexto totalmente mundializado.

Para tal contribuíram significativamente as rápidas evoluções verificadas nos meios de transporte e comunicações, e as novas tecnologias, com destaque para o desenvolvimento do comércio electrónico, permitindo uma modificação profunda nos mecanismos e processos de contacto, diminuindo as distâncias, geográfica e temporalmente consideradas, e alargando exponencialmente os mercados de recrutamento de factores de produção e de colocação de produtos, serviços e capitais, numa estratégia concertada de maximização do resultado económico, sendo certo, ainda, que tem sido esta liberalização, progressivamente verificada no comércio internacional e no investimento, a principal força responsável pelo crescimento económico e pela geral elevação do nível de vida dos cidadãos[1].

---

[1] Segundo estudos publicados pela OCDE, a produção mundial subiu, nos últimos 30 anos, cerca de 300%, e o comércio de bens e serviços, no mesmo período de tempo, cerca de 600%. Ainda de

O INTERCÂMBIO DE INFORMAÇÃO TRIBUTÁRIA

É neste contexto de permissividade de realização de negócios à escala mundial que surgem as empresas multinacionais, norteando a sua acção por estratégias globais, e baseando as suas decisões de investimento em factores multifacetados como sejam a viabilidade comercial, a disponibilidade de recursos, o acesso a mercados efectivos e potenciais, a localização geográfica, as infra-estruturas existentes, a disponibilidade de mão-de-obra especializada e barata, a estabilidade económica e moeda forte ou também a estabilidade política com garantias e incentivos dados pelos respectivos poderes governamentais. As suas actividades ou operações espalham-se assim por vários países, com cada um dos quais as relações são progressivamente mais ténues, até porque a inovação tecnológica alterou a forma como as empresas multinacionais são geridas, possibilitando que a localização física da gestão ou direcção, ou mesmo a localização de uma multiplicidade de serviços, se apresentem altamente movíveis, a significar, pois, capacidade para se deslocarem para qualquer sítio, na condição de que o mesmo se apresente como economicamente atractivo.

Ou seja, os grandes operadores da economia globalizada, as empresas multinacionais, tomam agora as suas decisões à escala mundial, decisões essas que se afiguram ser, numa primeira fase, baseadas em aspectos comerciais, económicos ou mesmo sociais ou políticos. Todavia, tomada essa decisão inicial, resulta evidente que, a partir de então, a componente fiscal passa a desempenhar um papel importante. É, pelo menos, essa a conclusão de um inquérito realizado pelo Comité *Ruding* que revelou que quase metade das empresas multinacionais da União Europeia considerava os Impostos sobre o Rendimento como factor decisivo na escolha do país de realização das suas operações[2].

E é assim que chegamos ao que habitualmente se designa por planeamento fiscal internacional, o qual surge agora como uma estratégia central na vida empresarial, elegendo como seu aspecto nuclear a exploração inteligente da via fiscal.

Quanto aos indivíduos, também eles podem hoje abandonar com grande facilidade o território de um Estado se outro país lhes oferecer melhores atractivos em geral, e em particular os fiscais.

acordo com o mesmo estudo, os fluxos financeiros que, nos países desenvolvidos representavam 10% do PIB em 1980, passaram nos finais dos anos 90 a representar mais de 100% do PIB. Acompanhando tudo isto, também a mão-de-obra se tem internacionalizado, embora com as óbvias limitações fruto de razões de ordem social, cultural e linguística – o número de pessoas que trabalham fora do seu país aumentou 75% nos últimos 30 anos, sendo certo que hoje em dia existe uma especial mobilidade também da mão de obra qualificada –.

[2] Comunicação da Comissão ao Conselho e ao Parlamento em resultado das Conclusões do Comité Ruding indicando as linhas gerais da tributação das empresas em articulação com o desenvolvimento futuro do Mercado Interno: SEC (92) 1118 final, 26 de Junho de 1992.

Integrados neste movimento, os países sentiram, igualmente, a necessidade de se posicionarem no novo ambiente económico, por forma a atraírem e/ou reforçarem os investimentos no seu território, sobretudo nos casos em que tal se revele importante como factor de compensação das dificuldades sentidas a variados níveis, sejam eles a má localização geográfica ou a localização periférica de algumas das suas regiões, a falta de matérias primas ou a falta de *know-how* em certos domínios. De entre as vertentes em que esta actuação se materializa merece destaque a relativa ao factor fiscal, passando os Estados a prestar especial atenção aos seus sistemas tributários, modelando-os no sentido de que eles não apareçam como inibidores, antes se apresentem como incentivadores, na captação do investimento.

A competição por um bom "clima fiscal" para o investimento é, face a estas coordenadas, perfeitamente natural, apresentando-se até como muito positiva se significar esforço dos países para modernizarem e agilizarem os seus sistemas fiscais no sentido de os tornarem mais racionais, equitativos, e administrativamente menos pesados, tanto na vertente das Administrações que os aplicam como na dos contribuintes sujeitos ao cumprimento das obrigações deles resultantes[3].

Aceitando que os países são, e sempre devem ser, livres para delinear os seus próprios sistemas tributários, a sua actuação nestes moldes, embora possa materializar uma certa concorrência, não poderá, contudo, deixar de ser entendida como uma natural e até sã concorrência fiscal. De facto, se um país conseguir que o seu sistema fiscal se torne mais atractivo porque se alargaram as bases de incidência passando, em consequência, a ser possível a prática de menores taxas

---

[3] Durante muito tempo, e muito em resultado da obra de CHARLES TIBEOUT, "A pure theory of local expenditures" (Journal of Political Economy, 64, 1956, pp. 416 e ss.), a concorrência fiscal foi vista como benéfica. Segundo este autor, a concorrência entre sistemas fiscais num espaço em que os factores de produção se possam movimentar livremente, conduz a resultados mais eficientes, já que correspondendo níveis diferentes de fiscalidade a níveis diferentes de bens e serviços públicos financiados pelo sistema fiscal, as pessoas e as empresas poderão livremente fixar-se ou estabelecer-se onde seja maior o equilíbrio entre a carga fiscal e a satisfação, pelos poderes públicos, das suas específicas necessidades. Uma análise mais atenta permite não só concluir que o modelo de Tibeout não teve em conta a concorrência fiscal internacional mas tão só a concorrência fiscal intra-nacional ou local, como ainda padece de outras relevantes falhas como refere CASALTA NABAIS, J. em "A soberania fiscal no actual quadro de internacionalização, integração e globalização económicas", Homenagem ao Prof. Doutor André Gonçalves Pereira, Coimbra Editora, Coimbra, Julho de 2006, pp. 63-94. Críticos das ideias de Tibeout, destacaram-se Peggy Musgrave, da Universidade da Califórnia, e Richard Musgrave, da Universidade de Harvard, para quem o modelo examinado *"breaks down when public goods are financed through general, rather than benefit taxation, and coordinating measures will be needed to protect diversity of preferences for social goods, while securing fiscal neutrality with respect to location of work, investment, residency and consumption".*

de tributação, ou se eliminaram exigências burocráticas dispensáveis no cumprimento de obrigações, isso será avaliado, indiscutivelmente, como medida muito louvável de política fiscal. É amplamente reconhecido que a concorrência fiscal que se tem vindo a fazer sentir é responsável pelo aparecimento e manutenção de boas medidas de política fiscal traduzidas em sistemas fiscais mais flexíveis, com preocupação de dar resposta às novas exigências e desafios, mas sem perderem o objectivo de não onerar em demasia os custos de cumprimento para os obrigados fiscais; mais transparentes, visando garantir que o imposto seja pago no correcto momento e adequado local, minimizando as oportunidades de fraude e evasão; e melhor desenhados para servir aos respectivos governos de instrumento capaz de assegurar a efectiva aplicação das suas leis fiscais, com recurso ao uso de específicas e generalizadas disposições legais antiabuso.

O que tem de ser evitado é a chamada concorrência fiscal prejudicial, isto é a oferta de sistemas fiscais com características atractivas agressivas porque afastadas das internacionalmente aceites, e que provocam a erosão da base tributável dos outros países através de várias práticas com realce para aquelas que facilitam a evasão fiscal[4]. É a temática dos paraísos fiscais e dos regimes fiscais privilegiados, considerados como veículos por excelência dessa concorrência, e muito utilizados nas estratégias de planeamento fiscal das empresas multinacionais. Não existindo, propriamente, uma definição geral de paraíso fiscal, o Relatório da OCDE sobre Concorrência Fiscal Prejudicial[5] e o Código de Conduta da UE[6] relativo à tributação das pessoas colectivas, aceitam um conjunto de factores para a caracterização como tais dos países ou territórios que cumulativamente os verifiquem, e que podem, no geral, ser assim elencados[7]: tributação nula ou muito baixa do rendimento para actividades financeiras ou outras que apresentem grande mobilidade geográfica; regime preferencial para não residentes ou para transacções realizadas com não residentes; concessão de vantagens totalmente isoladas da economia interna, i.e., sem que delas resulte qualquer incidência positiva na base fiscal nacional; aplicação do regime privilegiado mesmo na ausência de qualquer actividade económica real e/ou presença económica substancial no país ou território; métodos de determinação do resultado ou lucro para as actividades internas dos grupos multinacionais que se afas-

---

[4] Termos em que é definida a concorrência fiscal prejudicial no Relatório, "*Concurrence fiscale dommageable: une question d'envergure qui gagne en importance*", adoptado em Abril de 1998 pelo Conselho da OCDE, com a abstenção do Luxemburgo e da Suíça.

[5] *Harmful Tax Competition: An emerging global issue*, OCDE, Paris, 1998.

[6] COM (97) 546 final, de 1 de Dezembro de 1997.

[7] OCDE, Centre for Tax Policy and Administration, *Preferential Regime Criteria*, em *www.oecd.org*.

A COOPERAÇÃO INTERNACIONAL EM MATÉRIA TRIBUTÁRIA

tam dos princípios geralmente aceites a nível internacional (nomeadamente das regras em matéria de preços de transferência); e falta de transparência dos aspectos legais e administrativos respeitantes à concessão dos benefícios tributários, agravada, na generalidade dos casos, por uma ausência total (por vezes resultante de recusa absoluta) de troca de informações nomeadamente em relação aos contribuintes abrangidos pelo regime privilegiado.

É a oferta destas vantagens que estimula as empresas multinacionais a envolverem-se num agressivo planeamento fiscal, numa relação de contínua e recíproca causa-efeito, em que será difícil distinguir o que é uma actuação empresarial normal, procurando e aproveitando o melhor clima fiscal para os respectivos investimentos, e o que são já práticas de fraude e evasão fiscal integradas ou conjugadas no ambiente da concorrência fiscal prejudicial.

Note-se, aliás, que é por todos aceite que uma actuação visando corrigir práticas fiscais lesivas no ambiente económico global actual deve ser feita sem limitar a capacidade dos contribuintes para utilizarem procedimentos de legítimo planeamento fiscal, nomeadamente e no caso das empresas multinacionais, recorrer à utilização de formas de organização e *structural vehicles*, tais como centros de coordenação e/ou sociedades *holding*[8]. O objectivo não é o de que os contribuintes, respeitando as leis tributárias de um qualquer país, paguem o maior valor possível de imposto, mas sim que não exista *misuse* das formas utilizadas[9].

Como quer que seja, devem entender-se como práticas de planificação fiscal ofensiva (fraude e evasão fiscal) aqueles esquemas de actuação e planificação cujo objectivo exclusivo ou principal seja o de provocar uma "evaporação" da base tributável, com o fim de que a mesma se "condense" numa zona de baixa ou nula pressão fiscal (paraíso fiscal ou regime fiscal privilegiado).

Nas estratégias de planeamento fiscal internacional pretende-se minimizar ou diferir legalmente os impostos globais sobre as operações realizadas. As técnicas nele utilizadas são, no essencial, as de recurso, sob variadas formas, a paraísos fiscais ou regimes de baixa tributação, a técnicas de subcapitalização, e ao *treaty shopping* ou uso abusivo de convenções de dupla tributação.

---

[8] Em 31 de Maio de 2010, o Comité dos Assuntos Fiscais da OCDE publicou um Relatório sobre "A concessão dos benefícios das Convenções fiscais aos rendimentos de organismos de investimento colectivo" que invluía propostas de modificação aos Comentários da Convenção Modelo quanto à questão de saber em que medida esses organismos ou os respectivos investidores têm direito às vantagens das CDT no que respeita aos rendimentos por eles auferidos. A nova versão da Convenção Modelo de Julho de 2010 incorpora já estes comentários que foram aprovados.

[9] HAMMER, M. R., e JEFFREY OWENS: "Promoting Tax Competition", *www.oecd.org/dataoecd/63/11/1915964.pdf*.

No primeiro caso cabem procedimentos variados que, sem se pretender que sejam enumerados exaustivamente (porque esse não é o objectivo deste trabalho), abrangem desde logo a criação de empresas *holding*, com carácter intermediário, quer para obter lucros no país anfitrião, sem pagar imposto ou pagando um valor muito reduzido (lucros esses que aí se mantêm por largo período de tempo, sendo, a final, repatriados sem custos ou com custos reduzidos, ou até mesmo convertendo a distribuição de lucros em pagamento de empréstimos previamente contraídos com essa finalidade), quer com o objectivo de concederem autorização para a utilização de licenças e patentes [i.e., esquemas em que o dono da patente cria uma empresa *offshore* para a concessão de autorização de uso, e esta cede a utilização a uma filial, contra o pagamento de *royalties*, os quais, como são recebidos nesse *offshore* (paraíso fiscal), não estão em geral sujeitos a tributação digna de relevo]. Atitude semelhante é a que se materializa na criação de empresas *offshore*, tanto financeiras na área da concessão de crédito comercial para a canalização de empréstimos para filiais estrangeiras – sendo os juros encaminhados para a empresa financiadora no *offshore*, assim se operando a transferência dos lucros da filial estrangeira para a empresa *offshore*, a qual, instalada num paraíso fiscal ou regime fiscal privilegiado, paga pouco ou nenhum imposto –, como comerciais, vocacionadas para explorar diferenciais de preço como técnica de poupar impostos – interpondo empresas vendedoras em paraísos fiscais, através das quais os produtos circulam documentalmente, conjugando essa actuação com uma cuidada manipulação dos preços de venda, mesmo que sem circulação física dos bens –, possibilitando que o diferencial, elevado (lucro final da comercialização), fique acumulado no paraíso fiscal, beneficiando pois de nula ou reduzida tributação.

Também a atomização da actividade económica que passou a poder ser realizada no interior das empresas multinacionais, de molde a distribuir as diversas funções ou decisões para onde fiscalmente seja mais atractivo, conformou actuações que vão desde a localização do processo de produção num paraíso fiscal com venda à sociedade mãe, sem exigência de obrigações fiscais, com isenção (temporária) de impostos, e com outras facilidades como seja a de obtenção de empréstimos a juros bonificados, até à localização da sede da administração ou do centro de coordenação do grupo de empresas num país que ofereça benefícios fiscais nesse âmbito. Neste último caso, o centro é sedeado num país diferente quer do da empresa mãe quer do do exercício da actividade ou realização de negócios, e presta serviços às empresas do grupo (serviços de planeamento, coordenação e supervisão, controlo orçamental, contabilidade e informática, serviços de apoio na área da produção, abastecimento, distribuição e *marketing*, ou outros como os de recrutamento e formação), sendo a receita deles derivada sujeita a tributação mínima no país de localização do centro.

A COOPERAÇÃO INTERNACIONAL EM MATÉRIA TRIBUTÁRIA

Em termos de fiscalidade individual, recorre-se à criação num *offshore* de empresas de recrutamento e colocação de empregados, contratando trabalhadores emigrados e "móveis", que se deslocam dentro das empresas do grupo, com o objectivo de minimizar os respectivos impostos pessoais e, eventualmente, proporcionar (aos emigrados) outros benefícios (v.g. pensões isentas de tributação, normas mais flexíveis ao nível da segurança social ou inexistência de controlo de transferências de rendimento).

Finalmente pode ainda referenciar-se a criação de *offshore trusts*, em zonas de nula ou baixa tributação, sempre que o espaço fiscal do doador apresente um nível alto de imposto, fazendo com que tanto o investimento como o resultado do fundo do *trust* possam ser acumulados em condições preferenciais, e a criação de companhias de seguros cativas (*captive insurance companies*), que mais não são do que filiais de companhias de seguros detidas a 100%, localizadas num paraíso fiscal, e onde não existem impostos sobre os prémios de seguros ou, se os houver, são de valor mínimo.

Quanto a técnicas de subcapitalização, incluem-se nelas as práticas em que uma empresa, para financiar o seu desenvolvimento, e entre a opção de aumento de capital ou de recurso a um empréstimo, opta pelo que maiores vantagens fiscais lhe conceda, já que um e outro dos modos de financiamento não são neutros do ponto de vista fiscal, sobretudo no contexto internacional. Os dividendos não são dedutíveis ao rendimento na empresa distribuidora, enquanto que os juros podem deduzir-se para apuramento dos resultados. Em consequência, as empresas serão tentadas a converter em empréstimos verdadeiras entradas de capital, falando-se em "capitalização oculta" ou "subcapitalização".

A terceira das vertentes referidas, o *treaty shopping* ou uso indevido de Convenções, consiste em utilizar as disposições de uma Convenção (essencialmente em matéria de isenções tributárias e reduções de impostos) em proveito de indivíduos, sociedades ou demais pessoas jurídicas que não têm direito a retirar benefícios de tal Convenção. A técnica usada é a interposição de um ente (intermediário) situado num país que subscreveu uma Convenção com o país onde se realiza o investimento (*direct conduit companies* ou *stepping-stone companies*[10]).

Este planeamento agressivo e aquela concorrência fiscal prejudicial que se associam, como se disse, numa relação de recíproca causa-efeito, provocam dis-

---

[10] No primeiro caso, o método faz uso da criação de uma empresa intermediária que serve para a canalização dos rendimentos da empresa mãe no país da intermediária e que tem Convenção de Dupla Tributação com o da filial. No segundo caso o método é mais sofisticado e tem por finalidade reduzir responsabilidade financeira no país da intermediária através de uma despesa contrabalançada.

torção dos procedimentos comerciais, com destaque ao nível da concorrência entre contribuintes em detrimento dos cumpridores, erosão das bases tributáveis nacionais e associada injustiça na distribuição dessas bases entre países.

Esta injustiça na distribuição das bases, e nas correlativas receitas fiscais entre países, ampliarão grandemente alguns problemas de cariz social. Por um lado, a deterioração na distribuição do rendimento entre os vários Estados originará dificuldades acrescidas, sempre que em resultado da globalização aumente a necessidade de intervenção governamental (v.g. para corrigir os efeitos perniciosos do impacto da globalização nos salários dos trabalhadores pouco ou nada especializados e incapazes de se adaptarem ao novo ambiente económico) ao mesmo tempo que é reduzida a sua capacidade para intervir fruto da diminuição das respectivas receitas[11].

Resultando diminuídas as receitas fiscais e a capacidade dos governos para garantirem a existência de sistemas fiscais justos e equitativos, resultarão, concomitantemente, afectados os sistemas de protecção social que por eles *são* financiados (no sentido de uma redução dos níveis de despesa pública) ou pelo menos desenhados com base neles[12]. Os sistemas de protecção social podem ter como suporte vários instrumentos mas, no geral, a preferência vai para o sistema fiscal[13], seja enquanto instrumento de financiamento da despesa pública (fornecendo o necessário *quantum* de receitas públicas) seja como instrumento de prossecução de específicos objectivos (modelando a respectiva estrutura à realização desses objectivos[14]). Altos níveis de protecção social neste contexto

---

[11] WILSON, D. J.: "Theories of Tax Competition", National Tax Journal nº 52, 1999, pp. 269 e ss.: "*tax competition may force changes in the way tax burdens are allocated within jurisdiction and the amount and nature of public goods provided there.*"

[12] A capacidade governamental de promover adequados sistemas de protecção social resulta ainda afectada por outros factores para além das receitas fiscais. Por um lado, a globalização reduz a capacidade de, a nível individual, cada governo poder impor regulamentações tanto em sede do mercado de trabalho como dos movimentos de capital. E a incoerência está no seguinte: aceite que a globalização provoca instabilidade financeira, então resultaria maior a necessidade de que os governos afectados negativamente desempenhassem um papel mais estabilizador nesta economia do que no passado. Só que a "quase sagrada" supremacia das leis do mercado e a dependência da política face aos interesses económicos inviabiliza a capacidade para tal actuação.

[13] A preferência pode antes recair na despesa pública ou na regulamentação da economia (*regulatory framework*), ou na combinação dos três, em diferentes proporções.

[14] De facto, o objectivo governamental de estímulo ou protecção à educação pode conseguir-se quer afectando maior quantitativo ao ensino, através de financiamento directo, quer utilizando outras vias como é o caso do estabelecimento de específicas deduções ao rendimento ou deduções à colecta na tributação do rendimento das pessoas singulares. Idêntico raciocínio pode ser feito quanto à saúde, pensões de reforma, apoio aos portadores de deficiência ou às famílias numerosas (utilização do tributo com finalidades extra fiscais).

requerem então quer altos volumes de receitas quer sistemas fiscais complexos, com disciplinas particulares visando a satisfação dos objectivos pretendidos[15].

Verdade é que a globalização apresenta um impacto sobre a solicitação de despesa pública: primeiro, porque conduz a um aumento da desigualdade (não só a globalização propriamente dita mas também e sobretudo as alterações tecnológicas), e em consequência conduzirá também a solicitações de maior protecção social em benefício dos negativamente afectados, e em segundo lugar, em resultado da pressão para a criação pelos governos de infra-estruturas económicas e sociais susceptíveis de gerarem ambiente competitivo e de atraírem investidores[16].

Tais efeitos, e a busca de um "*level playing field in the tax area for cross border activities*", traduzidos numa diminuição de taxas nominais e obrigando, em consequência, a um alargamento das bases tributárias e à simplificação dos sistemas fiscais para os tornar justos, transparentes e capazes de dar corpo a um elevado e não oneroso cumprimento das obrigações por parte dos contribuintes[17], implica um outro campo de consequências no universo das actuações do *Welfare State*[18].

---

[15] TANZI, V., e SCHUKNECHT, L.: "Reconsidering the Fiscal Role of Government: The International Perspective", The American Economic Review, Vol. 87, Nº 2, 1997, pp. 164-168. Antes da Primeira Guerra Mundial (1870-1913) os sistemas públicos de protecção social eram praticamente inexistentes, com rácios muito baixos de receita fiscal e despesa pública em relação ao Produto Interno Bruto. A partir daí a despesa pública foi aumentando, associada à alteração das atitudes sociais, e, nomeadamente após a Segunda Guerra Mundial, muitos países, e em especial os europeus, instituíram sistemas de protecção social com o objectivo de proteger os cidadãos contra os riscos associados à velhice, doença e outras formas de incapacidade, desemprego e situações de particular pobreza, sistemas esses que se mantiveram em níveis não muito elevados nos anos 50 mas que dispararam entre 1960 e 1980, dando corpo ao *Welfare State*. Em 18 países desenvolvidos a despesa pública cresceu de 28% do PIB em 1960 para 43% do PIB em 1980, tendo-se registado rácios ainda maiores nos países europeus (na Alemanha a despesa pública chegou aos 50% do PIB).

[16] TANZI, V.: "Globalization and the Need for Fiscal Reform in Developing Countries", Journal of Policy Modelling, Vol. 26, Nº 4, 2004, pp. 525-542.

[17] Actuações estas que explicam em boa parte a razão porque embora descessem as taxas nominais da tributação das sociedades, as taxas efectivas acabaram por descer muito menos, sobretudo em razão do corte das isenções e da melhor actuação da Administração fiscal, o que fez com que a respectiva receita fiscal se mantivesse em níveis muito razoáveis. Estas as conclusões do estudo: "Globalization, Financial Markets, and Fiscal Policy", do Departamento de Assuntos Fiscais do Fundo Monetário Internacional (em articulação com outros departamentos), Novembro, 2007, onde se constata, simultaneamente, que a receita fiscal nos países industrializados se manteve em 2006 muito perto dos seus elevados níveis históricos.

[18] TANZI, V.: Taxation in an Integrating World, Brookings, Washington D. C., 1995. Do mesmo autor Globalization, Tax Competition and the Future of Tax Systems, IMF Working Papers, nº 96/141, Washington D.C., 1996.

Deve reconhecer-se que não se confirmaram as piores expectativas em termos de erosão de receitas fiscais. Não se concretizou o *"race to the bottom"*[19] preconizado por alguns, mas não deixa de ser certo que estagnou o nível de crescimento fiscal em vários países, com outros a exibir mesmo um declínio[20], como resulta das preocupações expressas pelos Ministros das Finanças, Directores Gerais dos Impostos e alguns economistas de países pertencentes à OCDE e UE[21]. E daí que o resultado deva ser expresso de forma a evidenciar e projectar no futuro "um mundo com menor receita tributária e sistemas fiscais diferentes e provavelmente menos equitativos"[22]. Até porque as formas que têm sido utilizadas para contrariar os efeitos da concorrência fiscal (essencialmente o alargamento das bases de tributação e o reforço da capacidade de actuação da Administração fiscal) estão esgotadas na sua capacidade para responderem a novas exigências de crescimento, sendo certo que as *"fiscal termites"*[23] identificadas por TANZI continuarão a ser utilizadas, eventualmente em maior escala, de forma combinada, renovando-se criativamente e fazendo aparecer "parentes" novas e mais agressivas.

Além de que a globalização e, sobretudo, a concorrência fiscal que lhe anda associada, sempre limitarão fortemente as políticas nacionais, e se não lhes é reconhecida hoje força suficiente para forçarem o *Welfare State* a um *race to the bottom*, há todavia que reconhecer as dificuldades que para ele representam as pressões externas para a redução da carga fiscal, as pressões internas para man-

---

[19] FRITZ SCHARPF, W., Economic Integration, Democracy and the Welfare State, *MPIfG Working Paper* 96/2, 1996, e The Viability of Advanced Welfare States in the International Economy: Vulnerabilities and Options, MPIfG Working Paper 99/9, 1999.

[20] Nos países da OCDE o rácio da receita fiscal para o PIB deixou de crescer nos anos 90. Recentemente, num número crescente deles tal rácio, em termos médios, caiu, não obstante o apelo feito ao aumento da receita fiscal face aos *deficits* orçamentais verificados (TANZI, V.: Fiscal Policy in the Future: Challenges and Opportunities, versão editada de um resumo de um discurso proferido na Conferência sobre "Fiscal Policy Challenges in Europe", Berlim, 2007).

[21] Visão que é, contudo, contestada por economistas de formação mais teórica ou macro economistas para quem a competição fiscal, em geral, tem sido benéfica.

[22] TANZI, V.: Fiscal Policy in the Future: Challenges and Opportunities, ob. cit., p. 16. E mesmo os críticos ao alarmismo das reacções aos efeitos da concorrência fiscal, reconhecem que a "income-based tax evasion is a significant problem in the global economy" e acrescentam uma "strong tax-base constraint in the future of the welfare state": GARRET, G., "Capital Mobility, trade, and the domestic politics of economic policy", International Organization, nº 49, 1995, pp. 657-687. No mesmo sentido este autor em "Global Markets and National Politics: collision course or virtuous circle?" International Organization, nº 52, 1998, pp. 787-824, e Partisan politics in the global economy, Cambridge University Press, Cambridge, 1998.

[23] TANZI, V.: "Globalization, Technological Developments and the Work of Fiscal Termites", IMF Working Paper nº 00/1811, 2000, *www.imf.org*.

ter os níveis de receita e aliviar a carga fiscal no trabalho, com o resultado de maior austeridade, maiores *deficits* públicos e um sistema fiscal menos *"friendly"* na sua estrutura caracterizadora relativamente à que teria prevalecido sem concorrência fiscal[24].

E não deve esquecer-se que se os níveis e *ratios* fiscais permaneceram mais ou menos estáveis (a referida não confirmação das previsões alarmistas), isso não foi porque a concorrência fiscal prejudicial não tivesse capacidade para provocar deteriorações significativas, mas sim porque foram adoptadas medidas de reacção que neutralizaram o seu impacto.

Admitindo então uma actual sobreavaliação do nível de protecção que os cidadãos esperam (exigem) dos poderes públicos[25] e daquele que se afigura continuar a ocorrer no futuro, incluídos os efeitos da mudança climática, das catástrofes ambientais e do combate às emissões de gás, a solução mais lógica, e que já largamente se discute[26], seria certamente a de encetar uma actuação susceptível de vir a situar o papel interventivo do Estado neste contexto num patamar mais razoável, economicamente falando. O problema será, porém, o da dificuldade política de levar a cabo uma tal reforma em razão da oposição (política) e contestação (social) a tais medidas por parte dos abrangidos no corte dos apoios, aliada ao reconhecimento de que os governos sempre preferem a sua manutenção no poder ao risco de reformas que tenham associados (negativamente) capitais políticos relevantes[27].

Como quer que seja, estamos num terreno em que não é fácil, de facto, escapar às dificuldades: os governos podem reduzir a sua exposição à concorrência fiscal cortando na tributação do capital e fazendo-a recair mais no trabalho e

---

[24] GENSCHEL, P.: "Globalization, Tax Competition and The Viability of The Welfare State", MPIfG Working Paper 01/1, Maio, 2001, *www.mpi-fg-koeln.mpg.de/pu/workpap/wp01-1.*

[25] "Apoio desde o berço até ao túmulo" como aparece referenciado em alguns dos citados artigos sobre esta matéria.

[26] TANZI, V.: "Globalization and The Future of Social Protection", IMF Working Paper nº 00/12, disponível em *www.imf.org*, e SCHUKNECHT, L.: Public Spending in the 20th Century. A Global Perspective, Cambridge University Press, 2000, disponível em *http://assets.cambridge.org.*

[27] Embora afigurando-se as reformas como urgentes, a verdade é que os elevados níveis de despesa pública não dão margem para grandes actuações, fazendo com que muitas das tentativas de reforma se tenham mostrado inconsistentes e instáveis: a França reduziu a carga fiscal do Imposto sobre Sociedades ao longo dos anos 80 para estimular o investimento, mas logo se viu obrigada a introduzir um adicional sobre o rendimento das empresas fruto da pressão de consolidação orçamental preparatória da União Monetária; a Alemanha reduziu o Imposto sobre as Pessoas Singulares mas ao mesmo tempo subiu as contribuições para a Segurança Social; e a Suécia reduziu a progressividade da tributação do rendimento aquando da reforma de 1991 mas veio a reintroduzi-la alguns anos mais tarde (ainda durante a década de 90).

consumo, mas isso certamente deprimirá os níveis do emprego, encorajará o crescimento da economia subterrânea, e criará problemas de equidade. E a tentativa de estimular o emprego através da redução da carga fiscal no trabalho e consumo implicará, obrigatoriamente, maior tributação do capital, e a ameaça da aceleração do seu "voo fiscal" para outros países. Finalmente, a via da aceitação de maiores *deficits* apenas aparecerá como paliativa, limitando-se a adiar o problema, já que os impostos não lançados hoje haverão certamente de conduzir, no amanhã, a maiores pagamentos de juros de dívida.

Esta constatação (impacto da globalização e concorrência fiscal ainda em crescimento) aliada aos desenvolvimentos demográficos (populações mais envelhecidas na Europa a puxar para níveis cada vez elevados as despesas de saúde, pensões e apoios à terceira idade)[28] e à incapacidade de manutenção das receitas fiscais, já situadas em níveis muito elevados (e mesmo assim insuficientes face aos *deficits* orçamentais verificados), origina a necessidade de actuar em duas vertentes: a médio prazo, tentar, de forma racional e sistemática baixar o nível de gasto público do Estado[29], garantindo concomitantemente a capacidade e eficiência do sector privado para a respectiva substituição; a curto prazo tentar assegurar os níveis de receita pública (receita fiscal) que permitam a manutenção da intervenção do Estado, através do combate aos factores da concorrência fiscal prejudicial.

Ou seja, entende-se continuar bem justificada a importância crescente que vem sendo concedida aos procedimentos de apoio à não proliferação de práticas fiscais prejudiciais, à diminuição de potenciais comportamentos lesivos e ao estreitamento das margens de não cumprimento das leis fiscais.

---

[28] Não esquecendo que o impacto do "*baby boom*" está ainda para vir (pressão sobre as reformas lá para 2015) e que se espera um aumento na longevidade. Note-se a este respeito que estimativas para a UE a 25 sugerem que o aumento da despesa média até 2050 seja aproximadamente 3,5 a 4% do PIB, de acordo com o Comité de Política Económica da União Europeia, "Impact of Ageing Populations on Public Spending", Relatório nº ECFIN/CEFCPE (2006) REP/238, Bruxelas, e "The Impact of Ageing on Public Expenditure: Projections for the EU25 Member States on Pensions, Health Care, Long-term Care, Education and Unemployment Transfers (2004-2050)", Comissão Europeia Bruxelas, 2006, e ainda 2009 "Ageing Report: economic and budgetary projections for the EU-27 Member States (2008-2060)», e «Demography Report 2008: Meeting Social Needs in an Ageing Society» (SEC (2008) 2911) Ver Comunicação da Comissão ao Parlamento Europeu, ao Conselho, ao Comité Económico e Social Europeu e ao Comité das Regiões – Gerir o impacto do envelhecimento da população na UE, Relatório sobre o Envelhecimento Demográfico 2009, COM/2009/0180 final.

[29] Situando-o ao nível daquilo que se reconheça como suas funções essenciais, sem que isso signifique apenas aquelas que ADAM SMITH descrevia em 1776 na obra "A Riqueza das Nações": defesa, protecção dos indivíduos e da propriedade, administração, justiça e grandes obras públicas.

A COOPERAÇÃO INTERNACIONAL EM MATÉRIA TRIBUTÁRIA

Ora, é neste contexto que surge o mecanismo de assistência mútua e cooperação administrativa entre os vários Estados, através da conjugação de esforços comuns de actuação direccionada à prossecução desses objectivos e partilha entre si do que sejam as melhores práticas para os atingir, no cerne do qual se situa o intercâmbio da informação considerada relevante.

Estados e Organizações que os representam vêm actuando de conformidade.

No âmbito comunitário, o Conselho ECOFIN da União Europeia de 1 de Dezembro de 1997, aprovou uma Resolução[30], que representa um consenso político, quanto à adopção dum conjunto de medidas em matéria da fiscalidade das empresas, da fiscalidade da poupança e da tributação dos fluxos transfronteiriços de juros e *royalties*[31], conhecida como Código de Conduta. Ao nível internacional mais geral, a OCDE[32], em resultado da decisão tomada em 1996, na cimeira dos países mais industrializados do mundo (hoje G8 e então G7), em Lyon, foi incentivada a levar a cabo um trabalho que permitisse pôr em prática um quadro multilateral no âmbito do qual os países pudessem agir individual ou colectivamente para limitar as práticas de concorrência fiscal prejudicial[33].

Na União Europeia, as medidas de possível qualificação como fiscalmente prejudiciais são periodicamente avaliadas pelo Conselho com base em relatórios de um grupo constituído por altos representantes dos Estados-Membros e da Comissão[34]. Ao nível da OCDE, o mesmo resultado é conseguido por um Fórum

---

[30] Resolução do Conselho e dos representantes dos governos dos Estados-Membros, reunidos no Conselho, de 1 de Dezembro de 1997, relativa a um Código de Conduta no domínio da fiscalidade das empresas (JO C 2 de 6.1.1998, p. 2).

[31] Aquela (fiscalidade da poupança) visando mesmo a concorrência fiscal prejudicial enquanto que esta justificada, segundo a Comissão, apenas por motivos de eliminação da dupla tributação.

[32] Preocupada com o surgimento de "nichos fiscais" destinados a atrair actividades financeiras e outras actividades geograficamente móveis, provocando consequências nefastas ao nível da concorrência entre Estados, riscos de distorções no comércio e investimento internacionais e pondo em causa a própria estabilidade das receitas fiscais.

[33] Foi neste contexto que o Comité dos Assuntos Fiscais da OCDE lançou o seu projecto no domínio da concorrência fiscal prejudicial, fazendo aprovar em 9 de Abril de 1998, com a abstenção da Suíça e do Luxemburgo, um Relatório sobre a matéria: *Harmful Tax Competition: An emerging Global Issue*, cit.

[34] Na Resolução do Conselho e representantes dos Governos dos Estados-Membros, de 1 Dezembro de 1997, que adoptou o Código de Conduta no domínio da fiscalidade das empresas (JO C 2 de 6.1.1998, p. 2), prevê-se no ponto H que seja criado um grupo de altos especialistas para avaliar as medidas fiscais susceptíveis de serem abrangidas pelo âmbito de aplicação do referido Código de Conduta e supervisionar a prestação de informações sobre essas medidas. Foi criado o Grupo Primarolo que vem acompanhando o "congelamento" e "desmantelamento" de regimes fiscais, dizendo-se no documento de preparação do ECOFIN de 5 de Junho de 2007 que, desde a criação do Código em 1997, o grupo avaliou 103 medidas vigentes em Estados – Membros tidas como pre-

especialmente criado para o efeito[35] e que, em princípio, publica os resultados do seu trabalho numa base regular anual[36].

judiciais. Entretanto, a Comunicação da Comissão de 23 de Abril de 2004 sobre o relatório de actividades do Fórum conjunto da UE sobre preços de transferência no domínio da fiscalidade das empresas, inclui uma proposta de Código de Conduta. Mais tarde existe uma Resolução do Conselho e dos Representantes dos Governos dos Estados-Membros, reunidos no Conselho, de 27 de Junho de 2006, relativa a um Código de Conduta com a documentação dos preços de transferência para as empresas associadas na União Europeia (DPT UE). Em 2007, a Comunicação da Comissão ao Conselho, ao Parlamento Europeu e ao Comité Económico e Social Europeu sobre os trabalhos efectuados pelo Fórum Conjunto da UE em matéria de Preços de Transferência ocupou-se da documentação dos preços de transferência para as empresas associadas na UE (COM (2004) 297) e a Comunicação da Comissão ao Conselho, ao Parlamento Europeu e ao Comité Económico e Social Europeu, de 26 de Fevereiro de 2007, relativa às actividades do Fórum Conjunto da UE sobre Preços de Transferência centrou-se no domínio da prevenção e resolução de litígios nas directrizes para os acordos prévios em matéria de preços de transferência na UE ((COM (2007) 71 final). No âmbito da reunião do Conselho da União Europeia para os Assuntos Económicos e Financeiros (ECOFIN), de 2 de Julho de 2010, foi decidido que a aplicação das disposições previstas no Código de Conduta da Fiscalidade das Empresas deveria ser alargado a países terceiros, tendo já sido iniciadas conversações com a Suíça e o Liechtenstein. No Conselho de Assuntos Económicos e Financeiros (ECOFIN) da UE, de 4 de Março de 2011, o Comunicado de Imprensa (Presse 25), dá conta de foi analisado o Relatório da Presidência sobre o novo âmbito do Código de Conduta, em consonância com as conclusões do Conselho ECOFIN de 7 de Dezembro de 2010 (doc. 17380//10 FISC 149), e tomada a decisão de chamar determinados as pectos da tributação das pessoas singulares a esta temática, não obstante a tributação do seu rendimento não ser abrangida pelo âmbito de aplicação do Código. Decidido foi ainda que os regimes da Ilha de Man e de Jersey, pelas características que apresentam, resultam incluídos no âmbito de aplicação do Código de Conduta.

[35] Fórum para as práticas fiscais prejudiciais, criado sob os auspícios do Comité dos Assuntos Fiscais da OCDE, em conformidade com a recomendação nº 15 do Relatório de 1998 atrás referenciado.

[36] Relatórios OCDE de 1998: *Harmful Tax Competition: An emerging global issue*, cit.; de 2000: *Towards global Tax-Cooperation*; de 2001: *The OECD's Project on Harmful Tax Practices – the 2001 Progress Report*; de 2004: *The OECD's Project on Harmful Tax Practices – the 2004 Progress Report*; de 2006: *The OECD's Project on Harmful Tax Practices – the 2006 Update on Progress in Member Countries*, assinalando-se também em 2005: *Progress Towards a Level Playing Field*; em 2007 o *Tax Co-operation: Towards a Level Playing Field*, em 2008 o *Tax Cooperation: Towards a Level Playing Field – 2008 Assessment by the Global Forum on Taxation* e em 2009 o *Tax Cooperation 2009: Towards a Level Playing Field – 2009 Assessment by the Global Forum on Transparency*. Em 2010 deu-se nesta temática um passo importante que alargou o alcance dos padrões internacionais de troca de informação e que foi a aprovação pela OCDE e pelo Conselho da Europa, em Março de 2010, de um protocolo de alteração à Convenção Multilateral sobre Assistência Mútua em Matérias Fiscais: *The joint OECD Council of Europe Convention on Mutual Assistance in Tax Matters and the 2010 Protocol* (*http://www.oecd.org/document/14/0,3343,en_2649_33767_2489998_1_1_1_1,00.html*).
Em 2011 pode já ser mencionado o documento de 2 de Maio de 2011 sobre transparência e intercâmbio de informações para efeitos fiscais – *The Global Forum on Transparency and Exchange of Information for Tax Purposes – A Background Brief*, Paris, Maio de 2011.

A COOPERAÇÃO INTERNACIONAL EM MATÉRIA TRIBUTÁRIA

Em conclusão: aceites a velocidade e complexidade com que hoje se desenvolvem as transacções mundiais, as mecânicas de planificação fiscal que permitem aos contribuintes a drenagem das bases de tributação para territórios de baixa ou nula tributação[37] e as vantagens da ausência duma actuação concertada das Administrações fiscais no controle bem direccionado e eficaz dessa crescente operatividade internacional, haverá que reconhecer como prejudiciais, e estancá-las, tanto a acção agressiva dos Estados que actuem para atrair fluxos de capital e rendimentos sem que os mesmos possuam verdadeiros elementos de conexão com o respectivo Estado[38], como as práticas dos contribuintes que apenas tenham como móbil o aproveitamento dessas vantagens e não razoáveis e fundamentadas motivações de carácter económico. O mesmo é dizer: não obstante não serem absolutamente seguras as consequências da globalização e da deterioração causada pela concorrência fiscal prejudicial nas economias e nas suas necessidades de funcionamento, há que adoptar uma política que possibilite, se e quando se revele necessário, a existência de capacidade para gerar aumentos de receita, redução da despesa e/ou outros instrumentos complementares, ao mesmo tempo que, e desde já, devem os países que enfrentem reais ou potenciais dificuldades de sustentabilidade da dívida ir criando correctos ajustamentos tributários, de forma a evitar respostas fiscais pró cíclicas. Ou seja, urge uma atitude concertada das várias Administrações fiscais, através de adequados mecanismos de cooperação internacional, nomeadamente o engajamento em instrumentos de diálogo susceptível de intercambiar a informação tributária necessária para apoiar as indispensáveis medidas de combate às práticas abusivas de concorrência fiscal prejudicial.

2. As medidas de combate à concorrência fiscal prejudicial e outras práticas fiscais abusivas. A cooperação internacional em matéria tributária
2.1. Problemáticas. A cooperação como solução
Se uma análise destas temáticas se aborda já em 1987, num Relatório do Comité de Assuntos Fiscais da OCDE – *International Tax Avoidance and Evasion through the Use of Tax Havens* –, o ano de 1996 marca, com mais acuidade, o início dos esforços multilaterais e conjuntos, da OCDE e da União Europeia[39], para lutar

---

[37] Onde as vantagens vêm dadas por paraísos fiscais ou regimes fiscais privilegiados.

[38] Estas práticas, habitualmente designadas pela expressão inglesa de *"poaching"* (caça ou pesca furtiva), corroem a integridade e equidade dos sistemas fiscais dos países vítimas dessas práticas, aumentando nestes os custos administrativos de fiscalização e intensificando para limites muito altos a carga fiscal dos factores menos móveis: o trabalho, a propriedade e o consumo.

[39] De facto, e até aos anos 90, o combate à concorrência fiscal prejudicial na Comunidade consistia apenas no recurso a controlo, por via administrativa e judicial, dos auxílios de Estado com natureza fiscal.

contra a concorrência fiscal prejudicial, quer pela via do congelamento (cláusula de *standstill*) quer pela do desmantelamento (cláusula de *rollback*), dos regimes tributários preferenciais dos Estados-Membros de uma e outra das Organizações.

Datam, como vimos, de Dezembro de 1997 o Código de Conduta da UE, e de 1998, o Relatório da OCDE sobre Práticas Fiscais Prejudiciais, já citados. O objectivo é, realça-se, o de encontrar as condições para uma saudável concorrência fiscal entre os Estados (*level playing field*), garantindo os valores fundamentais da neutralidade e equidade fiscais.

Em Bruxelas, foi apresentado em Novembro de 1999 ao Conselho ECOFIN (tendo sido tornado público em Fevereiro de 2000), um Relatório de seguimento ao Código de Conduta, o qual incluía uma lista de 66 regimes prejudiciais dentro da União Europeia[40].

Na OCDE, divulgou-se, em Junho de 2000[41], uma lista de 47 Estados-Membros da Organização com regimes tributários potencialmente prejudiciais[42] e uma lista (negra) de 35 paraísos fiscais. A estes últimos, foi posta como condição de saída dessa lista negra, i.e., como condição para não serem objecto de medidas discriminatórias (passando a ser qualificados como paraísos fiscais cooperantes), a adopção de medidas de transparência legal e administrativa e intercâmbio de informações (nomeadamente fiscais e bancárias).

Os trabalhos de ambas as Organizações continuaram e continuam ainda, com tempos semelhantes, e com o objectivo, em ambos os casos, de desmantelar os regimes fiscais preferenciais, o que se afigura ter tido algum resultado, já que hoje a publicação da lista da OCDE inclui apenas três paraísos fiscais não cooperantes: Andorra, Mónaco e Liechtenstein[43].

As acções destas (e de outras) Organizações internacionais ao lançarem a temática, analisarem as suas vertentes e estudarem medidas reactivas de combate, definirem metas ou objectivos a atingir, organizando fóruns de discussão e outros eventos mais ou menos alargados de divulgação, sempre com a intervenção dos representantes dos países que agregam, traduziram-se em impor-

---

[40] O Grupo identificou 66 medidas fiscais com características de prejudiciais: 40 em Estados-Membros da UE, 3 em Gibraltar e 23 em territórios dependentes ou associados: *http://ec.europa.eu/taxation_customs/resources/documents/primarolo_fr.pdf*.

[41] Relatório *Towards Global Tax-Cooperation*, cit.

[42] Ou países com parcelas do seu território onde estes regimes resultavam aplicáveis.

[43] OCDE, *List of Uncooperative Tax Heavens*, www.oecd.org. Na UE, o ECOFIN de 15 de Fevereiro de 2011, analisou a situação actual do Código de Conduta com base nas Conclusões do Grupo de Alto Nível encarregado dessa temática, reconhecendo a necessidade de abranger certos aspectos da tributação das pessoas singulares no Código, e aceitando a inclusão, fundamentada, da Ilha de Man e de Jersey no seu âmbito de aplicação.

A COOPERAÇÃO INTERNACIONAL EM MATÉRIA TRIBUTÁRIA

tantes contributos na panóplia dos instrumentos, diversificados, que foram surgindo para combate aos efeitos da concorrência fiscal prejudicial e de eventuais e associados aspectos económicos ou sociais.

2.2. As medidas unilateralmente tomadas pelos Estados

Conhecidas que são as práticas de planificação fiscal internacional das empresas multinacionais[44], e sentidos os efeitos que as mesmas apresentam em termos de diminuição das receitas fiscais associadas, os Estados, individualmente, têm vindo a tomar medidas de reacção, que introduzem na sua legislação interna, e que as mais das vezes são informadas pelo apoio que na matéria representam os trabalhos das Organizações internacionais em que estão inseridos. O objectivo é o de neutralizar os efeitos atractivos resultantes dos regimes fiscais preferenciais existentes em outros países, utilizando para o efeito as correlativas contra-medidas.

Entre essas contra-medidas podemos distinguir aquelas a que chamaremos regras gerais contra a evasão fiscal, de outras que se apresentam mais direccionadas e que abrangem as *CFC rules* (legislação sobre empresas estrangeiras controladas), as normas sobre subcapitalização, as normas sobre preços de transferência e as normas relativas a pagamentos feitos a países com regimes de nula ou reduzida tributação. Também podem ser referidas as medidas para contrariar a transferência de residência para efeitos fiscais.

Como regras gerais contra a evasão fiscal, temos um conjunto de normas cuja essência é distinguir, em cada operação concreta, se a mesma apresenta substância económica para além dos benefícios fiscais que lhe resultam associados ou se apenas foi realizada na busca destes. Ou seja, pretende distinguir-se entre planeamento fiscal aceitável (o que tenha uma motivação comercial ou económica válidas e não apenas uma *tax avoidance*) e o planeamento fiscal não aceitável (ou agressivo) a tratar como evasão fiscal. A fronteira nem sempre será fácil de estabelecer, mas a análise dos factos permitirá, as mais das vezes, e pelo menos nos casos mais flagrantes, obter alguma conclusão esclarecedora.

Também o princípio da substância sobre a forma[45] é utilizado com o mesmo desiderato. Avaliam-se os factos com base na sua substância económica e comer-

---

[44] Mais correcto será dizer que se conhecem as mais utilizadas até agora, dado ser esta uma matéria em que o engenho e arte na criação de novas figuras de planificação fiscal parecem não ter limites.

[45] Definido no Relatório da OCDE de 1987, *International Tax Avoidance and Evasion through the Use of Tax Havens*, como "a prevalência da realidade económica e social sobre a redacção literal das disposições legais".

cial e não no seu conteúdo formal, utilizando, se caso disso, as chamadas cláusulas de abuso de direito, de abuso da Lei ou de simulação[46].

Apresenta-se mais fácil o recurso a normas criadas especificamente com tal objectivo, como é o caso das normas relativas a CFC, a preços de transferência, ou a regras de subcapitalização. As *CFC rules* consubstanciam medidas especialmente destinadas a assegurar o não diferimento de impostos sobre o rendimento de fonte estrangeira. Segundo elas, a Lei interna (do Estado de residência) estende a sua aplicação ao rendimento estrangeiro, o que faz com que seja exigido imposto sobre lucros realizados no exterior, quer haja ou não distribuição dos mesmos. O seu objectivo mais lato é impedir a transferência de rendimento para empresas não residentes associadas, apoiar outras medidas legislativas de combate à evasão fiscal, e fomentar uma política de neutralidade na exportação de capital. Quanto à subcapitalização, o Relatório da OCDE de 1987, já citado, entende como tal o "capital social oculto através de empréstimos excessivos". Ou seja, utilizam-se ficticiamente empréstimos que concedem direito a juros, em vez de investimentos feitos pelos accionistas, com a finalidade única, ou pelo menos principal, de obter vantagens fiscais. Na sequência, as contra-medidas consubstanciam-se em tratar fiscalmente os pagamentos excessivos de juros como distribuições ocultas de capital, reclassificando, pois, os juros em dividendos[47].

Comuns são ainda as normas contra as práticas de planeamento fiscal internacional baseadas na utilização de artificiosos "preços de transferência". Aplicam-se às transacções entre empresas vinculadas, sejam elas residentes na mesma ou em diferentes jurisdições, e neste caso quer se trate ou não de paraísos fiscais ou países com regime fiscal privilegiado. O objectivo é evitar os preços artificialmente acordados como manobra para a erosão da base tributável, utilizando-se para o efeito, e como técnica mais geral, o *arm's length principle*[48]. Ou seja, envolvendo a temática dos preços de transferência a manipulação dos resultados tributáveis através da prática de preços artificiais com o objectivo de

---

[46] Em que, face à manipulação da intenção ou do espírito da Lei, se ignora a operação efectuada com o fim de evasão fiscal e se substitui a mesma por uma transacção normal. Trata-se, todavia, de legislação de aplicação muito problemática: é sempre difícil a prova de que houve fraude à Lei ou da existência de simulação ligada a transacções comerciais.

[47] Devendo ter-se em conta o disposto nos artigos 9º, 10º, 11º, 23º, 24º e 25º da Convenção Modelo da OCDE. De notar a existência de países que apenas corrigem o montante do juro numa perspectiva de *arm's length principle*, ou com base na fixação do rácio máximo de endividamento face ao valor do capital social.

[48] De acordo com as *Guide Lines* da OCDE, define-se como *arm's length price* "o preço que seria acordado entre partes não relacionadas e envolvidas na mesma ou em similares transacções, nas mesmas condições ou em condições semelhantes, no mercado livre".

A COOPERAÇÃO INTERNACIONAL EM MATÉRIA TRIBUTÁRIA

deslocalizar os resultados para onde fiscalmente se torne mais conveniente, sem que, na realidade, ocorra qualquer deslocação de capital, adoptou-se como resposta um conjunto de medidas materializadas, no essencial, na concessão à Administração fiscal da faculdade de corrigir o lucro tributável sempre que exista uma discrepância entre preços praticados entre empresas não independentes (empresas associadas ou vinculadas) ou que, sendo independentes, se encontrem localizadas em territórios estrangeiros, e os preços que seriam praticados na ausência de qualquer dessas situações (preços normais de mercado)[49].

Visando o mesmo objectivo de travar a transferência de resultados para países com nula ou reduzida tributação pela via de pagamentos de serviços prestados por entidades neles estabelecidas ou domiciliadas, alguns países fazem constar na sua legislação quer a negação pura e simples da aceitação como custos fiscais das importâncias pagas por empresas residentes a outras não residentes e domiciliadas em paraísos fiscais ou países com diminuto nível de tributação do rendimento, quer a sua aceitação mas sujeita à prova, a efectuar pelo contribuinte (inversão do ónus da prova), de que os custos foram efectivamente suportados, correspondem a transacções realmente realizadas e são de montante normal ou não exagerado. Há ainda países que numa primeira fase integram os pagamentos nos lucros tributáveis (não os aceitando, como se disse, como custos fiscais), mas fazem mais: numa segunda fase consideram-nos como rendimentos distribuídos à empresa beneficiária, com a correspondente obrigação de retenção na fonte, mesmo que eventualmente exista Convenção de Dupla Tributação. Trata-se, em geral, de pagamentos que remuneram comissões, transportes, comunicações ou serviços financeiros executados a uma empresa residente por outra, não residente.

Ainda neste contexto, é certo que quando um país assente a sua tributação na residência como factor ou elemento de conexão, a transferência de domicílio fiscal de um dos seus contribuintes para outro país, fará desaparecer a tributação dos rendimentos que afluíam do estrangeiro e até então eram naquele tributados. Em consequência, são alguns os países que adoptaram medidas específicas com a finalidade de contrariar a transferência de residência para efeitos fiscais. Se o país de emigração quiser evitar a perda de impostos resultante de transferências de residência que realmente o não são, pode actuar, nomeadamente através da previsão de normas que estabeleçam a tributação da transferência de residência, a implicar que a emigração ganhe a qualificação de facto tributável, sendo devidos e exigíveis *exit taxes*[50] na data da saída, com a necessária

---

[49] Na linha das recomendações da OCDE na matéria: *Transfer Pricing Guidelines for Multinational Enterprises and Tax Administrations, OECD (1995)*.

[50] É o que acontece por exemplo no Canadá, desde 1972 e na Austrália desde 1985.

O INTERCÂMBIO DE INFORMAÇÃO TRIBUTÁRIA

avaliação de todos os rendimentos e bens nessa data, ou *limited exit taxes*[51], de incidência mais limitada, embora com a mesma natureza. Um outro procedimento é o da extensão da incidência fiscal, presumindo que o contribuinte emigrado continua a ser residente, e como tal tributado, no país da anterior residência. Há ainda países que, no caso de emigração no contexto referido, exigem o reembolso de deduções ou diferimentos previamente concedidos aos seus contribuintes residentes (restituição de benefícios fiscais)[52].

Reconhece-se, contudo, que para além das dificuldades inerentes à concretização de algumas das medidas elencadas de combate à concorrência fiscal prejudicial e outras práticas fiscais abusivas, existe uma outra limitação. Actuando individualmente, os países não terão um incentivo suficientemente forte para impor as citadas contra-medidas, uma vez que ao fazê-lo poderão simplesmente piorar a sua posição relativa, como acontecerá se elas tiverem apenas por efeito a deslocação da actividade ou da operação para outra jurisdição que não aplique regras do mesmo tipo[53]. Daí a relevância crescente do recurso a Tratados (Acordos) bilaterais ou mesmo à cooperação multilateral como coadjuvantes da acção isolada dos Estados.

2.3. As medidas bilaterais. Tratados e respectivas cláusulas antiabuso, proibitivas do *treaty shopping* e preventivas da dupla não tributação. A cláusula sobre intercâmbio de informação do artigo 26º da Convenção Modelo da OCDE

A temática do *treaty shopping* ou uso indevido das Convenções de Dupla Tributação tem vindo a ganhar importância crescente. Trata-se do encaminhamento de rendimentos que têm origem num país para uma entidade, em outro país, não directamente mas através da utilização de um terceiro país, cujo papel é o de intermediário, e cujo objectivo é o de aproveitar as vantagens fiscais resultantes da celebração de Convenções de Dupla Tributação. Alguém que normalmente não estaria em condições de obter um benefício concedido por uma Convenção de Dupla Tributação, vem a consegui-lo artificialmente através da interposição de um residente num outro país com o qual exista uma Conven-

---

[51] Alemanha, EUA, Áustria, Holanda, Dinamarca, Nova Zelândia e França.

[52] A tributação à saída e a necessidade de coordenar as políticas fiscais dos Estados-Membros no Mercado Interno foi objecto de uma Comunicação da Comissão ao Conselho, ao Parlamento Europeu e ao Comité Económico e Social Europeu – COM (2006) 825 final, de 19.12.2006 –, nela se analisando a forma como as regras de tributação à saída aplicadas pelos Estados-Membros devem compatibilizar-se com as exigências da legislação comunitária, e os princípios gerais susceptíveis de informar soluções coordenadas para as actuais disparidades nacionais existentes na matéria.

[53] Relatório da OCDE *Harmful Tax Competition: An emerging global issue*, cit.

A COOPERAÇÃO INTERNACIONAL EM MATÉRIA TRIBUTÁRIA

ção celebrada e que atribua o benefício[54]. A técnica mais comum é a da utilização das conhecidas *conduit companies* ou das *stepping stone companies* ou ainda da criação e utilização de entidades híbridas caracterizadas de forma diferente em dois Estados contratantes.

As reacções contra o *treaty shopping* são de dois tipos, os quais, em muitos países, são utilizados conjuntamente: medidas internas, de Direito tributário nacional, e medidas de carácter convencional. Nestas últimas, é sobretudo no âmbito da OCDE que um maior esforço tem sido feito no sentido de prevenir as práticas abusivas de *treaty shopping*. Esta Organização, realçando que as Convenções não visam apenas evitar ou eliminar a dupla tributação do rendimento mas também prevenir a evasão fiscal, recomenda, nos Comentários ao artigo 1º do seu Modelo de Convenção[55], a utilização de variadas disposições para contrariar a prática, sendo as mais comuns as de introdução nas Convenções de cláusulas antiabuso: de recusa da aplicação da Convenção se se comprovar que a sociedade beneficiada é controlada por não residentes; de negação dos benefícios da Convenção a pessoas ou entidades não sujeitas a tributação sobre a totalidade dos seus rendimentos no respectivo país de residência; de limitação da aplicação de certos artigos da Convenção aos casos em que o beneficiário do rendimento seja o seu titular efectivo e resida num dos Estados contratantes – caso dos artigos 10º (dividendos), 11º (juros) e 12º (*royalties*) –; de introdução de cláusulas que previnam a dupla não tributação, designadamente pela diferente caracterização do rendimento num e noutro dos países contratantes; de procedimentos de abstinência (não celebração de Convenções de Dupla Tributação) com países que apresentem características de paraísos fiscais ou de regimes fiscais privilegiados; de obrigatoriedade de cláusulas de transparência, de exclusão, de tributação efectiva ou de trânsito[56]. Há, todavia, que não esquecer que a aplicação prática destas cláusulas apresenta muitas dificuldades, tanto objectivas como subjectivas[57], apelando à necessidade de uma colaboração muito

---

[54] Cfr. COLLINS, M. H.: "Evasion and avoidance of tax at the international level", em <u>European Taxation</u>, vol. 28, nº 9, *1988*, p. 296 e WISSELINK, M. A.: "Abuse of tax treaties" em AAVV, <u>International Tax Avoidance. Vol. A: General and conceptual material</u>. International Series of the Rotterdam Institute for Fiscal Studies, Erasmus University, Rotterdam, nº 1, Deventer, The Netherlands, 1979, pp. 311 e ss.

[55] Na actual versão de Julho de 2010.

[56] Indicadas todas elas nos comentários ao artº 1º da Convenção Modelo da OCDE, na sua actual versão.

[57] Entre as quais a necessidade de por esta forma não impedir estruturas de planificação fiscal internacional perfeitamente legais, o que obriga à introdução de cláusulas de sentido contrário às descritas (as cláusulas de salvaguarda), através das quais se visa garantir segurança a todas as transacções de boa fé (cláusula geral de boa-fé; cláusula de actividade; cláusula do valor do imposto; cláusula da cotação em bolsa e cláusula da redução alternativa).

estreita entre os Estados, sobretudo através dos mecanismos do Procedimento amigável e de Intercâmbio de informação.

Neste contexto, a cláusula sobre Intercâmbio de informações que se encontra estabelecida no artigo 26º da Convenção Modelo da OCDE sobre Dupla Tributação tem vindo a ser sucessivamente revista, alargada e melhorada de forma a constituir um instrumento indispensável na luta contra a evasão e fraude fiscal.[58] A OCDE recomenda vivamente aos países o recurso a um maior e mais efectivo uso do artigo 26º[59] das Convenções bilateralmente celebradas, e também a uma ampliação da celebração dessas Convenções com o objectivo de permitir e desenvolver aquele mecanismo de actuação.

Podendo desempenhar um papel complementar em toda esta temática, o mecanismo de Procedimento amigável estabelecido no artigo 25º mereceu atenção especial na revisão da Convenção Modelo de 17 de Julho de 2008. À medida que cresce o número de Acordos ou Convenções de Dupla Tributação celebrados bilateralmente pelos países e o seu efectivo uso, não só na vertente da eliminação da dupla tributação mas também naquela de que tratamos que é a prevenção da fraude e evasão fiscal, é natural que se ampliem as dificuldades sentidas na aplicação das respectivas normas, ocorrendo com mais frequência aquilo a que se chamam *"tax disputes"*. O Procedimento amigável será o melhor instrumento para a boa aplicação das Convenções, entendida esta tanto na vertente da garantia de que o contribuinte não pagará mais do que aquilo que resulta exigível pelos sistemas fiscais nacionais em aplicação, modelados pela disciplina da Convenção internacional celebrada, como na vertente da prossecução do objectivo de que ele não deixará de pagar aquilo que desses complexos normativos resulta. Ou seja, o Procedimento amigável serve, neste âmbito, de importante recurso quer aos contribuintes quer às Administrações fiscais, podendo ainda ser, para estas, de grande valia na correcta interpretação das normas convencionais. Como se refere nos comentários ao artigo 25º, *"a actuação prática ao nível deste artigo apenas autoriza as autoridades competentes a comunicarem entre si, directamente, sem necessidade de recurso aos canais diplomáticos, e se lhes parecer adequado, troca de informações verbais através de uma comissão conjunta especialmente criada para o efeito. Subjacente a este artigo, para todos os efeitos, está o artigo 26º – Troca*

---

[58] Redigido inicialmente com um conteúdo bem mais restrito, o artigo 26º relativo à troca de informações tem vindo a ser melhorado nas várias alterações que lhe foram introduzidas, adaptando-o aos mais recentes desenvolvimentos nesta matéria, tendo passado a permitir que o intercâmbio de informação inclua no seu âmbito de aplicação outros impostos do sistema fiscal dos países signatários da CDT (v.g. o IVA) para além dos especificamente por ela abrangidos.

[59] Ou do artigo que nessa Convenção em concreta tenha por âmbito de aplicação o intercâmbio de informação entre os Estados Contratantes.

de informação, sendo assim assegurada a confidencialidade da informação trocada no âmbito do Procedimento amigável". Refira-se que na revisão de Julho de 2008, o Procedimento amigável foi objecto, nomeadamente ao nível dos comentários explicativos, de grandes alterações, introduzindo-se ainda na sua disciplina relevantes contributos para um Processo de arbitragem por mútuo acordo, dando continuidade à preocupação da OCDE de estimular os países a um maior e melhor uso deste instrumento como condição *sine qua non* da eficácia da fiscalidade convencional internacional[60].

2.4. As medidas multilaterais. Os esforços para a cooperação de paraísos fiscais e para a eliminação das práticas fiscais prejudiciais dos países. Os acordos específicos para o intercâmbio de informações
Reconhecidas a insuficiência e as dificuldades na implementação das medidas individualmente tomadas pelos Estados, e bem assim as limitações da colaboração dos países no plano bilateral, efectuada sobretudo através do recurso às Convenções de Dupla Tributação, vem-se olhando para a cooperação multilateral como o melhor instrumento para optimizar os resultados pretendidos, cooperação esta que passa essencialmente pelo trabalho conjunto dos países no interior das Organizações internacionais em que estejam integrados.

Analisando neste âmbito os trabalhos no seio da UE e da OCDE, datam de 1996, como já se referiu, os primeiros dos esforços multilaterais e conjuntos de combate à concorrência fiscal prejudicial e às suas consequências. A preocupação era a do desmantelamento dos regimes fiscais preferenciais dos Estados que integram ambas as Organizações como forma de encontrar e garantir um nível de concorrência fiscal aceitável entre Estados que respeite a equidade e neutralidade fiscais (*level playing field*)[61]. O Código de Conduta e o Relatório

---

[60] Como parte de um mais alargado projecto para desenvolver os procedimentos existentes e apresentar novas e complementares formas de actuação neste âmbito foi pela OCDE elaborado um Manual de Procedimentos amigável (MEMAP – 17 Fevereiro de 2007) que pretende ser um guia para aumentar a efectiva aplicação do processo (e procedimento) e mostrar como deve o mesmo funcionar, apetrechando as Administrações fiscais e os contribuintes com informação básica sobre o Procedimento Amigável e identificando as melhores práticas no mesmo sem, todavia, impor regras com carácter obrigatório aos países membros, *http://www.oecd.org/findDocument/0,3354,en_2649_33753_1_119669_1_1_1,00.html*.

[61] A OCDE não se opõe, de facto, a toda a concorrência fiscal, reconhecendo até que ela pode ter um efeito benéfico. Jeffrey Owens, Director da Divisão dos Assuntos Fiscais da OCDE, numa entrevista concedida ao *"L' Observateur OCDE"*, em Dezembro de 2000 refere a propósito: "Os nossos países membros estão dispostos a entregar-se a uma concorrência leal nas actividades de serviços financeiros abertos e transparentes. A concorrência fiscal pode ter efeitos positivos. Por exemplo, se um país põe em vigor uma reforma fiscal há muito necessária, isso pode encorajar outros países

O INTERCÂMBIO DE INFORMAÇÃO TRIBUTÁRIA

sobre Concorrência Fiscal Prejudicial, já várias vezes citados, são os documentos mais relevantes a este propósito.

Na OCDE, visam-se, essencialmente, três vertentes: 1) obter a cooperação dos paraísos fiscais, tendo-se conseguido que do total dos assim identificados[62], trinta e cinco já tivessem assumido o compromisso de desenvolver regimes fiscais transparentes e proceder à troca de informações[63]; 2) eliminar as práticas fiscais prejudiciais dos países membros[64] e 3) intensificar a troca de informações entre os países, considerando-a o instrumento mais capaz de satisfazer os objectivos visados. Para tal, exige-se o exame dos tipos de assistência necessários às várias jurisdições, uma avaliação da execução dos programas bilaterais de assistência e estímulos a todas as Organizações internacionais para tomarem em conta tais aspectos no desenvolvimento dos seus programas multilaterais de assistência[65]. Um grupo de trabalho, especialmente criado para o efeito, produziu já um Modelo de Acordo para a Troca de Informações em Matérias Fiscais – unilateral ou multilateral –, complementado com um Manual explicativo, elaborado a partir de contributos quer de países membros quer de não membros da Organização, Acordo esse aprovado pelo Comité dos Assuntos Fiscais em 23 de Janeiro de 2006, e destinado a servir de guia informativo aos funcionários e de modelo para a elaboração de manuais nacionais adaptados às especificidades de cada país em concreto. Aquele modelo de Acordo tem servido de apoio à assinatura de vários *"agreements"* ou *"memoranda of understanding"*, como são, em geral, designados, celebrados bilateralmente por vários países, existindo também um modelo, mais simples e especificamente direccionado para Acordos de troca de informação com paraísos fiscais.

a adoptarem reformas análogas com o fim de não perderem a sua competitividade internacional relativa".

[62] Num total de 47, segundo o Relatório da OCDE de 2001, e com os quais foram encetadas a partir de então conversações no sentido de os convidar a assistir aos debates e a enquadrar a sua situação dentro dos critérios assumidos.

[63] Tendo sido estabelecidas medidas defensivas coordenadas para os não cooperantes Andorra, Principado do Mónaco e Principado do Liechtenstein, que ainda não tomaram compromissos em matéria de transparência e de troca efectiva de informações.

[64] Tendo sido obtidos bons resultados ao conseguir-se que praticamente todos os países da Organização adoptassem medidas destinadas a abolir os seus regimes prejudiciais ou os aspectos prejudiciais dos seus regimes

[65] Tendo em conta, nomeadamente, as organizações já existentes (IOTA: Organização Europeia de Administrações Fiscais; CIAT: Centro Interamericano de Administrações Tributárias; CATA: Associação das Administrações Tributárias da *Commonwealth*; CARICOM: Comunidade dos Países do Caribe; CREDAF: Centro de Encontros e Estudos dos Dirigentes das Administrações Fiscais; e a OEC: Organização para a Cooperação Económica).

A COOPERAÇÃO INTERNACIONAL EM MATÉRIA TRIBUTÁRIA

Muito recentemente foi produzido um *"Tool Kit on Automatic Exchange of Information"*, para a troca automática ou rotinada de informação, envolvendo sistemática e periódica transmissão de volumosa informação do contribuinte pelo Estado da fonte ao Estado da residência, relativamente a várias categorias de rendimentos (v.g. dividendos, juros, *royalties*, salários, pensões, etc.)[66], tendo em conta que a mesma requer estandardização de formatos para ser eficiente[67].

Na UE, o objectivo do conjunto de medidas fiscais para combate à concorrência fiscal prejudicial assenta em três pilares: um normativo e relativo à fiscalidade da poupança[68], outro administrativo, com a clarificação das regras quanto aos auxílios do Estado de natureza fiscal[69], e um terceiro, de concertação política, que abrange o Código de Conduta da Fiscalidade das Empresas, apenas aplicável à tributação directa (fiscalidade das empresas). Para além da luta contra a concorrência fiscal prejudicial pretende-se também eliminar algumas distorções no Mercado único, e inverter a tendência de aumento da carga fiscal sobre o factor trabalho, tornando os regimes fiscais mais favoráveis à criação de emprego. Sendo um facto que na UE a criação do Banco Central Europeu e a instauração da moeda única, isto é a União Económica e Monetária, eliminaram os riscos derivados das taxas de câmbio e reduziram os custos das transacções, a verdade é que em simultâneo e como consequência tornaram-se mais relevantes as diferenças entre os sistemas fiscais dos vários Estados-Membros, diferenças essas que passaram a pesar mais nas decisões sobre o destino do capital. E se é certo que a política monetária se deslocou para a soberania da União, os Estados mantiveram, contudo, a sua soberania tributária, e nesse contexto são naturalmente conduzidos a utilizar a política tributária como instrumento

---

[66] *OECD Manual on the Implementation of Exchange of Information for Tax Purposes – Module on Automatic (or Routine) Exchange of Information*, www.oecd.org.

[67] Os modelos, desenhados pela OCDE, e presentemente utilizados pelos diversos países são de formato magnético. Em 1997, o SMF: *standard magnetic format*, foi recomendado pelo Conselho da OCDE em C (97) 30/FINAL. Em 2005 foi recomendada pelo Comité dos Assuntos Fiscais a transmissão *standard* (STF) baseada em XML. Há dois guias para uso: o de SMF e o de STF que ajudam na implementação daqueles modelos, e como os dois modelos estão em uso existem programas, actualizados, que fazem a ponte entre os dois. Informação relativa a estes aspectos encontra-se disponível em: *http://www.oecd.org/document/18/0,3343,en_2649_33767_40499474_1_1_1_1,00.html*.

[68] Que assegure um nível mínimo de tributação efectiva dos rendimentos de juros no interior da Comunidade.

[69] Em aplicação dos artigos 87º a 89º do Tratado da Comunidade Europeia (matéria hoje tratada nos artigos 107º a 109º do Tratado de Funcionamento da União Europeia).

de política económica, a significar a possibilidade de que a concorrência fiscal nos factores de produção mais móveis prejudique os de menor mobilidade, introduzindo nesses sistemas fiscais características marcantes em prejuízo do emprego e dificultando reduções ordenadas e estruturadas da pressão fiscal global. Por outro lado, pode ainda afirmar-se que essa concorrência fiscal poderá criar obstáculos aos esforços de redução dos *deficits* orçamentais necessários para o cumprimento dos objectivos de *Maastricht* e do Pacto de Estabilidade e Crescimento.

Definem-se então no Código de Conduta as situações potencialmente prejudiciais, e que a Comissão classifica em cinco rubricas: os serviços intra-grupo; os serviços financeiros, os de seguros e as sociedades *off-shore*; outros regimes específicos; as medidas de incentivo regional; e as outras actividades. Obtém--se o compromisso político entre os Estados-Membros de não introduzirem novas medidas fiscais prejudiciais (cláusula de congelamento ou de "*standstill*"), de reexaminarem as disposições existentes e práticas em vigor, alterando-as se necessário, com vista à sua eliminação o mais rapidamente possível (cláusula de desmantelamento ou de "*rollback*") e de se informarem mutuamente das medidas fiscais susceptíveis de serem abrangidas pelo Código, controlando e promovendo a adopção de princípios destinados a eliminar também situações similares nos países terceiros e nos territórios em que o Tratado não é aplicável[70].

É nesta linha de actuação que aparece realçada, uma vez mais, a importância da assistência mútua, da cooperação administrativa e da troca de informações em sede tributária. Iniciados os esforços com a Directiva 77/799/CEE, do Conselho, sobre assistência mútua, eles prosseguiram com variados outros instrumentos de que se dará conta no ponto seguinte. Mesmo a mais recente Directiva 2003/48/CE, de 3 de Junho de 2003, relativa à tributação da poupança sob a forma de juros, integrada no âmbito do "pacote fiscal" e visando lutar contra a concorrência fiscal prejudicial por forma a assegurar a tributação dos rendimentos de capitais no Estado da residência do seu titular, centra a sua disciplina na troca de informações. Na sequência do consenso obtido no Conselho Euro-

---

[70] Em especial os Estados-Membros que têm territórios dependentes ou associados ou que têm responsabilidades particulares ou prerrogativas fiscais sobre outros territórios, comprometem-se, de acordo com o seu regime constitucional, a assegurar a aplicação destes princípios nestes territórios. Estão hoje a ser aplicadas medidas equivalentes às previstas na Directiva por Andorra, Liechtenstein, Mónaco, São Marinho e Suíça, ao abrigo de acordos celebrados com a UE, e em dez territórios dependentes ou associados dos Países Baixos e do Reino Unido (Guernesey, Jersey, Ilha de Man e sete territórios das Caraíbas), ao abrigo de Acordos bilaterais celebrados com cada um dos Estados-Membros.

A COOPERAÇÃO INTERNACIONAL EM MATÉRIA TRIBUTÁRIA

peu da Feira, de 19 e 20 de Junho de 2000, e das sessões ulteriores do Conselho ECOFIN de 26 e 27 de Novembro de 2000, de 13 de Dezembro de 2001 e de 21 de Janeiro de 2003, dá-se concretização à instauração de uma troca automática de informações entre o conjunto dos Estados-Membros (com excepção da Bélgica, do Luxemburgo e da Áustria, que beneficiarão dum período de transição durante o qual, em vez de fornecerem as informações aos outros Estados-Membros, deverão aplicar uma retenção na fonte para os rendimentos da poupança abrangidos pela Directiva)[71].

3. A cooperação tributária na União Europeia

Embora bem longe de poder ser considerada como uma entidade unitária, a União Europeia apresenta, mais do que qualquer outra Organização internacional, marcantes características de harmonização e de cooperação e assistência mútua.

Apresentando-se, cada vez mais, como um espaço de confluência de interesses, cuja articulação exige uma tutela adequada, assumem essencial importância três aspectos na matéria que nos ocupa: a tutela dos interesses financeiros que constituem o alicerce das políticas comunitárias; a concretização de uma coordenada base de funcionamento dos sistemas fiscais que vigoram em cada um dos Estados-Membros da Organização, por forma a que, reconhecida a sua diversidade, se consiga que dos mesmos não resultem entraves ao desenvolvimento sócio-económico dos Estados-Membros e do Mercado europeu, e, simultaneamente, se eliminem os obstáculos fiscais à plena realização do Mercado Interno.

Analisaremos as coordenadas mais relevantes desta tripla temática, para concluir, em cada uma delas, pela importância que revela o instrumento da cooperação internacional comunitária, da cooperação administrativa e assistência mútua.

---

[71] Pode dizer-se que o meio escolhido para permitir uma tributação efectiva dos juros no Estado-Membro de residência fiscal do beneficiário efectivo, e assegurar a execução das tarefas exigidas pela aplicação da Directiva é a cooperação e intercâmbio de informações bancárias por parte dos agentes pagadores estabelecidos no seu território, independentemente do lugar do estabelecimento do devedor do crédito dos juros. De salientar que no ECOFIN de 4 de Março de 2011, e de acordo com o Comunicado de Imprensa (6014/11 PRESSE 25) foram analisadas propostas de alteração da Directiva 2003/48/CE destinadas a reflectir a evolução verificada nos produtos da poupança e no comportamento dos investidores desde 2005, ano em que a Directiva foi aplicada pela primeira vez. O objectivo das alterações é alargar o âmbito de aplicação da Directiva de modo a incluir todos os rendimentos da poupança, bem como os produtos que produzam juros ou rendimentos equivalentes, e evitar que a Directiva seja contornada.

O INTERCÂMBIO DE INFORMAÇÃO TRIBUTÁRIA

3.1. Como instrumento de luta contra a fraude em geral e de protecção dos interesses financeiros comunitários

A dimensão dos interesses financeiros comunitários, antes ditada, do ponto de vista das receitas, pelas operações de carácter aduaneiro e, na vertente das despesas, pelas exigências da Política Agrícola Comum (PAC), assume nos dias de hoje uma importância muitíssimo mais alargada sendo, talvez, a matéria em que se manifesta uma maior necessidade de colaboração entre os Estados, a nível inter-governativo, conjugada com uma presença atenta e qualificada das estruturas comunitárias.

A realização do Mercado Único Europeu, alargando de forma espectacular o espaço físico de livre circulação dos factores de produção, e concomitantemente, as oportunidades de desenvolvimento económico em geral, mas alargando também o estímulo à criação e uso recorrente de insidiosas formas de abuso e fraude, alertou os Estados-Membros e solidificou neles o reconhecimento da importância das matérias relativas aos recursos financeiros comuns, e de uma discussão, não apenas ao nível isolado de cada um mas, e sobretudo, no contexto da solidariedade que informa a construção comunitária como um todo.

A atenção passou a centrar-se na noção de interesse financeiro comum tendo por núcleo o orçamento comunitário, o qual, como todo e qualquer orçamento, é integrado por um conjunto de despesas e um conjunto de receitas correlativo sendo indispensável que estas angariem os meios para financiar a execução daquelas[72].

Em sede de despesas, elas resultam, essencialmente, das políticas comuns da União Europeia (cerca de vinte), nos termos da Parte III do actual Tratado de Funcionamento da União Europeia, susceptíveis de arrumação em duas categorias. A primeira é constituída por aquelas cujos custos têm exclusivamente

---

[72] As finanças públicas são formalmente regidas pelas disposições do Tratado que institui a Comunidade Europeia (ex artigos 268º a 280º e actuais artigos 310º a 325º do Tratado de Funcionamento da União Europeia), pela decisão que estabelece o sistema de recursos próprios e pelo regulamento financeiro aplicável ao orçamento geral, embora depois das reformas de 1988 tenha passado a adoptar-se um quadro financeiro plurianual (também chamado Perspectivas Financeiras) que indica o montante máximo dos recursos disponíveis e a composição das despesas previsíveis da UE naquele período, repartidas por grandes rubricas, e que é estabelecido por Acordo Institucional celebrado entre o Parlamento Europeu, o Conselho e a Comissão. Ou seja, o quadro financeiro constitui pois a programação financeira plurianual que enquadra os orçamentos anuais ao longo do período de referência. Para o período 2007-2013, o Acordo Institucional e o quadro financeiro decorrem do acordo alcançado no Conselho Europeu de Bruxelas de Dezembro de 2005, acordo esse que contém uma cláusula relativa ao reexame completo e abrangente do orçamento e do seu financiamento, incluindo nomeadamente a Política Agrícola Comum (PAC) e a compensação de que beneficia o Reino Unido.

A COOPERAÇÃO INTERNACIONAL EM MATÉRIA TRIBUTÁRIA

a natureza de custos de gestão e funcionamento, não prevendo a colocação à disposição de fundos a favor de uma generalidade indiferenciada de entidades portadoras de específico estatuto de legitimação, mas gerando despesas internas na estrutura administrativa. A segunda abrange aquilo a que mais apropriadamente se poderá chamar "política de despesas", ou seja, o conjunto de despesas através das quais se pretende operar uma redistribuição de recursos, estando pois afectas à concessão de financiamentos a entidades (públicas ou privadas) portadoras de características que as legitimam (por efeito de uma específica legislação ou regulamentação), despesas estas com efeitos directos no tecido social e económico, e como tal bem mais relevantes nesta análise. É o caso, desde logo, da Política Agrícola Comum (PAC), ocupando uma parte muito substancial do orçamento comunitário, e tendo como objectivo primário o estabelecimento de um Mercado único de produtos agrícolas (produtos da terra, criação de gado e pesca, incluindo a sua primeira transformação), com melhoria da qualidade, desenvolvimento de progressos técnicos e racionalidade produtiva, mediante uma melhor utilização dos factores de produção, pela via do estabelecimento de regras comuns em matéria de concorrência, coordenação das organizações nacionais de mercado e criação de uma organização europeia de mercado[73]. Para o funcionamento e gestão da PAC, a estrutura é, a partir de 1 de Janeiro de 2007, e fruto da publicação do Regulamento (CE) nº 1290/2005, do Conselho, de 21 de Junho de 2005[74], constituída por dois novos fundos[75]: o Fundo Europeu Agrícola de Garantia (FEAGA), que financia, nos termos da

---

[73] Complementarmente, embora já fora dessa organização comum de mercado, a PAC abrange também outras medidas, quer internas (incidindo exclusivamente no andamento do mercado nos Estados-Membros, com destaque para a regulamentação de preços – à produção, transformação e distribuição, e financiamento do sistema de constituição de *stocks* –), quer externas (condicionando, tanto na importação como na exportação, as trocas com países terceiros – na importação, impondo direitos elevados que desencorajem ou contenham a entrada de produtos do exterior no mercado comunitário; na exportação, medidas de auxílio para colocar produtos comunitários no mercado mundial, a preços competitivos ou medidas de obstáculo à saída de produtos do território da União –).

[74] Entretanto alterado pelos Regulamentos (CE) nºs 320/2006, de 28 de Fevereiro de 2006, 378/2007, de 5 de Abril de 2007 e 1437/2007, de 7 de Dezembro de 2007.

[75] Até então, existia o Fundo Europeu Agrícola de Orientação e Garantia (FEOGA), no âmbito da Direcção Geral de Agricultura da Comissão Europeia, subdividido em duas Secções: Secção de Orientação, competente para a cobertura das despesas conexas com a melhoria das estruturas de produção agrícola, e Secção de Garantia, que sustenta as despesas derivadas das políticas conjunturais de mercado. O FEOGA foi criado pelo Regulamento nº 25/6273, que depois foi integrado no Regulamento nº 729/7074, tendo este sido revogado pelo Regulamento (CE) nº 1258/1999, do Conselho, de 17 de Maio de 1999, por efeitos da sua harmonização com a contemporânea revisão da disciplina orçamental.

O INTERCÂMBIO DE INFORMAÇÃO TRIBUTÁRIA

legislação comunitária, um conjunto de despesas, tanto em regime de gestão partilhada entre os Estados-Membros e a União Europeia, como de modo descentralizado, e o Fundo Europeu Agrícola para o Desenvolvimento Rural (FEADER), que financia (no quadro de uma gestão partilhada) a contribuição financeira comunitária para os programas de desenvolvimento rural executados em conformidade com específica regulamentação comunitária.

Destaque ainda para os Fundos Estruturais, abrangendo-se nesta designação as normas dispersas por vários instrumentos financeiros com o objectivo de financiar acções de carácter permanente e de longo prazo sobre as estruturas económicas e sociais, e informando ainda a Parte III do TFUE, dedicada à coesão económica, social e territorial, empenhando a Comunidade na promoção de um desenvolvimento harmonioso das várias regiões que a constituem através de medidas capazes de reduzir as disparidades existentes. Destinados, sobretudo, às zonas menos favorecidas, insulares ou rurais, estes fundos, com específicos fins estruturais, são sustentados por acção do Banco Europeu para o Investimento (BEI) e alguns instrumentos financeiros obedecendo a exigências específicas e tendo por norma regulamentar de base o Regulamento (CE) nº 1083/2006, do Conselho, de 11 de Julho de 2006[76], que contém disposições gerais sobre os fundos estruturais para o período 2007-2013. Nele são desenvolvidos três fundos estruturais individualizados – o Fundo Europeu de Desenvolvimento Regional (FEDER); o Fundo Social Europeu (FSE), e o Fundo de Coesão que actuam, com três objectivos especiais, em complemento das correspondentes acções nacionais ou como contributo para as mesmas.

O primeiro objectivo, "Convergência", é promover o desenvolvimento e adaptação estrutural das regiões que apresentem atrasos no desenvolvimento (FEDER e FSE: no geral para regiões cujo produto interno bruto *per capita* seja inferior a 75% da média comunitária; Fundo de Coesão: para Estados-Membros cujo Rendimento Nacional Bruto *per capita* seja inferior a 90% da média comunitária e estejam a desenvolver programas de convergência económica e o FEDER: para facilitar a integração de algumas regiões ultraperiféricas, tendo em conta as respectivas limitações resultantes, nomeadamente, do afastamento geográfico).

O objectivo nº 2, "Competitividade Regional e Emprego", financiado pelo FEDER e pelo FSE, é o reforço da competitividade, do emprego e da capacidade

---

[76] Que revogou o Regulamento nº 1260/99, do Conselho, de 21 Junho de 1999 (JO L 161 de 26 de Junho de 1999), modificado pelo Regulamento (CE) nº 1447/2001, do Conselho, de 28 Junho 2001 (JO L 198, de 21 Julho 2001), e que continha disposições gerais sobre os fundos estruturais para o período 2000-2006.

A COOPERAÇÃO INTERNACIONAL EM MATÉRIA TRIBUTÁRIA

de atracção das regiões que não sejam as regiões menos desfavorecidas, para antecipar as mudanças económicas e sociais, promover a inovação e o espírito empresarial, a protecção do ambiente, a acessibilidade, a adaptabilidade e o desenvolvimento dos mercados intensivos no factor trabalho.

O terceiro objectivo, "Cooperação Territorial Europeia", financiado pelo FEDER, respeita ao reforço da cooperação (centrada essencialmente na investigação, no desenvolvimento, na sociedade de informação, no ambiente, na prevenção dos riscos e na gestão integrada da água), transfronteiriça, transnacional e inter-regional, promovendo soluções comuns para autoridades vizinhas, nos domínios do desenvolvimento urbano, rural e costeiro, assim como o desenvolvimento das relações económicas e ligação em rede das pequenas e médias empresas.

Na vertente das receitas, e depois de uma longa evolução, pode dizer-se que o actual sistema de financiamento do orçamento comunitário foi introduzido pelo Tratado do Luxemburgo[77], e comporta num primeiro grupo, essencialmente os direitos aduaneiros (incluindo os aduaneiros agrícolas)[78] resultantes da aplicação da pauta aduaneira comum e outros direitos fixados ou a fixar pelas Instituições comunitárias nas trocas com países terceiros; no segundo grupo o IVA (aplicado pela primeira vez em 1980) e que resulta de uma taxa aplicável à base tributável

---

[77] De facto, até 1970, o orçamento europeu foi alimentado pelas contribuições dos Estados--Membros, com base no artigo 200º do Tratado de Roma, de 1957. Todavia, já então o artigo 201º do mesmo Tratado recomendava à Comissão o estudo da substituição desse tipo de financiamento por um sistema de recursos próprios, recomendação que veio a concretizar-se na Decisão do Conselho de 21 de Abril de 1970 – Decisão do Conselho de 21 de Abril de 1970 nº 70/243/CECA, CEE, Euratom, relativa à substituição das contribuições financeiras dos Estados-Membros por recursos próprios da Comunidade, (JO L 94 de 28 Abril 1970) – que estabelece os princípios para a substituição. Esta Decisão, conjuntamente com o Tratado, na parte relativa à regulamentação do novo sistema de financiamento saído do Luxemburgo, atribui à Comunidade Europeia, a título de recursos próprios, os derivados dos "diferenciais agrícolas", dos direitos aduaneiros, de uma parte do Imposto sobre o Valor Acrescentado (IVA) e de um quarto recurso, introduzido em 1988, denominado de "recurso complementar" (visto ser fixado em função dos restantes três), resultante da aplicação de uma taxa, estabelecida no quadro do processo orçamental, à soma dos Produtos Nacionais Brutos (PNB) de todos os Estados-Membros.

[78] Os direitos niveladores agrícolas (suplementares) eram importâncias ou elementos adicionais e outros direitos fixados ou a fixar pelas instituições comunitárias sobre as trocas com países terceiros no quadro da Política Agrícola Comum (PAC), que variavam em função dos preços do mercado mundial e do mercado europeu e que desapareceram (por deixar de haver diferença entre direitos agrícolas e os direitos aduaneiros sobre a importação de produtos agrícolas), após a transposição para o direito comunitário dos acordos multilaterais em matéria de comércio (Uruguai *Round*). Ou seja, os direitos agrícolas são agora, simplesmente, os direitos de importação cobrados sobre os produtos agrícolas importados de países terceiros. Os direitos aduaneiros e os direitos agrícolas compõem os chamados recursos próprios tradicionais.

49

O INTERCÂMBIO DE INFORMAÇÃO TRIBUTÁRIA

uniforme, criada pela Sexta Directiva IVA[79]; e finalmente um outro recurso, inscrito no orçamento como recurso complementar ou residual, determinado anualmente pela diferença entre a soma das restantes três receitas e o total das despesas financiadas por actuação das políticas decididas em sede comunitária[80].

Este ainda o sistema de recursos próprios após 2002 e até 2006, com base na Decisão do Conselho de 29 de Setembro de 2000[81]. Para o período 2007-2013, a Decisão 2007/436/CE, Euratom – Decisão do Conselho, de 7 de Junho de 2007[82] – mantém como recursos próprios os tradicionais, o IVA, e o baseado no RNB, com correcções a favor do Reino Unido e da Alemanha, Áustria, Holanda e Suécia, aos quais foi concedido direito a uma redução da sua parte no financiamento[83].

[79] Directiva 77/388/CEE, de 17 de Maio de 1977, em matéria de harmonização das legislações dos Estados-Membros relativas ao Impostos sobre o Volume de Negócios – Sistema Comum de Imposto sobre o Valor Acrescentado e base tributável uniforme –, que foi depois objecto de muitas alterações, por efeito de Directivas sucessivas (e não apenas em resultado da adesão de novos Estados-Membros) tendo sido recentemente republicada como Directiva 2006/112/CE, do Conselho, de 28 de Novembro de 2006. A taxa de aplicação à base uniforme IVA neste contexto foi inicialmente fixada em valor máximo de 1%, depois aumentada para valor não superior a 1,4%, e logo a seguir diminuída para o período 1995-1999 (de 1,32% em 1995 até 1% em 1999 – Decisão nº 94/728/CE, Euratom, de 31 de Outubro de 1994, publicada no JO L 293, de 12 de Novembro de 1994), depois para 0,75% no período 2002-2003, fixando-se em 0,5% a partir de 2004, sempre cobrada com base na matéria colectável IVA dos Estados-Membros, sem que possa ultrapassar 50% do RNB do respectivo Estado-Membro.

[80] Concretamente, toma-se a base fornecida pela soma dos Rendimentos Nacionais Brutos (RNB) de todos os Estados-Membros, aplica-se a essa soma uma taxa, fixada também anualmente no quadro do processo orçamental, e reparte-se o montante assim obtido entre todos os Estados-Membros proporcionalmente à capacidade contributiva de cada um.

[81] Decisão do Conselho nº 2000/597/CE, Euratom, publicada no JO L 253 de 7 de Outubro de 2000, e tomada em resultado das decisões do Conselho Europeu de Berlim (de 24 e 25 de Março de 1999, e em que se chegou a acordo geral sobre a Agenda 2000), que simultaneamente aumentou a percentagem dos "recursos tradicionais" retida nos Estados-Membros a título de despesas de cobrança e estabeleceu alguns ajustamentos a favor de certos Estados-Membros (Áustria, Alemanha, Holanda e Suécia), na linha de uma correcção antes efectuada a favor do Reino Unido, e cuja quota havia sido reduzida por efeito de um complexo mecanismo de compensação. De facto, foi no Conselho Europeu de Fontainebleau, de 25 e 26 de Junho de 1984, que, fruto das reclamações persistentes do Reino Unido respeitantes à sua contribuição financeira, se criou um mecanismo de correcção para os desequilíbrios orçamentais, aplicável àquele Estado-Membro.

[82] Ver a propósito sobre esta matéria o Regulamento nº 105/2009, do Conselho, de 26 de Janeiro de 2009 (JO L 36, de 05.02.09).

[83] A correcção a favor do Reino Unido tem por base a diferença entre a proporção da sua base uniforme do IVA na base uniforme total do IVA na UE, e a associada à parte desse país no total das despesas repartidas. A redução concedida à Alemanha, Áustria, Holanda e Suécia, foi fixada em $^3/_4$ do seu valor normal, e foi fundamentada na que foi feita a favor do Reino Unido

A COOPERAÇÃO INTERNACIONAL EM MATÉRIA TRIBUTÁRIA

Está, contudo, em discussão[84], a hipótese de uma radical revisão do sistema de recursos próprios, já antes prefigurada por alguns autores[85], e que inclui a possibilidade da introdução de novos recursos[86]. A tarefa, a cargo da Comissão[87], aponta para a introdução de um novo recurso, de base fiscal, que substituiria, essencialmente, o actual recurso baseado no Rendimento Nacional Bruto e financiaria uma parte significativa do orçamento comunitário, com a filosofia subjacente de reforçar os recursos provenientes da fiscalidade no financiamento do orçamento da UE, criando uma receita fiscal visível e relativamente importante, suportada directamente pelos cidadãos da União Europeia ou pelos operadores económicos[88].

[84] A ela se referindo, desde logo, o artigo 9º da Decisão 2007/436/CE encarregando a Comissão de "proceder a um reexame geral do sistema de recursos próprios", considerando ainda que os recursos IVA e RNB apresentam fortes características de contribuições nacionais mais do que verdadeiros recursos próprios.

[85] LAURIA, F.: L' Unione Europea – origine, sviluppi e problemi attuali, UTET, 1996, que hipotiza a criação de um novo recurso para apoiar a expansão do orçamento comunitário.

[86] Conclusão que parece retirar-se já das conclusões do referido Conselho Europeu de Berlim, de 24 e 25 de Março de 1999, nas quais se realça a vantagem de modificar o sistema de recursos próprios comunitários para o tornar mais equitativo, mais transparente, mais simples, e efectivamente assente no binómio custo – benefício, tudo na salvaguarda da exigência de estabilidade financeira da União.

[87] Temática já antes tratada no Relatório da Comissão "Financiamento da União Europeia – Relatório sobre o funcionamento do sistema de recursos próprios": COM (2004) 505 final/2; Comunicação da Comissão, de 10 de Fevereiro de 2004, "Construir o nosso futuro em comum, desafios políticos e recursos orçamentais da União alargada, 2007-2013: COM (2004) 101 final e Comunicação da Comissão, de 14 de Julho de 2004, "Perspectivas financeiras 2007-2013": COM (2004) 487.

[88] Na base desta filosofia, cuja discussão foi relançada pela comissária Schreier e muito influenciada pelo Relatório Sapir, estava também o objectivo político de que o sistema de financiamento da UE reflectisse cada vez mais a ideia de uma União de Estados-Membros e a aproximação entre as populações da Europa (cfr. DOS SANTOS, C. A.: "Sobre o Imposto Europeu", Revista dos TOC, nº 99-Junho de 2008, pp. 24 e ss.). Têm sido vários os candidatos ao papel de "imposto europeu" apresentados por políticos e académicos, desde os impostos sobre o consumo do álcool e do tabaco, os impostos sobre juros com retenção na fonte, as receitas provenientes de "lucros de senhoriagem" do Banco Central Europeu, os impostos sobre transacções financeiras ou sobre transacções de valores mobiliários, os impostos ambientais, ou como recentemente proposto pelo deputado europeu Lamassoure, os impostos sobre as mensagens tipo SMS e e-mail (ainda DOS SANTOS, C. A., cit., p. 27, apontando o maior interesse das propostas de impostos que, escapando ao princípio da territorialidade, pudessem ser cobradas a nível comunitário). As hipóteses avançadas pela Comissão (Relatório da Comissão sobre o funcionamento do sistema de recursos próprios COM (2004) 505 final, Bruxelas, 14.7.2004, disponível em www.europa.eu/LexUriServ) como eventuais futuros recursos próprios fiscais são três e baseadas: no consumo de energia (imposto sobre a energia); nas bases do IVA nacionais (diminuindo a actual opacidade deste recurso); e no rendimento das pessoas colectivas (Imposto sobre o Rendimento das Sociedades). A justificação para esta opção centra-se na von-

O INTERCÂMBIO DE INFORMAÇÃO TRIBUTÁRIA

Com esta panóplia de instrumentos de angariação de receitas e necessidade de canalização destas para as diversas acções comunitárias, num Mercado único,

tade manifestada de "ultrapassar as principais desvantagens do actual sistema, isto é, a ausência de uma ligação directa com os cidadãos da UE, uma esmagadora dependência das transferências a partir dos tesouros nacionais e uma complexidade injustificada", podendo o novo sistema "contribuir igualmente para uma afectação mais adequada dos recursos económicos da UE, sem perder de vista que tudo isto haverá de ser feito com respeito pela neutralidade financeira, não devendo pois verificar-se aumento da pressão fiscal sobre os cidadãos dos vários Estados-Membros, objectivo possível já que cessando as contribuições RNB, os Estados-Membros teriam condições para reduzir os impostos internos sem prejuízo da sua estabilidade financeira.

Na parte do imposto sobre a energia, a tarefa consistirá em trabalhar a Directiva relativa à tributação da energia, a Directiva 2003/96/CE, do Conselho, de 27 de Outubro de 2003 (JO L 283 de 31.10.2003), que reestrutura o quadro comunitário de tributação dos produtos energéticos e da electricidade, embora na opinião da Comissão o novo recurso fiscal (eventualmente com taxas comunitárias inferiores a metade das taxas mínimas estabelecidas na Directiva para a tributação da energia) não necessite de se basear em todos os produtos abrangidos pela Directiva", podendo limitar-se " à matéria colectável relativa ao combustível utilizado para o transporte rodoviário (gasolina com chumbo, gasolina sem chumbo, gasóleo, GPL e gás natural para transportes)", embora se diga que "um imposto comunitário sobre o combustível para aviões ou sobre as respectivas emissões poderia constituir um complemento útil a um imposto sobre o combustível para o transporte rodoviário", prevendo-se como horizonte possível para a respectiva introdução um espaço de tempo relativamente curto (cerca de 3 a 6 anos).

Quanto ao novo recurso IVA, denominado de "recurso IVA genuinamente fiscal" (por contraposição ao actual "IVA estatístico"), ele seria aplicado através de uma taxa comunitária como parte da taxa do IVA nacional paga pelos contribuintes. A taxa seria cobrada juntamente com a taxa nacional na mesma matéria colectável. Os cidadãos não teriam de suportar um imposto adicional, uma vez que a taxa comunitária seria compensada por uma redução equivalente da taxa do IVA nacional – por exemplo se a taxa nacional fosse de 21% sendo a taxa comunitária de 1% (a Comissão aponta este valor como suficiente para cobrir cerca de metade das necessidades financeiras do orçamento comunitário), a taxa nacional diminuiria para 20%, continuando a taxa do IVA total a ser de 21% – embora, para efeitos de visibilidade, o IVA comunitário e o IVA nacional devessem aparecer como impostos distintos na factura ou recibo que o sujeito passivo fornece ao seu cliente. Para superar as dificuldades ainda existentes (harmonização incompleta dos sistemas IVA dos Estados-Membros) a introdução deste recurso exigiria um período de tempo até seis anos.

Quanto ao Imposto sobre as Sociedades, ele exigiria a definição prévia de uma matéria colectável comum (consolidada) que seria aplicada às empresas, procedimento este com inegáveis vantagens ao nível das que operam para além das fronteiras da UE. Depois disso, tratar-se-ia da fixação de uma taxa mínima do imposto sobre a matéria colectável harmonizada, aceitando-se que seria necessário afectar à UE menos de $1/4$ das respectivas receitas. A solução, pelas dificuldades políticas e administrativas facilmente compreensíveis, a ser seguida sempre significaria um prazo bem mais longo para a sua adopção. Note-se que, a ideia da criação de uma matéria colectável comum consolidada do Imposto sobre as Sociedades (MCCCIS) acaba de ser objecto de uma Proposta de Directiva apresentada pela Comissão Europeia – COM (2011) 121 final, de 16 de Março de 2011 –, como um sistema de regras comuns para cálculo da matéria colectável das sociedades com residência fiscal na UE e das sucursais situadas na UE de sociedades de países terceiros, com os seguin-

52

A COOPERAÇÃO INTERNACIONAL EM MATÉRIA TRIBUTÁRIA

vasto e livre de fronteiras internas, o acréscimo (preocupante) de prática de fraudes e outras irregularidades[89], tem reflexos altamente negativos no orçamento comunitário, nos orçamentos nacionais, na economia europeia, e, como foi acentuado no Conselho Europeu de Florença, na moralidade da Administração e no estabelecimento de uma relação, que se quer de confiança, com os contribuintes em particular e com os cidadãos em geral.

As fraudes comunitárias constituem, na actualidade, uma preocupação importante das Instituições comunitárias, tanto nos efeitos erosivos que provocam no orçamento comunitário como na confiança dos cidadãos europeus e dos operadores económicos nessas Instituições. Sendo o orçamento comunitário financiado, a final, pelo dinheiro do contribuinte, seja ele um particular

---

tes objectivos: evitar para as sociedades que operam transfronteiras encargos administrativos pesados e custos de cumprimento elevados resultantes da interacção no Mercado europeu de 27 sistemas fiscais diferentes em matéria de tributação do rendimento das sociedades; obstar a sobretributação ou mesmo a dupla tributação, melhorando as condições de neutralidade fiscal entre actividades nacionais e actividades externas com reflexos positivos nas potencialidades do Mercado Interno.

[89] Não releva aqui analisar e confrontar os conceitos de fraude e de simples irregularidade que os textos comunitários (nomeadamente a Convenção relativa à protecção dos interesses financeiros da Comunidade Europeia, aprovada por Acto do Conselho de 26 de Julho de 1995 – JO C 316, de 27.11.1995 – e o Regulamento nº 2988/95, do Conselho, de 18 de Dezembro de 1995 – JO L 312, de 23.12.1995-) reconhecem como realidades bem diferenciadas. De acordo com o artigo 1º § 1º daquela Convenção "Constitui fraude aos interesses financeiros das Comunidades europeias: a) em matéria de despesas, todo o acto ou omissão intencional relativo à utilização ou à apresentação de declarações ou de documentos falsos, inexactos ou incompletos, tendo por efeito a obtenção ou a retenção indevida de fundos provenientes do orçamento geral das Comunidades europeias ou dos orçamentos geridos pelas Comunidades europeias ou por sua conta; à não comunicação de uma informação em violação de uma obrigação específica tendo o mesmo efeito; ou ao desvio de tais fundos para outros fins que aqueles para os quais foram criados; b) em matéria de receitas, todo o acto ou omissão intencional relativo: à utilização ou à apresentação de declarações ou de documentos falsos, inexactos ou incompletos, tendo por efeito a diminuição ilegal de recursos do orçamento geral das Comunidades europeias ou dos orçamentos geridos pelas Comunidades europeias ou por sua conta; à não comunicação de uma informação em violação de uma obrigação específica tendo o mesmo efeito; ou ao desvio de um benefício ilegalmente obtido tendo o mesmo efeito." O Regulamento define como irregularidade, para os mesmos fins, "toda a violação de uma disposição de direito comunitário resultante de um acto ou de uma omissão de um operador económico que tem ou teria por efeito lesar o orçamento geral das Comunidades ou orçamentos geridos por estas, seja através da diminuição ou supressão de receitas provenientes dos recursos próprios obtidas directamente por conta das Comunidades, seja através de uma despesa indevida". Como quer que seja considerar-se-á simplesmente a fraude comunitária como abrangendo as duas realidades descritas, ou seja, e utilizando a terminologia da Comissão Europeia, a fraude respeita a todo o comportamento ilegal que tenha impacto negativo sobre o orçamento da União Europeia.

O INTERCÂMBIO DE INFORMAÇÃO TRIBUTÁRIA

ou uma empresa, a fraude nos direitos ou impostos que alimentam esse orçamento, ou a utilização abusiva de financiamentos comunitários, traduzem-se num prejuízo indirecto para o contribuinte europeu sob a forma de uma desigual distribuição de recursos, além de que os circuitos comerciais fraudulentos, constituindo actos de concorrência desleal, representam prejuízos directos às empresas. Se a consequência mais imediata da fraude é uma perda de receita para os Estados-Membros e para a União Europeia, ela arrasta igualmente um prejuízo económico substancial para os operadores privados sob a forma de uma concorrência ilegal que permite a entrada no circuito de mercadorias fraudulentas. A fraude, com efeito, põe em circulação bens relativamente aos quais não foram pagos os direitos e impostos normalmente exigíveis, ou que beneficiaram, indevidamente, de redução de impostos, e em consequência, entram nos circuitos paralelos de distribuição em concorrência com os que são vendidos em condições regulares. Os circuitos "oficiais ou legais" de produção e distribuição sofrem pois um prejuízo financeiro certo, embora dificilmente quantificável.

Foi para fazer frente aos ataques aos seus interesses financeiros que a Comunidade Europeia cedo se dotou de legislação antifraude e criou órgãos especializados na matéria, com destaque para o Organismo Europeu de Luta Antifraude (OLAF), podendo dizer-se que, desde 1988, as irregularidades cometidas nos Estados-Membros, lesivas dos interesses financeiros comuns, ocupam um lugar crescente na agenda política da União.

Continuando a cobrança dos direitos aduaneiros e outros tributos (recursos tradicionais) a ser uma prerrogativa dos Estados-Membros (que transferem o seu valor para os cofres da Comunidade, após reterem 25% a título de reembolso das despesas ligadas à respectiva cobrança), sendo também eles os responsáveis pela gestão de 80% dos fundos comunitários, tem-se assistido à multiplicação das irregularidades ao longo dos anos. Irregularidades estas que, como já se salientou, encontraram terreno ainda mais propício com a eliminação das fronteiras físicas e fiscais no interior da Comunidade e com a adopção das quatro liberdades fundamentais (livre circulação de mercadorias, de capitais, de serviços e de pessoas), colocando à disposição de estruturas organizadas para a fraude um espaço vasto e com "vazios" resultantes da compartimentação da tutela por diversas soberanias e Administrações nacionais, onde pontuam, sobretudo, alguma falta de harmonia legislativa, falhas no sistema de comunicações e dificuldades linguísticas, factores que dificultam a estratégia de coordenação perseguida ao nível comunitário. Neste contexto, revela-se hoje improdutiva e até anacrónica, a utilização dos sistemas clássicos de tutela financeira, tradicionalmente modelados segundo uma dimensão nacional desses fenómenos. É imprescindível uma aproximação, não individual mas sim combinada

54

A COOPERAÇÃO INTERNACIONAL EM MATÉRIA TRIBUTÁRIA

e global, aos problemas que, tendo em conta as efectivas características do Mercado Único europeu, concretize do ponto de vista financeiro um sistema harmonizado de vigilância e segurança, articulado em estreita conexão com as necessidades impostas pelas condições económicas de referência.

Um tal sistema globalizado tem de afastar as eventuais ineficiências geradas pelos efeitos (em cascata) que os erros, num qualquer ponto de um Estado--Membro possam ter sobre as acções a desencadear nos outros Estados-Membros, para que não se corram riscos, inclusive o risco extremo de esvaziar na totalidade a acção comum posta em execução. E não deve esquecer-se a circunstância de, em alguns países, nomeadamente os geograficamente situados na Europa e menos desenvolvidos, poderem desenvolver-se, face ao desafio da realidade altamente dinâmica da Europa comunitária, "esquemas" domésticos – sociais, administrativos e judiciais – que, devidamente explorados, constituirão bases logísticas relativamente seguras para a perpetração de actividades ilícitas de vários tipos.

Face a um tão vasto quadro de referência do tráfego internacional, acções isoladas não bastam. A única estratégia de luta concretamente eficaz e efectivamente passível de concretização ao nível das estruturas estaduais e supranacionais é a baseada na cooperação entre as entidades que, em cada um e em todos os Estados-Membros, organizam e coordenam as investigações e controles.

No cenário de cooperação a partir de *Maastricht*, foram introduzidos novos instrumentos, prevendo-se complementarmente um diversificado e mais incisivo papel para as Instituições comunitárias, designadamente para a Comissão Europeia, que resulta particularmente dotada de poderes para o efeito, embora se trate de poder não autónomo mas de propostas concorrentes com as dos Estados-Membros[90].

Centremos a atenção nas irregularidades que fazem apelo a uma forte cooperação administrativa[91] visando a protecção dos interesses financeiros da Comunidade contra a fraude e toda a actividade ilícita, e que motivou uma Pro-

---

[90] Saliente-se, porém, que a cooperação introduzida no Título VI do Tratado de *Maastricht*, constitui uma cooperação que, nas matérias mais sensíveis como são a cooperação judicial, a cooperação de polícia e a cooperação aduaneira, exclui qualquer direito de iniciativa da Comissão e muito menos permite qualquer possibilidade de "comunitarização" em virtude da denominada "disposição passarela" prevista no artigo K9, podendo pois poder afirmar-se que no sistema prefigurado por *Maastricht*, a cooperação judicial em matéria penal, a cooperação de polícia e a cooperação aduaneira continuam a manter um carácter essencialmente inter-governativo, mesmo que esta lógica não exclua pontos de contacto significativos com o primeiro pilar.

[91] Deixando de lado as matérias relativas à cooperação judicial, de polícia e aduaneira em matéria penal e os ilícitos aí envolvidos, por não ser esse o objecto do nosso estudo.

posta de Regulamento do Parlamento Europeu e do Conselho, apresentada pela Comissão em 14 de Setembro de 2006 – COM (2006) 473 final[92] –.

Na vertente das despesas, *maxime* quanto aos financiamentos das políticas estruturais, o quadro jurídico de referência é, as mais das vezes, um quadro regulamentar que não deixa margem de manobra por conter pormenorizadas disposições de aplicação, com um sistema de monitoragem e de avaliação que não podem ser considerados instrumentos técnicos de cooperação administrativa. Ou seja, a necessidade de assistência mútua administrativa é aqui menos sentida nos Estados-Membros, devido ao facto de que, na grande maioria dos casos, senão na totalidade, a investigação da indevida percepção dos contributos financeiros comunitários tem sido objecto de fraudes que, sendo grandes, se têm circunscrito aos territórios políticos internos dos Estados-Membros da União. Entendemos, mesmo assim, que seria útil e produtivo que a Comissão, ouvindo as vivas solicitações que para o efeito vêm dos mais avançados serviços antifraude que operam no âmbito comunitário, tivesse aqui um papel mais activo.

No lado das receitas, em matéria aduaneira e agrícola os instrumentos de cooperação administrativa são relevantes e têm vindo a assumir uma crescente importância. Podemos agrupá-los em duas categorias fundamentais: os que constituem o fundamento jurídico da cooperação entre todos os órgãos competentes de cada Estado-Membro e os correspondentes organismos dos outros países comunitários (e extracomunitários) e aqueles que disciplinam as relações de cooperação entre as autoridades competentes dos Estados-Membros e a Comissão Europeia. Merecem realce a este título, a Convenção de Assistência Mútua Administrativa em Matéria Aduaneira, de 7 de Setembro de 1967, mais conhecida como Convenção de Nápoles[93], e o Regulamento (CE) n° 515/97[94]. Aquela, estabelecida bem antes do início do sistema de recursos próprios, mas iniciando a sua produção de efeitos já debaixo da passagem ao novo regime financeiro comunitário, estabelece como objectivo fundamental o de "prevenir, investigar e reprimir as infracções às leis aduaneiras" com o fim de "assegurar a exacta percepção dos direitos aduaneiros e dos outros direitos de importa-

---

[92] Modificando a sua anterior Proposta: COM (2004) 509 final, de 20 de Julho de 2004.

[93] Convenção que foi assinada em Roma, em 7 de Setembro de 1967 e que entrou em vigor em 1 de Janeiro de 1972.

[94] Do Conselho, de 13 de Março de 1997, relativo à assistência mútua entre as autoridades administrativas dos Estados-Membros e à cooperação entre estes e a Comissão, para assegurar a correcta aplicação das normas aduaneiras e agrícolas, publicado no JO L n° 82, de 22 de Março de 1997. Entrou em vigor em 13 de Março de 1998, e já foi alterado pelo Regulamento (CE) 807/2003, do Conselho, de 14 de Abril de 2003 e pelo Regulamento (CE) 766/2008, do Parlamento Europeu e do Conselho, de 9 de Julho de 2008.

A COOPERAÇÃO INTERNACIONAL EM MATÉRIA TRIBUTÁRIA

ção e exportação" (artigo 1º). Este, que substituiu o pré-vigente Regulamento nº 1468/91, do Conselho, de 19 de Maio de 1981[95], o qual, durante quase vinte anos, apoiou a maior parte dos pedidos de cooperação entre as autoridades competentes dos Estados-Membros.

Por evidentes razões cronológicas, tanto a Convenção de Nápoles de 1967 como o Regulamento nº 1468/91 foram, muitas vezes, superados pela repentina evolução do processo de integração europeia, ficando desadequados das novas realidades do Mercado interno desenhado pelo Tratado de *Maastricht* e substancialmente alterado depois. A necessidade de uma actualização da assistência mútua em relação ao novo cenário europeu está na base da adopção quer do novo Regulamento nº 515/97, e dos seus complementos[96] e alterações, (a última das quais em 9 de Julho de 2008, por via do Regulamento (CE) nº 766/2008, do Parlamento Europeu e do Conselho), quer, de um ponto de vista inter-governativo, da nova Convenção sobre assistência mútua administrativa em matéria aduaneira, comummente chamada de "Convenção Nápoles II", estabelecida em Bruxelas, em 18 de Dezembro de 1997. Esta Nápoles II tem um campo de aplicação bem mais amplo que o da Nápoles I, de 1967. Esta visa, como já se referiu, "prevenir, investigar e reprimir as infracções às leis aduaneiras" com o fim de "assegurar a exacta percepção dos direitos aduaneiros e dos outros direitos de importação e exportação" (artigo 1º), aquela, prevê também no artigo 1º relativo ao campo de aplicação, no parágrafo 1º, que os Estados-Membros se prestem mútua assistência e cooperem, entre si, através das respectivas Administrações aduaneiras, especialmente para prevenir e combater a violação das disposições aduaneiras nacionais, e, consequentemente, perseguir e punir a violação das disposições aduaneiras comunitárias e nacionais. A Nápoles II recupera os instrumentos técnicos operativos já a seu tempo previstos no corpo normativo de *Schengen*, mas coloca-os em relação directa com a acção antifraude ao nível inter--governativo. O novo sistema de cooperação alfandegária de nível inter-governativo entre os países da União é completado pela Convenção sobre o Uso da Informática no Sector Aduaneiro[97].

---

[95] JO L 144, de 2 de Junho 1981. Este Regulamento e a Convenção de Nápoles de 1967, conjuntamente com as normas do Tratado de Roma de 1957 que realizaram uma união aduaneira completa entre os Estados-Membros, são apontados como complementares: o primeiro, adoptado para efeitos do artigo 235º do Tratado, respeitava a actuação das disposições comunitárias em matéria aduaneira e agrícola; o segundo respeitava aos sectores que entram na exclusiva competência dos Estados-Membros (expressamente derivado da conjugação do disposto nos artigos 36º e 223º do Tratado).

[96] Regulamento (CE) nº 696/98, da Comissão, de 27 de Março de 1998.

[97] Acto do Conselho de 12 de Março de 1999, publicado no JO C 91, de 31 de Março de 1999.

O INTERCÂMBIO DE INFORMAÇÃO TRIBUTÁRIA

Em matéria fiscal propriamente dita, quer os impostos aduaneiros quer os tributos "mais internos" devidos pelo contribuinte, relevam na quantificação da base tributável e correlativa receita IVA (que constitui, como já se disse, a base para o cálculo da quota parte deste imposto que respeita à UE), e também na determinação do RNB que, por seu lado, é o parâmetro para a determinação do quarto recurso (destinado a assegurar o equilíbrio e estabilidade do orçamento comunitário). É ainda certo que, no estado actual, o sistema do IVA comunitário (regime provisório com tendência a definitivo, por não estar prevista ainda, nem ser previsível, qualquer data para a passagem ao princípio da origem), constituindo o eixo estrutural da abolição das fronteiras alfandegárias entre os Estados-Membros, apresenta também uma grande vulnerabilidade em termos de fraude fiscal, não apenas ao nível isolado de um Estado-Membro mas a um nível mais global abrangendo dois ou mais deles. A fraude comunitária nesta vertente ultrapassou as suas formas clássicas e assume hoje mecanismos complexos de fraude transnacional, mecanismos esses estimulados, potenciados e melhor alimentados com a integração europeia. Sucessivas Presidências têm assumido a necessidade de prestar especial atenção à cooperação dos Estados--Membros na luta contra a fraude fiscal, tanto no campo da tributação directa como da indirecta. Naquela, a prioridade incidiu sobre as Directivas relativas à luta contra a evasão fiscal e estabelecimento das regras adequadas relativas à transparência: ampliar o âmbito da Directiva da Poupança, tanto objectivamente, incorporando um maior número de rendimentos tributáveis, como subjectivamente, incorporando certas entidade e instrumentos legais cujos beneficiários efectivos são pessoas singulares; aperfeiçoar e actualizar a Directiva sobre Cooperação Administrativa com o objectivo de aumentar em todos os Estados--Membros os níveis quantitatitvos e qualitativos de troca de informação, nomeadamente pondo fim à limitação relativa ao segredo bancário, estabelecendo obrigatoriedade de troca automática para certas categorias de rendimentos e adoptando uma nova estrutura administrativa que permita agilizar os procedimentos; finalmente, no que respeita à Directiva de Assistência Mútua na Cobrança, desenvolver instrumentos mais eficientes para a cobrança de débitos que requeiram assistência de outros Estados-Membros, sempre que os devedores ou os seus bens se situem nesses Estados. Actuação considerada relevante é ainda a obtenção de acordos anti-fraude com países terceiros que cumpram os padrões da OCDE em termos de transparência e troca de informação.

No campo da coordenação fiscal em sede de tributação directa, a atenção recai sobre o seguimento da aplicação do Código de Conduta, como resulta expresso nas Conclusões do ECOFIN de 4 de Março de 2011, e na tributação indirecta os esforços direccionam-se para o incremento da cooperação administrativa na luta contra a fraude, promovendo a criação do EUROFISC (rede

A COOPERAÇÃO INTERNACIONAL EM MATÉRIA TRIBUTÁRIA

descentralizada de troca de informação da fraude IVA entre os Estados-Membros, baseada num mecanismo de aviso prévio e numa plataforma multilateral da análise de risco).

Finalmente, e no que respeita aos Impostos Especiais de Consumo, a mesma preocupação de fortalecimento da cooperação administrativa, através da implementação do EMCS (*Excise Movement Control System*), um novo sistema informático para monitorizar, electronicamente, os movimentos de bens sujeitos a Impostos Especiais de Consumo pela via da interconexão das estâncias alfandegárias dos vários Estados-Membros e operadores[98].

Os citados objectivos demonstram, pois, um aprofundamento da cooperação administrativa e assistência mútua, quer através do Direito Comunitário[99] quer através das disposições que as prevêem no articulado das Convenções sobre Dupla Tributação em que sejam contratantes os Estados-Membros da União Europeia, ou ainda através de específicos Acordos sobre assistência mútua e cooperação administrativa em desenvolvimento daqueles Direito ou articulado convencional.

Neste âmbito da cooperação administrativa e assistência mútua, a actual arquitectura do sistema comunitário está assente em dois pilares: no correcto estabelecimento do imposto – a Directiva 77/799/CEE, de 19 de Dezembro de 1977 em sede de tributação do rendimento e Impostos sobre os Prémios de Seguros (já substituída pela nova Directiva 2011/16/UE, de 15 de Fevereiro de 2011) e os Regulamentos (CE) 1798/2003 do Conselho, de 7 de Outubro de 2003[100] e 2073/2004 do Conselho, de 16 Novembro de 2004, em sede de IVA e de Impostos Especiais de Consumo, respectivamente –; e na cobrança de créditos fiscais – a Directiva nº 2008/55/CE, de 26 de Maio de 2008[101].

---

[98] Conselho da União Europeia, ECOFIN 5, 5036/10, de 8 de Janeiro de 2010.

[99] Directivas e Regulamentos visando esse objectivo específico e que foram recentemente aprovadas: Regulamento (UE) 904/2010, de 7 de Outubro de 2010, para a cooperação administrativa no IVA; Directiva 2010/24/UE, de 16 de Março de 2010, em matéria de assistência na cobrança de créditos de impostos e Directiva 2011/16/UE, de 15 de Fevereiro de 2011, relativa à cooperação administrativa no domínio da fiscalidade (sobretudo dos impostos sobre o rendimento).

[100] Em 2004, o Regulamento (CE) nº 1925/2004 da Comissão, de 29 de Outubro de 2004 (Jornal Oficial L 331 de 5.11.2004) estabeleceu normas de execução para certas disposições do Regulamento (CE) nº 1798/2003 do Conselho relativo à cooperação administrativa no domínio do Imposto sobre o Valor Acrescentado visando dar-lhe uma maior operacionalidade. Nele a Comissão especificou as categorias de informações a trocar sem pedido prévio, a frequência com que devem ser trocadas e outras modalidades práticas necessárias à aplicação de determinadas disposições do Regulamento (CE) nº 1798/2003.

[101] Cobrança de créditos que resultem de operações que façam parte do sistema de financiamento do Fundo Europeu de Orientação e Garantia Agrícola, do Fundo Europeu Agrícola de Desenvol-

O INTERCÂMBIO DE INFORMAÇÃO TRIBUTÁRIA

Em todo o caso, confirma-se que, no tocante a assistência mútua administrativa em geral e troca de informações em particular, existe em matéria tributária, se assim se pode chamar, um triplo nível de "sensibilidade dividida" a nível comunitário. Ela é máxima no campo aduaneiro, em que a cooperação é inteiramente definida por Regulamentos, ou até mesmo por Convenções que comprometem contratualmente os Estados; média nos impostos indirectos, em que convivem Directiva e Regulamento; mínima nos directos em geral, completamente remetidos a normas com a natureza de Directiva, limitada aos aspectos relativamente aos quais esteja estabelecida e definida alguma harmonização ou coordenação.

3.2. Como condição necessária para a subsistência do modelo actual de tributação

A teoria clássica que informou e continua a fundamentar os sistemas tributários em vigor em geral, e particularmente os europeus, assenta em três factores nucleares: a materialidade, o território e o poder político ou soberania nacional.

A materialidade configura, habitualmente, as manifestações da capacidade económica eleitas como pressuposto da obrigação fiscal, ao mesmo tempo que informa a definição e a identificação das entidades a quem se imputa o uso e a fruição dessa capacidade, para efeitos da exigência do tributo, i.e., os sujeitos passivos ou obrigados fiscais. O território delimita o poder de tributar do Estado. Sem prejuízo das excepções constantes da lei, com relevo para Tratados e Convenções, esse poder é exercido, quase ilimitadamente, no interior das respectivas fronteiras físicas, sendo limitado internacionalmente pela coexistência com as restantes soberanias, ou seja acabando onde começa o poder tributário do outro Estado[102]. O poder político é condição *sine qua non* para o exercício do poder tributário. Nele reside a soberania fiscal, entendida como o poder de criar impostos, de os extinguir ou de alargar ou restringir o seu âmbito.

---

vimento Rural, quotizações e direitos de importação e de exportação, do IVA, dos IEC's, dos impostos sobre o rendimento e património, das taxas sobre os prémios de seguro e bem assim de juros, sanções e multas administrativas (com excepção de sanções de natureza penal) e outras despesas conexas. Esta Directiva revogou a anterior Directiva 76/308/CEE, de 15 de Março de 1976 e respectivas alterações. Entretanto, foi já aprovada a Directiva nº 2010/24/UE, do Conselho, de 16 de Março de 2010 sobre a assistência mútua em matéria de cobrança dos créditos correspondentes a determinados impostos, direitos e outras medidas (JO L 84, de 31 de Março de 2010) que revoga a Directiva 2008/55/CE a partir de 1 de Janeiro de 2012.

[102] TIBERGHIEN, A.: Manuel de Droit Fiscal, Ced-Samson, Bruxelles, 1987, p. 865: "Chaque État possède à l'intérieur de ses frontières un pouvoir illimité en matière fiscale; à l'extérieur de ses frontières il n'a aucun pouvoir en matière fiscale".

A COOPERAÇÃO INTERNACIONAL EM MATÉRIA TRIBUTÁRIA

Concomitantemente, a política fiscal que subjaz àqueles sistemas elege clássica e constitucionalmente como princípios tributários configuradores, o princípio da capacidade económica ou capacidade contributiva, o princípio da progressividade, ambos numa relação directa com o princípio da igualdade, e o princípio da redistribuição.

São estes sistemas fiscais (centrados, essencialmente, em três manifestações da capacidade contributiva – rendimento, património e consumo –), que historicamente se conformaram e ao longo do tempo se reafirmaram, possibilitando aos Estados a obtenção dos montantes de receita fiscal necessários para alimentar as crescentes funções governamentais do que tem sido o *Welfare State*, na perspectiva da intervenção pública no bem estar dos respectivos cidadãos.

Uma análise breve da evolução da tributação do rendimento e do consumo, por serem as mais relevantes no contexto das receitas fiscais, revela, até um passado mais ou menos recente, aperfeiçoamentos do modelo de base, numa actuação conjugada de maior equidade e justiça social, ou seja de melhor adequação e distribuição da carga fiscal. Na tributação do rendimento, as mutações mais relevantes concretizaram-se na passagem duma tributação cedular dos vários rendimentos, qualificados de acordo com a sua origem ou fonte[103] e com amplo recurso a taxas proporcionais, para uma tributação global com afirmação do conceito de imposto único e progressivo[104], bem mais consonante com a pretendida equidade tributária. Na tributação do consumo, a evolução resultou, como é sabido, de um desenvolvimento em duas vertentes: a da passagem de um modelo limitado à tributação selectiva de alguns consumos para o da tributação abrangente da totalidade do consumo ou despesa, e, dentro desta, o abandono de impostos cumulativos ou em cascata, tributando o valor pleno das transacções, com opção por um outro modelo que garantisse maior neutralidade no comércio interno e nas transacções internacionais, tributando, em cada fase do processo de produção e distribuição até ao comércio retalhista, apenas o valor gerado nessa fase: o Imposto sobre o Valor Acrescentado[105],

---

[103] DE VITI, M.: <u>First Principles of Public Finance</u>, trad. MARGET, E., Harcourt-Brace, New York, 1935, pp. 377-98.

[104] Passagem esta defendida sobretudo a partir da obra de HENRY SIMONS, professor da Universidade de Chicago, em 1938, e que rapidamente se difundiu, sobretudo na Europa, já que na América Latina, p.e., se tem mantido em significativa escala a utilização do modelo cedular. Ver SIMONS, H.: <u>Personal Income Taxation</u>, University of Chicago Press, Chicago, 1938.

[105] Imposto surgido na Europa a partir da obra publicada em 1956, em França, por MAURICE LAURÉ, preconizando na *taxe à la production*, a tributação dos *outputs* gerados no sector mas com dedução do imposto suportado pelo produtor nos bens intermédios ou instrumentais utilizados.

imposto este que mereceu a preferência do legislador comunitário que o adoptou e impôs como modelo obrigatório de tributação do consumo dentro do espaço da UE.

A partir dos anos 80 do século passado, contudo, a natureza e profundidade das transformações ocorridas na economia geraram outras discussões.

A globalização, as novas tecnologias de informação e a desmaterialização e desintermediação que lhe estão associadas alteraram tão profundamente o contexto económico, cultural e social em que se desenvolvem as relações económicas, que têm provocado danos significativos no edifício das receitas fiscais e, o que é mais grave, estão também a minar os alicerces em que repousam os sistemas tributários, tanto na vertente dos modelos em que se materializam como no dos princípios constitucionais que os sustentam. Nas palavras de SOUSA FRANCO[106], a situação pode hoje "fazer sonhar idealistas mas é de verdadeiro pesadelo para os legisladores fiscais", ao mesmo tempo que aos administradores fiscais falta a *ciberliteracia* que lhes permita lidar com as novas realidades, operando ainda com os instrumentos procedimentais da velha "polícia fiscal", i.e. com capítulos inteiros de legislação relativa aos processos e procedimentos tributários que servem mal ou pura e simplesmente não se aplicam, de todo, às novas situações.

A globalização, abrindo as economias e operando um extraordinário crescimento do comércio internacional[107] associado à enormíssima expansão dos movimentos transfronteiriços de capitais (quer para financiar o investimento directo quer para alimentar os *portfolio investments*), expansão potenciada pela remoção dos obstáculos políticos àquela mobilidade e pela inovação tecnológica advinda da *internet*, em conjugação com a aceleração da mobilidade das pessoas e bens (tanto como consumidores como enquanto agentes económicos), em consequência da quebra nos custos de transporte, apresenta consequências tributárias negativamente sérias.

E mais importantes que a globalização são a digitalização e a desmaterialização das transacções, agora também não acompanhadas do que era a tradicional intermediação. Se a globalização permite ainda a sobrevivência da perspectiva tributária clássica, não obstante os custos e controvérsias resultantes da passagem do papel das soberanias nacionais para a soberania de blocos regionais ou, eventualmente, para uma soberania mundial, a situação complica-se enormemente com estas outras manifestações dos novos tempos que vivemos. A explosão das redes electrónicas cria um espaço onde centenas de milhões de

---

[106] "O Novo Ambiente Tecnológico e o Direito Fiscal", CIAT, Porto, 20 a 23 de Setembro de 1999.
[107] Segundo dados recentes ele cresceu a uma taxa dupla da do Produto Interno Bruto mundial.

A COOPERAÇÃO INTERNACIONAL EM MATÉRIA TRIBUTÁRIA

cidadãos e empresas ou seja, de interlocutores e protagonistas livres, tentam racionalizar e optimizar as suas opções económicas (nas quais se não inclui, certamente, o pagamento de impostos), cenário que com a digitalização dos meios de pagamento, num quadro de moeda única como é o caso da Europa, e com a desintermediação que altera os velhos protagonistas da relação tributária clássica, põe em causa a identificação dos intervenientes a qual, como se sabe, é condição indispensável para a responsabilização e exercício do poder fiscalizador e sancionatório do Estado.

No *working paper* do *Fiscal Affairs Department*, subordinado ao título *Globalization, Technological Developments, and the Work of Fiscal Termites*[108], VITO TANZI trata da globalização e desenvolvimentos tecnológicos e institucionais associados ou paralelos, na perspectiva das consequências dos mesmos na erosão das receitas fiscais e na conformação dos sistemas tributários. Aproveitando a figura de uma espécie de insectos especialmente invasivos e devastadores, as térmitas biológicas, indica um conjunto de factores responsáveis por aquela erosão sob a denominação de *Fiscal Termites*. São oito: o comércio electrónico; a utilização do dinheiro electrónico; as transacções intragrupo; os centros financeiros *offshore* e os paraísos fiscais; os instrumentos financeiros derivados e os *hedge funds*; a incapacidade ou a relutância em tributar os capitais financeiros; o crescimento das actividades efectuadas fora dos países de residência e as aquisições, no estrangeiro, de produtos altamente tributados em impostos específicos no país de residência.

O comércio electrónico ou *e-commerce*, tem vindo a intensificar-se, tanto interna como internacionalmente, por facilitar a mudança dos produtos em suporte físico para produtos digitais. Deixando muito menos registos do que o anterior comércio, suportado em facturas ou documentos equivalentes, ele cria dificuldades assinaláveis ao legislador fiscal quanto à forma de efectivar a respectiva tributação. É difícil, entre outros aspectos, identificar as transacções, aplicar o princípio do destino, identificar o local de origem da transacção sempre que o produto apresenta uma forma digitalizada, definir a jurisdição tributária e determinar o domicílio fiscal das partes intervenientes, sejam elas pessoas singulares ou empresas, as quais agora se apresentam tão só como "cidadãos digitais" ou "empresas digitais", pondo em causa o clássico conceito de sujeito passivo[109].

---

[108] Apresentado em Washington, na Conferência do Centro Interamericano de Administrações Tributárias (CIAT), em Julho, 10-12, de 2000, e passível de consulta através do site do CIAT (*www.ciat.org*), já antes citado.

[109] BISHOP, M.: "The mystery of the vanishing taxpayer", The Economist, 29 Janeiro de 2000.

O INTERCÂMBIO DE INFORMAÇÃO TRIBUTÁRIA

Por sua vez, o dinheiro real está, também ele, a ser substituído pelo dinheiro electrónico, o *e.cash*, "inserido" em *shifts* de cartões electrónicos, podendo ser usado *on-line* ou *off-line*, e, quando esse seja o caso, com associação a contas bancárias em países que as permitem e que possuem segredo bancário, tornando muito difícil, senão mesmo impossível, apanhar e acompanhar as respectivas transacções base.

Quanto à actuação das empresas, a sua segmentação em partes tem por objectivo estabelecer entre si transacções de bens ou, e sobretudo, de serviços, a preços de transferência capazes de minorar a incidência fiscal, situação mais relevante quando as partes estejam estabelecidas em diferentes países com diferentes sistemas fiscais, e ainda mais quando os produtos ou serviços não possam ser transaccionados no mercado livre[110], a significar inaplicabilidade do princípio de referência que é o *arm's length price*. A consequência primária destas manipulações é a deslocalização do apuramento de maiores proveitos em países em que a tributação do rendimento empresarial é mais baixa, retirando-os daqueles onde a tributação apresenta níveis mais elevados.

O recurso aos centros financeiros *offshore* e aos paraísos fiscais, caracterizados por baixas taxas de tributação, por legislação que dificulta a identificação dos depositantes e por falta de informação aos países onde os mesmos são residentes, tem motivado alguns esforços para contrariar as suas consequências, embora muito pouco se tenha conseguido, e este pouco quase exclusivamente em situações que tenham associados o branqueamento de capitais ou o financiamento do terrorismo, pelo que o futuro não parece muito risonho em termos de eficácia no combate a estas práticas.

Não menos importante a este propósito é a entrada no mercado financeiro de novos instrumentos, exóticos e complexos. Perderam importância, ou pura e simplesmente desapareceram, os instrumentos financeiros que o cidadão médio podia compreender, e consequentemente, escolher, para aplicar as suas poupanças em função do respectivo retorno, quer certo e transparente (depósitos a prazo em instituições financeiras, títulos de dívida pública), quer com alguma margem de risco, embora com potencialidade de um maior retorno (acções em empresas). Os novos instrumentos, v.g. as várias categorias de derivados, são sofisticados. E neles não é fácil identificar se o retorno é um ganho de capital ou um dividendo, por vezes nem sequer a localização do ganho potencial. Muitos destes novos instrumentos são intencionalmente concebidos e modelados para

---

[110] Como será o caso de um avião a jacto, marcas de comércio e patentes, custos de sede e de investigação e desenvolvimento.

evitar (e às vezes até fazer escapar) o pagamento de impostos, recorrendo para isso a técnicos muito especializados e conhecedores da matéria financeira, utilizando e desenvolvendo progressivamente, mas a um ritmo incessante, complexos modelos matemáticos e instrumentos financeiros não facilmente entendíveis para a generalidade dos cidadãos. Não se vê que se lhes possa pôr travão (até porque atacados uns, outros surgem como que daqueles renascidos, porventura com muito maior grau de sofisticação), pelo que é crível que o fenómeno continuará a crescer em importância e em complexidade nos próximos anos.

A incapacidade, ou também o desacordo, dos países em aplicar taxas elevadas ao capital financeiro e bem assim aos rendimentos de indivíduos altamente qualificados, resultam da constatação de que se trata de bases que com facilidade se movem, num mercado cada vez mais internacionalizado e integrado, para jurisdições de tributação mais baixa. O resultado tem sido, dentro da UE, o de forçar os Estados a descerem as taxas marginais de tributação do rendimento ou a optarem por tributação separada dos rendimentos de capitais e dos restantes rendimentos (*dual income taxes*).

O aumento de actividade exercida fora das fronteiras nacionais e o crescente recurso dos indivíduos a deslocações destinadas à aquisição de bens (de mais alto preço e facilmente transportáveis), torna difícil aos países actuarem quer para obter conhecimento dos rendimentos auferidos na actividade desenvolvida no exterior quer para aplicar e manter tributação elevada sobre determinados bens de consumo.

A lista não é, obviamente, exaustiva mas é de âmbito espacial geral. Dentro da UE podemos juntar-lhe, ainda, a dimensão crescente da fraude carrossel[111],

---

[111] A fraude em carrossel caracteriza-se pela existência de transacções, verdadeiras ou ficcionadas, efectuadas através de uma cadeia de empresas, algumas das quais são controladas por indivíduos coordenados entre si. Envolve no mínimo três empresas distribuídas por dois Estados-Membros. O objectivo final é a apropriação indevida do Imposto sobre o Valor Acrescentado. O esquema 'arranca' com uma empresa A, geralmente um operador fantasma (com sócios estrangeiros e endereço inexistente), que faz uma transacção intracomunitária envolvendo, ou não, mercadorias reais, operação em que não há lugar a liquidação de IVA, pelo que é neste momento que se verifica aquela apropriação indevida. Esta empresa fantasma vende depois às empresas B e C (que liquidam o IVA na aquisição intracomunitária e operam a respectiva dedução), vendendo estas, por sua vez, à empresa D. Por fim, esta vende à empresa E (intermediário), a qual realiza transmissões intracomunitárias de bens, podendo também realizar operações no mercado nacional. Esta empresa intermediária pode, ou não, fazer parte da rede. Trata-se de uma fraude de difícil detecção já que é preciso ter uma visão do todo. Isto é, em cada momento as empresas podem alegar desconhecimento da manipulação, já que elas liquidam IVA. Quando se tem a visão da rede percebe-se que "havendo mercadoria, ela sai mais barata do que quando entrou no país, o que torna visível a falta

afectando sobretudo o Imposto sobre o valor acrescentado[112], a deslocalização de empresas *off-shoring*[113], designadamente nas áreas das tecnologias de informação, para Estados com fiscalidade mais baixa e/ou com custos salariais, ou outros, mais reduzidos.

Fruto de todo este emaranhado, é cada vez mais difícil para os governos manterem a tributação do rendimento com utilização de taxas altamente progressivas, já que os rendimentos marginais (as partes superiores do rendimento) são frequentemente rendimentos de capital, criando essa alta progressividade fortes incentivos para a deslocalização dos investimentos financeiros para os países em que as taxas sejam mais baixas, e sobretudo para onde exista segredo bancário ou regras similares que assegurem a confidencialidade ao depositante.

de racionalidade económica". Tratando-se de empresas ligadas todas ganham com a fraude, distribuindo entre si as respectivas vantagens. Dado o acompanhamento, pelas autoridades, das empresas fantasmas, as redes começam a usar firmas já com actividade para iludir a fiscalização. Muitas destas fraudes carrossel, anteriormente apenas realizadas entre Estados-Membros passaram agora a envolver a intervenção de países terceiros, combinando direitos aduaneiros com IVA, ou seja são praticadas com abuso das regras (quanto à importação) dentro do esquema deste tipo de fraude (carrossel): ou as mercadorias nunca abandonam o Estado-Membro de importação e são vendidas no mercado paralelo sem IVA; ou os sujeitos envolvidos na fraude carrossel transmitem as mercadorias no Estado-Membro de importação a um operador fictício *"missing trader"* noutro Estado-Membro; ou um número de IVA "abusivamente utilizado/capturado" é usado no Estado-Membro de importação na factura relativa a uma transmissão para outro Estado-Membro, sendo que na realidade os bens são mandados para um terceiro país, onde as mercadorias são vendidas sem IVA e fora do controle das autoridades locais. Em suma, a intervenção de países não comunitários complicou as operações, no esquema de carrossel, exigindo e dificultando a prova das transacções internacionais (*stricto sensu*) para quebrar a cadeia da fraude carrossel. Para maior desenvolvimento das fraudes no IVA, ver os dois relatórios do Fundo Monetário Internacional, de 2007, "*VAT Attacks*" e "*VAT fraud and evasion*", disponíveis em *http://www.imf.org/external/ns/search.aspx*.

[112] As fraudes no IVA têm um âmbito bem mais alargado e fortemente potenciado pela disciplina das transmissões comunitárias e operações triangulares com elas relacionadas. As fraudes no sector automóvel, nas actividades da construção imobiliária e no sector das empresas de limpeza assumem hoje contornos sofisticados e a exigir atenção especial das diversas autoridades fiscais. Disso se dá conta no Relatório pós-evento de uma Sessão de Trabalho do Grupo de Prevenção e Detecção da Fraude no IVA, promovida pela IOTA (*Intra-European Organization of Tax Administrations*), em Paris, de 16 a 18 de Janeiro de 2008, e num *workshop* de apresentação e discussão de casos concretos de fraude ao IVA, também em Paris, de 25 a 27 de Março de 2008. Disponível em *www.iota.org*.

[113] Por *off-shoring* entende-se a situação em que uma empresa desloca os processos ou a produção para outro país com custos de produção, nomeadamente mão-de-obra, mais baratos, sob a forma de filiais ou de empresas subsidiárias.

A COOPERAÇÃO INTERNACIONAL EM MATÉRIA TRIBUTÁRIA

TANZI[114], afirmava que, sem muito exagero, se podia começar a falar de uma verdadeira tempestade fiscal a formar-se no horizonte: no período 2000-2004, a forte deterioração registada nas receitas fiscais dos países do G-7, e em consequência, os grandes *deficits* verificados, estavam a tornar a crise fiscal uma possibilidade que não devia ser ignorada, conclusão ainda mais reiterada pelo facto de, no mesmo período, as taxas de juro terem sido notavelmente baixas (reduzindo o custo do serviço da dívida pública), e não ter havido inflação distorciva das receitas fiscais (contrariamente ao que tinha acontecido dez anos antes), não tendo também sido acentuada a retracção da economia.

A questão é particularmente importante na Europa, onde o *deficit* resulta basicamente do aumento das despesas públicas, tendo em conta a concepção que informa o modelo europeu[115]. Aqui ainda está muito enraizada a convicção de que maior despesa governamental contribuirá para um aumento do bem-estar social, havendo para isso que assegurar de qualquer forma o equilíbrio das contas fiscais. O impacto dos *deficits* fiscais foi sendo contido nos anos recentes pela dramática caída das taxas de juro, em parte resultante da política monetária seguida pelo Banco Central Europeu. Todavia, com o previsível aumento das taxas, os pagamentos de juros subirão deteriorando ainda mais a despesa pública.

Que fazer para lidar com tudo isto e inverter os efeitos que ao nível fiscal se revelam tão preocupantes, não obstante o reconhecimento das virtualidades do novo ambiente económico em alguns sectores e o facto de que as previsões mais pessimistas não se confirmaram? Dever-se-á obrigatoriamente falar em "novos impostos para uma nova economia"[116]?

Há efectivamente quem opine pela radical transformação do sistema tributário. Houve até quem apontasse soluções de "grau zero de fiscalidade na era digital", com a consequente ciber-morte da Administração fiscal. Deixando para trás estes ultra-liberais ou ciber – anarquistas, pode, contudo, dizer-se que tem havido algumas tentativas para a concepção de um novo paradigma de sistema fiscal que se mostre mais apto ao novo ambiente económico em que deve fundamentar-se a tributação.

---

[114] "The Coming Fiscal Crisis": *www.irpp.org/events/archive/jun05/tanzi.pdf*.

[115] Diferente do modelo dos Estados Unidos, onde a convicção é a de deixar aos "cidadãos com mais dinheiro no seu bolso" tratar individual e directamente dos riscos económicos e necessidades pessoais. Note-se que nos E.U.A. o *deficit* resulta sobretudo de uma acentuada redução da receita fiscal (e não da despesa pública).

[116] J. CORDELL, A.: "New Taxes for a New Economy", Government Information in Canada/Information Gouvernementale au Canada, Vol. 2, Nº 4.2, em *http://www.usask.ca/library/gic/v2n4/cordell/cordell.html*. O texto foi inicialmente apresentado em 14 de Setembro de 1995, na Victoria University da Universidade de Toronto, antes da Conferência Mundial de Líderes.

O INTERCÂMBIO DE INFORMAÇÃO TRIBUTÁRIA

Solução inicialmente hipotizada foi a criação de um novo imposto – o *Bit Tax*[117] –. Segundo CORDELL e IDE, que primeiro apresentaram a ideia, trata-se de lutar contra o actual crescimento sem trabalho (*jobless growth*). Analisando a evolução da economia do último século, assistiu-se, primeiro, ao abandono do trabalho agrícola face às oportunidades abertas com a sociedade industrial e depois, com o aumento e refinamento da própria automatização, à canalização dos novos empregos para o sector dos serviços. Agora, que a automação chegou também a estes, e que a nova tecnologia, a tecnologia da informação (que como analisamos, não tem paralelo com nenhuma das anteriores), consegue de uma forma mais rápida, mais certa e mais barata efectuar a generalidade das funções dos trabalhadores, teremos muito poucas pessoas a realizar o seu trabalho pelas formas tradicionais já que, e cada vez mais, os serviços são o resultado da acção de pessoas interagindo em interfaces que têm por base computadores e redes telefónicas conectadas com redes digitais.

Constatando-se ainda que a nova economia, alicerçada no uso intensivo das modernas tecnologias da informação, é altamente produtiva, o problema está em identificar e capturar os novos modos como ela é "distribuída" sob a forma de rendimento. Num relatório da OCDE sobre Tecnologia, Produtividade e Criação de Emprego, falava-se em paradoxo de *Solow* (em razão do autor da constatação ROBERT SOLOW), segundo a qual por todo o lado se vêem computadores excepto nas estatísticas de produtividade, ou seja, não aparecem nas estatísticas oficiais os benefícios da nova informação e das tecnologias de comunicação, ou melhor ainda, e como salienta CORDELL, uma grande parte dos ganhos de produtividade e ganhos de consumo resultantes das novas tecnologias de informação e comunicação desaparecem nas redes de produção e distribuição, não se reflectindo sequer em preços mais baixos ou proveitos ou salários mais altos.

Reconhece-se, também, que os ganhos de produtividade gerados pelas redes digitais se materializam em aumento de proveitos das empresas tecnologicamente mais apetrechadas, dos bancos, das empresas de telecomunicações e de outros que operam nessas redes, ou em abaixamento de preços, mas uma parte significativa pura e simplesmente desaparece dentro das "*networks*". Nesta perspectiva, o desafio é "capturar" a nova produtividade, saber onde e como é que ela acontece, de forma a tributá-la e redistribuí-la na parte adequada. A verdade, porém, é que isso dificilmente pode ser feito sob os paradigmas e concepções da velha economia. À ideia de ADAM SMITH, na sua *Wealth of Nations*, de que a riqueza

---

[117] Não existe muita informação disponível sobre este imposto para além das análises de CORDELL e IDE. Como salientam SOETE, L. e KAMP, K., "this is a no man's research land". Vide SOETE, L. e KAMP, K.: The "BIT TAX": the case for further research, MERIT, University of Maastricht, Agosto, 1996, *http://www.merit.unu.edu/publications/rmpdf/1996/rm1996-019.pdf*.

A COOPERAÇÃO INTERNACIONAL EM MATÉRIA TRIBUTÁRIA

se fundava no trabalho e na dimensão do mercado, tem agora de juntar-se algo mais à função de produção social: o conhecimento, a informação e as comunicações.

Sendo assim ao nível da tributação do rendimento, as coisas não diferem muito em termos do consumo. Muitas das mercadorias que eram tradicionalmente distribuídas fisicamente tornaram-se cada vez mais disponíveis através da "rede". A tributação da distribuição destes bens, que constituía a base essencial da receita do Estado, está, consequentemente, a ser fruto de erosão rápida. Em muitos serviços, a tributação em IVA (comunitário europeu) está a ser evitada em razão do acesso global e da possibilidade de deslocalização dos fornecedores desses serviços através da *internet* (com este uso da *Net* a única receita IVA é, amiudadas vezes, apenas a resultante da tributação da chamada telefónica). Simultaneamente, os fornecedores desses bens e serviços pela forma tradicional estão a perder competitividade em função duma tributação que não podem evitar. É que o IVA de modelo europeu ajusta-se bem à tributação das transacções de bens materiais ou serviços produzidos a partir de *inputs* intermédios que se apresentem fáceis de quantificar e em que o valor final do bem ou serviço reflicta, de uma forma bastante directa e linear, o conjunto dos vários *inputs*. Ora, no caso dos serviços de informação e comunicação é difícil falar de valor acrescentado real e significativo. Tributar o valor acrescentado de uma conversação telefónica aplicando uma certa taxa à conta telefónica faz pouco sentido, uma vez que o custo da operação não terá, em geral, relação com o possível valor da comunicação, variando apenas em função da distância (local; média distância; longa distância) e do tempo (segundos ou minutos) da comunicação.

A ideia subjacente ao *bit tax* é a de que são os fluxos digitais o novo elemento de produção, quer utilizados para entretenimento (cinema ou vídeo jogos) quer na forma de gestão e administração económico-financeira, como acontece com o comércio electrónico, e em sistemas desenhados para fins tão diversos como são o controlo do tráfego aéreo, a distribuição de bagagens em terra ou administração da imensidão de chamadas telefónicas, *fax*, *e-mail* e cartões bancários, de débito ou de crédito, tudo fenómenos que caracterizam a sociedade dos nossos dias. O *bit tax* apresentar-se-ia como um novo imposto, com a natureza de imposto sobre o volume de negócios, incidindo sobre o tráfego digital interactivo[118].

---

[118] CORDELL A. e IDE T.: "The New Wealth of Nations: Distributing Prosperity", documento preparado para a reunião anual do Clube de Roma, 30-December 1994. Segundo estes autores *"this new tax* (o bit tax) *would be similar to a gasoline tax or paying a toll on a bridge or toll road or having a licence plate on a car. These current excise and indirect taxes apply by weight of truck, by amount of gas used, not on the value of the commodity carried by the truck"*, considerando que *"each bit is a physical manifestation of the new economy at work"*.

O INTERCÂMBIO DE INFORMAÇÃO TRIBUTÁRIA

Nesta mesma perspectiva da criação de novos impostos, outras soluções foram hipotizadas: o *Tobin Tax*[119], o *Cross Border Capital Tax (CBCT)*[120] ou ainda o *Automated Payment Transaction Tax (APT tax)*[121].

---

[119] O *Tobin Tax*, que deve o seu nome a JAMES TOBIN, foi proposto nos anos 70, mas as discussões à sua volta continuaram durante muito mais tempo, alimentando acesas e ainda bem recentes discussões. Constatado o facto de que apenas 5% do total das transacções em divisas respeita a comércio e outras transacções económicas, apresentando-se os restantes 95% como meras actividades especulativas ditadas pelas variações das taxas de câmbio, a tributação proposta visava travar essas operações especulativas, sem ter grande impacto no investimento de longo prazo face à pequenez da taxa então equacionada (0,25%). A taxa aumentaria os custos de mobilização do capital, colmatando a falha de mercado que consistia nos custos excessivamente baixos desses movimentos. O objectivo desta tributação sobre os movimentos de divisas era, sobretudo, o de impedir as instituições financeiras de mudarem as suas operações cambiais para praças *offshore*. A ideia dum imposto deste tipo afigura-se, porém, pouco praticável (desde logo o facto de que, aplicada a todas as trocas cambiais, abrangeria não apenas as trocas de moeda mas também os movimentos de capital, que são realidades bem diferentes, e cuja dificuldade em separar, no mundo real, é enorme). Para um maior desenvolvimento: TOBIN, J.: "A Proposal for International Monetary Reform", Eastern Economic Journal, Wesleyan University Joyce Jacobsen e Wesleyan University Gilbert L. Skillman, New Jersey, USA, 1978, vol. 4, assunto 3-4, pp. 153-159.

[120] O *Cross-Border Capital Tax (CBCT)*[120], foi concebido por HOWELL ZEE para ultrapassar os inconvenientes da *Tobin Tax*, e é um imposto de aplicação aos fluxos financeiros privados dum país (*inflows*), deixando de fora da tributação os fluxos para o exterior (*outflows*), cujo momento de tributação ocorreria quando os fundos fossem transmitidos para dentro do país e recebidos por uma instituição financeira, a partir de uma fonte no exterior, sendo, de imediato, o valor do imposto depositado na conta do sector público. O *CBCT* pago sobre os recebimentos relativos a exportações seria reembolsado com base em procedimentos idênticos aos que se aplicam no IVA aos exportadores, e o imposto pago em fluxos de rendimento (juros, dividendos, *royalties* e lucros repatriados) seria creditado no imposto sobre o rendimento (pagamento por conta), sendo o excedente, se caso disso, reembolsável. Finalmente o CBCT pago nos proveitos de vendas de activos fixos seria também creditável ou reembolsável no imposto sobre o rendimento, com base em suportes documentais comprovativos. Ou seja, este imposto teria a natureza de uma retenção nos afluxos financeiros privados, com dedução (crédito ou reembolso) em todos os afluxos correntes. A carga fiscal recairia sobre os afluxos de capital (num objectivo similar ao do *Tobin Tax*, evitando-lhe alguns defeitos mas retendo a característica crucial de que a carga fiscal variasse inversamente com o horizonte temporal do investimento). Para maior desenvolvimento ZEE, H.: "Overcoming The Tobin Tax's implementation Problems: Tax Cross-Border Capital Flows, Not Currency Exchanges", New Rules for Global Finance Coalition, Washington, DC., Novembro, 2003 e "Retarding Short--Term Capital Inflows Through Withholding Tax, Working Paper WP/00/40, IMF, disponíveis em *www.imf.org*.

[121] Proposto por L. FEIGE, E. visa a eliminação do actual sistema de tributação do rendimento pessoal e dos entes colectivos, das vendas, dos consumos especiais, dos ganhos de capital ou maisvalias, das sucessões e doações e da propriedade, substituindo-os por um único imposto, global, neutral, simples, transparente, eficiente e equitativo, o *APT tax*. Segundo FEIGE a extensão da base de tributação a todas as transacções asseguraria a equidade na tributação, não através da progres-

A COOPERAÇÃO INTERNACIONAL EM MATÉRIA TRIBUTÁRIA

Numa perspectiva menos radical, de adaptações dentro do esquema informador dos impostos em vigor, tem-se advogado a gradual substituição da tributação do rendimento pela do consumo, a generalização dos impostos cobrados por retenção na fonte e a utilização crescente da territorialidade na tributação[122].

No imposto sobre o rendimento, o mais atingido pela perda de receitas fiscais face aos fenómenos de globalização, digitalização, desmaterialização e desintermediação antes referidos, as tentativas têm recaído no estabelecimento de preços de transferência ou outros adequados métodos de *profit split* para as transacções intragrupos, nas *CFC rules*, nos *exit taxes* e em outros procedimentos de que já demos conta. É efectivamente nos impostos mais afectados pela nova economia, e não nos impostos sobre a propriedade ou sobre outros factores sem mobilidade, que a actuação se deve fazer sentir. Ao nível europeu, que aqui mais nos interessa, há que ter ainda em atenção as especificidades próprias do Mercado interno nas alternativas à reformulação da tributação do rendimento, nomeadamente da tributação societária[123], com a proposta de activar a criação de uma base tributável consolidada comum entre os Estados-Membros para tri-

---

sividade da estrutura de taxas do imposto mas através da alteração da base tributável, com recurso à utilização da mesma e única taxa, *ad valorem*. Sendo certo que uma qualquer transacção tem associado um pagamento, o imposto seria liquidado e cobrado de forma automática, na fonte, através da tecnologia electrónica do *clearing system* relativo a pagamentos bancários automatizados, no momento em que a transacção económica é evidenciada através do (automatizado) pagamento, cobrança que elimina a necessidade de que os indivíduos e as empresas preencham declarações fiscais. A cobrança em tempo real, na fonte do pagamento, aplica-se a todos os tipos de transacções, reduzindo consequentemente os custos administrativos e de cumprimento, bem como as oportunidades de evasão fiscal. Para maior desenvolvimento: "Taxation for the 21st century: the automated payment transaction (APT) tax", em, respectivamente: *www.taxreformpanel.gov/meetings/docs/feige_052005.ppt* e *http://econwpa.wustl.edu/eps/pe/eps/pe/papers/0106/0106002.pdf*.

[122] Segundo *a International Tax Review*, de Abril de 2010, o Fundo Monetário Internacional prepara-se para propor novos impostos sobre as instituições financeiras. Respondendo a uma solicitação do Grupo dos Vinte (G-20), o FMI está a produzir um relatório destinado aos ministros das finanças do G-20 (a realizar em Junho de 2010), pronunciando-se sobre a introdução de um novo *"Financial Activities Tax*" (FAT)" sobre o sector financeiro e de um *"Financial Transactions Tax* (FTT)", com os objectivos de introduzir um tratamento fiscal do sector financeiro que o aproxime do dos outros sectores e compensar os custos da intervenção governamental de que beneficiou este sector em tempo de crise. A questão aparece enunciada no sítio electrónico do FMI (*http:imf.org*), num artigo: *"Fair and Substantial – Taxing the Financial Sector*", de 25 de Abril de 2010, de CARLO COTTARELLI, Director do Departamento de Assuntos Fiscais da instituição.

[123] LODIN, S.: "What ought to be taxed and what can be taxed: an international dilemma", <u>Bulletin of International Fiscal Documentation,</u> Maio, 2000, pp. 210 e ss.; AVI-YONAH, R.: "Globalization, tax competition, and the fiscal crisis of the Welfare State", <u>Harvard Law Review</u>, vol. 113, nº 7, 2000, pp. 1575 e ss.; e LAMAGRANDE, A.: "Los desafíos de la Administración Tributaria frente à la globalización", <u>Crónica Tributaria</u>, nº 87, pp. 47 e ss.

butar as empresas multinacionais em relação às suas actividades de âmbito europeu, a qual acaba de ser apresentada pela Comissão em 16 de Março de 2011[124].

Atente-se, porém, ao facto de que no contexto de que falamos, não são só os sistemas fiscais que resultam afectados. Encontram-se também em crise alguns dos clássicos princípios tributários, os quais constituem as fontes e fundamentos dos modelos tributários em vigor.

Por um lado, surgiram novas fontes do Direito tributário, amiúde produzidas com carácter geral, à margem e sem intervenção directa e/ou decisiva dos Parlamentos nacionais e seguindo por vezes princípios distintos dos princípios tributários clássicos. É o caso das Convenções de Dupla Tributação, das regras e princípios elaborados pelo Comité Fiscal da OCDE, de alguns dos preceitos dos Tratados da Organização Mundial do Comércio[125], e das normas "duras e brandas" emanadas das Instituições europeias, como o ECOFIN, a Comissão Europeia e o próprio Tribunal de Justiça da União Europeia (JTUE) e respectiva jurisprudência[126].

Estas novas fontes, as *backdoor rules* (produzidas, como se disse, sem intervenção directa nem representação de autoridade delegada dos Parlamentos nacionais, por algumas Organizações com relevo para o Fundo Monetário Internacional, o Banco Mundial, a OCDE e a OMC), abrangendo quer as *hard rules* como as *soft laws* ou legislação branda (caso das emanadas da UE e integrando regras de conduta que, não sendo embora juridicamente obrigatórias para os destinatários, pretendem indubitavelmente produzir efeitos jurídicos nos res-

---

[124] COM (2011) 121 final, que é o resultado de um estudo dos serviços da Comissão, intitulado "Company Taxation in the Internal Market", Bruxelas, 23 de Outubro de 2001 – COM (2001) 582 final –, a partir do qual foi criado, em 2004, um grupo de trabalho (Grupo de Trabalho MCCCIS), composto por peritos das Administrações fiscais fiscais de todos os Estados-Membros.

[125] Fundamentando Convénios como o GATT (General Agreement of Tariffs and Trade, de 1994); o GATS (General Agreement on Trade in Services) e o TRIPS (1 Agreement on Trade Related Aspects on Intellectual Property).

[126] As decisões deste Tribunal têm operado uma importante transformação nas bases e conceitos sobre que assentam os sistemas tributários nacionais em relação à tributação dos não residentes e investimentos estrangeiros (se se aplicar de forma estrita o princípio de não discriminação em razão da nacionalidade, haveria uma profunda reforma tributária nesses Estados). Está-se perante uma reforma fiscal por via jurisprudencial, com o TJUE a realizar uma harmonização secundária na esfera tributária, o que faz levantar sérias interrogações sobre a legitimidade da sua actuação, já que em alguns casos, as suas interpretações sobre o princípio da não discriminação têm grande impacto sobre matérias que são de exclusiva competência dos Estados-Membros, como é o caso da tributação directa. Vid. LEHNER, M.: Limitation of national power of taxation by the fundamental freedoms and non-discrimination clauses of the EC Treaty, EC Tax Review, nº 1, 2000, pp. 5 e ss.; e CAAMAÑO AÑIDO, M. A. y CALDERON CARRERO, J. M.: "Globalización Económica y Poder Tributario: Hacia un nuevo Derecho Tributario?", Civitas, nº 114, 2002, p. 261.

pectivos Estados-Membros), não possuem a legitimidade que é conferida pela representação dos cidadãos nos seus Parlamentos, pelo debate que lhes deve subjazer ou pela divulgação e transparência que ostentam as fontes normativas clássicas. Por outro lado essas *backdoor rules* (*soft ou hard rules*) têm, em geral, na sua base princípios de índole essencialmente económica – eficácia e eficiência económicas, concorrência e atracção de investimentos[127] – que contrariam os princípios tributários clássicos e constitucionais, sujeitando a grande flexibilização e sacrifício os princípios da igualdade, capacidade económica e progressividade[128].

Por outro lado, o recurso ao modelo do *dual income tax*[129], como medida de combate à grande mobilidade dos rendimentos de capitais, submetendo-os a uma taxa proporcional e reduzida, neutraliza compreensivelmente o estímulo à deslocalização, mas entra certamente em colisão, no Estado de residência que o aplica, com os tradicionais princípios constitucionais da igualdade, da capacidade contributiva, e redistribuição do rendimento[130].

Ainda em sede de tributação das pessoas singulares, a grande mobilidade a que hoje se assiste, torna difícil a determinação do Estado da residência. A partir daqui, a extensão, por vezes quase inadmissível, do conceito de residência ou o aumento da diferenciação de tratamento entre residentes e não residentes, põe também em causa os princípios da generalidade, da capacidade económica e da igualdade, questionando, em definitivo, a justiça do sistema tributário.

Para as pessoas colectivas, a tendência hoje verificada, em geral e na UE em particular, de abaixamento das taxas e aumento dos incentivos fiscais, materializando uma diminuição significativa da correlativa pressão fiscal, ao mesmo tempo que se recorre a específicas medidas de desincentivo à desterritorialização da base de tributação, introduzem sérios ataques aos princípios tributários da igualdade, da generalidade e capacidade contributiva, pela desigualdade de tratamento do investimento nacional e estrangeiro, e distorções na configuração dos factos tributários que delimitam a base tributável.

No comércio electrónico, a dificuldade em controlar as respectivas operações, identificar os contribuintes e, sobretudo, cobrar o imposto devido quando

---

[127] GARCIA ANOVEROS, J.: "Las reformas fiscales", REDF, nº 100, 1998, p. 531.

[128] CRUZ PADIAL, I.: "Globalización Económica: Sinónimo de Desnaturalización Tributaria", Universidad de Málaga, p. 60, disponível em *www.ief.es/publicaciones/revistas/Cronica%20Tributaria/.../109_Cruz.pdf*.

[129] Esta fórmula expressamente utilizada nos países nórdicos, informa, embora expressamente sem esse nome, os sistemas fiscais europeus de tributação do rendimento.

[130] OWENS, J.: "Emerging issues in Tax Reform: The Perspective of an International Bureaucrat", Tax Notes International, vol. 15, nº 25, 1997, pp. 2035-2036 e 2054 e 2065.

o contribuinte resida fora do território do Estado que o deva cobrar, levou, no IVA, à criação de um regime específico e complexo, através da Directiva 2002/38/CE, do Conselho, de 7 de Maio de 2002, informado por princípios orientados por objectivos de neutralidade, eficiência, segurança, simplicidade, e efectividade e justiça, mas com a necessária flexibilidade para incentivar, fazer progredir, e não obstaculizar, o desenvolvimento tecnológico e comercial. Se o sistema é complicado no IVA as dificuldades não são menores na tributação do rendimento, bastando, para exemplificar, ter em conta o que têm sido as discussões acerca do conceito de estabelecimento estável nesse novo ambiente.

É perante toda esta turbulência que se continua a falar, e com muita preocupação não obstante não se terem concretizado até agora as expectativas mais pessimistas, em *fiscal degeneration* dos sistemas tributários, no sentido descrito, e dos princípios tributários que os informam. O mais visado, pela maior relevância que lhe é reconhecida, é o da capacidade económica ou capacidade contributiva, podendo afirmar-se que a sua sobrevivência tem sido acompanhada, em termos pragmáticos, de uma acentuada diferença no seu âmbito, reduzindo muitas vezes a medida da capacidade económica à parte que dela se mostre susceptível de tributação efectiva[131].

Que perspectivas?

Assistir-se-á, indubitavelmente, à redução do papel do Estado, numa acentuada contracção do *Welfare State* com que convivemos numa boa parte do século passado, e à alteração da tradicional repartição das cargas tributárias, com apelo à coordenação internacional das políticas fiscais. Deixando de lado a primeira das questões, alheia ao âmbito deste trabalho, a alteração da carga fiscal resultará quer de uma alteração radical na estrutura do sistema tributário, substituindo o modelo existente por um outro de novos e diferentes impostos (e com isso alterando a fundamentação clássica do dever de contribuir e dos princípios que o informam), quer da sua manutenção, mas com uma revisão que atenda às condicionantes dos fenómenos tributários que a impõem e respectivos princípios fundamentadores. E esta é, aliás, a via mais equacionável no curto prazo, via que se apresentará mais susceptível de realização e assegurará maior eficiência e eficácia se for apoiada numa adequada coordenação das políticas fiscais ao nível internacional e comunitário, *maxime* nas categorias tributárias mais relevantes como são a tributação do rendimento e do consumo ou despesa. A coordenação tributária, a que se exige força jurídica capaz de conseguir uma aproximação concertada dos sistemas fiscais, sempre implicará alguma perda

---

[131] Neste sentido veja-se para maior desenvolvimento BRACEWELL-MILNES, B.: "Economic taxable capacity", Intertax, vol. 29, nº 4, p. 114.

de soberania fiscal, mas será preferível à manutenção de impostos que só tributem de forma efectiva uma parte da capacidade económica[132].

Note-se que esta posição de coordenação tributária, que supõe uma actuação fiscal de carácter global, é aquela que hoje merece o apoio e impulso por parte do Comité dos Assuntos Fiscais da OCDE, de forma especial na atenção prestada ao combate à concorrência fiscal prejudicial, como aliás já referimos. E esta tendência reflecte-se não só no âmbito nacional mas também ao nível supranacional. A prová-lo está, desde logo, a conjugação de esforços que tem vindo a estabelecer-se entre a OCDE e as Instituições comunitárias para implementar determinadas normas e práticas tributárias, assim se justificando as referências que as instituições comunitárias (ECOFIN, Comissão e TJUE) sempre fazem à necessidade de que o Direito fiscal comunitário se adeqúe aos princípios fiscais internacionais elaborados no seio da OCDE[133].

O objectivo primeiro é o de que os Estados-Membros vejam assegurada a arrecadação efectiva dos seus impostos, cerceando, para isso, as principais causas de evasão e fraude fiscal criadas pela globalização através do estabelecimento, de forma coordenada, de mecanismos dissuasórios capazes. E nestes ocuparão, por certo, papel preponderante os mecanismos de assistência mútua e cooperação administrativa, a par com outros com maior conteúdo técnico-fiscal como é o caso da retenção na fonte sobre os rendimentos de capitais, das regras sobre preços de transferência ou das *CFC rules*. A assistência mútua e cooperação administrativa, a par com a retenção na fonte sobre rendimentos de capitais tiveram influência decisiva no relatório de política fiscal da Comissão Europeia, de 23 de Maio de 2001, em que se realçou o elevado grau de consenso existente com a OCDE no sentido de que a assistência mútua e cooperação administrativa em geral, e o intercâmbio de informação em particular, sejam encarados como melhores mecanismos para garantir a sobrevivência do actual modelo de tributação. Tanto assim é, que a proposta de Directiva sobre o aforro apresentada em 1998, foi depois modificada de forma a fazer coexistir intercâmbio de informação e retenção na fonte, surgindo consequentemente uma nova proposta de Directiva sobre Fiscalidade do Aforro em 18 de Julho de 2001, que veio a ser aprovada[134] e se encontra em vigor em todos os Estados-Membros.

---

[132] AVI-YONAH, R.: "Globalization, tax competition, and the fiscal crisis of the Welfare State", Harvard Law Review, vol. 113, nº 7, 2000, pp. 1576 e ss., sobre as limitações de deslocar a carga tributária para o consumo.

[133] Como acontece com os Preços de Transferência e com a fiscalidade no comércio electrónico: na UE Directiva 2002/38/CE e Directiva 2001/115/CE.

[134] Directiva 2003/48, do Conselho, de 3 de Junho de 2003.

O INTERCÂMBIO DE INFORMAÇÃO TRIBUTÁRIA

A cooperação administrativa e assistência mútua na tributação do rendimento, faz-se, no interior da UE, essencialmente através da Directiva 77/799/ /CEE, de 19 de Dezembro[135], sucessivamente revista e actualizada[136] no sentido da garantia do maior grau possível de aplicação prática e de eficácia, até à recente aprovação, em 15 de Fevereiro, da Directiva 2011/16/UE[137], a qual já em vigor mas de transposição obrigatória para o Direito interno dos Estados-Membros o mais tardar em 1 de Janeiro de 2013 e que a substituirá. Sendo certo que a partir da entrada em vigor do Tratado de Lisboa, em 1 de Dezembro de 2009, a base legal para estas propostas são os artigos 113º e 115º do Tratado de Funcionamento da União Europeia, base legal que exige um procedimento legislativo especial (decisão por unanimidade no Conselho da Proposta da Comissão e após consulta ao Parlamento Europeu e Comité Económico e Social Europeu) e, tendo em conta que o intercâmbio de informação relativo a pessoas singulares está incluído na Directiva agora aprovada, houve que ter em atenção a legislação comunitária relativa à protecção de dados. Nesse contexto, e cumprindo o exigível pela Directiva 95/46/CE, do Parlamento Europeu e do Conselho, de 24 de Outubro de 1995 (sobre a protecção das pessoas singulares no que diz respeito ao tratamento de dados pessoais e à livre circulação desses dados) e pelo Regulamento (CE) nº 45/2001, do Parlamento Europeu e do Conselho, de 18 de Dezembro de 2000 (visando a protecção das pessoas singulares no que respeita ao tratamento de dados pessoais pelas instituições e pelos órgãos comunitários e a livre circulação desses dados), a Autoridade Europeia para a Protecção de Dados emitiu o seu parecer[138].

Na tributação da despesa, o IVA e os impostos especiais de consumo (IEC's) encontram a disciplina da assistência mútua e cooperação administrativa em dois diferentes instrumentos de Direito Comunitário. No IVA, onde a manutenção do modelo comunitário após a abolição das fronteiras físicas e fiscais, o combate ao aumento das praticas evasivas e fraudulentas associadas e a integração nas regras de localização dos serviços das operações de comércio electrónico impuseram e impõem um elevado grau de assistência mútua e coope-

---

[135] JO nº L 336, de 27 de Dezembro de 1977, pp. 15-20.
[136] Directiva do Conselho 79/1070/CEE de 6 de Dezembro de 1979 (JO L 331, de 27.12.1979); Directiva 92/12/CEE do Conselho de 25 de Fevereiro de 1992 (JO L 76 1 23.3.1992); Directiva 2003/93/CE do Conselho de 7 de Outubro de 2003 (JO L 264 23 15.10.2003); Directiva 2004/56/CE do Conselho de 21 de Abril de 2004 (JO L 127 70 29.4.2004); Directiva 2004/106/CE do Conselho de 16 de Novembro de 2004 (JO L 359 30 4.12.2004) e Directiva 2006/98/CE do Conselho de 20 de Novembro de 2006 (JO L de 20.12.2006).
[137] JO L 64 de 11 de Março de 2011.
[138] Parecer 2010/C 101/01 (JO C 101/1, de 24 de Abril de 2010).

A COOPERAÇÃO INTERNACIONAL EM MATÉRIA TRIBUTÁRIA

ração administrativa entre os Estados-Membros, sucederam-se um conjunto de instrumentos desde o inicial Regulamento 218/92, do Conselho, de 27 de Janeiro[139] e posterior Regulamento 792/2002, de 7 de Maio[140] até ao Regulamento 1798/2003, de 7 de Outubro[141] ainda em vigor (com as alterações do Regulamento (CE) nº 143/2008, de 12 de Fevereiro de 2008[142] que alargou o intercambio de informação nele previsto ao domínio das prestações de serviços, com destaque para aquelas em que seja aplicável o *reverse charge*), mas que será substituído pelo Regulamento (UE) nº 904/2010, do Conselho, de 7 de Outubro de 2010, a partir de 1 de Janeiro de 2012. Nos IEC's, a cooperação administrativa e assistência mútuas estão hoje autonomizadas[143] e reforçadas através do Regulamento nº 2073/2004, de 16 de Novembro de 2004[144].

3.3. Como factor de eliminação dos obstáculos fiscais à realização do Mercado Interno

Em Maio de 2001, a Comissão Europeia apresentava uma estratégia global para a futura política fiscal da UE[145]. Pretendia-se assegurar que a política fiscal apoiasse os objectivos mais amplos da política comunitária, nomeadamente, os estabelecidos pelo Conselho Europeu de Lisboa: a transformação da UE no espaço económico mais competitivo do mundo em 2010. Na concretização destes objectivos deu-se relevância ao reforço da coordenação em matéria fiscal[146], com o enfoque da Comissão para os problemas fiscais com que se deparam os indivíduos e as empresas que operam no Mercado interno, o apelo à "cooperação reforçada" e a abordagens não vinculativas, tais como Recomendações, em vez do mais usual recurso a propostas legislativas[147].

---

[139] JO L nº 24, de 1 de Fevereiro de 1992, p. 1.

[140] JO L nº 128, de 15 de Maio de 2002, p. 1.

[141] JO L nº 264, de 15 de Outubro de 2003, pp. 1-11. Posteriormente o Regulamento (CE) nº 1925/ /2004 da Comissão, de 29 de Outubro de 2004, publicado no Jornal Oficial L 331 de 5.11.2004, estabeleceu as normas de execução de certas disposições do Regulamento (CE) nº 1798/2003 do Conselho relativo à cooperação administrativa no domínio do Imposto sobre o valor acrescentado.

[142] JO L nº 44, de 20 de Fevereiro de 2008.

[143] Antes resultava inserido nas disposições da Directiva 77/799/CEE e na Directiva 92/112/CEE.

[144] JO L nº 359, de 4 de Dezembro de 2004.

[145] Ver *http://europa.eu.int/comm/taxation_customs/whatsnew.htm*.

[146] Coordenação esta que embora signifique a necessidade de ser alcançado um nível elevado de harmonização no domínio da tributação indirecta (IVA e os impostos especiais de consumo), não apresenta o mesmo conteúdo noutros domínios da fiscalidade.

[147] *Referindo-se a isto, Frits BolkEstein, Comissário europeu do Mercado Interno diz: "Devemos eliminar os problemas fiscais que enfrentam os indivíduos e as empresas que operam dentro do Mercado interno. Decorridos oito anos depois do prazo para a realização do Mercado interno, não é aceitável que os contribuintes continuem a encontrar tantos obstáculos transfronteiriços de carácter fiscal. Este documento estratégico estabelece*

O INTERCÂMBIO DE INFORMAÇÃO TRIBUTÁRIA

Entretanto, na Comunicação da Comissão ao Conselho, ao Parlamento Europeu e ao Comité Económico e Social, de 23 de Outubro do mesmo ano – COM (2001) 582 final –, denominada "Para um Mercado interno sem obstáculos fiscais"[148], reconhece-se a importância de assegurar eficiência económica às empresas que operam no espaço da UE. Com o elevado número de fusões, cisões e aquisições internacionais de empresas; com o incremento do comércio electrónico e aumento da mobilidade dos factores produtivos; com os contínuos progressos do processo de integração económica e da União económica e monetária; com o desmantelamento dos obstáculos de natureza não tributária (económicos, tecnológicos e institucionais) ao comércio transfronteiras; com o sentimento criado nas grandes empresas de que a totalidade do espaço UE constitui agora o "seu mercado nacional" (devendo as estruturas empresariais ser criadas à escala europeia, num processo naturalmente conducente a fenómenos de reorganização e centralização ao nível europeu comunitário); com a maior atenção que vem sendo prestada às dificuldades e preocupações manifestadas pelos sujeitos passivos, tanto pessoas singulares como colectivas; e com a existência, hoje reconhecida, de uma perspectiva real quanto aos esforços de eliminação dos regimes fiscais preferenciais que se revelam nocivos no Mercado interno (v.g. Código de Conduta[149] e disposições em matéria de auxílios estatais), resultou muito realçada e aumentada, para as empresas que operam transfronteiras, a importância que assumem as características específicas dos regimes fiscais em concreto, uma vez que os Estados-Membros tentam hoje utilizar todos os elementos dos seus sistemas de tributação, quer específicos quer estruturais, como instrumentos de atracção de investimentos e de actividade económica para os seus territórios, numa concorrência fiscal perfeitamente natural e bem-vinda.

A eficiência económica é factor incontestável de competitividade internacional para as empresas europeias e, neste contexto, há que garantir que os aspectos fiscais distorçam o mínimo possível as decisões económicas dos ope-

---

objectivos claros e específicos de política fiscal da UE para corrigir esta situação" (Discurso do Comissário Frits Bolkestein relativamente ao avanço do plano de acção para os serviços financeiros e fiscalidade, em *http://www.ibr-ire.be/fra/nieuws_europese_unie_archief.aspx?id=1140*).

[148] A que se encontra anexado um estudo "A Fiscalidade das Empresas no Mercado Interno", [SEC (01) 1681], onde se analisa em que medida a tributação de empresas actualmente aplicada no mercado interno cria ineficiências e impede os operadores de recolherem todos os benefícios deste mercado único (o que pode acarretar uma perda de bem estar para a UE e uma degradação da competitividade das suas empresas, indo contra os objectivos de Lisboa), comprometendo-se a competitividade internacional das empresas europeias e conduzindo, *ipso facto*, e inexoravelmente a um desperdício de recursos.

[149] E actuações similares ao nível da OCDE, como já se deixou dito.

radores, evitando custos de adaptação e obstáculos fiscais desnecessários ou excessivos ao desenvolvimento de actividade económica transfronteiras, conjugando as vantagens da concorrência fiscal global com o necessário combate a todas as formas de concorrência fiscal prejudicial ou indesejável. No estudo anexo à Comunicação acima referida conclui-se que as actividades económicas de um operador fora do seu país embora dentro do Mercado interno continuam a ser dificultadas por obstáculos fiscais significativos *maxime* na tributação directa (Imposto sobre Sociedades). O principal problema que está na origem dos obstáculos é essencialmente a coexistência de 27 jurisdições fiscais diferentes no espaço comunitário. As dificuldades (como, aliás, dá conta a extensa e específica jurisprudência do TJUE) sentem-se ao nível do tratamento fiscal de várias matérias: preços de transferência; tratamento tributário dos fluxos de rendimento e compensação de prejuízos transfronteiras; operações internacionais de reestruturação; e incremento das situações de dupla tributação derivado da existência de competências tributárias em conflito, a que se juntam vários outros aspectos, identificados ainda como obstáculos fiscais, resultantes da compatibilidade ou não do Direito convencional (Convenções de Dupla Tributação celebradas pelos Estados-Membros) com o Direito Comunitário, nomeadamente no que respeita às liberdades fundamentais (com alguns sistemas a favorecem os investidores internos por limitação da concessão de crédito a accionistas não nacionais e em violação do princípio da não discriminação). Por outro lado, constitui igualmente factor gerador de assinaláveis dificuldades o facto de as empresas da UE terem de obedecer a múltiplas e variadas regras fiscais. Estas empresas, considerando a UE, cada vez mais, como um "mercado nacional", sentimento que tem sido querido e fortemente estimulado, as dificuldades apontadas entravam a sua actuação, prejudicando a eficiência económica dos seus planos e estruturas. A multiplicidade de leis, internas e internacionais, de regulamentações e de práticas administrativas, em matéria fiscal, acarretam custos de adaptação significativos e representam por si só um obstáculo à actividade económica fora das fronteiras nacionais.

Neste contexto, apontam-se dois tipos de medidas conducentes à neutralização dos obstáculos fiscais ao nível da tributação empresarial, ambos visando evitar a dupla tributação, eliminar os encargos fiscais que oneram as reestruturações transfronteiras, e reduzir os custos de adaptação e as incertezas jurídicas. O primeiro grupo é constituído pelo conjunto de medidas direccionadas para obstáculos concretos e individualizados e o segundo abarca aquelas que pretendem o mesmo objectivo mas através de medidas gerais e abrangentes para um conjunto de obstáculos. Sem esquecer a necessidade de desenvolver uma compreensão mais geral do impacto das relevantes decisões do TJUE relativas às disposições normativas dos Estados-Membros em matéria de tributação das empresas e de Direito fiscal convencional (CDT celebradas), vem-se entendendo que a solução global, mais sistemática e a mais longo prazo, seria a das empresas poderem utilizar uma matéria colectável comum consolidada para as suas actividades a nível da UE[150]. Todavia, bem mais realista tendo em conta as conhecidas condicionantes em matéria fiscal, é pensar em medidas concretas mais urgentes e que a curto e médio prazo ajudem a resolver os problemas. Não pondo de lado a necessidade de outras (v.g. as dirigidas às operações de reestruturação internacional), seria urgente actuar ao nível dos problemas decorrentes dos Tratados de Dupla Tributação, e do reforço da eficiência, da eficácia, da simplicidade e da transparência dos vários sistemas fiscais nacionais de tributação empresarial, sem esquecer ainda a eliminação das lacunas entre os sistemas nacionais, já que as mesmas constituem terreno fértil para práticas evasivas e de infracção.

Em todo este contexto é decisivo o contributo da cooperação, seja o seu estabelecimento seja o respectivo incremento, apoiando e facilitando as acções e actuações. Se, em termos teóricos, qualquer abordagem global pode ser concebida sem que se torne obrigatória a participação de todos os Estados-Membros (cabe assinalar que o Tratado de Nice sublinhou a possibilidade de aprofundamento da cooperação entre um grupo de Estados-Membros nos casos em que não fosse possível chegar a um acordo entre todos, embora só sendo possível retirar a integralidade dos benefícios decorrentes de uma abordagem global se todos os Estados-Membros nela participarem), os mecanismos de cooperação reforçada poderão, contudo, ser especialmente adequados[151], a significar a possibilidade, para um grupo de Estados-Membros, de tirar partido deste mecanismo (de cooperação) previsto pelo Tratado para introduzir outras abordagens globais.

---

[150] Proporcionar às empresas multinacionais uma matéria colectável comum consolidada do Imposto sobre as Sociedades para as suas actividades a nível da UE parece ser a única via que poderá, através de um quadro único para a tributação das empresas, eliminar de forma sistemática a maioria dos obstáculos às actividades económicas transfronteiras no Mercado Interno, sendo certo que esta solução não afecta "totalmente" a soberania dos EM que continuam a poder aplicar as taxas que quiserem (embora, obviamente, a carga fiscal não resulte apenas das taxas praticadas mas também, e em muito, das respectivas bases tributáveis). Neste sentido, a recente apresentação pela Comissão Europeia, em 16 de Março de 2011, de uma Proposta de Directiva do Conselho relativa a uma matéria colectável comum consolidada do Imposto sobre as Sociedades (MCCCIS) – COM (2011) 121 final – que resultou dos trabalhos de um específico grupo (Grupo de Trabalho MCCCIS) e de consultas, informais e numa base bilateral, a várias empresas e associações profissionais, bem como a especialistas do mundo académico.

[151] Como será o caso no estabelecimento da base comum consolidada que pressupõe unicamente a participação de Estados-Membros com uma definição de matéria colectável mais próxima.

A COOPERAÇÃO INTERNACIONAL EM MATÉRIA TRIBUTÁRIA

Mais tarde, na sua Comunicação de 25 de Outubro de 2005 sobre "a contribuição das políticas fiscal e aduaneira para a Estratégia de Lisboa", a Comissão voltou a salientar a importância destas temáticas: a fraude fiscal gera importantes distorções no funcionamento do Mercado interno, constitui um obstáculo à concorrência leal e acarreta a erosão das receitas que servem para financiar os serviços públicos a nível nacional, forçando os governos a colmatar a consequente diminuição de recursos através de uma maior pressão fiscal sobre as empresas que cumprem as suas obrigações fiscais.

Já mais recentemente, na Comunicação da Comissão ao Conselho, ao Parlamento Europeu e ao Comité Económico e Social Europeu intitulada "Coordenar os sistemas de fiscalidade directa dos Estados-Membros no Mercado interno"[152], volta a realçar-se a pressão exercida pela globalização dos negócios e das actividades privadas sobre a competitividade dos sistemas fiscais, conformando estes a um conjunto muito diversificado de objectivos, com a consequência de que a respectiva interacção resulte em problemas sérios ao (bom) funcionamento do Mercado interno. Além de que, regras fiscais nacionais concebidas exclusiva ou essencialmente tendo em conta a situação nacional conduzem, amiudadas vezes, a um tratamento fiscal incoerente quando aplicadas num contexto transfronteiras. Quando os contribuintes, actuando fora do território onde se encontram sedeados ou domiciliados (pessoas singulares ou colectivas), sejam objecto de discriminação fiscal ou de dupla tributação ou se deparem com custos adicionais (e desproporcionados) para cumprimento da legislação fiscal[153], isso terá necessariamente um efeito dissuasor nas decisões de trabalhar ou investir noutros Estados-Membros, impedindo indivíduos e empresas de tirarem pleno proveito do Mercado interno, obstaculizando a liberdade de estabelecimento, e em geral as actividades desenvolvidas no exterior, problemas estes que só em parte são solucionados através de acções unilaterais empreendidas pelos Estados-Membros ou das Convenções fiscais bilaterais em vigor[154]. Foi aliás neste âmbito que a Comissão anunciou a sua intenção de apresentar uma proposta legislativa completa para uma Matéria Colectável Comum Consolidada do Imposto de Sociedades (MCCCIS) em 2008, como contributo para melhorar este estado das coisas, proposta essa que foi efectivamente apre-

---

[152] COM (2006) 823 final, de 19 de Dezembro de 2006.

[153] Como mais desenvolvidamente se dá conta no estudo SEC (2001) 1681, de 23 de Outubro de 2001, já analisado.

[154] Os obstáculos fiscais à actividade e ao investimento transfronteiras têm sido e continuam a ser objecto de litígios nos últimos anos, dado que os contribuintes decidiram contestar as regras dos Estados-Membros baseando-se nas liberdades consagradas no Tratado, o que tem dado lugar a várias decisões do Tribunal de Justiça.

O INTERCÂMBIO DE INFORMAÇÃO TRIBUTÁRIA

sentada em 16 de Março de 2011 – COM (2011) 121 final –. De fora ficam porém questões que se manterão mesmo com a introdução da MCCCIS, com destaque para o facto de nela não estarem abrangidos nem os contribuintes pessoas singulares, nem tão pouco a globalidade das pessoas colectivas e/ou Estados--Membros, e finalmente porque há interacções ainda não estudadas com vários outros aspectos dos sistemas de tributação do rendimento, além da imensa complexidade associada à sua operacionalização.

O que realmente parece ser de reter é a necessidade de assegurar o bom funcionamento, em conjunto, dos sistemas fiscais nacionais não harmonizados, impedindo que a falta de coordenação entre eles conduza a todos os problemas apontados[155], coordenação esta que não significa a criação de qualquer corpo comum de legislação comunitária que prevaleça sobre a legislação nacional (isso seria harmonização), mas sim que se assegure que eles possam funcionar em conjunto, de forma harmoniosa e compatível com as disposições do Tratado. Tratamento fiscal coerente e articulado é aquele que elimine a discriminação e a dupla tributação, impeça a não tributação involuntária e diminua os custos de cumprimento da legislação associados à coexistência de vários sistemas fiscais, podendo as iniciativas de coordenação assumir diversas formas desde a acção unilateral concertada dos Estados-Membros até à acção colectiva sob a forma de instrumentos comunitários. Em alguns casos, pode ser suficiente que os Estados-Membros apliquem unilateralmente soluções acordadas em comum, como será o caso de alterações nas regras nacionais com o objectivo de eliminar a discriminação fiscal. Noutros a acção unilateral poderá não resultar suficiente, sendo necessária uma actuação bilateral, nomeadamente por via das disposições de Convenções fiscais, ou mesmo uma actuação colectiva, de âmbito comunitário, como acontecerá em situações de dupla tributação ou de não tributação involuntária que resultem de divergências entre regras constantes das legislações nacionais dos Estados-Membros. A eliminação da discriminação fiscal e da dupla tributação são exigências de base da legislação comunitária, com as situações transfronteiras a poderem ser tratadas, pelos Estados-Membros de forma diferente das situações nacionais se e só se houver uma diferença nas circunstâncias do contribuinte que o justifique[156].

---

[155] Incluindo os recursos necessários ao financiamento sustentável dos modelos sociais dos Estados-Membros, como já se disse, e se analisa na Contribuição da Comissão para a reunião de Outubro dos Chefes de Estado: "Os valores europeus no contexto da globalização", COM (2005) 525 final, de 3 de Novembro de 2005.

[156] Nos últimos anos, tem-se constatado que muitas das regras dos Estados-Membros colidem com disposições do Tratado. É, entre outros, o caso das relativas aos impostos de saída em sede de tributação do rendimento, à retenção na fonte na tributação dos dividendos, à não compensação

A eliminação da dupla tributação no Mercado interno deverá constituir um objectivo e um princípio de base de qualquer solução coordenada. Decorrendo a dupla tributação internacional do facto de um contribuinte estar sujeito a mais de uma jurisdição fiscal, ela consubstancia indiscutivelmente um obstáculo ao Mercado interno, revelador da falta de coordenação entre os sistemas fiscais nacionais, cuja resolução parece apenas poder ser conseguida através de uma efectiva cooperação entre os Estados-Membros envolvidos.

Quanto às lacunas existentes entre os sistemas fiscais dos vários Estados--Membros, elas afectam a equidade e o equilíbrio do sistemas fiscal como um todo e são susceptíveis de conduzir quer à não tributação involuntária quer ao estímulo a aproveitamentos indevidos, pelo que também aqui, um reforço de cooperação vocacionado para uma melhor coordenação das regras das várias jurisdições envolvidas e para uma efectiva aplicação das exigíveis será um instrumento relevante.

Finalmente, e como já se salientou, a existência de múltiplos sistemas fiscais é sinónimo de conjuntos múltiplos de requisitos de cumprimento dos respectivos normativos, sendo obrigatório e urgente aliviar a carga que representa para as empresas multinacionais terem de se conformar aos sistemas fiscais dos agora vinte e sete Estados-Membros. Há que examinar com atenção, e vontade de solucionar, a forma de diminuir os custos de cumprimento da legislação num contexto transfronteiras e de simplificar os procedimentos exigidos aos contribuintes, incluindo as pequenas e médias empresas e os particulares, uma vez mais através do reforço da cooperação administrativa entre os Estados--Membros.

Em suma, reconhecida a necessidade de combate à existência de práticas evasivas ou mesmo de fraude fiscal, associadas frequentemente a um fenómeno mais geral de concorrência fiscal prejudicial, deve igualmente reconhecer-se a necessidade de uma actuação em benefício das empresas e indivíduos que se esforçam por cumprir, de boa fé, as regras, complexas e frequentemente contraditórias, dos diferentes países em que operam economicamente. E não são

---

(transfronteiras) de prejuízos em empresas pertencentes a um grupo, à tributação de sucursais, e de algumas normas anti-abuso. É certo que tem sido abundante a jurisprudência do Tribunal de Justiça da União Europeia (TJUE), mas com base nela nem sempre é fácil compreender o modo como as liberdades do Tratado, expressas de uma forma ampla, se aplicam no domínio complexo que é a legislação fiscal. Uma grande parte da jurisprudência, respeitante a disposições fiscais específicas dos diferentes Estados-Membros, sendo mais ou menos recente e com tendência de aumentar, cria dificuldades interpretativas assinaláveis tanto para os sujeitos passivos como para as Administrações fiscais e os Tribunais nacionais, impedindo que todas as consequências dos acórdãos, incluindo a sua transposição para um âmbito mais alargado, ocorram de forma adequada.

só as empresas que "sofrem" com os excessivos e onerosos custos de adaptação a um universo em que coexistem vinte e sete diferentes legislações tributárias. Também as Administrações fiscais incorrem em custos elevados para tornar efectiva e justa a tributação de empresas e pessoas no Mercado interno, custos esses que podem ser minorados e racionalizados (com assinaláveis ganhos em eficiência e eficácia) pondo em prática adequados mecanismos de cooperação administrativa.

Nas matérias que ficam, face ao Tratado de Funcionamento da União Europeia, fora da harmonização, e fora dos esforços de coordenação conseguidos, apenas uma melhor cooperação entre os Estados-Membros melhorará de forma significativa o desempenho dos respectivos sistemas fiscais. Os Estados-Membros estarão assim mais bem colocados para atingir os seus objectivos de política fiscal e para proteger a sua matéria colectável, assegurando em simultâneo a eliminação da discriminação e da dupla tributação em benefício dos contribuintes, pessoas singulares ou colectivas. Um tratamento fiscal coerente e articulado contribuirá significativamente para o êxito do Mercado Interno, para o aumento do crescimento e do emprego e para o reforço da competitividade das empresas da União Europeia, a nível global, em consonância com a Estratégia de Lisboa renovada[157]. Só o reforço da assistência mútua e da cooperação administrativa entre os Estados-Membros assegurarão ganhos na eficácia das actuações fiscais, de forma a minorar obstáculos ao funcionamento do Mercado Interno, nomeadamente os associados à evasão fiscal, dupla tributação e discriminação ou aumento desproporcionado dos custos administrativos e de cumprimento, e a permitir que se retirem todos os benefícios do Mercado Interno europeu, aumentando a competitividade das empresas europeias e estabelecendo as bases para a concretização dos objectivos fixados pelo Conselho Europeu de Lisboa.

É da delimitação deste labor de cooperação administrativa e assistência mútua entre os Estados-Membros que se tratará no Capítulo seguinte, estabelecendo os seus parâmetros definidores e a fronteira com formas mais elaboradas de actuação como a harmonização e a coordenação.

---

[157] A contribuição das políticas fiscais e aduaneiras para a Estratégia de Lisboa, COM (2005) 532 final, de 25.11.2005.

Capítulo III
A Cooperação em Matéria Tributária
Cooperação, Colaboração
Coordenação e Harmonização
A Cooperação Administrativa e o Intercâmbio
de Informação

1. Considerações gerais sobre cooperação, colaboração, coordenação e harmonização

Da análise feita no capítulo anterior retira-se em conclusão, e em geral, que em sede comunitária, quer a luta contra a evasão e fraude fiscal – pelas consequências ao nível do financiamento dos recursos próprios da União e das distorções de concorrência que provoca entre contribuintes cumpridores e não cumpridores –; quer a necessidade de articular os sistemas fiscais em vigor nos diversos Estados-Membros – aceitando a manutenção do modelo de política fiscal que lhes subjaz e os princípios tributários constitucionais ou mesmo supra constitucionais em que assenta –; quer ainda a salvaguarda da protecção jurídica dos obrigados fiscais – no exercício das liberdades fundamentais comunitárias e num cumprimento, o menos oneroso possível, das suas obrigações fiscais nos diversos espaços de soberania tributária em que actuam –, são factores que mais que justificam a necessidade de uma actuação cooperante, colaborante, coordenada e tanto quanto possível harmonizada, dos Estados Membros da União Europeia, em matéria fiscal.

A crescente interdependência da economia mundial, seja naquilo que são os seus efeitos positivos seja nos que apresentam um conteúdo negativo ou prejudicial, trouxe ao Direito fiscal um forte incremento das temáticas internacionais. As boas e más consequências da concorrência fiscal internacional exigem acordo dos Estados quanto à existência de um conjunto de regras onde resultem delimitados e regulados os limites utilizados na distinção entre uma política fiscal "benéfica" na sua forma de atracção do investimento estrangeiro e outra, "prejudicial ou lesiva" por estabelecer medidas tributárias que visam, no essencial, provocar erosão nas bases tributáveis de outros Estados. Como afirmam RICHARD e PEGGY MUSGRAVE[1], a combinação das economias europeias no Mercado Comum, o aumento das empresas multinacionais, o financiamento conjunto de determinadas entidades (como é a ONU e a NATO) e uma crescente consciência da "má distribuição" do rendimento, são factores que apontam para a necessidade de coordenação fiscal internacional, sendo estes problemas, em princípio, similares aos que se suscitam dentro dos limites de uma federação nacional, embora deles difiram em magnitude e natureza do esforço de cooperação.

Na esfera comunitária vem-se falando, cada vez com maior insistência, na necessidade de avançar na harmonização fiscal, nomeadamente tendo em conta as dificuldades encontradas na articulação dos sistemas fiscais nacionais dos vários Estados-Membros e o protagonismo que o Tribunal de Justiça Europeu vem ganhando, a que se associa a resultante insegurança jurídica para os Estados e para as empresas e pessoas (não apenas os directamente envolvidos nas decisões, mas também todos os outros), nos quais se gera, amiudadas vezes, um sentimento de incerteza quanto a normas concretas dos respectivos sistemas tributários, problema agudizado pela adesão recente de um conjunto apreciável de novos Estados-Membros (hoje num universo global de vinte e sete Estados), a exercer indiscutivelmente uma maior pressão sobre a necessidade de coesão e de articulação dos diferentes sistemas fiscais.

Significa tudo isto que no contexto da fiscalidade internacional em geral e da comunitária em particular, conceitos como os de colaboração, cooperação, coordenação e harmonização fiscais, aparecem sempre onde quer que se abordem as temáticas da fiscalidade actual. Se bem que não se pretenda aqui partir à descoberta dos recortes jurídicos precisos destes vários conceitos[2], será útil delimitá-los, ainda que sumariamente, em ordem a bem estabelecer o âmbito do estudo da fórmula de assistência comunitária que constitui o objecto deste trabalho.

A doutrina administrativa tem vindo a tentar estabelecer a diferenciação dos conceitos de colaboração, cooperação, coordenação e harmonização.

---

[1] MUSGRAVE, R. e MUSGRAVE, P.: "Public Finance in Theory and Practice", McGraw-Hill, New York, 1989.

[2] O que se afiguraria, aliás, como uma tarefa nada fácil, exigindo um apurado esforço de delimitação conceptual.

A COOPERAÇÃO EM MATÉRIA TRIBUTÁRIA

Quanto à coordenação, a posição mais comummente utilizada aponta como traço saliente o que associa à coordenação um certo poder de direcção ou de supremacia por parte da entidade que coordena em relação aos coordenados, concretizado no estabelecimento de critérios de actuação uniformes no exercício independente das tarefas pelos coordenados.

Diferentemente da coordenação (em que as partes mantêm pois a independência de actuação), na cooperação e colaboração verifica-se um exercício conjunto de competências, uma actuação conjunta, não numa relação hierárquica mas numa base de igualdade, de modo a que haja ajuda mútua e sejam atingidos objectivos de que todos beneficiem.

Já a harmonização, entendida, no geral, com o significado de pôr em harmonia ou fazer com que não sejam discordantes ou antagónicas duas ou mais partes de um todo, ou duas ou mais coisas que devam concorrer para o mesmo fim, é um conceito que aparece fortemente ligado aos processos de integração. Resultando a integração de uma vontade política, ela exige a harmonização como meio de implementação de medidas destinadas, em determinadas áreas de interesse comum, a facilitar e concretizar o avanço do respectivo processo, quase sempre com apelo à criação de estruturas capazes de o gerir, dependendo o sucesso da integração nessas áreas da concordância dos participantes no processo de harmonização das respectivas actuações. A propósito deste conceito em sede da União Europeia, o *International Bureau of Fiscal Documentation*, define a harmonização fiscal[3] como uma característica comum de certas formas de integração económica, tais como as uniões aduaneiras ou económicas, podendo afirmar-se que a concorrência fiscal conduz a um certo grau de harmonização "espontânea" entre os sistemas fiscais. Em termos gerais, a harmonização de impostos envolve a eliminação de diferenças ou inconsistências entre os sistemas fiscais de diferentes jurisdições ou torna compatíveis entre si essas diferenças ou inconsistências. O termo é, por vezes, também usado para abranger diferentes graus deste processo: num dos extremos a completa estandardização dos impostos entre as jurisdições fiscais, i.e. cada jurisdição tem os mesmos impostos, as mesmas bases tributáveis e as mesmas taxas (harmonização total); intermediamente através de medidas diversas em que é dada às jurisdições a faculdade de escolher entre várias opções (harmonização opcional) e, no outro extremo, apenas a adopção de requisitos mínimos (v.g. uma taxa mínima de imposto) no que habitualmente se designa por harmonização mínima. Estas formas de harmonização não integral podem também ser descritas como "aproximação" das leis fiscais nacionais. Por outro lado, há que fazer uma distinção

---

[3] International Tax Glossary, IBFD, *ed. Barry Larking*, 5.ª edição, 2005.

O INTERCÂMBIO DE INFORMAÇÃO TRIBUTÁRIA

quanto ao objectivo ou finalidade da harmonização, que pode ser limitada à "mera" coordenação da articulação entre leis fiscais nacionais, o que no contexto da União Europeia tem sido conseguido através do princípio da subsidiariedade em algumas áreas (basicamente áreas transfronteiriças) como acontece com as matérias relativas a Fusões e Cisões[4] e regime fiscal das empresas Mães e Afiliadas[5]. Pode também assistir-se a uma completa ausência de medidas de harmonização (incluindo a ausência de cooperação administrativa e a inexistência de Tratados fiscais), sendo mais habitual reservar o uso do termo harmonização para a forma mais completa acima descrita[6]. No âmbito fiscal comunitário, pode considerar-se, em geral, como harmonização "todo o processo geral que envolve cada forma de iniciativa central – pela Comunidade – para a aproximação dos sistemas fiscais nacionais em ordem a realizar os objectivos comunitários"[7]. Em sentido restrito, a harmonização fiscal presume que haja uma actividade que aproxime as legislações nacionais em certas áreas supranacionais por forma a satisfazer alguns objectivos[8]. Por vezes, a harmonização é ainda entendida quer como um meio, num sentido restrito e limitado aos instrumentos direccionados para a obtenção de um determinado resultado, quer como um resultado em si mesma, comportando então medidas que, embora por vezes qualificadas como de coordenação não se limitam a tal, antes estando ao serviço da aproximação ou homogeneização pretendidas pela harmonização.

---

[4] Directiva 90/434/CEE do Conselho, de 23 de Julho de 1990, relativa ao regime fiscal comum aplicável às fusões, cisões, entradas de activos e permutas de acções entre sociedades de diferentes Estados-Membros.

[5] Directiva 90/435/CEE do Conselho, de 23 de Julho de 1990, relativa ao regime fiscal comum aplicável às sociedades-mães e sociedades afiliadas de Estados-Membros diferentes

[6] No mesmo sentido CNOSSEN, S.: "Tax coordination in the European Community", Series on International Taxation nº 7, Kluwer, Deventer, Holanda, 1987 e MARTIN JIMENEZ, A.: "Towards corporate tax harmonization in the European Community: an institutional and procedural analysis", Series on International Taxation nº 22, Kluwer, Law International, Londres, 1999.

[7] GARCIA PRATS ("Incidencia del Derecho Comunitario en la configuración jurídica del Derecho Financiero (I): La acción del Tribunal de Justicia de Luxemburgo", Revista de Derecho Financiero y Hacienda Pública, 2001, vol. 51, p. 519), entende que o Tratado de Roma utiliza expressões diferentes – harmonização, coordenação, aproximação – que devem ser considerados sinónimos apesar das tentativas doutrinárias de estabelecer critérios distintos de classificação.

[8] MATA SIERRA (La armonización fiscal en la Comunidad Europea, Lex Nova, Valladolid 1993), e MORENO VALERO (La armonización del IVA Comunitario: un proceso inacabado, Colección de Estúdios, CES, Madrid, 2001, p. 63), dizem que o especial objectivo da harmonização fiscal consiste em fornecer incentivos para a concorrência de interagir de molde a que a integração e o crescimento económico possa ser simultaneamente e gradualmente realizados. Como é referido no Relatório Neumark em 1962, o problema não está na estrutura dos sistemas fiscais, mas sim nos efeitos e incidência dos impostos existentes em cada país no processo de integração e crescimento económico.

A COOPERAÇÃO EM MATÉRIA TRIBUTÁRIA

É a fronteira entre colaboração e cooperação que resulta mais difícil de estabelecer. Comummente a expressão "cooperação" abrange toda e qualquer actuação (seja ela de colaboração e assistência mútua ou mesmo de coordenação), actuação esta que, por razões conhecidas e conexas com a preservação do princípio da soberania nacional, e tendo em conta uma maior garantia de efectivação, aparece amiúde pensada, discutida e modelada no seio de Organizações supranacionais de reconhecida competência e agregadoras de universos mais ou menos alargados de Estados que são os seus membros.

Na vida corrente, as duas palavras são frequentemente utilizadas como sinónimos[9], embora seja de realçar, face à constituição das palavras, uma diferença de alcance entre laborar e operar, que nos conduz à análise dos significados etimológicos de *laborare* (trabalhar) e *operare* (operar), utilizados aqui conjuntamente com o prefixo *co*, a significar em conjunto.

Colaborar significa trabalhar com alguém (do latim *labor*), enquanto que cooperar traduz o alcance de resultados com vista a um fim comum (com a presença do *opus* – a obra, produto ou resultado em si mesmo considerados –).

Uma análise jurídico – histórica e do Direito actual parece confirmar plenamente estas asserções. No Direito romano, e para o que aqui nos interessa, distinguia-se entre locação de serviços (*locatio-conductio operarum*) e locação de obra (*locatio-conductio operis*), em que na primeira alguém colocava à disposição de outrem a sua actividade laboral, mediante retribuição, e na segunda uma pessoa entregava uma coisa a outra para que esta realizasse uma determinada obra, mediante retribuição. Como o que aqui estava em causa era o produto do trabalho, resultava indiferente (em princípio) que aquele que se obrigou a realizar a obra acabasse por a executar por intermédio de outras pessoas (por exemplo, os seus operários)[10].

Somos, em consequência, conduzidos a concluir que na cooperação relevam os esforços que cada um dos cooperantes desenvolverá e os resultados que atingirá para alcançar as finalidades comuns, fazendo apelo ao exercício das suas próprias competências, mais do que o desempenho conjunto de uma activi-

---

[9] Na maioria dos dicionários, cooperação surge como o primeiro significado para colaboração e vice-versa. Tratando-se de conceitos muito abstractos (e por isso não recheados de características especificadoras), eles acabam por englobar uma variada gama de situações heterogéneas, cujo único denominador comum é o objectivo de realçar uma visão de conjunto na actuação de pessoas ou entidades que os verificam, em contraposição com uma actuação isolada, assente numa perspectiva exclusivista ou segregadora.

[10] SANTOS JUSTO, A.: "Direito Privado Romano, II (Direito das Obrigações)", 3.ª edição, STVDIA IVRIDICA, nº 76, Coimbra Editora, Coimbra, 2008, pp. 69-71.

O INTERCÂMBIO DE INFORMAÇÃO TRIBUTÁRIA

dade[11]. A cooperação pode apresentar-se como voluntária ou não voluntária (forçada ou imposta), conclusão decorrente do facto de a realidade jurídica comportar figuras em que a cooperação aparece como obrigatória, não obstante exista um largo número de autores que a entende sempre como voluntária. Voluntária ou obrigatória, a cooperação materializa um dever que, por sua vez se concretiza em quatro outros deveres bem mais específicos (ainda que também muito amplos): o respeito pelas competências alheias; a ponderação da globalidade dos interesses (públicos) envolvidos; a informação; e a cooperação e assistência efectivas. Nestes quatro aspectos apontados, há duas vertentes habitualmente realçadas: uma negativa (*non ledere*) que consiste no respeito pelas competências alheias e na ponderação dos interesses que as outras entidades representam, e uma outra, positiva (*coadjuvare*), entendida como uma presença mais especifica, e que consiste na informação, por um lado e na cooperação e assistência por outro. A cooperação pode basear-se em declarações de vontade unilaterais (a do ente que a leva a cabo, que a "oferece") ou bilaterais/plurilaterais (a que assenta num acordo de vontades entre os interessados ou simplesmente envolvidos), caso em que estamos perante a figura dos "acordos de cooperação"[12].

[11] A doutrina admite, em geral, que a cooperação pode referir-se ao exercício de competências ou aos meios para um melhor exercício das mesmas. Em termos de competências, é traço relevante a verificação de um fenómeno de mediação: alguém (um sujeito ou uma entidade) serve, mediante a realização de uma actividade própria, uma competência alheia (na matriz do conceito de cooperação, como actividade complementar, auxiliar ou coadjuvante, podem distinguir-se duas vertentes: a cooperação como participação auxiliar ou complementar numa função alheia ou não própria e outra em que ela pode ser recíproca). A titularidade conserva o seu conteúdo originário, mas junto do titular (ente competente) encontra-se um outro ente trazendo actos ou acções (v.g. exercício de uma actividade, prática de actos de gestão), destinados a melhorar a eficácia e eficiência daquela competência. A mais ampla projecção da cooperação respeita, todavia, aos meios – técnicos, económicos ou humanos – necessários para o exercício das competências. Mediante a cooperação, uma entidade atribui a outra, ou ambas se atribuem mutuamente, com carácter temporário ou definitivo, meios a empregar para o desenvolvimento da sua actividade. O conteúdo das fórmulas de cooperação diverge, podendo consistir quer na transferência para uma entidade do exercício de competências próprias de outra quer na execução conjunta de competências próprias ou ainda na assistência (apoio ou ajuda) no exercício de competências alheias. Enquanto instrumentos ao serviço de um fim, muitas destas técnicas são alternativas e passíveis de serem utilizadas de uma forma mutável, já que amiudadas vezes o mesmo objectivo pode ser conseguido por vias diversas v.g. "encomendando" a outra entidade o exercício de competências próprias ou pedindo-lhe apoio e assistência. Ver MORELL OCAÑA, L.:, "Una teoria de la cooperación", <u>Documentação Administrativa, nº 240</u>, 1994, pp. 50 e ss.

[12] Os acordos de cooperação devem, nomeadamente, especificar as partes intervenientes e a competência que exerce cada uma delas; as actuações a cargo de todas ou de apenas uma das partes; a distribuição dos encargos ou despesas, se caso disso; o prazo de vigência e ainda a necessidade ou conveniência de estabelecimento (ou não) de uma determinada estrutura para a respectiva ges-

A diferenciação entre coordenação e cooperação é largamente aceite podendo, face ao já referido e aceitando embora que muitos outros aspectos porventura relevantes ficam de fora, estabelecer-se, em síntese, os traços mais distintivos dos dois institutos. Na cooperação, as entidades cooperantes estão situadas em pé de igualdade jurídica, o que impede que qualquer delas imponha à outra a sua decisão, enquanto que a coordenação encerra em si uma certa capacidade directiva ou decisória, que situa a entidade competente para coordenar numa posição de superioridade ou supremacia em relação às coordenadas, verificando-se que, em geral, só quando falharem as técnicas de cooperação (utilizadas prévia e preferencialmente) é que deve entrar em jogo a coordenação, destinada a garantir a coerência das diversas actuações concorrentes e com ela a unidade do sistema.

Na cooperação não se pressupõe um limite às competências respectivas das entidades cooperantes. Pelo contrário, a cooperação tem como limite a titularidade das competências, a qual não é disponível, podendo apenas afectar o seu exercício, na medida em que as entidades cooperantes acordem na implantação de determinadas opções organizativas, de determinados mecanismos de repartição de encargos ou de financiamento ou, em definitivo, de um modo de exercício que, na prática, limite as faculdades de disposição da entidade titular da competência. Na coordenação, pelo contrário, marca-se um limite nas competências das entidades coordenadas, porque a coordenação pressupõe, logicamente, a titularidade das competências na entidade coordenadora. Sendo atributo da coordenação a faculdade de decidir (e decidir contra se necessário), então é impossível respeitar escrupulosamente as competências das entidades coordenadas. É por esta razão que a coordenação só é admitida em situações taxativas, legal e expressamente previstas, enquanto que a cooperação, mesmo que não expressamente estabelecida, é sempre possível em virtude do dever geral de colaboração implícito em algumas formas de organização e em especial na forma de organização do Estado ou de entidades supranacionais.

Dentro ainda desta preocupação delimitadora, é importante separar instrumentos e técnicas de cooperação[13], de instrumentos e técnicas de coordenação,

---

tão. A configuração jurídica destes Acordos é, também ela, geradora de problemas vários, um dos quais (fundamental nos acordos de cooperação administrativa de que já falamos) é o da (maior ou menor) consistência do vínculo, com os intervenientes (cooperantes) imbuídos de competências de cooperação que desenvolvem em pé de igualdade e outras (talvez aqui melhor designadas de colaboração) em que só um deles é competente, situando-se, consequentemente, numa posição privilegiada relativamente aos outros intervenientes.

[13] Embora haja discussões a este respeito, já que o uso da cooperação (às vezes como sinónimo de colaboração) inclui uma variedade de casos que requerem uma melhor sistematização (por não

O INTERCÂMBIO DE INFORMAÇÃO TRIBUTÁRIA

para ajuizar, no concreto, se ao introduzir determinados mecanismos de cooperação na legislação positiva se pode ou não condicionar ou interferir no exercício das competências de outras entidades. Ou seja, aceitando a cooperação como um dever abstracto, deve a sua imposição em concreto ser admitida, em geral, ou deve considerar-se exigível para tal um título habilitante específico que conceda a necessária competência? Será legítimo falar-se de cooperação forçada ou esta não é já cooperação mas sim coordenação? Ou deve antes aceitar-se a distinção entre cooperação voluntária e outras modalidades de cooperação, algumas das quais podem ser imperativas, concluindo, todavia, que estas só implicarão coordenação se se vier a constatar a intervenção de uma entidade, hierarquicamente superior, dotada de poderes decisórios?

Questão relevante é também a de saber se o dever geral de cooperação deve entender-se como um dever juridicamente exigível, ou antes e apenas como um princípio (sobretudo no âmbito das relações inter-administrativas). Como dever, não pode esquecer-se que ele sempre exigirá que se afira da base legal/constitucional para a respectiva imposição, diferentemente do que acontece com uma cooperação meramente potestativa ou voluntária, a qual não coloca, no geral, problema de índole semelhante.

Não é, como se disse, objectivo deste trabalho discutir em profundidade estas questões conceptuais e pronunciar-se sobre o seu melhor recorte jurídico, reconhecendo-se, todavia, ser importante retê-las para a análise que desenvolveremos mais adiante, sendo certo que a passagem desta abordagem de âmbito mais geral para o âmbito fiscal que nos ocupa aumenta a relevância da distinção entre estes diversos conceitos.

Começando pelos de cooperação e colaboração, fazendo apelo às considerações atrás deixadas e utilizando-as quando se trata de qualificar as obrigações atribuídas aos Estados enquanto membros da União Europeia, afigura-se adequado conceituar a sua obrigação de ajudar as Instituições comunitárias a cumprir a sua missão ao serviço dos objectivos do Tratado como colaboração, reservando a cooperação para as obrigações que resultam atribuídas aos Estados-Membros na realização dos objectivos do Tratado com desempenho de um papel próprio nessa tarefa, cooperação essa que não põe em perigo a autonomia da ordem jurídica comunitária enquanto tal[14]. A cooperação das ordens jurí-

responder ao critério de voluntariedade) e que não inclui outros que também não encaixam na coordenação (MENÉNDEZ REXACH, A.: La cooperación ¿un concepto jurídico? Documentación Admistrativa nº 240, 1994, p. 16).

[14] KOVAR, R.: "Rapports entre le droit communautaire et les droits nationaux", Trente années de Droit communautaire, Collection Perpectives européennes, Bruxelles, Comission des CE, p. 117.

A COOPERAÇÃO EM MATÉRIA TRIBUTÁRIA

dicas nacionais pode ser ilustrada de múltiplas formas particulares no Tratado, sempre que haja reenvio expresso ao Direito nacional por realismo (a execução forçada das decisões do Tribunal faz-se segundo o procedimento civil de cada Estado-Membro), ou por comodidade (a Comunidade pode colocar uma operação jurídica sob o império deste ou daquele Direito nacional). Todavia, não são verdadeiramente estas hipóteses que aqui nos interessam, uma vez que estamos voltados para precisar os contornos e as características de uma obrigação geral de cooperação e não de especificações particulares dessa mesma figura.

Com o sentido que lhe foi apontado, a cooperação dos Estados-Membros deve ser considerada como complementar das suas obrigações expressas em razão do Direito comunitário, recusando uma concepção reducionista: se no absoluto, a noção de cooperação pode resultar de um instrumento que a torne obrigatória, ela existe também como uma obrigação geral associada ao estatuto do Estado que é membro de uma Organização como é a União Europeia.

A cooperação das autoridades nacionais é essencial para a efectivação do Direito Comunitário, quer aplicando as decisões comuns (dimensão normativa) quer quando a Comunidade não exerça a competência decisória que lhe pertence e deva caber aos Estados-Membros a faculdade, e mesmo o dever, de tomar colectiva ou individualmente medidas supletivas. Dito de outra forma, a cooperação envolve duas vertentes: uma obrigação de pôr em aplicação o Direito Comunitário; e uma obrigação de acção supletiva. Os Estados-Membros desempenham, antes de mais, um papel central na tarefa de pôr em aplicação o ordenamento comunitário, função muitas vezes explicitada, precisada e enquadrada pelo Tribunal de Justiça. Todavia, perante atrasos ou descontinuidades do aparelho decisório[15], a lógica da cooperação pode, em determinadas circunstâncias, integrar por parte deles uma acção supletiva.

Quanto à colaboração, entender-se-á colaborar como "trabalhar de concerto com outro, ajudá-lo nas suas funções, secundar alguém colaborando na sua obra", distinguindo-se em alguns dicionários da língua portuguesa "colaborar em qualquer coisa" (o que aproxima o conceito da cooperação) e "colaborar com qualquer um", que é a acepção retida, reservando a cooperação para "a acção de participar numa obra comum". Daí que conceituemos como colaboração a obrigação dos Estados-Membros de facilitar à Comunidade a realização da sua missão, sendo a sua intervenção, do ponto de vista dos objectivos do Tratado, indirecta porque mediatizada pela acção principal das Instituições comunitárias.

---

[15] Sem atingir as situações de vazio jurídico mas em que a competência, mesmo não exercida é exclusiva e impede pois os Estados-Membros de fornecer um sistema normativo de substituição (MORTELMANS, K.: "Les lacunes provisoires en droit communautaire", Cahiers de Droit Européen (CDE), Bruylant, Bruxelas, p. 411).

Neste sentido de colaboração, trata-se para os Estados-Membros de permitir à Comunidade a realização da sua missão, sustentando e permitindo a acção e funcionamento dos órgãos comunitários e não de actuar, como acontece na cooperação, em complemento ou em substituição dessa acção comunitária. A Comunidade tem, de facto, necessidade dos Estados-Membros não apenas para que as suas decisões atinjam de forma efectiva os objectivos visados, mas também para poder cumprir com a sua própria contribuição para a realização dos fins comuns. Ou seja, a colaboração dos Estados-Membros apresenta-se sob duas formas: por um lado, uma colaboração estrutural, necessária para permitir o funcionamento dos órgãos comunitários, e em segundo lugar e numa perspectiva funcional, a materializada na coexistência de um conjunto de obrigações cujo objectivo é o de ajudar e sustentar a acção desses órgãos.

Como conclusão desta análise não muito aprofundada, poderemos dizer que tanto a cooperação como a colaboração aparecem como deveres gerais (essência, aliás, do modelo de organização comunitária), configurando-se como um dever de apoio recíproco e lealdade recíproca, que não teria obrigatoriamente de ser justificado em preceitos concretos (porque não requer obrigatoriamente que seja imposto mas apenas acordado, modelado, conformado, ou concertado), sendo, nestes termos, o princípio que deve presidir ao exercício de competências compartilhadas ou das que operam num mesmo espaço territorial. Só estas colaboração e cooperação institucionais (modernizadas e agilizadas nas suas estruturas), permitirão lograr os resultados pretendidos, quer numa dimensão positiva, de informação e assistência, quer numa negativa, de respeito pelas competências alheias e ponderação de todos os interesses envolvidos.

É a necessidade de intensificar as relações de colaboração e cooperação que faz com que se recorra a toda uma série de técnicas susceptíveis de concretização, variando as mesmas conforme os sectores em que hajam de operar. Na actividade administrativa, a assistência mútua, o intercâmbio de informação, as conferências sectoriais e os acordos de cooperação (estes possibilitando que sejam implantados sistemas de intercomunicação e coordenação de registos que garantam a necessária e indispensável compatibilidade informática e transmissão telemática dos dados) materializam relações de colaboração e/ou cooperação, conforme as razões que as fundamentam e a forma como são realizadas.

2. Harmonização fiscal e coordenação fiscal na União Europeia

Começando pela temática da harmonização fiscal, é sabido que ela sempre foi vista como um objectivo secundário no desenho original do Mercado Comum. Foi programada como instrumental (característica que ainda mantém), restrita

A COOPERAÇÃO EM MATÉRIA TRIBUTÁRIA

e fortemente limitada, discutindo-se neste momento, e com acuidade, o repensar do seu significado.

Ela não está, efectivamente, nem definida nos Preâmbulos do Tratado da União Europeia (TUE) e do Tratado de Funcionamento da União Europeia (TFUE), como objectivo comunitário, nem explicitada nos fins estabelecidos no artigo 3º do TUE[16]. É, todavia, nas linhas gerais que sustentam os objectivos que se propõe atingir a União Europeia (e que já eram propostos para a Comunidade Económica Europeia, atento o disposto no artigo 2º do Tratado de Roma[17]), que se fundamenta a harmonização fiscal no sentido de coordenar ou aproximar os conteúdos das normas reguladoras de carácter fiscal existentes em todos os Estados-Membros da União Europeia[18].

---

[16] Artigo 3º "1. A União tem por objectivo promover a paz, os seus valores e o bem-estar dos seus povos.

2. A União proporciona aos seus cidadãos um espaço de liberdade, segurança e justiça sem fronteiras internas, em que seja assegurada a livre circulação de pessoas, em conjugação com medidas adequadas em matéria de controlos na fronteira externa, de asilo e imigração, bem como de prevenção da criminalidade e combate a este fenómeno.

3. A União estabelece um mercado interno. Empenha-se no desenvolvimento sustentável da Europa, assente num crescimento económico equilibrado e na estabilidade dos preços, numa economia social de mercado altamente competitiva que tenha como meta o pleno emprego e o progresso social, e num elevado nível de protecção e de melhoramento da qualidade do ambiente. A União fomenta o progresso científico e tecnológico.

A União combate a exclusão social e as discriminações e promove a justiça e a protecção sociais, a igualdade entre homens e mulheres, a solidariedade entre as gerações e a protecção dos direitos da criança. A União promove a coesão económica, social e territorial, e a solidariedade entre os Estados-Membros. A União respeita a riqueza da sua diversidade cultural e linguística e vela pela salvaguarda e pelo desenvolvimento do património cultural europeu.

4. A União estabelece uma união económica e monetária cuja moeda é o euro.

5. Nas suas relações com o resto do mundo, a União afirma e promove os seus valores e interesses e contribui para a protecção dos seus cidadãos. Contribui para a paz, a segurança, o desenvolvimento sustentável do planeta, a solidariedade e o respeito mútuo entre os povos, o comércio livre e equitativo, a erradicação da pobreza e a protecção dos direitos do Homem, em especial os da criança, bem como para a rigorosa observância e o desenvolvimento do direito internacional, incluindo o respeito dos princípios da Carta das Nações Unidas.

6. A União prossegue os seus objectivos pelos meios adequados, em função das competências que lhe são atribuídas nos Tratados."

[17] O artigo 2º do Tratado CEE refere que: "A Comunidade tem como missão, através da criação de um mercado comum e da aproximação progressiva das políticas dos Estados-Membros, promover, em toda a Comunidade, um desenvolvimento harmonioso das actividades económicas, uma expansão contínua e equilibrada, uma maior estabilidade, um rápido aumento do nível de vida e relações mais estreitas entre os Estados que a integram".

[18] CARRASCO PARRILLA, P. J. ("El proceso de armonización fiscal en la Unión Europea", Estudios sobre Fiscalidad Internacional y Comunitaria, ed. Constitución y Ley, Majadahonda, 2005, p. 195),

O INTERCÂMBIO DE INFORMAÇÃO TRIBUTÁRIA

No sentido restrito que atrás lhe apontamos, a harmonização fiscal materializa-se em actuações destinadas a aproximar as legislações fiscais nacionais em determinadas áreas supranacionais, com o propósito da satisfação de certos objectivos comunitários. Dentro da estrutura da União Europeia, estes objectivos poderão consistir no estabelecimento do Mercado Interno (artigos 113º e 115º do TFUE[19]) ou na protecção ambiental (artigo 174º do Tratado[20]),

refere ainda que se podem extrair fundamentos para levar a cabo a harmonização fiscal nas alíneas a), b), c), f) e h)do artigo 3.1 do Tratado CE, onde se estabelecem como acções a realizar pela Comunidade:
a) A proibição, entre os Estados-Membros, de direitos aduaneiros e de restrições quantitativas à entrada e saída das mercadorias, assim como de quaisquer outras medidas de efeito equivalente;
b) Uma política comercial comum;
c) Um mercado interno caracterizado pela supressão, entre os Estados-Membros, dos obstáculos à livre circulação das mercadorias, pessoas, serviços e capitais;
f) Uma política comum no âmbito dos transportes;
h) A aproximação das legislações nacionais na medida necessária para o funcionamento do Mercado comum.
[19] Artigo 113º (ex artigo 93º do Tratado CE): "O Conselho, deliberando por unanimidade, de acordo com um processo legislativo especial, e após consulta do Parlamento Europeu e do Comité Económico e Social, adopta as disposições relacionadas com a harmonização das legislações relativas aos impostos sobre o volume de negócios, aos impostos especiais de consumo e a outros impostos indirectos, na medida em que essa harmonização seja necessária para assegurar o estabelecimento e o funcionamento do mercado interno e para evitar as distorções de concorrência.".
Artigo 115º (ex artigo 94º Tratado CE): "Sem prejuízo do disposto no artigo 114º, o Conselho, deliberando por unanimidade, de acordo com um processo legislativo especial, e após consulta do Parlamento Europeu e do Comité Económico e Social, adopta directivas para a aproximação das disposições legislativas, regulamentares e administrativas dos Estados-Membros que tenham incidência directa no estabelecimento ou no funcionamento do Mercado interno."
[20] Artigo 191º (ex artigo 174º do Tratado CE): "1. A política da União no domínio do ambiente contribuirá para a prossecução dos seguintes objectivos:
– A preservação, a protecção e a melhoria da qualidade do ambiente,
– A protecção da saúde das pessoas,
– A utilização prudente e racional dos recursos naturais,
– A promoção, no plano internacional, de medidas destinadas a enfrentar os problemas regionais ou mundiais do ambiente, e designadamente a combater as alterações climáticas.
2. A política da União no domínio do ambiente terá por objectivo atingir um nível de protecção elevado, tendo em conta a diversidade das situações existentes nas diferentes regiões da União.
Basear-se-á nos princípios da precaução e da acção preventiva, da correcção, prioritariamente na fonte, dos danos causados ao ambiente e do poluidor-pagador.
Neste contexto, as medidas de harmonização destinadas a satisfazer exigências em matéria de protecção do ambiente incluirão, nos casos adequados, uma cláusula de salvaguarda autorizando os Estados-Membros a tomar, por razões ambientais não económicas, medidas provisórias sujeitas a um processo de controlo da União.
3. Na elaboração da sua política no domínio do ambiente, a União terá em conta:

A COOPERAÇÃO EM MATÉRIA TRIBUTÁRIA

implicando a tarefa harmonizadora o exercício de um poder supranacional das Instituições comunitárias, através de Directivas, que obriguem os legisladores nacionais[21].

Mais concretamente, a harmonização resulta baseada em diversos artigos do Tratado: o artigo 113º apenas direccionado para a tributação indirecta e o artigo 115º a poder sustentar e fundamentar a harmonização dos outros impostos, com o artigo 114º a reconhecer a faculdade de estender a harmonização estabelecida no artigo 115º a outros campos[22]. Também o artigo 192º nº 2 do Tratado[23]

– Os dados científicos e técnicos disponíveis,
– As condições do ambiente nas diversas regiões da União,
– As vantagens e os encargos que podem resultar da actuação ou da ausência de actuação,
– O desenvolvimento económico e social da União no seu conjunto e o desenvolvimento equilibrado das suas regiões.
4. A União e os Estados-Membros cooperarão, no âmbito das respectivas atribuições, com os países terceiros e as organizações internacionais competentes. As formas de cooperação da União podem ser objecto de acordos entre esta e as partes terceiras interessadas.
O disposto no parágrafo anterior não prejudica a capacidade dos Estados-Membros para negociar nas instâncias internacionais e celebrar acordos internacionais."
[21] O poder tributário já não está apenas atribuído ao Estado, e é de certo modo partilhado com as Instituições comunitárias (FALCON Y TELLA: Derecho financiero y tributario de las Comunidades Europeas, Civitas-UCM, Madrid, 1988, p. 113).
[22] Artigo 114º (ex artigo 95º do Tratado CE) nºs 1 e 2: "1. Salvo disposição em contrário dos Tratados, aplicam-se as disposições seguintes à realização dos objectivos enunciados no artigo 26º O Parlamento Europeu e o Conselho, deliberando de acordo com o processo legislativo ordinário, e após consulta do Comité Económico e Social, adoptam as medidas relativas à aproximação das disposições legislativas, regulamentares e administrativas dos Estados-Membros, que tenham por objecto o estabelecimento e o funcionamento do mercado interno. 2. O nº 1 não se aplica às disposições fiscais, às relativas à livre circulação das pessoas e às relativas aos direitos e interesses dos trabalhadores assalariados."
[23] Artigo 192º nº 2 (ex artigo 175º nº 2 do Tratado CE): "2. Em derrogação do processo de decisão previsto no nº 1 e sem prejuízo do disposto no artigo 95º, o Conselho, deliberando por unanimidade, de acordo com um processo legislativo especial e após consulta ao Parlamento Europeu, ao Comité Económico e Social e ao Comité das Regiões, adoptará:
a) Disposições de carácter fundamentalmente fiscal;
b) As medidas que afectem:
 – O ordenamento do território,
 – A gestão quantitativa dos recursos hídricos ou que digam respeito, directa ou indirectamente, à disponibilidade desses recursos,
 – A afectação dos solos, com excepção da gestão dos lixos;
c) As medidas que afectem consideravelmente a escolha de um Estado-Membro entre diferentes fontes de energia e a estrutura geral do seu aprovisionamento energético.
O Conselho, deliberando por unanimidade, sob proposta da Comissão e após consulta ao Parlamento Europeu, ao Comité Económico e Social e ao Comité das Regiões, pode tornar o processo legislativo ordinário aplicável aos domínios a que se refere o primeiro parágrafo.

O INTERCÂMBIO DE INFORMAÇÃO TRIBUTÁRIA

permite que o Conselho, "actuando por unanimidade com base numa proposta da Comissão, e depois de consultar o Parlamento Europeu, o Comité Económico e Social e o Comité das Regiões", adopte normas "primariamente" de natureza fiscal que contribuam para a conservação, protecção e desenvolvimento ambiental[24].

A harmonização apresenta, porém, um enorme limite material que se realça: é a sua natureza instrumental. Segundo o Tratado, a aproximação das legislações fiscais não é um fim em si mesmo, apenas podendo ser levada a cabo na medida do que seja necessário para assegurar o estabelecimento e o funcionamento do Mercado Interno (artigo 113º), quando afecte o estabelecimento e o funcionamento do Mercado Comum (artigo 115º) ou quando deva contribuir para atingir os objectivos de protecção, preservação e desenvolvimento da qualidade do ambiente, protecção da saúde humana, utilização prudente e racional dos recursos, e promoção de medidas que permitam lidar com problemas ambientais ao nível regional e internacional (artigo 191º nº 1).

Um outro aspecto a condiciona, e ele é o de que a harmonização só resultará legitimada na medida em que os objectivos da acção proposta não possam ser suficientemente realizados pelos Estados-Membros, acontecendo que, por razões de economia de escala ou dos efeitos da acção proposta, tais objectivos possam ser melhor realizados pela Comunidade (artigo 5º)[25].

Trata-se do princípio da subsidiariedade, o qual, como é sabido, não tem sido aplicado para a determinação do grau de harmonização necessária, resultando esta sempre ligada e condicionada por aspectos políticos[26], independentemente

---

[24] Para CASADO OLLERO, G. ("Extra fiscalidad e incentivos fiscales à la inversión en la CEE", Estúdios sobre armonización fiscal y Derecho presupuestario europeo, Granada: TAT, 1987, pp. 166 e ss.), o Tratado da Europa não toma em conta apenas os impostos num contexto de realidade preexistente que se deve acomodar às exigências da neutralidade e livre exercício das liberdades comunitárias, mas também como um possível instrumento harmonizado ao serviço de algumas políticas extra-fiscais, em particular a protecção ambiental.

[25] O Tratado de Lisboa continua a incluir esta norma como princípio da subsidiariedade (ex-artigo 5º do Tratado CE), não fazendo qualquer alteração no campo da harmonização fiscal. Por isso, e como a harmonização não é um objectivo ou actividade para ser desenvolvida (de tal forma que o instrumento apenas deve ser utilizado por necessidades que não possam ser satisfeitas por mera acção dos Estados-Membros), a harmonização fiscal não resulta qualificada como um objectivo mas tão só como um instrumento (artigo 5º 1. A delimitação das competências da União rege-se pelo princípio da atribuição. O exercício das competências da União rege-se pelos princípios da subsidiariedade e da proporcionalidade; 2. Em virtude do princípio da atribuição, a União actua unicamente dentro dos limites das competências que os Estados-Membros lhe tenham atribuído nos Tratados para alcançar os objectivos fixados por estes últimos. As competências que não sejam atribuídas à União nos Tratados pertencem aos Estados-Membros).

[26] EMONNOT, C.: "L'harmonisation de la fiscalité des revenues du capital en Europe: pragmatisme ou dogmatisme?", Revue d'économie politique 2001/5, Volume 111, p. 47 e BENASSY-QUERE, A.

A COOPERAÇÃO EM MATÉRIA TRIBUTÁRIA

da norma usada como competente fundamentação legal. Aspectos políticos esses que se fazem sentir em duas vertentes: por um lado, para concluir sobre quais os objectivos que não podem ser bem realizados pelos Estados-Membros e ajuizar quando é que a acção comunitária deve ser considerada como de maior valia no sentido acima descrito, e por outro para reforçar o princípio de soberania dos Estados-Membros, requerendo-se, ao nível fiscal, unanimidade no Conselho[27], a qual se revelará impossível de obter sempre que um qualquer deles entenda serem as medidas unilaterais suficientes para a realização de um concreto objectivo comunitário[28]. A harmonização fiscal move-se, pois, entre duas barreiras: a inseparabilidade do conjunto de aspectos susceptíveis de interferir com os objectivos estabelecidos pelo Tratado, e a exigência da unanimidade no Conselho[29].

Apesar de tudo algumas medidas de harmonização fiscal foram já concretizadas[30]. O campo de eleição, e aquele que primeiro a fundamentou, foi o da

e FONTAGNÉ, L.: "Harmonisation, coordination ou concurrence quel choix pour la fiscalité?", La Documentation française, Problèmes économiques, nº 27132, Paris, 2001, p. 18 e WALLACE OATES, E.: "Fiscal competition or harmonization? some reflexions", National Tax Journal, 2001, vol. 54, nº 3, pp. 507-512.

[27] CARRASCO PARRILLA, P. J.: "El proceso de armonización fiscal en la Unión Europea" ob. cit., p. 198. Este é, segundo o autor, um dos principais travões dos Estados-Membros, que pretendem manter o "poder para estabelecer tributos que serve por sua vez como medida para eles mesmos fazerem frente a políticas económicas, *maxime* depois da entrada em vigor da União Económica e Monetária, perdida a possibilidade de utilização de políticas monetárias e cambiais, e estando fortemente condicionada a política orçamental pelo Pacto de Estabilidade e Crescimento".

[28] Ou seja, o princípio da subsidiariedade, tem relevado sobretudo como critério de orientação interpretativa e política. O próprio TJUE não tem feito dele instrumento útil para controlar a harmonização fiscal.

[29] GRAU RUIZ, A. ("El principio del consentimiento a los impuestos y sus repercusiones en el ámbito comunitario" XVII Jornadas de Estudio de la Dirección General del Servicio Jurídico del Estado, Ministerio da Justiça, Centro de Publicações, 1998, Vol. 2, 1189-1204). É o TJCE, como ente judicial independente e a Comissão, nos poderes de decisão que tem quanto a ajudas estatais, que podem ajudar as leis nacionais na tributação directa a ser progressivamente adaptadas às exigências de um real Mercado Comum.

[30] A harmonização pode fazer-se, quer tendo em atenção o ambiente fiscal existente ou preexistente, quer com a obrigação de que os Estados-Membros criem um novo imposto (v.g. a questão da tributação do CO2 e energia). Foi, aliás, neste último sentido que as coisas se passaram em matéria de tributação indirecta, e em especial no que respeita à adopção do Imposto sobre o Valor Acrescentado como forma obrigatória de tributação das transacções na Comunidade, uma vez que muitos países não tinham (nem era então obrigatório que tivessem) IVA quando aderiram à então Comunidade Económica Europeia. Hoje a adopção do IVA é requisito que faz parte do chamado "*acquis communautaire*". Ver GRAU RUIZ, A. e HERRERA MOLINA, P.: "The link between tax coordination and tax harmonization: limits and alternatives", EC Tax Review, 2003, I, p.29. Segundo estes autores a harmonização em geral não obriga que um Estado Membro adapte os seus impostos inter-

tributação indirecta, pela simples razão de que sem harmonização dos impostos sobre as transacções não era possível construir um Mercado único entre os Estados-Membros, já que os sistemas de tributação das transacções existentes à data constituíam reais obstáculos à livre circulação das mercadorias, a qual se apresentava como objectivo primeiro, no tempo e na importância, da construção comunitária[31].

Incorporando-se os impostos de consumo nos preços das mercadorias que são objecto de comércio internacional, a inexistência de uma conciliação dos vários sistemas existentes e de estabelecimento de um modelo tributário adequado, originaria profundas distorções nos fluxos de comércio entre os diferentes Estados (ou "jurisdições"), afectando a eficácia da afectação internacional de recursos. Era necessário e obrigatório que fossem eliminadas todas as componentes que (mesmo que não intencionalmente) os sistemas tributários pudessem conter, de protecção das importações e/ou de favorecimento artificial das exportações, com a garantia de uma aceitável divisão da receita pelos diferentes Estados[32]. A primeira harmonização fiscal foi pois concretizada através da introdução do Imposto sobre o Valor Acrescentado (IVA) como modelo comunitário de tributação do consumo[33], assim como um mínimo de Impostos

---

nos à situação existente em outros Estados, nada impedindo a opção por um novo modelo em direcção ao qual todos os sistemas preexistentes devam convergir. No mesmo sentido ROCHE LAGUNA (La transformación de las legislaciones nacionales (La integración europea como limite a la soberanía fiscal de los Estados miembros. Armonización de la imposición directa en la Comunidad Europea, Tirant lo Blanch, Valência 2000, p. 34), ao considerar que a harmonização fiscal pode "arrastar" a transformação da legislação fiscal nacional.

[31] Relatório NEUMARK, de Julho de 1962

[32] XAVIER DE BASTO, J. G.: A tributação do Consumo e a sua coordenação Internacional, Ciência e Técnica Fiscal, Centro de Estudos Fiscais, Boletim da Direcção Geral das Contribuições e Impostos, nº 361, Janeiro-Março 1991, p. 81.

[33] Quanto ao IVA, as Primeira e Segunda Directivas (Directiva 67/227/CEE e 67/228/CEE, respectivamente, de 11 de Abril de 1967), a Terceira Directiva (Directiva 69/463/CEE de 9 de Dezembro) e posteriormente a Sexta Directiva (Directiva 77/388/CEE, de 17 de Maio), concretizaram o estabelecimento de uma base tributável uniforme, definindo-se entre outros aspectos, a incidência pessoal (sujeitos passivos), a incidência real (operações sujeitas), as isenções, a territorialidade e os regimes especiais. Com a abolição das fronteiras físicas e fiscais, as alterações introduzidas à Sexta Directiva foram muitas e complexas (não obstante algumas delas se apresentarem como de simplificação), sendo as principais as Directivas 91/680/CEE, do Conselho, de 16 de Dezembro de 1991; 92/77/CEE, do Conselho, de 19 de Outubro de 1992; 94/5/CE, de 14 de Fevereiro de 1994; 95/7/CE, de 10 de Abril de 1995; 2000/65/CE, de 17 de Outubro de 2000; 2001/115/CE, de 20 de Dezembro de 2001; 2002/38/CE, de 7 de Maio de 2002; 2003/92/CE, de 7 de Outubro de 2003 e 2006/69/CE, de 24 de Julho de 2006, tendo-se culminado na respectiva republicação, de forma a dar-lhe uma maior coerência e comodidade de consulta, através da Directiva 2006/112/CE, do Conselho, de 28 de Novembro de 2006. A harmonização conseguida não é ainda suficiente para

A COOPERAÇÃO EM MATÉRIA TRIBUTÁRIA

sobre Consumos Especiais[34]. Entretanto a evolução verificada no funcionamento do regime transitório que permitiu a abolição das fronteiras físicas e fiscais dentro do "espaço europeu" fez surgir a necessidade de avançar na harmonização[35].

evitar problemas de interpretação e dificuldades de aplicação, para materializar uma boa harmonização de taxas, nem tão pouco para fazer face a crescentes e mais sofisticados esquemas de fraude no mercado aberto, motivo porque continua em curso a criação de novas e significativas medidas de harmonização em matéria de IVA.

[34] Em sede de Impostos sobre Consumos Específicos (IEC's), pode dizer-se que houve também uma vontade (e necessidade) concretizada de harmonização fiscal, através das Directivas 92/79/CEE, do Conselho, de 19 de Outubro de 1992 (aproximação dos impostos sobre os cigarros), 92/80/CEE, do Conselho, de 19 de Outubro de 1992 (aproximação dos impostos sobre o tabaco manufacturado, com excepção dos cigarros), 92/83/CEE, de 19 de Outubro de 1992 (harmonização das estruturas dos impostos especiais sobre o álcool e bebidas alcoólicas), 92/84/CEE, do Conselho, de 19 de Outubro de 1992 (aproximação das taxas do imposto sobre o álcool e bebidas alcoólicas), contendo a Directiva 92/12/CEE, do Conselho, de 25 de Fevereiro de 1992, o regime geral de detenção, circulação e controle dos bens sujeitos aos IEC's. Posteriormente, cabe referenciar a Directiva 95/59/CE, do Conselho, de 17 de Setembro de 1995, relativa aos impostos (para além dos impostos sobre o volume de negócios) que oneram o consumo do tabaco manufacturado, e a Directiva 2003/96/CE, do Conselho, de 27 de Outubro de 2003, através da qual se reestruturou o regime comunitário de tributação dos produtos energéticos e da electricidade.
Completaram esta harmonização em matéria de IVA e de IEC's, outras Directivas estabelecendo regimes comuns aplicáveis em aspectos específicos de que se destacam: em relação a isenções e outros aspectos de regulamentação de IVA e IEC's no tráfego internacional de viajantes, a Directiva 69/169/CEE, do Conselho, de 28 de Maio de 1969, a Directiva 72/230/CEE, de 12 de Junho de 1972, a Directiva 78/1032/CEE, do Conselho, de 19 de Dezembro de 1978 e a Directiva 78/1033/CEE, do Conselho, de 19 de Dezembro de 1978; sobre isenções aplicáveis à importação de mercadorias objecto de pequenas remessas sem carácter comercial provenientes de países terceiros, as Directivas 78/1034/CEE e 78/1035/CEE, do Conselho, de 19 de Dezembro de 1978 e Directiva 2006/79/CE, de 5 de Outubro de 2006; quanto a isenções fiscais aplicáveis no interior da Comunidade em matéria de importação temporária de determinados meios de transporte, a Directiva 83/182/CEE, do Conselho, de 28 de Março de 1983 e em matéria de isenções aplicáveis às importações definitivas de bens pessoais dos particulares procedentes de um Estado-Membro, a Directiva 83/183/CEE do Conselho, de 28 de Março de 1983.
[35] De facto, o regime estabelecido para a tributação das operações intracomunitárias (embora com carácter transitório) entre sujeitos passivos, com isenção no Estado-Membro de origem e sujeição no Estado-Membro de destino, associado à abolição dos controlos fiscais nas fronteiras, potenciou enormemente um particular tipo de fraude específica do IVA de que aliás se falou já, que é a fraude carrossel, com natureza complexa, envolvendo toda uma série de transacções que são apenas realizadas com o objectivo de dissimular o seu carácter fraudulento. A dimensão desta fraude fiscal à escala comunitária tem também vindo a agravar-se por força da disseminação dos esquemas fraudulentos aos impostos especiais de consumo. Estados-Membros e instituições comunitárias têm investido, e necessitam de o continuar a fazer, na criação e reforço de mecanismos de combate à fraude, com o Conselho e a Comissão a assumirem tarefas importantes no domínio do reforço da cooperação administrativa e na análise e reflexão das estratégias comunitárias de luta contra a fraude.

O INTERCÂMBIO DE INFORMAÇÃO TRIBUTÁRIA

Quanto a outras vertentes de harmonização, cabe referência aos impostos sobre as concentrações de capitais e transacções de valores mobiliários[36], e alguns aspectos da tributação do rendimento. Em matéria de tributação directa, era opinião à data da inicial construção europeia a de que ela seria irrelevante para a livre circulação de mercadorias, ainda que pudesse afectar a livre circulação de pessoas e de capitais. Daí que, em termos substantivos tributários propriamente ditos, pouco se reflectiu e nada se fez até Junho de 1985, data em que a Comissão publicou um Livro Branco sobre o Mercado Interno, base do Acto Único Europeu, esperando-se que dele resultasse um novo impulso no processo de harmonização fiscal. Assinado o Acto Único Europeu em 28 de Fevereiro de 1986, e estabelecida a criação de um espaço sem fronteiras internas, com garantia da livre circulação de mercadorias, de pessoas, de serviços e de capitais, a que se juntou a criação de uma moeda única, abriu-se, consequente e inevitavelmente, um novo ciclo no processo de harmonização fiscal, já que a integração monetária exigia que houvesse convergência prévia das políticas económicas, intensificando-se a livre concorrência. É, então, a partir daí que se assiste a medidas de coordenação fiscal (ou de harmonização fiscal em sentido restrito) na tributação directa[37], com destaque para a vertente da fiscalidade empresarial, com a aprovação em 23 de Julho de 1990 de duas relevantes Directivas do Conselho:

[36] A harmonização dos impostos sobre concentrações de capitais e transacções de valores mobiliários foi feita pela Directiva 69/335/CEE, do Conselho, de 17 de Julho de 1969. Para a prossecução do objectivo comunitário da livre circulação de capitais, os considerandos desta Directiva justificam a harmonização dos específicos impostos em vigor nos diferentes Estados-Membros, os quais originavam discriminações, dupla tributação e distorções na livre circulação pretendida. A tributação sobre a concentração de capitais deve produzir-se uma só vez no seio do Mercado Comum, devendo ser igual em todos eles, impondo-se consequentemente a harmonização das respectivas estrutura e taxas. A Directiva 69/335/CEE foi depois alterada, entre outras, pela Directiva 73/79/CEE, do Conselho, de 9 de Abril de 1973, pela Directiva 74/553/CEE, de 7 de Novembro de 1974, pela Directiva 85/303/CEE, do Conselho, de 10 de Junho de 1985, e ainda pela Directiva 2008/7/CE do Conselho, de 12 de Fevereiro de 2008, sempre fazendo apelo ao citado objectivo.

[37] Como são as resultantes da Directiva 88/361/CEE, do Conselho, de 24 de Junho de 1988, sobre circulação de capitais entre os Estados-Membros, destinada a dotar o Mercado Único de uma dimensão financeira global e instaurando como princípio a liberalização completa dos movimentos de capitais a partir de 1 de Julho de 1990. A Directiva reflecte a tomada de consciência de todos os Estados-Membros de que a existência de sistemas tributários que concedam tratamento favorável aos juros recebidos pelos não residentes provoca distorções importantes no mercado de capitais, entendendo a maioria que era aconselhável ou mesmo obrigatória, uma actuação coordenada (harmonizada) neste sector (não obstante haver Estados-Membros para os quais a acção não precisaria de ser de âmbito comunitário, argumentando até que uma harmonização fiscal nesta matéria faria correr o sério risco de provocar um movimento de afluência em massa do capital a países terceiros).

A COOPERAÇÃO EM MATÉRIA TRIBUTÁRIA

a Directiva 90/434/CEE[38] e a Directiva 90/435/CEE[39]. A primeira, relativa ao regime fiscal comum de fusões, cisões, entradas de activos e permutas de acções entre sociedades de diferentes Estados-Membros, estabelece o diferimento da tributação das mais-valias a que dêem lugar as operações transfronteiriças de reestruturação empresarial realizadas através daquelas operações até ao momento da alienação efectiva, ou da transferência material para outro Estado dos activos considerados[40]. A segunda, com o regime fiscal comum aplicável às sociedades mães e afiliadas de Estados-Membros diferentes, completa a anterior[41]. Destaque ainda para o regime comum aplicável aos pagamentos de juros e *royalties* efectuados entre empresas associadas de Estados-Membros diferentes, que veio a ser aprovado em 3 de Junho de 2003 como Directiva 2003/49/CE do Conselho[42], e para a Directiva 2003/48/CE, com o regime comum em matéria de fiscalidade dos rendimentos da poupança sob a forma de pagamento de juros, com entrada em vigor em 1 de Julho de 2005. Trata-se aqui de uma verdadeira medida de harmonização fiscal, que permite que os rendimentos do aforro na forma de juros pagos num Estado-Membro a beneficiários efectivos de outro

---

[38] JO L 225 de 20 de Agosto de 1990, modificada entretanto pelas Directivas 2005/19/CE, de 24 de Março de 2005 e 2006/98/CE, de 1 de Janeiro de 2007 (JO L nº 58 de 04.03.2005 e nº 363, de 20.12.2006, respectivamente).

[39] JO L 270 de 2 de Outubro de 1990, modificada entretanto pelas Directivas 2003/123/CE, de 22 de Dezembro de 2003 e 2006/98/CE, de 1 de Janeiro de 2007 (JO L nº 7 de 13.01.2004 e nº 363, de 20.12.2006, respectivamente).

[40] Permitindo-se desta forma a reestruturação, sem custo fiscal imediato, de sociedades comunitárias, com uma assinalável melhoria de competitividade.

[41] Se aquela (90/434/CEE) facilita a constituição de grandes grupos europeus, esta (90/435/CEE), sendo de aplicação às empresas que façam parte deles, tem por objecto o seu bom funcionamento desde o momento inicial da sua constituição, estabelecendo que o Estado onde esteja instalada a filial suprima a retenção na fonte por conta do imposto sobre sociedades e que no Estado da sociedade mãe, esta se abstenha de tributar os dividendos ou permita a dedução ao imposto devido dos valores pagos no Estado onde se encontre a afiliada.

[42] O objectivo é o de que pagamentos de juros e de *royalties* entre sociedades mães e afiliadas de diferentes Estados-Membros sejam objecto de uma única tributação em um deles, suprimindo-se qualquer outra específica tributação sobre estes pagamentos entre sociedades associadas (de diferentes Estados-Membros), com disposições transitórias para alguns deles destinadas a atenuar a repercussão imediata da Directiva nos respectivos Orçamentos. Existe, entretanto, uma proposta de Directiva do Conselho, de 30 de Dezembro de 2003, COM (2003) 841 – JO C 96, de 21.04.2004 –, em processo de consulta, que propõe a ampliação do âmbito da Directiva 2003/49/CE (entretanto alterada pela Directiva 2004/66/CE do Conselho de 26 de Abril de 2004 (JO L 168 35 1.5.2004); Directiva 2004/76/CE do Conselho de 29 de Abril de 2004 (JO L 195 33 2.6.2004) e Directiva 2006/98/CE do Conselho de 20 de Novembro de 2006 (JO L 363 129 20.12.2006) de forma a aplicar-se a outras formas jurídicas de sociedade como a sociedade europeia e a sociedade cooperativa europeia.

Estado-Membro, possam estar sujeitos a tributação efectiva de conformidade com a legislação deste último, objectivo conseguido através dum instrumento específico que é o do intercâmbio automático de informação entre os Estados--Membros envolvidos, assim se permitindo realmente a tributação efectiva desses rendimentos no Estado-Membro de residência fiscal do beneficiário efectivo de acordo com a respectiva legislação nacional.

Convivendo com estas medidas de harmonização fiscal, e sem que possam ser tratadas como tal, há outras medidas que apesar do seu carácter não obrigatório para os Estados, têm associadas importantes funções na condução da sua política fiscal. Talvez mais correctamente entendidas como de coordenação fiscal (ou mesmo até de cooperação fiscal num sentido muito amplo), elas envolvem o desenvolvimento de iniciativas (sem carácter obrigatório) ao nível comunitário, com reserva da acção legal para os Estados Membros, mas com a acção iniciada, coordenada e supervisionada pela Comissão Europeia[43]. São instrumentos particulares que pretendem fugir às dificuldades da *tax harmonization*, tentando, por outra via, obter os mesmos ou similares objectivos, "iludindo" a exigível unanimidade no Conselho. Trata-se de certos princípios materiais (não discriminação[44], liberdades comunitárias[45], regras sobre ajudas do Estado[46]) que são amiudadas vezes tomados como base para criar *soft law provisions* pretendendo-se que sejam seguidas pelo Tribunal Europeu de Justiça. Ou seja, quando certas propostas de Directivas de harmonização fiscal são rejeitadas, a Comissão reage emitindo "Recomendações" (*soft law*), persuadindo o Tribunal de Justiça de que segui-las é a melhor maneira de assegurar o cumprimento dos princípios comunitários. Nos casos em que o Tribunal aceite a Recomendação aplicando--a a um eventual litígio, esta Recomendação passa a ser uma regra com força

---

[43] É o caso, p. e. do Código de Conduta que é, como se disse já, apenas um compromisso político, sem consequências jurídicas.

[44] Artigo 18º (ex artigo 12º do TCE) do TFUE "No âmbito de aplicação dos Tratados, e sem prejuízo das suas disposições especiais, é proibida toda e qualquer discriminação em razão da nacionalidade.

O Parlamento Europeu e o Conselho, deliberando de acordo com o processo legislativo ordinário, podem adoptar normas destinadas a proibir essa discriminação."

[45] Livre circulação de mercadorias – artigos 8º a 37º do TFUE (ex artigos 23º a 30º do TCE); livre circulação de trabalhadores – artigo 45ºº TFUE (ex artigo 39º do TCE) – direito de estabelecimento – artigo 49º do TFUE (ex artigo 43º do TCE) – e liberdade de circulação dos capitais – artigo 63º do TFUE (ex artigo 56º do TCE) do Tratado –, com abundante jurisprudência do Tribunal Europeu de Justiça sobre elas.

[46] Artigo 107º do TFUE (ex artigo 87º do TCE). A proibição das ajudas é muito relevante para o controle dos poderes financeiros dos Estados-Membros tanto nos subsídios directos como nas despesas fiscais, assunto sobre que o TJCE se tem pronunciado, considerando vários benefícios fiscais como ajudas estatais.

A COOPERAÇÃO EM MATÉRIA TRIBUTÁRIA

vinculativa para as partes respectivas[47], com os outros Estados-Membros a acei-tarem, amiudadas vezes, o entendimento ou recomendação para evitar o risco de posteriores processos contenciosos.

A questão é delicada, tendo já dado origem a alguns problemas entre a Comissão e o Conselho, reconhecendo-se, como não poderia deixar de ser, que o princípio da segurança jurídica recomenda para a harmonização fiscal mais uma base geral do que uma acção fragmentada da Comissão através dos seus poderes de actuação em geral e em especial do poder de controle que possui em matéria de ajudas do Estado (matéria em que a Comissão tem adoptado tam-bém "princípios orientadores" para informar os Estados Membros de como ten-ciona exercer os seus poderes no que respeita a novas ajudas[48]. Através destas linhas orientadoras a Comissão acaba por produzir um efeito similar a uma har-monização (parcial) dos benefícios fiscais no que respeita à tributação do ren-dimento, funcionando as mesmas como directrizes de harmonização fiscal, embora o seu processo de implementação seja menos transparente que o das verdadeiras Directivas[49].

Uma nota final para o papel do Tribunal Europeu de Justiça, cuja contribui-ção para o desenvolvimento da harmonização fiscal pela via do respeito pelos princípios comunitários tem sido valiosa. Dentro de certos limites, a sua articu-lação com a Comissão quanto a ajudas fiscais e estatais tem produzido bons resultados. É certo, porém, que a natureza do Tribunal e o objectivo dos seus poderes não são os indicados e exigíveis para levar a cabo um processo real de harmonização fiscal. Dito de outra maneira: uma harmonização de segundo grau negativa, como decorre de algumas decisões do Tribunal Europeu de Justiça, não é uma harmonização real. Desenhar regras de harmonização implica a tomada de decisões políticas. o que decididamente não é papel do Tribunal de Justiça enquanto tal.

3. Cooperação administrativa em matéria tributária. Intercâmbio de infor-mação, assistência na cobrança e outros aspectos de cooperação adminis-trativa e assistência mútua em matéria fiscal

Independentemente da medida em que vá sendo possível caminhar para uma efectiva aproximação dos sistemas fiscais comunitários nos aspectos que se mos-trem relevantes para o efeito (harmonização fiscal total ou parcial ou mesmo

---

[47] MARTIN JIMENEZ, A.: "Towards corporate tax harmonization in the European Community: an ins-titutional and procedural analysis", cit., p. 302.

[48] Artigos 108º e 109º do TFUE, ex 88º e 89º do TCE.

[49] Ainda MARTIN JIMENEZ, A.: "Towards corporate tax harmonization in the European Community: an institutional and procedural analysis", ob. cit., p. 323.

O INTERCÂMBIO DE INFORMAÇÃO TRIBUTÁRIA

coordenação fiscal), resta sempre um importante e alargado espaço para formas de cooperação entre os Estados-Membros, e de colaboração entre eles e as Instituições comunitárias, que lhes permitam atingir os seus objectivos de política fiscal e proteger as suas matérias colectáveis, assegurando em simultâneo a eliminação da discriminação e da dupla tributação e promovendo a diminuição dos custos administrativos e de cumprimento da legislação fiscal, ao mesmo tempo que se dotam os sistemas fiscais de um maior e melhor papel na contribuição para o êxito do Mercado Interno[50] e para o reforço da competitividade das empresas da União Europeia a nível global, em consonância com a Estratégia de Lisboa renovada[51].

Mesmo nos casos em que os Estados-Membros possam aplicar soluções através de medidas unilaterais será, em muitas situações, preferível procurar soluções comuns, acentuando repetidamente a Comissão Europeia que as regras relativas à luta contra a evasão fiscal são uma dessas áreas. A mesma conclusão decorre da jurisprudência recente que reconhece ser a evasão fiscal uma área delicada onde se deve criar um justo equilíbrio entre o interesse em lutar efectivamente contra os abusos da mesma na União Europeia e a necessidade de evitar restrições desproporcionadas às actividades transfronteiras e contrárias à legislação comunitária, conjunta e urgentemente, com uma melhor coordenação na aplicação das regras adoptadas em relação a países terceiros, a fim de proteger a matéria colectável dos Estados-Membros[52].

A Comissão tem tido um papel de relevo nesta matéria, através de iniciativas legislativas, da apresentação de relatórios sobre o funcionamento da cooperação administrativa e documentos mais específicos sobre a luta antifraude, com relevo para a sua Comunicação de 31 de Maio de 2006[53], em que são examina-

---

[50] Ver parágrafo 68 das Conclusões do Advogado-Geral GEELHOED, Processo C-524/04, *Test Claimants in the Thin Cap Group Litigation*, de 29 de Junho de 2006: "Essa extensão da aplicabilidade da legislação a situações que estão totalmente fora da sua razão de ser, para fins puramente formais e que causam consideráveis encargos administrativos suplementares às sociedades nacionais e à administração fiscal, não faz sentido e é contraproducente em termos de eficiência económica. Como tal, é contrária ao Mercado interno".

[51] Os principais obstáculos fiscais das empresas à actividade económica transfronteiras no Mercado Interno são apresentados no estudo sobre "A fiscalidade das empresas no Mercado Interno" (SEC (2001) 1681 de 23.10.2001, Parte III, pp. 223-305). Ver também COM (2005) 532 final, de 25.11.2005: A contribuição das políticas fiscais e aduaneiras para a Estratégia de Lisboa.

[52] Os actuais limites das políticas fiscais nacionais num Mercado interno integrado figuram em várias decisões do Tribunal de Justiça.

[53] Comunicação da Comissão, de 31 de Maio de 2006, sobre a necessidade de desenvolver uma estratégia coordenada tendo em vista melhorar a luta contra a fraude fiscal (COM (2006) 254).

das e postas à discussão novas soluções e alternativas neste domínio. Por sua vez o Tribunal de Justiça tem também assumido, através da sua jurisprudência, um papel importante no combate à fraude fiscal na União, clarificando o Direito Comunitário no que respeita aos limites impostos aos poderes de controlo das Administrações e ao exercício do direito à economia fiscal por parte dos operadores económicos. Finalmente, quanto aos Estados-Membros, eles têm vindo a adaptar os seus sistemas de controlo às novas formas de fraude, integrando como ferramentas de uso corrente desses sistemas de controlo os mecanismos de cooperação administrativa e assistência mútua existentes no quadro jurídico comunitário, bem como o uso de sistemas de análise de risco e auditoria informatizada, com alguns países a definirem estratégias específicas de luta contra tipos mais complexos de fraude fiscal, as quais, em certos casos, se têm saldado por reduções muito significativas dos seus níveis. Todavia, é geral o acordo de que, em complemento das medidas nacionais de luta anti-fraude, é indispensável o estabelecimento de uma estratégia de combate à escala europeia, com apelo a melhores mecanismos de cooperação administrativa e à criação de um verdadeiro espírito de solidariedade e de confiança mútua no combate à fraude entre os Estados-Membros e entre as Administrações e as empresas que actuam legal e legitimamente[54].

---

[54] No âmbito de toda esta discussão, certos países entendem que a melhor solução para combater a fraude ao IVA, nomeadamente a fraude do operador fictício, ou fraude carrossel, passa pela alteração da natureza do imposto, através da implementação generalizada de um sistema *reverse charge* nas operações domésticas acima de um determinado valor, prática esta a que alguns vêm já recorrendo (por reconhecerem os seus méritos em termos de eficácia) embora com âmbito mais restrito e limitado a sectores concretos, nomeadamente o sectores das sucatas e desperdícios e o sector imobiliário. A atitude de âmbito mais geral seria, porém, a de estender o mecanismo do *reverse charge* a todos os sectores económicos a qual não é, todavia, vista como isenta de riscos. Estudos disponíveis, como é o caso de um produzido em Junho de 2007 para a Comissão Europeia, revelam que a introdução de um sistema alargado de *reverse charge* é susceptível de provocar o aumento dos custos administrativos para as empresas, além de ser equacionável a ocorrência de um efeito global negativo da substituição do sistema actual pelo do *reverse charge*, em termos de exposição ao risco de fraude fiscal, quando ocorra a transferência da cobrança do imposto das grandes para as pequenas empresas, mais numerosas e difíceis de controlar.

Também a substituição do actual modelo de imposto plurifásico por um imposto monofásico no retalho, tipo "*sales tax*", que alguns (nomeadamente no mundo académico) defendem, coloca muitas reservas pela ainda maior vulnerabilidade desse imposto à fraude. A solução alternativa equacionada, de alteração do corrente regime de IVA nas transacções intracomunitárias, é também uma solução só adoptável se houver certeza de que assegura a manutenção das características de neutralidade e produtividade do imposto e garante que o nível de receitas dos Estados-Membros não seja prejudicado.

O INTERCÂMBIO DE INFORMAÇÃO TRIBUTÁRIA

Tudo isto resulta das Comunicações da Comissão ao Conselho, ao Parlamento Europeu e ao Comité Económico e Social, de Maio de 2006[55], de Novembro de 2007[56] e sobretudo da de Fevereiro de 2008[57] apresentando medidas de maior alcance, medidas essas que não tendo merecido, todavia, a aprovação do Conselho, impuseram à Comissão a necessidade de se direccionar apenas para as designadas como "medidas convencionais para fortalecer os métodos tradicionais de luta contra a fraude fiscal". Na recente Comunicação de Dezembro de 2008, a Comissão propõe então um conjunto de acções de curto prazo (estabelecendo a respectiva calendarização), específicas do IVA por resultar reconhecida a prioridade da luta contra a fraude neste imposto, sem deixar de se comprometer com a apresentação (brevemente) de uma proposta para o reforço da cooperação administrativa nos outros impostos que não o IVA e os Impostos Especiais de Consumo. Essas acções assentam nos seguintes princípios: o da necessidade de que as Administrações Fiscais disponham de uma informação rápida e adequada; de que seja optimizado o uso que as mesmas fazem dessa informação; de que sejam fortalecidas as faculdades de actuação com os sujeitos passivos envolvidos na fraude; e de que sejam respeitadas as necessidades e expectativas das empresas e contribuintes que actuam legal e legitimamente, em especial não lhes impondo cargas administrativas desnecessárias embora exigindo alguns custos de cumprimento adicionais, mas dando-lhes a segurança jurídica de que necessitam para o desenvolvimento da sua actividade. Em resultado, foram já aprovadas com entrada em vigor em 1 de Janeiro de 2010, as Directivas 2008/8/CE e 2008/9, do Conselho de 12 de Fevereiro de 2008 e a Directiva 2008/117/CE do Conselho, de 16 de Dezembro de 2008, modificando a Directiva 2006/112/CE.

Noutra Comunicação, de 1.12.2008[58], estão previstas várias outras medidas de cooperação administrativa que motivaram a alteração do Regulamento nº 1798/2003[59]. Em causa está, desde logo, a implementação de uma verdadeira

---

[55] COM (2006) 254 final, de 31 de Maio de 2006, relativa ao lançamento de um profundo debate ao nível da União Europeia sobre a necessidade de uma aproximação coordenada na luta contra a fraude no Mercado Interno.

[56] COM (2007) 758 final, de 23 de Novembro de 2007, sobre os elementos chave da estratégia anti-fraude dentro da União Europeia, acompanhada do Relatório sobre o ponto de situação dos trabalhos do Grupo de Peritos da Estratégia Antifraude (ATFS), documentos que serviram de base às Conclusões do Conselho de 4 de Dezembro de 2007 (15698/07 Comunicado de Imprensa 270).

[57] COM (2008) 109 final, de 22.02.2008 e SEC (2008) 249, de 22.02.2008.

[58] COM (2008) 807 final.

[59] Através do Regulamento (CE) nº 1174/2009, da Comissão, de 30 de Novembro de 2009 (JO L nº 314, de 1.12.2009).

A COOPERAÇÃO EM MATÉRIA TRIBUTÁRIA

abordagem europeia na gestão do IVA pelas autoridades tributárias, a significar, obrigatoriamente, que elas sejam responsáveis não só pela protecção das receitas do seu IVA interno, mas também pela das receitas do IVA dos outros Estados-Membros se as perdas nestas forem consequência de negligência na actuação, só assim se assegurando um mais alto nível de protecção das receitas de todos os Estados-Membros da União Europeia[60]. Para tal, entende-se indispensável o estabelecimento de um conjunto de regras comuns para melhorar a qualidade da informação trocada entre os Estados-Membros nomeadamente através de fixação de requisitos mínimos para o registo e cancelamento de registo de sujeitos passivos, bem como a disponibilização da faculdade de confirmação do

---

[60] Este âmbito da luta contra a fraude, *maxime* da fraude ao IVA, resulta de vários fóruns sobre os casos mais recentes de evasão fiscal sobre os quais também reflecte Michael KEEN em dois documentos de trabalho do FMI de 2007: "O IVA Ataca" e "Fraude e evasão ao IVA". No primeiro documento o autor sublinha o facto de que a fraude fiscal passou ao IVA, adaptando-se à sua estrutura específica e processo. No caso específico da luta contra a fraude carrossel, Michael Keen aponta alguns elementos de reflexão sobre os meios susceptíveis de serem implementados, desde o estabelecimento de regras que tornem mais restrito e controlável o registo ao alargamento do âmbito do sistema de inversão do sujeito passivo. Os documentos estão disponíveis em *http://www.imf.org/external/ns/search.aspx*, as investigações e os procedimentos têm de ser conduzidos de forma conjunta em diversos países envolvendo vários Estados-Membros da União Europeia e outros não seus membros, numa cooperação forte, de médio e longo prazo, não esquecendo que muitos dos esquemas fraudulentos de fornecimento de mercadorias intracomunitárias afectam igualmente países terceiros numa teia de procedimentos que associam à fraude fiscal em geral mas sobretudo à fraude em carrossel no IVA, o branqueamento de capitais. Um esquema recentemente divulgado ilustra a conclusão: "Em Novembro de 2002 dois bancos noruegueses denunciaram transacções suspeitas ao respectivo departamento fiscal relativamente às actividades de duas empresas. Ambas as empresas tinham o mesmo presidente e director-geral, possuíam contas bancárias na Noruega e em Londres e tinham efectuado o registo em IVA para a actividade de comércio de telemóveis na Dinamarca no início de 2002. O volume total de negócios declarado pelas empresas norueguesas registava um aumento enormíssimo de 2001 para 2002. O suspeito recebia uma pequena importância fixa, por telefone, como "comissão" e era, diversas vezes, informado pelo Reino Unido (RU) acerca dos telefones que seguiam da Europa e do Paquistão para o RU a um preço acordado. As suas empresas recebiam facturas de fornecedores e emitiam facturas (muitas vezes pró-forma) às empresas do RU, as quais, no que lhes respeitava, apresentaram as suas declarações de IVA sem quaisquer vendas posteriores dentro do RU. Se este negócio fosse legítimo, as duas empresas em conjunto estariam entre as 60 maiores empresas da Noruega. A acusação recaiu na prática dos seguintes crimes: 1. no RU: apoderação dos lucros da fraude ao IVA (abrindo contas bancárias, fazendo passar o dinheiro através destas contas, e tentando legitimar as vendas, emitindo facturas com o número do IVA da Dinamarca); 2. na Noruega: Fraude ao imposto sobre o rendimento; Viciação da contabilidade. No total, houve uma condenação total de vários anos de prisão, pagamento de uma multa avultada, assim como proibição do exercício de qualquer cargo de direcção em qualquer empresa até ao final da vida. Este caso transitou para o Tribunal de Recurso, o qual em inícios de Fevereiro de 2007 deu o mesmo veredicto.

seu nome e endereço[61]. Depois é relevante a diminuição do período de tempo para comunicação das transmissões intracomunitárias pelos sujeitos passivos às respectivas Administrações Tributárias e para a troca de informação entre estas, com o objectivo de que as autoridades fiscais dos Estados-Membros de destino sejam mais rapidamente informadas das aquisições intracomunitárias que neles tenham lugar de forma a possibilitar uma actuação mais atempada. O reforço da troca automática de informação entre os Estados-Membros constitui um bom mecanismo para um controlo efectivo das operações dos sujeitos passivos, e deve incluir a faculdade de que as autoridades competentes de cada Estado-Membro possam ter acesso automático a determinados e específicos dados relativos a um sujeito passivo, que constam da base de dados de outro Estado-Membro, para assim reduzir o número de pedidos de informação e os meios materiais afectos. Tudo isto complementado com adequadas e oportunas acções no âmbito do Programa Fiscalis, para estudo e partilha das melhores práticas e dos mais eficazes instrumentos de controlo, nomeadamente auditorias informáticas, controles fiscais multilaterais e sistemas de análise de risco[62].

Também releva a concessão às Administrações de um instrumento de cobrança/recuperação do IVA junto de sujeitos passivos nele não estabelecidos, quando o incumprimento por parte destes operadores das suas obrigações declarativas tenha facilitado a fraude, instrumento esse que se situa concretamente na assistência administrativa na cobrança. Só com um reforço da competência das Administrações tributárias para proceder à cobrança do imposto nos casos de fraude ao IVA, através de uma actuação dirigida e conjunta nas acções/infracções dos diversos sujeitos passivos envolvidos em acti-

---

[61] As Administrações fiscais têm de ter absoluta confiança na informação que lhes é prestada sobre a situação em IVA de um sujeito passivo, do mesmo modo que as empresas têm que ter segurança na informação que podem obter a idêntico título, exigindo-se que a mesma comporte, para além da validade do número de identificação para efeitos de IVA, também a confirmação dos respectivos nome e endereço. Ora tal nem sempre verifica. Há Estados-Membros que mantêm números de registo IVA válidos para sujeitos passivos relativamente aos quais foi já provado estarem envolvidos em fraude fiscal (e alguns já desaparecidos) e nem todos confirmam o nome e endereço. O Conselho, nas suas conclusões de 4 de Dezembro de 2007, reconheceu a importância, para o correcto funcionamento do IVA nas operações intracomunitárias, da existência de informação actualizada e mais completa sobre a situação em IVA dos sujeitos passivos, e deu o seu aval ao estabelecimento de um conjunto de regras comuns para registo e cancelamento de registo de sujeitos passivos e para a disponibilização do nome e endereço.

[62] Como a criação de uma rede europeia, chamada EUROFISC, para maior cooperação operacional entre os Estados-Membros na luta antifraude ao IVA, proposta que já mereceu a aprovação do Conselho constando das conclusões de 7 de Outubro de 2008, e encontra-se prevista no recente Regulamento (UE) nº 904/2010, do Conselho, de 7 de Outubro de 2010, com entrada em vigor prevista para 1 de Janeiro de 2012.

A COOPERAÇÃO EM MATÉRIA TRIBUTÁRIA

vidades fraudulentas, se garante a indispensável segurança jurídica aos negócios legítimos e um bom nível de assistência mútua na recuperação do imposto naquelas envolvido.

O mesmo é dizer que, no estado actual das coisas, as estratégias que pretendem ter alguma eficácia neste combate sublinham o papel que cabe ao estabelecimento e concretização de uma cooperação internacional operante e eficiente, como aliás decorre da criação do EUROCANET[63] e se avizinha com o EUROFISC.

Como quer que seja, tanto nas fraudes ao IVA e aspectos correlativos, como em muitas outras situações já analisadas ao longo do capítulo anterior, a conclusão é a de que qualquer auditoria às entidades envolvidas não pode prescindir duma actuação ao nível internacional, fazendo dos controles multilaterais conjugados e das trocas de informação (recíproca) entre as diversas Administrações fiscais, seus instrumentos. O espaço comunitário sem fronteiras abriu aos contribuintes muitas potencialidades para cenários de evasão fiscal. Não constituindo, por razões bem conhecidas, a harmonização tributária, nem tão pouco a extensão e medida da coordenação fiscal existente, opções capazes de proporcionar os objectivos pretendidos, a alternativa, indirecta e lenta mas válida, será a da cooperação administrativa e assistência mútua entre os Estados-Membros.

---

[63] Sistema de troca de informações muito rápida, criado por vários países europeus. Essa base de dados (Eurocanet), sedeada na Bélgica, acumula dados sobre empresas, sobre facturas, pedidos de confirmação de números de IVA, etc. O projecto Eurocanet (*European Carousel Network*) foi introduzido em 1 de Janeiro de 2005 e é administrado pela Unidade Belga para a Fraude Carrossel (OCS). Inicialmente eram cinco os Estados-Membros envolvidos. Actualmente todos os Estados-Membros, com excepção da Alemanha, participam no projecto, em maior ou menor medida. O projecto envolve a troca mensal de um conjunto de dados relativos a transmissões de bens (vendas/compras) europeias e de requisitos de clarificação dos números de registo em IVA entre os Estados-Membros participantes e respeitantes a certos e determinados operadores-alvo. O seu principal objectivo é a precoce identificação dos "*missing or potentially defaulting traders*", podendo cada Estado-Membro solicitar a outro Estado-Membro que acompanhe mais de perto um determinado comerciante. Um máximo de cinco fornecedores pode ser "monitorado" num determinado Estado-Membro. Em Novembro de 2005, o OLAF propôs a sua consideração como um "parceiro externo" do Eurocanet e pediu acesso aos dados existentes. O Reino Unido e outros Estados-Membros não reconheceram a Comissão Europeia, e consequentemente o OLAF, como autoridades competentes para trocar informação confidencial dos contribuintes, ao abrigo do Regulamento nº 1798/2003, que estabelece a cooperação administrativa em IVA entre os Estados-Membros. Além disso, na opinião do Governo inglês, dar à Comissão os mesmos poderes que aos Estados-Membros para pedir investigações destinadas a fornecer informações poderia causar atrasos e teria implicações em matéria de recursos: *http://www.parliament.the-stationery-office.co.uk/pa/ ld200607/ldselect/ldeucom/101/7020615.htm.*

E como já se acentuou no primeiro Capítulo, não sendo viável, pelo menos para já, mudar de modelo tributário, ou de sistema tributário, deve entender-se que a melhor solução será a de desenvolver e redimensionar os mecanismos de cooperação fiscal internacional, e em especial o intercâmbio de informação entre Administrações tributárias[64]. Se houver vontade e empenho em ir ultrapassando os obstáculos que se levantam e ameaçam o desenvolvimento da cooperação internacional (muitos dos quais resultantes da sobrevalorização do interesse nacional; do não reconhecimento de um interesse fiscal internacional ou supranacional; da existência de diferentes tradições jurídicas e procedimentais, assim como de diversos níveis de experiência e competência /qualificação), esta assistência pode, como se disse já, ser um instrumento com uma grande valia[65]. Embora sendo comum à maioria dos Estados (com excepção dos paraísos fiscais) o interesse em prevenir e reprimir a fraude fiscal, tal interesse não se revela capaz de configurar um interesse fiscal unanimemente compartilhado por todos, motivo porque é bem mais realista acentuar a necessidade do "redimensionamento dos mecanismos de cooperação e especialmente de intercâmbio de informação", mais do que de aumento da harmonização fiscal[66].

A colaboração fiscal interadministrativa apresenta-se então como um instrumento necessário para lutar contra (evitando ou reprimindo) a fraude e evasão fiscal a nível internacional, com o efeito derivado de que dela, como actividade de apoio, diálogo e ajuda, decorre uma progressiva, ainda que lenta aproximação das várias regulações tributárias dos Estados abrangidos, aproximação que irá afectando sobretudo as normas instrumentais que disciplinam a actividade da Administração na fase de comprovação e arrecadação da obrigação de imposto[67], mas também as normas substanciais ou substantivas que a mode-

---

[64] CALDERON CARRERO, J. M.: "El artículo 26 MC OCDE 2000: la cláusula de intercambio de información", em Comentarios a los Convenios para evitar la doble imposición y prevenir la evasión fiscal concluidos por España (Analisis a la luz del Modelo de Convenio de la OCDE y de la legislación y jurisprudencia española), coordenado por RUIZ GARCIA, J. R., A Coruña: Fundación Pedro Barrié de la Maza, 2004. Trata-se, como refere este autor, de "dotar a suas administraciones tributarias de los medios adecuados para que éstas puedan exaccionar efectivamente los impuestos que integran el ordenamiento tributario actual".

[65] GRAU RUIZ, M. A.: "Convention on mutual administrative assistance in tax matters and Community rules: how to improve their interaction?" EC Tax Review, 2006-4, p. 196 e 197 e La cooperación internacional para la recaudación de tributos: el procedimiento de asistencia mutua, ed. La Ley, Madrid, 2000, p. 43.

[66] Ver também BORJA SANCHIS, A.: La assistencia administrativa en materia de liquidación tributaria en la Union Europea, ed. Diálogo, Valencia, 2005, p. 27.

[67] SACCHETTO, C.: Tutella all' estero dei crediti tributário dello Stato, ed. Cedam, Padova, 1978, p. 206.

A COOPERAÇÃO EM MATÉRIA TRIBUTÁRIA

lam, podendo afirmar-se, na esteira de DELGADO PACHECO que a assistência mútua entre as Administrações tributárias europeias se converteu em «questão chave no processo de harmonização fiscal ligado à construção da União Europeia»[68], sendo esta cooperação também um meio de conseguir muito do que não se conseguiu através da política em geral e em concreto da política tributária.

O problema é o de que acontece com a regulamentação de cada Estado sobre a disciplina dos instrumentos de assistência administrativa a nível internacional (em especial a nível comunitário), o mesmo que se verifica em relação aos sistemas fiscais e legislação em que estão vertidos. A redução do interesse geral aos marcos nacionais impediu e impede ainda o estabelecimento de princípios comuns de âmbito comunitário, a significar, a final, diferentes concretizações, eficácias e eficiências. Uma boa aproximação das normas que nos diferentes Estados-Membros regulam a cooperação entre a sua e as outras Administrações Tributárias na respectiva actuação para lá das fronteiras de cada um deles, não só reflectirá e concretizará a salvaguarda de um interesse comum (como aconteceu com o acordo que conduziu os Estados-Membros à aprovação da Directiva 2003/48/CE, de 3 de Junho de 2003, em matéria de fiscalidade da poupança[69]), como conduzirá, indiscutivelmente, a uma implantação progressiva, (ainda que lenta), no âmbito internacional, dos valores jurídicos inseridos nas normas de Direito internacional privado[70], tendo a harmonização, neste sentido, um carácter instrumental em relação aos objectivos de justiça e, entre eles, aos de justiça tributária nas suas diversas manifestações[71]. Justiça tributária porque se está a actuar para a correcta aplicação da norma tributária do Estado que solicita a assistência nas diversas fases do procedimento de aplicação do tributo, jus-

---

[68] DELGADO PACHECO, A.: "La asistencia mutua entre Administraciones Tributarias", Impuestos, 1990, p. 187. No mesmo sentido FALCON Y TELLA, R.: no "Prólogo" ao livro de GRAU RUIZ, M. A., La cooperación internacional para la recaudación de tributos: el procedimiento de asistencia mutua, La Ley, Madrid, 2000, p. 23.

[69] SÁNCHEZ LOPEZ, M. E.: "Los mecanismos de cooperación admistrativa en el ámbito internacional: intercambio de información y asistencia en materia de recaudación. Deslinde y complementariedad", AA.VV., Estudios sobre fiscalidad internacional y comunitaria, ed. Colex, Madrid, 2005, p. 176.

[70] Como assinalou PALAO TABOADA, C., no prólogo ao livro Fiscalidad Internacional, coordenado por SERRANO ANTÓN, F., Instituto de Estudios Fiscales, Madrid, 2001, p. 11.

[71] DE LA HUCHA CELADOR, F.: "La armonización fiscal en la Unión Europea y su incidencia en el Sistema Tributario Español", Perspectivas del Sistema Financiero, num. 82, 2004, p. 1, onde refere "la armonización y la aproximación de legislaciones no constituyen un fin en si mismas de la UE, sino un mecanismo o instrumento para la remoción de los obstáculos que se opongan a la consecución del mercado interior".

O INTERCÂMBIO DE INFORMAÇÃO TRIBUTÁRIA

tiça essa que se projecta tanto ao nível interno de cada um e dos vários Estados-
-Membros como ao nível comunitário[72]. E se tivermos em conta que a realização
das políticas comunitárias depende em boa medida da efectividade da informação fiscal e do cumprimento dos deveres dos contribuintes face às respectivas Administrações fiscais, complementadas pelo aprofundamento das regras
de convivência entre os Estados, encontramos nas normas que regem a cooperação administrativa um forte instrumento ao serviço do estabelecimento e
funcionamento do Mercado Comum.

Como já referimos no capítulo anterior, e defende SANCHEZ LOPEZ[73], o interesse da cooperação administrativa não deve ser visto apenas do lado dos Estados mas também do lado dos obrigados tributários afectados, de cuja protecção
jurídica (garantindo-a) não se pode prescindir. A começar, desde logo, pela realização do princípio de igualdade de tributação entre residentes e não residentes (sem que isto signifique igualdade de regime fiscal para ambos mas simplesmente que a tributação de uns e de outros não seja agravada apenas em razão
do seu estatuto de "estrangeiro"[74]), como resulta evidenciado em algumas sentenças do Tribunal Europeu de Justiça, nas quais se declara que os Estados-Membros não podem discriminar um contribuinte (residente ou não) nem restringir
o exercício das liberdades fundamentais que lhes são outorgadas pelo Tratado
CE, negando-lhe a aplicação de uma vantagem fiscal ou um determinado regime
jurídico com base na falta de informação sobre a sua situação pessoal ou sobre
as suas actividades em outro Estado-Membro[75]. E o mesmo se diga em matéria

---

[72] Ver a Declaração do Tribunal de Contas Europeu que no seu Relatório especial número 9/98,
realça que "o IVA e o recurso IVA constituem um âmbito de interesse nacional e comunitário já
que cerca de metade do Orçamento da União se financia através desses recursos".

[73] SÁNCHEZ LOPEZ, M. E.: "Los mecanismos de cooperación adimirativa en el ámbito internacional: intercambio de información y asistencia en materia de recaudación. Deslinde y complementariedad", ob. cit., pp. 106 e ss.

[74] Esta preocupação de justiça levanta alguns problemas sobre a sua medida e extensão – elementos que a integram e processo devido para a sua aplicação – como resulta da comunicação do Grupo
ad hoc de Peritos sobre Cooperação Internacional em questões de tributação. Ver 11ª Reunião
do Grupo Ad Hoc de peritos sobre cooperação tributária em questões fiscais, Genebra, 15-19 de
Dezembro de 2003. Ver também CARMONA FERNÁNDEZ, N.: "Medidas anti-elusión fiscal: medidas
anti abuso de los Convénios", em Fiscalidad Internacional, coordenado por SERRANO ANTÓN, Instituto de Estudos Fiscais, Madrid, 2001, p. 581.

[75] Nos acórdãos do Tribunal Europeu de Justiça: Processo C-1/93, Halliburton Services, de 12 de Abril
de 1994, Processo C-279/93, Schumacker, de 14 de Fevereiro de 1995 e Processo C-80/94, Wielocks,
de 28 de Abril de 1998, adopta-se esta posição, sendo certo, todavia, alguma diferença de posição
nos acórdãos relativos aos Processos C-250/95, Futura Participations, de 15 de Maio de 1997,
C-55/98, Vestergaard, de 28 de Outubro de 1999 e C-254/97, Baxter, de 8 de Julho de 1999, onde o
Tribunal realça que o critério de eficácia dos controlos fiscais autoriza um Estado-Membro a apli-

A COOPERAÇÃO EM MATÉRIA TRIBUTÁRIA

de assistência internacional na cobrança, que deve ser vista como um procedimento em si mesmo justo, articulado com clareza com os sistemas de cobrança nacionais, e sem atropelo da posição jurídica do devedor[76].

Pena que, podendo fazê-lo, o Tratado não o tivesse feito, reforçando as medidas de assistência mútua entre as Administrações tributárias dos Estados-Membros através do estabelecimento de bases normativas específicas que permitissem, quiçá, a adopção de decisões por maioria qualificada. Segundo VILLAR EZCURRA[77], tal teria dotado as Instituições comunitárias de maior flexibilidade nos aspectos administrativos e procedimentais dos impostos, favorecendo uma aproximação do Direito Tributário formal ou procedimental dos Estados-Membros (com as inegáveis e inerentes vantagens); uma melhor concretiza-

car medidas que permitam comprovar, de forma clara e precisa os requisitos para aplicar uma dedução ou uma vantagem fiscal sempre que tais exigências probatórias não resultem excessivas ou desproporcionadas. Ver CALDERÓN CARRERO, J. M.: "Tendencias actuales en materia de intercambio de información entre Administraciones tributarias", Instituto de Estudios Fiscales, Doc. 16/01,2001, p. 7 e "El artículo 26 MCOCDE 2000: la cláusula de intercambio de información", en Comentarios a los Convenios para evitar la doble imposición y prevenir la evasión fiscal concluidos por España (Analisis a la luz del Modelo de Convenio de OCDE y de la legislación y jurisprudencia española), coordenado por RUIZ GARCIA, J. R. e CALDERON CARRERO, J. M., Instituto de Estudios Economicos de Galicia, 2004, p. 1247. Jurisprudência mais recente, como é o caso do Acórdão *Marks & Spencer* (Processo C-446/03, de 13 de Dezembro de 2005), retoma ambas estas posições, como decorre das Conclusões do Advogado Geral M. Poiares Maduro, apresentadas nesse caso, em 7 de Abril de 2005: "*81*. Poderá objectar-se que será excessivamente difícil para o Reino Unido verificar se existe uma possibilidade de dedução noutro Estado-Membro. A esse respeito, há que lembrar que os Estados-Membros dispõem de instrumentos de cooperação reforçada nos termos da Directiva 77/799/CEE do Conselho, de 19 de Dezembro de 1977, relativa à assistência mútua das autoridades competentes dos Estados-Membros no domínio dos impostos directos . Nos termos das suas disposições, as autoridades competentes de um Estado-Membro têm o poder de pedir às autoridades competentes de outro Estado-Membro que lhes forneçam todas as informações susceptíveis de lhes permitir determinar o montante correcto do imposto sobre as sociedades. Na realidade, esse instrumento de cooperação administrativa «oferece possibilidades de obtenção das informações necessárias comparáveis às existentes entre os serviços fiscais no plano interno" (Acórdão *Schumacker*). Além disso, não me parece excluída a possibilidade de o Estado-Membro em causa poder sujeitar a sociedade que requer uma dedução de grupo a um dever de informação sobre a situação fiscal do grupo a que pertence, nomeadamente sobre a possibilidade de tratar os prejuízos das filiais no seu Estado de estabelecimento. Nesse caso, porém, há que garantir que essas exigências não vão além do necessário para atingir o objectivo de informação pretendido (*Acórdãos Futura Participations e Singer*).

[76] GRAU RUIZ, M. A.: La cooperación internacional para la recaudación de tributos: el procedimiento de asistencia mutua, cit., p. 67.

[77] VILLAR EZCURRA, M.: "Las disposiciones fiscales en el Tratado por el que se establece una Constitución para Europa" em Comentarios a la Constitución Europea, libro III, dirigido por ALVAREZ CONDE, e GARRIDO MAYOL, ed. Tirant lo Blanch, Valencia, 2004, p. 526.

ção e protecção dos direitos, deveres e garantias dos sujeitos afectados pelos procedimentos de cooperação administrativa no âmbito internacional e, mais especificamente, no seio do ordenamento europeu. Não foi assim porque face ao espírito dos "pais" do Tratado (e que ainda se mantém), a harmonização fiscal tem apenas um carácter instrumental ao serviço de determinados objectivos comunitários, o que justifica o diferente ritmo da mesma no seio da União Europeia, começando pela tributação indirecta e mais concretamente pelo IVA (onde, todavia, ainda apresenta muitas falhas, estando longe do que deve considerar-se uma verdadeira harmonização fiscal, prosseguindo os esforços para colmatar significativas lacunas), não sucedendo o mesmo no caso da tributação directa, em relação à qual apenas se têm dado alguns passos, cautelosos e em áreas muito direccionadas, podendo a actual discussão sobre a substituição dos recursos próprios e a criação de uma base comum e consolidada para um futuro imposto europeu sobre sociedades vir a significar passos importantes.

A cooperação administrativa e assistência mútua são entendidas como abrangendo, fundamentalmente[78], o intercâmbio de informação tributária e a assistência em matéria de cobrança. Trata-se de mecanismos com diferente mas complementar âmbito. Os dois fornecem hoje a colaboração alargada indispensável ao eficaz desenvolvimento das funções das Administrações tributárias, permitindo articular e conjugar mecanismos de controlo das obrigações tributárias dos contribuintes que realizam operações no estrangeiro. É uma colaboração que se estende para lá da fase de comprovação (nas suas diferentes vertentes) até à cobrança efectiva da dívida tributária, como é reconhecido pela Comissão Europeia na sua Comunicação COM (94) 471 final, de 3 de Novembro de 1994, nos seguintes termos "tudo o realizado em matéria de luta contra a fraude seria em vão se não desembocasse numa cobrança efectiva do imposto devido: a detecção e a luta só têm sentido se conduzem à justa e efectiva cobrança do imposto"[79].

No intercâmbio de informação, o que se pretende assegurar é a correcta aplicação das normas tributárias por parte do Estado a quem corresponde o respectivo controlo, através da troca das informações necessárias para a gestão dos tributos[80]. Quanto à assistência na cobrança, o seu objectivo é o de permitir a

---

[78] Embora, como se verá à frente, nele se incluam outras formas de colaboração e cooperação entre os Estados-Membros.

[79] GRAU RUIZ, M. A.: La cooperación internacional para la recaudación de tributos: procedimiento de asistencia mutua, ob. cit., p. 71.

[80] Ver Directiva 77/799/CEE, de 19 de Dezembro de 1977, relativa à assistência mútua das autoridades dos EM no âmbito dos impostos directos, no seu artigo 1º No mesmo sentido, o artigo 26º

A COOPERAÇÃO EM MATÉRIA TRIBUTÁRIA

correcta execução da dívida tributária nascida num Estado Membro, o qual para o efeito solicita assistência a outro Estado-Membro[81]. Trata-se de dois distintos mecanismos de auxílio internacional, além do mais pela diversa fase procedimental em que se integram ambas as formas de colaboração e também pela diferente natureza da colaboração solicitada. Ou seja, o recurso a uma ou a outra depende da fase em que se encontre a obrigação tributária assim como da finalidade para que se pede a colaboração. Ambas desempenham um relevante papel e traduzem, quando devidamente operacionalizadas, um bom grau de cooperação entre os diversos Estados, ao serviço do controlo da evasão fiscal e da realização da justiça tributária. Constituindo o território nacional o limite do poder tributário do Estado, a ele se resumindo pois o exercício da soberania tributária, a articulação do poder de estabelecer tributos com o de os tornar efectivos através da concretização da respectiva cobrança necessita da colaboração dos Estados envolvidos nas diversas fases do procedimento fiscal.

O intercâmbio de informação aparece essencialmente no seio do procedimento de liquidação. Pode, porém, ocorrer também já em sede de cobrança daí resultando especificidades e diferenças inerentes ao regime jurídico dos deveres de informação que se originam num e noutro dos procedimentos. Quando o intercâmbio de informação ocorre no procedimento de cobrança, ele adquire características bem distintas das que apresenta no seio do procedimento de liquidação, não só pelas diferenças e especialidades procedimentais mas também pela relevância tributária em relação à obrigação principal do imposto. São duas actuações diferentes, com cada uma a resultar determinada pela concreta função que lhe é pedida no seio do procedimento tributário, função essa que determina, consequentemente, a inerente utilidade dos dados a obter suscitando, complementarmente, distinções em matéria de garantia dos sujeitos afectados.

Sem olvidar esta relevância do intercâmbio de informação na cobrança, utilizarei, nos desenvolvimentos futuros ao longo deste trabalho apenas a sua concepção mais restrita, ou seja, anterior à fase de cobrança da dívida fiscal, reser-

---

da Convenção Modelo da OCDE. Na recém publicada Directiva 2011/16/UE, de 15 de Fevereiro de 2011, que a partir de 1 de Janeiro de 2013 deverá obrigatoriamente encontrar-se transposta para o Direito interno dos Estados-Membros, o objecto da assistência mútua no que respeita à troca de informações é alargado, englobando-se agora, como consta do artigo 1º, todo o conjunto de regras e procedimentos ao abrigo dos quais os Estados-Membros devem cooperar entre si tendo em vista a troca de informações previsivelmente relevantes para a administração e a execução da sua legislação interna respeitante aos impostos a que a Directiva se aplica.

[81] Ver Directiva 2008/55/CE, do Conselho, de 26 de Março de 2008, e artigo 27º da Convenção Modelo da OCDE.

vando para a modalidade de cooperação que é a assistência na cobrança[82] um sentido restrito circunscrito aos específicos procedimentos para a obtenção de um crédito de imposto, formulada por uma autoridade competente de um Estado-Membro. Os avanços na assistência da cobrança são talvez mais difíceis atendendo às diferenças nas normas substantivas e procedimentais dos Estados-Membros relativas à efectivação da cobrança não voluntária ou coerciva. Há países com uma cerrada defesa do princípio da autonomia de procedimentos, o que, conjuntamente com a falta de uma cultura de cooperação (falta ainda mais sentida quando se fala em cooperação na cobrança); com o facto do princípio de reciprocidade levantar nesta categoria de colaboração adicionais problemas; e com o significativo valor dos custos gerados pela prestação da assistência na cobrança (que em alguns casos requer complicados mecanismos de cooperação), faz entravar a prossecução de um bom nível de concretização nesta modalidade de assistência mútua internacional. Além de que, e como facilmente se entende, o problema das garantias do contribuinte se põe com muito maior acuidade e relevância na assistência na cobrança. A inicial Directiva 76/308/CEE foi já aperfeiçoada pela Directiva 2008/55/CE, de 26 de Maio de 2008 em vigor, e de novo pela Directiva 2010/24/UE, do Conselho, de 16 de Março de 2010[83] que entrará em vigor em 1 de Janeiro de 2012. Concomitantemente espera-se que o novo artigo 27º introduzido para esta modalidade de cooperação administrativa na Convenção Modelo da OCDE, seja adoptado nas futuras Convenções bilaterais celebradas possibilitando práticas, experiências e ensinamentos relevantes, e simultaneamente seja a matéria também incluída noutros Modelos de Tratados Internacionais como, p.e., no Modelo de Convenção sobre Dupla Tributação e Prevenção da Fraude das Nações Unidas.

Em conclusão, a cooperação administrativa e assistência administrativa mútua em matérias fiscais há-de compreender toda a assistência recíproca que possa ser realizada pelas autoridades públicas, incluindo as judiciais desde que não abrangida pela legislação penal-criminal[84], sendo seus objectivos: permitir uma eficaz e correcta actuação das autoridades fiscais no lançamento, liquidação e cobrança voluntária ou coerciva do imposto, incluindo os respectivos procedimentos tributários e abrangendo também a aplicação de penalidades de natureza meramente administrativa; e permitir adequada preparação de proce-

---

[82] SANCHEZ LOPEZ, M. E.: "El intercambio internacional de información tributaria. Perspectivas de una nueva significación de este instrumento", Crónica Tributaria, nº 114, 2005, pp. 98 e 99.
[83] JO L 84, de 31 de Março de 2010.
[84] A actuação das entidades judiciais na aplicação da lei penal para punir os ilícitos criminais cometidos no âmbito fiscal sai fora do que se define por assistência administrativa, enquadrando-se em convenções já existentes de assistência mútua em matérias criminais.

A COOPERAÇÃO EM MATÉRIA TRIBUTÁRIA

dimentos criminais na área fiscal que devam ser iniciados e instruídos a pedido destas, sendo certo, todavia, que se iniciados por autoridades judiciais já não estaremos perante assistência administrativa (porque disso não se trata e porque existem Convenções especificas sobre essa assistência, com as quais não se pode nem deve entrar em conflito)[85].

4. O intercâmbio de informação e assistência mútua como instrumento da obrigação de colaboração e cooperação dos Estados-Membros

Pela fundamentação que apontamos à assistência mútua e cooperação administrativa internacionais em geral e ao intercâmbio de informação em particular, *maxime* no respeitante às comunitárias, concluímos estar perante situações abrangidas dentro do que atrás qualificamos como colaboração e cooperação.

Como aliás resulta da jurisprudência comunitária (acórdãos do TJUE e conclusões dos Advogados-Gerais nos respectivos processos) a propósito das Directivas e Regulamentos de assistência mútua e cooperação administrativa que se analisarão mais tarde neste trabalho de doutoramento, os objectivos subjacentes implicam para os Estados-Membros que são os destinatários dessas normas de Direito comunitário derivado dois tipos de actuações: a obrigação de pôr em aplicação o Direito Comunitário; e a obrigação de ajudar as Instituições comunitárias na realização da sua missão, a primeira correspondendo ao conceito de cooperação e a segunda integrando o conceito de colaboração.

Quando os Estados-Membros são obrigados a tomar todas as medidas necessárias para pôr em vigor as disposições das Directivas e Regulamentos, o que está em causa é uma obrigação de cooperação, é a obrigação que têm os Estados--Membros em virtude do Tratado, de actuar para a realização dos seus objectivos. Não se trata apenas de respeito pelo Tratado mas também de actuação activa para a realização dos seus fins. Os Estados-Membros têm a obrigação em virtude do Tratado, de tirar, na sua ordem jurídica interna, as consequências da sua pertença à Comunidade, e adaptar, se necessário, as suas actuações e procedimentos de acordo e no quadro do Tratado. Note-se que é a jurisprudência do Tribunal do Luxemburgo que, repetidamente, salienta que os Estados-Membros não podem alegar com disposições, práticas ou situações da (sua) ordem jurídica interna para justificar o não respeito pelas obrigações que lhe cabem em virtude do Tratado. Sendo a UE uma Comunidade não apenas de Estados, mas sim de Estados, de povos e de pessoas[86], o papel dos Estados-Membros vai ser funda-

---

[85] Convenção Europeia sobre assistência mutua em matéria criminal.
[86] PESCATORE, P.: "Aspects judiciaires de l'acquis communautaire", Revue Trimestrielle de Droit Européen, 1981, p. 636.

O INTERCÂMBIO DE INFORMAÇÃO TRIBUTÁRIA

mental para tornar efectivos estes direitos e obrigações para os nacionais. Cada Estado-Membro é erigido em actor do sistema comunitário e não tomado em conta simplesmente como sujeito dessa ordem jurídica. Ele deve ter um papel de intervenção positiva no assegurar da eficácia e do valor imperativo do Direito Comunitário: conformemente aos princípios gerais que estão na base do sistema institucional da UE e que regem as relações entre a Comunidade e os Estados Membros, compete aos Estados-Membros assegurar nos seus territórios a execução do Direito Comunitário.

No âmbito do Direito Comunitário derivado, como é o caso dos instrumentos normativos de que tratamos, a intervenção dos Estados-Membros visando completar actos deste ordenamento, significa que as fontes das obrigações impostas aos Estados-Membros são justamente esses actos, quer as disposições dos Tratados de base que não têm efeito directo, quer se trate de Directivas, de Decisões dirigidas a um ou outro Estado-Membro, ou dos Regulamentos incompletos. Na cooperação, com o conceito que lhe resulta atribuído em função do que atrás ficou dito, ocorrerá que mesmo sem qualquer habilitação expressa (Directivas, Regulamentos, Decisões) os Estados-Membros não somente podem mas devem mesmo agir em forma de contributo para a efectividade do Direito Comunitário, já que eles não são apenas sujeitos de Direito mas membros de uma Comunidade e como tal, e com fundamento no Tratado, dotados de um papel específico enquanto garantes da efectividade do Direito comum.

E aqui, a efectividade do Direito Comunitário depende, em larga medida, de uma acção normativa, administrativa e judicial dos Estados-Membros. Normativa e de execução concreta, nos termos que lhes são impostos por Directivas e Regulamentos, mas também que assegure o respeito por eles, ou seja de controlo e sanção, incluindo pois na execução do ordenamento comunitário derivado a obrigação de velar para que o conjunto dessas normas seja aplicado e respeitado. Aqui se insere, como se reforçou na jurisprudência comunitária[87], uma obrigação e direito que têm os Estados-Membros de, no silêncio ou para lá das prescrições expressas comunitárias, tudo fazer para assegurar o efeito útil do conjunto das disposições das Directivas ou Regulamentos. Os Estados-Membros ficam assim obrigados, nas situações onde o seu contributo seja necessário, de pôr em aplicação e adoptar todas as medidas gerais ou particulares apropriadas, com respeito das disposições comunitárias, da sua substância e da sua eficácia.

Do que se trata aqui não é de obrigações que resultam impostas pelo Direito Comunitário aos Estados-Membros enquanto sujeitos dele, mas sim em resul-

---

[87] A título exemplificativo o Processo 30/70, *Otto Scheer*, de 17 de Fevereiro de 1970.

A COOPERAÇÃO EM MATÉRIA TRIBUTÁRIA

tado da obrigação de cooperação, anterior aos instrumentos de Direito Comunitário derivado de que os Estados-Membros são destinatários. Do ponto de vista normativo, trata-se da obrigação de completar os actos comunitários na sua "mensagem normativa"[88], antes mesmo de concretizar, ou seja em situações em que o acto comunitário está verdadeiramente incompleto e apresenta uma lacuna que deve ser preenchida. Não, como já referimos, em vazios legislativos em que os Estados-Membros não tenham para o efeito a indispensável competência, mas apenas de imperfeições técnicas, como opinou o TJCE no mencionado Acórdão *Scheer*, admitindo claramente a intervenção normativa complementar dos Estados-Membros: "longe de representar uma anomalia no estado de evolução considerado, a intervenção dos Estados-Membros não constitui senão a materialização da obrigação geral formulada pelo artigo 5º do Tratado" e, na medida em que as precisões indispensáveis não tenham sido determinadas pela Comunidade, "os Estados-Membros tinham o direito, e em virtude das disposições do artigo 5º do Tratado, a obrigação de tudo fazer para assegurar o efeito útil das disposições do Regulamento".

Do ponto de vista administrativo, assegurando a boa execução das Directivas e Regulamentos: designando, ou eventualmente criando, a estrutura adequada para a respectiva execução; regulando o modo de funcionamento dos órgãos administrativos no cumprimento das suas missões ao serviço do Direito Comunitário; organizando um sistema de controlo dos instrumentos de Direito Comunitário derivado e, a final, garantindo que em todos esses aspectos resulte plenamente assegurado o respeito pelo Direito Comunitário numa dupla vertente: sancionando as violações mas, igualmente, protegendo os direitos que dele possam retirar as pessoas.

Relevante é dizer que toda esta actuação dos Estados-Membros não é subsumível na hipótese de competência comunitária delegada ou de uma competência por conta da Comunidade ou ainda de um mandato da Comunidade. Se se procura precisar em que categoria jurídica conhecida podem ser alinhadas as ligações entre a Comunidade e os Estados-Membros pelas quais resulta confiado a estes o cuidado de prolongar a sua acção normativa, deve rejeitar-se toda a assimilação e situação no terreno da actuação por conta da Comunidade. Diz-se no Processo *L.Wünsche*[89] que "a organização comum dos mercados, conformemente à estrutura da Comunidade repousa sobre uma colaboração estreita entre Estados-Membros e Instituições comunitárias, uns e outras executando

---

[88] BLANQUET, M.: L'article 5 du Traité C.E.E., Librairie Générale de Droit et de Jurisprudence, Paris, 1993, p. 44.
[89] Processo C-76/70, de 12 de Maio de 1971.

O INTERCÂMBIO DE INFORMAÇÃO TRIBUTÁRIA

sob a sua própria responsabilidade as tarefas que lhes competem em virtude da regra comunitária". Como decorre também do Acórdão *Simmenthal*[90], trata-se de uma competência própria de cada Estado, agindo mais como Estado-Membro de que como Estado, ao serviço da efectividade do Direito comum.

Não considerar assim a cooperação, isto é, não admitir que os órgãos nacionais exercem uma missão ao serviço do Direito Comunitário justamente em razão da sua qualidade de órgão de um Estado-Membro, pode conduzir a recusar a aparente contradição órgão nacional – missão comunitária e a sustentar a tese do carácter comunitário destes órgãos. Para o juiz KAKOURIS[91] "toda a disposição que encontra em definitivo a fonte da sua validade no Tratado constitui uma disposição de Direito Comunitário". Para ele, as decisões nacionais tomadas no quadro da cooperação são do Direito comunitário "complementar" e os órgãos competentes são pois os órgãos comunitários. Claro que é comunitário o fundamento da acção de cooperação mas há uma missão que ela atribui aos Estados-Membros e é pois sem contradição que os órgãos nacionais executam esta missão comunitária enquanto órgão de um Estado-Membro.

No sistema comunitário, pelo instituto da cooperação, os Estados-Membros não são simples sujeitos mas têm um papel a desempenhar enquanto tais. Adoptar um quadro de reflexão opondo ordem comunitária e ordens nacionais não corresponde à lógica deste sistema. Por tal raciocínio, seria preciso apenas admitir que os Estados, eles próprios, são órgãos comunitários, o que conduz a relativizar singularmente a acuidade da questão do carácter nacional ou comunitário dos órgãos de aplicação do Direito Comunitário.

Na lógica da cooperação, pode conciliar-se (na hipótese em que as Instituições comunitárias não estabeleçam regras comuns comandando a aplicação do normativo comunitário) o carácter nacional de acção de execução com os imperativos comunitários em todos os casos em que o legislador comunitário, por causa de circunstâncias externas (contexto internacional) ou de um impedimento interno, não pode agir, sendo certo que o interesse comum impõe necessariamente uma acção, eventualmente urgente. Aqui, o objectivo prosseguido já não é a efectividade do Direito Comunitário, mas a satisfação desse interesse comum e aí se encontra o mérito essencial do regime de cooperação: quando é solicitada a acção dos Estados-Membros, é a cooperação que actuando permite considerar não afectado (nem tão pouco posto em perigo) o modo de repartição das competências entre a Comunidade e os seus Estados-Membros.

---

[90] Processo 106/77, *Simmenthal*, de 9 de Março de 1978.
[91] KAKOURIS, N.: "La relation de l'ordre juridique communautaire avec les ordres juridiques dês Etats membres", <u>Liber Amicorum</u> PESCATORE, P., Baden Baden, Nomos Verlag, 1987, p. 319.

A COOPERAÇÃO EM MATÉRIA TRIBUTÁRIA

Na colaboração, a lógica subjacente é outra: os Estados-Membros ajudam a Comunidade no cumprimento das suas missões, na medida em que eles próprios são necessários aos órgãos comunitários no exercício dessas funções, e garantem a existência material de uma estrutura institucional susceptível de assegurar esse cumprimento.

Se as autoridades nacionais são os braços da Comunidade na medida em que são essenciais para assegurar a existência material de uma estrutura institucional susceptível de permitir a realização das missões atribuídas à Comunidade e aos órgãos comunitários no exercício das suas funções, eles são também os olhos na medida em que para efectivar as suas decisões e controlar a respectiva aplicação, a Comunidade espera dos Estados-Membros o fornecimento de todas as informações necessárias[92].

Este aspecto – obrigação de prestação de informação – é, dentro da colaboração, aquele que a jurisprudência comunitária mais tem concretizado. Não é certamente o mais importante, mas é muitíssimo relevante para o funcionamento quotidiano do sistema comunitário[93].

Obrigação de informação que engloba o fornecimento pelos Estados-Membros de dados estatísticos, de informações, e mais latamente, de todas as informações necessárias à missão dos órgãos comunitários, o que levanta amiudadas vezes na sua execução dificuldades aos Estados porque os respectivos obrigados acham que o fornecimento dos dados em questão pode ser susceptível de pôr em perigo alguns dos seus interesses, e daí o facto de ser habitual uma certa resistência. Há que reconhecer, todavia, que as missões das Instituições comunitárias, e de entre elas a mais importante que é o controlo da execução do Tratado e do Direito Comunitário, não podem ser exercidas senão na base das informações fornecidas pelos Estados-Membros, pelo que haverá de concluir-se que não se está em terreno da "boa vontade" para fornecer informações, havendo antes de aceitar a existência de uma verdadeira obrigação jurídica a cargo dos Estados-Membros, a qual decorre da sua obrigação de colaboração anterior à que possa ser imposta no concreto por uma ou umas quaisquer disposições normativas do Tratado.

São as missões alocadas à Comunidade que permitem definir as informações necessárias à sua realização e em consequência os contornos concretos da obrigação de informação, pelo que esta colaboração dos Estados com a Comissão deve ser vista como garante da boa aplicação do Direito Comunitário.

---

[92] BLANQUET, M.: "L'article 5 du Traité C.E.E.", ob. cit., p. 145.
[93] Sobre esta obrigação de informação vários são os acórdãos. Por todos citam-se os seguintes: Processo 40/85, *Bélgica/Comissão*, de 10 de Julho de 1986; Processo 394/85, *Comissão/Itália*, de 17 de Junho de 1987 e Processo 272/86, *Comissão/Grécia*, de 22 de Setembro de 1988.

O INTERCÂMBIO DE INFORMAÇÃO TRIBUTÁRIA

Obviamente que o fornecimento de informações existe também noutro contexto: o das cláusulas particulares de fornecimento de informação contidas quase sistematicamente nas Directivas com o objectivo de permitir à Comissão conhecer as medidas tomadas pelos Estados-Membros para a realização dos respectivos objectivos.

Como quer que seja, a colaboração fornece a legitimação para que as Instituições comunitárias possam pedir e obter as informações que lhe são necessárias, sendo a aplicação e o grau da obrigação em cada caso apreciados pelo autor do acto. O fundamento comum da obrigação geral de colaboração não é menos importante do que os fundamentos específicos nos casos em que disposições concretas do Direito Comunitário expressamente a prevêem. Por um lado, como instrumento para ultrapassar dificuldades do dia-a-dia e por outro legitimando o pedido de informação, não como uma "obrigação nova", mas como algo que se encontra potencialmente previsto no Tratado. Em todos os casos em que a Comunidade e especialmente a Comissão Europeia faz pedidos menos formalizados e mais específicos aos Estados para que comuniquem esta ou aquela informação (o que acontece nomeadamente, no quadro da missão de controlo da Comissão, com a necessidade da verificação de um fundamento sólido para que possa ser sancionada a falta de colaboração dos Estados-Membros), este dever toma a sua plena dimensão, legitimando o pedido de informação e também conferindo-lhe um carácter imperativo: muito concretamente sempre que os Estados-Membros não satisfaçam um pedido de informação por parte da Comissão serão condenados por falta ao dever de colaboração expresso no Tratado (artigo 4º do TUE).

A obrigação de fornecer informações à Comunidade para facilitar a realização da sua missão é uma obrigação de satisfazer os pedidos comunitários de informações. Da informação que a Comissão necessita enquanto responsável pela apresentação de propostas ao Conselho (para o que precisa de dispor de certos dados e ser informada das iniciativas nacionais no sector respectivo) e enquanto guardiã dos Tratados, enquadrada ou não por actos de Direito Comunitário derivado, e da informação de que necessitam outras Instituições que não a Comissão, como é o caso do Tribunal de Justiça, do Parlamento Europeu e do Tribunal de Contas[94].

Trata-se de uma obrigação de informação, da informação necessária, sendo este carácter presumido sempre que a Comunidade (num acto de Direito derivado ou de um pedido menos formalizado) pede a informação, ou de informa-

---

[94] A obrigação de colaboração/informação tem um carácter recíproco, ou seja pode também pesar sobre as Instituições comunitárias.

124

ção espontaneamente reconhecida pelos Estados-Membros com esse carácter. Não se trata de uma obrigação de informação abstracta mas de uma obrigação de informação concreta: é necessário que a informação sirva para realizar uma missão comunitária, é necessário logicamente que a maneira como os Estados--Membros realizam esse dever permita à Comunidade cumprir a sua missão. Daí que as informações devam ser claras e precisas, apenas com os limites resultantes de informações cuja divulgação pode ser contrária aos interesses essenciais da sua segurança.

Em conclusão: A cooperação administrativa e assistência mútua em geral, e o intercâmbio de informação em particular, com os contornos que lhe serão assacados no Capítulo seguinte, materializam obrigações de cooperação a cargo dos Estados-Membros, a exercer com apelo às suas próprias competências no contexto da missão que partilham com as Instituições comunitárias de realização dos objectivos comunitários, e de colaboração com essas Instituições para que elas possam cumprir as missões que lhes estão atribuídas.

Capítulo IV
O intercâmbio Comunitário de Informação
e o seu Regime Jurídico

1. Princípios que regem o intercâmbio de informação
Na informação trocada entre Estados-Membros relevam dois tipos de princípios do Direito comunitário: os que se referem às actuações que permitem realizar o intercâmbio de informação e os que se referem ao uso da informação trocada[1]. Nos primeiros, o destaque vai para o princípio de equivalência, para o princípio da reciprocidade, para o princípio de subsidiariedade e para o princípio de actuação por conta própria na realização de investigações a pedido de outro Estado-Membro. Nos segundos relevam essencialmente o princípio da especialidade e o da confidencialidade[2].

O princípio de equivalência consiste no facto de que a autoridade do Estado requerido não está obrigada a prestar assistência à autoridade do Estado requerente se a informação a trocar não puder ser obtida segundo os ordenamentos jurídicos envolvidos. Na ausência de referência ao Estado requerente, resultará que as condicionantes são determinadas pelos normativos do Estado requerido. Constatada a existência de regras distintas nos diferentes Estados-Membros

---

[1] FERNANDEZ MARÍN, F.: <u>La tutela de la Unión Europea al contribuyente en el intercambio de información tributaria</u>, Atelier, Libros jurídicos, Barcelona, 2007, p. 32.
[2] Quando a assistência ou intercâmbio seja entre Estado-Membro e Comissão Europeia, há para o Estado-Membro uma obrigação de realizar o intercâmbio, não estando prevista a aplicação do princípio de equivalência, de subsidiariedade nem do de reciprocidade. Também será diferente a temática quanto ao intercâmbio de informação para efeitos da Directiva da Poupança (Directiva 2003/48/CE) pela diferente função que aí apresenta o intercâmbio de informação, não sendo essa como já se disse uma Directiva de Assistência Mútua e de Cooperação Administrativa.

O INTERCÂMBIO DE INFORMAÇÃO TRIBUTÁRIA

(de uso permitido segundo o princípio da autonomia procedimental de que falaremos adiante), abre-se campo para que o Estado requerente possa ser receptor de uma informação que não poderia ter obtido de acordo com o seu ordenamento jurídico. E o perigo é o de que este se sinta estimulado a lançar mão deste princípio sempre que as regras para obtenção dos dados sejam, no Estado requerido, mais amplas e flexíveis. Isto poderá causar (e certamente causará) uma situação de desigualdade no tratamento da situação tributária de dois contribuintes (residentes ou não residentes) de um mesmo Estado-Membro, consoante os respectivos factos tributários tenham sido realizados apenas no território do Estado requerente ou também, e em parte, no do Estado requerido. E arrasta também dificuldades em termos de uso da informação obtida, como à frente voltaremos a referir[3].

O princípio da reciprocidade, adaptado a este contexto por referência às Directivas e Regulamentos do intercâmbio de informação, já que se trata de um princípio de Direito internacional geral, significa que o Estado requerente pode obter assistência na medida em que esteja em condições de prestar, se requerido, uma assistência análoga a favor do outro Estado. O objectivo da sua aplicação neste âmbito não é o de significar um limite restritivo ou proibitivo da prestação de informação mas o de possibilitar que a ele se recorra (uso facultativo) para negar a prestação de informação[4].

O princípio de subsidiariedade é um princípio na base do qual os pedidos de assistência só podem ser feitos depois de terem sido esgotadas as possibilidades de adquirir os dados através dos meios nacionais. As dificuldades resultam, aqui, das noções que lhe estão implícitas e que devem ser tomadas em conta para aferir do esgotamento dos meios para a obtenção dos dados: a da razoabilidade e a da proporcionalidade.

O princípio de actuação por conta própria, que tem vindo a apresentar, neste âmbito, uma importância crescente, significa que a Administração tributária não deve dar aos pedidos de informação de outros Estados-Membros um tratamento diferente daquele que usa nas suas próprias actuações administrativas destinadas à obtenção dos dados de que necessita para uso interno. Isso supõe não apenas que se actue com a mesma diligência mas também que as normas a

---

[3] Pode o Estado requerente utilizar uma informação que obteve do Estado requerido mas que não poderia obter actuando no contexto do seu sistema jurídico?
[4] Parece não fazer sentido aplicar este princípio no Direito derivado, uma vez que, de acordo com ele, o incumprimento por parte do destinatário legitimaria o incumprimento pela outra parte e, no âmbito comunitário, o incumprimento das normas não permite que seja invocado o princípio da reciprocidade, supondo pelo contrário a intervenção do TJUE por denúncia de incumprimento.

O INTERCÂMBIO COMUNITÁRIO DE INFORMAÇÃO E O SEU REGIME JURÍDICO

aplicar sejam as mesmas[5], e serve também de antítese ao princípio internacional que alguns Estados aplicam de que, para obter e fornecer esses dados, o Estado requerido deve ter nos mesmos um interesse próprio – *domestic tax interest* –[6].

No segundo conjunto de princípios, os relativos ao uso da informação trocada[7], o princípio da especialidade significa, com carácter geral, que a autori-

---

[5] Existem Estados que estabelecem, na sua legislação interna, a obrigação de notificar previamente o contribuinte quando se trate de informação a prestar a outro Estado, com as consequentes dilações e, amiudadas vezes, perda de eficácia na prestação de informação. É o que acontece em Portugal com a disciplina constante do Decreto-Lei nº 127/90, de 17 de Abril, que transpõe para a ordem jurídica nacional a Directiva nº 77/799/CEE, do Conselho, de 19 de Dezembro de 1977, relativa à assistência mútua das autoridades competentes dos Estados-Membros no domínio dos impostos directos, cujo artigo 6º estabelece:
1 – A autoridade competente portuguesa notificará a pessoa relativamente à qual são prestadas as informações da comunicação a efectuar, indicando a autoridade requerente destinatária da informação e a natureza desta.
2 – Não há lugar à notificação prévia prevista no número anterior sempre que:
a) Se trate de prestação automática ou espontânea de informações, prevista nas alíneas a), b) e d) do nº 3 do artigo 3º;
b) Se trate de prestação de informações a pedido, relativa à identificação fiscal do contribuinte e aos elementos que constem ou se relacionem, directa ou indirectamente, com facturas ou documentos equivalentes dos impostos especiais sobre o consumo de óleos minerais, sobre o consumo de álcool e de bebidas alcoólicas e sobre o consumo de tabacos manufacturados;
c) A notificação possa prejudicar as investigações sobre fraude e evasão fiscais noutro Estado-Membro da União Europeia e isso for expressamente solicitado pela autoridade competente desse Estado-Membro.
3 – A pessoa notificada pode submeter à autoridade competente as razões por que as informações não devem ser transmitidas.
4 – Sempre que a prestação de informação pedida deparar com obstáculos ou for recusada, deve a autoridade competente informar o requerente da natureza do impedimento ou dos fundamentos da recusa.
5 – As informações não devem ser fornecidas antes de decorridos 30 dias após a notificação referida no nº 1.
A questão relaciona-se com a temática da protecção de dados pessoais constante da Directiva 95/46/CE, que adiante se abordará.
[6] Segundo FÉRNANDEZ MARÍN, F.: (El intercambio de información como asistencia tributaria externa del Estado en la Unión Europea, Tirant lo Blanch, Valencia 2006, p. 190), são dois os Estados-Membros que utilizam este princípio: o Reino Unido e a Grécia.
[7] Os dois princípios aqui incluídos são também aplicáveis à assistência tributária comunitária que ocorre entre os Estados-Membros e a Comissão (ou o OLAF), contrariamente como se disse ao que acontece com os restantes (subsidiariedade, equivalência e reciprocidade), podendo dizer-se que a obrigação de informação tributária é, nesse contexto, uma verdadeira obrigação de prestação de assistência tributária.
Quanto ao intercâmbio de informação para efeitos da Directiva da Poupança (Directiva 2003/48/CE, de 3 de Junho) os princípios de que falamos não são aplicáveis uma vez que estamos aí perante uma

O INTERCÂMBIO DE INFORMAÇÃO TRIBUTÁRIA

dade que recebe os dados ou meios de prova do outro Estado só os pode utilizar no fim para o qual foram pedidos, ficando proibido o seu uso para qualquer outro fim, muito embora este se admita quando seja permitido pela legislação e pela autoridade competente do Estado que fornece a informação.

O princípio da confidencialidade supõe que a autoridade que recebe os dados do estrangeiro não pode comunicá-los a terceiros, sejam particulares ou outras entidades ou autoridades. Este "sigilo fiscal" rege-se ou protege-se, no geral, pelo ordenamento jurídico do Estado requerente e receptor da informação. Há, todavia, que ter em conta nesta sede a disciplina relativa à protecção de dados pessoais, com destaque para a comunitária, sem ignorar ainda que também ao nível convencional ou internacional propriamente dito[8] a matéria é objecto de atenção, no sentido da existência de uma constante preocupação com a protecção da privacidade nas transferências internacionais de dados pessoais[9].

Regulamentação comunitária[10] muito específica é a da Directiva 95/46/CE, do Parlamento Europeu e do Conselho, de 24 de Outubro de 1995[11], relativa à

---

ferramenta ao serviço da garantia da tributação efectiva no Estado da fonte, como já em outros locais se referiu.
Sobre tudo isto ver FÉRNANDEZ MARÍN, F.: "El intercambio de información como asistencia tributaria externa del Estado en la Unión Europea", cit., pp. 200 e 201.

[8] Ver FÉRNANDEZ MARÍN, F.: "El intercambio de información como asistencia tributaria externa del Estado en la Unión Europea", cit., pp. 194 e 195. Segundo este autor existem algumas divergências entre as diferentes Convenções bilaterais inspiradas na Convenção Modelo da OCDE e a solução dada quer no Modelo de Convenção das Nações Unidas quer na Convenção Multilateral para a Assistência Administrativa Mútua em Matéria Tributária do Conselho da Europa e da OCDE.

[9] Como instrumentos gerais podem citar-se a Declaração Universal dos Direitos Humanos de 1948 (artigo 12º); a Carta dos Direitos Fundamentais da União Europeia, que no seu artigo 8º regula, de forma genérica a protecção de dados de carácter pessoal, e bem assim a Convenção Europeia para a Protecção dos Direitos Humanos e Liberdades Fundamentais de 4 de Novembro de 1950, cujo artigo 8º estabelece igualmente o direito ao respeito da vida pessoal e familiar. Mais especificamente, foram a Recomendação do Conselho da OCDE de 23 de Setembro de 1980, seguida pela Convenção 108/81, de 28 de Janeiro de 1981, do Conselho da Europa e posteriormente pela Resolução da Assembleia Geral das Nações Unidas de 14 de Dezembro, os primeiros documentos que estabeleceram os princípios gerais aplicáveis ao tratamento de dados pessoais pelo sector público e pelo sector privado, proporcionando a definição dos conceitos próprios desta matéria a seguir por qualquer legislação reguladora. Acerca desta temática pode ver-se, por todos, GONZALEZ MENDEZ, A.: "La Protección de Datos Tributários y su Marco Constitucional", Tirant lo Blanch, Valência, 2003, pp. 15 e ss.

[10] A OCDE aprovou orientações sobre a protecção da intimidade e da circulação transfronteiriça de dados pessoais nas quais propõe aos Estados que adoptem as medidas adequadas para garantir uma circulação transfronteiriça segura dos mesmos (OCDE, Orientações relativas à protecção da intimidade e da circulação transfronteiriça de dados pessoais, de 23 de Setembro de 1980). Tam-

O INTERCÂMBIO COMUNITÁRIO DE INFORMAÇÃO E O SEU REGIME JURÍDICO

protecção das pessoas singulares no que respeita ao tratamento de dados pessoais[12] e à livre circulação desses dados. Logo no seu artigo 1º a Directiva estabelece o dever dos Estados de garantir a protecção das liberdades e direitos fundamentais das pessoas singulares, em particular do direito à intimidade no que respeita a dados pessoais, sem que tal signifique necessariamente uma restrição ou proibição à livre circulação de dados pessoais entre os Estados-Membros. E, em consequência, a Directiva regula depois uma série de direitos e garantias dos interessados. Trata-se, essencialmente, do estabelecimento de princípios de protecção dos dados traduzidos tanto na imposição de obrigações aos responsáveis pelo seu tratamento como na concessão de direitos às pessoas cujos dados são objecto de tratamento – princípios relativos à qualidade dos dados constantes no artigo 6º e princípios relativos à legitimidade do tratamento dos dados no artigo 7º –.

Admite, porém, a mesma Directiva que os direitos consagrados possam ser objecto de restrição ou excepção pelos Estados quando a limitação seja uma medida necessária para a salvaguarda de "um interesse económico e financeiro importante de um Estado-Membro ou da União Europeia, incluídos os aspectos monetários, orçamentais e fiscais". Por outro lado, sujeita a transferência de dados pessoais para países terceiros à condição de que nestes seja garantido um nível de protecção adequado a esses dados, podendo, em caso contrário, ser adoptadas as medidas necessárias para impedir a transferência de dados pessoais para o país em causa[13]. Em qualquer das hipóteses, a transferência poderá ser realizada, mesmo quando o nível de protecção adequado não esteja absolutamente garantido, sempre e quando "a transferência seja necessária ou legalmente exigida para a salvaguarda de um interesse público importante"[14].

Independentemente do complemento de análise que será feito a estes princípios aquando do levantamento das dificuldades específicas dos concretos tipos

---

bém a ONU produziu orientações para a regulamentação dos arquivos de dados pessoais informatizados (ONU, Orientações para a regulamentação dos arquivos de dados pessoais informatizados, de 14 de Dezembro de 1990).

[11] JO L 281, de 23 de Novembro de 1995.

[12] Como refere GONZALEZ MENDEZ, A.: La Protección de Datos Tributarios y su Marco Constitucional, cit., p. 15, existem já estudos comunitários que, seguindo a posição de algumas legislações europeias, defendem a extensão da regulamentação às pessoas jurídicas.

[13] Artigo 25º da Directiva 95/46/CE. Neste sentido a Comissão Europeia emite Decisões em que se pronuncia sobre o nível de protecção adequado dos dados pessoais em diferentes territórios (v.g. Decisão da Comissão de 28 de Abril de 2004, relativa ao carácter adequado da protecção dos dados pessoais na Ilha de Mann).

[14] Artigo 26º da Directiva 95/46/CE.

de informação trocada ao abrigo de cada um dos normativos comunitários aplicáveis, justifica-se ainda uma abordagem, posto que não muito detalhada, do labor destes princípios nestas duas vertentes – da obtenção da informação e do uso da informação –.

O primeiro conjunto de princípios a que nos referimos – equivalência, reciprocidade, subsidiariedade e actuação por conta própria –, presentes obrigatoriamente nas relações entre Estados no domínio da assistência tributária, não impede necessariamente o intercâmbio de informação. E não impede porque a sua eficácia jurídica em termos de possibilitar ou impedir o intercâmbio de informação é deixada, em última instância, nas mãos dos Estados-Membros. Apenas o princípio de actuação por conta própria afecta, de modo inequívoco, o ordenamento interno dos Estados-Membros ao exigir o estabelecimento de uma regulamentação única para as actuações de obtenção da informação, quer se forneça esta a pedido de outro órgão do mesmo Estado quer de um órgão de outro Estado-Membro, não esquecendo que a não verificação deste princípio poderá dar lugar a acusações à Administração, de não cumprimento do Direito Comunitário, por parte de contribuintes que se sintam lesados pela sua não observância.

Em matéria dos que inspiram a utilização da informação trocada – especialidade e confidencialidade –, se bem que estreitamente relacionados entre si, pode dizer-se que é o princípio da especialidade aquele que apresenta uma eficácia jurídica bem diferente da que caracteriza os princípios que regem as actuações que permitem a obtenção da informação (o primeiro conjunto de princípios). O princípio da especialidade configura-se como uma regra comunitária que goza de "efeito directo e que gera obrigações para os Estados e direitos para as pessoas que por ela sejam afectadas"[15]. Nesta perspectiva, o uso da informação trocada e o conjunto de pessoas que podem ter conhecimento da mesma é delimitado exclusivamente pelo ordenamento comunitário, sendo este que estabelece as obrigações dos Estados intervenientes e os direitos dos obrigados tributários derivados do seu incumprimento.

---

[15] CALDERÓN CARRERO, J. M.: "Intercambio de información y fraude fiscal internacional", CEF, Madrid, 1999, p. 235 e p. 355. No mesmo sentido BEN TERRA e WATTEL, P.: "European Tax Law", Kluwer Law International, 4ª Ed., 2005, p. 689, os quais consideram que a Directiva 77/799/CEE apenas oferece uma protecção judicial nas obrigações de segredo estabelecidas no seu artigo 7º, dado que este está redigido de modo suficientemente claro e incondicional para ter efeito directo, e parece suficientemente claro para identificar a responsabilidade do Estado (na base da doutrina dos Processos *Francovich y Brasserie*), quando este ultrapasse o poder que lhe é reconhecido pela Directiva e em consequência cause um dano a um contribuinte. A nova Directiva 2011/16/UE não introduz alterações significativas nesta temática, constando agora a matéria no artigo 16º

O INTERCÂMBIO COMUNITÁRIO DE INFORMAÇÃO E O SEU REGIME JURÍDICO

Quanto ao princípio da confidencialidade, não resultam expressamente estabelecidos critérios reguladores do segredo fiscal. Nada se diz especificamente sobre como deve ser salvaguardada a informação recebida no Estado requerente, antes se remetendo, com carácter geral, para a protecção concedida pelo ordenamento jurídico desse Estado para informação similar. Nestes termos, a protecção da informação trocada será aquela que lhe seja outorgada pelo ordenamento jurídico do Estado requerente, seja ela maior seja menor que a concedida no Estado requerido que a fornece. Sem esquecer o que antes foi dito a propósito da protecção de dados de carácter pessoal, e das obrigações resultantes da Directiva 95/46/CE, pode suceder que haja diferenças a este respeito entre os ordenamentos jurídicos dos Estados-Membros envolvidos. Se for menor na origem (contrariamente à situação inversa de que não resultará qualquer problema), e estabelecendo a disciplina comunitária que a protecção será a do Estado requerente, então o Estado requerido não poderá negar-se a trocar a informação, não podendo também o contribuinte opor-se a esse intercâmbio. Reconhecido que é que o problema reside, obviamente, na heterogeneidade das disposições nacionais quanto ao tipo, alcance e intensidade da protecção da confidencialidade, temos o Direito Comunitário a adoptar um critério que favorece o intercâmbio de informação e que o torna coerente com o princípio jurídico comunitário da subsidiariedade[16].

2. Fontes, objectivo e funções do intercâmbio de informação
2.1. Fontes normativas. O Direito Comunitário

A primeira fonte material do intercâmbio de informação parece ter sido uma cláusula inserida em alguns Tratados celebrados pela Bélgica, entre 1843 e 1845, com a França, a Holanda e o Luxemburgo, que estabelecia a troca de informações no domínio dos impostos de registo[17]. Contudo, só a partir dos anos 70 do século passado, e no seio de Organizações internacionais – a Sociedade das Nações, num Relatório de 1925[18], a OCDE a partir do primeiro Modelo de Convenção sobre Dupla Tributação de 1963[19], a União Europeia, na Decisão do Conselho, de 10 de Fevereiro de 1975, relativa às medidas a tomar pela Comunidade no domínio da luta contra a fraude e a evasão internacionais e a ONU em do-

---

[16] FERNANDEZ MARÍN, F.: La tutela de la Unión Europea al contribuyente en el intercambio de información tributaria, ob. cit., p. 34.

[17] CALDERÓN CARRERO, J. M.: Intercambio de Información y Fraude Fiscal Internacional, cit., p. 3.

[18] *Report and Resolutions submitted by the Technical Experts on Double Taxation and Tax Evasion to the Financial Committee of the League of Nations.*

[19] Com destaque para um Relatório de 1994 especificamente sobre a matéria: *Tax Information Exchange between OECD Countries (a survey of current practices)*, Paris.

O INTERCÂMBIO DE INFORMAÇÃO TRIBUTÁRIA

cumento específico sobre a matéria, de 1984[20] –, se passa a salientar, com frequência, a importância desta cooperação, incitando os países a estabelecerem e/ou incrementarem a criação ou utilização do intercâmbio de informação como instrumento de assistência recíproca.

Os avanços foram, todavia, muito lentos face a dificuldades de cariz técnico de que mais tarde trataremos, e ao facto de a sua utilização sempre mexer com delicadas temáticas de soberania fiscal e de confiança entre as Administrações fiscais dos vários países, a que se junta um outro factor que é o de só muito recentemente se ter tomado verdadeira consciência da dimensão da fraude e evasão inerentes ao grau e à natureza da internacionalização das economias, com países e Organizações internacionais a sentirem-se cada vez mais pressionados a incrementar as antigas e a desenvolver novas formas de cooperação interestadual.

Na OCDE, foi sucessivamente revisto, ampliado e melhorado o teor e alcance do artigo 26º da Convenção Modelo de Dupla Tributação que materializa a cláusula relativa ao intercâmbio de informações entre os Estados Contratantes, e na União Europeia, foi aperfeiçoada a disciplina da Directiva 77/799/CEE, e introduzidos normativos específicos e muito detalhados de cooperação administrativa nos impostos indirectos. Numa iniciativa conjunta da OCDE e do Conselho da Europa surgiu, em 1988, a já referida Convenção Multilateral sobre Assistência Mútua em Matérias Fiscais. Idênticas preocupações se fizeram sentir no seio da ONU e do Departamento do Tesouro dos Estados Unidos da América. No entretanto, conscientes da sua importância e/ou enquadrados pelos esforços de todas estas Organizações, também muitos Estados resolveram incluir o intercâmbio de informação no seu ordenamento jurídico nacional, resultando, então, três tipos de abordagem para a utilização desta ferramenta: unilateral, bilateral ou convencional e multilateral.

A menos frequente é, obviamente, a primeira. São muito poucos os países que a possuem, permitindo o pedido de informações fora da via convencional ou multilateral, pela eterna desconfiança entre as Administrações e sobretudo pela falta de garantia de reserva e bom uso fiscal da informação trocada. Há que ter em conta, porém, que a situação se tem vindo a alterar com a assinatura de "Acordos específicos sobre Troca de informações" ou "*Memoranda of Understanding (MOU)*", fundamentados no artigo 26º da Convenção Modelo e na Directiva 77/799/CEE quando sejam signatários Estados-Membros da União Europeia.

Em consequência, dir-se-á que as fontes, por excelência, do intercâmbio de informação (e assistência mútua administrativa) são as convencionais, com des-

---

[20] *United Nations, International Co-operation in Tax Matters (Guidelines for International Co-operation against the Evasion and Avoidance of Taxes)*, ST/ESA/142, UN, New York, 1984.

O INTERCÂMBIO COMUNITÁRIO DE INFORMAÇÃO E O SEU REGIME JURÍDICO

taque para as Convenções destinadas a eliminar a dupla tributação do rendimento (e a prevenir a fraude e a evasão fiscal[21]), e em que o modelo de maior utilização é o da OCDE[22], e as multilaterais, bastante mais recentes.

Numa primeira análise, afigura-se serem os multilaterais os instrumentos mais relevantes, por ser mais vasto o seu campo de acção e por serem desenhados especificamente para prosseguirem os objectivos visados. A sua aceitação tem-se mostrado, contudo, mais lenta do que seria esperado, fruto da posição reticente de alguns Estados e de Organizações internacionais (v.g. a ONU cujo Conselho Fiscal continua questionando a eficácia e viabilidade destes instrumentos inclinando-se fortemente a favor do desenvolvimento e aperfeiçoamento das Convenções bilaterais).

A análise que prosseguiremos centra-se sobretudo nos instrumentos multilaterais de Direito Comunitário – Directivas e Regulamentos –, sem prejuízo de alguma abordagem aos Convencionais (OCDE) pela transcendência e influência destes no desenho daqueles[23] e também pelo facto de muitos dos Estados-Membros da União Europeia serem também membros da OCDE[24], havendo de concluir pelos deveres que, a final, resultam para o poder executivo da obrigação de intercâmbio de informação tributária. Ou seja, referenciar-se-ão as diferentes fontes jurídicas para os países em geral, e em particular para os Estados-Membros da União Europeia; apontar-se-á a complexidade que envolve a articulação dessas diversas fontes para, posteriormente, se dar nota de um conjunto de dificuldades que entravam a eficácia e eficiência do intercâmbio de informação entre os Estados-Membros da União Europeia, umas cuja origem é de índole jurídico-normativa e outras de cariz puramente administrativo, a justificar abordagem autonomizada no capítulo seguinte.

Como fontes internacionais de intercâmbio de informação merecem destaque:

– A Convenção Modelo da OCDE sobre o Rendimento e o Património, em que se baseiam as Convenções bilateralmente celebradas entre os países

---

[21] Menção que alguns países incluem no subtítulo das Convenções bilaterais celebradas.

[22] Existe também, embora envolvendo um número menor de países, o Convénio de Assistência Mútua dos Países Nórdicos, de 7 de Dezembro de 1989.

[23] Segundo CRUZ AMORÓS, M.: ("El intercambio de información y el fraude fiscal", Nuevas tendencias en Economía y Fiscalidad Internacional, Setembro-Outubro 2005, nº 825, p. 178), o regime do intercâmbio de informação na União Europeia tem os seus antecedentes na prática associada à aplicação do artigo 26º da Convenção Modelo da OCDE.

[24] O procedimento do artigo 26º da Convenção Fiscal da OCDE é compatível com outros Acordos e Tratados entre os Estados Contratantes relativos a matérias fiscais específicas, mesmo as aduaneiras ou de tributação indirecta, com assinalável importância prática no âmbito da União Europeia.

O INTERCÂMBIO DE INFORMAÇÃO TRIBUTÁRIA

que são os seus membros (em número já muito próximo das 2.000), e que disciplina de forma autónoma no seu artigo 26º a troca ou intercâmbio de informação, disciplina essa que inspirou significativamente a legislação comunitária, e cuja última alteração é de 2005[25];

- A Convenção Conjunta da OCDE e do Conselho da Europa sobre Assistência Mútua Administrativa em Matéria Tributária, aberta à assinatura dos Estados em 25 de Janeiro de 1988 e em vigor nos países que a ratificaram desde 1 de Abril de 1995[26];

- O Modelo de Acordo sobre Intercâmbio de Informação em Matéria Tributária, da OCDE, de 2002, com duas versões, de forma a que possa ser utilizado pelos Estados que pretendam celebrar Acordos deste tipo, quer de forma bilateral quer antes com âmbito multilateral, tendo havido a preocupação de fazer acompanhar o texto de comentários explicativos para maior facilidade de utilização e interpretação das suas disposições[27];

- Os instrumentos comunitários, quer se trate de Directivas ou de Regulamentos. Em matéria de impostos directos, de determinados Impostos

[25] A alteração de 2008 foi efectuada apenas no teor dos comentários, e a última alteração, de 2010, visou sobretudo o artigo 7º relativo aos lucros das empresas. Sobre as alterações mais relevantes introduzidas pela alteração de 2005 ver RUSSO, R., "The 2005 OECD Model Convention and Commentary: an overview", em European Taxation, vol. 45, 2005, nº 12, pp. 560 e ss.

[26] Ratificada, em 1995, por cinco Estados – Dinamarca, Noruega, Suécia, Estados Unidos da América e Finlândia –, estando em vigor a partir dessa data. Hoje, já ratificada por 16 Estados (Azerbeijão, Bélgica, Dinamarca, Finlândia, França, Islândia, Itália, Holanda, Noruega, Polónia, Eslovénia, Espanha, Suécia, Ucrânia, Reino Unido e Estados Unidos da América), estando em vigor, assinada embora ainda não ratificada, no Canadá e na Alemanha, foi pela OCDE e o Conselho da Europa objecto da comemoração do seu 20º aniversário em 25 de Janeiro de 2008, tendo a propósito sido efectuada uma nova publicação do seu texto. Entretanto, e por ocasião da Reunião anual ministerial da OCDE, em Paris, de 27 a 28 de Maio de 2010, foi aberto à assinatura, um Protocolo alterando a Convenção, o qual já foi assinado por 20 países (Bélgica, Dinamarca, Finlândia, França, Geórgia, Islândia, Itália, Coreia, México, Moldávia, Holanda, Noruega, Polónia, Portugal, Eslovénia, Espanha, Suécia, Ucrânia, Reino Unido e Estados Unidos da América), com entrada em vigor a partir de 1 de Junho de 2011.

[27] Vários Estados-Membros da UE assinaram já Acordos de execução de intercâmbio de informação seguindo o modelo OCDE, conforme informação da Comissão Europeia. São acordos específicos (Memoranda of Understanding ou simplesmente MOU) sobre assistência mútua e cooperação administrativa, informados quer pelas próprias Convenções de Dupla Tributação (em desenvolvimento do artigo 26º do Modelo de Convenção da OCDE) quer, dentro da União Europeia, pelas Directivas e Regulamentos que especificamente prevêem e disciplinam estas matérias. Também em matéria de assistência na cobrança de créditos fiscais, e para apoiar a sua utilização, o Comité dos Assuntos Fiscais desenvolveu e publicou em 2007 um Manual da OCDE sobre a aplicação do artigo 27º da Convenção Modelo e sobre a Convenção OCDE/Conselho da Europa de assistência em matérias fiscais.

O INTERCÂMBIO COMUNITÁRIO DE INFORMAÇÃO E O SEU REGIME JURÍDICO

sobre Consumos Específicos e dos Impostos sobre os Prémios de Seguros, ocupa lugar de relevo a Directiva 77/799/CEE[28] ainda em vigor, mas que em breve será substituída pela Directiva 2011/16/UE, de 15 de Fevereiro de 2011, a qual tem prazo limite de transposição obrigatória para o Direito interno dos Estados-Membros o dia 1 de Janeiro de 2013. Merece também referência a Directiva 2003/48/CE, de 3 de Junho de 2003[29], em matéria de fiscalidade dos rendimentos do aforro na forma de pagamento de juros, a qual, não sendo propriamente uma Directiva sobre intercâmbio de informação, acaba por ser a regulamentação de uma aplicação concreta do mesmo. Em sede de tributação indirecta, o Regulamento (CE) nº 1798/2003[30] (sobre cooperação administrativa no âmbito do Imposto sobre o Valor Acrescentado, com os artigos 1º a 5º a disciplinarem o regime jurídico do intercâmbio de informação tributária) e o Regulamento (CE) nº 2073/2004 (sobre cooperação administrativa no âmbito dos Impostos Especiais, regulando igualmente nos mesmos artigos 1º a 5º o intercâmbio de informação[31]).

Pode também referir-se neste contexto um outro instrumento comunitário em que está presente o intercâmbio de informação: é o Regulamento (CE) nº 515/97, de 13 de Março de 1997[32], relativo à assistência mútua entre autoridades administrativas dos Estados-Membros e à colaboração entre estas e a Comissão com objectivo de assegurar a correcta aplicação das regulamentações aduaneira e agrária, e cujo artigo 4º reconhece o intercambio de informação como uma das modalidades possíveis de assistência.

Por seu lado, a Directiva 2008/55/CE, de 26 de Maio de 2008 (que revogou a anterior Directiva 76/308/CEE)[33], sendo indiscutivelmente uma Directiva de Assistência Mútua e Cooperação Administrativa, prevê o intercâmbio de informação embora numa perspectiva direccionada especificamente para a cobrança de créditos respeitantes a certos impostos e figuras afins.

---

[28] JO C 35, de 14 de Fevereiro de 1975.

[29] E que se encontra em processo de revisão, para introdução de aperfeiçoamentos vários.

[30] Recentemente alterado pelo Regulamento (CE) 143/2008 do Conselho, de 12 de Fevereiro de 2008. O Regulamento (CE) 1798/2003 será substituído pelo Regulamento (UE) 904/2010, de 7 de Outubro de 2010, o qual, no geral, será aplicável a partir de 1 de Janeiro de 2012.

[31] Regulamentos estes, que actuando em sede de impostos de regulamentação harmonizada, como é o caso, foram concebidos para potenciar a eficácia do intercâmbio de informação. E fazem-no, criando uma estrutura administrativa específica e criando e potencializando enormemente as bases de dados com informação tributaria, como adiante se desenvolverá.

[32] Jornal Oficial nº L 82, de 22 de Março de 1997.

[33] Jornal Oficial nº L 319, de 10 de Junho de 2008. A Directiva 2008/55/CE será, em breve, substituída pela Directiva 2010/24/UE, de 16 de Março de 2010, que a revoga a partir de 1 de Janeiro de 2012.

O INTERCÂMBIO DE INFORMAÇÃO TRIBUTÁRIA

Fora da análise ficam muitos outros instrumentos de informação que embora numa perspectiva direccionada especificamente, acabam por aplicar e/ou condicionar a troca de informação por neles intervirem Estados-Membros, os quais, todavia, extravasam o objecto deste estudo. É o caso, entre outros[34], dos seguintes instrumentos jurídicos:

- Do *"Agreement for the avoidance of double taxation and prevention of tax evasion between the States of the Arab Economic Union Council"*, de 3 de Dezembro de 1973, em vigor desde 13 de Julho de 1975, do Conselho da União Económica Árabe, também ele com um artigo sobre intercâmbio de informação – o artigo 24º – acolhendo as regras da OCDE ao tempo da respectiva aprovação;
- Da Convenção para Evitar a Dupla Tributação da Comunidade Económica da África Ocidental (*West African Economic Community Taxes Convention between the Members of the West African Economic Community for the Avoidance of Double Taxation*), de 29 de Outubro de 1984, entrada em vigor a 1 de Janeiro de 1985, com âmbito alargado às sucessões e actos jurídicos documentados, para além dos impostos sobre o rendimento, e com o artigo 38º a regular o intercâmbio de informação (embora em moldes que diferem dos da Convenção Modelo da OCDE);
- Do Modelo de Convenção de Dupla Tributação da Associação de Nações do Sudeste Asiático (*Intra ASEAN Model Double Taxation Convention*[35]), de 15 de Dezembro de 1987, também ele com um artigo 26º sobre intercâmbio de informação;
- Da Convenção Nórdica de Assistência Administrativa Mútua em Matérias Tributárias, de 7 de Dezembro de 1989 (*Nordic Mutual Assistance Convention on Mutual Administrative Assistance in Tax Matters*), em vigor desde 1991, que substituiu a anterior Convenção Nórdica de 1972, e em cujos

---

[34] Existem, de facto, outros instrumentos convencionais, os quais não têm um âmbito especificamente tributário mas que a este se aplicam por disposição expressa, como é o caso da Convenção Europeia sobre Assistência Mútua em Assuntos Criminais aprovada pelo Conselho da Europa em 20 de Abril de 1959, cujo Protocolo adicional, de 17 de Março de 1978, a torna extensiva à matéria tributária, e no âmbito aduaneiro a Decisão do Conselho do Mercosul em que se estabelece uma Convenção de Cooperação e Assistência Recíproca entre as Administrações Aduaneiras do Mercosul para Prevenir e Lutar contra Ilícitos Aduaneiros (MERCOSUL/CMC/DEC nº 01/97: Convenção de Cooperação e Assistência Recíproca entre as Administrações Aduaneiras do MERCOSUL relativo à prevenção e luta contra delitos aduaneiros, de 18 de Abril de 1997) e onde se reconhece como uma das formas de cooperação o intercâmbio de informação.

[35] VAN RAAD, K.: Materials on International & EC Tax Law, The Hague: IBFD/ITE Leiden, 2002, 2ª edição.

138

artigos 10º e seguintes se estabelece um regime completo de assistência administrativa em matéria de intercâmbio de informação tributária;

– Da Convenção para Evitar a Dupla Tributação e estabelecer as Regras de Assistência Recíproca em Matéria de Impostos sobre o Rendimento dos Estados da União Árabe do Magreb (*Convention tendant à éviter les doubles impositions et établir les règles d' assistance réciproque en matière d' impôts sur le revenu entre les Etats de l' Union du Maghreb Arabe*), de 23 de Julho de 1990, em vigor desde 1 de Janeiro de 1994, cujo artigo 26º prevê e regula o intercambio de informação, seguindo as regras da OCDE ao tempo da sua aprovação;

– Do Acordo para Evitar a Dupla Tributação e Prevenir a Evasão Fiscal e Reforçar o Comércio e Investimento Regional, da Comunidade do Caribe (CARICOM) (*Agreement among the Governments of the Member States of the Caribbean Community for the Avoidance of Double Taxation and Prevention of Fiscal Evasion with respect to Taxes on Income, Profits or Gains and Capital Gains and for the Encouragement of Regional Trade and Investment*), de 6 de Julho de 1994, com o intercâmbio de informação regulado, embora de forma muito sucinta, no artigo 24º;

– Do Acordo da África Oriental para evitar a dupla tributação e prevenção da fraude fiscal (*Agreement between the Governments of the Republic of Kenya, the United Republic of Tanzania and the Republic of Uganda for the avoidance of double taxation and the prevention of fiscal evasion with respect to taxes on income*[36]), de 28 de Abril de 1997, o qual, embora não tendo ainda entrado em vigor, segue as linhas da Convenção Modelo da OCDE, com o artigo 27º a regular o intercâmbio de informação;

– Do Modelo de Acordo de Intercâmbio de Informações Tributárias do Centro Interamericano de Administrações Tributárias (CIAT), de 1999, complementado por um Manual para a implementação e prática do intercâmbio de informação para fins tributários;

– Da Convenção Modelo das Nações Unidas sobre Dupla tributação entre Países Desenvolvidos e Países em Processo de Desenvolvimento de 2001 (*United Nations Model Double Taxation Convention between Developed and Developing Countries, United Nations, New York, 2001*), que regula no seu artigo 26º o intercâmbio de informação em termos bastantes similares ao artigo 26º da Convenção Modelo da OCDE[37];

---

[36] IBFD Tax Treaties Database.

[37] Sobre o artigo 26º do Modelo da ONU ver GARCIA PRATS, "*El intercambio de información en el modelo de Convenio de las Naciones Unidas. El artículo 26*". Em *http://unpan1.un.org/intradoc/groups/public/documents/un/unpan002459.pdf.*

- Do Regime para Evitar a Dupla Tributação e Prevenir a Fraude Fiscal da Comunidade Andina (Decisão da Comissão de Lima, de 4 de Maio de 2004), e em vigor desde 1 de Janeiro de 2005, com um artigo 19º relativo a Consultas e Informação que regulamenta o intercâmbio de informação;
- Da Convenção Multilateral para a Prevenção da Dupla Tributação e Assistência Administrativa Mútua em Matéria Tributária, aprovada no Bangladesh, em 13 de Novembro de 2005, pela Associação do Sul da Ásia para a Cooperação Regional (SAARC);
- Da Convenção Modelo de Imposto sobre o Rendimento dos Estados Unidos, com a última versão de 15 de Novembro de 2006 (*United States Model Income Tax Convention of November, 15th, 2006*), modificando a anterior (de 20 de Setembro de 1996[38]), e em que a alteração introduzida no artigo 26º sobre intercâmbio de informação segue a modificação operada no artigo 26º da Convenção Modelo da OCDE.

2.2. Objectivo e funções
2.2.1. No âmbito internacional
Como instrumento por excelência da cooperação e assistência mútua internacionais em sede fiscal, o intercâmbio internacional de informação tributária deve assegurar às Administrações fiscais nele envolvidas e aos contribuintes que as mesmas supervisionam, uma correcta avaliação da carga tributária e um melhor cumprimento das obrigações fiscais havendo, para tal, que fazer abranger na informação trocada tudo o que seja relevante para assegurar a determinação da incidência, liquidação e cobrança dos impostos.

Caracterizar o mecanismo da troca ou intercâmbio de informações significa delimitar o seu conceito e funções, as suas fontes, o âmbito subjectivo, objectivo e temporal, os seus limites, sem deixar de referenciar e analisar as diferentes modalidades em que pode concretizar-se.

Trata-se, antes de mais, de um procedimento inter-administrativo, já que se apresenta como um mecanismo concebido, modelado e estruturado para servir os interesses das Administrações fiscais. São elas que nele intervêm, estando afastados de participação, pelo menos duma forma directa[39], quer os órgãos jurisdicionais quer os sujeitos passivos ou, em geral, os obrigados tributários.

---

[38] DOERNBERG, R. e VAN RAAD, K.: The 1996 United States Model Income Tax Convention – Analysis, Commentary and Comparison, The Hague, Kluwer, 1997, p. 1.

[39] A sua participação pode vir a acontecer – quer no procedimento, quer nos resultados – mas acontece sempre por forma indirecta.

O INTERCÂMBIO COMUNITÁRIO DE INFORMAÇÃO E O SEU REGIME JURÍDICO

As suas funções são essencialmente as de combater a fraude e evasão fiscal internacional associadas às actuações da concorrência fiscal prejudicial; permitir a boa aplicação das Convenções de Dupla Tributação e/ou do Direito Interno dos respectivos Estados contratantes (incluindo a inter-relação de ambos); e garantir a efectiva aplicação da legislação comunitária, assegurando a articulação entre os vários sistemas fiscais dos Estados-Membros, apoiando a competitividade das empresas multinacionais e, em geral, os contribuintes europeus no cumprimento dos seus deveres tributários, condições indispensáveis à plena realização do Mercado Interno, sem esquecer os objectivos de justiça financeira que deve presidir à repartição da carga tributária, materializada sobretudo na garantia de aplicação doss princípios da generalidade, de capacidade contributiva e da igualdade.

Como se sabe, a função de prevenção da fraude e evasão fiscal e, em alguns casos, a sua repressão[40], são finalidades ou objectivos reconhecidos desde cedo tanto pela Sociedade das Nações[41] e ONU[42] como pelo Comité dos Assuntos Fiscais da OCDE[43], e pelas Recomendações do Conselho ECOFIN[44]. O mesmo se diga quanto ao seu papel no combate à concorrência fiscal prejudicial ou "dumping fiscal", visando diminuir as distorções e as graves perdas de receitas tributárias derivadas de práticas económicas que apenas apresentam essa motivação. Aqui, e como já referimos, tanto o Comité dos Assuntos Fiscais da OCDE (no seu Relatório de 1998), como o Conselho ECOFIN (nas suas conclusões de 1 de Dezembro de 1997 sobre política fiscal) assumem uma postura forte no convite e incentivo aos respectivos países para que incrementem o intercâmbio de informação com esta funcionalidade.

O papel como instrumento relevante para a boa aplicação das Convenções de Dupla Tributação celebradas bilateralmente entre os Estados contratantes[45],

---

[40] O que acontecerá quando o Estado requerente da informação conheça já a fraude, e não esteja apenas a investigar indícios de fraude.

[41] *Report and Resolutions submitted by the Technical Experts on Double Taxation and Tax Evasion to the Financial Committee of the League of Nations*, Doc. C.115 M.55 1925 II (1925) e *Double imposition et évasion fiscale: Rapport présenté à la Réunion générale d' Experts gouvernementaux en matière de double imposition et d' évasion fiscale*, Sociedade das Nações, Genebra, 1928, com texto posteriormente refundido em 1943 e 1946.

[42] *Tax Treaties between Developed and Developing Countries: Third Report*, UN Doc. St/EC/166/1972, parágrafo 151.

[43] Comentários à Convenção Modelo e ao Relatório de 1998.

[44] Conselho ECOFIN de 1 de Dezembro de 1997, DOCE (98/C 2/01).

[45] A aplicação de algumas das disposições destas Convenções poderão levantar problemas, minorados se as Administrações Fiscais dos países envolvidos se prestarem mútua assistência fundamentalmente através de troca de informações, como acontece em sede de situações de dupla

O INTERCÂMBIO DE INFORMAÇÃO TRIBUTÁRIA

e simultaneamente do Direito fiscal interno que com elas se encontra especialmente relacionado, fundamenta a integração, logo na fase inicial, da cláusula de troca de informações no Modelo de Convenção.

No Direito Comunitário, e na vertente dos seus princípios fundamentais – não discriminação, liberdade de circulação –, só um bom nível de cooperação e de fluxos de informação entre os vários Estados-Membros da União Europeia permitirão assegurar o seu respeito e aplicação efectiva.

Há, todavia, que ter em conta que as funcionalidades do mecanismo do intercâmbio internacional de informação tributária só se tornarão efectivas assegurada que seja a verificação de um conjunto de factores que vão desde o alcance das normas ou cláusulas que o disciplinam até à postura que tenham nesta temática os diferentes países.

Situando-nos no âmbito das Convenções de Dupla Tributação, e deixando de fora, por razões óbvias, os paraísos fiscais, existem países[46] cuja posição sistemática é a de reduzir ao mínimo a importância de cláusulas de troca de informação com o argumento de que, se o objectivo das Convenções[47] é o de evitar a dupla tributação, então tais cláusulas apresentam pouco interesse, já que eventuais problemas a esse nível sempre serão passíveis de resolução através do recurso ao Procedimento Amigável constante do artigo 25º da Convenção Modelo. Outros existem, porém, para os quais o intercâmbio de informação (e a assistência administrativa em que ele se insere) constituem o principal instrumento para aplicar correctamente as Convenções de Dupla Tributação e a legislação fiscal interna dos Estados envolvidos (servindo inclusivamente de apoio ao mecanismo do Procedimento Amigável), prevenindo ao mesmo tempo as formas mais comuns de evasão e fraude fiscal.

O maior ou menor alcance que possam apresentar as normas ou cláusulas que disciplinam o intercâmbio de informação entronca numa questão que se reporta basicamente às divergências entre os iniciais teor e comentários do artigo 26º da Convenção Modelo da OCDE de 1963, e os das revisões seguintes, desde os de 1977 aos mais recentes de Julho de 2008[48], com relevo para os inter-

residência, de existência de estabelecimento estável, de ajustes resultantes da definição de preços de transferência, da temática das sociedades de pessoas (*partnerships*), de disposições antiabuso (temática do *treaty shopping*) ou mesmo da tributação dos trabalhadores temporariamente deslocados. Esta troca de informações permitirá, integrada no Procedimento Amigável previsto expressamente na Convenção Modelo (artigo 25º), resolver muitos daqueles problemas de aplicação das disposições convencionais.

[46] Podendo referir-se, por todos, e a título exemplificativo, a Suíça.

[47] Relevantes em termos comunitários por nelas serem Estados Contratantes a grande maioria dos Estados-Membros da União.

[48] A revisão de Julho de 2010 não teve interferência nesta matéria.

médios de 2003 e de 2005. Será que a cláusula do artigo 26º constitui uma *minor clause*, no sentido de que o seu âmbito de aplicação se restringe à aplicação da Convenção em si mesmo considerada, ou antes uma *major clause*, o que lhe fornecerá uma funcionalidade muito maior, ao permitir todo o intercâmbio de informação necessário à aplicação da Convenção, em si própria, mas também à aplicação da legislação fiscal interna dos Estados Contratantes?

E se a isto juntarmos uma outra vertente de análise: a de saber se o âmbito de aplicação do artigo 26º se limita aos residentes de um ou de ambos os Estados contratantes, ou se também pode ser alargado aos residentes de terceiros países, teremos o intercâmbio de informação com universos funcionais bem distintos: como mecanismo limitado à aplicação da Convenção e do Direito interno correlacionado; ou como mecanismo dotado de potencialidades acrescidas na prevenção e controle da fraude e evasão fiscal internacionais (*worldwide action radius*).

Não é aqui a sede para uma análise detalhada destas questões, mas foi a partir de 1977 que a cláusula convencional do intercâmbio de informação se estabeleceu, em definitivo, como instrumento ao serviço da prevenção da fraude e evasão fiscal internacionais[49].

---

[49] Embora tal objectivo não resulte explicitado no artigo 26º nº 1, depreendendo-se apenas do seu teor. Diferentemente, no Modelo da ONU – artigo 26º nº 1 – esse objectivo encontra-se expressamente reconhecido e daí que apareça em algumas Convenções nele informadas. É o seguinte o teor do citado normativo da Convenção Modelo da OCDE: "1. As autoridades competentes dos Estados Contratantes trocarão entre si as informações necessárias à aplicação das disposições da presente Convenção ou das leis internas dos Estados Contratantes relativas aos impostos abrangidos pela Convenção, na medida em que a tributação nelas prevista não seja contrária ao disposto na Convenção, *em particular para a prevenção da fraude ou da evasão a esses impostos*. A troca de informações não é restringida pelo disposto no Artigo 1º As informações obtidas por um Estado Contratante serão consideradas confidenciais, do mesmo modo que as informações obtidas com base na legislação interna desse Estado. Contudo, se as informações forem consideradas confidenciais no Estado que as fornece só poderão ser comunicadas às pessoas ou autoridades (incluindo tribunais e autoridades administrativas) encarregadas da liquidação ou da cobrança dos impostos abrangidos pela Convenção, ou dos procedimentos declarativos ou executivos relativos a estes impostos, ou da decisão de recursos referentes a estes impostos. Essas pessoas ou autoridades utilizarão as informações assim obtidas apenas para os fins referidos mas poderão revelá-las no decurso de audiências públicas de tribunais ou em decisões judiciais. As autoridades competentes determinarão, mediante consultas, as condições, os métodos e as técnicas mais apropriados às questões relativamente às quais se efectua a troca de informações, incluindo, quando apropriado, a troca de informações relativas a evasão fiscal". Note-se que segundo a doutrina dominante, deve entender-se que a alteração do âmbito de aplicação da cláusula no sentido apontado, entre a versão de 1963 e a de 1977, não terá uma aplicação dinâmica, não podendo pois ser considerada como mera interpretação, e como tal retroactivamente aplicável, só resultando aplicável para Convenções celebradas posteriormente e desde que não haja reservas.

O INTERCÂMBIO DE INFORMAÇÃO TRIBUTÁRIA

Quanto à Convenção Multilateral do Conselho da Europa e da OCDE, de 1988, foi adoptada também uma posição alargada, como se infere dos comentários ao seu artigo 4º sobre a disposição geral de Troca de Informações[50].

E o mesmo se diga da disciplina comunitária tal qual resulta da Directiva 77/799/CEE de que trataremos em seguida.

Uma pequena e última referência ao aspecto particular da assistência na cobrança que vem sendo inserido na assistência administrativa mútua. Não se tratando especificamente e apenas de intercâmbio de informações, foi sendo entendido, durante largo tempo, que o artigo 26º poderia ser utilizado para esse fim. Ou seja, ao abrigo do artigo 26º de uma Convenção de Dupla Tributação um Estado Contratante podia solicitar ao outro informações sobre bens detidos ou possuídos por um dos seus obrigados tributários ou sobre eventuais sucessores *mortis causa* de um concreto sujeito passivo. A questão sempre resultou duvidosa, com a versão de 2003 a introduzir, *ex novo*, um artigo específico sobre assistência na cobrança (o artigo 27º). A temática continua, todavia, a colocar-se para as Convenções celebradas no anterior formato, ou seja sem a presença de um artigo tratando expressamente da assistência na cobrança. No Direito Comunitário a assistência na cobrança não resulta expressamente incluída na Directiva 77/799/CEE, de 19 de Dezembro de 1977, embora se pudesse forçar a sua inclusão face ao teor do artigo 11º (aplicabilidade de disposições mais amplas em matéria de assistência). Só que já nessa data existia, e continua em vigor, um outro instrumento jurídico específico de assistência mútua em matéria de cobrança de créditos, então restrito aos resultantes de operações que faziam parte do sistema de financiamento do Fundo Europeu de Orientação e Garantia Agrícola e dos direitos niveladores agrícolas e direitos aduaneiros – a Directiva 76/308/CEE, já citada – sendo que hoje a Directiva 2008/55/CE, de 26 de Maio de 2008 que a substituiu[51], inclui a cobrança de todos os impostos sem excepção[52].

---

[50] Relatório Explicativo Relativo à Convenção sobre Assistência Mútua Administrativa em Matéria Fiscal, Conselho da Europa e OCDE, Convenção aberta para assinatura em 25 de Janeiro de 1988, Estrasburgo, 1989.

[51] Jornal Oficial nº L 150, de 10 de Junho de 2008, pp. 28 e ss.

[52] Artigo 2º "A presente directiva aplica-se a todos os créditos relativos:

a) Às restituições, intervenções e outras medidas que fazem parte do sistema de financiamento integral ou parcial do Fundo Europeu Agrícola de Garantia (FEAGA) e o Fundo Europeu Agrícola de Desenvolvimento Rural (FEADER), incluindo as importâncias a receber no âmbito destas acções;

b) Às quotizações e outros direitos previstos no âmbito da organização comum do mercado para o sector do açúcar;

c) Aos direitos de importação;

2.2.2. A doutrina do Tribunal de Justiça da União Europeia acerca do objectivo da Directiva 77/799/CEE

Centrando-nos na Directiva 77/799/CEE que visa, como expressamente consta do seu título, a assistência mútua das autoridades competentes dos Estados--Membros no domínio dos impostos directos e dos Impostos sobre os Prémios de Seguros[53], assistência mútua que apenas ganha sentido e eficácia no contexto de um concreto objectivo, é relevante delimitá-lo enquanto requisito que direcciona e orienta a sua utilização e aplicação, as quais se assumem como factores de relevo na definição da posição estratégica que lhe há-de ser atribuída para que tal objectivo ou resultado se concretizem.

Na busca dessa delimitação, entendemos dever atender, como veremos, ao estudo sistemático e valorativo da jurisprudência que utiliza, de uma forma ou de outra, i.e., directa ou indirectamente, a assistência mútua e cooperação administrativa em geral e o intercâmbio de informação em especial, buscando no concreto dos seus enunciados sobre o Direito positivo, no dos critérios que estabelece e no dos problemas que levanta em função da resolução dos litígios jurí-

---

d) Aos direitos de exportação;
e) Ao imposto sobre o valor acrescentado;
f) Aos impostos especiais sobre o consumo de:
    i) Tabaco manufacturado,
    ii) Álcool e bebidas alcoólicas,
    iii) Óleos minerais;
g) Aos impostos sobre o rendimento e o património;
h) Às taxas sobre os prémios de seguro;
i) Aos juros, a sanções e multas administrativas e às despesas relativas aos créditos referidos nas alíneas a) a h), com excepção das sanções de carácter penal previstas pelas disposições legislativas em vigor no Estado-Membro onde a autoridade requerida tem a sua sede.
A presente directiva é igualmente aplicável aos créditos relativos aos impostos de carácter idêntico ou análogo às taxas sobre os prémios de seguro previstas no ponto 6 do artigo 3º que venham acrescentar-se a estas, ou a substituí-las. As autoridades competentes dos Estados-Membros comunicarão entre si, bem como à Comissão, as datas de entrada em vigor dessas taxas.
A partir de 1 de Janeiro de 2012, a Directiva 2010/24/UE, que revoga a Directiva 2008/55/CE contém um artigo 2º que estabelece como âmbito de aplicação:
a) Todos os impostos e direitos, independentemente da sua natureza, cobrados por um Estado--Membro ou em seu nome, ou pelas suas subdivisões territoriais ou administrativas, incluindo as autoridades locais, ou em seu nome, ou em nome da União;
b) Restituições, intervenções e outras medidas que façam parte do sistema de financiamento integral ou parcial do Fundo Europeu Agrícola de Garantia (FEAGA) e do Fundo Europeu Agrícola de Desenvolvimento Rural (FEADER), incluindo as importâncias a receber no âmbito destas acções;
c) Quotizações e outros direitos previstos no âmbito da organização comum do mercado para o sector do açúcar.

O INTERCÂMBIO DE INFORMAÇÃO TRIBUTÁRIA

dicos que tem de apreciar, encontrar elementos sistematizadores, claros e coerentes, que apoiem a valoração das normas relativas ao instituto da assistência mútua e cooperação administrativa[54]. Na Directiva 77/799/CEE, a assistência mútua e cooperação administrativa é justificada no respectivo preâmbulo como como instrumento de combate à prática da fraude e da evasão fiscais para além das fronteiras dos Estados-Membros que conduz a perdas orçamentais e a violações do princípio da justiça fiscal, e é susceptível de provocar distorções nos movimentos de capitais e nas condições de concorrência, afectando consequentemente o funcionamento do Mercado Comum". Trata-se ainda, segundo os terceiro e quarto considerandos, de, reconhecendo a natureza internacional do problema e a insuficiência das medidas nacionais assim como da colaboração entre as Administrações fiscais com base em Acordos bilaterais, reforçar ta colaboração ao nível comunitário, de harmonia com princípios e regras comuns[55]. No preâmbulo do Regulamento (CE) n.º 1798/2003, o primeiro considerando expressa a necessidade de respeitar o princípio da justiça fiscal nos seguintes termos: "A prática da fraude e da evasão fiscal para além das fronteiras dos

[53] Depois de um período, entre 1979 e 2003 em que incluiu também o Imposto sobre o Valor Acrescentado e de ter também transitoriamente incluído os Impostos Especiais de Consumo.

[54] Em "Metodologia de la Ciencia del Derecho", Ariel, Madrid, 1994, p. 229, LARENZ ao referir-se ao trabalho da jurisprudência em relação à legislação diz que a tarefa da jurisprudência na preparação da legislação é tripla: em primeiro lugar, deve pôr a claro, como jurídicos que são, os problemas que se levantem, com todas as implicações que disso resultem; em segundo lugar – em conexão com outras ciências, sobretudo com a Sociologia do Direito empírica –, deve elaborar propostas de solução que se ajustem ao Direito vigente e possibilitem alternativas ao legislador; e em terceiro lugar, tem que servir de ajuda à formulação legislativa".

[55] AGULLÓ AGÜERO, A.: ("Intercambio de información tributaria y derecho de la información (Notas sobre la incorporación al derecho interno de las Directivas comunitarias en materia de intercambio de información", ob. cit., p. 48) refere que a Directiva surge, entre outras razões que também se explicitam na Exposição de Motivos (como é o caso da diminuição de receitas orçamentais, justiça fiscal e necessidade de evitar distorções em relação à circulação de capitais e às condições de concorrência), para superar essa insuficiência, que afecta principalmente as novas formas de fraude e de evasão fiscal de carácter multinacional, estabelecendo um marco comum conjunto. Daí a especial atenção dedicada aos grupos de sociedades residentes em diversos Estados-Membros e às relações internas que se estabelecem entre elas, estabelecendo um mecanismo de intercambio espontâneo de informação em vários casos, entre os quais se destacam as presunções sobre transferências fictícias de benefícios, triangulação de operações com o fim de obter reduções de imposto ou fruição de benefícios fiscais que se estendem como evasão fiscal a outros países (artigo 4.º da Directiva 77/799/CEE). Certo é, todavia, que a principal vantagem da Directiva comunitária consiste essencialmente na superação da bilateralidade inerente aos Tratados ou Convenções. O resto não é mais do que a ampliação e desenvolvimento do que já estava contido em gérmen nesses Tratados e supõe a afirmação dos princípios e critérios pelos quais estes se têm regido tradicionalmente. Em especial do princípio da reciprocidade.

Estados-Membros origina perdas orçamentais e é contrária ao princípio da justiça fiscal, podendo provocar distorções nos movimentos de capitais e nas condições de concorrência e afectando, por conseguinte, o funcionamento do Mercado Interno". Com a nova Directiva 2011/16/UE, de 15 de Fevereiro de 2011, o papel da cooperação administrativa na fiscalidade resulta incrementado, reconhecendo-se agora que, mercê da evolução considerável verificada na mobilidade dos contribuintes, no número de operações transfronteiriças e na internacionalização dos instrumentos financeiros, fica dificultado o correcto estabelecimento pelos Estados-Membros dos impostos devidos, afectando o funcionamento dos sistemas fiscais e acarretando potenciais fenómenos de dupla tributação, que incitam à fraude e à evasão fiscais, dificuldades que associadas a competências de controlo exercidas a nível nacional comprometem o funcionamento do Mercado interno, sendo a assistência mútua entre Estados-Membros a solução para eles gerirem o seu sistema de tributação interna, nomeadamente no que respeita à fiscalidade directa, concretizando-se aquela na disponibilização de informações provenientes de outros Estados--Membros.

O mesmo se diga relativamente ao novo Regulamento (UE) 904/2010, de 7 de Outubro de 2010 relativo à cooperação administrativa no IVA e da nova Directiva 2010/24/UE, de 16 de Março de 2010, em sede de assistência mútua na cobrança de créditos respeitantes a impostos.

Se é verdade que a função do TJUE é essencialmente a de garante da unificação normativa do Direito comunitário mediante análise e vigilância da compatibilidade das normas dos Direitos nacionais com as daquele (assegurando que o Direito Comunitário prevaleça sobre o Direito nacional de cada um dos Estados-Membros), função que é exercida através da apreciação de questões prejudiciais a pedido das instâncias judiciais nacionais, não se está, todavia, perante uma mera acção "policial" de verificação de controle da legalidade, em que o TJUE se limita a assinalar as situações em que determinadas disposições nacionais não são compatíveis com uma ou várias liberdades comunitárias fundamentais (impedindo a respectiva aplicação). Há uma função "declarativa" que deve ser reconhecida, em virtude da qual, e a propósito da resolução das questões prejudiciais específicas, se vem forjando um "acervo comunitário" que integra um conjunto de critérios interpretativos e de princípios tributários derivados da aplicação fáctica dos referidos postulados comunitários, que são relevantes na temática que nos ocupa neste capítulo em geral e em especial no que concerne ao objectivo da Directiva 77/799/CEE.

Ao que pudemos apurar, por três vezes o Tribunal de Justiça das Comunidades Europeias aborda, mais significativamente, nos fundamentos jurídicos dos respectivos acórdãos, a temática do objectivo da Directiva 77/799/CEE. São eles o Processo C-420/98, *W.N. and Staatssecretaris van Financiën* (de seguida *W.N.*), de 13 de Abril de 2000; o Processo C-533/03, *Comissão/Conselho*, de 26 de Janeiro de 2006, e o Processo C-184/05 *Twoh International BV v. Staatssecretaris van Financiën* (de seguida *Twoh*), de 27 de Setembro de 2007.

No acórdão *W.N.*[56], e na linha das conclusões do Advogado Geral,[57] o TJUE pronuncia-se, pela primeira vez, sobre o objectivo da Directiva, nos parágrafos 15 e 22 dos fundamentos jurídicos. Depois de analisar a letra do artigo 4º nº 1, alínea a) da Directiva, que obriga a autoridade competente de cada Estado--Membro a comunicar, sem necessidade de pedido prévio, às autoridades competentes de qualquer outro Estado-Membro, as informações que lhes permitam

---

[56] A questão era a seguinte: o Secretário de Estado holandês decidiu informar, espontaneamente, as autoridades fiscais espanholas sobre as importâncias que, através de um banco sedeado em Genebra, o Sr. *W.N.* tinha pago (nos anos de 1987 a 1991), em Espanha, como pensões de alimentos, ao seu cônjuge, de quem estava separado de facto desde 1983, data em que a esposa deixou a Holanda para passar a residir na Espanha. Na Holanda, *W.N.* deduziu tais importâncias ao seu rendimento sujeito a tributação. Entendendo que as mesmas poderiam ser objecto de tributação em Espanha (rendimento auferido pelo cônjuge mulher), a autoridade fiscal holandesa "ofereceu" a informação à sua congénere espanhola, tendo disso dado conhecimento a *W.N.*, nos termos da lei holandesa sobre assistência internacional em matéria fiscal. O contribuinte reclamou mas não foi atendido pela Administração fiscal holandesa, para quem a troca espontânea de informações estava legitimada pelo artigo 4º nº 1 da Directiva 77/799/CEE, normativo que considera suficiente para o efeito a "presunção" da existência de impostos que sem ela não poderiam ser cobrados, no todo ou em parte. *W.N.* levou recurso judicial, e daí a suspensão do procedimento no Tribunal holandês e colocação, por este, de questões (prejudiciais) sobre a interpretação do referido artigo 4º, nºs 1 e 3.

[57] Conclusões do Advogado-Geral Siegbert Alber, apresentadas em 13 de Janeiro de 2000: "7. A directiva foi adoptada com o objectivo de lutar contra a fraude e a evasão fiscais. Nos termos do primeiro considerando, a prática da fraude e da evasão fiscais para além das fronteiras dos Estados--Membros conduz a perdas orçamentais e a violações do princípio da justiça fiscal e é susceptível de provocar distorções nos movimentos de capitais e nas condições de concorrência, afectando consequentemente o funcionamento do Mercado Comum. Como se afirma no segundo considerando, o Conselho adoptou, por essas razões, mesmo antes da adopção da Directiva, uma resolução relativa às medidas a tomar pela Comunidade no domínio da luta contra a fraude e a evasão fiscais internacionais. Como resulta do terceiro considerando, as medidas nacionais são insuficientes, tal como a colaboração entre Administrações com base em Acordos bilaterais. Convém, por consequência, como se afirma no quarto considerando, reforçar a colaboração entre as Administrações fiscais no interior da Comunidade, em conformidade com princípios e regras comuns. Nos termos do quinto considerando, os Estados-Membros devem trocar, a pedido, informações no que respeita a casos precisos e devem trocar, sem necessidade de pedido – segundo o sexto considerando –, qualquer informação que pareça útil para o estabelecimento correcto dos impostos sobre o rendimento e sobre a fortuna "especialmente nos casos em que... tais transacções entre empresas situadas em dois Estados-Membros (transferência fictícia de lucros) sejam efectuadas por intermédio de um país terceiro com o propósito de obter benefícios fiscais...".

O INTERCÂMBIO COMUNITÁRIO DE INFORMAÇÃO E O SEU REGIME JURÍDICO

o estabelecimento correcto dos impostos sobre o rendimento e a fortuna, sempre que tenha motivos para supor que existe uma redução ou uma isenção anormais de impostos nesse outro Estado-Membro (basta que a redução ou a isenção sejam presumidas, sem necessidade pois de que tenham sido provadas), o TJUE conclui que tal corresponde aos objectivos da Directiva. À luz do seu sexto considerando[58], o correcto estabelecimento dos impostos sobre o rendimento e a fortuna nos diferentes Estados-Membros abrangerá a troca de todas as informações úteis para este efeito, pelo que a conclusão será a de que "à luz da finalidade da directiva, que visa não apenas lutar contra a fraude e a evasão fiscais mas também permitir o correcto estabelecimento dos impostos sobre o rendimento e sobre o património nos diferentes Estados-Membros, o artigo 4º, nº 1, alínea a), da Directiva, deve interpretar-se no sentido de que um Estado-Membro deve comunicar, sem pedido prévio, uma informação às autoridades fiscais doutro Estado-Membro quando haja razões para presumir que, sem tal informação, pode ocorrer ou ser concedida nesse outro Estado-Membro uma diminuição ilegítima dos impostos. Não é necessário para este efeito que essa diminuição atinja um montante elevado" (parágrafo 22).

Esta mesma definição dos objectivos da Directiva 77/799/CEE é reafirmada no Processo Comissão/Conselho, de 2006 (a que voltaremos mais à frente), retirando, como tais, o estabelecimento mais correcto dos impostos sobre o rendimento e património (parágrafo 70), e a luta contra a fraude e evasão fiscais para além das fronteiras dos Estados-Membros, através do reforço da colaboração entre as suas Administrações fiscais, como expressamente referem os primeiro, quarto e sexto considerandos daquela Directiva.

De novo em 2007, no Processo *Twoh International*,[59] o TJUE reitera no parágrafo 30 a mesma posição jurisprudencial já referida quanto ao objectivo da

---

[58] "Considerando que os Estados-Membros devem trocar todas e quaisquer informações, ainda que não lhes sejam solicitadas, que se afigurem úteis para o correcto estabelecimento dos impostos sobre o rendimento e a fortuna, especialmente nos casos em que se verifique a transferência fictícia de lucros entre empresas situadas em Estados-Membros diferentes, ou quando tais transacções entre empresas situadas em dois Estados-Membros sejam efectuadas por intermédio de um país terceiro com o propósito de obter benefícios fiscais, ou ainda quando tenha havido ou possa haver evasão ao imposto por qualquer razão."

[59] A empresa, com sede na Holanda, havia fornecido (em 1996), componentes de computadores a empresas estabelecidas na Itália, sendo os bens colocados à disposição dos adquirentes na fábrica italiana, e cabendo a estes a responsabilidade pelo transporte. Acontece que os adquirentes italianos não forneceram à empresa holandesa nenhuma documentação destinada a fazer a prova da transmissão dos bens e da respectiva saída para fora do território holandês, condição *sine qua non* para a isenção de Imposto sobre o valor acrescentado. Na sequência, as autoridades tributárias liquidaram o imposto ao fornecedor – a Twoh International –, como se de uma transmissão interna

Directiva 77/799/CEE e do Regulamento (CE) 218/92: "No que se refere, em primeiro lugar, à finalidade destes dois actos comunitários, cumpre assinalar que resulta do primeiro e segundo considerandos da Directiva relativa à assistência mútua e do terceiro considerando do Regulamento relativo à cooperação administrativa, que estes actos tinham por objectivo combater a fraude e a evasão fiscais e permitir aos Estados-Membros determinar com exactidão o montante do imposto a cobrar."

Ou seja, pode dizer-se que a jurisprudência reforça, ao cabo e ao resto, o que se retira dos considerandos das Directiva e Regulamento, de assistência mútua (a 77/799/CEE e o (CE) 1798/2003 e seu antecessor (CEE) 218/92), os quais elegem o combate à fraude e evasão fiscal e o correcto estabelecimento (lançamento e liquidação) dos impostos como instrumentos indispensáveis para salvaguardar perdas orçamentais e evitar distorções nos movimentos de capitais e nas condições de concorrência, o mesmo é dizer para a realização do Mercado interno.

Aceite esta conclusão, relevante será, todavia, saber qual a natureza da obrigação que se encontra assim estabelecida. A questão é a de aferir se é objectivo da Directiva de assistência mútua e dos Regulamentos de cooperação administrativa, atribuir ou não às autoridades fiscais dos Estados-Membros uma verdadeira obrigação de troca de informações nesse contexto. Será que as autoridades fiscais dos Estados-Membros estão sempre obrigadas a solicitar informação às suas congéneres de outros relativamente aos factos com relevância tributária que se tenham verificado fora das suas fronteiras mas dentro do espaço comunitário?

A jurisprudência reconhece que tal obrigação não existe. Uma autoridade não está obrigada a pedir informação, verificando-se também limites no respeitante à colaboração a prestar pela autoridade requerida.

Assim opina o TJUE no acórdão *Twoh*, já referido, nos parágrafos 32 e 33 dos fundamentos jurídicos, estabelecendo que da Directiva resulta a faculdade de as Administrações fiscais nacionais pedirem às suas homólogas de outros Estados-

---

na Holanda se tratasse, já que se não mostravam reunidas as condições para aplicação da isenção nas transmissões intracomunitárias consignada na Directiva 77/388/CEE, de 17 de Maio de 1977 (aplicável ao tempo e incorporando as várias alyerações de que foi alvo, com destaque para a Directiva 91/680/CEE, do Conselho, de 16 de Dezembro de 1991, relativa ao regime transitório após a abolição das fronteiras físicas e fiscais na Comunidade). A Twoh International reagiu, impugnando a liquidação e solicitando que, em aplicação da Directiva 77/799/CEE sobre assistência mútua e do Regulamento sobre cooperação administrativa em IVA (à data o Regulamento (CEE) 218/92, do Conselho, de 27 de Janeiro de 1992), fosse solicitada, pela Administração fiscal holandesa à autoridade fiscal italiana competente, informação adequada para aferição do carácter intracomunitário de tais transmissões de bens.

O INTERCÂMBIO COMUNITÁRIO DE INFORMAÇÃO E O SEU REGIME JURÍDICO

-Membros informações que elas próprias não possam obter, faculdade esta expressa na letra do artigo 2º, nº 1, da Directiva 77/799/CEE, bem como no artigo 5º, nº 1, do Regulamento (CEE) 218/92, onde o legislador comunitário utilizou o termo «pode». Atribuída às referidas Administrações a possibilidade de pedir informações à autoridade competente de outro Estado-Membro, tal pedido de forma alguma pode ser configurado como susceptível de constituir uma obrigação. Será cada Estado-Membro que deve apreciar os casos específicos em que não existem informações a respeito das transacções efectuadas pelos sujeitos passivos estabelecidos no seu território e decidir se esses casos justificam ou não a apresentação de um pedido de informações a outro Estado--Membro.

Relembra ainda que tanto a Directiva como o Regulamento prevêem limites para a colaboração entre os Estados-Membros na vertente das autoridades do Estado requerido, as quais poderão não resultar obrigadas a fornecer as informações solicitadas, nos termos do artigo 7º, nº 1, primeiro parágrafo, primeiro travessão, do Regulamento (CE) 218/92[60]. O mesmo para a Directiva 77/799/CEE, com o artigo 2º, nº 1, a dispôr que as autoridades fiscais requeridas não estão obrigadas a fornecer informações quando se verifique que a autoridade competente do Estado requerente não esgotou as suas próprias fontes habituais de informação, situação que se mantém na Directiva 2011/16/UE, de 15 de Fevereiro de 2011, com o artigo 17º a estabelecer que a autoridade requerida comunicará à requerente as informações solicitadas, desde que a requerente tenha esgotado as fontes habituais de informação a que teria podido recorrer, segundo as circunstâncias, para obter as informações solicitadas sem correr o risco de prejudicar a consecução dos seus objectivos.

Bem mais recentemente, o Processo C-318/07, *Persche*, de 27 de Janeiro de 2009, volta a estabelecer (parágrafos 61, 64 e 65)[61] que ao abrigo da Directiva 77/799/CEE, as autoridades fiscais de um Estado-Membro se podem dirigir às autoridades de outro Estado-Membro a fim de obterem qualquer informa-

---

[60] Onde expressamente se refere "o número e a natureza dos pedidos de informação apresentados num prazo específico não podem impôr um encargo administrativo desproporcionado às referidas autoridades".

[61] Na linha, aliás das conclusões do Advogado Geral MENGOZZI, em especial do nº 105. "Como o Tribunal de Justiça tem decidido, resulta tanto da finalidade como do conteúdo da Directiva 77/799 que a assistência mútua que esta prevê constitui unicamente uma faculdade de as autoridades fiscais nacionais solicitarem informações que elas próprias não possam obter. Tal pedido não constitui de forma alguma uma obrigação. Cabe, assim, a cada Estado-Membro apreciar os casos específicos em que faltam informações respeitantes às transacções efectuadas pelos sujeitos passivos estabelecidos no seu território e decidir se esses casos justificam a apresentação de um pedido de informações a outro Estado-Membro (Processo *Twoh*, já referido)".

O INTERCÂMBIO DE INFORMAÇÃO TRIBUTÁRIA

ção que seja considerada necessária para a liquidação correcta do imposto de um contribuinte, sem que se deva entender que aquela Directiva exige que o Estado-Membro recorra ao mecanismo de assistência mútua nela previsto de cada vez que as informações fornecidas por um contribuinte não sejam suficientes para verificar se estão ou não preenchidas as condições fixadas pela legislação nacional para o reconhecimento de determinadas medidas de carácter fiscal. De facto, na faculdade atribuída pelo artigo 2º, nº 1, da Directiva, "o termo «pode» indica que, embora as referidas Administrações tenham efectivamente a possibilidade de pedir informações à autoridade competente de outro Estado-Membro, este pedido de forma alguma constitui uma obrigação", competindo então a cada Estado-Membro apreciar, casuisticamente, as situações em que considera não existirem suficientes informações das transacções realizadas pelos sujeitos passivos estabelecidos no seu território e concluir, decidindo, se sim ou não é justificável a apresentação de um pedido de informações ao outro Estado-Membro.

Ponto assente é pois, o de que, enquanto tais, a Directiva e/ou Regulamentos não impõem a obrigação de recorrer à assistência mútua e cooperação administrativa, concedendo uma faculdade, a cujo exercício as autoridades fiscais procederão quando o entendam útil e/ou necessário para o correcto estabelecimento da obrigação de imposto, num quadro de combate à fraude e evasão fiscais e às realidades que lhe estão associadas (livre concorrência, livre circulação de capitais, recursos orçamentais).

O caso *Persche*[62] levanta, todavia, a este mesmo respeito uma perspectiva complementar de análise que merece ser referida. Ela é suscitada pelo Advogado-Geral MENGOZZI, resultando bem expressa nas suas Conclusões. Na sua análise, parece distinguir dois enquadramentos na utilização da Directiva de assistência mútua e cooperação administrativa: como instrumento ao serviço da obtenção de informações conducentes ao correcto estabelecimento do imposto

---

[62] Estava em causa, neste caso Persche, o tratamento dado pelo Direito fiscal alemão a donativos efectuados a entidades sem fins lucrativos. Sem prejuízo de posteriores desenvolvimentos, aconteceu que vários donativos, em espécie, haviam sido efectuados pelo Sr. Hein Persche, cidadão alemão, a uma entidade situada em Portugal, país que, de acordo com os critérios existentes na sua legislação fiscal, a considerava como um organismo com fins caritativos e não lucrativos. As autoridades alemãs negaram a Hein Persche a dedução ao rendimento de tais donativos, em virtude de o beneficiário dos mesmos ser um não residente, alegando para o efeito com as disposições legais aplicáveis na Alemanha. Depois de ter sido aceite pelo TJCE que os donativos em espécie concedidos a outro Estado-Membro podem qualificar-se como movimentos de capitais, caindo portanto dentro das normas do Tratado relativas à liberdade de circulação de capitais (artigo 56º à data), o Tribunal considerou ter sido violada esta liberdade comunitária, surgindo neste contexto a referência à Directiva 77/799/CEE.

de um contribuinte (perspectiva já apresentada) e como instrumento ao serviço da proibição de violação das liberdades comunitárias fundamentais (que se desenvolverá mais à frente). Nos parágrafos 109 a 112 das suas Conclusões relembra que não obstante ser certo que a Comissão e o Órgão de Fiscalização da EFTA admitem que a Directiva 77/799/CEE não obriga por si só os Estados-Membros a recorrerem aos mecanismos nela previstos, eles consideram, todavia, que, quando está em causa a aplicação de uma liberdade fundamental (como a livre circulação de capitais neste caso), as autoridades fiscais nacionais não podem ignorar sistematicamente as possibilidades oferecidas por essa Directiva, limitando-se a recusar o benefício fiscal solicitado quando o contribuinte seja incapaz de aduzir todos os elementos de prova necessários, não obstante o mesmo ter cooperado na investigação desses elementos. E, nessa linha, conclui que a seguinte abordagem lhe parece adequada para assegurar um equilíbrio entre as exigências de uma aplicação efectiva da livre circulação de capitais num processo como este e os limites actuais da assistência mútua entre as Administrações fiscais dos Estados-Membros, prevista pela Directiva 77/799/CEE: "Inclino-me a partilhar essa posição no contexto particular do presente processo, isto é, quando as provas pedidas para conceder um benefício fiscal não dizem directamente respeito ao contribuinte que o solicita, mas dizem respeito a um terceiro, na ocorrência, a instituição beneficiária do donativo, estabelecida em outro Estado-Membro. Com efeito, em tal situação, as autoridades nacionais não poderão, em minha opinião, recusar de forma sistemática a concessão do benefício fiscal quando as provas exigidas ao contribuinte não foram aduzidas, sem que, previamente, tenham tomado em conta as dificuldades que enfrenta o contribuinte para recolher as provas pedidas apesar de todos os esforços que já desenvolveu, e sem que tenham examinado, tendo em conta essas dificuldades, as possibilidades reais de obter essas provas graças à assistência das autoridades competentes de outro Estado-Membro no quadro previsto pela Directiva 77/799 ou, sendo esse o caso, no quadro da aplicação de uma Convenção fiscal bilateral. É claro que, neste contexto, caberá ao juiz nacional verificar, em cada caso concreto, se a recusa de conceder a dedução fiscal solicitada, sem recorrer à colaboração das Administrações nacionais instituída pela Directiva 77/799, se baseia numa apreciação séria dos elementos supramencionados"[63].

---

[63] E continua: "Considero, portanto, que há que responder à terceira questão prejudicial no sentido de que as autoridades fiscais de um Estado-Membro não poderão ser obrigadas a recorrer aos mecanismos de cooperação previstos pela Directiva 77/799 para clarificar uma situação que depende da jurisdição de um outro Estado-Membro e estão no direito de exigir a um contribuinte, em conformidade com as regras procedimentais do seu Estado-Membro, que aduza as provas que

O INTERCÂMBIO DE INFORMAÇÃO TRIBUTÁRIA

Ou seja, mantendo embora a conclusão de que a Directiva e Regulamentos não impõem aos Estados-Membros a obrigação de a eles recorrerem, como ficou referido neste e em muitos outros acórdãos anteriores, entendo correcta a posição do Advogado-Geral (não retomada no Acórdão que manteve íntegro aquele princípio) de admitir uma diferente conformação da actuação das autoridades fiscais quanto à utilização dos mecanismos de assistência mútua e cooperação administrativa previstos na vertente da garantia das liberdades comunitárias fundamentais: estando em causa a possível violação de uma liberdade comunitária fundamental, os Estados-Membros (as suas autoridades fiscais) deveriam estar obrigados a recorrer à Directiva 77/799/CEE, como forma de provarem que, antes de tomar a medida restritiva (violadora), valoraram devidamente as dificuldades e esforços desenvolvidos pelo contribuinte para recolher as provas exigidas e as tomaram em conta na sua decisão de recorrer à Directiva 77/799/CEE para, no quadro da assistência nela previsto, tentarem obter tais provas das autoridades competentes de outro Estado-Membro[64].

julguem necessárias para a liquidação correcta do imposto do referido contribuinte, incluindo o reconhecimento de uma dedução fiscal. No entanto, a fim de assegurar a aplicação efectiva da livre circulação de capitais e quando as provas pedidas ao contribuinte digam respeito ao estatuto e/ou à gestão efectiva de uma instituição donatária, considerada de utilidade pública e estabelecida em outro Estado-Membro, as autoridades fiscais do primeiro Estado-Membro não podem recusar a dedução fiscal ao contribuinte sem terem previamente tomado em conta as dificuldades que este último enfrenta para recolher as provas pedidas, apesar de todos os esforços que já desenvolveu, e sem terem examinado, tendo em conta essas dificuldades, as possibilidades reais de obter essas provas graças à assistência das autoridades competentes de outro Estado-Membro no quadro previsto pela Directiva 77/799 ou, sendo esse o caso, no quadro da aplicação de uma Convenção fiscal bilateral. Cabe ao juiz nacional verificar, em cada caso concreto, se a recusa da dedução fiscal solicitada, sem recorrer à colaboração das administrações nacionais instituída pela Directiva 77/799, se baseia numa apreciação séria dos elementos supramencionados."
[64] Nº 3 das propostas de resposta apresentadas pelo Advogado-Geral MENGOZZI (parágrafo 113) que se transcreve na íntegra: "As autoridades fiscais de um Estado-Membro não poderão ser obrigadas a recorrer aos mecanismos de cooperação previstos pela Directiva 77/799/CEE do Conselho, de 19 de Dezembro de 1977, relativa à assistência mútua das autoridades competentes dos Estados-Membros no domínio dos impostos directos, alterada pela Directiva 92/12/CEE do Conselho, de 25 de Fevereiro de 1992, relativa ao regime geral, à detenção, à circulação e aos controlos dos produtos sujeitos a impostos especiais de consumo, para clarificar uma situação que depende da jurisdição de um outro Estado-Membro e estão no direito de exigir a um contribuinte, em conformidade com as regras procedimentais do seu Estado-Membro, que aduza as provas que julguem necessárias para a liquidação correcta do imposto do referido contribuinte, incluindo o reconhecimento de uma dedução fiscal. No entanto, a fim de assegurar a aplicação efectiva da livre circulação de capitais e quando as provas pedidas ao contribuinte digam respeito ao estatuto e/ou à gestão efectiva de uma instituição donatária, considerada de utilidade pública e estabelecida em outro Estado-Membro, as autoridades fiscais do primeiro Estado-Membro não podem recusar a dedução

O INTERCÂMBIO COMUNITÁRIO DE INFORMAÇÃO E O SEU REGIME JURÍDICO

Retomando a reiterada posição jurisprudencial (de que Directiva e Regulamentos de assistência mútua e cooperação administrativa não impõem, em caso algum, uma obrigação de actuação aos Estados-Membros e suas autoridades fiscais) teremos como sua consequência a não concessão aos contribuintes do direito de exigir tal comportamento, mesmo quando eles não produzam ou não tenham meios para produzir a informação necessária. Apenas aos Estados-Membros, e só a eles, cabe a decisão sobre a utilização ou não da faculdade de recorrer àqueles instrumentos para obter informação, como expressam os acórdãos *Twoh* e *Persche* já referidos[65].

No marco da sua função de instrumento para a proibição da violação das liberdades de circulação iniciou o TJUE a referência à utilização da Directiva 77/799/CEE. Nas questões prejudiciais que lhe eram colocadas, os Estados-Membros sempre argumentavam que uma determinada discriminação ou restrição, constante da sua legislação fiscal, era justificada pela necessidade de manter a eficácia dos controlos fiscais.

Nos Acórdãos *Bachmann* e *Comissão Bélgica*, o TJUE contraria este argumento da necessidade de preservar a "eficácia dos controles fiscais" através do recurso à Directiva 77/799/CEE[66]. Idêntica posição no Processo C-334/02, *Comissão/*

---

fiscal ao contribuinte sem terem previamente tomado em conta as dificuldades que este último enfrenta para recolher as provas pedidas, apesar de todos os esforços que já desenvolveu, e sem terem examinado, tendo em conta essas dificuldades, as possibilidades reais de obter essas provas graças à assistência das autoridades competentes de outro Estado-Membro no quadro previsto pela Directiva 77/799 ou, sendo esse o caso, no quadro da aplicação de uma Convenção fiscal bilateral. Cabe ao juiz nacional verificar, em cada caso concreto, se a recusa da dedução fiscal solicitada, sem recorrer à colaboração das administrações nacionais instituída pela Directiva 77/799, se baseia numa apreciação séria dos elementos supramencionados."

[65] Parágrafos 64 e 65 do Processo *Persche* que remete para o parágrafo 32 do Processo *Twoh*: "64. Além disso, a Directiva 77/799 não exige ao Estado-Membro do doador que recorra ao mecanismo de assistência mútua por ela prevista de cada vez que as informações fornecidas por este doador não sejam suficientes para verificar se a instituição beneficiária preenche as condições fixadas pela legislação nacional para a concessão de benefícios fiscais. 65. Com efeito, uma vez que a Directiva 77/799 prevê a faculdade de as administrações fiscais nacionais solicitarem informações que elas próprias não possam obter, o Tribunal de Justiça salientou que a referência, no artigo 2º, nº 1, desta mesma directiva, ao termo «pode» indica que, embora as referidas administrações tenham efectivamente a possibilidade de pedir informações à autoridade competente de outro Estado-Membro, este pedido de forma alguma constitui uma obrigação. Compete a cada Estado-Membro apreciar os casos específicos em que não existem informações a respeito das transacções efectuadas pelos sujeitos passivos estabelecidos no seu território e decidir se esses casos justificam a apresentação de um pedido de informações a outro Estado-Membro (Processo *Twoh International*, já referido, nº 32)."

[66] Parágrafo 18 do Processo *Bachmann* e parágrafo 11 do Processo *Comissão/Bélgica*.

O INTERCÂMBIO DE INFORMAÇÃO TRIBUTÁRIA

/França, de 4 de Março de 2004[67], com uma única diferença: a de que, na versão inglesa o TJUE utiliza em vez de "eficácia dos controlos fiscais" o termo "supervisão fiscal efectiva"[68].

A justificação de dificuldades de carácter administrativo para levar a cabo um efectivo e eficaz controlo da situação factual, dificuldades que impediriam as autoridades fiscais de estabelecer correctamente os factos tributários relevantes ocorridos em outro Estado-Membro, não pode ser aceite, na opinião do TJUE, face à existência de uma Directiva que lhes permite ultrapassar tais dificuldades através do intercâmbio de informação.

O TJUE vem a reafirmar esta posição em várias outras Sentenças[69], na maioria das quais recusa as causas de justificação alegadas pelos Estados-Membros

---

[67] Processo (*Comissão/França*) onde se discutia uma norma francesa que permitia a opção pela retenção liberatória (com taxa geralmente mais baixa do que a taxa marginal de tributação resultante da aplicação da tabela progressiva do Imposto sobre o Rendimento e do coeficiente familiar) apenas quando o devedor do rendimento tivesse domicílio ou estivesse estabelecido em França, para saber se a mesma constituía ou não uma discriminação dos serviços das empresas financeiras ou seguradoras estabelecidas fora de França. i.e., uma restrição à livre prestação de serviços e violação da liberdade de circulação de capitais, na medida em que as aplicações e investimentos em causa, efectuados por residentes franceses, em fundos ou empresas estrangeiras nunca podem beneficiar de uma taxa mais favorável, correspondente à taxa da retenção aplicável aos mesmos rendimentos obtidos por um devedor com domicílio ou estabelecido em França.

O TJUE dá razão à Comissão Europeia quando sustenta que a Directiva 77/799/CEE pode ser invocada por um Estado-Membro para "controlar" se sim ou não foram efectuados pagamentos noutro Estado-Membro ou para obter qualquer outra informação útil, quando a determinação correcta do Imposto sobre o Rendimento deva ter em conta esses pagamentos ou informações, pelo que deve ser rejeitada qualquer restrição às liberdades fundamentais comunitárias com base na impossibilidade de realizar controlos fiscais eficazes.

[68] 31. "*As regards effective fiscal supervision, the Commission has rightly referred to Council Directive 77/799/EEC of 19 December 1977 concerning mutual assistance by the competent authorities of the Member States in the field of direct taxation (OJ 1977 L 336, p. 15), which can be invoked by a Member State in order to check whether payments have been made in another Member State, or to obtain all necessary information, where those payments and that information must be taken into account in determining the correct amount of income taxes (see Bachmann, cited above, paragraph 18, and Case C-55/98 Vestergaard [1999] ECR I-7641, paragraphs 26 and 28). Member States are free to resort to these arrangements when it appears appropriate to them to do so.*"

[69] Necessidade de preservar a eficácia dos controlos fiscais: Processo C-204/90, *Bachmann*, de 28 de Janeiro de 1992; Processo C-300/90, *Comissão/Bélgica*, de 28 de Janeiro de 1992; Processo C-279/93, *Schumaker*, de 14 de Fevereiro de 1995; Processo C-254/97, *Baxter*, de 8 de Julho de 1999; Processo C-55/98, *Vestergaard*, de 28 de Outubro de 1999; Processo C-136/00, *Danner*, de 3 de Outubro de 2002; Processo C-436/00, *X e Y*, de 21 de Novembro de 2002; Processo C-324/00, *Lankhorst-Hohorst*, de 12 de Dezembro de 2002; Processo C-422/01, *Skandia*, de 26 de Junho de 2003; Processo C-315/02, *Lenz*, de 15 de Julho de 2004; Processo C-39/04, *Laboratórios Fournier*, de 10 de Março de 2005; Processo C-386/04, *Centro di Musicologia*, de 14 de Setembro de 2006; Processo C-150/04, *Comissão/Dinamarca*, de 30 de Janeiro de 2007; Processo C-347/04, *Rewe Zen-*

O INTERCÂMBIO COMUNITÁRIO DE INFORMAÇÃO E O SEU REGIME JURÍDICO

para aplicar normativos nacionais discriminatórios ou restritivos de liberdades comunitárias, particularmente, como se disse, a necessidade de preservar a eficácia dos controlos fiscais, e a necessidade de impedir a evasão fiscal.

O TJUE aceita as dificuldades alegadas pelos Estados-Membros e não as rejeita pelo facto da existência da Directiva, mas introduz, essa mesma existência para minorar as dificuldades apresentadas, estabelecendo o recurso à sua utilização sempre que um determinado resultado possa, através dela, ser obtido com muito menores custos[70].

Portanto, o TJUE, através da invocação do recurso à Directiva, recusa a legitimidade das causas de justificação invocadas para manter normativos nacionais discriminatórios ou restritivos das liberdades comunitárias. Recentemente, e não obstante, em 11 de Junho de 2009, a Sentença que junta os Processos C-155/08 (*X*) e C-157/08 (*E.H.A. Passenheim – van Schoot*), introduz diferenças na posição do TJUE[71].

---

tralfinanz, de 29 de Março de 2007; Processo C-360/06, *Bauer Verlag*, de 2 de Outubro de 2008; Processo C-377/07, STEKO, de 22 de Janeiro de 2009 e Processo C-233/09, *Dijkman*, de 1 de Julho de 2010. Evitar a evasão fiscal: Processo C-470/04, *N*, de 7 de Setembro de 2006; Processo C-150/04, *Comissão/Dinamarca*, de 30 de Janeiro de 2007 e Processo C-540/07, *Comissão/República italiana*, de 19 de Novembro de 2009.

[70] Assim, por exemplo, no acórdão *Comissão/Bélgica*, onde se afirma que se a obrigação de designar um representante responsável residente na Bélgica é necessária para garantir o pagamento do Imposto Anual sobre os Contratos de Seguro[70], há que determinar se esse objectivo é ou não susceptível de ser alcançado através de medidas menos gravosas, concluindo que a Directiva 77/799/CEE contém essas medidas, podendo ser usada para a obtenção de todas as informações susceptíveis de permitirem aos Estados-Membros a determinação correcta dos impostos sobre os prémios de seguros, nomeadamente o Imposto Anual sobre os Contratos de Seguro previsto no Direito belga. No que respeita à cobrança deste Imposto, o TJUE contrapõe a utilização da Directiva 76/308, que abrange no seu objecto (artigo 3º, nº 1, sexto travessão, alínea b)), a assistência mútua para a cobrança dos impostos sobre os prémios de seguros (parágrafo 56).

[71] Discutia-se um dispositivo de Direito nacional holandês segundo o qual, em caso de obtenção no estrangeiro, qualquer que seja o Estado, de rendimentos da poupança, o prazo de caducidade para a liquidação dos impostos sobre o rendimento é estendido de cinco para doze anos, com penalizações mais graves e visando todo o período decorrido. No primeiro processo, a autoridade fiscal belga, em Outubro de 2000, e por sua livre iniciativa, entendeu dever informar a Administração fiscal holandesa sobre contas abertas num banco do Luxemburgo, em nome de contribuintes residentes na Holanda. Em consequência, *X*, titular de uma dessas contas desde 1993 recebe, em 2002, uma notificação relativa a uma liquidação adicional de imposto para os exercícios entre 1993 e 2001, acompanhada das correspondentes sanções. No segundo caso, a Srª *Passenheim-van Schoot*, decide em 2003, de sua livre iniciativa, e depois do falecimento de seu marido, comunicar à Administração fiscal holandesa a existência de activos num banco estabelecido na Alemanha, pertencentes a ela e ao marido falecido, os quais nunca haviam sido declarados nas suas declarações tributárias. Havia, à data, um regime excepcional denominado de "arrependimento" que excluía estas

O Tribunal distingue duas hipóteses. A primeira corresponde a uma situação em que os elementos tributáveis num Estado-Membro e situados noutro Estado-Membro foram ocultados às autoridades tributárias do primeiro Estado-Membro, e estas não dispõem de qualquer indício sobre a existência de tais elementos que lhes permitam levar a cabo uma investigação. Sendo assim, esse primeiro Estado-Membro encontra-se impossibilitado de se dirigir às autoridades competentes do outro Estado-Membro afim de que estas lhe transmitam a informação necessária à correcta liquidação do imposto. Nestas circunstâncias, o facto de submeter os elementos tributáveis ocultados à Fazenda pública a um prazo de liquidação complementar ampliado, de doze anos, não ultrapassa o necessário para garantir a eficácia dos controlos tributários e lutar contra a fraude fiscal. Apresenta um efeito dissuasivo podendo justificar-se, pois, como instrumento de luta contra a fraude e evasão fiscal. A segunda hipótese corresponde a uma situação em que as autoridades tributárias de um Estado-Membro dispõem de indícios sobre elementos tributáveis situados em outro Estado-Membro que lhes permitem iniciar uma investigação, caso em que não pode justificar-se a aplicação por esse primeiro Estado-Membro de um prazo ampliado para a liquidação complementar.

Aquela sentença mostra assim, através do recurso a um controle de proporcionalidade flexível, uma maior receptividade do TJUE, no contexto actual, ao argumento de luta contra a evasão fiscal e doravante e em consequência, os

---

situações de tardia declaração de rendimentos de qualquer penalização. O mesmo não acontecia em relação ao imposto devido, e então a Srª *Passenheim-van Schoot* recebeu a notificação das correspondentes liquidações adicionais, desde 1993 a 1997.

Depois das reclamações e impugnações, a questão prejudicial surgiu no TJUE para apreciação: o prazo ampliado de caducidade de doze anos, aplicável apenas a não residentes, para rendimentos mantidos no estrangeiro é ou não contrário ao Direito comunitário? Constitui uma discriminação?

O TJUE começa por assinalar que tal legislação constitui uma restrição, tanto à livre prestação de serviços como à livre circulação de capitais, proibida pelo Tratado CE. De facto, há uma diferença de tratamento, um regime desfavorável relativamente a idênticos rendimentos detidos e obtidos em território holandês, para os quais o prazo é de cinco anos sem qualquer prorrogação. Analisa depois se existem aqui ou não razões imperiosas de interesse geral que possam justificar tal restrição, a saber: a garantia de eficácia dos controlos fiscais e a luta contra a fraude fiscal. E decide que sim, i.e., que embora por si só um prazo mais dilatado de liquidação não reforce as possibilidades de investigação de que dispõem as autoridades tributárias, permite pelo menos que estas, em caso de se virem a detectar elementos tributáveis possuídos noutro Estado-Membro e dos quais não tinham conhecimento, iniciem uma investigação e que, quando resulte que tais elementos não haviam sido tributados, ou o tenham sido insuficientemente, possam emitir uma liquidação adicional ou complementar. E a decisão é pois a de que a legislação controvertida contribui para garantir a eficácia dos controlos fiscais e lutar contra a fraude fiscal.

O INTERCÂMBIO COMUNITÁRIO DE INFORMAÇÃO E O SEU REGIME JURÍDICO

Estados-Membros sentir-se-ão legitimados, no plano jurídico, a reforçar o seu arsenal de medidas destinadas a atacar a fraude fiscal.

Para uma apreciação final, voltemos, porém, à questão essencial aqui em discussão que é a utilização da Directiva 77/799/CEE (agora substituída pela Directiva 2011/16/UE, que será obrigatoriamnete transposta para a ordem jurídica dos Estados-Membros o mais tardar até 1 de Janeiro de 2013) como instrumento de obtenção de informação e operacionalização de melhor supervisão fiscal, que contrarie os argumentos invocados para a justificação da existência de medidas fiscais nacionais discriminatórias.

Ora, se já nos anos noventa, e após os primeiros quatro casos em que o TJUE mencionou a Directiva, ficou claro, na doutrina jurisprudencial, que ela impedia os Estados-Membros de justificarem medidas fiscais discriminatórias, através de dificuldades administrativas em obter informação de outros Estados-Membros, porque continuam eles, após 1995 a insistir nessa mesma fundamentação para justificar obstáculos às liberdades comunitárias fundamentais?

Isso pode dever-se às dificuldades de aplicação prática da Directiva, a que as decisões do TJUE, em geral, não atendem uma vez que, quando referenciam a Directiva, se limitam exclusivamente às regras jurídicas, sendo que teoria e prática são, neste domínio, muito diferentes, como aliás se demonstrará no capítulo seguinte. E então, a conclusão que penso dever tirar-se a propósito é a de que se, em definitivo, o TJUE não desce às dificuldades práticas de implementação da Directiva 77/799/CEE, não levando em conta argumentações desse tipo, então talvez o recomendável seja que os Estados-Membros se esforcem em direcção ao seu melhor funcionamento, assegurando as condições para a sua maior e mais adequada aplicação e eficácia. A nova Directiva relativa à cooperação administrativa no âmbito da fiscalidade, *maxime* da fiscalidade directa, dará certamente um bom contributo nesse sentido.

3. Elementos definidores do intercâmbio de informação
3.1. Âmbito subjectivo
Trata-se de saber quais as pessoas visadas pelo intercâmbio de informação, questão esta que se pode desdobrar em duas vertentes ou perspectivas de análise. A primeira abrange a delimitação das pessoas sobre as quais pode ser pedida informação para o apuramento da respectiva obrigação fiscal. A segunda prende--se com o estatuto ou qualificação das pessoas às quais pode referir-se o intercâmbio: devem ser efectivos obrigados fiscais ou também pessoas com meros ou potenciais indícios de o serem ou virem a ser?

Diferentemente do que se verificava no Modelo de 1963, o actual artigo 26º nº 1 da Convenção Modelo da OCDE passou a referir expressamente "*o inter-

câmbio de informação não está limitado pelo disposto nos artigos 1º e 2º", disposição esta que apresentando um carácter restrito e excepcional (apenas é aplicável ao intercâmbio de informação e nada mais), significa que passaram a poder ser trocadas informações tanto sobre residentes de um ou de ambos os Estados contratantes como também sobre residentes de um terceiro Estado, na condição óbvia de que a informação se apresente presumivelmente relevante para a tributação no Estado requerente.

Associada à alteração está a questão da aplicação no tempo de uma e outra das disciplinas. Não obstante a posição discordante do Comité dos Assuntos Fiscais da OCDE[72], a minha opinião segue aqueles que entendem não ser possível uma interpretação dinâmica, já que a alteração introduzida o foi por modificação do texto, devendo qualificar-se como uma alteração substancial (alargando o alcance do preceito) e não meramente formal. Para as Convenções celebradas ao abrigo do Modelo de 1963, e para as posteriores nos casos em que os países tenham reservado o direito de aplicar o texto e a interpretação anteriores, a cláusula só será utilizável para aplicação da Convenção e só abrangerá a informação relevante para determinar a tributação de pessoas que sejam residentes de um ou de ambos os Estados contratantes, face à definição constante do artigo 4º da Convenção, parecendo que basta que tal estatuto se verifique no período de tributação sobre que recai a comprovação ou investigação levada a cabo pelo Estado requerente da informação[73], não se afigurando necessário que o seja no período em que é redigido o pedido de informação. Ou seja, a versão de 1963 não obriga a trocar informação de residentes em terceiros países, embora também o não proíba (se os países a quiserem trocar não o deverão fazer, todavia, ao abrigo da Convenção, mas sim com base na sua legislação interna, desde que esta assim estabeleça, permitindo o intercâmbio unilateral e disciplinando as respectivas condições e limites).

Em sede da Convenção Multilateral Conselho da Europa/OCDE, a conclusão parece ser a mesma desta versão mais ampla da OCDE, atento o teor do nº 3 do seu artigo 1º (objecto da Convenção e pessoas visadas): "A Parte contratante prestará assistência administrativa, quer a pessoa em causa seja residente ou nacional de uma Parte Contratante, quer de outro Estado", conclusão que é reforçada pelos respectivos comentários.

---

[72] Que opina no sentido de a nova redacção se apresentar face à anterior de 1963, como uma mera clarificação do texto, e consequentemente com eficácia retroactiva, posição que penso ser acompanhada apenas pela dos Estados Unidos da América.

[73] CALDERÓN CARRERO, J. M.: "Intercambio de Información y Fraude Fiscal Internacional", ob. cit., p. 102.

Na UE, e por força da Directiva 77/799/CEE, de 19 de Dezembro, a abrangência mais vasta repete-se, face ao teor geral do artigo 1º nº 1 e do artigo 2º nº 1[74], o mesmo se verificando na recente Directiva 2011/16/UE.

Cabe ainda analisar, como foi referido, o estatuto ou qualificação tributária que devem possuir as pessoas abrangidas pelo intercâmbio – devem eles apresentar-se como efectivos obrigados fiscais ou bastará que se trate de pessoas com meros ou potenciais indícios de terem ou de virem a ter essa qualidade? Relevante é também saber se existe alguma limitação em relação a quem pode ser fonte da informação solicitada pelo Estado requerente, o mesmo é dizer, de que pessoas podem ser obtidos os dados requeridos e necessários à informação solicitada.

Quanto à primeira questão, e embora o artigo 26º nº 1 da Convenção[75] nada refira a propósito, vem-se entendendo[76] que se pode ir até onde seja necessário para a aplicação da Convenção e da legislação fiscal interna dos Estados Contratantes, mesmo que isso abranja diferentes obrigados tributários e não apenas o sujeito passivo objecto de investigação. De acordo com os comentários à versão de 1977 e seguintes (hoje o comentário nº 5), no teor do seu número 1, o termo tributação pode ser interpretado duma forma ampla, abarcando todo o tipo de sujeição a deveres tributários, o que se justifica face à operatividade que se pretende dar à "nova veste" da cláusula convencional de intercâmbio de informação tributária. Restringir o âmbito desse nº 1 exigindo uma sujeição fiscal apenas a título de sujeito passivo – contribuinte e substituto – e excluindo todos os restantes obrigados tributários, seria muito limitativo, facto agravado pela

---

[74] Artigo 1º nº 1: "As autoridades competentes dos Estados-Membros trocarão entre si, nos termos da presente Directiva, todas as informações susceptíveis de lhes permitir determinar correctamente os impostos sobre o rendimento e o património, bem como todas as informações relativas à determinação dos impostos sobre os prémios de seguro, referidos no sexto travessão do artigo 3º da Directiva 76/308/CEE do Conselho, de 15 de Março de 1976, relativa à assistência mútua em matéria de cobrança de créditos resultantes de operações que fazem parte do sistema de financiamento do Fundo Europeu de Orientação e Garantia Agrícola, bem como de direitos niveladores agrícolas e de direitos aduaneiros". Artigo 2º nº 1: "A autoridade competente de um Estado-membro pode solicitar à autoridade competente de um outro Estado-membro que lhe comunique as informações referidas no nº 1 do artigo 1º, no que se refere a um caso especial. A autoridade competente do Estado a que foi feito o pedido não fica vinculada a dar seguimento favorável ao pedido formulado quando se verifique que a autoridade competente do Estado requerente não esgotou as suas próprias fontes habituais de informação, que teria podido utilizar, de acordo com as circunstâncias, para obter as informações solicitadas sem prejudicar a obtenção do resultado procurado."

[75] De acordo com as versões de a partir de 1977 inclusive, já que subsistem as dúvidas na versão anterior.

[76] CALDERÓN CARRERO, J. M.: Intercambio de Información y Fraude Fiscal Internacional, ob. cit., p. 103.

O INTERCÂMBIO DE INFORMAÇÃO TRIBUTÁRIA

constatação da inexistência de um conceito unívoco de sujeito passivo a nível internacional.

Relativamente ao segundo dos aspectos abordados – definição do universo dos sujeitos passíveis susceptíveis de fornecerem informação –, merece unanimidade[77] a conclusão de que, face ao disposto no nº 3 alínea b) do artigo 26º[78] da Convenção, não parece existirem quaisquer restrições, sendo então possível que o Estado requerente abranja nos seus pedidos informações sobre operações realizadas, no outro Estado, pelo contribuinte que está a ser investigado, quer essas operações sejam realizadas por ele de uma forma directa quer o sejam através da intervenção ou mediação de terceiros residentes nesse ou até num terceiro Estado (na condição obviamente de que essas terceiras pessoas possuam com o contribuinte investigado um vínculo fiscal forte e relevante na informação e na tributação). O Comité dos Assuntos Fiscais da OCDE parece permitir ainda mais: pedidos de informação tributária de um Estado ao outro acerca de residentes num terceiro Estado, os quais podem até não estar sujeitos a tributação em nenhum dos Estados contratantes, na condição que os dados solicitados sejam presumivelmente relevantes para a determinação da tributação de uma pessoa sujeita a imposto no Estado requerente (sujeita como residente ou como não residente)[79].

A mesma conclusão se pode retirar da Directiva 77/799/CEE, de 19 de Dezembro, e da Directiva 2011/16/UE que a substituirá. O intercâmbio de informação pode ser utilizado para a determinação de impostos de um obrigado fiscal residente ou não de um dos Estados envolvidos, que esteja a ser investigado no Estado requerente. Não existe limite em relação às pessoas de quem podem ser obtidos ou retirados os dados solicitados, nem também sobre as pessoas a que pode referir-se a informação solicitada. Quaisquer restrições que existam a este

---

[77] Incluindo a do próprio Comité dos Assuntos Fiscais da OCDE.

[78] "O disposto nos nºs 1 e 2 não poderá em caso algum ser interpretado no sentido de impor a um Estado Contratante a obrigação:

a) ...;

b) De fornecer informações que não possam ser obtidas com base na sua legislação ou no âmbito da sua prática administrativa normal ou nas do outro Estado Contratante;

c) ...".

[79] Ver parágrafos 5 e 8 c) dos comentários ao artigo 26º da Convenção. Note-se que mesmo que não haja relação ou conclusão de operações entre o contribuinte sujeito a investigação no Estado requerente e a pessoa acerca da qual se solicitam os dados, o pedido pode ser válido desde que o Estado requerente demonstre a relevância tributária (mesmo que indirecta) desses dados para a determinação da tributação do seu contribuinte no seu Estado. Um exemplo desta situação relaciona-se com a determinação dos preços de transferência no seio de empresas multinacionais.

O INTERCÂMBIO COMUNITÁRIO DE INFORMAÇÃO E O SEU REGIME JURÍDICO

nível não resultam da Directiva (como também não resultavam da cláusula convencional, bilateral ou multilateral, como vimos), só podendo advir da legislação interna dos Estados. A única exigência que funciona como condição *sine qua non* é que os dados solicitados tenham relevância tributária (ou presumível relevância tributária)[80] para o Estado requerente, no sentido já apontado, uma vez que se tal se não verificar o intercâmbio não procede nem via cláusula convencional nem via Directiva comunitária.

3.2. Âmbito objectivo
Qual a informação que pode ser trocada entre as Administrações dos países envolvidos no respectivo intercâmbio?

Em sede convencional e segundo a recente versão de 18 de Julho de 2008 da OCDE[81], o primeiro parágrafo nº 1 do artigo 26º estabelece: "As autoridades competentes dos Estados Contratantes trocarão entre si as informações que sejam previsivelmente relevantes para a aplicação das disposições da presente Convenção ou para a administração ou a aplicação das leis internas dos Estados Contratantes relativas aos impostos de qualquer natureza e denominação cobrados em benefício dos Estados Contratantes ou das suas subdivisões políticas ou autarquias locais, na medida em que a tributação nelas prevista não seja contrária à presente Convenção". E, de seguida: "A troca de informações não é restringida pelo disposto nos Artigos 1º e 2º".

Não resultando do texto, que materializa as alterações efectuadas em 2005[82] (já que a actualização de 2008, neste artigo, apenas se consubstanciou numa ligeira alteração aos comentários[83] e a de 2010 não versou sobre esta temática), nem dos respectivos comentários, a delimitação do conceito de informação, sendo apenas feitas algumas exemplificações, a posição defendida pelo Comité

---

[80] Na Directiva 2011/16/UE, de 15 de Fevereiro de 2011, refere-se no artigo 1º nº 1 "a troca de informações presumivelmente relevantes para a administração e a execução da legislação interna dos Estados-Membros respeitante aos impostos a que se refere o artigo 2º".

[81] Utilizaremos sobretudo a versão portuguesa (tradução de Teresa Curvelo) publicada pelo Centro de Estudos Fiscais, Cadernos de Ciência e Técnica Fiscal nº 206, Direcção Geral dos Impostos, Ministério das Finanças, Lisboa, 2008.

[82] Grande parte das alterações ao artigo efectuadas em 2005 tiveram por objectivo clarificar algumas das dúvidas interpretativas do artigo 26º e assegurar uma maior coerência com o Modelo de Acordo sobre Troca de Informações em Matéria Fiscal e não propriamente modificar os efeitos dessa disposição convencional, como aliás é referido em 4.1 dos comentários ao artigo. Apenas o aditamento dos nºs 4 e 5 constituiu uma alteração relativamente às regras anteriores.

[83] Alteração consubstanciada apenas na substituição do nº 25 dos comentários para reflectir uma nova posição da Bélgica em relação à inclusão nas suas CDT do nº 5 do artigo 26º

O INTERCÂMBIO DE INFORMAÇÃO TRIBUTÁRIA

dos Assuntos Fiscais da OCDE[84] e por muitos especialistas na matéria é a de que se pretende para a informação uma interpretação o mais abrangente possível, abarcando questões de facto e de direito, pessoas singulares ou colectivas, actividades económicas ou questões meramente contabilísticas, de sujeitos passivos concretos e individualizados ou não, como será o caso, por hipótese, de dados estatísticos de um sector, de dados sobre preços de mercado, de técnicas de análise de risco ou esquemas de evasão ou fraude fiscais, informações já disponíveis na Administração requerida ou não, sempre na condição de que esta tenha possibilidade de acesso aos dados solicitados de acordo com a sua legislação interna.

A única questão a merecer alguma dúvida neste contexto é a de saber se pode ou não aqui estar abrangida a transmissão de documentos oficiais ou de provas materiais na posse de uma das Administrações fiscais, questão esta que merece, no geral[85] uma resposta negativa, baseada tanto na letra do preceito disciplinador (o artigo 26º nº 1 só fala em intercâmbio de informações e não em documentos[86]), como no carácter menos apropriado que sempre teria esta cláusula (meramente administrativa) em relação a um procedimento de cooperação em matérias judiciais. Diz-se aliás nos comentários ao número 1 que o âmbito da troca de informações "abrange todas as matérias fiscais sem prejuízo das regras gerais e disposições legais que regulam os direitos dos arguidos e testemunhas em processos judiciais".

O preceito, contudo, qualifica a informação no sentido de que ela deve ser a "previsivelmente relevante para a aplicação...". Presumível relevância cujo objectivo é o de assegurar uma troca de informações em matéria fiscal o mais ampla possível, ao mesmo tempo que esclarece que os Estados Contratantes não têm a liberdade de efectuar "fishing expeditions" ou de solicitar informações que não se afigurem pertinentes para clarificar a situação fiscal de um determinado contribuinte. Essa relevância deve ser aferida em função de dois critérios ou princípios: o da sua importância tributária e o da subsidiariedade. A informação deve ser juridicamente relevante para fins tributários de quem a solicita, i.e., do Estado requerente, e a relevância jurídico-tributária há-de aferir-se em função

---

[84] Sobretudo na publicação Tax Information Exchange between OECD Member Countries: A survey of Current Practices, OCDE, Paris, 1994.

[85] A principal excepção são os EUA, cujas Convenções expressamente dispõem, no artigo relativo à troca de informações, a obrigatoriedade da transmissão de documentos e testemunhos que possam servir de prova em processos judiciais, revelando pois forte tendência para judicializar esta matéria administrativa. Também o Modelo da ONU interpreta o termo informação como incluindo troca de documentos e testemunhos que reúnam as formalidades que permitam que sejam empregues em processos judiciais do Estado requerente.

[86] Não obstante ser certo que muita da informação trocada se processa através de formulários oficiais especialmente concebidos para o efeito.

O INTERCÂMBIO COMUNITÁRIO DE INFORMAÇÃO E O SEU REGIME JURÍDICO

das necessidades de aplicação da Convenção ou das leis internas relativas aos impostos de qualquer natureza e denominação. Resulta ainda exigível que o Estado requerente, antes de pedir a informação, tenha esgotado todos os meios ao seu alcance para obter tais informações no seu próprio território. Nisto se consubstancia o princípio da subsidiariedade, também conhecido pela expressão anglo-saxónica de *exhaustion rule*.

Se este segundo aspecto só parece ter um alcance prático digno de relevo no âmbito dos intercâmbios de informação a pedido[87], onde a obrigação do Estado requerido cessa quando o requerente não demonstre a sua incapacidade para obter os dados solicitados, o primeiro, como sublinhamos, levanta questões mais complexas. Considerar que uma informação tem importância ou relevância fiscal há-de significar que a mesma deve inserir-se num procedimento administrativo de carácter fiscal indispensável[88] para a correcta aplicação de um procedimento tributário, entendido este em sentido lato, i.e. abrangendo a gestão, inspecção e arrecadação ou mesmo aplicação de sanções, e independentemente de o procedimento se estar a iniciar ou já se encontrar em curso, não se exigindo também que o contribuinte tenha dele sido notificado[89], e excluindo sempre os pedidos sobre outras matérias que não fiscais (v.g. procedimentos penais)[90].

Surgem ainda dois problemas adicionais: o de saber a que tributação se deve reportar a informação e, uma vez situado o campo de tributação, como deve avaliar-se a relevância exigida.

Da análise evolutiva do teor da cláusula do artigo 26º, pode dizer-se que foi na revisão de 2003 que ela passou a apresentar-se, indiscutivelmente, com conteúdo mais lato que as anteriores, não limitando a aplicação da informação aos impostos internos abrangidos pela Convenção mas permitindo-a relativamente a todos os impostos em vigor no Estado requerente, embora com algumas condições ou limitações. A posterior revisão, a de 2005, veio a introduzir um largo espectro para o âmbito da informação a trocar ao alterar a qualificação da informação de necessária para presumivelmente relevante.

Ainda neste âmbito é exigível que medeie uma conexão entre a informação solicitada e o preceito convencional ou de Direito fiscal interno invocado, conexão essa que deve ser uma conexão material ou substantiva e não uma conexão

---

[87] E já não nos automáticos e espontâneos.

[88] Tem-se aceite como desprovidas de relevância fiscal as chamadas *fishing expeditions* utilizando este termo para brevemente designar os pedidos de informações genéricos.

[89] Até pode pretender-se que não o seja para acautelar eventuais manobras que comprometam o êxito da investigação que se está a levar a cabo.

[90] Que resultarão improcedentes no sentido de que a Administração requerida não tem obrigação de os satisfazer os pedidos sobre matérias não fiscais.

O INTERCÂMBIO DE INFORMAÇÃO TRIBUTÁRIA

meramente formal, com o vínculo ou conexão a resultarem evidentes e a serem adequadamente provados pela Administração fiscal requerente, já que se assim não for o intercâmbio de informação não resulta obrigatório para a Administração requerida, não estando coberto nem justificado pela Convenção[91].

De realçar uma vez mais que, contrariamente ao que acontecia nas versões anteriores, a partir da de 2003 a informação pode ser aplicada ou utilizada para qualquer imposto em vigor no Estado requerente, mesmo que não coberto pela Convenção, com duas condições essenciais:

- Que tal imposto não seja contrário à Convenção[92] (v.g. imposto discriminatório face ao artigo 24º), não podendo pois haver intercâmbio de informação quando os dados solicitados ou relevantes o sejam para exigir um imposto que a Convenção não autoriza;
- Que a obrigação tributária não esteja prescrita (não seja exigível) no Estado requerente dos dados[93].

Do mesmo modo, com o aditamento do nº 4 ao artigo 26º em 2005, passou a prever-se a obrigatoriedade da troca de informação mesmo quando a informação solicitada não seja necessária ao Estado requerido para os efeitos da sua própria legislação fiscal, contrariamente ao que acontecia antes. O Estado requerido resulta pois obrigado a utilizar os meios de que dispõe para obter os dados solicitados pelo requerente mesmo quando eles só a este último importem, não se revelando de interesse nacional para o Estado requerido, continuando, contudo, a poderem ser invocados os limites do nº 3 (fundamento para a recusa de informações resultante do facto de a legislação ou prática do país requerido incluirem um requisito de interesse fiscal nacional).

Questão final, e que me parece também ela relevante, é a de estabelecer a fronteira entre a utilização da informação para aplicação da Convenção e/ou para aplicação da lei fiscal interna. Os comentários não fornecem qualquer regra nesta matéria, mas ajudam através de exemplificação, com o nº 7 a apresentar casos de aplicação da Convenção, e o nº 8 a fazer o mesmo em relação à aplica-

---

[91] Passando a qualificar-se como unilateral ou não autorizado.

[92] No Modelo de 1963, com uma *nuance* – em vez de *"não contrário à Convenção"* (modelo de 1977 e seguintes) dizia-se *"conforme à Convenção"*. Ou seja, agora só é preciso demonstrar que não contraria e antes era exigível demonstrar a conformidade (isto parece contudo mais teórico do que prático, embora se possa colocar, por exemplo, em sede de preços de transferência e respectivos ajustamentos).

[93] Com o objectivo de se precaverem contra a demora na transmissão dos dados pela Administração fiscal requerida, e de isso significar muitos casos de decurso do prazo de caducidade ou prescrição, alguns países, como é o caso da Bélgica, adoptaram disposições especiais a este propósito, alargando aquele prazo.

ção da legislação interna. A doutrina internacional apresenta, contudo, alguns critérios a este respeito, aceitando-se que se considere estar em causa apenas a utilização da informação para aplicação da Convenção, sempre que se trate de situações em que a informação é necessária para a execução das regras de distribuição da competência entre o país de residência e o país da fonte do rendimento, estabelecida pela própria Convenção, ou de informação relativa a casos em que a Convenção restrinja a aplicação da legislação fiscal interna ou crie uma nova regra ou um novo elemento a ter em conta na tributação (os quais não se encontram previstos na lei interna). Em geral, extrai-se do próprio pedido (é na informação a pedido que a questão verdadeiramente se põe) a conexão entre a informação e os impostos em que a mesma irá ser utilizada, podendo, todavia, as Administrações quando assim o entendam, acordar que a requerida solicite à requerente mais dados sobre tal conexão.

Deixando o Direito convencional e passando, neste âmbito, ao Direito Comunitário, essencialmente à Directiva 77/799/CEE ainda em vigor, na sua versão consolidada actual[94] (e também à nova Directiva 2011/16/UE), poderemos dizer que as diferenças não são significativas relativamente ao que acabou de ser dito. É idêntico o âmbito do conceito de informação. É idêntica a importância ou relevância tributária da informação. Em ambos é aplicável o princípio de subsidiariedade, o qual resultando duma forma implícita no Direito convencional (informação presumivelmente relevante no artigo 26º do Modelo OCDE) está bem expresso no nº 1 do artigo 2º daquela Directiva: "A autoridade competente do Estado a que foi feito o pedido não fica vinculada a dar seguimento favorável ao pedido formulado quando verifique que a autoridade competente do Estado requerente não esgotou as suas próprias fontes habituais de informação, que teria podido utilizar, de acordo com as circunstâncias, para obter as informações solicitadas sem prejudicar a obtenção do resultado procurado". Subsiste porém uma diferença: no Direito Comunitário o Estado requerente não está obrigado a esgotar todas as suas fontes de informação se isso puder pôr em perigo ou arriscar a obtenção do resultado procurado (posição mantida no artigo 17º nº 1 da nova Directiva 2011/16/UE), excepção esta que não consta do preceito do Modelo OCDE.

Um outro traço distintivo acontece quando, tratando-se ainda de informação presumivelmente relevante para fins tributários, estes se consubstanciam na exigência de um imposto contrário à Convenção de Dupla Tributação. Enquanto que o artigo 26º nº 1 da Convenção cerceia a operatividade da cláusula ao exigir

---

[94] Após as alterações constantes da Directiva 2004/56/CE, de 21 de Abril de 2004, da Directiva 2004/106/CE, de 16 de Novembro de 2004 e da Directiva 2006/98/CE, de 20 de Novembro de 2006.

O INTERCÂMBIO DE INFORMAÇÃO TRIBUTÁRIA

que a informação pedida ou susceptível de ser transmitida não possa vir a ser utilizada para levar a cabo um tributação contrária[95] a essa Convenção (v.g. imposto discriminatório face ao artigo 24º da Convenção Modelo), na Directiva o legislador não fez constar expressamente uma limitação desse tipo, embora nada impeça os Estados-Membros de introduzir uma disciplina sucedânea, estabelecendo a exclusão do intercâmbio de informação quando a tributação exigida tiver como resultado uma tributação contrária ao Direito Comunitário (p. e. ao princípio da não discriminação).

Na jurisprudência do TJUE, a invocação do tipo de informação trocada ao abrigo da Directiva 77/799/CEE iniciou-se, em 1992, em dois Acórdãos – *Bachmann*[96] e *Comissão/Bélgica*[97] –, visando dados específicos respeitantes a pagamentos de seguros de vida, de doença e de invalidez, em sede de tributação do rendimento, por ser esse o caso concreto em discussão em ambos os processos.

Com o decurso do tempo, e concomitante diversificação de casos, a referência jurisprudencial passou a abranger outros impostos e outra informação necessária para o correcto estabelecimento do concreto imposto em análise.

Em 1994, no Processo C-1/93, *Halliburton*, de 12 de Abril de 1994, o TJUE estabelece que a troca de informação ao abrigo da Directiva 77/799/CEE abrange qualquer informação que habilite as autoridades competentes do Estado-Membro a determinar correctamente o valor dos impostos abrangidos pela Directiva (parágrafo 22 do Acórdão)[98].

---

[95] Como se viu no Modelo de 1963, exigia-se que a informação tinha de ser conforme à CDT.

[96] Processo C-204/90, *Bachmann*, de 28 de Janeiro de 1992.

[97] Processo C-300/90, *Comissão/Bélgica*, também de 28 de Janeiro de 1992.

[98] *Halliburton* é uma *holding* internacional com a sociedade-mãe (*Halliburton Inc.*), estabelecida nos Estados Unidos da América, a deter a 100% o capital das suas duas filiais: uma sedeada na Alemanha (*Halliburton Co. Germany GmbH*) e outra na Holanda (*Halliburton Services BV*), a qual reveste a forma de uma sociedade por quotas constituída de acordo com o direito holandês. No âmbito de uma reorganização das actividades do grupo *Halliburton* na Europa, a filial alemã vendeu (e transmitiu realmente) à filial holandesa o estabelecimento permanente que possuía nos Países Baixos, estabelecimento esse que incluía um imóvel aí situado. Na Holanda, sobre a alienação de imóveis incide o Imposto sobre as Transmissões de Direitos, estabelecendo-se, contudo, a respectiva isenção quando a transmissão for efectuada "no âmbito de uma reorganização interna de sociedades anónimas e de sociedades de responsabilidade limitada", e na condição de que as sociedades do grupo envolvidas tenham uma destas duas formas jurídicas, supondo pois ser o mesmo o Direito que rege a criação das sociedades intervenientes (concessão da isenção a uma sociedade constituída nos termos do Direito desse Estado-Membro – concretamente, uma sociedade anónima ou uma sociedade de responsabilidade limitada – mas não a uma sociedade análoga constituída nos termos do Direito de outro Estado-Membro e aí sedeada, concretamente, uma sociedade por quotas. Embora a referida isenção fosse ainda limitada às cessões entre sociedades anónimas e sociedades de responsabilidade limitada pertencentes a um grupo de sociedades cuja sociedade-mãe

O INTERCÂMBIO COMUNITÁRIO DE INFORMAÇÃO E O SEU REGIME JURÍDICO

À alegação do Governo holandês de que a limitação da isenção às sociedades de Direito nacional era absolutamente necessária em virtude da sua Administração fiscal não ter a possibilidade de verificar a equivalência entre as formas jurídicas das entidades dos outros Estados-Membros e as das sociedades anónimas e de responsabilidade limitada na acepção da legislação nacional, o TJUE respondeu com a não aceitação do argumento face à existência da Directiva 77/799/CEE. Com ela se confere a um Estado-Membro as possibilidades de obter informação relevante sobre as características das formas societárias dos outros Estados-Membros, no caso em apreço para a aplicação do Imposto sobre as Transmissões de Direitos, relembrando que o sistema de troca de informações é aplicável aos impostos sobre a alienação de bens móveis ou imóveis (artigo 1º da Directiva), com previsão expressa (artigo 1º nº 2) que nesse sistema estão abrangidas todas as informações susceptíveis de permitir às autoridades competentes dos Estados-Membros o estabelecimento correcto dos impostos abrangidos pela Directiva" (parágrafo 22 do Acórdão)[99].

Também no Processo *Persche*[100], já referido, o TJUE confirma a orientação de que a Directiva pode ser invocada para a obtenção de toda e qualquer informação que as autoridades fiscais de um Estado-Membro entendam necessária para o correcto estabelecimento do imposto devido por um contribuinte. É o parágrafo 61 do respectivo acórdão onde se lê que nos termos da Directiva 77/799, as autoridades fiscais em causa podem dirigir-se às autoridades de outro Estado--Membro a fim de obterem qualquer informação que seja considerada necessária para a liquidação correcta do imposto de um contribuinte, uma vez que a Directiva estabelece, com o objectivo de prevenir a fraude fiscal, a faculdade de as Administrações fiscais nacionais solicitarem informações que elas próprias não possam obter.

---

tivesse igualmente uma destas duas formas jurídicas, já havia sido decidido pelas autoridades holandesas que, por força do princípio da não discriminação, constante da Convenção de Dupla Tributação celebrado entre os Países Baixos e os Estados Unidos da América, a sociedade *Halliburton Services* não poderia ser privada do benefício da isenção pelo facto de a sociedade-mãe do grupo *Halliburton* ser constituída nos termos do direito norte-americano. Em consequência, a isenção foi recusada com submissão ao TJUE da questão prejudicial sobre a compatibilidade da legislação holandesa com os artigos 52º a 58º do Tratado CE à data.

[99] Artigo 1º nº 2 da Directiva 77/799/CEE, à data: "São considerados impostos sobre o rendimento e o património, independentemente do sistema de cobrança, os impostos que incidem sobre o rendimento global, sobre o património total ou sobre elementos do rendimento ou do património, inciuindo os impostos sobre os lucros provenientes da alienação de bens móveis ou imóveis, os impostos sobre o montante dos salários pagos pelas empresas, bem como os impostos sobre as mais-valias".

[100] Processo C-318/07, *Persche*, de 27 de Janeiro de 2009.

O INTERCÂMBIO DE INFORMAÇÃO TRIBUTÁRIA

Estatuindo assim, o TJUE tem, contudo, considerado importante realçar que o recurso à troca de informação para obtenção dos elementos necessários ao correcto lançamento do imposto não afecta a sua competência para os valorar no contexto em que os mesmos sejam chamados a determinar um concreto enquadramento jurídico tributário.

Veja-se o Processo *Vestergaard*,[101] onde o TJUE conclui que, se a Directiva 77/799/CEE possibilita que as autoridades fiscais de um Estado-Membro solicitem todas as informações que entendam necessárias para a correcta determinação (segundo as respectivas regras da legislação nacional) do imposto de um contribuinte, elas são soberanas para apreciar se estão ou não preenchidos os requisitos exigidos por essa mesma legislação para a concessão de um determinado tratamento fiscal, competência que a Directiva não afecta de forma alguma (parágrafo 28).

3.3. Âmbito temporal

Quando se fala em aplicação temporal das normas relativas ao intercâmbio de informação, somos, antes de mais, conduzidos à temática relativa à aplicação no tempo dos instrumentos jurídicos onde se acham estabelecidas as cláusulas que o contêm. Na linha do que vimos analisando interessa pois examinar o que sobre a matéria dispõem a Convenção Modelo de Dupla Tributação em geral, e em especial, o seu artigo 26º, e também a Directiva 77/799/CEE, de 19 de Dezembro, sem esquecer a nova Directiva 2011/16/UE, de 15 de Fevereiro de 2011.

Antes porém, vejamos as diferentes questões que juridicamente se colocam, as quais, duma forma esquemática, reduziremos a três: saber a partir de quando se pode solicitar e transmitir informação ao abrigo da cláusula de intercâmbio de informação constante do artigo 26º da Convenção da OCDE e da Directiva 77/799/CEE (com referência também à Directiva 2011/16/UE); saber a partir de que momento é que deixará de haver possibilidade ou obrigatoriedade de solicitar ou fornecer a informação, respectivamente; e saber o que acontece quando há sucessão de cláusulas de intercâmbio de informação com diferentes âmbitos de aplicação.

---

[101] Processo C-55/98, de 28 de Outubro de 1999, em que a legislação dinamarquesa condicionava o direito à dedução ao rendimento de encargos com a frequência de um curso de formação profissional em local turístico de outro Estado-Membro (a Grécia) à elisão, pelo contribuinte (*Vestergaard*), da presunção constante da sua legislação, de que tais cursos tinham conexão com um elemento de carácter turístico tão importante que impedia as referidas despesas de serem equiparadas a despesas profissionais dedutíveis, presunção essa que a Lei não contempla no caso de cursos de formação profissional ministrados em qualquer local (mesmo que habitualmente turístico) situado no interior do Estado-Membro. A diferença de regimes levantava a questão da violação do artigo 59º do Tratado (livre prestação de serviços).

O INTERCÂMBIO COMUNITÁRIO DE INFORMAÇÃO E O SEU REGIME JURÍDICO

Quanto às duas primeiras questões, e face ao Direito convencional, a cláusula de intercâmbio de informação está referenciada a uma determinada Convenção, pelo que ela entrará em vigor quando a própria Convenção entre em vigor[102], actualmente de acordo com o que dispõe o artigo 30º[103], a menos que aí se disponha diferentemente (já que nada impede que os Estados contratantes acordem a entrada em vigor de diferentes disposições em diferentes datas). Significa isto que a cláusula não é retroactiva, presunção geralmente aceite em matéria de Direito dos Tratados. Para ser retroactiva exigir-se-ia uma norma, também ela convencional, prevendo tal retroactividade, ou então que do contexto da própria Convenção se pudesse deduzir a favor da retroactividade da disposição.

No intercâmbio de informação a questão será a de determinar se um Estado pode solicitar informação, e se o outro é ou não obrigado a fornecer-lhe a informação solicitada, quando estejam em causa actos, factos ou relações ocorridos em período em que a Convenção não estava em vigor.

Se existir norma que expressamente autorize ou permita a retroactividade, e sendo certo que não se põem aqui as mesmas restrições que se colocam em matéria penal, a situação será resolvida da forma que mais se coadune com as exigências do princípio da segurança jurídica. Não existindo tal norma, a temática é bem mais delicada, já que juridicamente se revela sempre como muito complexo deduzir retroactividade onde ela não está expressamente prevista. Como princípio, parece boa opção distinguir entre duas soluções: a de que não podem aplicar-se retroactivamente as disposições materiais duma Convenção, e a de que em sede de disposições meramente procedimentais tal proibição não é tão taxativa.

Tratando-se do intercâmbio de informação tributária, uma coisa é determinar a partir de que data ou momento, pode o mesmo começar a ser utilizado – a partir de quando pode a Administração fiscal do Estado requerente formular o pedido –, e outra, não menos importante, é saber quais os actos, factos ou relações jurídicas que podem ser abrangidos nesses pedidos: só os verificados após a data de entrada em vigor da Convenção e da cláusula ou mesmo os verificados anteriormente? Em certas situações parece evidente a conclusão a favor da retroactividade. É o caso, p.e., de uma Convenção de Dupla Tributação em matéria de impostos sobre o rendimento com entrada em vigor a meio do ano. Como impostos, em geral periódicos, de período anual, as autoridades competentes dos dois Estados Contratantes necessitarão, certamente, para a aplicação da própria Convenção, de informações relativas a actos e factos anteriores

---

[102] De acordo, aliás, com o que sobre esta matéria dispõe a Convenção de Viena sobre Interpretação de Tratados.
[103] Artigo 29º nas versões anteriores.

à respectiva entrada em vigor (v.g. para determinação da residência do contribuinte ou para a conceituação da existência ou não de estabelecimento estável localizado no território de um deles). Noutros casos, a dificuldade é bem maior, embora, ao que sabemos, seja maioritária a posição dos que entendem que do contexto geral da Convenção se pode inferir pela defesa da retroactividade[104], bastando para tal não esquecer que uma das principais motivações (senão mesmo a principal) para o intercâmbio de informação (e até para a intensificação da celebração de Convenções de Dupla Tributação) é a prevenção e repressão da fraude e evasão fiscal internacional, pelo que toda a interpretação que maximize a sua funcionalidade deve ser aceite, desde que, como é o caso, a letra do preceito (artigo 26º) a não proíba.

No Direito Comunitário, a Directiva 77/799/CEE confirma este entendimento, já que a partir da sua transposição para o Direito interno dos Estados-Membros estes passam a trocar informação sobre factos e relações jurídicas anteriores e posteriores à entrada em vigor da norma interna de execução correspondente. As únicas limitações resultarão do Direito interno e referir-se-ão à prescrição ou caducidade. Equivale isto a dizer, na linha aliás do próprio Direito internacional público, que:

– A lei nova não é aplicável aos actos, factos ou relações já totalmente terminados (esgotados ou consumados) antes da sua entrada em vigor (*facta praeterita*), entendendo-se como tais, neste domínio, aqueles em que a Administração fiscal requerente já não tenha a possibilidade de actuação de forma a tornar o conteúdo da informação relevante e susceptível de ser utilizado num procedimento tributário já iniciado ou que possa iniciar-se em consequência da transmissão dos dados;
– A lei nova é aplicável aos actos, factos ou relações que nasçam depois da sua entrada em vigor (*facta futura*),

constituindo a maior questão a de saber qual a lei aplicável aos chamados *facta pendentia*, i.e., actos, factos ou relações nascidos no domínio da lei anterior mas que subsistem (existindo e produzindo efeitos) no domínio da lei nova, aqui entroncando a terceira das questões levantadas: a sucessão no tempo.

Na nova Directiva 2011/16/UE há, nesta matéria, uma disposição digna de realce. Tendo em conta que a partir da sua implementação, os Estados-Membros deixam de poder invocar como fundamento da recusa de fornecimento de informação o facto de essa informação estar na posse de uma instituição bancária, de outra instituição financeira, de uma pessoa designada ou actuando

---

[104] É esta sem margem para dúvidas a posição do Departamento do Tesouro norte-americano.

O INTERCÂMBIO COMUNITÁRIO DE INFORMAÇÃO E O SEU REGIME JURÍDICO

na qualidade de agente ou de fiduciário ou pelo facto de estarem relacionadas com uma participação no capital de uma pessoa (o que não acontecia ao abrigo da Directiva 77/799/CEE), foi, em sede de aplicação no tempo da nova Directiva incluída uma cláusula expressa determinando que não obstante esta nova disciplina "um Estado-Membro pode recusar a transmissão das informações requeridas se essas informações disserem respeito a períodos de tributação anteriores a 1 de Janeiro de 2011 e se a transmissão das mesmas pudesse ter sido recusada com base no nº 1 do artigo 8º da Directiva 77/799/CE caso houvesse sido solicitada antes de 11 de Março de 2011"[105].

Em sede de Convenções de Dupla Tributação e consequentemente de cláusulas de intercâmbio de informação, a solução será uma de duas: ou a própria Convenção tem uma disposição reguladora que estabeleça expressamente a cessação de vigência de uma e a entrada em vigor da outra, com as respectivas medidas de Direito transitório, ou então o normal é admitir que todos os pedidos realizados durante a vigência da Convenção posterior mas referidos a factos ou relações acontecidas durante a vigência duma Convenção anterior e já terminada seguirão disciplinados pela terminada, salvo disposição expressa da nova Convenção, ou quando desta possa deduzir-se claramente que a intenção dos Estados contratantes foi a de que os pedidos de informação ao abrigo da nova Convenção só se pudessem referir a factos ou relações futuras. A questão é relevante, e não despicienda a opção por uma ou outra das posições, atento o facto de se vir assistindo, embora com excepções, a um aumento do campo de acção das cláusulas de intercâmbio de informação nas versões mais recentes do Modelo de Convenção. Com a redacção actual do artigo 26º, nada parece opôr-se a que a informação se possa referir a factos ou relações acontecidas durante a vigência da Convenção substituída, e tendo em conta o facto de se estar em sede de aplicação de impostos sobre o rendimento, periódicos, de período anual, o mais natural será que o Estado de residência de um contribuinte necessite de informação relevante para verificar o cumprimento das suas leis tributárias em momento posterior àquele em que ele é obrigado a apresentar a sua declaração de rendimentos, obrigação esta que só ocorre muito depois do facto gerador. Ou seja, a conclusão afigura-se ser a de que só esta interpretação se ajusta bem à dinâmica dos procedimentos tributários e à finalidade da cláusula de intercâmbio de informação, contrariando pois a posição, minoritária, dos que defendem que quando surge uma nova Convenção a substituir a anterior, o que determina a aplicação de uma ou outra é o momento em que o pedido é feito, ou então, aquele em que a resposta se processa em cada um desses Estados (resul-

---

[105] Artigo 18º nº 3 da Directiva 2011/16/UE, de 15 de Fevereiro de 2011.

O INTERCÂMBIO DE INFORMAÇÃO TRIBUTÁRIA

tando aplicáveis ao intercâmbio de informação as normas da Convenção em vigor em cada um desses momentos).

Quanto ao Direito Comunitário, há uma inter-relação entre a Directiva 77/799/CEE e as Convenções de Dupla Tributação, no sentido da Directiva reconhecer o princípio da eficácia máxima, isto é a mandar aplicar a norma (convencional ou comunitária) que estabeleça maiores e mais amplas obrigações de intercâmbio de informação, com independência de saber se as relações ou factos jurídicos objecto de transmissão tiveram lugar antes ou depois da entrada em vigor da norma interna de transposição da Directiva. É a disciplina do artigo 11º dessa Directiva, que é mantida no artigo 1º nº 3 da nova Directiva 2011/16/UE, assumindo-se que a mesma contém normas mínimas, não devendo por conseguinte afectar o direito dos Estados-Membros de estabelecerem uma cooperação mais ampla com outros Estados-Membros ao abrigo da respectiva legislação nacional ou no quadro de Acordos bilaterais ou multilaterais celebrados com outros Estados-Membros. Ao mesmo tempo consagra-se no artigo 19º da Directiva 2011/16/UE aquilo que é por vezes denominado de cláusula do *"big father"*, segundo a qual sempre que um Estado-Membro preste a um país terceiro uma cooperação mais ampla do que a prevista pela presente Directiva, esse Estado-Membro não pode recusar a prestação dessa cooperação a outro Estado--Membro que deseje participar em tal cooperação mútua mais ampla com o primeiro.

3.4. Limites

Falar em limites ao intercâmbio de informação implica necessariamente contrapor dois interesses distintos: o da protecção do contribuinte, por um lado, e o do interesse público que subjaz à obtenção da informação tributária por outro. Isso mesmo se reconhece nos Comentários ao artigo 21º da Convenção Multilateral do Conselho da Europa e da OCDE sobre assistência administrativa em questões tributárias, onde se estabelece que o preceito em análise é particularmente importante no sentido de que pressupõe uma ponderação ou balanço entre a necessidade de oferecer uma assistência administrativa mútua em matéria tributária que seja efectiva e eficaz e a necessidade de manter as salvaguardas ou garantias tanto para o contribuinte como para o Estado requerido, cujos interesses essenciais e política pública estão implicados[106].

Concomitantemente, não deve esquecer-se a este propósito a análise já efectuada à Directiva 95/46/CE, em relação à cessão de dados pessoais protegidos,

---

[106] *Convention on mutual administrative assistance on tax matters, Council of Europe and OECD countries,* 1998, *Explanatory Report*: article 21.

uma vez que a existência de limites ao intercâmbio de informação está bem interligada com as garantias do contribuinte.

Em termos gerais, pode ainda apontar-se como limitação à obrigação de intercâmbio de informação, a não reunião dos pressupostos exigidos como indispensáveis. Em primeiro lugar, e como não podia deixar de ser, deve tratar-se de informação apropriada para os fins para que é solicitada, já que se tal não se verificar, porque a informação não tem natureza de contributo para tal objectivo (em si própria, ou porque os factos implícitos já foram conhecidos ou clarificados), o Estado requerido não resultará obrigado ao intercâmbio da informação. Pode dizer-se também que a informação solicitada há-de revelar-se absolutamente necessária no sentido de que o Estado requerente não tenha outro meio de a obter e, finalmente, que a mesma deve ser razoável, o mesmo é dizer não ultrapasse determinados limites, estabelecidos por apelo a critérios de racionalidade e razoabilidade.

O artigo 26º da Convenção da OCDE[107], no seu nº 3, estabelece alguns limites que resultam materializados num conjunto de situações que, a verificarem-se, liberam o Estado requerido de fornecer a informação solicitada. Tais situações encontram-se tipificadas nesse mesmo número, com a natureza de tipificação exaustiva:

"O disposto nos nºs 1 e 2 não poderá em caso algum ser interpretado no sentido de impor a um Estado Contratante a obrigação:
a) De tomar medidas administrativas contrárias à sua legislação e à sua prática administrativa ou às do outro Estado Contratante;
b) De fornecer informações que não possam ser obtidas com base na sua legislação ou no âmbito da sua prática administrativa normal ou nas do outro Estado Contratante;
c) De transmitir informações reveladoras de segredos ou processos comerciais, industriais ou profissionais, ou informações cuja comunicação seja contrária à ordem pública."

Note-se que se trata de situações que não implicam a proibição de fornecimento de informação, legitimando apenas o direito de recusa. Ou seja, querendo-o pode o Estado requerido transmitir a informação e, se o fizer, será

---

[107] Na linha do artigo 26º do Modelo da OCDE, também o artigo 26º da Convenção Modelo dos EUA, o artigo 26º da Convenção Modelo das Nações Unidas, o artigo 26º da Convenção Modelo da Associação de Nações do Sudoeste Asiático, o artigo 19º da Convenção sobre Dupla Tributação da Comunidade Andina, e muitas outras estabelecem expressamente limites ao intercâmbio de informação.

O INTERCÂMBIO DE INFORMAÇÃO TRIBUTÁRIA

ainda ao abrigo da disposição convencional do artigo 26º segundo a posição do Comité dos Assuntos Fiscais da OCDE. De facto, quando a Convenção não obriga, o problema passa então para o Direito interno e a generalidade dos países nada contém na sua legislação sobre esta matéria[108], o mesmo é dizer também o não proíbe.

Analisando os limites constantes das alíneas a) e b) do artigo 26º nº 3 da Convenção, e seguindo a doutrina internacional maioritária, dir-se-á que eles pretendem o estabelecimento de um certo equilíbrio, de um *"fair level playing field"* nas disposições sobre intercâmbio de informação. Representam um nível mínimo obrigatório para todos os Estados (mínimo comum), reconhecendo que são diferentes as faculdades que a legislação de cada um deles concede às respectivas Administrações, o mesmo se verificando quanto à disponibilidade de meios materiais e humanos para o efeito. O nível considerado obrigatório para os Estados contratantes de informação a fornecer é assim fixado por referência às suas próprias legislação e prática administrativa em relação aos dados de que em concreto se trate.

Não se deve apelar aqui a um princípio de reciprocidade jurídica que não existe. Quando muito pode falar-se em reciprocidade fáctica no sentido limitado de que se um Estado sistematicamente recusa o fornecimento da informação, o outro pode acabar fazendo o mesmo, reduzindo assim o fluxo a níveis muito diminutos. Não poderá contudo invocar-se, para o efeito, a falta de reciprocidade mas tão só alegar-se que o fornecimento da informação pedida ultrapassa o mínimo comum obrigatório estabelecido, mínimo comum este que não representa mais do que uma cláusula de salvaguarda. De facto, não obstante funcionar como excepção ou limite à disciplina geral do artigo 26º nº 1, se os Estados Contratantes a não invocarem e transmitirem a informação solicitada, o intercâmbio será perfeitamente válido (não obrigatório mas facultativo), competindo ao Estado requerido apreciar se o pedido excede ou não aquele mínimo e se é ou não adequado, oportuno ou útil negar a assistência administrativa pedida no caso em análise.

A mesma ideia de mínimo comum resulta dos nºs 1 e 3 do artigo 8º da Directiva 77/799/CEE. O mínimo comum considera-se ultrapassado, e como tal o intercâmbio não resulta obrigatório, quando: o Estado requerido não possa obter a informação porque obtê-la significaria adopção de medidas contrárias à sua legislação e prática administrativa; o Estado requerido não possa obter a informação porque obtê-la excederia as faculdades que lhe são concedidas pela

---

[108] Excepção feita à Áustria e Holanda que excluem totalmente o intercâmbio de informação se o mesmo não for obrigatório face à CDT ou à Directiva Comunitária.

sua legislação interna ou pela sua prática administrativa normal; e ainda quando o Estado requerente não possa obter nem transmitir informação equivalente à solicitada por razões de facto ou de direito[109].

Entre o preceito convencional e o comunitário existem apenas pequenas particularidades. A forma é diferente mas a substância a mesma, podendo dizer-se que também na Directiva as situações são taxativas, são fechadas no seu elenco. Há, todavia, que ter em conta que diferentemente do que acontecia na Convenção, em que os intercâmbios "não obrigatórios"[110] de informação são admitidos ainda sob a égide do artigo 26º, a posição é diversa nos intercâmbios de informação comunitários. Aqui, e como as Directivas têm que ser transpostas para o Direito interno através de normas nacionais que assegurem a prossecução dos resultados visados pela Directiva (princípio da autonomia institucional), então têm que ser essas normas de transposição de cada um dos Estados-Membros que estabelecem o fundamento dos intercâmbios facultativos assim como os meios para os levar a cabo.

Na nova Directiva 2011/16/UE, a disciplina, constante do artigo 17º nºs 2 a 4, embora similar, apresenta algumas paricularidades que adiante se analisarão.

Sem querer proceder a uma análise muito detalhada sobre a interpretação daquelas condições ou requisitos, matéria que extravasa já o âmbito deste trabalho, penso, mesmo assim, serem de realçar alguns aspectos, que acabam por ser fonte de problemas, gerando diferentes posições dos Estados e, em geral, reflexos negativos sobre o intercâmbio de informação.

Em primeiro lugar, e como se referiu, o pedido de informação não pode supor para o Estado requerido a necessidade de adopção de medidas adminis-

---

[109] Enquanto que as duas primeiras condições constam de duas alíneas separadas do nº 3 do artigo 26º da Convenção, num propósito que parece ser apenas o de reforço e clarificação, na Directiva 77/799/CEE, a reiteração também aparece mas dentro de um só preceito, o nº 1 do artigo 8º É o seguinte o teor do artigo 8º da Directiva 77/799/CEE, em matéria de limites à troca de informações:

1. A presente Directiva não impõe qualquer obrigação a um Estado-Membro a que tenham sido solicitadas informações no sentido de promover investigações ou transmitir informações, quando o facto de a autoridade competente desse Estado efectuar tais investigações ou recolher as informações pretendidas violar a sua legislação ou as suas práticas administrativas.

2. A transmissão de informações pode ser recusada quando conduza à divulgação de um segredo comercial, industrial ou profissional ou de um processo comercial, ou de uma informação cuja divulgação seja contrária à ordem pública.

3. A autoridade competente de um Estado-Membro pode recusar-se a transmitir informações quando o Estado-Membro que as solicita, não se encontre, por razões de facto ou de direito, em situação de fornecer o mesmo tipo de informações.

[110] Não obrigatórios no sentido de que existe fundamentação para poder ser recusado o fornecimento da informação requerida.

O INTERCÂMBIO DE INFORMAÇÃO TRIBUTÁRIA

trativas contrárias à sua legislação ou prática administrativa, com a Directiva 77/799/CEE a ser algo mais precisa do que o preceito convencional. Note-se, todavia, que a nova Directiva 2011/16/UE adopta uma posição algo diferente: primeiro elimina a referência às práticas administrativas remetendo apenas para a legislação; depois é bastante mais cerceante, limitando a recusa aos casos em que a realização dos procedimentos necessários à obtenção da informação solicitada pela Administração requerida (inquéritos ou recolha das informações), infrinja a legislação se fosse pretendida para os seus fins próprios[111].

Resulta dos preceitos analisados a importância da delimitação do que se deva entender por legislação, para estes efeitos[112], aceitando-se, comummente, que se trate do conjunto de normas que, de acordo com o Direito constitucional e administrativo, sejam de cumprimento obrigatório pelas autoridades do Estado requerido (excluindo-se pois as instruções meramente administrativas – circulares, informações ou resoluções – que não vinculem os órgãos e agentes das Administrações tributárias). O mesmo relativamente ao conceito de prática administrativa, a entender como o conjunto de regras e procedimentos que habitualmente ocorrem nas auditorias tributárias, e onde cabem as instruções administrativas acima excluídas do conceito de legislação e as medidas administrativas consideradas como indispensáveis para a obtenção da informação objecto de cada intercâmbio.

Neste contexto há que saber quando é que se podem qualificar os intercâmbios de informação de contrários à lei (*contra legem*) e/ou[113] à prática administrativa. A maioria das Convenções fala em "contrárias" pretendendo abranger apenas as situações em que a obtenção da informação solicitada contrarie frontalmente a legislação e a prática administrativa do Estado requerido. Outras Convenções contêm versões diferentes: em vez de "contrária" utilizam as expressões "não permitida" ou "não usual" (o que comporta, obviamente, um alcance assaz diferente), para já não falar daquelas outras versões em que os idiomas em que são assinadas contribuem fortemente para o aumento de frequência de interpretações diferenciadas.

---

[111] Artigo 17º nº 2: 2. A presente directiva não impõe qualquer obrigação ao Estado-Membro requerido de proceder a inquéritos ou de comunicar informações, se a realização de tais inquéritos ou a recolha das informações pretendidas para fins próprios infringir a sua legislação.

[112] Artigo 26º nº 3 a) da Convenção Modelo; artigo 8º nº 1 da Directiva 77/799/CEE e artigo 17º da Directiva 2011/16/UE.

[113] Na actual versão (com teor literal neste aspecto idêntico ao nº 2 alínea a) da versão de 2003) o artigo 26º nº 3 alínea a) refere "legislação e prática", enquanto que na alínea b) revela alguma não sintonia ao utilizar a disjuntiva ou e não e. A Directiva parece estar em maior consonância com o texto do Modelo de 1963 que utilizava "legislação ou prática".

O INTERCÂMBIO COMUNITÁRIO DE INFORMAÇÃO E O SEU REGIME JURÍDICO

Na alínea b) do nº 3 do mesmo artigo 26º da Convenção, utiliza-se o conceito de "prática administrativa normal". Por práticas administrativas devem, como se disse já, entender-se as habitualmente utilizadas em investigações de carácter fiscal. Resulta, todavia, difícil saber o que é uma prática administrativa normal e isso faz com que o conceito seja fortemente criticado por introduzir um grande grau de subjectivismo e discricionariedade, com a consequência de constituir um frequente argumento para facilitar a recusa de informações. E as consequências materializam-se em duas práticas: a dos países que com base numa reciprocidade fáctica vão também recusando informação até quase esvaziar de conteúdo o intercâmbio, e a daqueles que trocam a informação, desde que não contrária à lei, mesmo para além da sua prática normal de actuação. Sendo assim, muitos são os que defendem que o mais recomendável seria omitir na disposição convencional o adjectivo "normal", reformulando a disposição de forma a clarificar o seu alcance, tal como fez o legislador comunitário na Directiva 77/799/CEE[114]. A evolução revelada no teor da Directiva 2011/16/UE, foi a de eliminar a remissão para a prática administrativa, relevando agora apenas a infracção da legislação.

Em qualquer caso, engloba-se a informação que o Estado requerido tenha de obter, e bem assim aquela que não precise de obter porque simplesmente já a tem em seu poder. Quando, porém, se trate de informação já prescrita (quer quanto às obrigações tributárias das pessoas a que se refere a informação como no que respeite aos deveres fiscais dos sujeitos – fonte da informação), ela continua de fornecimento obrigatório sempre que tenha sido obtida e legalmente conservada de acordo com a legislação interna. Se, todavia, a informação tiver sido obtida por forma irregular, ou mesmo ilegalmente, então opera a limitação do artigo 26º nº 3 b) e o Estado requerido pode negar-se a fornecer a informação, alegando o facto de não a poder obter face à sua lei interna. Faculta-se pois às autoridades competentes do Estado requerido a recusa do intercâmbio de

---

[114] Na Directiva foi suprimido o adjectivo "normal". Há, contudo, que ter em conta o entendimento da jurisprudência comunitária, de que não constituem prática administrativa normal as actuações das Administrações que exijam um esforço desproporcionado em relação aos objectivos pretendidos, ou superior ao que seria utilizado para situações internas semelhantes. Reconhecendo embora que há uma grande margem de manobra para os Estados-Membros recusarem pedidos de informação, a Comissão Europeia apresentou, em 10 de Janeiro de 1989, uma proposta de modificação do artigo 8º da Directiva 77/799/CEE, com o objectivo de impedir que se criem a este título obstáculos ao intercâmbio de informação, não permitindo o controle fiscal dos fluxos de capital. A reacção do Luxemburgo, fortemente visado devido às suas práticas sobre segredo bancário, foi modificar a sua legislação interna elevando à categoria de norma o que antes era mera prática administrativa sobre segredo bancário.

179

O INTERCÂMBIO DE INFORMAÇÃO TRIBUTÁRIA

uma informação que esteja em seu poder quando os dados tiverem sido obtidos ou recolhidos de forma irregular ou quando se trate de dados que não possam ser utilizados para efeitos fiscais no Estado requerido.

Ainda dentro desta temática convém atender à limitação constante da alínea b) do artigo 26º do Modelo OCDE, segundo o qual o Estado requerido não é obrigado a fornecer a informação solicitada pelo Estado requerente quando "tais obrigações não possam ser obtidas com base na sua legislação ou no âmbito da sua prática administrativa", limite que parece, numa primeira análise não constar do preceito comunitário. A situação é diversa da anterior no sentido de que, naquele caso a informação poderia ser obtida mas a sua obtenção contraria a Lei e a pratica administrativa, enquanto que neste ela não pode de todo ser obtida, nomeadamente porque o Estado requerido não tem a faculdade de a obter com os meios humanos e materiais de que dispõe.A referência a "prática administrativa normal" no preceito da OCDE, podendo introduzir algum subjectivismo e discricionariedade, há-de ser aferida pela prática administrativa própria do Estado requerido, aquela que a Administração fiscal utiliza em casos internos similares[115].

E que dizer da última parte da alínea b) do nº 3 do artigo 26º da Convenção, e do nº 3 do artigo 8º da Directiva 77/799/CEE, isto é, dos casos em que o Estado requerente não pode obter nem fornecer informação equivalente à solicitada ao Estado requerido, por razões de facto ou de direito[116]? Com esta temática não se pretende concluir que as disposições jurídicas aplicáveis devam ser coincidentes em ambos os Estados, nem tão pouco que os meios técnicos e materiais com que conta o Estado requerido devam ter uma correspondência total no Estado requerente. O que se exige, no geral, é que o Estado requerente tenha menos possibilidades de obter os dados que está a solicitar, em casos análogos, sendo certo que qualquer tentativa de um nivelamento ou maior concretização da medida desta capacidade é quase impossível, atendendo às diferenças entre os vários países neste domínio (sobretudo entre os mais e os menos desenvolvidos), podendo cair-se num nível mínimo tão baixo que pura e simplesmente esvaziaria de conteúdo muitos dos objectivos visados pelo intercâmbio de informação[117]. Além de que é chamado aqui o princípio da reciprocidade, como melhor desenvolveremos.

---

[115] CALDERON CARRERO, J. M.: "El artículo 26 MC OCDE 2000: La clausula de intercambio de información", em Comentários a los Convénios para evitar la doble imposición y prevenir la evasión fiscal concluídos por España, Fundación Pedro Barrié de la Maza-Instituto de Estúdios Económicos de Galicia, A Coruña, cit., p. 1288.

[116] Designada por vezes por "mutuality clause".

[117] Ver nº 18 dos Comentários ao artigo 26º Convenção Modelo, versão de Julho de 2008.

O INTERCÂMBIO COMUNITÁRIO DE INFORMAÇÃO E O SEU REGIME JURÍDICO

Com a reciprocidade dizemos que não há obrigação de intercâmbio de informação quando o Estado requerente não esteja em condições de obter nem de fornecer a informação solicitada pelo Estado requerido: na cláusula convencional porque não a pode obter de acordo com a sua legislação interna ou prática administrativa normal ou porque a sua obtenção suporia actuar contrariamente à sua legislação ou prática administrativa; na cláusula comunitária porque o Estado requerente não se encontra, por razões de facto ou de direito, em situação de fornecer o mesmo tipo de informação.

As considerações acima evidenciam que aquilo de que se trata, a final, é de evitar que a parte requerente elida as limitações da sua legislação interna e solicite informação à outra parte, usando para o efeito poderes mais latos que aqueles que lhe são concedidos pela sua própria legislação. Daí que a doutrina aceite que uma parte, ao obter a informação para a outra parte, apenas estaria obrigada a obter e proporcionar essa informação se a parte requerente pudesse obtê-la e fornecâ-la em circunstâncias similares ao abrigo da sua própria legislação no processo tributário normal[118].

Claro que se pode desdobrar a reciprocidade em reciprocidade jurídica e reciprocidade fáctica, distinção que aparece feita pela própria OCDE[119], e que contrapõe a situação em que o Estado requerente, para fornecer informação em circunstâncias análogas teria que adoptar medidas contrárias à sua legislação ou pratica administrativa (reciprocidade jurídica), àquela em que o mesmo Estado (o requerente) não pode obter nem fornecer a informação solicitada de acordo com a sua legislação ou prática administrativa normal. Todavia, utiliza-se mais a reciprocidade fáctica para atender ao fluxo real de informação que se produziu – ou não – seja qual for o motivo, atendendo pois ao efectivo balanço dos intercâmbios realizados entre os Estados.

Não pode esquecer-se que estamos ainda dentro daquilo que definimos como mínimo comum, num procedimento administrativo que se desenrola entre as Administrações fiscais dos Estados, com papel principal para a do Estado requerido. Ora, não existindo o mínimo comum ou não há intercâmbio de informação ou ele é meramente discricionário, facultativo[120], pelo que a verificação de todas as condições é relevante, constituindo garantia de legalidade da actuação administrativa e, simultaneamente garantia para os obri-

---

[118] SACCHETTO, C.: "La colaboración internacional en matéria tributaria", em <u>Boletín de Fiscalidad internacional</u>, nº 15, 1998, para quem o princípio de reciprocidade previne o fluxo unidireccional de informação e evita que um Estado supere as limitações da sua própria legislação.

[119] *Tax Information between OECD member countries. A survey of current practices*, Paris, 1994, p. 26.

[120] Não sem referir os países que excluem estes intercâmbios facultativos: a Lei interna proíbe-os se não forem obrigatórios de acordo com a Convenção ou com o Direito Comunitário.

O INTERCÂMBIO DE INFORMAÇÃO TRIBUTÁRIA

gados tributários afectados. Não obstante, e face à possibilidade de ocorrência de dificuldades assinaláveis como as que decorrem de uma aplicação muito rigorosa do princípio da reciprocidade, parece que a melhor posição será a intermédia, limitando-se o Estado requerido a solicitar ao requerente informação sobre se pode ou não obter a informação solicitada através do intercâmbio de informação, assim permitindo à Administração fiscal requerida ter uma base, em princípio fiável, para qualificar o intercâmbio como obrigatório ou facultativo[121].

Realce merece a propósito desta temática a posição adoptada pelo Conselho na nova Directiva 2011/16/UE. Foram desvalorizadas as razões de facto que podem determinar que o Estado requerente não se encontre em situação de fornecer o mesmo tipo de informações, passando a relevar apenas as razões de Direito. É o que resulta do teor do seu artigo 17º nº 3:

> 3. A autoridade competente de um Estado-Membro requerido pode escusar-se a prestar informações sempre que, por razões legais, o Estado-Membro requerente não esteja em condições de prestar informações análogas.

Mais uma vez se destaca que todas estas questões se põem sobretudo nos intercâmbios a pedido. Nos espontâneos, o intercâmbio faz-se sem contacto prévio algum entre as autoridades competentes dos Estados, e o que mais interessa é que exista um certo equilíbrio no fluxo de informação trocada, não do ponto de vista quantitativo mas sim de boa-fé no entendimento e cooperação. O mesmo se diga quanto aos automáticos, em que o normal é que as Administrações fiscais se ponham, em fase anterior, de acordo na planificação do conteúdo, forma e frequência dos intercâmbios de informação, concretizando-se os mesmos em função de um plano prévio acordado e pré-estabelecido com base na Convenção ou na Directiva comunitária, daí resultando que quaisquer problemas que possam surgir aparecem e são solucionados logo na fase da elaboração daquele plano.

Uma outra limitação ao intercâmbio de informação é a relativa ao sigilo do conteúdo da informação.

As cláusulas constantes da alínea c) do artigo 26º nº 3 da Convenção Modelo, do artigo 8º nº 2 da Directiva 77/799/CEE, e do artigo 17º nº 4 da Directiva

---

[121] Alguns Estados aplicam uma interpretação mais flexível, considerando que a mera assinatura de uma Convenção permite considerar aferido o requisito da reciprocidade em sede de assistência mútua no que se refere à obtenção de informação, enquanto que outros exigem e procedem à investigação se o Direito e a prática administrativa do Estado solicitante da informação permitiriam ou não obter e fornecer a informação tributária face a um pedido do Estado requerido.

2011/16/UE, cuja primeira parte é relativa aos *"segredos comerciais, industriais ou profissionais"*, pretendem basicamente proteger os interesses dos obrigados tributários afectados, salvaguardando a sua capacidade de gerar lucros[122] num mundo económico de grande concorrência, embora também lhe seja apontado o objectivo de evitar casos de espionagem industrial entre Estados[123]. Garante-se assim que estes segredos, comunicados pelos obrigados tributários à Administração Fiscal no cumprimento dos seus deveres tributários, não vão ser utilizados para outros fins que não os estritamente fiscais, nem vão ser revelados a pessoas diferentes das encarregadas da gestão tributária. O que é importante realçar é que qualquer Estado que solicite ao outro informações que possam envolver segredos empresariais de um obrigado tributário deve fundamentar, com detalhe, o pedido, evidenciando que se cumprem cada um dos pressupostos previstos na Convenção ou na Directiva com especial relevo quando se invoque a sua necessidade para a correcta aplicação da Convenção e/ou da legislação fiscal interna.

Questão inicial é a de conceituar o segredo empresarial, tendo em conta que o conceito pode não ser o mesmo em todos os Estados, e que subjazem à definição de segredo empresarial provas e normas do Estado requerido que não têm que coincidir necessariamente com as do Estado requerente. E a verdade é que nem a Convenção Modelo nem a Directiva comunitária definem o que se deve entender por segredos comerciais, industriais ou empresariais, pelo que talvez valha a pena, numa tentativa de limitação da discricionariedade eventualmente resultante dessa ausência, atender às interpretações a propósito efectuadas pelo Comité de Assuntos Fiscais da OCDE.

Teoricamente, as possibilidades de delimitação são duas: ou fazer a definição segundo a legislação interna do Estado que recebe o pedido de informação ou estabelecer uma definição convencional uniforme e autónoma. Usar a primeira solução apresenta vários inconvenientes quer porque em muitos casos a legislação interna não procede a essa definição ou usa uma terminologia diferente, quer porque basear uma definição conceptual a partir dos Direitos nacionais redundaria numa protecção diferente em cada Estado, pondo em questão o princípio da reciprocidade próprio do procedimento do intercâmbio de informação. A solução preferível parece pois a de uma delimitação conceptual autónoma. Não sendo expressamente feita, vale a pena ver o teor dos comentários ao artigo 26º nº 3, que admite haver segredo empresarial ou comercial quando "os factos ou circunstâncias que se mantêm confidenciais possuem um valor económico considerável e podem ser explorados na prática, de forma que um

---

[122] *"Profit earning capacity"*.

[123] VOGEL, K.: <u>Double Taxation Conventions</u>, Kluwer, 1997, p. 1442, e CALDERON CARRERO, J. M.: <u>Intercâmbio de informação y fraude fiscal internacional</u>, ob. cit., p. 194.

O INTERCÂMBIO DE INFORMAÇÃO TRIBUTÁRIA

uso não autorizado poderia causar um prejuízo grave ao afectado"[124], tendo a OCDE o cuidado de precisar que nem a liquidação nem a cobrança podem considerar-se prejuízo grave, nem tão pouco a informação contabilística, incluindo livros e documentos mereceria a qualificação de sigilosa (excepto em situações muito especiais – v.g. determinados documentos de compra quando a respectiva divulgação revele a fórmula secreta de um produto).

Questão conexa é a saber quem deve determinar, num caso concreto, se existe ou não um segredo empresarial? A Administração fiscal ou o contribuinte? Pese embora a existência de diversas posições a este respeito, parece razoável opinar a favor da intervenção do contribuinte, por ser este que melhor conhece o funcionamento da sua empresa e o sector de actividade económica em que a mesma se integra, tendo todavia em mente alguma restrição quanto à forma como tal intervenção deve operar para que através dela não se chegue ao bloqueio do intercâmbio de informação.

O Comité dos Assuntos Fiscais da OCDE apenas aconselha a recusa com base nesta cláusula quando exista risco de revelação ou divulgação a terceiros – concorrentes no Estado requerido, devendo este, antes de recusar, pôr-se em contacto com o Estado requerente no sentido de acordarem como vai ser utilizada a informação e que medidas de protecção vai ele adoptar, em conformidade com o seu Direito interno, para proteger esses segredos[125]. Existem, todavia, posições mais restritivas defendendo que a envolvência de segredos verifica, só por si, a legitimidade para a recusa da informação[126].

Em definitivo, a posição mais defensável será a que tenha em conta dois aspectos:

– Por um lado, não esqueça a importância de alguns dos dados aqui incluídos para efeitos da efectivação de determinados controlos, conforme se referiu no capítulo II, e que consubstanciam grandes e sofisticadas práticas de fraude e evasão fiscal (v.g. preços de transferência e ajustamentos correlativos ou bilaterais na sequência de correcções por preços de transferência; regras de distribuição de competência das Convenções);

---

[124] Parágrafo 19.2 dos comentários ao artigo 26º nº 3 da Convenção Modelo da OCDE.

[125] Esta posição do Comité dofs Assuntos Fiscais não tem apoio no texto da Convenção (nem também da Directiva comunitária). Ela seria, certamente, muito útil, mas de aplicação prática demasiado complexa devido, sobretudo, ao facto de não ser homogénea a legislação nos vários Estados, de não haver entre eles uniformidade quanto ao conceito de segredo e quanto ao seu uso exclusivo para fins fiscais pela Administração Tributária, de serem diferentes as protecções concedidas aos dados obtidos pela Administração Fiscal nos vários Estados e de serem diferentes as linguagens das várias Convenções.

[126] Posição sistemática, ao que se julga, da Suíça.

O INTERCÂMBIO COMUNITÁRIO DE INFORMAÇÃO E O SEU REGIME JURÍDICO

– Aceite, por outro, que o Estado requerido recuse a informação quando existam precedentes de revelações indevidas de dados (que constituam segredos empresariais) por parte da Administração fiscal do Estado requerente, quando neste Estado (requerente) existam empresas públicas que operem e sejam concorrentes das que no outro forneceram ou devam fornecer os dados confidenciais; quando seja provável que tais dados venham a ser revelados em audiências públicas de Tribunais ou ainda quando os dados possam vir a ser revelados a um contribuinte que esteja a ser inspeccionado, no Estado requerente, podendo ele encontrar-se em posição de possível concorrência e como tal aproveitar o "segredo" para si próprio ou então revelá-lo a outrem (certo que é que sobre ele não impende o dever de sigilo).

Os Estados Unidos e a Alemanha vêm defendendo a celebração de acordos informais de confidencialidade (*confidentiality agreements*[127]), prévios, que salvaguardem a capacidade competitiva dos seus obrigados fiscais, mas esse procedimento não recolhe a adesão da maioria dos países, os quais entendem serem suficientes as garantias dadas pela Convenção e pela Directiva comunitária[128].

---

[127] Trata-se de Acordos escritos disciplinando a divulgação da informação comercial ou industrial apenas para finalidades específicas e bem delimitadas. É o caso por exemplo do Acordo de Troca de Informação entre os Estados Unidos da América e o Governo do Principado do Liechtenstein, cujo artigo 8º regula a confidencialidade nos seguintes termos: "Qualquer informação recebida pela parte requerente neste Acordo será tratada como confidencial e poderá apenas ser divulgada a pessoas ou autoridades (incluindo tribunais e entidades administrativas) da jurisdição da entidade requerente e em ligação com a sujeição, liquidação, cobrança ou recursos dos impostos abrangidos pelo Acordo e apenas na medida do necessário para que tais pessoas ou entidades realizem as suas próprias funções. Tais pessoas apenas devem usar a informação para tais efeitos, podendo divulgá-la em procedimentos ou decisões judiciais. Não pode a informação ser divulgada a outra pessoa, entidade ou autoridade, nem usada para qualquer outro fim que não os previstos no artigo 1º, excepto quando a entidade requerida forneça consentimento escrito que a informação pode também ser usada para outros fins permitidos por Tratado existente sobre Assistência Legislativa Mútua em Matérias Criminais entre as partes (com identificação da data de assinatura do mesmo) que permita a troca de certa informação de carácter fiscal. Em nenhum outro caso pode a informação fornecida ao abrigo deste Acordo ser divulgada a outro país sem o consentimento expresso e escrito da autoridade competente da parte requerida. A informação recebida pela parte requerida em articulação com um pedido de assistência ao abrigo deste Acordo será igualmente tratada como confidencial na parte requerida". O Acordo não contém, todavia, sanções para o incumprimento, limitando-se a estabelecer que as partes o podem denunciar, mas em tal caso a informação que foi obtida com base nele manter-se-á como confidencial e que toda e qualquer dificuldade na aplicação do Acordo será resolvida com utilização dos mecanismos do Procedimento Amigável, ou seja através de diálogo entre as partes envolvidas.

[128] Numa Comunicação de 24 de Novembro de 1984, a Comissão Europeia propôs a supressão do nº 2 do artigo 8º da Directiva 77/799/CEE, com o fim de eliminar o poder discricionário que pos-

O INTERCÂMBIO DE INFORMAÇÃO TRIBUTÁRIA

Quanto aos segredos profissionais não podem restar dúvidas de que estão abrangidos nos empresariais (comerciais e/ou industriais). Não sendo de fácil definição a delimitação do que seja um segredo profissional, vem-se entendendo que ele cobre o conteúdo material das relações entre os profissionais e os seus clientes, correspondendo ao empresarial na óptica do exercício de determinadas profissões. Ou seja, abranger-se-iam aqui as informações comunicadas por um cliente a um profissional que tenham valor económico para terceiros (v.g. confidencialidade entre cliente e advogado ou representante legal). No geral, a interpretação do que haja de qualificar-se como segredo profissional apela a todos os aspectos já referidos a propósito dos segredos empresariais, e a protecção assegurada deve ser garantida mas sempre de forma a que não impeça o intercâmbio de informação[129].

A única especificidade é saber se nele está ou não incluído o segredo bancário. A posição dominante é a de que os dados cobertos pelo segredo bancário não podem incluir-se nestas limitações do artigo 26º nº 3 c), uma vez que é diferente o fundamento subjacente ao instituto do sigilo bancário (corporizado pela protecção da intimidade pessoal e económica dos particulares), matéria a que voltaremos mais adiante. O normativo convencional constante do actual nº 5 (e que tal como se encontra redigido prevalece sobre o nº 3) reflecte, como se refere no comentário 19.10 *"a tendência internacional neste domínio, tal como decorre do Modelo de Acordo sobre Troca de Informação em Matéria fiscal e tal como é descrita no relatório intitulado Improving Access to Bank Information for Tax Purposes"*. Ou seja, um Estado não pode recusar o fornecimento de dados cobertos pelo segredo bancário[130] invocando a cláusula de salvaguarda de segredos empresariais e profissionais do artigo 26º nº 3 alínea c) da Convenção Modelo da OCDE ou do artigo 8º nº 2 da Directiva 77/799/CEE ou do artigo 17º nº 4 da Directiva 2011/16/UE, restando à Administração fiscal do Estado requerido invocar que os dados não podem ser obtidos com recurso à sua legislação e prática administrativa. Da mesma forma, este entendimento reforça as obrigações de informação dos Estados face ao poder dos bancos ou outras instituições financeiras,

---

suem as autoridades competentes dos Estados-Membros para recusar todo o intercâmbio de informação que afecte segredos empresariais. Tal motivou, contudo, forte oposição com o argumento de que a sua execução exigiria reformas legislativas internas de certa importância e contribuiria, *ipso facto*, para endurecer a posição das Administrações fiscais quanto ao intercâmbio de informação, restringindo-o em vez de o incrementar.

[129] Parágrafos 19.3 e 19.4 dos comentários ao artigo 26º nº 3 da Convenção Modelo da OCDE.

[130] O acesso a informações detidas por bancos ou outras instituições financeiras pode ser feito por via directa ou por via indirecta através de processo judicial ou administrativo, dizendo-se, nos mesmos comentários, que neste último caso o acesso não deve ser demasiado oneroso nem demasiado longo para não constituir um obstáculo ao acesso às informações bancárias.

conhecida entre os especialistas por *anti-blocking statues clause*[131]. De assinalar, contudo, que alguns Estados fizeram reserva ao nº 5 do artigo 26º da Convenção Modelo da OCDE, relativamente ao direito de incluir esta disposição nas suas Convenções[132]. Como quer que seja trata-se sempre de um obstáculo ao intercâmbio de informação. Se por um lado se lhe reconhece um papel legítimo em relação à protecção das actividades financeiras, por outro assinala-se também que a sua invocação pode ser um pretexto que possibilite aos contribuintes ocultarem actividades ilegais ou escaparem ao cumprimento das suas obrigações fiscais, sendo pois de grande importância permitir o acesso à informação bancária, seja de modo directo seja indirectamente através de procedimentos judiciais ou administrativos[133].

Como já se mencionou, assim o entenderam as autoridades europeias, que na nova Directiva 2011/16/UE, não só disciplinaram em disposição específica a disciplina relativa ao habitualmente designado por segredo bancário (o artigo 18º), como afastaram a possibilidade de um qualquer Estado-Membro recusar a transmissão de informações pelo facto de as mesmas estarem na posse de uma instituição bancária, de outra instituição financeira, de uma pessoa designada ou que actue na qualidade de agente ou de fiduciário, ou ainda pelo facto de as informações estarem relacionadas com uma participação no capital[134], com a ressalva de que a possibilidade de recusa se mantém se se tratar de informações que digam respeito a períodos de tributação anteriores a 1 de Janeiro de 2011 e se a transmissão das mesmas pudesse ter sido recusada com base no artigo 8º nº 1 da Directiva 77/799/CEE caso houvesse sido solicitada antes de 11 de Março de 2011[135].

A última parte da alínea c) do nº 3 do artigo 26º da Convenção Modelo e também o nº 2 do artigo 8º nº 2 da Directiva 77/799/CEE e do artigo 17º nº 4 da Directiva 2011/16/UE – informação cuja comunicação seja contrária à ordem pública –, revela ainda um limite ao intercâmbio de informação. Trata-se, em

---

[131] CALDERON CARRERO, J. M.: "El artículo 26 MC OCDE 2000: La clausula de intercambio de información", ob. cit., p. 1224.

[132] Trata-se da Bélgica, Luxemburgo, Áustria e Suíça.

[133] A relevância da permissão do acesso à informação bancária foi realçada pela OCDE no Relatório *Improving Acess to bank information for tax purposes*, OECD, 2000; *Improving Acess to bank information for tax purposes: The 2003 Progress Report*, OECD, 2003 e *Improving Acess to bank information for tax purposes: The 2007 Progress Report*, OECD, 2007.

[134] Artigo 18º nº 2: O disposto nos nºs 2 e 4 do artigo 17º não pode, em caso algum, ser entendido como autorizando a autoridade requerida de um Estado-Membro a escusar-se a prestar informações apenas pelo facto de essas informações estarem na posse de uma instituição bancária, de outra instituição financeira, de uma pessoa designada ou actuando na qualidade de agente ou de fiduciário ou pelo facto de estarem relacionadas com uma participação no capital de uma pessoa.

[135] Artigo 18º nº 3 da Directiva 2011/16/UE.

O INTERCÂMBIO DE INFORMAÇÃO TRIBUTÁRIA

todo o caso, de cláusulas imprecisas, vagas e de tal amplitude que prejudicam a sua aplicação. É difícil saber o que é a ordem pública e quando é que se actua contra a ordem pública. Em resultado, as autoridades competentes têm neste âmbito muita margem de manobra para recusar qualquer pedido de informação. Acabam por ser abrangidas aqui uma pluralidade de situações que muitas vezes confundem esta cláusula de ordem pública com os interesses vitais do Estado[136]. Uns defendem que assim é quando estejam em causa os princípios jurídicos substantivos ou interesses essenciais do Estado requerido (aqui incluindo a soberania fiscal, a segurança do Estado ou os interesses económicos essenciais do próprio Estado ou dos cidadãos). Outros inclinam-se para incluir aqui os princípios jurídicos do Estado, considerando justificada a recusa do fornecimento da informação quando ela suponha uma discrepância intolerável com a concepção e os princípios de justiça ou de proporcionalidade. Relevante é ainda a posição daqueles outros que sobre tudo isto realçam os casos em que o uso da informação seja contrária aos direitos humanos motivada por algum tipo de perseguição política ou perseguição de qualquer outro tipo, sendo a invocação da cláusula de ordem pública justificação da recusa da informação. E do mesmo modo, justificando também a invocação da cláusula e a recusa da informação, as situações em que seja posta em perigo a vida de uma pessoa ou sejam impostas sanções desproporcionadas.

De referir ainda a existência de especialistas que defendem uma aplicação mais restrita e mais precisa, limitando a cláusula aos casos em que existam segredos de Estado ou informação estratégica que possa afectar a segurança nacional (pelo facto de se tratar de informação em poder dos respectivos serviços secretos e cuja revelação prejudicaria os interesses vitais do Estado requerido).

Embora nem sequer esteja presente em muitas das Convenções bilateralmente assinadas, o interesse desta cláusula pode residir no seu carácter residual ou seja, ela é passível de ser utilizada quando, tendo-se superado os limites expressamente previstos (quer na Directiva quer na Convenção), se entenda dever recusar o fornecimento dos dados porque contrário a princípios jurídicos substantivos ou a interesses relevantes do Estado requerido. Invocação propriamente dita da ordem pública tem a doutrina opinado que inclua o princípio de soberania fiscal, a segurança ou interesses económicos essenciais do próprio Estado ou dos seus cidadãos, e bem assim tudo o que prejudique os princípios jurídicos substantivos do Estado[137].

---

[136] CALDERON CARRERO, J. M.: Intercâmbio de información y fraude fiscal internacional, ob. cit., p. 221.
[137] Assim entendem a Suíça e a França. A Áustria adoptou uma posição global incluindo na noção de ordem pública os interesses essenciais do Estado (soberania e segurança nacional) e os valores fundamentais do ordenamento jurídico.

O INTERCÂMBIO COMUNITÁRIO DE INFORMAÇÃO E O SEU REGIME JURÍDICO

Certo é que, não existindo mecanismos de controlo, o limite da utilização acaba por redundar mais uma vez na reciprocidade fáctica: se um Estado invocar regularmente esta cláusula para recusar informação, o mais normal será que o outro se comporte de igual forma e se recuse, também, a prestar assistência administrativa através do intercâmbio de informação.

Finalmente, devem referir-se aqueles que consideram como limitação ao intercâmbio de informação o valor dos custos ou encargos conexos com o procedimento, sendo certo que a questão dos custos económicos gerados pelo intercâmbio de informação pode materializar-se numa limitação à respectiva operacionalidade. Sem que, quer a Directiva comunitária quer a Convenção Modelo da OCDE, digam expressamente nada a este respeito, a verdade é que o Acordo Modelo para a Troca de Informação da OCDE trata do assunto, estabelecendo, como regra, que a autonomia das partes seja o critério que presida à distribuição entre elas dos encargos gerados[138]. Contudo, é normal – artigo 26º da Convenção sobre assistência mútua em matérias fiscais do Conselho da Europa e da OCDE, e artigo 8º do Modelo de Acordo sobre Troca de Informação tributária do CIAT – distinguir entre custos ordinários (ou normais) e custos extraordinários, os primeiros a serem assumidos pelo Estado requerido, enquanto os segundos correriam a cargo do Estado requerente, estabelecidos previamente os critérios para a distinção entre uns e outros.

Uma última limitação, e que em grande parte (embora não totalmente), está incluída na anterior é a relativa à questão linguística, o mesmo é dizer qual a língua que há-de gerir o procedimento de intercâmbio de informação. Obviamente que cabe às partes definir a língua de trabalho, mas na ausência de uma língua comum e perante o silêncio, quer da Directiva quer da Convenção Modelo, conviria acordar numa língua que, utilizada em geral, permita diminuir os custos de tradução associados e permita também a familiarização com a mesma dos agentes envolvidos das duas Administrações fiscais.

Fruto deste conjunto de limitações ao dever de colaboração das autoridades fiscais requeridas que o artigo 8º da Directiva 77/799/CEE estabelece, cedo se levantou a questão de saber como articular a não obtenção (em decorrência daquelas limitações) de elementos essenciais para a avaliação da situação fiscal do contribuinte pelo Estado requerente, *maxime* quando esse contribuinte invoca um tratamento fiscal que deles dependa (em especial a concessão de benefícios fiscais que suponham a verificação de requisitos dependentes de supervisão e controlo fiscais), i.e., se a decorrente falta de eficácia da supervisão ou de controlo, fiscais, motivada pelo não fornecimento da informação por parte do

---

[138] Artigo 9º do Modelo de Acordo para a Troca de Informação em Matéria Tributária, OCDE, Paris, 2002.

O INTERCÂMBIO DE INFORMAÇÃO TRIBUTÁRIA

Estado requerido podem ou não constituir justificação para que um Estado-Membro recuse a concessão de específicos benefícios fiscais a um contribuinte.

Mais uma vez os acórdãos *Bachmann*[139] e *Comissão/Bélgica*[140], onde o TJUE opina pela não-aceitação de tal justificação com o argumento de que nada impede os Estados-Membros de solicitar a informação directamente ao contribuinte, caso o Estado-Membro requerido não forneça a informação. Reconhecendo que o artigo 8º nº 1 da Directiva permite, em determinadas situações, às autoridades fiscais de um Estado-Membro não colaborar em pedidos de informação que lhes tenham sido feitos pelas suas congéneres de outro Estado-Membro, o TJUE pronuncia-se no sentido de que a impossibilidade de obter a colaboração do Estado-Membro requerido não pode justificar, só por si, a recusa da concessão de um benefício fiscal ao contribuinte. E porquê? Qual o fundamento que utiliza o TJUE para assim decidir? Simplesmente o de que, em tal situação, nada impede as autoridades fiscais de exigirem ao contribuinte as provas que considerem necessárias, apenas devendo negar o benefício se as mesmas não forem produzidas e apresentadas na forma em que a Lei nacional o exige.

Trata-se de uma doutrina jurisprudencial que o Tribunal Europeu tem vindo a manter sem alterações significativas, tendo sido utilizada em treze casos desde 28 de Janeiro de 1992 até 27 de Maio de 2009, com destaque para os conhecidos casos *Futura*[141], *Danner*[142] e *Papillon*[143], sendo certo que ao longo do tempo que medeia entre aquelas datas, o TJUE adaptou e generalizou o seu conteúdo para a poder aplicar a outros benefícios fiscais que não apenas a dedutibilidade de prémios ou contribuições de seguros, como era o caso nos Processos *Bachmann* e *Comissão/Bélgica*.

No caso *Futura*[144], o TJUE, depois de relembrar[145] a faculdade concedida às autoridades competentes de um Estado-Membro de pedirem às autoridades

[139] Processo C-204/90, *Bachmann* de 28 de Janeiro de 1992.
[140] Processo 192/79, *Comissão/Bélgica*, de 6 de Maio de 1980.
[141] Processo C-250/95, *Futura*, de 15 de Maio de 1997.
[142] Processo C-136/00, *Danner* de 3 de Outubro de 2002.
[143] Processo C-418/07, *Papillon*, de 27 de Novembro de 2008.
[144] Estava em causa a compatibilidade com o artigo 52º do Tratado CE (liberdade de estabelecimento e liberdade de circulação de pessoas) de uma norma luxemburguesa que fazia depender a dedução e reporte de perdas suportadas por um contribuinte não residente de duas condições: a primeira, que as perdas apresentassem um nexo de natureza económica com os rendimentos obtidos no Luxemburgo e a segunda, que o contribuinte possuísse, relativamente ao período cujas bases tributáveis negativas se queriam compensar, uma contabilidade organizada de acordo com a legislação luxemburguesa. *Futura* é uma sociedade com sede em Paris, e uma sucursal luxemburguesa, a *Singer*. Não dispondo de uma contabilidade organizada de acordo com a Lei luxembur-

190

O INTERCÂMBIO COMUNITÁRIO DE INFORMAÇÃO E O SEU REGIME JURÍDICO

competentes de outro Estado-Membro que lhe forneçam, ao abrigo da Directiva 77/799, as informações de que necessitam para, aplicando a sua legislação, determinarem o montante correcto do Imposto sobre o rendimento devido por um contribuinte com residência noutro Estado-Membro, vem a entender que o benefício do reporte das perdas não deve ser negado, sob pena de violação do artigo 52º do Tratado, sem que ao contribuinte não residente seja dada a faculdade de provar que as perdas, apuradas segundo a lei nacional, foram efectivamente sofridas[146].

A mesma conclusão no parágrafo 49[147], relativo ao caso *Danner*, que trata ainda de deduções aos rendimentos relativas a seguros, não de carácter faculta-

---

guesa, a *Singer* determinou o seu rendimento tributável com base numa repartição do rendimento global da sociedade *Futura*, e, para além disso, na declaração de imposto para o exercício em causa, solicitou à Administração fiscal luxemburguesa que considerasse imputável ao seu rendimento desse ano, determinadas perdas, suportadas em anos anteriores, perdas estas também "apuradas" (por falta daquela contabilidade), com base numa repartição do conjunto das perdas suportadas pela sociedade *Futura* durante o referido período. CAAMAÑO ANIDO e CALDERON CARRERO entendem que o requisito de possuir uma contabilidade conforme ao Direito luxemburguês introduz uma discriminação entre sujeitos residentes e não residentes, inclusive autorizaria a exercer controles adicionais sobre os não residentes. Esta situação poderia significar que o Governo luxemburguês estabelecesse requisitos adicionais sobre os não residentes que quisessem compensar perdas, CAAMAÑO ANIDO, M. A. e CALDERON CARRERO, J. M.: "La Contabilidad, el establecimiento permanente y el Derecho comunitario: el Caso Futura Participations", Quincena Fiscal, número 18, Octubre 1998, pp. 11-15.

[145] Parágrafo 41 da Sentença.

[146] É o parágrafo 43 do Acórdão "À luz do exposto, cabe responder à questão colocada declarando que o artigo 52º do Tratado não se opõe a que um Estado-Membro faça depender o transporte de perdas anteriores, solicitado por um contribuinte que tem uma sucursal no seu território sem aí ter estabelecido a sua residência, da condição de as perdas estarem em relação económica com os rendimentos obtidos pelo contribuinte nesse Estado, desde que os contribuintes residentes não sejam objecto de um tratamento mais favorável. Em contrapartida, opõe-se a que esse transporte de perdas dependa da condição de, durante o exercício em que as perdas se verificaram, o contribuinte tenha mantido e conservado, nesse Estado, uma contabilidade relativa às actividades que aí exerceu, em conformidade com as regras nacionais na matéria. Todavia, o Estado-Membro em causa pode exigir que o contribuinte não residente demonstre, de forma clara e precisa, que o montante das perdas, que alega ter sofrido, corresponde, de acordo com as regras nacionais relativas ao cálculo dos rendimentos e das perdas aplicáveis durante o exercício em causa, ao montante das perdas verdadeiramente suportadas pelo contribuinte nesse Estado."

[147] 49. "Há que recordar, antes de mais, que um Estado-Membro pode invocar a Directiva 77/799 para obter, das autoridades competentes de outro Estado-Membro, todas as informações susceptíveis de lhe permitir determinar o montante correcto do imposto sobre o rendimento (v. Processo C-55/98, *Vestergaard*, de 28 de Outubro de 1999) ou todas as informações que entender necessárias para apreciar o montante exacto do imposto sobre o rendimento devido por um sujeito passivo em função da legislação que aplica."

O INTERCÂMBIO DE INFORMAÇÃO TRIBUTÁRIA

tivo, como tinha sido apreciado no Acórdão *Bachmann*, mas obrigatoriamente constituídos por força da legislação existente no Estado do emprego.

No caso *Geurts and Vogten*[148], encontra-se a mesma posição de que a que a eficácia da supervisão fiscal não é justificação para categoricamente recusar a concessão de benefícios fiscais, face à possibilidade que têm as autoridades fiscais de solicitar aos contribuintes que forneçam as provas que considerem de verificação total indispensável para que se mostrem reunidos os critérios de que depende a concessão dos benefícios (para isso possuindo total e absoluta competência de apreciação e decisão)[149].

A doutrina mantém-se no recente caso *Persche*[150] já analisado, onde se decide que a legislação alemã viola o artigo 56º do Tratado CE por restringir o benefício da dedução fiscal a donativos feitos a instituições reconhecidas como de utilidade pública apenas aos que tenham como beneficiários instituições com sede no território nacional alemão. No caso, e porque o Estado-Membro da sede da instituição beneficiária dispõe de um sistema de benefícios fiscais destinados a apoiar as actividades das instituições reconhecidas como de utilidade pública, em princípio, bastaria, diz o TJUE (parágrafo 68), ao Estado-Membro do doador que o outro Estado-Membro o informasse, ao abrigo da Directiva 77/799, acerca do objecto e das modalidades de controlo a que estão sujeitas essas instituições para que as autoridades fiscais do Estado-Membro de tributação pudessem identificar, de forma suficientemente precisa, as informações complementares de que necessitam a fim de verificarem se a instituição beneficiária preenche ou

---

[148] Processo C-464/05, *Geurts and Vogten* de 25 de Outubro de 2007.

[149] Neste caso, discutia-se uma isenção em sede do Imposto sobre Sucessões. O Sr. *Joseph Vogten*, residente há três anos na Região flamenga da Bélgica, falece, deixando como herdeiros esposa e filho. O regime do casamento era de comunhão geral de bens, incluindo-se no património comum, entre outras coisas, 100% das participações numa sociedade (*Jos Vogten Beheer B.V*), a qual por sua vez possuía 100% das participações noutra sociedade (*Vogten Staal B.V*), e vários créditos sobre estas duas sociedades, ambas com sede social na Holanda, e cada uma delas empregando mais de cinco trabalhadores, durante um período de mais de três anos, ininterruptos, imediatamente antes do falecimento de *Joseph Vogten*. A legislação belga relativa ao Imposto sobre Sucessões estabelecia, à data do falecimento de *Joseph Vogten*, uma isenção do valor líquido das "participações numa sociedade familiar ou dos créditos sobre uma sociedade deste tipo, sempre que pelo menos 50% da empresa ou das participações na sociedade tenham pertencido ao *de cujus* e/ou ao seu cônjuge ininterruptamente durante os três anos anteriores ao falecimento e os respectivos valores tenham sido espontaneamente incluídos na declaração do Imposto sobre as Sociedades", isenção de que os herdeiros do Sr. *J. Vogten* entendiam poder beneficiar. Diferente o entendimento da Administração fiscal belga que não considerou verificada a exigência de que a empresa empregasse os cinco trabalhadores, durante os três anos anteriores ao falecimento, na região flamenga, como era legalmente exigível. Esta observação volta a ser repetida no Processo C-360/06, *Bauer*, de 2 de Outubro de 2008.

[150] Processo C-318/07, *Persche*, de 27 de Janeiro de 2009.

192

não as condições fixadas pela legislação nacional para a concessão de benefícios fiscais. E, se neste contexto se revelar difícil a verificação dos elementos fornecidos pelo contribuinte, designadamente em razão dos limites da troca de informações previstos no artigo 8º daquela Directiva, nada impede as autoridades fiscais em causa de recusarem a isenção pedida se considerarem que as provas necessárias para o correcto estabelecimento do imposto não foram produzidas.

Ou seja, fica claro na jurisprudência do Tribunal de Justiça que os Estados-Membros têm que ter um papel activo na recolha da informação de que precisam para apreciar os critérios que a sua legislação exige para aferição do direito a um determinado tratamento fiscal (v.g. a concessão de um benefício ou vantagem fiscal), quer solicitando a mesma aos outros Estados-Membros quer recolhendo-a do contribuinte (em resultado da respectiva exigência ou da mera aceitação da que ele espontaneamente produza e apresente). O facto de que a informação não seja disponibilizada pela autoridade fiscal requerida não pode ser aceite como justificação para negar a um residente de outro Estado-Membro um benefício fiscal. Ao contribuinte tem de ser dada a possibilidade de produzir a prova do seu direito à fruição do benefício[151].

Podem então sumariar-se os limites ao intercâmbio de informação, distinguindo aqueles que respeitam à informação em si mesma e aqueles que visam o uso que dela pode ser feito.

Quanto aos primeiros, relevam grosso modo, e em geral, os limites conexos com a protecção da intimidade e com a reciprocidade (na nova Directiva aferível apenas em razões de Direito e não numa perspectiva meramente fáctica). Depois e para quem a solicita, deve tratar-se de informação relevante (e aqui devem incluir-se as questões temporais conexas com a caducidade e prescrição); e de informação que não possa ser obtida pelos meios disponíveis, sem risco de prejuízo da realização dos objectivos por ela pretendidos. Para quem a fornece, e sem que releve o interesse próprio na informação solicitada, a informação deve poder ser obtida de acordo com a legislação e prática administrativa (não contrária à Lei ou ordem pública); e abranger informações não qualificáveis como segredos comerciais, industriais ou profissionais (tendo em conta o afastamento do segredo bancário que decorre da nova Directiva).

Quanto aos segundos, podem distinguir-se aqueles que respeitam às pessoas que a podem manejar; à forma como deve manejada; e aos fins em que pode ser utilizada.

---

[151] O que significa, aliás, que mesmo nos casos em que a Directiva não seja aplicável, um tratamento diferente, em matéria de benefícios fiscais, entre contribuintes residentes no país e residentes em outro Estado-Membro, não pode ser justificado com recurso a dificuldades administrativas de supervisão e controle de factos que tenham ocorrido no território de outro Estado-Membro.

4. Categorias de intercâmbio de informação

Nos diferentes modelos de Convenções de Dupla Tributação, com destaque para o Modelo da OCDE, não resulta do texto da respectiva cláusula de intercâmbio de informação qualquer referência às modalidades que este pode apresentar[152]. O artigo 26º nº 1 da versão de Janeiro de 2008 (idêntico ao constante da versão de Julho de 2005) limita-se a dizer: "As autoridades competentes dos Estados Contratantes trocarão entre si as informações previsivelmente relevantes com vista à aplicação das disposições da presente Convenção ou à administração ou aplicação das leis internas relativas aos impostos de qualquer natureza e denominação...".

É nos comentários ao mesmo Modelo, que o nº 9 refere que a disciplina do nº 1 desse artigo permite proceder à troca de informações segundo três formas distintas: a pedido, automática e espontaneamente, as quais podem, por sua vez, ser combinadas sem que, todavia, esgotem a totalidade dos métodos admissíveis, possibilitando-se pois que os Estados possam recorrer a outras técnicas para a obtenção de informação útil para ambos eles, exemplificando-se, a propósito, com os controlos fiscais simultâneos, os controlos fiscais no estrangeiro e as trocas de informações relativas a um sector económico na sua globalidade[153].

Em sede de legislação comunitária e no que respeita a troca de informações propriamente dita[154] temos, por enquanto, como foi sendo referido anteriormente, vários documentos que regem a matéria: a Directiva 77/799/CEE, para os impostos directos e Impostos sobre os Prémios de Seguros; a Directiva 2011/16/UE, em vigor e que substitirá aquela o mais tardar em 1 de Janeiro de 2013, data em que termina o prazo de transposição para a legislação interna dos Estados-Membros; o Regulamento (CE) 1798/2003, assim como o Regulamento (UE) 904/2010, para o Imposto sobre o Valor Acrescentado, com este a resultar aplicável a partir de 1 de Janeiro de 2012; e o Regulamento (CE) 2073/2004, para os Impostos Especiais de Consumo. Ou seja, dois diferentes tipos de instrumentos jurídicos – Directiva e Regulamento – que, embora disciplinadores da mesma matéria, o fazem, como era de esperar, de uma forma assaz diferente, não obstante as relevantes avanços introduzidos pela nova Directiva 2011/16/UE. O facto de a Directiva 77/799/CEE se reportar inicialmente a 1977

---

[152] No Modelo da ONU existe uma pequena referência a esta temática ao dizer-se *"as autoridades competentes consultar-se-ão para o desenvolvimento das condições, métodos e técnicas respeitantes às matérias relativamente às quais terão lugar as trocas de informação, incluindo, se caso disso, os relativos à evasão fiscal"*.

[153] Técnicas estas descritas em pormenor na publicação já referida anteriormente: *Tax Information Exchange between OECD Member Countries: A Survey of Current Practices.*

[154] Não incluindo aqui a inerente à assistência na cobrança de créditos, de que não trataremos neste trabalho.

O INTERCÂMBIO COMUNITÁRIO DE INFORMAÇÃO E O SEU REGIME JURÍDICO

(embora sucessivamente alterada por novas Directivas, a última das quais de 20 de Novembro de 2006) enquanto que os Regulamentos ((CE) 1798/2003 e (CE) 2073/2004), a 2003 e 2004[155], se contextualizam e direccionam logo à partida para um Mercado interno sem fronteiras físicas e fiscais faz com que os eles se apresentem bem mais elaborados e exaustivos no tratamento deste específico tipo de cooperação administrativa e de assistência mútua.

A dicotomia de regulamentação (Directivas e Regulamentos), materializa--se, ao cabo e ao resto, numa diferente abordagem por impostos: a Directiva 77/799/CEE e a nova Directiva 2011/16/UE para os Impostos sobre o Rendimento e sobre o Património, e Impostos sobre os Prémios de Seguros[156] e os Regulamentos 1798/2003 (agora reformulado pelo 904/2010) e 2073/2004 para o Imposto sobre o Valor Acrescentado e Impostos Especiais de Consumo, respectivamente.

Nos termos daquelas e destes, constituem modalidades ou categorias de intercâmbio de informação tributária: o intercâmbio de informações propriamente dito, comportando três variantes – a pedido, espontâneo e automático –; a presença de funcionários de um Estado no território do outro e a realização de exames fiscais simultâneos, merecendo ainda referência os intercâmbios de informação sectoriais.

Para uma melhor análise, desenvolver-se-á esta temática utilizando para o efeito os critérios da iniciativa no desenrolar do procedimento de troca de informação, do procedimento de captação da informação objecto do intercâmbio e do alcance subjectivo da informação trocada.

4.1. Segundo o tipo de iniciativa
4.1.1. Intercâmbio de informação a pedido e pedido de notificação administrativa

A troca de informação a pedido tem sido indiscutivelmente a variante do intercâmbio de informação que maior utilização tem tido, sem que se possa dizer que tal utilização haja sido massiva, já que existem países que apenas a utilizam pontualmente.

---

[155] Eles também já objecto de modificações.

[156] A Directiva 2011/16/UE é aplicável a todos os tipos de impostos cobrados por um Estado-Membro ou em seu nome, ou pelas suas subdivisões territoriais ou administrativas ou em seu nome, incluindo as autoridades locais, com excepção do Imposto sobre o Valor Acrescentado, dos direitos aduaneiros, dos Impostos Especiais de Consumo abrangidos por outra legislação da União em matéria de cooperação administrativa entre Estados-Membros, não sendo também. aplicável às Contribuições obrigatórias para a Segurança Social devidas ao Estado-Membro ou a uma subdivisão do Estado-Membro, ou às Instituições de Segurança Social de Direito público

O INTERCÂMBIO DE INFORMAÇÃO TRIBUTÁRIA

Exige, como o próprio nome indica, prévio pedido, e acontece, em geral, quando as autoridades competentes de um Estado-Membro estejam a efectuar uma investigação sobre um determinado sujeito passivo e, no decurso da mesma, se revele necessária ou útil, para completar ou melhorar tal investigação, a assistência da Administração fiscal de outro Estado-Membro.

Os pedidos de informação devem referir-se concretamente a um sujeito passivo ou obrigado tributário, admitindo-se, contudo, a ocorrência de pedidos que, embora feitos em abstracto, visem uma utilização concreta num processo relativo a um determinado obrigado tributário (como será o caso, entre outros, de pedidos de informação sobre preços de mercado para efeitos da disciplina específica dos preços de transferência)[157]. Embora a fronteira nem sempre seja fácil de estabelecer, competirá ao Estado requerente justificar, da melhor forma possível, a relevância e uso da informação solicitada.

Um outro requisito para que a autoridade do Estado-Membro requerido fique vinculada a dar seguimento favorável ao pedido apresentado pela autoridade competente do Estado-Membro requerente, é que esta tenha previamente esgotado "*as suas próprias fontes habituais de informação, que teria podido utilizar, de acordo com as circunstâncias, para obter as informações solicitadas sem prejudicar a obtenção do resultado procurado*"[158]. Ou seja, a obrigação do Estado requerido pode cessar[159] quando o requerente não demonstre a sua incapacidade para obter os dados solicitados. Nisto se consubstancia, como já antes referimos, o princípio da subsidiariedade também conhecido pela expressão anglo-saxónica de *exhaustion rule*, cujo campo de aplicação por excelência é esta modalidade de troca de informações.

Um aspecto distingue, como também já vimos, esta disciplina comunitária relativamente à convencional (onde tal excepção não aparece): é que a Directiva permite que o Estado requerente não fique obrigado a esgotar todas as suas fontes de informação se isso puder pôr em perigo ou arriscar a obtenção do resultado procurado (na nova Directiva: correr o risco de prejudicar a consecução dos seus objectivos). Ou seja, aqui o não cumprimento do *exhaustion rule*

---

[157] Sem que se caia, todavia, no âmbito das denominadas e não admitidas "*fishing expeditions*".

[158] Artigo 2º nº 1 in fine da Directiva 77/799/CEE. Idêntico requisito aparece explicitado no comentário 9 ao artigo 26º da Convenção da OCDE, como já se analisou. Na nova Directiva 2011/16/UE a fórmula utilizada é similar assim expressa no nº 1 do artigo 17º: "... desde que a autoridade requerente tenha esgotado as fontes habituais de informação a que teria podido recorrer segundo as circunstâncias para obter as informações solicitadas sem correr o risco de prejudicar a consecução dos seus objectivos".

[159] Diz o artigo 2º da Directiva: "a autoridade competente do Estado a que foi feito o pedido não fica vinculada a dar seguimento favorável ao pedido".

O INTERCÂMBIO COMUNITÁRIO DE INFORMAÇÃO E O SEU REGIME JURÍDICO

não é suficiente para o Estado requerido excluir o intercâmbio de informação desde que o Estado requerente invoque que actuações de investigação mais aturadas de sua parte poderiam pôr em causa o sucesso da investigação. Na Convenção Modelo tal excepção não resulta nem da letra do artigo 26º nem do teor dos respectivos comentários.

Como quer que seja, sempre se mostrará difícil a prova da *exhaustion rule* nomeadamente por se tratar de um facto negativo. Só mesmo nos casos de fraude e evasão fiscal, em que o Estado requerente invoque a excepção do perigo de frustração do procedimento tributário já iniciado, aquela prova parece resultar mais facilitada. Face a tais dificuldades, uma boa parte dos Estados-Membros, quando recebe um pedido concreto de informação tributária acaba, na prática, por ser flexível, presumindo que se encontra verificado aquele requisito. Aqueles que possuem a este respeito uma posição mais dura tornam quase irrealizáveis estes intercâmbios de informação, atenta a indução que provocam na adopção de procedimento similar por parte dos restantes.

Reconhecendo que não se encontravam expressamente definidos nem na Directiva 77/799/CEE nem no preceito convencional os detalhes da actuação das autoridades competentes nesta troca de informações a pedido, que resultavam assim remetidos para a lei nacional[160], a nova Directiva 2011/16/UE é bastante mais precisa nessa regulamentação, tendo por fonte o Modelo de Acordo sobre Troca de Informações publicado pela OCDE, o Manual de Implementação das Disposições sobre Troca de Informações para Fins Fiscais, aprovado pelo Comité dos Assuntos Fiscais da OCDE em 23 de Janeiro de 2006, e os trabalhos que foram sendo desenvolvidos pela Comissão Europeia neste domínio[161].

---

[160] KLIP, A. e VERVAELE, J. A.: "Supranational rules governing cooperation in administrative and criminal matters" em European Cooperation between Tax, Customs and Judicial Authorities, European Monographs, Kluwer, 2002, pp. 7-48.

[161] Trabalho de concepção de formulários específicos para cada um dos tipos de intercâmbio de informações e elaboração de manuais explicativos do respectivo preenchimento e de matérias conexas, com vista a incentivar um maior recurso a este instrumento e a dar-lhe maior eficiência e eficácia. O último Seminário Fiscalis, realizado em Mariehamn, na Finlândia, de 10 a 12 de Junho 2009, foi especialmente dedicado a esta temática. A matéria continua, todavia, na ordem do dia, com a definição de prioridades em matéria fiscal da Comissão Europeia para 2011, no que respeita ao Programa Fiscalis em execução até 2013, a apresentar como objectivo do Programa o desenvolvimento do adequado funcionamento dos sistemas de tributação no Mercado interno, e elegendo como meios para a realização deste objectivo o incremento da cooperação entre os países participantes, entre as suas Administrações fiscais e entre os respectivos funcionários através da realização de seminários (já agendados para Bruxelas e Estocolmo, em Março de 2011, Helsínquia em Junho de 2011, Malmö em Outubro de 2011, e Holanda, ainda sem local definido, em Setembro de 2011), visitas de estudo, exames simultâneos e grupos de projecto, incluindo nestes os direcciona-

O INTERCÂMBIO DE INFORMAÇÃO TRIBUTÁRIA

Poder-se-á concluir que o procedimento se inicia com o pedido apresentado pela autoridade competente do Estado requerente à autoridade competente do Estado requerido, devendo do pedido resultar demonstrado o carácter necessário da informação nos termos e para os efeitos do nº 1 do artigo 1º das duas Directivas em vigor ou do nº 1 do artigo 26º da CDT, respectivamente, e a não possibilidade de obtenção de tais informações no Estado requerente com os meios que para o efeito possui, ou de que podendo ele obtê-las, tal não se mostra apropriado por poder pôr em causa o resultado pretendido (correr o risco de prejudicar a consecução dos seus próprios objectivos), o que pode ocorrer em casos especiais de fraude e evasão fiscal.

Na sequência, e desde que se encontrem preenchidos os requisitos exigidos, estabelecem expressamente o nº 2 do artigo 2º[162] da Directiva 77/799/CEE e o nº 3 do artigo 6º da Directiva 2011/16/UE, que a autoridade competente do Estado-Membro requerido deverá proceder como se actuasse por sua própria conta ou a pedido duma outra autoridade do seu próprio Estado-Membro (princípio da autonomia procedimental nacional). Esta disposição veio flexibilizar o intercâmbio a pedido, uma vez que a recolha de informações será disciplinada por um conjunto único de normas, tornando assim mais fáceis e mais rápidas as diligências que o Estado requerido eventualmente tenha de efectuar para fornecer a informação solicitada pelo Estado requerente, quer promovendo as investigações ou inquéritos necessários para a obter quer procedendo "*o mais rapidamente possível*" à sua transmissão, se a mesma estiver já em seu poder.

Sempre que a Administração fiscal do Estado requerido não esteja já na posse das informações que lhe são pedidas, terá de iniciar-se um inquérito administrativo, uma investigação ou uma auditoria com vista à respectiva obtenção, inquéritos que face à nova Directiva 2011/16/UE podem ser solicitados desde logo no pedido incial da autoridade requerente. E aqui levanta-se uma outra questão, que é a de saber qual a posição do sujeito inquirido ou investigado para o efeito: é ou não obrigado ao fornecimento dos dados? A resposta coloca, do ponto de vista teórico, algumas dúvidas uma vez que a fundamentação de um

---

dos para os seguintes aspectos: estabelecimento das melhores práticas no respeitante à questão da troca de informação para algumas categorias de informação e os desproporcionados custos que a mesma acarreta; formulários de troca de informação e de posterior informação de retorno, abrangendo a troca de informação a pedido, automática e espontânea – problemas e soluções quanto ao conteúdo, forma e uso dos actuais modelos –; modelo para a comunicação a fazer pelos Estados--Membros à Comissão sobre o seu desempenho no concernente à cooperação administrativa em sede de IVA –; e, finalmente a definição das melhores práticas na redução dos períodos temporais: *http://ec.europa.eu.taxationcustoms/taxation/taxcooperation/fiscalis programme/index.*
[162] Introduzido pela Directiva 2004/56/CE, de 21 de Abril de 2004.

O INTERCÂMBIO COMUNITÁRIO DE INFORMAÇÃO E O SEU REGIME JURÍDICO

tal dever de colaboração não pode ser encontrada no dever constitucionalmente estabelecido de contribuir para a Fazenda Pública do seu Estado, sendo antes as necessidades de controlo fiscal do outro Estado (o Estado requerente) que estão a ser asseguradas. Estamos de novo perante a necessidade de uma certa flexibilidade para que os vários Estados não entrem num processo mútuo de negação de troca de informação, e daí que seja grande o número dos Estados a considerarem que quando actuam para obter e fornecer os dados que lhe são solicitados, estão também a proteger o dever de contribuir que exigem aos seus contribuintes, ainda que de forma indirecta, pois dessa forma garantirão atitude similar por parte dos restantes países quando sejam eles próprios a necessitarem da informação.

Nos casos em que a informação seja recusada pelo Estado requerido com fundamento em qualquer dos motivos legalmente previstos, ele deverá informar de imediato a autoridade requerente, indicando a natureza dos impedimentos e/ou os motivos da recusa, tendo em conta, essencialmente, quer o artigo 8º da Directiva 77/799/CEE ou o artigo 7º nº 6 da Directiva 2011/16/UE, quer o artigo 26º da Convenção Modelo (com disciplina não específica para a troca de informação a pedido mas sim para todos os tipos de troca de informação).

A Directiva 2011/16/UE junta a esta modalidade de intercâmbio de informação uma regulamentação mais precisa em vários domínios: quando a autoridade requerente tenha, no seu pedido inicial, solicitado de forma fundamentada a realização de um inquérito administrativo, e a autoridade requerida entenda que o mesmo não é necessário, deve informar imediatamente a solicitante indicando as razões do seu entendimento. Em matéria de prazos, e independentemente de poderem, em certos casos específicos, ser acordados prazos especiais de comum acordo, continua para a autoridade requerida o dever de comunicar as informações pedidas o mais rapidamente possível, mas estabelece-se agora no artigo 7º nº 1 um prazo máximo de seis meses a contar da recepção do pedido, excepto se as informações já estiverem na disponibilidade da autoridade requerida, caso em que o prazo limite é de dois meses. Quanto a formalismos exige-se que o pedido seja feito com aviso de recepção, o qual deve ser enviado pela autoridade requerida à requerente imediatamente, se possível por via electrónica, e num prazo máximo de sete dias a contar da recepção. Finalmente, quanto ao acompanhamento dos procedimentos, resulta agora expresso, ainda no artigo 7º, que se houver lacunas no pedido recebido deve a autoridade requerida notificar a sua congénere requerente do facto e da eventual necessidade de fornecer informações complementares, caso em que os prazos fixados começarão a correr no dia seguinte ao da recepção pela autoridade requerida daquelas informações complementares, estabelecendo-se ainda que se a auroridade requerida

O INTERCÂMBIO DE INFORMAÇÃO TRIBUTÁRIA

não puder responder ao pedido no prazo agora estabelecido deve informar de imediato a requerente, nunca depois de três meses a contar da recepção do pedido, com os respectivos fundamentos e a indicação da data provável de resposta.

Como atrás se referenciou jurisprudencialmente, a obtenção da informação é relevante porquanto o TJUE tem vindo a considerar reiteradamente, em determinadas situações, que o Estado-Membro requerente tem de provar que esgotou sem sucesso todas as possibilidades de obtenção ou comprovação de elementos tributários, antes de possibilitar ao contribuinte a faculdade de produzir essa mesma prova.

Uma novidade prevista na nova Directiva 2011/16/UE sobre cooperação administrativa no domínio da fiscalidade, no Capítulo relativo a outras formas de cooperação além do intercâmbio de informação *tout court*, é a solicitação de notificação administrativa, a qual ocorre por iniciativa da autoridade competente do Estado requerente, que solicita à sua congénere do Estado requerido que proceda à notificação a um contribuinte de quaisquer actos ou decisões daquela emanados respeitantes à aplicação no seu território de legislação relativa aos impostos abrangidos por esta Directiva.

O pedido deve respeitar a legislação aplicável em vigor no Estado requerido, e só deve ser apresentado pela aurtoridade requerente quando não esteja em condições de proceder a essa notificação nos termos da sua legislação[163], ou se a mesmo, sendo embora possível, implicar dificuldades desproporcionadas

Exige-se que do pedido conste o objecto do instrumento ou da decisão a notificar, bem como todas as indicações que permitam a correcta identificação e endereço do destinatário, impondo-se à autoridade requerida que responda à requerente informando, nomeadamente, da respectiva data de notificação.

4.1.2. Intercâmbio automático de informação

O intercâmbio automático de informação é uma troca regular ou sistemática de informação, sem necessidade de pedido prévio, e que abrange uma ou várias categorias de dados, nos termos e para os efeitos já analisados a propósito do nº 1 do artigo 26º da Convenção Modelo ou do nº 1 do artigo 1º da Directiva 77/799/CEE. Encontra-se também prevista no artigo 8º da Directiva 2011/16//UE, de 15 de Fevereiro de 2011, com significativos avanços.

Segundo o artigo 3º da Directiva 77/799/CEE, onde a mesma se encontra expressamente prevista, as categorias de casos que ficam abrangidos por este

---

[163] A Directiva permite a um Estado-Membro notificar directamente uma pessoa estabelecida no território de outro Estado-Membro de qualquer documento, através de carta registada ou por via electrónica (artigo 13º nº 4).

tipo de troca de informação serão determinadas pelos Estados-Membros mediante um procedimento que deve enquadrar-se no Processo de Consulta previsto no artigo 9º Este tipo de troca de informação obedece, pois, a um plano previamente acordado e estabelecido entre os Estados-Membros, e pode desempenhar um papel muito relevante como instrumento de luta contra a fraude e evasão fiscal. No fundo, estes intercâmbios acabam por aproveitar as formas internas de obtenção de informação. De facto, definidas legislativamente as obrigações a que os sujeitos passivos devem dar cumprimento e a forma como o devem fazer, definição essa que assenta na relevância tributária de determinados dados face a outros, afluirão à Administração fiscal um conjunto de informações que, encontrando-se então na sua posse, possibilitarão o respectivo intercâmbio automático com outros Estados-Membros.

A Directiva 2011/16/UE reconhecendo[164] a maior eficácia do intercâmbio automático de informações, quer no correcto estabelecimento dos impostos em situações transfronteiriças quer no combate à fraude, dedica-lhe uma importância acrescida, impondo-a, com carácter anual[165], progressivamente, até que abranja oito categorias de rendimento e património. Para os períodos de tributação a partir de 1 de Janeiro de 2014, será obrigatória relativamente a cinco delas: os rendimentos do trabalho; os honorários de administradores; os produtos de seguro de vida não abrangidos por outros instrumentos jurídicos da União em matéria de troca de informação e medidas análogas; as pensões e a propriedade e rendimento de bens imóveis, devendo ser prestada informação pelos Estados-Membros até tal data sobre a disponibilidade da respectiva informação[166], estando ainda prevista a possibilidade de eles acordarem entre si (mas com necessária comunicação à Comissão Europeia), as categorias de que não pretendam obter informação ou a pretendam apenas para valores acima de um determinado limiar[167].

Previsto está ainda o fornecimento de estatísticas anuais pelos Estados-Membros à Comissão sobre o volume das trocas automáticas de informação, custos e benefícios de natureza administrativa ou outra das trocas efectuadas e de eventuais alterações consideradas relevantes, antes de 1 de Julho de 2016,

---

[164] Considerando nº 10.

[165] No prazo de seis meses a contar do termo do ano fiscal durante o qual as informações foram disponibilizadas.

[166] Com a presunção de que se o Estado-Membro não informar a Comissão de cada uma das categorias em relação à qual dispõe de obrigações, então também não pretende receber informações.

[167] Prevista está ainda a possibilidade de os Estados-Membros acordarem entre si a troca de informação automática em categorias de rendimento e património suplementares, no âmbito de Acordos bilaterias ou multilaterais, caso em que o devem comunicar à Comissão a fim de que esta os disponibilize a todos os outros Estados-Membros.

com apreciação da Comissão. Na sequência esta apresentará um Relatório de avaliação e, se adequado, uma Proposta ao Conselho sobre a matéria, para que este examine as possibilidades de remover a condição de disponibilidade e de estender a comunicação a três outras categorias de rendimentos: os dividendos, as mais-valias e as *royalties*.

Quanto ao artigo 26º da Convenção da OCDE, o comentário nº 9 qualifica como troca automática aquela que é comunicada por um Estado a outro numa base sistemática, abrangendo "as informações relativas a uma ou diversas categorias de rendimentos com fonte num Estado Contratante e recebidas no outro Estado Contratante".

São enormes as potencialidades deste intercâmbio, as quais poderão resultar muito aumentadas se nele se introduzir uma melhor *estandardização*[168] no seu processamento, e se forem acordardas as categorias de dados a fornecer com obediência a adequados sistemas de análise de risco, isto é, seleccionando-os em função do seu perfil de "risco", de tal forma que a informação trocada permita concentrar recursos e esforços de controlo nos contribuintes ou sectores definidos como mais "perigosos" do ponto de vista da fraude e evasão fiscal. Para tal têm os Estados-Membros de, no processo prévio de consulta previsto na Directiva comunitária 77/799/CEE e/ou no Projecto de Acordo sobre Troca de Informações (e respectivo *Memoranda of Understanding*)[169], acordar na metodologia de identificação dos indicadores de risco, por forma a que eles resultem, o mais possível, comuns.

Têm sido as dificuldades resultantes do envio de "toneladas" de informação não tratada, sem um modelo ou formato adequados de transmissão, a que acrescem as dificuldades de compreensão da língua de cada um dos Estados, que tornam quase impossível ao Estado receptor o seu processamento e consequente

---

[168] De referir, a propósito, que com base no artigo 26º da Convenção Modelo da OCDE, existem sobre a troca automática de informação várias Recomendações do Conselho da OCDE: a C (81) 39, de 5 de Maio de 1981, intitulada *"Recomendação do Conselho relativa a um modelo standard para trocas automáticas de informação sobre matérias fiscais"*; a C (92) 50, de 23 de Julho de 1992, intitulada *"Recomendação do Conselho relativa a um modelo magnético standard para a troca automática de informação fiscal"*; a Recomendação relativa à utilização dos Números de Identificação Fiscal num contexto internacional C (97) 29/FINAL, de 10 de Julho de 1997 intitulada *"Recomendação do Conselho da OCDE relativamente à utilização do Formato magnético Normalizado Revisto para a Troca Automática de Informações"* e a Recomendação sobre a utilização do Modelo de Memorando de Entendimento da OCDE sobre a Troca Automática de Informações para efeitos fiscais C (2001) 28/Final. Estas Recomendações encontram-se disponíveis em *www.oecd.org/taxation*.

[169] Celebrados com duplo fundamento – a Convenção bilateral que haja sido assinada e a Directiva Comunitária –, sempre que se trate de Estados-Membros da União Europeia e simultaneamente membros da OCDE.

utilização. A nova Directiva 2011/16/UE impõe à Comissão, através do "Comité de Cooperação Administrativa em Matéria Fiscal", o estabelecimento dos aspectos práticos do intercâmbio automático de informação, o mais tardar até 1 de Janeiro de 2015[170].

Condição de uma maior eficácia, por possibilitar melhores, maiores e mais céleres intercâmbios automáticos, será o avanço na utilização de procedimentos internos (nacionais) informatizados, tanto ao nível das Administrações fiscais como ao dos contribuintes, relativamente ao cumprimento das obrigações fiscais[171].

Uma referência final para a Directiva do Aforro (a Directiva 2003/48/CE já antes referida[172]), por materializar uma fórmula avançada e específica de intercâmbio de informação automático ao Estado de residência do beneficiário efectivo dos rendimentos resultantes da aplicação de poupanças fora desse Estado[173].

4.1.3. Intercâmbio espontâneo de informação

Está-se perante intercâmbio espontâneo de informações quando, igualmente sem pedido prévio, sejam comunicadas, pela autoridade competente de um Estado à de outro Estado, informações de que teve conhecimento no exercício das suas funções e que presume serem do interesse desse outro Estado.

Trata-se habitualmente de dados obtidos aquando da realização de inspecções tributárias e não de dados procurados para satisfazer pedidos concretos de informação recebidos de outro Estado, nem tão pouco para cumprir exigências de intercâmbios obrigatórios. Mercê destas características pode dizer-se que têm a natureza de intercâmbios eventuais ou ocasionais.

Diferentemente do que se verifica na cláusula convencional, cujos comentários referem apenas e em geral as informações que um Estado possui e que *"suponha revestirem-se de interesse para o outro Estado"*[174], na Directiva comunitária

---

[170] Artigo 29º nº 1 da Directiva 2011/16/UE.

[171] Estratégia em que se inseriu a Directiva 2001/115/CE, de 20 de Dezembro de 2001, que em sede de IVA veio tornar possível a facturação electrónica transfronteiriça em condições harmonizadas, e ainda o armazenamento electrónico da informação (contabilidade).

[172] Relativamente à qual há já uma Proposta de alteração apresentada pela Comissão em 13 de Novembro de 2008: COM (2008) 727 final.

[173] Esta Directiva cujas soluções em matéria de intercâmbio de informações já atrás comentamos, deveria ter sido transposta para o Direito interno dos Estados-membros até 1 de Janeiro de 2004, mas problemas vários retardaram a decisão sobre a questão de saber se se encontravam ou não reunidas as condições para a sua entrada em vigor, a qual veio finalmente a ocorrer em 1 de Julho de 2005.

[174] Todavia, no Manual (para aplicação das disposições) da Troca de Informações em Matéria Tributária, da OCDE, de 23 de Janeiro de 2006, elencam-se (a título exemplificativo) um conjunto de

O INTERCÂMBIO DE INFORMAÇÃO TRIBUTÁRIA

77/799/CEE o artigo 4º (e na Directiva 2011/16/UE o artigo 9º) enumeram as situações em que a autoridade competente de cada Estado-Membro deve, obrigatoriamente, comunicar as informações de que tenha conhecimento às autoridades competentes de qualquer outro Estado-Membro, como que presumindo o respectivo interesse. São as seguintes essas situações:

a) A autoridade competente de um Estado-Membro tenha motivos para supor que a situação que conhece poderá significar, no outro Estado--Membro, a verificação de uma redução ou de uma isenção, anormais, de impostos;

b) Um contribuinte obtenha num Estado-Membro uma redução ou isenção de imposto que possam implicar, no outro Estado-Membro, um agravamento de imposto ou a sujeição a imposto, respectivamente;

c) Se realizem negócios entre contribuintes de dois Estados-Membros, negócios esses em que intervenham um estabelecimento estável desses contribuintes ou um ou mais terceiros, estabelecidos ou domiciliados num ou mais países diferentes, e que pareçam configurados para motivar uma redução de imposto num ou noutro dos Estados-Membros ou em ambos;

d) Existindo um grupo de empresas, a autoridade competente de um Estado-Membro tenha razões para presumir que existe uma diminuição de imposto resultante de transferências fictícias de lucros dentro do grupo;

e) Em retorno das informações recebidas da autoridade competente de outro Estado-Membro, sejam obtidas informações que se afigurem ser úteis para a determinação do imposto no Estado-Membro que inicialmente enviou informações,

sem prejuízo de os nºs 2 e 3 do mesmo artigo permitirem a utilização desta modalidade de troca de informações relativamente a outros casos concretos para além dos taxativamente enumerados ou mesmo de outras quaisquer informações, no âmbito do já referido processo de consulta na Directiva 77/799/CEE e do agora expresso no nº 2 do artigo 9º da Directiva 2011/16/UE. Não obstante o qualificativo de "espontâneo", a significar que não existe um concreto pedido de informação (como acontece no intercâmbio a pedido), verifica-se a mesma obrigatoriedade de fornecimento que ocorre nas restantes modalidades de intercâmbio de informação.

situações que podem conduzir a uma troca de informação espontânea (nº 3 do Módulo 2 relativo à Troca de Informação espontânea) e que são similares às da Directiva comunitária.

O elenco de situações acabadas de apresentar resolve um dos problemas muito apontados a esta modalidade de troca de informações e que reside na inexistência dum conceito uniforme de fraude fiscal internacional[175], fazendo com que o respectivo âmbito de materialização resulte bastante mais cerceado. Apenas quando julgue os factos como relevantes, à luz da sua própria legislação e práticas administrativas fiscais, é que a autoridade competente dum Estado-Membro se decidirá pela comunicação da informação.

A lista utilizada no preceito levanta, no entanto, algumas questões.

Na alínea a), qual a qualificação das razões e do carácter anormal da redução ou isenção de impostos: carácter objectivo ou subjectivo? Ou seja, exigem-se dados seguros ou bastam meras suspeitas relativamente a um determinado sujeito passivo? E depois, qual o critério a utilizar para rotular de anormal a isenção ou redução de imposto: um critério quantitativo ou antes uma apreciação de natureza qualitativa? Entendo que a Directiva pretende, quanto à primeira questão, a maior abrangência possível, pelo que relevarão ambos os tipos de razões, tanto mais quanto é certo que na prática será muito difícil distingui-los. Quanto à segunda, a resposta deve ser a favor de uma apreciação qualitativa, até pelas dificuldades de comparação exigidas pelo recurso a um critério quantitativo. O determinante deverá ser o carácter injustificado da redução ou isenção.

Na alínea c) como deve interpretar-se a expressão "redução de imposto"? Em termos objectivos ou meramente subjectivos, sempre que se presuma nos contribuintes a intenção de obter vantagens injustificadas? Aqui, a letra do preceito faz, em meu entender, apelo mais forte à conjugação das duas, no sentido do apuramento de uma real e efectiva diminuição de imposto.

Já quanto à alínea d), afigura-se, pelo menos numa primeira análise, mais fácil concluir. Está-se sobretudo no campo das práticas de *transfer pricing* e dos pagamentos a regimes fiscais privilegiados, pelo que a condição deverá considerar-se verificada quando se constate a transferência de rendimentos para países de baixa ou nula tributação. Todavia, pode também acontecer que a deslocalização do resultado tributável para um país com alto nível de tributação se configure como manobra de evasão fiscal se for praticada no seio de um grupo de empresas em que a beneficiária da transferência apresente um elevado volume de prejuízos a compensar, i.e. fiscalmente dedutíveis, traduzindo-se aquela transferência, a final, numa redução do montante de imposto a pagar.

Com os pressupostos referidos, trata-se, em todos os casos, de uma informação bastante detalhada, relativa a um sujeito passivo ou obrigado fiscal con-

---

[175] A União Europeia tem uma definição de fraude, no aspecto substantivo, no Regulamento nº 2988/ /95 e na Convenção para protecção dos interesses financeiros das Comunidades Europeias.

O INTERCÂMBIO DE INFORMAÇÃO TRIBUTÁRIA

cretos, e já tratada, isto é, já qualificada porque sujeita à apreciação do agente inspector que a obteve no decurso da sua acção fiscalizadora. Isso faz aumentar a sua relevância e aproveitamento no controle de acções fraudulentas, e com base nela será normal que se inicie, também no Estado receptor dos dados, um procedimento dirigido de inspecção tributária.

Uma referência ainda para dizer que face à fórmula utilizada no artigo 4º da Directiva 77/799/CEE, esta troca de informações parece assentar a sua designação mais na vertente do Estado receptor da informação do que do Estado que a transmite. De facto, ao dizer-se "a autoridade competente de cada Estado--Membro, comunicará, sem necessidade de pedido prévio...", parece que para este Estado não há qualquer espontaneidade, no sentido habitual do termo, mas antes uma obrigatoriedade perfeitamente expressa.

Finalmente não pode deixar de apontar-se, como aliás vem sendo frequentemente constatado, o papel que é deixado às atitudes que possuam os Estados--Membros quanto à valia desta variante de troca de informações. Ou acreditam nas suas vantagens e a inserem numa perspectiva aberta de cooperação internacional e assistência recíproca ou não, caso em que será quase impossível exigir o respectivo cumprimento por não se vislumbrar como possa ser realizado um correcto controlo do mesmo. No intercâmbio espontâneo, os aperfeiçoamentos passam sobretudo pela implementação de uma "cultura de intercâmbio", no sentido de estabelecer uma sentida e efectiva aproximação nas pessoas que a distintos níveis e em variadas tarefas trabalham nas diferentes Administrações tributárias, de forma a valorar em qualquer momento, os dados a que, muitas vezes de forma inesperada ou mesmo casuística, têm acesso no decurso das suas actuações, e que possam ser relevantes para a Administração de outro país, constituindo o seu fornecimento por esta via um bom contributo para o correcto desempenho das suas funções e para a eventual e futura actuação, recí-proca, e de igual valia[176]. Como se refere no já referido Manual da OCDE para a Troca de Informações: "A eficácia da troca espontânea depende numa larga medida da motivação e da iniciativa dos funcionários do país que comunicou a informação. Por esta razão é importante que os funcionários locais tenham a iniciativa de transmitir à sua autoridade competente informações que podem ser de utilidade a um parceiro em matéria tributária. Nesta perspectiva, as Administrações tributárias devem desenvolver estratégias que tenham por objectivo

---

[176] Inovação na nova Directiva 2011/16/UE, de 15 de Fevereiro de 2011, é a disciplina imposta no artigo 10º quanto a prazos nesta modalidade de intercâmbio de informação: para a autoridade competente que obteve a disponibilização das mesmas um mês para o envio, contado a partir da data da disponibilização, e para a autoridade competente a quem as mesmas são comunicadas uma semana para acusar a respectiva recepção.

O INTERCÂMBIO COMUNITÁRIO DE INFORMAÇÃO E O SEU REGIME JURÍDICO

incentivar e promover a utilização da troca espontânea de informação. Tais estratégias podem incluir a publicação obrigatória das estatísticas da troca espontânea em relatórios anuais e conduzir campanhas de sensibilização e formação completas, regulares e devidamente adaptadas aos funcionários locais".

4.2. Segundo o procedimento de captação da informação
4.2.1. Pela Administração tributária requerida

É esta a modalidade mais habitual de troca de informação: a que põe a cargo da Administração tributária requerida a tarefa de obter a informação solicitada pela Administração fiscal do Estado-Membro requerente.

Não esquecendo que o intercâmbio de informação foi um instrumento modelado e estruturado para servir os interesses das Administrações fiscais, a elas cabe a participação total nesse processo interadministrativo (*government to government procedure*).

Chamando aqui muitas das considerações já antes deixadas, relembremos que o Estado requerido tem, em geral, a obrigação de prestar a informação solicitada pelo Estado requerente, estando a cargo da sua Administração tributária actuar no sentido da recolha dos dados necessários: ou por mera consulta dos seus arquivos, tratando-se de dados que o contribuinte forneceu em momento prévio e em cumprimento das suas obrigações fiscais; ou pondo em prática acções específicas destinadas à sua obtenção.

Obrigação que subsiste nos termos e condições já antes analisados a propósito da delimitação do conceito, âmbito e limites do intercâmbio de informação.

Abrangem-se nesta modalidade de intercâmbio – captação da informação apenas pela Administração fiscal requerida – essencialmente o intercâmbio de informação a pedido e o intercâmbio automático de informação, resultando o conteúdo da informação relevante a fornecer definido no pedido da Administração fiscal requerente, ou no acordo para o efeito estabelecido. Todavia, sempre caberá também a cada Administração fiscal, *de per si*, a captação de informação fiscal susceptível de ser fornecida espontaneamente às suas congéneres, em todas as situações em que julgue que a mesma apresenta relevância para outro Estado-Membro, não esquecendo, a propósito, a diferença de natureza entre o preceito convencional e o comunitário, com este a estabelecer, contrariamente àquele, a obrigatoriedade do fornecimento da informação.

4.2.2. Com a presença de funcionários de um Estado-Membro no território de outro

A presença de funcionários de um Estado no território de outro Estado é um mecanismo que se consubstancia ainda como técnica dirigida à obtenção de informações úteis para ambos os Estados, assegurando um controle fiscal mais

O INTERCÂMBIO DE INFORMAÇÃO TRIBUTÁRIA

efectivo das operações internacionais realizadas pelos respectivos sujeitos passivos ou obrigados tributários, e constituindo, também ela, uma forma específica de intercâmbio de informação.

A presença de agentes da Administração fiscal dum Estado-Membro no território do outro encontra-se prevista no artigo 6º da Directiva 77/799/CEE[177] desde a sua redacção inicial, na condição de que os Estados envolvidos nesse procedimento acordem, em processo próprio (incluído no Processo de Consulta constante do artigo 9º), sobre as modalidades concretas de aplicação. No Regulamento (CE) 1798/2003 e no Regulamento (CE) 2073/2004, sobre cooperação administrativa em matéria de IVA e Impostos Especiais de Consumo, respectivamente, este instrumento de cooperação consta, nos dois casos, do nº 2 do artigo 11º No âmbito da OCDE, e atentos os comentários ao artigo 26º da Convenção Modelo[178] refere-se que, "um controle fiscal no estrangeiro oferece a possibilidade de obter informações graças à presença de representantes da Administração fiscal do Estado Contratante requerente", sendo que "na medida em que a sua legislação fiscal o permita, um Estado Contratante pode autorizar a entrada no seu território de representantes autorizados do outro Estado Contratante, a fim de interrogarem as pessoas ou examinarem os documentos e registos de uma pessoa – ou estarem presentes nessas entrevistas ou verificações efectuadas pelas autoridades fiscais do primeiro Estado Contratante – em conformidade com os procedimentos acordados de comum acordo pelas autoridades competentes".

A presença de funcionários fiscais estrangeiros num determinado Estado ocorrerá, pois, quer por convite deste Estado, para melhor fundamentação dum pedido concreto de informação tributária, quer a pedido do outro (do Estado que solicita a informação), podendo ainda verificar-se no âmbito da realização dos controlos simultâneos adiante qualificados. Sempre e só, como foi dito, quando as autoridades do Estado "visitado" a isso derem consentimento prévio. As vantagens, em qualquer dos casos, são as de permitir uma melhor visão das realidades em jogo (v.g. determinação da base tributável dos impostos sobre o rendimento) e uma maior facilidade na realização das tarefas, nomeadamente nos casos em que a legislação do Estado requerido imponha a notificação ao contribuinte do pedido efectuado pelo outro Estado, possibilitando uma espécie de pacto de sigilo ou confidencialidade entre as três partes envolvidas (os dois Estados e o contribuinte).

---

[177] Designada de "Colaboração de agentes do Estado interessado".
[178] E também, para maior detalhe, na publicação intitulada *Tax Information Exchange between OECD Member Countries: A Survey of Current Practices/Échange de renseignements fiscaux entre les pays Membres de l'OCDE: vue d'ensemble des pratiques actuelles*, OCDE, Paris, 1994.

Uma exemplificação prática da utilidade do recurso a este tipo de instrumento é a dos Estados cuja legislação permite ao contribuinte manter os seus documentos de contabilidade num outro país[179], aceitando que um funcionário da sua Administração fiscal viaje até ao país estrangeiro, para consulta *in situ* dos respectivos livros e registos.

Problema mais delicado neste instrumento de intercâmbio de informação reside em saber qual o "estatuto", activo ou passivo, atribuído ao agente inspector estrangeiro. Alguns países apenas admitem uma actuação passiva do funcionário estrangeiro num exame fiscal, limitando a sua actuação à observação das partes pertinentes desse exame e ao contacto com os funcionários do país onde se encontram, estando vedada qualquer entrevista directa aos contribuintes ou outras pessoas. Outros países permitem aos funcionários estrangeiros autorizados uma participação mais activa, admitindo que questionem e examinem documentos dos contribuintes objecto de exame. Uma terceira posição, também verificada, é a de autorizar os funcionários de uma Administração tributária estrangeira a entrar no território do país requerido para entrevistar pessoas e examinar documentos, com a condição de que exista prévio e escrito consentimento das pessoas visadas, e com a presença de um representante do país visitado em parte ou em todas as entrevistas e exames.

De realçar que na recente Directiva 2011/16/UE esta forma de cooperação administrativa, designada de "Presença nos serviços administrativos e participação em inquéritos administrativos" merece uma abordagem mais precisa e detalhada no seu artigo 11º Continuando a operar por acordo entre as autoridades dos Estados-Membros envolvidos, e nos termos fixados pela auroridade requerida, podem os funcionários designados pela autoridade competente do Estado-membro requerente[180] estarem presentes quer nos serviços administrativos do Estado-Membro requerido quer nos inquéritos administrativos realizados no respectivo território, com a condição de que o objectivo seja a obtenção das informações abrangidas por esta Directiva.

Estabelece-se ainda que do acordo celebrado entre os dois Estados-Membros, e desde que a legislação do requerido o permita, possa constar que a presença dos funcionários do Estado requerente inclui a entrevista a pessoas e a análise de registos, devendo a autoridade requerida tratar uma eventual recusa a este nível como recusa dirigida aos seus próprios funcionários.

---

[179] Faculdade que é concedida pela legislação fiscal do Canadá.
[180] Devendo para o efeito estarem munidos de mandato escrito, oficial e nominativo.

O INTERCÂMBIO DE INFORMAÇÃO TRIBUTÁRIA

4.2.3. Através da realização de controlos fiscais simultâneos

A faculdade de realização de controlos fiscais simultâneos, embora antes fosse considerada admitida ao abrigo do artigo 11º[181] da Directiva 77/799/CEE, foi depois explicitada através da alteração introduzida pela Directiva 2004/56/CE (com transposição para o Direito interno dos Estados-Membros em 1 de Janeiro de 2005), a qual aditou àquela o artigo 8º-B, nos termos do qual (nº 1) "quando a situação fiscal de uma ou mais pessoas sujeitas a obrigações fiscais apresentarem um interesse comum ou complementar para dois ou mais Estados-Membros, esses Estados poderão acordar em proceder a controlos simultâneos nos seus territórios, a fim de trocarem as informações assim obtidas, sempre que estas se afigurem mais eficazes do que os controlos efectuados por um único Estado-Membro"[182].

Qualquer que seja a base jurídica, consideram-se controlos fiscais simultâneos, os procedimentos materializados num acordo entre dois ou mais Estados que têm interesse comum ou complementar no correcto apuramento da situação fiscal de um ou vários contribuintes, acordo esse que consistirá em verificar simultaneamente, cada um no seu território, essa situação fiscal, com o objectivo de trocar as informações com relevância tributária assim obtidas. Os exames fiscais simultâneos que, tanto no âmbito comunitário como no da OCDE[183], podem visar quer os impostos directos quer os indirectos, revelam-se particularmente úteis sempre que haja a suspeita de fuga ou de evasão fiscal internacional, sendo um bom instrumento para aferir sobre eventuais manipulações ou abusos da legislação e dos procedimentos vigentes em cada país. Através deles, as trocas de informação entre as Administrações tributárias tornam-se mais eficazes e susceptíveis de possibilitar uma análise mais aprofundada e mais direccionada, possibilitando ainda uma coordenação das actividades das Administrações fiscais envolvidas que evite a duplicação de custos administrativos e, para os contribuintes, de custos de cumprimento. Podem ainda ser um bom instrumento para facilitar a eliminação da dupla tributação, prevenindo desta forma um posterior recurso ao Procedimento Amigável disciplinado no artigo 25º do Modelo de Convenção da OCDE ou, quando caso disso, à Convenção de

---

[181] Artigo 11º relativo à "aplicabilidade de disposições mais amplas em matéria de assistência".
[182] É idêntica a disciplina consagrada no artigo 12º da nova Directiva 2011/16/UE, de 15 de Fevereiro de 2011.
[183] Nos Regulamentos (CE) 1798/2003 e (CE) 2073/2004, a matéria consta, em ambos, do respectivo artigo 12º Quanto à OCDE, são os comentários ao artigo 26º da Convenção Modelo que expressamente o prevêem.
Na OCDE existe uma específica Recomendação a este propósito, a Recomendação C (92) 81 do Conselho da OCDE de 23 de Julho de 1992, que comporta um *Modelo de Acordo para a Realização de Controlos Fiscais Simultâneos*.

Arbitragem 90/436/CE[184]. O princípio a respeitar, que aparece explicitado no nº 1, *in fine*, do artigo 8º B da Directiva, é, como se disse, o de que estes controlos "se afigurem mais eficazes que os controlos que seriam realizados num único Estado-Membro".

Quanto aos procedimentos, eles aparecem detalhados no Manual para a Troca de Informação da OCDE, de Janeiro de 2006, resultando também do artigo 8º da Directiva 77/799, e do artigo 12º da Directiva 2011/16/UE, nos seguintes termos:

- A autoridade competente de um Estado-Membro identifica os contribuintes em relação aos quais tenciona propor a realização dum controle simultâneo, identificação essa que, no geral dos casos, recairá sobre empresas multinacionais ou grupos de empresas, informando depois as autoridades do outro ou outros Estados-Membros dessa mesma identificação e do interesse subjacente, fundamentando devidamente a sua proposta com os motivos que a determinaram e propondo a duração prevista ou aconselhável de tais controles;
- As autoridades receptoras da proposta aceitam ou recusam, também fundamentadamente, a realização dos controles simultâneos, e
- Todas as autoridades envolvidas designam um representante encarregado de dirigir e coordenar o controle, a eles cabendo planeá-lo e efectivá-lo, de forma a que resulte proveitoso para todos os envolvidos.

Contrariamente ao que se verifica em termos convencionais da OCDE, aqui os controlos e respectivos acordos podem ser multilaterais e não apenas bilaterais, como decorre expressamente do preceito analisado, facto que poderá dar, no âmbito comunitário, uma maior operacionalidade ao instrumento.

Pessoalmente, entendo que os controlos fiscais simultâneos contêm potencialidades para serem o mais poderoso meio de assistência mútua administrativa na luta contra a fraude e evasão fiscal, ultrapassadas que se mostrem algumas dificuldades. Possibilitam uma troca de informações que acompanhe o desenvolvimento do procedimento de inspecção, permitindo obter os elementos mais adequados e esclarecer eventuais dúvidas suscitadas a propósito. As dificuldades são a reacção contrária dos países (e são vários) que vêm nele uma quebra da sua soberania fiscal e o facto de poderem, simultaneamente, envolver correcções positivas num deles mas correcções de sentido contrário no outro (v.g. para evi-

---

[184] Convenção para a eliminação da dupla tributação conexa com o ajustamento de resultados de empresas associadas – 90/436/CEE, JO L 225 de 20/08/1990 e cuja base legal é o artigo 239º (ex 220º) do Tratado CE: "*Os EM devem entrar em negociações entre si com vista a assegurar aos seus nacionais o benefício da abolição da dupla tributação dentro da Comunidade*".

tar dupla tributação), as quais nunca são atraentes, como facilmente se compreende. Acresce que prazos diferentes de caducidade e prescrição tributária bem como a insuficiência de técnicos inspectores com conhecimentos linguísticos exigíveis, tanto escritos como orais, são também grandes obstáculos à expansão deste mecanismo.

4.3. Segundo o alcance subjectivo da informação requerida
4.3.1. Pedidos individuais
Em regra o intercâmbio de informação refere-se a um contribuinte em concreto, podendo abranger outros com quem ele tenha efectuado operações com relevância fiscal.

No intercâmbio de informação a pedido está em análise um concreto contribuinte, destinando-se a informação solicitada pelo Estado requerente e prestada pelo Estado requerido a bem estabelecer a obrigação fiscal do mesmo no Estado de tributação (e possibilitar a cobrança do crédito tributário se a mesma for solicitada no âmbito da Directiva 2008/55/CE).

No intercâmbio automático de informação, a relevância vai para o tipo de rendimentos, a qual define o acordo entre os Estados quanto às informações a fornecer sistemática e periodicamente. Claro que as informações relativas a uma ou a diversas categorias de rendimentos com fonte no Estado que é parte fornecedora da informação sempre se referirão a contribuintes individualmente identificados, pelo que estamos ainda perante informação individual.

O mesmo acontece, em regra, no intercâmbio espontâneo, em que as informações obtidas por um Estado no decurso de determinadas auditorias ou outros procedimentos tributários relativamente a um contribuinte em concreto são por ele qualificadas como relevantes, ou pelo menos de interesse, para o outro Estado a quem irão ser comunicadas.

Também no pedido de notificação administrativa, novidade introduzida, como se disse, pela Directiva 2011/16/UE, estamos ainda no âmbito de um concreto e individual destinatário.

4.3.2. Os intercâmbios de informação sectoriais
Como se escreve nos comentários ao artigo 26º da Convenção Modelo da OCDE, "uma troca de informações incidente sobre um sector no seu conjunto consiste numa troca de informações fiscais que diz respeito muito especialmente a todo um sector económico (por exemplo, a indústria petrolífera ou farmacêutica, o sector bancário, etc.[185]) e não a contribuintes em particular".

---

[185] Segundo o Manual da Troca de Informações da OCDE, de Janeiro de 2006, os sectores que têm sido objecto deste tipo de troca de informação entre os países membros da OCDE são: Banca;

O objecto de tal troca é permitir a obtenção de dados completos sobre as práticas de um determinado sector e dos seus padrões de funcionamento a nível mundial, habilitando, consequentemente, os inspectores a realizarem auditorias fiscais mais completas e eficazes aos contribuintes com actividade integrada nesse sector.

Os intercâmbios de informações relativos a um sector económico são também admitidos pela Directiva comunitária 77/799/CEE no âmbito do procedimento de consulta previsto no artigo 9º ou em decorrência da execução de obrigações de troca de informações resultantes de outros actos jurídicos (artigo 12º), como será o caso da celebração de uma Convenção de Dupla Tributação e/ou de um Acordo Específico sobre Troca de Informações. Na Directiva 2011/16/EU os intercâmbios sectoriais não se encontram expressamente previstos, mas serão possíveis nos termos do artigo 1º nº 3 sempre que resultem de eventuais acordos bilaterais ou multilaterais entre Estados-Membros.

Uma troca de informação ao nível do sector económico é iniciada pela troca formal de cartas entre as autoridades competentes das partes contratantes que nela participam. Tais trocas podem ser bilaterais ou multilaterais, exigindo que todos os países participantes adoptem, entre si, mecanismos de troca de informação adequados.

Os intercâmbios de informação sectoriais pressupõem, em geral, o envolvimento, por parte das respectivas Administrações, de técnicos especializados nas temáticas da troca de informação e nas do sector económico respectivo.

Como acima se deixou dito, uma troca de informação ao nível do sector económico não envolve, *ab initio*, análises específicas à situação financeira de contribuintes concretos ou individualizados. Podem, todavia, e em seu resultado, ser efectuados por uma das Administrações fiscais pedidos direccionados a um contribuinte específico, de acordo com as regras do intercâmbio de informação a pedido, pedidos estes que complementam a troca de informação ao nível do sector económico podendo até conduzir, se tal se mostrar relevante, à realização de exames fiscais simultâneos a um ou mais contribuintes que operem dentro do sector em análise e cuja actividade seja abrangida pelas jurisdições das Administrações fiscais envolvidas.

Produtos de Base; Componentes electrónicos; Pesca; Informação tecnológica; Seguros; Petróleo e gás; Produtos farmacêuticos; Telecomunicações e Serviços públicos.

Capítulo V
Os Deveres do Poder Executivo
Derivados da Obrigação de Intercâmbio de Informação
e os Problemas Associados à Prática Administrativa

1. A obrigação intracomunitária de intercâmbio de informação e a sua realidade actual

Amplamente sustentada tanto teórica como operacionalmente, legalmente prevista e regulamentada em variados instrumentos jurídicos, verifica-se, todavia, que os resultados que se vêm retirando da troca internacional de informação tributária estão ainda bem longe de se poderem qualificar de satisfatórios, com perdas de receita fiscal relacionadas com operações internacionais de contribuintes residentes, de dimensão acrescida quando comparadas com as das transacções internas. É oportuno pois reflectir sobre as razões desta constatação, o mesmo é dizer, reflectir sobre os factos que têm surgido como entraves mais salientes à eficácia e eficiência da troca internacional de informação tributária e, sem deixar de reconhecer os bons desempenhos e profícuas concretizações verificados, chamar à atenção dos que lidam com estas matérias, para a necessidade de uma análise aturada dos problemas com que se confrontam (sobretudo dos mais recorrentes), susceptível de conduzir à procura de possíveis soluções, nomeadamente na vertente da respectiva exequibilidade, aproveitando para tal os contributos e experiências dos diversos países, quer individualmente considerados quer agindo integrados em organismos internacionais.

Interessa fazer uma valoração do funcionamento "real" dos mecanismos de intercâmbio de informação no contexto da sua utilização para aquilo que constitui o seu fim básico: conseguir obter da outra Administração Tributária determinados dados que a Administração solicitante necessita para bem desempenhar as suas funções ao serviço dos procedimentos tributários[1].

Não se dispõe, para tal, de abundantes dados objectivos[2] uma vez que, ao que se julga, muito pouco tem sido publicado a este respeito, além de que muitos países tratam com considerável confidencialidade a extensão e o uso da informação internacionalmente trocada[3]. A análise será, porventura, bem mais informada pela experiência e pelo sentir que, como funcionária da Direcção-Geral dos Impostos de Portugal, tenho sobre a matéria, não obstante Portugal estar ainda nos primeiros passos neste domínio.

Pode dizer-se, sem margem para dúvidas, que de um ponto de vista objectivo, os instrumentos de intercâmbio de informação têm vindo a ser utilizados de uma forma crescente no procedimento tributário, como suporte da liquidação de impostos, directos ou indirectos, no contexto dos normativos oferecidos pelas Directivas e Regulamentos comunitários de Assistência Mútua e Cooperação Administrativa e pelas Convenções de Dupla Tributação assinadas. Amiudadas vezes, o incremento quantitativo deveu-se, essencialmente, à troca automática de informação, que talvez seja, no momento actual, a mais comum e é de certeza a que fornece maior quantidade de dados, de forma regular.

Assim, e para os dados a que pude ter acesso[4], seleccionei três países (Bélgica, Holanda e Reino Unido) cujos relatores os apresentaram de forma discriminada e para um horizonte temporal mais alargado, para tentar extrair algumas conclusões, pesem embora as limitações inerentes às especificidades de cada país, e outras dificuldades conexas com a delimitação de cada uma das formas de intercâmbio de informação.

---

[1] BUSTAMANTE ESQUÍVIAS, M. D.: Instrumentos de asistencia mutua en materia de intercambios de información (impuestos directos y IVA), Documento IEF, nº 23/02, 2002.

[2] Tentou-se, para este efeito, obter dados da Comissão Europeia, através de contacto específico para esse fim, mas sem sucesso. De igual forma foi contactado o CIRCA (*Communication & Information Ressource Centre Administrator*), para através dos estudos realizados pelo Grupo de Trabalho especificamente envolvido na reformulação/substituição da Directiva 77/799/CEE, facultar dados relativos a estatísticas de quantidade e qualidade dos intercâmbios de informação, mas mais uma vez sem qualquer sucesso.

[3] A situação alterar-se-á, creio, com a entrada em aplicação da nova Directiva 2011/16/UE, a partir de 1 de Janeiro de 2013, uma vez que se encontra prevista a obrigatoriedade de manutenção e envio à Comissão dos dados relativos ao fluxo de informação trocada entre os Estados-Membros.

[4] Dados quantitativos relativos à troca de informação apresentados na Reunião da Associação Europeia de Professores de Direito Fiscal, que teve lugar em Santiago de Compostela, em Junho de 2009. Não teve sucesso a tentativa de obtenção de dados mais actualizados junto da Comissão Europeia.

Para o intercâmbio automático de informação temos, com referência ao período 2002-2006:

	2002	2003	2004	2005	2006
Bélgica					
– Recebida	12 214	7 393	5 759	8 661	18 009
– Fornecida	3 060	21	15 297	128 357	50 845
– Total	15 274	7 414	21 056	137 018	68 854
Holanda					
– Recebida	29 552	20 753	19 842	190 078	144 851
– Fornecida	88 979	20 753	128 793	593	177 243
– Total	118 531	41 506	148 635	190 671	322 094
Reino Unido					
– Recebida	174 564	189 311	64 915	113 964	1 384 347
– Fornecida	77 318	34 308	10 115	77 669	8 825
– Total	251 882	223 619	75 030	191 633	1 393 172

Com referência ao mesmo período, são os seguintes os valores relativos ao intercâmbio de informação a pedido e espontâneo:

Informação a pedido:

	2002	2003	2004	2005	2006
Bélgica					
– Solicitações de outras Administrações	3 808	3 636	3 172	3 175	2 977
– Solicitações a outras Administrações	3 972	3 675	2 648	2 526	2 662
– Total	7 780	7 311	5 820	5 701	5 639
Holanda					
– Solicitações de outras Administrações	1 450	1 035	1 142	818	743
– Solicitações a outras Administrações	658	1 024	895	983	1 191
– Total	2 108	2 059	2 037	1 801	1 934
Reino Unido					
– Solicitações de outras Administrações	481	485	542	585	569
– Solicitações a outras Administrações	159	279	398	384	333
– Total	640	764	940	969	902

O INTERCÂMBIO DE INFORMAÇÃO TRIBUTÁRIA

Informação espontânea:

	2002	2003	2004	2005	2006
Bélgica					
– Recebida	1 296	754	418	470	610
– Fornecida	299	352	490	586	398
– Total	1 595	1 106	908	1 056	1 008
Holanda					
– Recebida	26 880	54 379	40 885	7 535	34 189
– Fornecida	13 751	54 396	267	1 615	4 932
– Total	42 631	108 775	41 152	9 150	39 121
Reino Unido					
– Recebida	486	754	1 307	960	428
– Fornecida	4 356	1 457	10 888	1 145	11 762
– Total	4 842	2 211	12 195	2 105	12 190

O que resulta claro de todos estes valores é que os maiores fluxos de informação trocada são os relativos a trocas automáticas, reflectindo, em nosso entender, a influência das técnicas de comunicação informatizadas, ou seja o desenvolvimento verificado nas tecnologias de informação que foram entusiasticamente saudadas pelos Governos, incluindo as respectivas autoridades fiscais. Estes elevados fluxos levantam, todavia, uma questão que adiante abordaremos: a informação é trocada mas será a utilização da mesma efectiva no que respeita ao seu aproveitamento pelas Administrações fiscais destinatárias?

Na informação a pedido, que alguns países continuam a considerar ser a via privilegiada para o sucesso do respectivo intercâmbio por traduzir mais fielmente elementos quantitativos e referenciação subjectiva, ao mesmo tempo que resulta bem mais flexível de que o intercâmbio automático, a evolução quantitativa é menos marcante para o período seleccionado. Conexas estarão certamente razões de operacionalidade, derivadas do facto de se tratar de dados que amiudadas vezes devem ser recolhidos ao nível dos Serviços locais, e em que as formalidades associadas à interacção destes com os Serviços centrais (onde habitualmente se encontram as autoridades competentes) representam um peso burocrático considerável. Foi mercê destas razões que a Holanda alterou, a partir de Janeiro de 2009, o papel das autoridades competentes centrais na assistência mútua comunitária, atribuindo e responsabilizando pela qualidade e tempestividade desta assistência as 13 regiões fiscais locais em que a Administração fiscal holandesa está dividida. E uma das razões apontadas para esta reorganização foi o desejo de tornar o intercâmbio internacional de informação tributária menos pesado em termos de formalismos.

OS DEVERES DO PODER EXECUTIVO DERIVADOS DA OBRIGAÇÃO DE INTERCÂMBIO

Quanto ao intercâmbio espontâneo, os seus níveis reflectem dois tipos de considerações: primeiro a falta de uma cultura de cooperação mais visível nos países menos internacionalizados e com Administrações menos sensíveis à temática da fiscalidade internacional (bem expressa nos dados atrás apresentados no que respeita aos números da informação espontaneamente fornecida) e em segundo lugar porque é aquele em que a questão linguística apresenta maior índice dissuasor. Por outro lado, deve atender-se a que o facto de se tratar de informação recolhida pelos inspectores tributários a quando da realização das suas normais tarefas de auditoria, os quais a valoram como relevante para outro Estado-Membro, obriga, em geral a dois procedimentos posteriores: a necessidade de que a informação seja avaliada pela autoridade competente com base nos critérios da Lei interna e internacional aplicáveis, e muitas vezes (v.g. Holanda) objecto de notificação prévia ao contribuinte de quem foi recolhida a informação, factores que podem também eles desincentivar este tipo de intercâmbio de informação.

Não se afigura possível extrair dos dados apresentados outras conclusões, face à não uniformidade de critérios de classificação dos vários tipos e face à forma como são processadas nas várias Administrações dos Estados-Membros as metodologias de selecção de contribuintes para auditorias, e do grau de informatização na alimentação da base de dados e respectiva compatibilidade com os sistemas utilizados pelas Administrações fiscais parceiras. A título meramente exemplificativo, refira-se que na Holanda, onde a troca de informação automática resulta essencialmente de específicos Acordos de Troca de Informação assinados (à data de 2009) com dez Estados-Membros, e tem em conta a informação disponível nas bases de dados, o facto de se registarem nelas (países envolvidos) diferenças assinaláveis quanto ao tamanho e categorias existentes, ou seja ausência de reciprocidade fáctica, faz com que, para algumas categorias de rendimentos, a informação fornecida ou recebida por essa forma seja classificada como espontânea.

Cabe, todavia, assinalar uma clara e positiva evolução quanto à qualidade dos intercâmbios. Tem vindo a melhorar o conteúdo dos documentos através dos quais se formulam os pedidos em termos de precisão, clareza, fundamentação teórica e justificação prática das necessidades, e o mesmo pode ser dito a propósito das respostas e dados fornecidos. O chamamento a um maior envolvimento com as outras Administrações fiscais que esta realidade documenta tem permitido, indubitavelmente, aferir melhor das capacidades que de que se poderá dispor para oferecer aos outros (os quais não deixarão de fazer uso delas) mas também das lacunas existentes e dificuldades sentidas, factos que permitirão melhor fornecer e pedir a informação e, simultaneamente, melhor exigir e entender os comportamentos das Administrações a quem essa informação é pedida ou fornecida.

O INTERCÂMBIO DE INFORMAÇÃO TRIBUTÁRIA

Porque as características da economia actual o têm forçado, o recurso a pedidos de informação tributária a outros países está a converter-se numa técnica absolutamente normal, ou pelo menos muito habitual, na instrução de meios de comprovação tributária, com perda, louvável, do sentimento anterior de que pedir informação a Administrações fiscais estrangeiras era um recurso "excepcional", apenas utilizável por órgãos muito especializados, a ao serviço de situações muito particularizadas[5]. Hoje as Administrações tributárias começam a ficar cada vez mais convencidas de que a solução mais adequada para lutar contra a fraude internacional exige uma abordagem conjunta e conjugada, apelando a uma aposta forte e decidida das mesmas para intensificarem e melhor se capacitarem no uso destes mecanismos de intercâmbio de informação, adoptando para isso as medidas organizativas que se mostrem necessárias e estejam ao seu alcance, e cuidando para que outras medidas, como são as de carácter normativo, sejam tomadas numa perspectiva séria de eliminar as dificuldades existentes no novo contexto de inter-relacionamento e cooperação[6].

Deve notar-se que são os países mais desenvolvidos que fornecem maiores quantidades (e melhor qualidade) de informação. Recebem, frequentemente, menos do que aquela que fornecem. São exportadores líquidos de informação. Como quer que seja, é reconhecido pela generalidade dos autores que escrevem sobre esta matéria, que a troca de informação se tem incrementado substancialmente dentro da União Europeia, numa base bilateral[7].

Claro que continua e continuará a haver países com resistência a abandonar posições pouco colaborantes, as mais das vezes por razões culturais ou de idiossincrasia nacional. Todavia, a grande maioria dos que subscreveram ou a quem são aplicáveis os normativos sobre assistência mútua, estão conscientes de que esses mecanismos não devem ser encarados como recursos meramente formais a que se deve obediência sem deles esperar, todavia, grandes resultados, havendo, pelo contrário, de adoptar uma atitude proactiva, tornando-os objecto de uma utilização o mais profícua possível com a certeza de que os respectivos resultados serão maximizados se forem satisfeitas as exigências que intrinseca-

---

[5] Isto é sobretudo constatado para países vizinhos, reflectindo transacções ou operações fronteiriças. É também notório o aumento da troca de informação específica dos países de migração de mão-de-obra com os países de origem dos trabalhadores migrantes.

[6] Esta tendência tem tido concretização no aumento significativo de Acordos administrativos bilaterais de troca de informação (nos impostos sobre o rendimento) celebrados pelos Estados-Membros. A título de exemplo a Bélgica que em 1997 tinha dois destes Acordos (com a Itália e com a Holanda, e 2008 possuía já 10 (com a Dinamarca, Estónia, Estados-Unidos, França, Itália, Letónia, Lituânia, Holanda, República Checa e Ucrânia), cinco dos quais assinados ex novo em 2008.

[7] LIGTHART, J. E.: "Information Exchange for Consumption Tax Purposes: An Empirical Exploration", Information Economics and Policy, Vol. 19, No. 1, 2007, pp. 24-42.

mente lhe estão assacadas. E a prova de que existe realmente este convencimento, não é outra que os já referidos aumento e melhoria da qualidade dos fluxos de intercâmbio de informação, os quais nunca teriam sido possíveis sem uma aposta decidida por parte das Administrações nacionais e dos fóruns internacionais em que as mesmas estão inseridas.

Na OCDE, como já largamente referimos, vem-se trabalhando incansavelmente para melhorar estes mecanismos e, sobretudo, conseguir que os países vão, gradualmente, eliminando os obstáculos legais ou de prática administrativa que impedem o seu funcionamento de um modo mais operativo. Recentemente, foram desenvolvidos estudos específicos, desenhados modelos a utilizar para a assinatura de Acordos de troca de informação e elaborados manuais detalhados de apoio aos funcionários que nas Administrações fiscais lidam com o intercâmbio de informação.

A União Europeia, e em particular a Comissão Europeia, têm também levado a cabo actuações dirigidas a este objectivo, desde propostas normativas até ao financiamento de alguns dos gastos que possam derivar de projectos de cooperação, passando por cuidada análise do funcionamento dos mecanismos de intercâmbio, para detecção de fragilidades e proposta das necessárias medidas correctoras, com o propósito de que os Estados-Membros vejam na melhoria desse instrumento de gestão um objectivo prioritário.

Esteve em curso o processo conducente à introdução de alterações profundas na Directiva 77/799/CEE, onde se integrou um trabalho destinado a produzir formulários específicos para cada um dos tipos de intercâmbio de informação propriamente dito (a pedido, automático e espontâneo), com conteúdos uniformizados, em suporte papel e em suporte informático, nas várias línguas de trabalho, fazendo-os acompanhar de manuais explicativos detalhados e promovendo acções de formação especificamente direccionadas para um correcto manuseamento. Trata-se de actuar sobre aspectos do funcionamento dos mecanismos de intercâmbio de informação que são clara e potencialmente melhoráveis, de forma a que seja pelo menos alcançado "um mínimo aceitável". O resultado de tal processo foi a recente publicação, como se viu, em 15 de Fevereiro de 2011, da Directiva 2011/16/UE, do Conselho.

O Programa Fiscalis 2008-2013, visando desenvolver a cooperação entre os Estados-Membros como forma de melhor articular os sistemas de tributação no Mercado interno, elege como estratégia base para tal os sistemas de comunicação, de troca de informação, e de controlos multilaterais ou exames fiscais simultâneos, complementados com seminários, trabalho de grupo, visitas de estudo e actividades de formação.

Neste caminho deve reconhecer-se a existência de dois tipos de problemas que, embora intimamente relacionados (de tal modo que às vezes é difícil saber

O INTERCÂMBIO DE INFORMAÇÃO TRIBUTÁRIA

onde acabam uns e começam outros), têm, em geral, origem distinta e diferente alcance, apresentando consequentemente multifacetadas possibilidades de solução a curto e médio prazo. Por ser verdade que as dificuldades se revelam tanto em sede jurídico-normativa como na vertente mais pragmática de operacionalização, e nesta quer ao nível dos órgãos envolvidos, quer quanto aos meios materiais e humanos que lhe estão adstritos, agrupar-se-ão as mesmas em duas categorias: problemas normativos e problemas de carácter administrativo. A vocação internacional das Directivas, Convenções de Dupla Tributação ou Acordos específicos sobre troca de informações não conseguiu ainda superar totalmente os tradicionais paradigmas dos sistemas fiscais actuais, e das respectivas Administrações fiscais, com o seu apelo às fronteiras territoriais e à soberania geograficamente delimitada.

Prosseguiremos a análise daqueles problemas neste âmbito da troca de informação horizontal entre os Estados-Membros[8].

2. Dificuldades derivadas da regulação contida no marco normativo comunitário.

2.1. A transposição das Directivas para o ordenamento nacional

No Direito Comunitário que aqui nos interessa, isto é o específico em matéria de intercâmbio de informação, as Directivas e os Regulamentos (Direito comunitário derivado[9]), vinculam nos termos em que as disposições comunitárias o estabelecem, com destaque para o disposto no artigo 249º do Tratado UE[10].

O princípio de aplicabilidade directa (ou imediata) do Direito Comunitário, como princípio jurídico em virtude do qual não requer uma intervenção das autoridades nacionais para ficar integrado na ordem jurídica interna, isto é, não necessita de ser transposto através de uma norma de integração para poder ser

---

[8] Não incluindo, pois, a troca de informação entre os Estados-Membros e a Comissão.

[9] Direito Comunitário secundário, comportando os actos unilaterais emanados das Instituições comunitárias e por elas adoptados para execução dos e em conformidade com os Tratados, deles derivando e neles encontrando também o seu fundamento jurídico. São actos comunitários que constituem o Direito derivado, e são de publicação obrigatória no Jornal Oficial da União Europeia.

[10] "Para o desempenho das suas atribuições e nos termos do presente Tratado, o Parlamento Europeu em conjunto com o Conselho, o Conselho e a Comissão adoptam Regulamentos e Directivas, tomam Decisões e formulam Recomendações ou Pareceres", nele se estabelecendo ainda os efeitos desses instrumentos de Direito comunitário nos seguintes termos: "O Regulamento tem carácter geral. É obrigatório em todos os seus elementos e directamente aplicável em todos os Estados-Membros"; a "Directiva vincula o Estado-Membro destinatário quanto ao resultado a alcançar, deixando, no entanto, às instâncias nacionais a competência quanto à forma e aos meios"; a Decisão é obrigatória em todos os seus elementos. Quando designa destinatários, só é obrigatória para estes e as Recomendações e Pareceres não são vinculativos.

aplicável, apenas tem lugar em sede do Direito derivado em que centramos a nossa análise quanto aos Regulamentos, os quais se impõem, pois, directamente e *qua tale* na ordem jurídica interna dos Estados-Membros, i.e. sem prévia transposição, e em decorrência da sua simples publicação no Jornal Oficial da Comunidade[11]. O ordenamento comunitário resulta assim integrado de pleno direito na ordem jurídica nacional, sendo certo que por força do princípio do primado, em caso de conflito entre a norma comunitária e a norma nacional é a primeira que prevalece[12].

Como é sabido, o efeito directo, embora concomitante com a aplicabilidade imediata, distingue-se dela, consubstanciando um princípio jurídico (também basilar do Direito Comunitário) por força do qual as normas comunitárias que contêm aquele efeito criam direitos e obrigações que afectam os particulares (e as empresas), podendo estes invocá-los directamente perante as suas jurisdições nacionais[13], independentemente da existência de textos de origem nacional, conforme já foi reconhecido pelo Tribunal do Luxemburgo[14].

Ou seja, no Direito derivado, o Regulamento é a única norma comunitária para a qual o Tratado (artigo 249º nº 2) prevê expressamente a aplicabilidade directa e efeito directo «completo», efeito esse que confere direitos e obrigações aos particulares e empresas quer nas suas relações com os Estados, quer nas suas relações com as Instituições comunitárias, quer ainda nas relações entre eles próprios.

Situação diferente é a das Directivas onde, como vimos, o Tratado não reconhece aplicabilidade imediata, embora permita que possam possuir efeito

---

[11] O Tribunal de Justiça declarou no Processo 39/72, *Comissão/Itália*, de 7 de Fevereiro de 1973, que as autoridades nacionais estavam impedidas de adoptar medidas de transposição do Regulamento para o seu Direito interno, e que, caso o fizessem, se consideraria que a medida de transposição se assumiria como contrária ao Tratado. A fundamentação não é senão a de que uma qualquer norma nacional de recepção constitui sempre um obstáculo ao efeito directo dos Regulamentos comunitários com duas consequências indesejáveis: não garantir a aplicação uniforme nos vários Estados-Membros das disposições neles contidas e não garantir também a entrada simultânea da sua disciplina em todos eles. A mesma jurisprudência admite, porém, a reprodução de algumas das disposições dos Regulamentos no Direito interno, se isso apenas visar o favorecimento da respectiva aplicação.

[12] O que significa, como resulta do Acórdão do Tribunal Europeu de Justiça, no Processo 106/77, *Simmenthal*, de 9 de Março de 1978: "ser inaplicável de pleno direito (...) qualquer norma de direito interno que seja contrária".

[13] O efeito directo materializa um direito que toda a pessoa tem de pedir ao "seu" juiz que lhe aplique as normas comunitárias por ele abrangidas, constituindo uma obrigação para o juiz fazer uso desses textos, qualquer que seja a legislação do país da sua jurisdição.

[14] Processo 34/73, *Fratelli Varíola Spa/Administrazione delle Finanze dello Stato*, de 10 de Outubro de 1973, e já antes no Processo 26/62, *Van Gend en Loos*, de 5 de Fevereiro de 1963.

O INTERCÂMBIO DE INFORMAÇÃO TRIBUTÁRIA

directo em determinadas situações. Sendo os Estados-Membros os seus destinatários, a obrigação ou vinculação que lhes corresponde relativamente a elas é quanto ao resultado visado, dispondo as autoridades nacionais, todavia, de liberdade quanto à forma e quanto à escolha dos meios que entendam mais adequados para obter tal resultado no prazo estabelecido pela Directiva[15] (prazo este que é imperativo para os Estados-Membros, constituindo a falta de transposição da Directiva nesse prazo fundamento para uma acção de incumprimento, no Tribunal de Justiça). A Directiva impõe-se a todas as autoridades dos Estados-Membros, incluindo os Tribunais nacionais, devendo estes quando aplicam uma Lei nacional que transpõe ou incorpora uma Directiva, fazer a sua interpretação à luz do seu texto e do seu objectivo para que seja atingido o resultado visado pelo artigo 249º do Tratado[16].

Além disso, é claro que entre Estados-Membros as disposições da Directiva têm prioridade sobre a Lei interna e sobre Tratados bilaterais celebrados entre si, quer prévios quer posteriores à Directiva[17]. É o primado do Direito Comunitário, princípio que uma vez proclamado pelo TJUE[18], foi perfilhado sem reservas pela doutrina, com os tribunais nacionais a acatá-lo também, uns após outros[19]. O essencial da fundamentação subjacente é a de que o Direito Comu-

[15] Conforme variada jurisprudência do TJCE. No Processo 48/75, *Roye*, de 8 de Abril de 1976, reconhece-se que os Estados-Membros têm a obrigação de escolher a forma e os meios mais apropriados para assegurar o efeito útil das Directivas; e no Processo 38/77, *Enka Bv/Inspecteur der invoerrechten en accignzen*, de 23 de Novembro de 1977, precisa-se que a competência deixada aos Estados-Membros quanto à forma e tipo das medidas a adoptar pelas instâncias nacionais deve ser função do resultado que o Conselho e a Comissão esperam obter. Ou seja, é o objecto da própria Directiva que condiciona a eleição do tipo de medidas de transposição da mesma no Direito interno (Processo 192/79, *Comissão/Bélgica*, de 6 de Maio de 1980), devendo tais medidas ser oportunas e inequívocas de forma a satisfazer os princípios de segurança jurídica e de publicidade que permitam aos nacionais de um determinado Estado-Membro conhecer exactamente os seus direitos e obrigações (Processo 291/84, *Comissão/Holanda*, de 17 de Setembro de 1987).

[16] O efeito directo pode ser vertical ou horizontal, conforme se esteja nas relações entre particulares e Estado ou nas relações entre os particulares. O Tribunal de Justiça reconheceu o efeito directo às Directivas (Processo 90/70, *Franz Grad*, de 6 de Outubro de 1970,e desde que verifiquem as condições estabelecidas no Acórdão *Van Gend Loos*, já referido) (Processo 152/84, *Marshall/Southampton and South-West Hampshire Area Health Authotity*, de 26 de Fevereiro de 1986), embora tenha explicitado que ele é apenas de natureza vertical ([16] e somente válido a partir do momento em que expire o prazo de transposição (Processo 148/78, *Ratti*, de 5 de Abril de 1979).

[17] Ver artigos 5º e (*a contrario*) 234º do Tratado CE e Processos 6/64,*Costa/Enel*, de 15 de Julho de 1964; 106/77, *Simmenthal*, de 9 de Março de 1978 e 235/87; e *Annunziata Mateucci*, de 27 de Setembro de 1998, já referidos.

[18] Processo *Costa/Enel*, de 15 de Julho de 1964 já referido.

[19] O primado do Direito Comunitário, corolário da sua vigência na ordem interna, era, de resto, uma consequência inevitável da atribuição pelos Estados-Membros de amplas competências às Comu-

OS DEVERES DO PODER EXECUTIVO DERIVADOS DA OBRIGAÇÃO DE INTERCÂMBIO

nitário se apresenta como um ordenamento autónomo, isto é, distinto simultaneamente da ordem jurídica internacional e da ordem jurídica de fonte puramente interna dos Estados. O conjunto de normas comunitárias são, nos termos à frente desenvolvidos, integradas na ordem jurídica interna dos Estados-Membros, para aí serem efectivamente aplicadas pelos Tribunais nacionais, os quais devem ser considerados como tribunais comuns da ordem jurídica comunitária, já que o Tribunal Europeu dispõe apenas das competências específicas que lhe foram atribuídas.

Entre um Estado-Membro e os seus sujeitos, contudo, as coisas são diferentes. Uma vez que é dirigida aos Estados-Membros mais do que aos seus cidadãos, uma Directiva não pode por ela própria impôr qualquer obrigação a um indivíduo ou a uma empresa[20]. Um Estado-Membro não poderá, por exemplo, fundamentar-se na Directiva de Assistência Mútua quando quiser obrigar os indivíduos ou as empresas a sujeitarem-se a investigações fiscais realizadas por pedido de outro Estado-Membro. Para isso, ele precisa de outros instrumentos legais, geralmente uma norma jurídica interna, embora uma norma de um Tratado bilateral também possa ser suficiente em alguns sistemas jurídicos. Face ao artigo 11º da Directiva 77/799/CEE, os indivíduos e as empresas não podem apoiar-se na Directiva para frustrar qualquer outro instrumento legal que

---

nidades Europeias. Nos domínios a que tais competências se reportam e no âmbito em que estas são efectivamente exercidas, a Comunidade passou a ter o exclusivo – com a consequente perda das competências por parte dos Estados – da adopção dos actos (legislativos e outros) indispensáveis ao cumprimento da sua missão. Tal missão, e bem assim os objectivos que os Estados tiveram em vista ao confiá-los à Comunidade, estariam irremediavelmente prejudicados se os actos comunitários não devessem, em todas as circunstâncias, prevalecer sobre disposições nacionais que eventualmente se lhe opusessem. O sistema de atribuição à Comunidade de competências para realizar o fim comum seria, no fim de contas, ineficaz e a uniformidade de aplicação das disposições de origem comunitária seria perfeitamente ilusória se, submetidas nos diversos Estados da Comunidade à concorrência com normas nacionais, a primazia absoluta daquelas disposições não fosse, em geral, reconhecida. Nas palavras de PESCATORE, o Direito Comunitário *"contém em si uma exigência existencial de primazia; se ele não consegue em todas as circunstâncias superiorizar-se ao Direito nacional, é ineficaz e, portanto inexistente"*. Ou seja, não reconhecer o primado é negar existência ao Direito Comunitário. Note-se que os Tribunais constitucionais de alguns Estados-Membros têm, no entanto, exprimido algumas reservas quanto ao primado do mesmo sobre certos princípios fundamentais inscritos nas Constituições nacionais respectivas (MOTA DE CAMPOS, J. e MOTA DE CAMPOS, J. L.: Manual de Direito Comunitário, 5.ª edição, Coimbra Editora, 2007, Capítulo II.

[20] Processo 152/84, *Marshal*, de 26 de Fevereiro de 1986, onde o Tribunal decide que um Estado-Membro não pode invocar face a um particular uma Directiva que não tenha sido incorporada no seu ordenamento jurídico no prazo estabelecido; e Processo 80/86, *Kolpinghuis*, de 8 de Outubro de1987, em que se decide que uma Directiva não transposta não pode ser invocada nos Tribunais nacionais por um particular frente a outro particular.

O INTERCÂMBIO DE INFORMAÇÃO TRIBUTÁRIA

os obrigue a fornecer informação. O mesmo acontece com a nova Directiva 2011/16/UE que contém disciplina similar no artigo 1º nº 3.

A transposição de uma Directiva para o respectivo Direito interno é um acto adoptado pelos Estados-Membros visando a adopção de medidas nacionais que sejam coerentes com os resultados pretendidos e a eles conduzam, cabendo aos Estados efectuar comunicação à Comissão sobre o conteúdo de tais medidas. A Directiva deverá ser transposta no prazo fixado pelas Instituições comunitárias que a aprovaram, prazo esse que, em geral, varia conforme a complexidade inerente a tal transposição.

Quando a transposição for feita de forma incorrecta ou incompleta, e sem cumprimento dos prazos estabelecidos, a eficácia da Directiva ficará prejudicada, ao mesmo tempo que não pode ser obtida, por seu efeito, disciplina equivalente em todos os Estados-Membros obrigados à respectiva transposição. O Estado violará também as suas obrigações perante a Comunidade não apenas quando não transpõe correctamente e dentro do prazo, mas também quando não adopta oportunamente os necessários instrumentos jurídicos exigíveis para a sua execução, criando pois, em maior ou menor medida, um vazio legal (de aplicabilidade), e violando o princípio do primado do Direito Comunitário.

Pretendemos aqui realçar os problemas conexos com a transposição para o Direito interno dos Estados-Membros das Directivas relativas ao intercâmbio de informação tributária, o mesmo é dizer da Directiva 77/799/CEE e das que posteriormente a modificaram, abstraindo da Directiva 2011/16/UE, por ter como limite de prazo de transposição 1 de Janeiro de 2013, e não havendo ainda sido transposta em qualquer Estado-Membro até agora, não obstante já se encontrar em vigor. A transposição exige, desde logo, que os Estados-Membros criem uma regulamentação exaustiva, completa e profunda da informação e, em especial, da que regula a utilização da informação[21], regulamentação essa que abrange variáveis diversas, consubstanciando-se, a final, num conjunto de deveres e direitos ou garantias cuja articulação e desenvolvimento nem sempre resultam harmónicos.

---

[21] AGULLÓ AGÜERO, A.: "Intercambio de información tributaria y derecho de la información (Notas sobre la incorporación al derecho interno de las Directivas comunitarias en materia de intercambio de información", em <u>Noticias de la Unión Europea</u>, nº 46, 1988, pp. 47-54: *"Prácticamente todos los países de la CEE se han ocupado, con distintos procedimientos, de la regulación de esta materia, en estrecha relación con el derecho a la intimidad y el secreto profesional, e incluso existe un Convenio del Consejo de Europa, de 28 enero 1981, cuya ratificación aconseja una recomendación de la Comisión de la CEE de 29 de julio de 1981, sobre protección de la informática y el posible uso abusivo de los cada vez más frecuentes bancos de dados".*

OS DEVERES DO PODER EXECUTIVO DERIVADOS DA OBRIGAÇÃO DE INTERCÂMBIO

Na prática, os diversos países da União Europeia apresentam, como é natural, procedimentos distintos quanto a esta regulamentação, evidenciando uma difícil articulação entre o direito ao controlo da informação e o respeito pelos direitos fundamentais e princípios constitucionais que os garantem[22]. É verdade que, no geral, a legislação fiscal dos países tem vindo a fazer apelo a um progressivo e contínuo aumento do dever de colaboração do contribuinte na gestão dos impostos, com acrescidos deveres de fornecimento de informação tributária e associados custos de cumprimento, sendo também verdade que nem sempre resultam devidamente previstas, em necessária conexão, as garantias que devem ser asseguradas no que respeita à utilização dessa informação, correndo-se o risco de que a participação do contribuinte apenas fundamente a sua utilização[23].

Por outro lado, seja por falta de imaginação seja pelo facto de ainda se estar em "aprendizagem" na regulamentação destas matérias, os dispositivos legais que transpõem para o Direito nacional as Directivas, amiúde se limitam à sua transcrição quase literal. Isso acontece na transposição da Directiva 77/799/CEE, com a criação de um conjunto de normas sobre procedimentos (com especial referência a mecanismos de carácter formal e aos canais administrativos pelos quais se deve transmitir a informação –) com sistematização deficiente, existência de lacunas e pouca clareza, sobretudo no que respeita aos aspectos conexos com a utilização da informação.

É certo que do ponto de vista material, o intercâmbio de informação tributária com outros países não constitui novidade para o Direito interno nacional dos Estados-Membros, posto que constitui uma cláusula tradicional nos Tratados bilaterais de dupla tributação, que desde há muito tempo têm, pelo menos no âmbito dos Impostos sobre o rendimento e património, a dupla condição de Tratados para evitar a Dupla Tributação e para combater a fraude fiscal, luta esta articulada através do recurso ao intercâmbio de informação. A Directiva 77/799/CEE revelou, aliás, este conhecimento quando, na Exposição de Motivos, justificou a sua existência na insuficiência daqueles Tratados, e salvaguardou, no seu artigo 11º, a existência de obrigações mais amplas (e derivadas de outros actos jurídicos) que as estabelecidas na própria Direc-

---

[22] PEREZ LUÑO, A.E.: Derechos humanos, Estado de Derecho y Constitución, Tecnos, Madrid, 1984; BOBBIO N.: Crisis de la democracia, Ariel, Barcelona, 1985, e GARCIA DE ENTERRIA, E.: La significación de las libertades públicas y Derecho administrativo, em Anuario de Derechos Humanos, Madrid, nº 1, 1981.

[23] AGULLÓ AGÜERO, A.: "Intercambio de información tributaria y derecho de la información (Notas sobre la incorporación al derecho interno de las Directivas comunitarias en materia de intercambio de información", ob. cit., pp. 47-54.

O INTERCÂMBIO DE INFORMAÇÃO TRIBUTÁRIA

tiva, o qual é similarmente retomado no artigo 1º nº 3 da nova Directiva 2011/16/UE.

A transcrição "quase" literal da Directiva 77/799 para a ordem jurídica interna dos Estados Membros, que ocorreu com frequência, acaba por obstar a que os Estados aproveitem o novo instrumento jurídico para proceder a uma melhor sistematização das obrigações e deveres dos contribuintes ou das faculdades das Administrações fiscais dos Estados intervenientes, que muito contribuiriam para a delimitação das respectivas posições[24], assim como para regular a situação do ou dos sujeitos afectados pelo intercâmbio de informação, e em particular para regulamentar um dos aspectos mais delicados desta temática que é o dever de sigilo que protege na legislação interna este tipo de informação tributária[25]. É nesta matéria de sigilo, com a Directiva a estabelecer o segredo das informações obtidas em condições idênticas às previstas na legislação interna de cada país para a informação própria (artigo 7º da Directiva 77/799/CEE[26]), conjugada com a importância da reciprocidade (ainda que esta se refira expressamente só às possibilidades de obtenção de informação, cujo controlo se considera suficientemente garantido pelas disposições comunitárias), que poderão ocorrer situações em que os contribuintes nacionais de um Estado-Membro venham a encontrar-se na situação paradoxal de ficarem mais (ou menos) protegidos, do ponto de vista da informação tributária, num país diferente do seu próprio país.

Como quer que seja, e em termos gerais, pode então concluir-se que o instrumento jurídico interno de transposição de uma Directiva tem sempre, previsivelmente, de seguir nesta matéria uma laboriosa e lenta tarefa de interpretação, que motive e conduza a uma melhor e mais profunda regulamentação do dever e direito de informação em geral e em particular do intercâmbio comunitário de informação.

A situação é diferente nos Regulamentos, atento o facto de não terem de ser transpostos para a ordem jurídica interna de cada Estado-Membro.

Para uma melhor precisão das dificuldades far-se-á uma análise mais detalhada em função de cada uma das modalidades de troca de informação confrontando, em cada caso, as soluções das Directivas com as dos Regulamentos.

---

[24] Por vezes até os textos normativos em vez de reproduzirem literalmente as disposições comunitárias remetem para elas (o que dificulta imenso a apreensão do conteúdo) e outras omitem a regulamentação de elementos relevantes.

[25] Tudo resultaria mais fácil, claro está, se a intervenção da norma comunitária fosse feita num terreno em que existisse uma harmonização prévia e muito mais ampla das legislações, só que, como se sabe, tal embora desejável, tem sido, até ao momento, considerado como demasiado ambicioso.

[26] E agora o artigo 16º da Directiva 2011/16/UE, de 15 de Fevereiro de 2011.

OS DEVERES DO PODER EXECUTIVO DERIVADOS DA OBRIGAÇÃO DE INTERCÂMBIO

Por último uma outra dificuldade: como determinar, perante vários instrumentos normativos, qual deva ser o aplicável para, num caso concreto, transmitir informação tributária a outro Estado? As normas internas propriamente ditas só resultam aplicáveis quando os Tratados e Convenções internacionais[27] (a que chamamos normas convencionais em sentido lato) ou as normas comunitárias não contemplem a transmissão de informação tributária, resultando pois que os instrumentos internacionais hão-de prevalecer sobre os instrumentos de fonte unilateral interna[28].

A superioridade hierárquica dos Tratados é objecto de previsão expressa nos artigos 26º e 27º da Convenção de Viena, com aquele a estabelecer que "todo o Tratado em vigor obriga as partes e deve ser cumprido por elas de boa-fé, e este a dispor que: "Nenhuma parte contratante pode invocar as disposições do seu Direito interno para justificar o incumprimento de um Tratado". Ora, se esta regra de *pacta sunt servanda* foi recolhida no artigo 26º da Convenção de Viena, tal princípio de Direito internacional geral ou comum, foi automaticamente introduzido nas Constituições dos Estados, pelo que pode aceitar-se a existência de uma cláusula de recepção automática, que faz prevalecer a norma internacional sobre quaisquer normas internas situadas na escala normativa em grau inferior ao das normas constitucionais.

---

[27] Quanto ao Direito internacional convencional, incluem-se, em geral, as Convenções de Dupla Tributação, concretizadas na celebração de Tratados fiscais bilaterais celebrados com base no Modelo da OCDE (na maioria das vezes aplicam-se indiferentemente os termos Tratado e Convenção, sendo certo que a este propósito a Convenção de Viena sobre o Direito dos Tratados, de 23 de Maio de 1969, estabelece que "Tratado significa um acordo internacional celebrado por escrito entre Estados e regido pelo Direito internacional, quer conste de um instrumento único quer de dois ou mais instrumentos conexos, qualquer que seja a sua denominação específica" (artigo 2º nº 1 alínea a)). Incluem-se também os Acordos assinados com base no Acordo Modelo de Troca de Informação da mesma OCDE (por vezes a utilização do termo Convenções internacionais é usada para abranger tanto os Tratados solenes como os Acordos em forma simplificada, como defendem AZEVEDO SOARES, A.: Lições de Direito Internacional Público, 4ª edição, Coimbra 1988, p. 124, MIRANDA, J.: Direito Internacional Público I, Lisboa, 1991, p. 158 e SILVA CUNHA, J.: Direito Internacional Público, 5.ª edição, Coimbra, 1991, p. 93). Neste contexto, damos por verificado que os Tratados ou Convenções vinculam os Estados que os celebraram, satisfeitas que sejam as condições exigidas pela Convenção de Viena sobre o Direito dos Tratados e pelas normas da Lei Fundamental (Constituição) do respectivo Estado, não se discutindo, por extravasar o objecto deste estudo, a questão de saber quais as condições em que as normas internacionais ganham relevância na ordem jurídica interna, aceitando-se a valia dessas normas no ordenamento interno como normas internacionais e não como simples normas de Direito interno.

[28] CALDERÓN CARRERO, J. M.: "El articulo 26 MC OCDE 2000: La cláusula de intercambio de información", ob. cit., pp. 1250 e 1251.

O INTERCÂMBIO DE INFORMAÇÃO TRIBUTÁRIA

A Convenção Multilateral da OCDE, no seu artigo 27º[29] estabelece que os Estados Contratantes que sejam membros da União Europeia devem, nas suas relações mútuas, aplicar as regras comuns em vigor na Comunidade, i.e., a Directiva sobre Assistência Mútua. Além disso, para a troca de informação dentro da Comunidade, a Convenção Multilateral apenas se aplica onde a Directiva não estabelecer qualquer regra.

Em sede de Acordos para Troca de informações (*Memoranda of Understanding* de que atrás se falou), e uma vez que se trata de meros *agreements*, as exigências de vinculação não são tão rigorosas como acontece com os Tratados.

Existindo conjugação de normas convencionais ou comunitárias que sirvam de base ao intercâmbio de informação deverá aplicar-se aquela que contenha cláusula de maior alcance (*wider-ranging provisions of assistance*). O mesmo é dizer que "os eventuais conflitos que possam aparecer neste âmbito entre as Convenções de Dupla Tributação e a Directiva 77/799/CEE (bem como a recém aprovada Directiva 2011/16/UE) resolver-se-ão a favor da norma que ofereça maiores possibilidades de intercâmbio de informação (princípio da máxima eficácia) e, se ambas as disposições permitirem a transmissão dos dados objecto do intercâmbio, deverá empregar-se aquela que conceda maiores garantias de segredo tributário no Estado receptor da informação"[30]. De facto, a Directiva 77/799/CEE (e também a nova Directiva 2011/16/UE) permitem que sejam aplicáveis outras normas que não as nela contidas, entre as quais as convencionais, desde que possibilitem um intercâmbio de informação de maior alcance que o contemplado nas suas disposições[31].

---

[29] CAPÍTULO VI – DISPOSIÇÕES FINAIS
"Artigo 27
Outros acordos ou entendimentos internacionais
1. As possibilidades de assistência fornecida por esta Conevenção não limitam, nem são limitadas, por outras contidas em acordos internacionais actuais ou futuros ou outros entendimentos entre as Partes envolvidas ou quaisquer outros instrumentos que respeitem a cooperação em matérias fiscais.
2. Não obstante as regras da presente Convenção, as Partes que sejam membros da Comunidade Económica Europeia devem aplicar nas suas relações mútuas as regras gerais em vigor nessa Comunidade".
[30] CALDERÓN CARRERO, J. M.: "El articulo 26 MC OCDE 2000: La cláusula de intercambio de información", ob. cit., p. 1251: "Así, los eventuales conflictos que pudieran sucitarse en este ámbito de los Convenios de Doble Imposición y la Directiva comunitaria 77/799 se resuelven a favor de la norma que ofrezca mayores posibilidades de intercambio de información (princípio de la máxima eficacia); si ambas disposiciones permitieran la transmisión de datos objeto de intercambio, a nuestro juicio, debería emplearse aquella cláusula que otorgara mayores garantías de secreto tributario en el Estado receptor de la información".
[31] CORDERO GONZALEZ, E.: "El intercambio de información sobre las rentas del capital mobiliario en la Unión Europea", en <u>Crónica Tributaria</u>, n. º 113, p. 55; e artigo 11º da Directiva 77/799/CEE,

OS DEVERES DO PODER EXECUTIVO DERIVADOS DA OBRIGAÇÃO DE INTERCÂMBIO

O problema pode também colocar-se em relação à articulação das disposições convencionais com os Regulamentos (CE) 1798/2003, em sede de IVA, e (CE) 2073/2004, em sede de IECs, nomeadamente quando se trate de Convenções de Dupla Tributação celebradas com acolhimento da nova redacção do artigo 26º da Convenção Modelo, a qual alarga a troca de informação a todos os impostos do Direito interno dos Estados contratantes (e não apenas aos Impostos sobre o rendimento e património). E a solução assumida nesses normativos (tendo já em conta o Regulamento (UE) 904/2010 que substituirá o Regulamento (CE) 1798/2003 a partir de 1 de Janeiro de 2012) é similar à da Directiva 77/799/CEE (e da Directiva 2011/16/UE) com aplicação, portanto, da disposição que permita o intercâmbio de informação de maior alcance, conforme se estabelece no artigo 46º nº 1 do Regulamento (CE) 1798/2003[32] (artigo 60º nº 1 do Regulamento (UE) 904/2010) e artigo 1º nº 2 do Regulamento (CE) 2073/2004[33].

Concluindo: entre Estados-Membros, as normas comunitárias prevalecem, a menos que uma obrigação de troca de informação com maior alcance exista entre eles, caso em que a norma que prevê essa obrigação deve ser aplicada. Para além deste, o outro único caso em que se aplicarão outros instrumentos entre Estados-Membros, será quando os normativos comunitários não contenham regras sobre o assunto.

Entre um Estado-Membro e os seus sujeitos passivos só se aplica, em princípio, a Lei nacional. Contudo, um indivíduo pode contar com as disposições do Direito Comunitário que tenham efeito directo, quando estas o protejam melhor do que o faz aquela[34]. Dependendo, obviamente, do sistema constitucional do respectivo Estado-Membro, um indivíduo poderá também contar com

---

sobre Aplicabilidade de disposições mais amplas em matéria de assistência: "as disposições anteriores não prejudicam a execução de obrigações mais amplas no que respeita à troca de informações que resultem de outros actos jurídicos".

[32] Artigo 46º nº 1: "As disposições do presente Regulamento não prejudicam a execução de obrigações mais amplas em matéria de assistência mútua resultantes de outros actos jurídicos, incluindo de eventuais Acordos bilaterais ou multilaterais".

[33] Artigo 1º nº 2: "O presente Regulamento não afecta a aplicação nos Estados-Membros das regras relativas ao auxílio judiciário mútuo em matéria penal. Não prejudica tão-pouco o cumprimento de quaisquer obrigações em matéria de assistência mútua resultantes de outros instrumentos legais, designadamente de Acordos bilaterais ou multilaterais".

[34] O que se afigura ser o que acontece com o artigo 7º nº 1, terceiro travessão, e nº 3, relativos ao segredo, que assim poderão apresentar efeito directo (TERRA B. e WATTEL P.: European Tax Law, Kluwer Law International, 1997, p. 339). O mesmo não acontece com o artigo 8º, sem efeito directo por se limitar a garantir aos Estados-Membros a base para a recusa discricionária, e não propriamente a conferir direitos aos indivíduos.

O INTERCÂMBIO DE INFORMAÇÃO TRIBUTÁRIA

as disposições auto executivas dos Tratados bilaterais ou multilaterais, não devendo esquecer-se, porém, que as habituais normas de troca de informação que neles estão previstas não conferem quaisquer direitos aos contribuintes para lá dos que possuam ao abrigo da legislação nacional.

Quando concorram todos e cada um dos pressupostos analisados no Capítulo anterior (objectivos, subjectivos e temporais) pode afirmar-se que da Convenção, ou da Directiva e Regulamento, consoante o caso, deriva uma correlativa obrigação para o Estado requerido de obter e transmitir a informação solicitada pelo outro Estado. O incumprimento de tal obrigação gera responsabilidade internacional e é causa de suspensão ou cessação da Convenção conforme estabelece o artigo 60º da Convenção de Viena sobre o Direito dos Tratados ou, no caso do Direito Comunitário, constitui uma infracção ao mesmo, apreciável pelo TJUE, como resulta dos artigos 226º e 227º do Tratado da União Europeia e foi já reconhecido pelo Tribunal Europeu de Justiça[35]. O que significa que a cláusula de intercâmbio de informação gera no Estado requerido a obrigação de obter e fornecer os dados que lhe tenham sido solicitados, incumbindo à Administração fiscal desse Estado pôr em prática todas as faculdades e meios que lhe conceda a sua legislação interna para obter a informação que lhe foi pedida pelo outro Estado. Para a satisfação desta obrigação de obtenção dos dados solicitados, os meios de obtenção não são outros senão os que ao Fisco são concedidos pela sua legislação, devendo ser observados alguns princípios, adiante abordados, quanto ao âmbito e forma de actuação.

2.2. A normativa comunitária e a sua aplicação pelas Administrações tributárias nacionais

2.2.1. Problemática geral

Falar em problemas de índole jurídica pretende aqui significar-se que as normas existentes em matéria de intercâmbio de informação, e que é suposto traduzirem, em regra, o resultado de um consenso (e por isso a melhor solução possível), podem ter omissões ou imprecisões que "devidamente" utilizadas permitem que os obrigados ao respectivo cumprimento façam um uso abusivo das mesmas e escapem por essa via à realização do objectivo pretendido.

Existem procedimentos e limitações decorrentes da disciplina comunitária do intercâmbio de informação, como à frente melhor desenvolveremos, que constituem compreensíveis medidas visando evitar actuações abusivas, introduzir racionalidade e equidade nos comportamentos e garantir os direitos dos contribuintes. Há que evitar, todavia, que sejam usados (o que acontece mais

---

[35] Acórdão do TJUE no Processo C-420/98, *W.N.*, de 13 de Abril de 2000.

frequentemente que o desejável) para lá de limites razoáveis, retardando, ou mesmo impedindo, efectivas trocas de informação. Atitudes em que se recorre a dúvida sistemática sobre a verificação dos requisitos exigíveis (amiúde de índole mais formal do que substancial), ou em que se levam a limites quase incomportáveis as provas exigidas, considerando as outras Administrações como se fossem completamente estranhas ou concorrentes nestes procedimentos, retira eficácia e eficiência a instrumentos que foram criados e regulados na base da boa fé e confiança recíproca entre as partes. Exigível será uma atitude aberta e colaborante (para não dizer mesmo generosa) tanto no que respeita ao efectivo fornecimento dos dados solicitados, como à rapidez, clareza e adequação dos dados fornecidos ao pedido recebido.

São ainda exemplos de atitudes não colaborantes os casos em que se duvida sistematicamente das possibilidades internas de obtenção dos dados manifestadas pela autoridade solicitante (exigindo-lhe que justifique com detalhe as dificuldades internas invocadas, nomeadamente de se acharem esgotadas todas as suas fontes internas de informação) ou da necessidade real dos dados solicitados para o país requerente (pedindo, como chegaram a fazer algumas Administrações, que "expressamente justifique que os dados solicitados são necessários para lutar contra a fraude"), especialmente quando o cumprimento dessas formalidades não traz nada de substantivo ou substancial aos procedimentos. O resultado é o de que se consome muito mais tempo de que o estritamente necessário para completar o processo de remessa dos dados, comprometendo-se, às vezes irremediavelmente, os adequados conhecimento, verificação e controle do facto tributário.

O mesmo acontece quando a Administração requerida, para atender aos pedidos que recebe de outros países, estabelece o cumprimento obrigatório de requisitos adicionais específicos, como é o caso da obrigatoriedade de notificação e/ou consulta do contribuinte a quem se referem os dados que vão ser facultados, dando-lhe possibilidade de recurso[36] (v.g. Holanda e Portugal, em variadas situações). De positivo, é inegável que este procedimento salvaguardará melhor os direitos dos contribuintes, poderá contribuir para evitar erros e, como tal, melhorar a eficácia da troca de informação, sendo até possível atribuir-lhe a valia de contribuir para uma maior cooperação do contribuinte objecto de notificação com as suas autoridades fiscais. Mas é inegável, também, que isso acarretará atrasos temporais que amiudadas vezes farão fracassar o êxito final das investigações realizadas pela Administração requerente. Então, talvez se justificasse como melhor solução a de reconhecer às cessões de dados a outros paí-

---

[36] É o caso p.e. da Holanda e de Portugal.

ses igual condição que a das cessões de dados da Administração fiscal a outras Administrações do mesmo país, para as quais, em geral, não resulta necessário cumprir o requisito de notificar/consultar o contribuinte.

Referência também à interpretação restrita que fazem alguns países do princípio de reciprocidade de facto, exigindo a verificação de "interesse fiscal próprio da Administração requerida" para o desenvolvimento de actuações tendentes a obter os dados solicitados e respectivo fornecimento, com o argumento de que se a prática administrativa habitual do país requerido supõe que ele só decida obter esses dados quando neles tenha interesse directo, então os seus esforços em obtê-los para fornecer a outro país apenas se justificarão se neles tiver algum interesse próprio.

Por fim, a delicada temática do círculo de confidencialidade dos dados e da esfera reservada de uso dos mesmos ou, o mesmo é dizer, a relativa à obtenção de algumas informações e sua posterior utilização, incluindo a eventualidade da respectiva cessão.

No que respeita aos dados obtidos de forma automática ou espontânea, eles integram-se em geral nas bases de dados da Administração receptora, em muitos casos sem que seja possível, *a posteriori*, distingui-los dos obtidos a partir de fontes internas, o que poderá conduzir à sua eventual utilização para fins não previstos no instrumento jurídico que legitimou a inicial cessão, ou a serem cedidos, com base na legislação interna, para outros procedimentos que não os tributários, sem que a Administração fiscal cessionária haja para tal dado o seu consentimento, expresso ou tácito. Trata-se, indiscutivelmente, de questão muito complexa a que deve ser dada toda a atenção, evitando todavia que resulte para os contribuintes envolvidos em actuações fraudulentas o benefício de conseguirem invalidar os procedimentos tributários que lhes respeitem com base no argumento de que os dados não foram obtidos correctamente. Compreendendo a posição geralmente tomada de que deva ser a Administração que cedeu os dados a permitir que a receptora os use posteriormente, e sempre de acordo com as normas comunitárias e internas de protecção da informação, alguma agilização poderia porém equacionar-se estabelecendo que a Administração cedente possa permitir à Administração receptora o seu uso, com sujeição às respectivas normas internas de segredo e confidencialidade e atribuindo aos seus Serviços de auditoria interna ou aos Tribunais a valoração do uso inadequado.

Há que ter em conta a este respeito as disposições da Directiva 95/46/CE, que aplicam às transferências internacionais de informação tributária a exigência de que os Estados destinatários da informação concedam um nível adequado de protecção da informação, estabelecendo critérios gerais – nos artigos 25º e 26º – a seguir na análise e qualificação do carácter adequado da protecção.

OS DEVERES DO PODER EXECUTIVO DERIVADOS DA OBRIGAÇÃO DE INTERCÂMBIO

E há-de entender-se que essa análise deve ter em conta dois elementos básicos[37]: o conteúdo das normas que o país de destino aplica aos dados; e os meios previstos para assegurar a sua eficaz aplicação. Não esquecendo que a Comissão Europeia tem Estado atenta a esta temática, e as suas decisões devem ser assumidas por todos os Estados-Membros, dever-se-á distinguir entre transferências que tenham por destinatários Estados-Membros da UE[38], relativamente aos quais se haja declarado a existência de níveis adequados de protecção, e transferências para não Estados-Membros[39] relativamente aos quais não foi declarado pela Comissão Europeia a existência de adequada protecção. Para os primeiros o princípio será o da permissão, com atenção aos casos em que se constate que o destinatário não cumpriu as normas existentes no seu ordenamento jurídico. Quanto aos segundos, a prova dos requisitos deverá ser condição prévia da cessão dos dados.

A solução para estes e outros problemas, não é demais repeti-lo, passa por implantar o intercâmbio internacional de dados como um mecanismo efectivo, com cada Estado-Membro a assumir que cabe à sua Administração tributária obter e facilitar a informação que lhe é solicitada, da mesma maneira e com a mesma intensidade como se estivesse em causa a sua própria tributação.

2.2.2. Aspectos específicos de cada um dos tipos de intercâmbio de informação

Previsto como modalidade de cooperação e assistência administrativa mútua tanto nas Directivas como nos Regulamentos comunitários que lhes respeitam, o intercâmbio de informação não resulta neles regulado de maneira uniforme. Seguindo as três modalidades que o intercâmbio de informação propriamente dito comporta, analisar-se-á, para cada uma delas, a forma como resulta previsto e disciplinado em termos de Directivas, *maxime* a Directiva 77/799/CEE e também a nova Directiva 2011/16/UE, e de Regulamentos comunitários mencionados, recordando antes, a tal respeito, as respectivas pecularidades de cada um desenhadas nestes normativos.

O intercâmbio de informação a pedido[40] rege-se pelo princípio da subsidiariedade da assistência, pressupondo pois que o Estado requerente, tenha esgo-

---

[37] GONZÁLEZ MÉNDEZ, A.: La Protección de Datos Tributários y su Marco Constitucional, ob. cit., p. 111, que refere a lista de princípios e mecanismos elaborados pelo Grupo de Trabalho, os quais devem constar da legislação do país em análise, para averiguar a verificação das condições exigidas.
[38] Ou membros do Espaço Económico Europeu.
[39] Ou não membros do Espaço Económico Europeu.
[40] Encontra-se previsto no artigo 2º da Directiva 77/799/CEE e artigos 5º a 7º da Directiva 2011/16/EU; nos artigos 5º a 13º do Regulamento (CE) 1798/2003 (Capítulo II – Intercâmbio de informação a

O INTERCÂMBIO DE INFORMAÇÃO TRIBUTÁRIA

tado, antes de proceder ao pedido de troca de informação, as suas fontes internas para a obtenção da informação pedida, sem que, todavia, a aplicação do princípio seja absoluta. De facto, admite-se uma excepção quando a utilização das próprias fontes de informação seja susceptível de prejudicar a obtenção do resultado pretendido[41].

No caso de a informação solicitada no pedido não estar já em poder da sua Administração tributária, o Estado requerido deverá proceder às diligências necessárias e adequadas à obtenção de tais informações conforme estabelece o artigo 2º nº 2 da Directiva 77/799/CEE, a que acresce o artigo 5º[42] a determinar que a transmissão da informação seja efectuada o mais rapidamente possível, devendo a autoridade do Estado requerido informar a autoridade do Estado requerente, no caso de dificuldades ou de recusa de fornecimento da informação, sobre a natureza dessas dificuldades ou as razões da recusa. Trata-se, todavia, de um normativo com fundamentação de carácter muito pouco determinado, com o perigo de que, invocando meras razões de ordem pública, se consiga, com relativa facilidade, esvaziar de conteúdo o disposto no referido artigo 5º da Directiva.

A nova Directiva 2011/16/UE, como se disse, melhora a disciplina aplicável, fixando agora prazos máximos para o fornecimento da informação: dois meses se a autoridade requerida dispuser já das informações pedidas sem necessidade de acções complementares de obtenção, e seis meses em situação contrária, contendo ainda a faculdade de poderem ser acordados prazos diferentes entre as duas autoridades face à especificidade dos casos. Para lograr o cumprimentos destes prazos a Directiva fixa, também com definição dos respectivos prazos,

---

pedido); e nos artigos 7º a 10º do Regulamento (UE) 904/2010, bem como nos artigos 5º a 10º do Regulamento (CE) 2073/2004 (Capítulo II – Cooperação a pedido, Secção I – Pedido de informações e de inquéritos administrativos).

[41] Conforme resulta do artigo 2º nº 1 da Directiva 77/799/CEE (artigo 17º nº 1 da Directiva 2011/16/ /UE), do artigo 40º nº 1, alíneas a) e b) do Regulamento (CE) 1798/2003 (artigo 54º nº1 do Regulamento (UE) 904/2010) e do artigo 30º nº 1, alíneas a) e b) do Regulamento (CE) 2073/2004. Isso resulta também do artigo 19º da Convenção Multilateral para a Assistência Mútua em Matéria Tributária do Conselho da Europa e Disposições relacionadas com todas as formas de assistência, que dispõe que o Estado requerido não fica obrigado a aceitar o pedido se o Estado solicitante não tiver utilizado todos os meios disponíveis no seu próprio território, com uma excepção assaz diferente: "excepto quando o uso de tais meios originasse uma dificuldade desproporcionada".

[42] "Artigo 5º – Prazo de transmissão: A autoridade competente do Estado-membro que é chamada a fornecer informações, por força do disposto nos artigos anteriores, procederá à sua transmissão o mais rapidamente possível. Se o fornecimento das referidas informações deparar com obstáculos ou se for recusada, essa autoridade informará imediatamente a autoridade requerente, indicando a natureza dos impedimentos ou os motivos da sua recusa".

OS DEVERES DO PODER EXECUTIVO DERIVADOS DA OBRIGAÇÃO DE INTERCÂMBIO

obrigações formais para a autoridade requerida de acusar a recepção do pedido, de tratar eventuais lacunas existentes no mesmo, e de comunicar a existência (fundamentada) de dificuldades que possam comprometer o cumprimento do prazo estabelecido, e, no caso de recusa, as razões subjacentes[43].

É também intercâmbio de informação a pedido o inserido na Directiva 2008/55/CE[44], em matéria de assistência na cobrança de créditos respeitantes a certas quotizações, direitos, impostos e outras medidas. Aí se prevê apenas esta modalidade de intercâmbio de informação, excluindo pois qualquer das outras alternativas – quer os intercâmbios automáticos quer os espontâneos –, o que resulta perfeitamente compreensível pelo facto de a assistência nelas estabelecida estar referenciada a uma situação concreta – uma específica dívida tributária –. Diferentemente do que acima foi dito, o princípio da subsidiariedade não aparece aqui estabelecido como um limite que possa ser alegado pela autoridade requerida para desatender um pedido de informação. São estabelecidos de forma muito mais exaustiva os aspectos conexos com as solicitações e fornecimentos de informação[45]: o pedido deve ser feito ou por escrito e enviado via electrónica[46], ou então em papel com selo oficial da autoridade requerente e assinatura por funcionário para tal autorizado, devendo conter a indicação expressa, se esse for o caso, de que foi endereçado pedido similar a outra autoridade; deve indicar-se obrigatoriamente o nome e direcção da pessoa relativamente à qual se pede a informação, e a natureza e montante do crédito; a autoridade requerida acusará o recebimento do pedido de informação dentro dos sete dias seguintes à respectiva recepção e transmitirá a informação pedida à medida que a obtenha ou, não a podendo obter num prazo razoável, deverá disso informar a autoridade requerente indicando os respectivos motivos. Em qualquer caso, decorridos que sejam seis meses desde a data em que foi acusada a

---

[42] Os Regulamentos (CE) 1798/2003 e (CE) 2073/2004 contêm uma fórmula idêntica quanto à celeridade do envio da informação, mas por razões que pretendem melhor acautelar a sua eficácia estabelece-se no artigo 8º, de ambos (artigo 10º do novo Regulamento (UE) 904/2010, para o Imposto sobre o Valor Acrescentado), um prazo máximo de três meses quando a informação não esteja disponível e a sua obtenção conduza a actuações administrativas adequadas, e de um mês em situação contrária, o mesmo é dizer, sempre que a informação se encontre já em poder da Administração requerida, sendo ainda possível acordar no estabelecimento de outros e distintos prazos (artigo 9º de ambos os Regulamentos).

[44] Ver artigo 4º da Directiva 2008/55/CE.

[45] Nos termos do artigo 4º da Directiva 2002/94/CE, a informação pode referir-se ao devedor, a qualquer pessoa que resulte obrigada ao pagamento da dívida por aplicação das disposições vigentes no Estado da autoridade requerente, ou mesmo a um terceiro que se encontre na posse de bens pertencentes a qualquer daquelas pessoas.

[46] Com sujeição a um modelo específico constante do Anexo I à Directiva 2002/94/CE.

O INTERCÂMBIO DE INFORMAÇÃO TRIBUTÁRIA

recepção do pedido, a autoridade requerida terá de comunicar o resultado das investigações efectuadas para a obtenção dos dados solicitados, cabendo depois à autoridade requerente, se assim o pretender, o direito de solicitar (dentro do prazo de dois meses) que sejam continuadas as investigações, ou decidir retirar o pedido (o que pode também fazer a qualquer momento, bastando para tal que o comunique por escrito à autoridade requerida).

A Directiva 2008/55/CE será revogada pela Directiva 2010/24/UE, de 16 de Março de 2010, a partir de 1 de Janeiro de 2012, a qual contém um Capítulo II disciplinando o intercâmbio de informações, não apenas na vertente das informações com pedido prévio (e pedido de notificação de certos documentos respeitantes a créditos), mas também nos casos de reembolsos de impostos ou de direitos (com execepção do Imposto sobre o Valor Acrescentado), em que não há obrigatoriedade de pedido prévio[47].

Por outro lado, recordamos aqui que os intercâmbios automáticos de informação, permitem às autoridades competentes, sem pedido prévio, e de maneira regular, trocarem a informação necessária para a liquidação dos impostos nos casos determinados em sede do Procedimento de Consulta da Directiva. A informação espontânea aparece no artigo 4º da Directiva, com um elenco aberto de situações em que poderá ser aplicado[48]. Trata-se, de facto, de um elenco mera-

---

[47] Prevista está ainda a presença nos serviços administrativos e participação nos inquéritos administrativos de funcionários da autoridade requerente, desde que autorizados pela autoridade requerida (artigo 7º da Directiva 2010/24/UE). O intercâmbio de informação a pedido está também disciplinado em matéria aduaneira, nos artigos 4º a 12º do Regulamento (CE) 515/97 (alterado, entretanto, pelo Regulamento (CE) 807/2003, do Conselho, de 14 de Abril de 2003 e pelo Regulamento (CE) 766/2008, do Parlamento Europeu e do Conselho, de 9 de Julho de 2008), não se lhe aplicando igualmente o princípio de subsidiariedade. A pedido da autoridade requerente a autoridade requerida deverá comunicar-lhe toda a informação que lhe permita garantir o cumprimento das disposições constantes das regulamentações aduaneira e agrária.

[48] Artigo 4º nº 1 que prevê as seguintes situações:

"a) A autoridade competente de um Estado-Membro tem motivos para supor que existe uma redução ou uma isenção anormais de impostos no outro Estado-Membro;

b) Um contribuinte obtém num Estado-Membro uma redução ou isenção de imposto que pode implicar um agravamento de imposto ou a sujeição a imposto no outro Estado-Membro;

c) Os negócios entre um contribuinte de um Estado-Membro e um contribuinte de um outro Estado-Membro, em que intervenham um estabelecimento estável desses contribuintes ou um ou mais terceiros, que se encontrem num ou mais países diferentes, são de molde a dar origem a uma redução de imposto num ou noutro Estado-Membro ou em ambos;

d) A autoridade competente de um Estado-Membro tem razões para presumir que existe uma diminuição de imposto resultante de transferências fictícias de lucros dentro de grupos de empresas;

e) Num Estado-Membro, na sequência das informações comunicadas pela autoridade competente de outro Estado-Membro, são obtidas informações que podem ser úteis ao estabelecimento do imposto neste outro Estado-Membro."

OS DEVERES DO PODER EXECUTIVO DERIVADOS DA OBRIGAÇÃO DE INTERCÂMBIO

mente exemplificativo, prevendo-se, todavia, a possibilidade de estender o seu âmbito de aplicação a outras situações, através do Procedimento de Consulta do artigo 9º[49], e sempre com a faculdade conferida às autoridades competentes dos Estados-Membros de trocarem outras informações de que tenham conhecimento e apresentem relevância tributária nos termos em que esta é definida pela Directiva[50].

Na nova Directiva 2011/16/UE o intercâmbio automático de informações, aparece disciplinado no artigo 8º, passando a ser obrigatório relativamente a cinco categorias de rendimentos, como possibilidade de futuro alargamento a oito categorias, nos termos já referidos no Capítulo anterior[51].

[49] 2. As autoridades competentes dos Estados-membros, no âmbito do processo de consulta previsto no artigo 9º, podem tornar extensiva a troca de informações referida no nº 1 a outros casos além dos que aí são previstos.

[50] Artigo 4º nº 3 "as autoridades competentes dos Estados-membros podem, em todos os outros casos, comunicar entre si, sem necessidade de pedido prévio, as informações referidas no nº 1 do artigo 1º de que tenham conhecimento".

[51] Ambas as modalidades – intercâmbio automático e intercâmbio espontâneo – aparecem também referenciadas no Regulamento (CE) 1798/2003, Capítulo IV, artigos 17º a 21º (artigos 13º a 15º do novo Regulamento (UE) 904/2010), sob a designação abrangente de intercâmbio de informação sem pedido prévio, reconhecida que é a necessidade de trocar à escala comunitária, para além das exigidas pelo VIES (*VAT Information Exchange System*), todas as outras informações que permitam aumentar as possibilidades de detecção e investigação da fraude, seja por forma automática seja espontaneamente (FERNANDEZ MARÍN, F.: "La tutela de la Unión Europea al contribuyente en el intercambio de información tributaria", ob. cit., p. 54). O intercâmbio espontâneo, definido no seu artigo 2º como «*a comunicação, não regular e sem pedido prévio, de informações a outro Estado-Membro*», e o restante intercâmbio de informação sem pedido prévio – o automático – ocorrerá nos termos do artigo 17º, qualificando-se simplesmente de automático ou antes de automático estruturado, conforme o momento de transmissão da informação – de forma periódica ou à medida que esteja disponível, respectivamente –. No Regulamento (UE) 904/2010 são os artigos 13º a 15º que disciplinam a matéria.
Ainda neste contexto deve referenciar-se o Regulamento (CE) 1925/2004 da Comissão, de 29 de Outubro de 2004 JO nº L 331, de 5 de Novembro de 2004, pp. 13-18., aprovado para regular algumas das disposições do Regulamento 1798/2003 No artigo 3º do Regulamento (CE) nº 1925/2004 definem-se as categorias de informação que podem ser objecto de um intercâmbio automático ou automático estruturado para efeitos do artigo 17º do Regulamento 1798/2003, a saber: sujeitos passivos não residentes; meios de transporte novos; vendas à distância não sujeitas a IVA no Estado Membro de origem; transacções intracomunitárias presumivelmente irregulares e potenciais "operadores carrossel". Para além disso, o artigo 4º concretiza as informações susceptíveis de intercâmbio naquelas categorias, estabelecendo o artigo 6º os termos e prazos do procedimento de intercâmbio, diferenciando aquelas diversas categorias. E para dar impulso a esta categoria de intercâmbios sem pedido prévio, em particular para dotar de eficácia as disposições relativas à informação a trocar e modo de intercâmbio (artigo 18º), disciplinar as relações com a Comissão (artigo 35º) e estabelecer os requisitos aplicáveis ao intercâmbio de informação (artigo 37º).

O INTERCÂMBIO DE INFORMAÇÃO TRIBUTÁRIA

De destacar a evolução, tendo em conta as Conclusões do Conselho de 7 de Outubro de 2008; a Comunicação da Comissão ao Conselho, ao Parlamento Europeu e ao Comité Económico e Social Europeu, relativa a uma estratégia coordenada para melhorar o combate à fraude ao IVA na União Europeia, e o Relatório da Comissão ao Conselho e ao Parlamento Europeu sobre a aplicação do Regulamento (CE) 1798/2003, foi no sentido de melhorar os instrumentos neste contidos e de dar clarificação prática e de redacção a algumas das suas disposições[52].

Surgiu, em consequência o novo Regulamento (UE) 904/2010, que concretizou ainda a disciplina necessária em matéria de intercâmbio de informações para assegurar o funcionamento do sistema de balcão único previsto na Directiva IVA (Directiva 2006/112/CE, do Conselho, de 28 de Novembro de 2006), e a mecânica do procedimento de reembolso a sujeitos passivos não estabelecidos no Estado-Membro de reembolso mas sim num outro Estado-Membro, tal como resulta da Directiva 2008/9/CE, do Conselho, de 12 de Fevereiro de 2008. Neste contexto foi-se mais longe na previsão da troca de informações sem pedido prévio, ficando a Comissão com a competência (de regulamentação) que lhe resulta atribuída pelo artigo 5º da Decisão do Conselho de 28 de Junho de 1999[53], encarregada da definição das exactas categorias de informações em que seja obrigatório o intercâmbio automático de informação; a frequência dessa troca relativamente a cada uma das categorias e as respectivas modalidades práticas[54].

E, para a operacionalidade de tudo isto, disciplinaram-se melhor as regras aplicáveis à armazenagem e à transmissão electrónica dos dados, garantindo a sua fiabilidade, e previram-se formulários normalizados que garantam procedimentos mais rápidos (com maior cuidado na fixação dos associados prazos) e ultrapassem algumas das dificuldades resultantes da diversidade linguística existente na União. Complementarmente foi previsto o estabelecimento de uma rede descentralizada, designada de EUROFISC, sem personalidade jurídica própria, com o objectivo de promover e facilitar a uma cooperação multilateral e descentralizada de combate de forma direccionada e rápida actividades fraudulentas específicas, ao mesmo tempo que se avançou determinando que as

---

[52] Considerando nº 2 do Regulamento (UE) 904/2010, de 7 de Outubro de 2010.

[53] Decisão 1999/468/CE.

[54] Para o caso específico do IVA devido pelos serviços de telecomunicações, radiodifusão e televisão e serviços prestados por via electrónica, passará a ser obrigatória, a partir de 1 de Janeiro de 2015, a prestação de informação ao Estado-Membro de consumo dos serviços por forma a que esteja em condições de apurar se os sujeitos passivos prestadores não estabelecidos no seu território declaram e pagam correctamente o IVA devido.

OS DEVERES DO PODER EXECUTIVO DERIVADOS DA OBRIGAÇÃO DE INTERCÂMBIO

regras relativas ao sigilo bancário não deverão constituir entrave à aplicação do novo Regulamento[55].

Quanto à informação a fornecer, será a informação obtida pela Administração requerida, quer essa informação tenha sido previamente obtida na sequência de obrigações impostas aos seus obrigados tributários (v.g. declarações, autoliquidações, obrigações formais dos substitutos na retenção na fonte), quer tenha sido obtida através da realização de normais actividades de investigação fiscal dirigida à sua obtenção.

Uma das dificuldades que discute a doutrina se diferem ou não as vias de obtenção da informação, consoante se actue em sede de intercâmbio automático ou de intercâmbio espontâneo, com uns autores a entenderem que qualquer das apontadas duas vias será aplicável em ambos os intercâmbios[56], enquanto para outros o automático abrangerá dados em poder da Administração fiscal em resultado da sua actividade normal de gestão fiscal e o espontâneo terá como fonte ou origem os dados (que se presume serem de interesse para outro Estado), obtidos aquando da realização de auditorias nacionais, e para

---

[55] No Regulamento (CE) 2073/2004, em matéria de impostos especiais de consumo, toda esta matéria se encontra disciplinada em termos similares aos constantes do Regulamento (CE) 1798/ /2003.

Relevante em termos de delimitação da actuação prática das autoridades competentes envolvidas no intercâmbio de informação, é saber quais os requisitos da informação nele abrangida. Os artigos 17 e 18º dos Regulamentos (CE) 1798/2003 e (CE) 2073/2004 estabelecem que deve tratar-se de informação com relevância tributária, qualificação a fazer caso a caso e contemporaneamente com as solicitações nos intercâmbios a pedido, e em fase prévia nos automáticos (relativamente aos quais é elaborado por acordo entre os Estados-Membros o catálogo de informações específicas a trocar, a periodicidade e outros aspectos conexos). No intercâmbio espontâneo, a apreciação do carácter necessário da informação é deixada ao critério do Estado requerido, podendo concluir-se que nele resultam abrangidos todos os elementos relacionados com o imposto, sem quaisquer limitações (as quais, se estabelecidas, reportam-se às circunstâncias e condições em que se pode realizar o intercâmbio e não às informações que pode abranger). Assim resulta do artigo 4º da Directiva 77/799/CEE, o qual, mesmo que num primeiro momento possa ser entendido como elenco taxativo, alarga a sua abrangência por via do Procedimento de Consulta previsto no respectivo artigo 9º, e dos artigos 19º de ambos os Regulamentos.

[56] Segundo FERNANDEZ MARÍN, F.: La tutela de la Unión Europea al contribuyente en el intercambio de información tributaria, ob. cit., pp. 56 e 57, a Administração fornece nestes intercâmbios automáticos e espontâneos as informações que tenha em seu poder obtidas por qualquer uma destas vias. O autor fundamenta a sua posição no facto de que apenas no intercâmbio a pedido ter aplicação o princípio da subsidiariedade, a significar que só neste contexto poderá decorrer a realização de um actividade de comprovação ou de investigação para fornecer a informação pedida: "la aplicabilidad de este principio, a mi modo de ver, supone un régimen jurídico de la información intercambiada diverso al de las otras dos modalidades (automático y espontáneo) donde este principio no juega".

241

O INTERCÂMBIO DE INFORMAÇÃO TRIBUTÁRIA

fins internos[57], posição que se afigura mais conforme com a definição e delimitação de cada um e dos dois tipos de intercâmbio.

Referência merece também o tipo de documentos que devem as Administrações fiscais utilizar no intercâmbio de informação. Deverá tratar-se de documentos oficiais a fornecer e a exigir com esse qualificativo? Ou não? E conexa com essa uma outra temática: qual a respectiva eficácia probatória? Na hora de fornecer e de obter a informação, como devem actuar e o que devem exigir as Administrações fiscais dos Estados em termos de formalidades, quer quanto ao universo dos dados quer quanto ao suporte documental utilizado? Subjacentes estão o princípio de equivalência e o princípio da autonomia procedimental do Estado, já antes referidos.

Note-se que com as novas disciplinas plasmadas na Directiva 2011/16/UE, as questões relativas à forma dos documentos aparecem substancialmente melhoradas uma vez que serão efectuadas através de formulários, formatos e canais de comunicação normalizados (artigo 20º desta Directiva).

Na prática, a informação a trocar pode abranger elementos com força probatória, porque devidamente obtidos e testados, mas também factos, dados e indícios que não tenham essa força. Ou seja, é possível fornecer informação sem prévio teste (como será o caso de alguns dos dados trocados nos intercâmbios automáticos e espontâneos), os quais, não gozando de eficácia probatória no Estado que os fornece, também a não deveriam ter no Estado que os recebe, podendo apenas permitir neste Estado o início das actuações de comprovação.

Se o objectivo do intercâmbio de informação é não apenas a prossecução de uma função de actuação sobre a prática verificada de actividades fraudulentas pelos contribuintes mas também a prossecução de uma função preventiva dessa prática fraudulenta[58], então deve admitir-se que através dos intercâmbios de informação automáticos e espontâneos sejam fornecidas informações de que se tenha conhecimento, e que os dados fornecidos possam constituir elementos de prova, sem haver condicionamento a requisitos procedimentais de qualquer tipo[59].

Apenas no intercâmbio de informação a pedido, e devido ao papel que nele ocupa o princípio da subsidiariedade (que pressupõe, como é sabido, o esgota-

---

[57] Posição defendida por CALDERÓN CARRERO, J. M.: Intercambio de información y fraude fiscal internacional, CEF, Madrid, 2000, pp. 313 e 315, considerando que o intercâmbio automático está vinculado actividades de gestão tributária normal e o intercambio espontâneo a específicas actuações de investigação (diferentes das que se farão para responder a um pedido de informação).

[58] Como resulta contido nas expressões utilizadas nos artigos 17º dos Regulamentos (CE) 1798/ /2003 e 2073/2004.

[59] Como claramente admitem o artigo 19º dos Regulamentos (CE) 1798/2003 e 2073/2004 e o artigo 4º da Directiva 77/799/CEE.

OS DEVERES DO PODER EXECUTIVO DERIVADOS DA OBRIGAÇÃO DE INTERCÂMBIO

mento prévio de todas as vias de obtenção), se exige que a informação trocada se mostre devidamente comprovada, para ser fiável e poder servir de elemento de prova e não de mero indício (o envio de um mero indício não satisfaria o pedido de informação suposto que é o esgotamento de todos os meios e recursos da actividade investigadora)[60]. É, aliás, esta fundamentação, que faz com que no intercâmbio a pedido o Estado requerido possa ser obrigado a realizar as actuações de comprovação e investigação necessárias para a obtenção da informação pedida, não se aceitando informação em outra situação.

Ainda neste âmbito é pertinente saber qual é o ordenamento chamado à qualificação da eficácia probatória da informação trocada: o do Estado requerente ou o do Estado requerido? Também aqui as posições se dividem. A defesa de que esse papel cabe ao ordenamento jurídico do Estado requerido tem subjacente a ideia de que quando um Estado presta assistência tributária está a fazê-lo segundo as prescrições do seu ordenamento jurídico, devendo admitir-se que a informação que obteve e que fornece tenha sido recolhida pela sua Administração em conformidade com os normativos nacionais. É a aplicação do princípio de equivalência, a exigir uma actuação de acordo com o respectivo Direito interno e, se esse foi o critério comunitário estabelecido, não caberá ao Estado requerente condicionar a eficácia probatória das informações que sejam qualificadas como susceptíveis de poderem constituir elementos de prova segundo o ordenamento do Estado requerido.

Posição diversa é a dos que consideram[61] que a questão entronca, a final, na análise e valoração das diferentes normas nacionais que regulam a força probatória nos respectivos procedimentos administrativos e processos judiciais, constituindo tais normas a fonte principal na hora de dotar de um alcance ou de outro a informação intercambiada no seio de um procedimento de assistência administrativa previsto quer numa CDT quer na Directiva comunitária.

O que interessa concluir, e isso tem desde logo muito interesse em matéria de direitos do contribuinte afectado por um intercâmbio de informação, é que nem toda a informação trocada ao abrigo dos normativos comunitários poderá

[60] FERNANDEZ MARIN, F.: La tutela de la Unión Europea al contribuyente en el intercambio de información tributaria, ob. cit., p. 58, salienta o facto de num processo do Tribunal do Luxemburgo envolvendo a transmissão de dados pessoais, o Tribunal ter declarado que era exigível que os dados transmitidos fossem exactos e estivessem actualizados, sendo que "la información intercambiada previa solicitud solo seria pertinente y adecuada si está depurada, contrastada su veracidad, de otro modo podría resultar inútil". Foi o Processo C-465/00, Österreichischer Rundfunk e outros, de 19 de Julho de 2003, onde se respeitaram os princípios de protecção de dados estabelecidos na Directiva 95/46/CEE, nomeadamente o princípio da qualidade dos dados de que já antes se falou.

[61] CALDERÓN CARRERO, J. M.: Intercambio de información y fraude fiscal internacional, ob. cit., p. 307.

O INTERCÂMBIO DE INFORMAÇÃO TRIBUTÁRIA

qualificar-se e valer como elemento de prova face ao obrigado tributário no Estado requerente. Mesmo que em conformidade com essa qualificação no Estado requerido, pode acontecer que a alguma da informação apenas seja dado o valor de "meros indícios obtidos no Estado requerido", caso em que só servirão no requerente para o início de actuações administrativas de investigação e comprovação. Por outro lado, pode a informação obtida do Estado requerido tê-lo sido com omissão de formalidades legais exigíveis, e como tal não merecer a qualificação de elemento de prova nesse Estado, dependendo o tratamento que em tal âmbito lhe seja dado no Estado requerente da valia que tenham neste Estado, e também em termos de disciplina comunitária, as formalidades omitidas ou violadas: se também exigíveis, está afastada a força probatória; se não forem reconhecidas como exigíveis pelo Estado requerente e não se trate de uma exigência comunitária, então poderá ser-lhe reconhecida tal força probatória[62].

A nova Directiva 2011/16/UE contém (no seu artigo 16º nº 5) uma previsão a respeito da força provatória das informações recebidas: "As informações, relatórios, certificados e quaisquer outros documentos, ou cópias autenticadas ou extractos dos mesmos, obtidos pela autoridade requerida e comunicados à autoridade requerente nos termos da presente Directiva podem ser invocados como elementos de prova pelas instâncias competentes do Estado-Membro da autoridade requerente, do mesmo modo que as informações, os relatórios, os certificados e quaisquer outros documentos similares transmitidos por uma autoridade do mesmo Estado-Membro". Ou seja, é estabelecido no Estado que recebe a informação de outro Estado um valor provatório idêntico para a informação recebida do exterior e para a obtida com base em norma interna que legitima a sua obtenção, o que constitui inovação relativamente à anterior disciplina.

Relativamente às acções de comprovação e investigação dirigidas à recolha da informação solicitada no intercâmbio de informação a pedido, e que a Administração do Estado requerido não tem em seu poder, deixa-se claro em todos os normativos comunitários, que em nenhum caso é possível que um Estado--Membro se negue a obter ou trocar informação sob o pretexto de que essa informação não tem relevância fiscal interna, ou o mesmo é dizer impede-se a alegação do denominado *domestic tax interest*.

A disciplina da Directiva 77/799/CEE foi alterada[63] depois da introdução da Directiva 2004/56/CE, limitando-se agora (o nº 1 do artigo 8º) a dispor que

---

[62] Posição defendida por FERNANDEZ MARÍN, F.: La tutela de la Unión Europea al contribuyente en el intercambio de información tributaria, ob. cit., p. 60.
[63] Antes admitia-se esse motivo para a não obtenção ou fornecimento da informação.

OS DEVERES DO PODER EXECUTIVO DERIVADOS DA OBRIGAÇÃO DE INTERCÂMBIO

"A presente directiva não impõe qualquer obrigação a um Estado-Membro a que tenham sido solicitadas informações no sentido de promover investigações ou transmitir informações, quando o facto de a autoridade competente desse Estado efectuar tais investigações ou recolher as informações pretendidas violar a sua legislação ou as suas práticas administrativas".

A mesma disciplina é retomada, agora de forma expressa, na nova Directiva 2011/16/UE, com o artigo 18º a estabelecer que o Estado-Membro requerido, quando lhe forem solicitadas informações por um outro Estado-Membro, deve recorrer às medidas que tenha previsto em matéria de recolha de informações para a obtenção das informações solicitadas, mesmo que não necessite dessas informações para os seus próprios fins fiscais; obrigação que embora tenha alguns limites consignados na Directiva, esses limites em caso algum podem ser entendidos como autorizando um Estado-Membro requerido a não prestar informações apenas por não ter interesse nelas a nível interno. Esta é uma novidade da nova Directiva que obriga, pois, o Estado-Membro requerido a aplicar a sua legislação interna para obter a informação solicitada (sem prejuízo das causas que lhe permitam negar o fornecimento da informação), mesmo que nela não tenha interesse próprio, contribuindo dessa forma para cercear as situações de recusa de informação.

Nesta redacção entronca uma outra questão: a possível utilização por parte do Estado requerente, e em seu benefício, da legislação mais flexível e ampla em termos de obtenção da informação no Estado requerido, benefício traduzido no facto de aquele poder aceder relativamente aos seus obrigados tributários (sejam residentes ou não residentes) a informações que o seu próprio ordenamento lhe impossibilita.

A solução é diferente em termos internacionais não comunitários (convencionais)[64], informada na extensão do princípio da equivalência[65]: no Direito convencional, este princípio supõe que as autoridades fiscais do país requerido não estão obrigadas a prestar assistência às autoridades do Estado requerente que vá mais além do que aquilo que é possível obter segundo as suas próprias normas ou as do Estado requerente.

---

[64] Artigo 26º da Convenção Modelo da OCDE e seus comentários.

[65] FERNANDEZ MARÍN, F.: El intercâmbio de información como asistencia tributaria externa del Estado en la Unión Europea, ob. cit., p. 179, para quem o princípio de equivalência foi na Directiva 77/799/CEE recolhido com a pior técnica ao não ter em conta a legislação do Estado requerente, nem os limites que ela estabeleça, de forma que tal ausência poderá supor que o Estado solicitante da assistência seja receptor de uma informação que não possa obter de acordo com o seu ordenamento jurídico, como todos os problemas daí resultantes para o contribuinte e que, dada a configuração jurídica da assistência tributária, será complicado de resolver se acontecer.

O INTERCÂMBIO DE INFORMAÇÃO TRIBUTÁRIA

No Direito Comunitário a não previsão de restrição similar, que pretende reforçar a utilização do intercâmbio de informação, acaba por provocar algumas dificuldades e, repete-se, mesmo uma situação de desigualdade com a possibilidade de o Estado requerente vir a liquidar diferentemente dois factos tributáveis idênticos, realizados por dois contribuintes, por mero facto de um deles ter realizado parte do facto tributável no Estado requerido, sem que deva utilizar-se o princípio da reciprocidade para evitar esta situação[66].

Finalmente, *"the last but not the least"*, cabe referência às dificuldades conexas com informação susceptível de caracterização como segredo. Como se analisou anteriormente, o artigo 8º da Directiva 77/799/CEE possibilita ao Estado requerido negar-se a fornecer a informação no caso de isso ser susceptível de conduzir à "divulgação de um segredo comercial, industrial ou profissional ou de um processo comercial, ou de uma informação cuja divulgação seja contrária à ordem pública" (nº 2), a que acresce o nº 3 estabelecendo que "a autoridade competente de um Estado-Membro pode recusar-se a transmitir informações quando o Estado-Membro que as solicita não se encontre, por razões de facto ou de direito, em situação de fornecer o mesmo tipo de informações".

Atente-se também no seu artigo 7º, contendo um conjunto de disposições a estabelecer a aplicabilidade dos princípios da confidencialidade e especialidade (que se apresentam necessariamente inter-relacionados), o que não deve ser esquecido na hora da respectiva análise[67]. Outorga-se à informação facultada por outros Estados-Membros o carácter confidencial que o ordenamento jurídico do Estado requerente lhe concede. Não obstante isto (e em resultado do disposto no nº 2 do mesmo artigo 7º), o que a Directiva acaba por fazer é não obrigar o Estado-Membro requerido a fornecer informação se o Estado interessado não se comprometer a respeitar as possíveis limitações mais apertadas estabelecidas pela legislação ou prática do Estado requerido, não impedindo, todavia, e apesar disso, que se o Estado requerido o quiser, seja realizado o intercâmbio.

---

[66] FERNANDEZ MARÍN, F.: El intercâmbio de información como asistencia tributaria externa del Estado en la Unión Europea, ob. cit., p. 220, que também não defende a resolução através da aplicação do princípio da não discriminação fiscal, antes se pronunciando no sentido de que *"la solución a este conflicto debe venir del ordenamiento jurídico interno en el que se produce la desigualdad, en cuanto que el Estado requirente no puede utilizar los datos facilitados por el Estado requerido cuando de acuerdo a su ordenamiento interno y práctica administrativa aquellos datos no los hubiera podido obtener haciendo de peor condición a un contribuyente residente, o no, que a otro".*

[67] Em matéria de confidencialidade o artigo 7º nº 1 estabelece que: "Todas as informações de que um Estado-Membro tome conhecimento em aplicação da presente Directiva são consideradas secretas nesse Estado, do mesmo modo que as informações obtidas em aplicação da sua legislação nacional".

OS DEVERES DO PODER EXECUTIVO DERIVADOS DA OBRIGAÇÃO DE INTERCÂMBIO

Há que ter presente o que a este propósito estabelece a Directiva de protecção de dados. Consubstanciando-se a transmissão de dados de carácter tributário na salvaguarda de «um interesse económico e financeiro importante de um Estado-Membro ou da União Europeia, incluídos os assuntos monetários, orçamentais e fiscais»[68], ele é digno da maior protecção sem que, todavia, uma Administração fiscal o utilize para estender a margem dos seus poderes discricionários. São dois os caminhos simultâneos a percorrer, os quais devem encontrar-se cada vez mais, para determinar o carácter adequado da protecção de dados existente no outro Estado: os marcados por cada legislação nacional com efeitos no seu âmbito interno, e os estabelecidos pelas Instituições comunitárias para todo o território da União Europeia, sendo a medida em que as iniciativas destas últimas vão adquirindo maior dimensão que contribuirá para o objectivo de reduzir a disparidade existente entre as legislações internas e para homologar o nível comunitário de protecção.

Quanto à especialidade, dir-se-á que a informação transmitida será utilizada para determinados fins, e se porá à disposição de determinadas pessoas: aquelas que participem directamente na determinação do imposto ou no seu controle administrativo[69], e as que lidem com procedimentos judiciais ou administrativos que impliquem a revisão da determinação do imposto ou apresentem relação directa com ela, embora só aquelas pessoas que participem directamente em tais procedimentos.

Tuso isto se mantém *grosso modo* na nova Directiva 2011/16/UE. A faculdade de recusa de informações que conduzam à divulgação de um segredo cometcial, industrial ou profissional, ou daquelas cuja divulgação seja contrária à ordem pública, são retomadas no nº 4 do artigo 17º Deixa de estar prevista, todavia, a disposição relativa à reciprocidade.

Quanto à divulgação de informações e documentos a nova Directiva acrescenta algumas inovações: a utilização das informações em processos judiciais e administrativos que possam acarretar sanções, instaurados na sequência de infracções à legislação fiscal, passa a não estar dependente de prévia concordância do Estado que prestou as informações, sendo salvaguardadas apenas as regras e disposições gerais que regem os direitos dos arguidos e das testemunhas em processos dessa natureza; a utilização da informação para fins diferentes daqueles que a motivaram continua a estar dependente de autorização da autoridade competente do Estado que a fornece, mas a mesma deve obrigato-

---

[68] Artigos 7º alínea e); 8º nº 4; 13º; e 26º nº 1 alínea d) da Directiva 95/46/CEE.
[69] As pessoas conhecem a informação pela função que desempenham e objectivos a cumprir pelo que aumentar o número de pessoas que podem conhecer a informação poderá arrastar consigo um incremento dos fins para que pode ser usada essa informação e vice-versa.

O INTERCÂMBIO DE INFORMAÇÃO TRIBUTÁRIA

riamente ser concedida se ela poder ser utilizada nesse Estado para fins idênticos; a cedência da informação pela autoridade que recebeu a informação a um terceiro Estado-Membro que nelas tenha interesse é permitida nas condições estabelecidas na Directiva, com a obrigação de comunicação prévia dessa cedência ao Estado que forneceu a informação (o qual se pode opôr à mesma, através da sua autoridade competente, no prazo de 10 dias seguintes à recepção da comunicação pelo Estado-Membro que se propõe partilhar a informação).

A temática do sigilo, inclui o sigilo bancário que pode ser considerado como um segredo profissional, e por isso em vários diplomas reguladores da matéria ele fica imune ao intercâmbio de informação[70]. Nos casos em que a informação pode ser obtida ele limita-a a matérias fiscais de natureza criminal e não de carácter meramente civil[71].

Por outro lado, mesmo quando é permitida a troca de informação neste domínio – quer a pedido, quer por forma automática – acontece frequentemente que as instituições financeiras não dispõem de informação suficiente para associar os detalhes de uma específica conta ou outro instrumento financeiro a uma pessoa singular ou a uma empresa determinados[72], independentemente de quais sejam as razões justificativas.

Como se disse, posição diferente da actual Directiva 77/799/CEE é a da nova Directiva 2011/16/UE, que estabelece que um Estado-Membro não pode recusar a transmissão de informações pelo facto de as informações estarem na posse de uma instituição bancária, de outra instituição financeira, de uma pessoa designada ou actuando na qualidade de agente ou de fiduciário ou ainda pelo facto de estarem relacionadas com uma participação no capital de uma pes-

---

[70] KEEN, M. e LIGTHART, J. E. (Information Sharing and International Taxation, *Discussion Papers Center,* Nº 117, Tilburg University, 2004, p. 12), apontam nesta situação a Suíça e Portugal, com a Áustria, a Bélgica e o Luxemburgo a permitirem-no apenas em pressupostos muito restritos e só para fins de natureza criminal e nunca em matérias de Direito civil. Na Suíça, p.e. a informação pode ser obtida pelas autoridades fiscais apenas em relação a fraude fiscal tal como definida na legislação interna (que não inclui por exemplo a não declaração do rendimento resultante de poupança). No Luxemburgo, as autoridades fiscais não têm acesso directo à informação bancária, apesar de as autoridades judiciais a possam obter em casos de fraude. Na Áustria, existem restrições constitucionais a impedir a partilha de informação quanto a matérias fiscais (não criminais). O documento está disponível em: *http://arno.uvt.nl/show.cgi?fid=12179*.

[71] No Luxemburgo, as autoridades fiscais não têm acesso directo a informação bancária, mas as autoridades judiciais possam obtê-la no caso de fraude fiscal. Na Áustria, e devido a restrições constitucionais, acontece situação similar.

[72] Existem, como é sabido, instrumentos financeiros que são anónimos, e dentro da OCDE é (ou pelo menos era até há bem pouco tempo atrás) possível abrir contas anónimas, operadas através de uma *password* ou instrumento similar: caso da Suíça, e com a Áustria, a Hungria e a República Checa, a proibirem-nas bem recentemente.

OS DEVERES DO PODER EXECUTIVO DERIVADOS DA OBRIGAÇÃO DE INTERCÂMBIO

soa[73]. Trata-se de um passo importante que, sem significar para os diversos Estados-Membros a abolição do segredo bancário *qua tale*, muito poderá contribuir para a eliminação da sua utilização abusiva no que se refere à cooperação entre as respectivas Administrações fiscais, e para uma evolução no sentido de conseguir que os países terceiros, incluindo os paraísos fiscais, venham a fazer o mesmo.

Em suma, as dificuldades administrativas ou de operacionalidade do intercâmbio de informação apresentam-se a três níveis: transversais a toda a Administração tributária; as associadas aos órgãos dele encarregados; e as que são inerentes a cada um dos tipos de intercâmbio. Nas primeiras, o destaque vai com destaque para a falta de uma atitude aberta e colaborante na concretização do mecanismo; para a utilização de meros aspectos formais para legitimar a recusa do fornecimento de dados; para a interpretação restritiva da reciprocidade fáctica que utilizam algumas (exigindo intersse próprio nas tarefas de obtenção de dados); e, em certos casos para excessos garantísticos quanto à protecção do contribuinte visado. Nas associadas aos órgãos dele encarregados, é de realçar a inexistência de uma estrutura adequada para tratar, articulada e consistentemente, as várias fases do processo; e a falta de diálogo das "autoridades competentes" para a recepção dos pedidos e respecivas respostas com os órgãos a montante e a jusante do intercâmbio, i.e. com os órgãos descentralizados detentores e utilizadores da informação. Finalmente, e inerentes a cada um dos tipos de intercâmbio, temos como problemas mais relevantes no intercâmbio a pedido são a fraca fundamentação do pedido, a insuficiente identificação do contribuinte e lentidão nas respostas; e nos automáticos e espontâneos a falta de regras comuns quanto à organização e conteúdo das bases de dados, garantindo compatibilidade, fiabilidade e utilidade à informação trocada; e a falta de formulários normalizados que representem contributos válidos na superação das dificuldades linguísticas e nas de identificação dos contribuintes e dos rendimentos comunicados.

2.2.3. Problemáticas associadas aos procedimentos de captação da informação

A presença de funcionários nacionais noutro Estado-Membro, como foi referido no capítulo anterior, conforma uma modalidade de assistência tributária regulada pelo Direito Comunitário derivado de uma forma bastante eficaz e

---

[73] Considerando nº 20 e artigo 18º nº 2 da Directiva 2011/16/UE, disciplina que, todavia, excepciona informações relativas a períodos de tributação anteriores a 1 de Janeiro de 2011 nos casos em que pudesse haver recusa com base no artigo 8º da Directiva 77/799/CEE tendo a informação sido solicitada antes de 11 de Março de 2011.

O INTERCÂMBIO DE INFORMAÇÃO TRIBUTÁRIA

concreta. Materializa-se na realização de acções de investigação num Estado (o requerido para o efeito) em que estão presentes funcionários do outro Estado (o requerente)[74].

Na nova Directiva 2011/16/UE, dedica-se uma Secção[75] à presença nos serviços administrativos e participação em inquéritos administrativos de funcionários de um em outro Estado-Membro. Mantendo a regulamentação baseada no acordo entre as autoridades competentes dos dois Estados-Membros, estabelecem-se mais detalhadamente alguns dos aspectos conexos com aquela presença, de que se realça: o direito de obtenção de cópias de documentação a que tenham acesso os funcionários da autoridade requerida; a faculdade de os funcionários da autoridade requente poderem entrevistar pessoas e analisar registos, desde que a legislação do Estado-Membro requerido o permita e o acordo relativo a esta figura o preveja; e, por último, a obrigatoriedade da autoridade requerida tratar uma eventual recusa da pessoa submetida a um inquérito em respeitar as actuações de controlo dos funcionários da autoridade requerente como recusa a si própria (aos seus próprios funcionários).

Comportando esta figura da presença de funcionários de um Estado no território do outro dois tipos de actuações (i.e. quer a presença nos Serviços da Administração fiscal requerida e/ou a presença em actividades de auditoria nas instalações dos contribuintes), sempre caberá ao Estado-Membro requerido, e no território do qual decorre a presença e actuação dos funcinários fiscais do Estado requerente, fixar a respectiva disciplina nos termos em que a preveja o seu ordenamento jurídico[76]. No caso do IVA e dos IECs, os Regulamentos comu-

---

[74] Recorde-se que na Directiva 77/799/CEE a presença de funcionários de um Estado no território do outro está prevista no artigo 6º "Colaboração de agentes do Estado interessado", que a autoriza, sem estabelecer qualquer regulamentação efectiva. Devendo ser concretizada, quanto à sua existência e modo de exercício, mediante o Procedimento de Consulta previsto no artigo 9º da mesma Directiva, nele se estabelece que a autoridade do Estado-Membro que fornece informações e a autoridade competente do Estado a quem elas se destinam podem autorizar, de comum acordo, a presença de funcionários do segundo no território do primeiro, com o objectivo de facilitar a aplicação e eficácia das disposições da Directiva. O acordo, de clara natureza administrativa, será celebrado ao abrigo do disposto no nº 2 desse artigo 9º

[75] Secção I do Capítulo III – Outras formas de cooperação administrativa – artigo 11º

[76] Nos impostos harmonizados (IVA e IECs), a regulamentação desta figura tem também muito maior detalhe que na Directiva 77/799/CEE em vigor. Não aparece apenas configurada no contexto de um acordo administrativo entre Estados-Membros, antes se apresenta prevista e regulada em disposições que especificamente lhe respeitam. Desde logo, no título da secção 3ª dos Regulamentos (CE) 1798/2003 e (CE) 2073/2004, e depois no seu artigo 11º, onde a presença nos serviços fiscais de funcionários da outra Administração e a sua participação nas investigações administrativas estão reguladas com delimitação clara da actuação do funcionário estrangeiro e o fundamento jurídico explícito e próprio de tal actuação.

nitários permitem, e com o objectivo de trocarem informação, que os agentes de um Estado podem estar presentes nos serviços fiscais do outro Estado-Membro, e recolher cópias dos documentos que contenham a informação solicitada, podendo ainda estar presentes nas investigações administrativas realizadas pela autoridade requerida, embora, obviamente, sem poder exercer as faculdades de controlo dos agentes dessa autoridade[77].

O acesso aos locais e documentos efectuar-se-á por mediação dos agentes da autoridade requerida, e restringe-se a uma concreta investigação administrativa (a que se encontra em curso), a significar pois o correspondente limite ao uso da informação assim obtida pelo Estado requerente. Em consequência, é geralmente aceite que se a informação à qual possa ter acesso o funcionário estrangeiro contrariar as limitações estabelecidas pelas disposições comunitárias, ela não poderá ser utilizada pela Administração do Estado requerente, mesmo na hipótese em que similar actuação desse funcionário no território do seu Estado (o Estado-Membro requerente) conduzisse à obtenção ou acesso a tal informação, ou inclusivamente se o Estado requerido permitisse tal intervenção. É que o princípio de autonomia procedimental dos Estados não é, como se disse, um princípio absoluto, só actuando quando não existam disposições comunitárias sobre a matéria, as quais afectem ambos os ordenamentos – tanto o ordenamento do Estado requerido como o do Estado requerente –[78].

Ainda no âmbito do intercâmbio de informação, encontra-se prevista nos normativos comunitários a realização de exames fiscais simultâneos[79].

---

[77] Há muitas legislações nacionais que tornam exigível o consentimento do sujeito passivo, mas ele não resulta exigível do Direito comunitário derivado. Trata-se de uma exigência que poderá ser entendida como um obstáculo no caso de fraude pois dificilmente nesse caso um sujeito passivo dará o seu consentimento.

[78] O novo Regulamento para a cooperação administrativa em matéria de Imposto sobre o Valor Acrescentado, que trata a figura no artigo 28º não apresenta diferenças substanciais relativamente à disciplina actual em vigor fruto do Regulamento (CE) 1798/2003. A presença de funcionários de um Estado no território do outro está também prevista no âmbito do Regulamento (CE) 515/97, nos artigos 10º a 12º

[79] Recorde-se que na Directiva 77/799/CEE é o artigo 8-B que expressamente a contempla e na Directiva 2011/16/UE os controlos simultâneos encontram-se previstos no artigo 12º de uma forma similar bastante similar (depois de alguma controvérsia, o Conselho no seu documento 6110/04 (FISC 26) de 30 de Março, incide de modo contundente no carácter opcional, potestativo, da realização dos exames fiscais simultâneos e essa foi a posição que veio a constar da Directiva 2004/56/CE, de 24 de Abril, que introduziu a redacção actual do artigo 8º-B à Directiva 77/799/CEE). Nos Regulamentos (CE) 1798/2003 e 2073/2004, os controlos simultâneos constam dos artigos 12º e 13º de ambos eles, e no Regulamento (UE) 904/2010 são os artigos 29º e 30º que disciplinam esta modalidade de cooperação administrativa tendo em vista a troca de informações.

O INTERCÂMBIO DE INFORMAÇÃO TRIBUTÁRIA

Sempre que a situação de um ou vários obrigados fiscais apresente um interesse comum ou complementar podem os Estados-Membros recorrer aos controles ou exames fiscais simultâneos quando entendam que eles se afiguram como mais eficazes do ponto de vista do resultado passível de ser obtido que os levados a cabo por um único Estado-Membro.

Trata-se de uma modalidade de assistência com regulamentação potestativa quanto à respectiva realização e execução, coordenadas, embora efectuadas de forma independente em cada um dos Estados-Membros.

A Comissão tem-se manifestado no sentido de que os controles ou exames fiscais simultâneos devem ser olhados pelos Estados-Membros como uma ferramenta indispensável nos seus planos normais de fiscalização e controle, tentando incentivar o recurso à sua utilização financiando alguns deles através do Programa Fiscalis. No mesmo sentido, a Direcção-Geral da Fiscalidade e União Aduaneira da Comissão Europeia (Fiscalidade Indirecta e Administração Tributária, Cooperação Administrativa e Combate à Fraude Fiscal) editou em 31 de Dezembro de 2008, um Guia de Controlo Multilateral para Auditores, que é um documento extenso e pormenorizado destinado a constituir um apoio à utilização e seu incremento por parte dos Estados-Membros[80].

Em geral encontram-se nesta modalidade de assistência tributária e intercâmbio de informação regulamentações semelhantes às estabelecidas nos ordenamentos nacionais dos Estados intervenientes nos controles, sem prejuízo, obviamente, da obrigação de respeitar na dita actuação os direitos fundamentais e os princípios gerais do Direito comunitário. Novidade na Directiva 2011/16/UE é o facto de o eventual desinteresse por parte de um Estado-Membro na proposta de utilização desta ferramenta de cooperação administrativa que lhe foi proposta dever motivar obrigatoriamente a necessidade de resposta (negativa) ao Estado proponente, com a adequada fundamentação.

Pode dizer-se, em suma, que nestes procedimentos de obtenção de informação as dificuldades resultam essencialmente do pouco uso que ainda apresentam. As dificuldades sentidas manifestam-se desde logo na definição das

---

[80] Além de explicações detalhadas sobre as diversas variáveis presentes neste tipo de instrumento de intercâmbio de informação, juntam-se 10 anexos: 1. Diferentes etapas de um processo de controlo multilateral; 2. Proposta de formato para um pedido de realização de um controle multilateral; 3. Exemplos de boas práticas na selecção de casos para realização de controlos multilaterais; 4. Formatos possíveis para regular o respectivo procedimento de troca de informação; 5. Procedimentos para a reunião inicial; 6. Modelo para identificação dos funcionários envolvidos e endereços para contactos ágeis; 7. Boas práticas na auditoria; 8. Relatório final; 9. Indicadores de resultados; 10. Glossário de termos utilizados para uniformização e melhor interpretação das realidades em análise, acabando com o 11 relativo ao fundamento jurídico dos controlos multilaterais.

situações elegíveis (selecção de casos) e na definição das fases ou etapas do processo, com resposta aos desafios que cada uma delas coloca, com destaque para o recrutamento de funcionários com perfil técnico-tributário e linguístico adequado. Relevante seria ainda a instituição de apropriados indicadores de resultados das acções desenvolvidas.

3. A implementação administrativa do intercâmbio de informação e a sua problemática actual

3.1. A estrutura administrativa comunitária para a gestão do intercâmbio de informação

Bem mais do que aquilo que antes referimos como problemas de índole jurídica, é a prática e a cultura ou tradição administrativa de obtenção de informação que verdadeiramente evidenciam a vontade e o patamar de colaboração dos países e traduzem o respectivo nível de concretização. Não bastam bons normativos que regulem juridicamente o pedido e o fornecimento da informação. Os meios materiais e humanos adstritos à sua execução e a experiência adquirida nas actuações exigíveis serão instrumentos indispensáveis a uma rápida e correcta concretização da obrigação de intercâmbio de informação.

Amiudadas vezes são as próprias características de funcionamento das Administrações que resultam em lacunas ou defeitos evidenciados nos mecanismos de troca de informação, dificultando a respectiva concretização de forma satisfatória. Quer os aspectos organizativos quer outros factores intrínsecos das Administrações envolvidas, uns afectando transversalmente toda a Administração tributária, e outros os específicos órgãos que, dentro dela, têm por missão a operacionalização da troca de informação, são factores relevantes na sua expressão e medida.

Tentaremos dar nota de alguns destes problemas, não sem antes referir que as diferenças, na regulamentação dos aspectos administrativos que resultam das Directivas e dos Regulamentos têm sido, elas próprias, uma não despicienda fonte de dificuldades, embora a evolução previsível, com a publicação da nova Directiva 2011/16/UE seja a de que a situação se corrija para melhor.

Os Regulamentos criam uma estrutura administrativa específica para a gestão do intercâmbio de informação, integrada por funcionários da própria Administração tributária dos Estados-Membros, com o objectivo de desenvolvimento e efectivação do intercâmbio de informação, o que potencia enormemente as bases de dados com informação tributária.

Quando surgiu o Regulamento (CEE) 218/92 previa-se como pilar fundamental do sistema de intercâmbio de informação no IVA a determinação de uma "autoridade competente", e o estabelecimento, quando necessário, de um organismo central como entidade máxima responsável num Estado-Membro pela

O INTERCÂMBIO DE INFORMAÇÃO TRIBUTÁRIA

ligação com os demais Estados-Membros no âmbito da cooperação administrativa. Este organismo central ficou conhecido pelo nome de CLO (*Central Liaison Office*). O SCAC (*Standing Committee on Administrative Cooperation*), foi também previsto com idêntico objectivo no artigo 10º nº 1 daquele Regulamento, visando assessorar a Comissão Europeia, e dispondo de competências a três níveis: desenvolver o intercâmbio de informação (artigo 7º nº 1 último parágrafo); acompanhar a execução desse mecanismo (artigo 11º) e arbitrar eventuais conflitos entre autoridades competentes (artigo 7º nº 2)[81].

O Regulamento (CE) 1798/2003 veio acentuar, como eixo fundamental para potenciar o intercâmbio de informação, a descentralização administrativa na cooperação administrativa[82], situação que é mantida no novo Regulamento (UE) 904/2010. Todavia, para melhor servir e validar o intercâmbio de informação, ela deve significar não apenas uma descentralização territorial (e limitada aos funcionários competentes), mas comportar também o estabelecimento de serviços de ligação, por forma a que organização e estrutura, administrativas, operem numa perspectiva funcional e operativa com a "autoridade competente", configurada esta como uma autoridade única em cada Estado-Membro, realizando--se portanto, formal e oficialmente o intercâmbio de informação através dela, quer directamente quer por delegação.

Esta descentralização supõe, então, a constituição de uma rede administrativa: Autoridade Competente, Serviço Central de Ligação (CLO), Serviços de Ligação e Funcionários de Ligação. Ao serviço da melhoria e incremento dos intercâmbios directos de informação (embora desempenhe também um papel fundamental no intercâmbio automático e espontâneo), o CLO, como encarregado principal da cooperação, é o responsável, por defeito, da troca de informação a pedido, sempre que a autoridade requerente não saiba a que Serviço fiscal se dirigir ou quando o pedido venha dirigido a um Serviço local não competente para a respectiva tramitação.

---

[81] O artigo 7º nº 2 estabelece *"um embrião de arbitragem para solucionar as diferenças de critério entre Estados-Membros em relação com a aplicação das limitações ao envio de informações"*, prevendo-se que se uma autoridade competente não puder cumprir com as exigências enunciadas no artigo 7º nº 1 do Regulamento, deverá notificar a autoridade requerida indicando os motivos, e se esta considerar que não foram cumpridas as condições previstas nesse artigo e número, não tendo em consequência a obrigação de facilitar a informação, comunicá-lo-á à autoridade requerente, aduzindo os motivos adequados. Em tais circunstâncias, tanto a autoridade requerente como a requerida deverão tentar chegar a um acordo. Se o mesmo não for conseguido no prazo de um mês desde a comunicação dessas circunstâncias, aplicar-se-á o disposto no artigo 11º, o que supõe *"a entrada no conflito da Comissão e dos restantes Estados, embora sem capacidade decisória".*

[82] Conforme a Proposta da Comissão de modificação do Regulamento (CEE) nº 218/92 – artigo 3º do documento COM (2001) 294 final.

Do mesmo modo, será ele o (único) competente quando o pedido de assistência vá para além do âmbito territorial ou operativo dos Serviços e dos funcionários. Aos Serviços de ligação é atribuída competência para trocarem directamente informação de âmbito específico, sendo certo que o alcance e conteúdo do Serviço de ligação dependerão da dimensão de cada Estado-Membro. Também os funcionários competentes poderão trocar informação directamente, não esquecendo, porém, que quando o intercâmbio de informação se efectuar por iniciativa directa de Serviços ou de funcionários deverá realizar-se paralelamente através do CLO, como condição necessária de eficácia.

Como já se mencionou, no novo Regulamento (UE) 904/10 (que substituirá o Regulamento (CE) 1798/2003) dá-se um passo adiante em termos da operacionalidade dos Estados-Membros na luta contra a fraude ao IVA, através da criação da rede EUROFISC cujo principal objectivo é o de constitur um dispositivo de alerta multilateral que possa vir a desenvolver uma capacidade comum de análise de risco para as operações intracomunitárias, coordenar o intercâmbio de informações assim como os trabalhos dos Estados-Membros participantes resultantes da exploração dos alertas[83]. Foi nas Conclusões de 27 de Outubro de 2008[84] que o Conselho definiu as principais características desta rede, participando a Comissão numa proposta destinada a definir uma base jurídica sólida para a rede. O EUROFISC foi concebido pelo Grupo de peritos "Estratégia Antifraude Fiscal" como um dispositivo destinado a reforçar no concreto a cooperação administrativa entre Estados-Membros e cuja actividade será por estes regularmente avaliada.

Trata-de uma rede descentralizada de intercâmbio de informações entre Estados-Membros sobre a fraude ao IVA, funcionando de modo coordenado relativamente a cada uma das suas tarefas e que se regerá, segundo o Conselho da União Europeia[85], por quatro princípios gerais: a liberdade de cada Estado--Membro participar em todas as tarefas da rede; a participação activa no intercâmbio de informações; a confidencialidade das informações objecto de intercâmbio e a ausência de encargos suplementares para os operadores.

---

[83] Como acontece já com a rede EUROCANET, criada pela Administração fiscal belga e apoiada pela Comissão através do Organismo Europeu de Luta Antifraude (COM (2008) 807 final, de 1.12.2008).

[84] Comunicado de imprensa da 2894ª Reunião do Conselho, Luxemburgo, 7 de Outubro de 2008 que aprovou medidas que visam combater a fraude ao IVA, facilitando a troca de informações entre as autoridades fiscais dos Estados Membros sobre os operadores suspeitos de fraude, através da criação do projecto "Eurofisc".

[85] Comunicado de imprensa da 2894.ª Reunião do Conselho, Luxemburgo, 7 de Outubro de 2008, cit.

O INTERCÂMBIO DE INFORMAÇÃO TRIBUTÁRIA

Desprovido de personalidade jurídica própria, o seu funcionamento será organizado mediante acordo dos Estados-Membros participantes, com o apoio da Comissão, sendo as suas tarefas asseguradas por funcionários de ligação que deverão qualificar-se como peritos em matéria de fraude fiscal, sendo escolhidos de entre eles os respectivos coordenadores. Aquelas tarefas visarão essencialmente concretizar um dispositivo de alerta rápido multilateral em matéria de luta contra as fraudes ao IVA e coordenar os intercâmbios de informações e os trabalhos dos Estados-Membros participantes resultantes da exploração dos alertas[86].

Complementarmente a tudo isto, e ainda para garantir a eficácia da informação com relevância tributária susceptível de ser trocada, criou-se uma série de bases de dados fiscais: no âmbito da cooperação aduaneira o CIS (*Customs Information System*); no âmbito das operações intracomunitárias do IVA, o VIES (*VAT Information Exchange System*) e no âmbito dos Impostos Especiais de Consumo o SEED (*System of Exchange of Excise Data*) em processo de substituição pelo EMCS (*Excise Movement and Control System*).

Como quer que seja, uma específica e vertebrada estrutura administrativa tem indubitavelmente uma grande influência, positiva, na garantia de maior eficácia do sistema de troca de informação[87]. Não tendo paralelo na Directiva 77/799/CEE, tornam-se bem diferentes os níveis quantitativos e qualitativos do intercâmbio de informação nos Impostos sobre o Consumo e nos Impostos sobre o Rendimento, respectivamente.

Reconhecendo isto, a Comissão Europeia apresentou, em 2 de Fevereiro de 2009, uma proposta[88] de substituição da Directiva 77/799/CEE, a qual veio a ser aprovada como Directiva 2011/16/UE.

A nova regulamentação estabelece uma estrutura administrativa para o tipo de cooperação que constitui o seu objecto; um conjunto de regras comuns para os procedimentos, formulários, formatos electrónicos e canais, comuns, de troca de informação; e a a criação de um Comité consultivo para lidar com aspectos técnicos da partilha de informação e para criar instrumentos e ferramentas susceptíveis de minimizar os obstáculos a uma eficiente operacionalização.

---

[86] A mesma descentralização e estrutura administrativa do Regulamento (CE) 1798/2003 se reproduzem no âmbito da assistência tributária nos Impostos Especiais de Consumo. O artigo 3º nº 3 do Regulamento (CE) 2073/2004, de 16 de Novembro, concretiza o alcance e conteúdo das funções do CLO neste âmbito: no intercâmbio de dados armazenados na base electrónica prevista no artigo 22º; no sistema de alerta rápido previsto no artigo 23º e nos pedidos de comprovação destinados a outros Estados-Membros ou deles procedentes nos termos do artigo 24º

[87] Embora também interfira, de modo mais activo, porventura, sobre os direitos e garantias do obrigado tributário, como acontece com toda a actividade administrativa para o tratamento dos dados e sua difusão, questões que se abordarão mais adiante.

[88] COM (2009) 29 final, de 2 de Fevereiro de 2009.

OS DEVERES DO PODER EXECUTIVO DERIVADOS DA OBRIGAÇÃO DE INTERCÂMBIO

Relativamente à estrutura, é o artigo 4º que trata da organização que em cada Estado-Membro servirá de suporte às obrigações da nova Directiva. Em primeiro lugar deverá ser comunicada por cada Estado-Membro à Comissão Europeia, no prazo de um mês a contar da sua data de entrada em vigor, a identificação da autoridade competente para este efeito, devendo a Comissão colocar à disposição de todos os restantes Estados a lista de todas as autoridades competentes, através de publicação no Diário Oficial da União Europeia, o que já foi feito no JOUE C nº 177, de 17 de Junho de 2011[89].

Caberá depois a essa autoridade competente a designação, com comunicação à Comissão e aos outros Estados-Membros, do serviço central de ligação (o qual poderá ser designado como interlocutor no diálogo com a Comissão) que, por sua vez, indicará, se caso disso, quais os serviços descentralizados de ligação e respectivas competências e os funcionários competentes[90], devendo estas indicações ser comunicadas à Comissão e aos outros Estados-Membros e ser mantidas devidamente actualizadas. Os pedidos ou fornecimentos de informação poderão ser efectuados por estes serviços descentralizados, ou mesmo directamente pelos funcionários designados, na condição de que os mesmos informem o serviço central de ligação nos termos estabelecidos na legislação nacional, prevendo-se finalmente que quando seja recebido um pedido que exija uma actuação fora das respectivas competências, aqueles serviços ou funcionários comuniquem o facto ao serviço central e informem a situação à autoridade requerente.

A criação desta estrutura administrativa agilizará os procedimentos de troca de informação, constituindo, em nosso entender, um estímulo à sua maior utilização já que elimina alguns obstáculos formais constatados na sua ausência. Obrigará, todavia, a um redesenhar da orgânica das Administrações no que tange às funções de cooperação fiscal institucional, o que deve ser feito tendo em conta a experiência já recolhida com a estrura antes estabelecida para efeitos do Imposto sobre o Valor Acrescentado.

3.2. Os problemas da prática administrativa interna
3.2.1. Obstáculos de carácter geral
Deixando estes aspectos, que embora de cariz prático são específicos da regulação comunitária do intercâmbio de informação, passaremos a um outro conjunto de aspectos, específicos das Administrações tributárias nacionais, e que

---

[89] Informações dos Estados-Membros: Lista das autoridades competentes referidas no artigo 4º, nº 1 da Directiva 2011/16/UE do Conselho (2011/C 177/05).

[90] Com a presunção de que os funcionários que participem numa cooperação administrativa nos termos da Directiva são funcionários competentes para o efeito.

afectarão, em diferente medida, consoante o seu desenvolvimento num alargado número de variáveis, a eficiência e eficácia da qualidade e quantidade da informação trocada, tanto da fornecida como da recebida.

Em primeiro lugar, afectando toda a Administração tributária temos a quase inexistência de "uma cultura de cooperação". Porque a tributação tem sido tradicionalmente entendida como um assunto nacional, e muitos dos "quadros" que integram a Administração fiscal foram recrutados quando a internacionalização e globalização estavam a dar os primeiros passos; e a sua actuação tem-se direccionado, e continua a direccionar-se, para os aspectos internos do lançamento, liquidação e cobrança do imposto. São poucos aqueles que possuem já alguma especialização em matérias de fiscalidade internacional e, na maioria dos casos, mesmo que existentes, eles não constituem ainda um corpo operante, motivador e dinamizador dos novos desafios da troca de informação e do seu papel para ultrapassar as complexidades das actuais coordenadas extra fronteiriças do fenómeno fiscal.

Trata-se de um campo em que as práticas são sofisticadas e a disciplina complexa, exigindo amiúde dispêndios intelectuais e de tempo muito para além dos que necessitam os assuntos puramente internos. Implantar o sentimento de que, quando uma Administração facilita a outra, mediante adequados procedimentos de cooperação, instrumentos de luta contra a fraude e evasão fiscal, está a proteger-se também na sua própria luta contra a fraude, pelo menos de forma indirecta (já que essa cooperação será a base que assegurará posteriormente a colaboração de sentido contrário e a bem dos interesses nacionais), é tarefa relevante e inadiável.

A prová-lo, e de forma mais intensa após a abolição das fronteiras físicas e fiscais na União Europeia, está a cooperação em sede do Imposto sobre o Valor Acrescentado e dos Impostos Especiais de Consumo onde a verificação e controle de certas transacções e movimentos físicos de bens não resultam da actuação da Administração de um país isoladamente, antes se revelando exigível uma co-actuação com as restantes Administrações estrangeiras envolvidas, numa base indispensável de confiança recíproca nas respectivas capacidade, competência e empenhamento. Só assim as actividades de fiscalização podem ser tempestivamente realizadas e estará disponível, quando necessária, toda a informação que permita a reconciliação entre declarações fiscais dos contribuintes nos diferentes países, para efeitos de um controlo integrado da liquidação e/ou do direito a dedução.

Em segundo lugar, também a lentidão nas respostas, bem como respostas inadequadas ou incompletas, nomeadamente em caso de fraude (onde, como se sabe, os factores tempo e precisão dos dados desempenham um papel muito importante), anulam as potencialidades da troca de informação. Sai prejudicada

OS DEVERES DO PODER EXECUTIVO DERIVADOS DA OBRIGAÇÃO DE INTERCÂMBIO

a capacidade para levar a cabo uma coordenação eficaz das políticas fiscais dos Estados e colocar um travão nas manobras evasivas e/ou fraudulentas, cujos sinais de evidente prática não param de crescer, com as inevitáveis consequências na estabilidade dos sistemas financeiros públicos.

E sai prejudicada ainda a confiança dos contribuintes na actuação das autoridades fiscais globalmente consideradas, actuação essa onde a troca de informação apresenta importância vital para a correcta aplicação dos Acordos ou Convenções fiscais, para a eliminação da Dupla Tributação do rendimento e para a garantia da equidade, assegurando que os contribuintes que acedem aos mercados externos não tenham mais possibilidades de praticar actos de evasão fiscal do que aqueles que apenas operam internamente, mas assegurando também que beneficiem de apoio sempre que se assumam como cumpridores das exigíveis obrigações fiscais, evitando dispensáveis e onerosos custos de cumprimento.

Por outro lado, se o grande desafio, e não é demais repeti-lo, é conseguir que este princípio de colaboração esteja cada vez mais presente no ser e no fazer das várias Administrações fiscais, é necessário e urgente o aumento do investimento na efectivação da cooperação administrativa e o reconhecimento do seu impacto positivo nos custos administrativos e nos custos de cumprimento. Relevância ainda para os recursos afectos à autoridade competente: deve tratar-se de um órgão bem dotado de pessoas e equipamentos e que ostente dentro da respectiva Organização o reconhecimento e o *status* necessário para exercer digna e eficazmente as suas funções. E isso só se conseguirá implementando nos funcionários o sentimento de que as suas tarefas serão melhor executadas com recurso à assistência mútua, quer solicitada quer prestada. Assim se criará o ambiente propício a que o contribuinte sinta que não existem "zonas francas" em termos de fiscalização e controle das suas operações fora de fronteiras, podendo a actuação fiscalizadora aparecer em qualquer lugar e em qualquer momento, fruto de informações fiáveis sobre operações internacionais trocadas entre Administrações fiscais de diferentes países. São estas condições que contribuirão decisivamente para retirar à assistência fiscal internacional em geral, e à troca de informação em particular, o estatuto de parente pobre no contexto da global actividade administrativa tributária.

Mas também as características, estrutura e competência dos órgãos responsáveis pelas trocas de informação merecem alguma reflexão. No geral das Administrações tributárias, as funções encomendadas à autoridade competente em matéria de troca de informação são exercidas por um órgão, normalmente inserido no organograma dos Serviços centrais e com funções de apoio (mas sem dependência hierárquica) aos órgãos de liquidação, fiscalização e controle que são os interessados directos e últimos nos dados obtidos por essa forma.

Parece, todavia, pertinente defender que essa relação avance em estabilidade e fluidez, garantindo uma boa assessoria nos pedidos a outros países, com atenção ao adequado cumprimento dos requisitos procedimentais exigíveis, de forma a evitar que pequenas faltas, muitas vezes apenas ao nível formal, façam fracassar o resultado das actuações. Será muito útil que, independentemente do seu carácter de serviço central, seja agilizado o seu relacionamento com os órgãos de inspecção e controle geograficamente distribuídos, sensibilizando-os para a importância do fornecimento (tal como do recebimento) de dados correctos, completos e atempados. Embora seja equacionável um modelo com atribuição ao órgão encarregado da troca de informação de competências próprias para obter por si mesmo os dados que em cada caso se mostrarem necessários para fornecimento aos países requerentes, e/ou poderes de decisão para que outras unidades administrativas realizem estas actuações com a devida correcção e diligência, a opção parece não justificável numa análise de custo-benefício.

Noutra vertente, não menos relevante, deverá ser assegurada à autoridade competente, para total aproveitamento dos dados obtidos ou fornecidos por via da troca de informação, fluidez na comunicação e boa coordenação com os órgãos responsáveis pelo tratamento e armazenamento de dados nas bases informáticas, e com os responsáveis pela planificação e selecção dos contribuintes que hão-de ser objecto de controle. Não deve também ser descurado o bom relacionamento com os órgãos que têm a seu cargo a negociação das Convenções de Dupla Tributação, a representação junto das Organizações internacionais relevantes e o estudo e investigação da fiscalidade internacional, sempre que caso disso.

A questão da língua continua também a revelar-se como uma grande responsável pelo ainda baixo nível dos fluxos de troca de informação, sendo louvável a preocupação dos países que tentam introduzir (sobretudo nos Acordos bilaterais sobre troca de informação celebrados) uma língua única como língua de trabalho (no geral o inglês por ser um idioma de utilização muito abrangente), evitando gastos de tempo e de dinheiro na contratação e manutenção de tradutores em diversas línguas. A nova Directiva 2011/16/UE estabelece a faculdade de as autoridades competentes – requerente e requerida – acordarem previamente a língua a utilizar nos pedidos de cooperação, incluindo os pedidos de notificação, e nos documentos anexados, exigindo-se apenas a sua tradução na língua oficial (ou numa das línguas oficiais) do Estado-Membro da autoridade requerida nos casos especiais em que esta autoridade fundamente o seu pedido de tradução[91].

---

[91] Artigo 21º nº 4 da Directiva 2011/16/UE.

Por último, outros factores mais específicos poderão também ser apontados como factores de bloqueio à operacionalização das trocas de informação. Desde logo os aspectos ligados à identificação dos contribuintes e aos padrões da transferência electrónica de informação, sobretudo da automática e espontânea.

É decisiva a importância dos números de identificação fiscal e efectivos procedimentos de registo e, bem assim, dos meios electrónicos para tratar e armazenar os dados em que se materializa a troca de informação. Também aqui, como se diisse, a nova Directiva fornece um contributo relevante para que sejam ultrapassadas uma boa parte das dificuldades hoje sentidas, ao estabelecer no artigo 20º regras relativas aos formulários normalizados e aos formatos electrónicos através dos quais se concretizarão as diversas formas de cooperação nela previstas.

Em suma, só um investimento sério e direccionado nesta vertente da cooperação fiscal internacional, complementado por adequada formação dos recursos humanos envolvidos, poderá lograr o objectivo de conseguir que os funcionários das várias Administrações sejam capazes de actuar como se pertencessem a uma Administração tributária comum, desenvolvendo os esforços que a nível comunitário resultam materializados sobretudo no programa Fiscalis, embora sem esquecer que o nível de capacidade da Administração fiscal está em relação directa com o nível de desenvolvimento do país, e aqui as diferenças são, como se sabe, muito grandes.

3.2.2. Problemas respeitantes às distintas formas de intercâmbio de informação

Uma referência final aos problemas concretamente ligados às diferentes modalidades de troca de informação.

No que respeita à troca de informação a pedido, o principal problema hoje sentido é o da grande demora na obtenção dos dados solicitados, facto agravado pela inexistência, nomeadamente na Directiva 77/799/CEE, de disposição expressa contendo um prazo máximo dentro do qual os países seriam obrigados a dar resposta aos pedidos recebidos ou, pelo menos, a dar uma explicação à Administração requerente sobre as dificuldades que impediram até então o fornecimento dos dados solicitados, apresentando, concomitantemente, uma previsão razoável do tempo previsto para o envio da resposta. Esta Directiva limita-se a estabelecer que a informação deverá ser fornecida o mais rapidamente possível.

Afortunadamente, como se viu, a nova Directiva 2011/16/UE regulamenta em termos muito precisos (no seu artigo 7º) os prazos para o fornecimento de informação a pedido[92].

---

[92] Dois meses quando a informação solicitada se encontre em poder da Administração fiscal requerida e um máximo de seis meses em caso contrário, prazos contados a partir da data de recebimento

O INTERCÂMBIO DE INFORMAÇÃO TRIBUTÁRIA

Não se desconhece que nem sempre as demoras são imputáveis à Administração requerida. Em alguns casos, os pedidos recebidos, porque imprecisos e não fundamentados, não permitem concluir sobre o âmbito e o objectivo final da informação requerida, ao mesmo tempo que falhas ao nível da indicação das autoridades fiscais competentes arrastam desnecessárias complicações burocráticas e os consequentes atrasos de execução. Formulários-tipo, de conteúdos mínimos, que simplifiquem a compreensão dos pedidos recebidos pela Administração que lhes deva dar resposta, seriam um bom instrumento neste âmbito, e é nesse sentido que foram desenvolvidos trabalhos no seio da Comissão Europeia, e que os mesmos constam da nova Directiva no seu artigo 20º

Nos intercâmbios automáticos, o principal problema está desde logo no número, ainda escasso (face às suas potencialidades), dos mesmos. Tal parece dever-se, em parte, ao facto de em bastantes países não existir informação abundante, obtida por normal fornecimento dos obrigados tributários e adequadamente armazenada, resultando muito difícil a sua participação nesta modalidade de intercâmbio como fonte da informação a trocar. Não dispondo das condições adequadas e dos dados relevantes, dificilmente poderão realizar uma troca generalizada e massiva de dados sob esta modalidade de intercâmbio.

Situação diferente é aquela em que existem dados armazenados relevantes e suficientes, mas factores diversos entravam a efectividade do seu intercâmbio. Desde logo o formato através do qual se fornecem os dados[93]. Abandonada a prática do envio de dados em suporte de papel, a transmissão dos mesmos em ficheiros informáticos e, na medida do possível, mediante sistemas electrónicos, é decisiva neste tipo de trocas de informação.

Tem havido bons avanços graças à utilização que em geral os países estão a fazer do formato *standard* desenhado pela OCDE para estes intercâmbios, mas são ainda necessários novos e adicionais aperfeiçoamentos.

do pedido, passando, em qualquer caso, pela obrigatoriedade de que tal recepção seja confirmada pelo Estado-Membro requerido no prazo de sete dias. No caso de este Estado verificar que necessita de informação adicional antes de proceder às diligências necessárias para a obtenção dos dados deverá informar o Estado requerente desse facto, passando aqueles períodos de dois e seis meses a contar-se a partir do momento em que a informação adicional seja prestada por esse Estado e recebida no Estado requerido. No caso de a informação não puder ser prestada, porque o Estado requerido não possa ou entenda não dever fazê-lo, este deve informar as razões que justificam o não fornecimento da inforrmação no prazo de um mês após a recepção do pedido, tendo, todavia em conta, que a negação só pode ser justificada nos casos expressamente previstos na Directiva (artigo 17º). Dificuldades que possam significar o não cumprimento dos prazos imperativamente fixados, deverão ser justificadas e acompanhadas da comunicação ao Estado requerente da data provável de fornecimento.
[93] Cruzar a informação recebida com a própria informação é tarefa que está longe de ser fácil na ausência de um número internacional de contribuinte, sendo certo que muitos países não têm, tão pouco, um número único de identificação fiscal para efeitos internos.

OS DEVERES DO PODER EXECUTIVO DERIVADOS DA OBRIGAÇÃO DE INTERCÂMBIO

Depois, deve garantir-se que os dados incorporem a correcta identificação dos contribuintes a que se referem, de tal forma que possam ser, com fiabilidade, imputados aos seus titulares, armazenados nas bases de dados e utilizados para eventuais actuações de controle, com rapidez e eficácia. Neste âmbito seria de grande valia o consenso sobre a existência e utilização de um número de identificação fiscal internacional, projecto também fortemente impulsionado desde há longo tempo pela OCDE.

Na nova Directiva 2011/16/UE avançou-se bastante em matéria desta modalidade de intercâmbio de informação. Segundo os seus considerandos iniciais, o nº 10 reconhece que "a obrigatoriedade da troca automática de informações sem condições prévias constitui o meio mais eficaz de reforçar o correcto estabelecimento dos impostos em situações transfronteiriças e de combater a fraude".

Tendo em conta a respectiva agilização, e na tentativa de ultrapassar algumas das dificuldades de operacionalização apresentadas, o artigo 20º nº 4 da Directiva 2011/16/UE, prevê que a troca automática de informações seja efectuada utilizando um formato electrónico normalizado, concebido para a facilitar, formato esse que será aprovado pela Comissão com base no agora utilizado no âmbito da Directiva 2003/48/CE, em sede de tributação dos rendimentos da poupança.

Entretanto, e qualquer que seja a informação a trocar, ela deve sê-lo com utilização, sempre que possível, por meios electrónicos e com utilização da rede CCN, definida no artigo 3º como a "plataforma comum baseada na rede comum de comunicação desenvolvida pela União para assegurar todas as transmissões por via electrónica entre autoridades competentes em sede de alfândegas e de fiscalidade"[94].

O Regulamento (UE) 904/2010 (que tal como o ainda vigente Regulamento (CE) 1798/2003 se alimenta essencialmente de trocas automáticas de informação) contém avanços relevantes em matéria de armazenagem e troca de informações específicas, assegurando assim uma maior abrangência e fiabilidade das bases dados disponíveis para troca de informação, sendo certo que um conjunto alargado de informações dessas bases beneficiam de acesso automatizado por qualquer outro Estado-Membro.

Por último, o intercâmbio espontâneo, onde os aperfeiçoamentos passam sobretudo pela implementação da já referida "cultura de intercâmbio" (i.e., conseguir que exista uma sentida e efectiva aproximação nas pessoas que a dis-

---

[94] Sendo que por via electrónica se há-de entender "o uso de equipamentos electrónicos de tratamento (incluída a compressão digital) e armazenamento de dados, com transmissão por cabo, rádio, tecnologia óptica ou outros meios electromagnéticos".

O INTERCÂMBIO DE INFORMAÇÃO TRIBUTÁRIA

tintos níveis e em diferentes tarefas trabalham nas Administrações tributárias, de forma a valorar em qualquer momento, os dados a que, muitas vezes de forma inesperada ou mesmo casuística, têm acesso no decurso das suas actuações, e que possam ser relevantes para a Administração de outro país), constituindo o seu fornecimento por esta via um bom contributo para o correcto desempenho das suas funções e para a eventual e futura actuação, recíproca, e de igual valia.

De todo o exposto se pode concluir pela necessidade de desenvolver actuações que dêem à assistência mútua e cooperação administrativa, e em particular ao intercâmbio de informação, um maior papel no apetrechamento das Administrações tributárias da União Europeia para realizarem as tarefas que lhe estão cometidas. Desde logo assegurar um melhor conhecimento de cada legislação nacional relevante (incluindo a relativa aos direitos do contribuinte) e da organização e responsabilidades de cada Administração nacional, disponibilizando uma lista das autoridades competentes e dos departamentos encarregados da assitência mútua (*contact points*); disponibilizando informação relativa à estrutura que cada Estado-Membro tem implantada em termos de assitência mútua; disponibilizando a estrutura do NIF em cada Estado-Membro (quando exista)[95], e fazendo com que os Estados-Membros façam um uso maior do CIRCA[96] e do seu *website* na parte destinada à cooperação administrativa na tributação directa, como forma de disseminar a documentação comum e as melhores práticas.

Sendo essencial melhorar a comunicação entre as diferentes Administrações tributárias haverá que facilitar melhores contactos e comunicações entre os Estados-Membros; estabelecer um Fórum de discussão ao nível comunitário (mesmo que seja, numa primeira fase, apenas informal), onde se discuta a implementação prática da ainda em vigor Directiva 77/799/CEE e, a partir de 1 de Janeiro de 2013, da nova Directiva 2011/16/UE, incluindo elaboração de manuais e directrizes úteis em matéria de intercâmbio de informação; e implementar uma atitude positiva relativamente à criação de uma rede de serviços de ligação que seriam constituídos pelas estruturas existentes ao nível nacional, discutindo dentro daquele Fórum as suas possíveis tarefas e papel, como forma de preparação para as exigências da nova Directiva onde resulta estabelecida tal estrutura.

---

[95] Não esquecendo que, para futuro, e tendo presente o trabalho que está a ser desenvolvido pela OCDE, haverá que caminhar no sentido de aproximar a estrutura desse número, impondo-o neste contexto.

[96] Communication and Information Ressource Centre Administration, um espaço de colaboração entre pareceiros na União Europeia: *http://circa.europa.eu/*.

OS DEVERES DO PODER EXECUTIVO DERIVADOS DA OBRIGAÇÃO DE INTERCÂMBIO

Mas além disso, reflectir sobre formulários e formatos, comuns, para as trocas de informação e informação de retorno, tendo em conta os esforços que já estão a ser feitos pela Comissão Europeia face à obrigatoriedade de utilização (que resulta do artigo 20º da Directiva 2011/16/UE): formulários normalizados adoptados, *ex novo*, pela Comissão assistida por um Comité de regulamentação (nos termos dos artigos 5º e 7º da Decisão do Conselho, de 28 de Junho de 1999[97] em articulação com o artigo 26º da Directiva 2011/16/UE), e a utilizar em sede de intercâmbio a pedido, intercâmbio esontâneo e informação de retorno, sendo certo que para o intercâmbio automático de informação o formato electrónico a utilizar será baseado no actualmente utilizado para efeitos da Directiva dos rendimentos da poupança (Directiva 2003/48/CE).

Com incidência maioritária no intercâmbio automático de informação, um outro aspecto deve ser mencionado: as dificuldades em tornar efectivo o uso da informação que é ou pode ser recebida, sendo claro que, pelo menos até um passado não muito distante, grande parte da informação que as autoridades fiscais recebiam de outras por esta forma ficava armazenada mas sem qualquer uso. Procurar formas de utilizar a informação massiva recebida através de intercâmbio automático é um desafio significativo, que passa essencialmente por desenvolver técnicas e métodos de auditoria que aproveitem a informação, tornando claro aos contribuintes que a informação não resulta apenas partilhada mas é também efectivamente utilizada[98]. É que no momento actual, a maior relevância a nível comunitário vai para o intercâmbio automático de informação, seja ele efectuado em desenvolvimento da cláusula convencional constante do artigo 26º da CMOCDE, das regras contidas em Directivas e Regulamentos comunitários, ou ainda em consequência de Acordos Administrativos Bilaterais Específicos da Troca de Informação.

Em sede de tributação directa, o intercâmbio automático de informação não apresenta nem na Directiva 77/799/CEE nem no artigo 26º do Modelo de Convenção da OCDE, qualquer disposição ou comentário explicativo, sendo quase integralmente deixado à influência das técnicas de comunicação informatizadas, a significar, amiudadas vezes, que a informação trocada não serve as necessidades reais da Administração destinatária. Numa grande parte dos Estados-Membros a gestão dos impostos é altamente informatizada, pelo que os dados

---

[97] A qual fixa as regras de exercício das competências de execução atribuídas à Comissão.

[98] Neste sentido, o artigo 21º da nova Directiva 2011/16/UE estabelece um conjunto de regras visando facilitar as trocas de informação electrónicas através da rede CCN, que embora não específicas da troca automática de informação, terão um grande impacto sobre algumas das dificuldades sentidas, melhorando a operacionalidade do apoveitamento pelas entidades destinatárias da informação obtida.

O INTERCÂMBIO DE INFORMAÇÃO TRIBUTÁRIA

recebidos dos contribuintes são objecto de um tratamento de verificação, classificação e selecção, que possibilite depois contrapor o risco fiscal a prioridades várias previamente definidas.

Ora, adequar dados recebidos de outro Estado, originados num diferente procedimento e processo e que vão chegando em diferentes momentos, é tarefa não isenta de dificuldades. Em consequência há que decidir antes de mais qual a informação que se apresenta relevante obter de outros Estados[99] e em que momento a mesma se deve processar para que seja devidamente aproveitada e qualificada como procedimento de assistência mútua.

Depois, também a forma como é processada a informação recebida na respectiva Administração tributária deve ser objecto de atenção. A informação pode ser recebida em formatos diferentes: formato magnético standard da OCDE, XML, Excel ou mesmo em suporte papel[100]. No caso de informação enviada por formato electrónico, ela é, em geral, processada e enviada para os Serviços Centrais, onde é distribuída em diferentes bases de dados, dados que são também armazenados em bancos de dados (*data warehouse*), e a informação que não pode ser identificada é enviada de volta ao país que a mandou.

O passo seguinte é processar os dados por forma a que os mesmos sejam susceptíveis de serem utilizados pelos serviços fiscais na determinação correcta dos impostos dos diferentes obrigados fiscais. Quanto mais difícil for esta fase maior será o tempo gasto e, consequentemente menor o rendimento, e isso tem feito com que em alguns países (p.e. França) a troca de informação automática pressuponha sempre a existência de um Acordo formal entre as duas autoridades competentes, em que seja listada a informação a ser comunicada sistematicamente e estabelecidas as condições da respectiva transmissão, fixando-se também o formato dessa transmissão. No geral a informação é recebida em Cd-rom, ficheiros informáticos ou listagens em papel, com a electrónica a ser enviada para o Departamento de informática tributária encarregado de centralizar todas as estatísticas e de verificar automaticamente se os ficheiros estão correctos, sendo de seguida a informação enviada aos serviços locais.

---

[99] Existe informação que acabará por não ser útil porque a legislação do Estado detinatário contem especificas isenções ou não incidência, ou então só tributa quando o rendimento se situar acima de um determinado limite que não foi tido em conta, porque desconhecido, no fornecimento da informação.

[100] Quanto à forma como chega a informação há países que consideram que o seu fornecimento em papel é um desastre, levando muito tempo a armazená-la e trorná-la disponível, exigindo-se previamente que seja digitalizada ou reescrita. A que chega em papel é sobretudo a informação a pedido mas por vezes também há automática fornecida em listagens de papel que acaba por ter muito pouca utilidade, embora alguns considerem também que é melhor receber em papel do que não receber nada.

A utilidade de qualquer tipo de informação recebida depende da exactidão e do carácter completo dos dados, sendo essencial que contenham a data, o local de nascimento, o código do país de nascimento (nomeadamente tratando-se de uma pessoa singular), bem como a morada e o código postal, *maxime* quando não existe um número de identificação fiscal, o que se verifica ainda em alguns países.

Um dos maiores problemas no intercâmbio de informação continua a ser a falta de qualidade dos dados: informação errada ou incompleta não permite o seu uso directo, antes requerendo mais contactos bilaterais, com recurso sobretudo à utilização do intercâmbio a pedido e todas as dificuldades e morosidades associadas.

Há ainda o problema dos próprios conceitos de rendimento nos diferentes Estados e aqui o estabelecimento da obrigatoridade da informação de retorno (artigo 14º da Directiva 2011/16/UE) poderá ajudar tanto ao nível técnico como ao nível do resultado, com alguns países a terem estabelecido já ao nível interno um sistema de *feed-back* que obriga os serviços locais a reportar anualmente nesse âmbito.

No geral dos países a informação recebida nos Serviços centrais é enviada para os Serviços locais, que decidem eles próprios o que fazer com ela: usá-la ou simplesmente colocá-la numa qualquer base de dados, com o facto de a mesma ser tempestiva ou não a desempenhar aqui um papel importante (não esquecendo, todavia, que mesmo que a informação não chegue a tempo da primeira liquidação tal não constituirá um problema já que sempre existe, dentro do período de caducidade, a faculdade de rectificar a liquidação inicial).

Indispensável é que a informação trocada seja enquadrada num procedimento de gestão do risco, entendido como técnica para desenvolver a eficácia das Administrações fiscais, habilitando-as a desempenhar as suas funções de forma mais fácil, e com uma gestão integrada pela tomada das melhores decisões. Este procedimento, que vem sendo seguido com êxito pela Holanda, reconhece que qualquer que seja a modalidade de intercâmbio de informação, o papel que a gestão de risco pode desempenhar no recurso e desenvolvimento da assistência mútua em geral e da troca de informação em particular é enorme, motivo porque conjugando esta relevância com o facto de muitos Estados não terem adequada experiência deste instrumento (nomeadamente por falta de estruturas ou de sensibilidade para o seu uso em conexão com informação relativa a operações internacionais) foi criado a nível europeu um grupo de projecto em 2002, que veio a produzir, em 2006, um Guia de Gestão de Risco, eleito como Plataforma de Gestão de Risco depois de um Seminário específico também realizado em 2006, e que continua a ser objecto de troca de ideias e de experiências entre os diferentes Estados-Membros.

O INTERCÂMBIO DE INFORMAÇÃO TRIBUTÁRIA

Por outro lado é importante que seja feita periodicamente uma avaliação da eficácia da troca de informação, prática que é seguida com bons resultados nos países nórdicos, nomeadamente no que respeita à troca de informação entre eles, baseada em Acordos específicos de Troca de Informação. Duas vezes no ano essa análise é realizada. A experiência dinamarquesa mostra que em 2005 foi reorganizada a Administração central, e deslocada a autoridade competente dos Serviços centrais para uma região local. Considerou-se uma só autoridade competente como responsável por toda a troca de informação[101], e criaram-se vários formatos electrónicos, sendo a identificação do contribuinte feita através do número de identificação fiscal, da data de nascimento e do nome e morada (sendo o elemento mais relevante a data de nascimento). Resultando a grande maioria da informação dos outros países nórdicos em virtude de Acordos específicos de troca de informação, o processamento da informação permite a consulta não apenas o tipo de informação recebida, mas também o uso que dela foi feito (pode conhecer-se o tipo de processo em que foi utilizada) e o país donde é proveniente. A análise efectuada serve ainda para aperfeiçoar (corrigindo ou rectificando) no sentido pretendido, a legislação ou regulamentação existentes.

Em matéria de avaliação da troca de informação existem muitas diferenças entre os vários Estados-Membros. Num dos extremos estão aqueles em que a mesma não é realizada porque se encontram ainda numa fase embrionária, *maxime* no que respeita à troca automática, ou porque sentem dificuldades ao nível da correcta separação dos fluxos nacional e internacional de informação.

No outro extremo, os países (sobretudo os nórdicos) em que a avaliação da informação é feita em três vertentes: interna, dentro da própria Administração, bilateral com o país contraparte e, finalmente com o contribuinte.

No geral a avaliação é anual, como é o caso dos países nórdicos, apontando a experiência dos países bálticos e alguns países vizinhos para uma avaliação várias vezez ao ano, com cada país a informar o outro da utilidade da informação numa base casuística.

Certo é que todos os países reconhecem o interesse de uma avaliação processada regular e atempadamente, não adiando o balanço para um horizonte temporal de três ou quatro anos como muitas vezes se estabelece nos Acordos Administrativos Bilaterais de Troca de Informação, para já não falar dos casos em que a avaliação nem sequer se encontra prevista. É também consensual o sentimento de que a avaliação bilateral, especialmente com países vizinhos,

---

[101] Poucos países possuem uma unidade especializada que trata de todo o processo incluindo as liquidações adicionais eventualmente resultantes.

268

OS DEVERES DO PODER EXECUTIVO DERIVADOS DA OBRIGAÇÃO DE INTERCÂMBIO

é mais eficaz que as avaliações multilaterais, resultando também mais fácil a definição dos critérios objectivos a ter em conta na aferição dos resultados.

Aspectos importantes a integrar na avaliação seriam: informação de retorno quanto à percentagem de informação recebida susceptível de poder ser utilizada; razões subjacentes à troca de informação e resultados obtidos; prazos de caducidade e/ou prescrição no Estado-Membro que recebe a informação e estatísticas de quantidade e qualidade dos dados. Para facilitar a avaliação chegou a ser proposto um formato específico com a vantagem de fornecer uma *checklist* dos aspectos mais relevantes, ideia que foi contestada por alguns Estados por entenderem que um formulário é sempre muito limitativo[102].

De um ponto de vista prático ou operacional, podemos concluir dizendo que para que a assistência mútua e cooperação administrativa, com destaque para o intercâmbio de informação, não sejam um fim em si mesmas mas antes um meio de continuamente se trocarem informações concretas sobre contribuintes, sobre boas práticas administrativas e sobre novas ferramentas de actuação, fazendo a cada momento a avaliação dos objectivos pretendidos e dos efectivamente alcançados, há muito a melhorar no universo das relações de cooperação entre os Estados-Membros, quer no contexto da celebração de Convenções de Dupla Tributação, da disciplina directamente resultante dos Regulamentos ou da transposição das Directivas, comunitários, ou ainda da assinatura dos mais recentes e específicos Acordos ou Memorandos de Entendimento.

Desde logo a necessidade de obter maior colaboração das instituições financeiras, das instituições de Segurança Social, ou de outras entidades cuja chamada ao processo possa significar uma mais valia nesta temática.

Depois, a exigência de que, antes de proceder ao respectivo envio, cada país verifique com cuidado o carácter exacto e completo dos dados (correcção do nome, morada, data do nascimento, período fiscal e moeda).

Em terceiro lugar, a partilha de experiências numa base regular (ainda com o objectivo de melhorar a qualidade), garantindo a afectação de funcionários bem treinados em questões de fiscalidade internacional e organizando periódicos encontros de avaliação de qualidade ao nível comunitário.

Enquanto os formulários não forem comuns seria útil trabalhar numa ferramenta que solucione alguns problemas de compatibilidade, havendo a infor-

---

[102] Onde a avaliação da informação é maior, e por razões óbvias, é na Directiva da Poupança, atento o nexo directo entre a tributação dos rendimentos no Estado da residência e o conhecimento dos montantes de rendimento auferidos pelo respectivo titular. Sendo assim, esta avaliação poderá representar um bom contributo para uma aproximação gradual à restante troca de informação, a começar pela respectiva qualidade, que todos sentem que deve ser melhorada.

O INTERCÂMBIO DE INFORMAÇÃO TRIBUTÁRIA

mação de que o Reino Unido tem estado a trabalhar num *Data converter* para formatos não *standard*.

Contributo relevante ao nível comunitário seria, em minha opinião, aproveitar o CIRCA para disponibilizar na sua plataforma electrónica informação diversa, devidamente actualizada, sobre características relevantes de cada Estado-Membro para este efeito, nomeadamente os nomes dos funcionários responsáveis de cada Estado (com o objectivo de agilizar e facilitar os contactos), a legislação relevante e textos ou outros materiais que sirvam de suporte à formação e à reciclagem.

A Directiva 77/799/CEE, ainda em vigor, não constitui a base adequada para aumentar e melhorar a troca de informação na tributação directa, e daí que a nova Directiva 2001/16/UE tenha avançado significativamente num conjunto de apostas relevantes: a) mais e melhor intercâmbio automático de informação; b) reforço do papel do intercâmbio espontâneo aproximando-o do tratamento que encontra em sede dos Regulamentos de cooperação administrativa no Imposto sobre o Valor Acrescentado; c) definição de prazos e de fundamentações do seu não cumprimento; d) obrigatoriedade de informação de retorno; e) reforço da colaboração entre funcionários que operem neste domínio dentro das suas Administrações; f) diminuição do entrave do sigilo bancário; g) cerceamento das situações qualificáveis como limites ao intercâmbio de informação; e h) estabelecimento de um Comité de apoio à Comissão bem mais operativo e próximo do Comité Permanente de Cooperação Administrativa (SCAC) para efeitos do Imposto sobre o Valor Acrescentado: regime linguístico, formulários e valores limite para a troca de informação.

Desejável seria ainda que fossem redigidos comentários a cada artigo da nova Directiva, como foi feito na OCDE, que constituíssem uma espécie de manual de instruções e explicações, a ser sucessivamente actualizado por desenvolvimentos futuros que nesta matéria são muito esperados. Fazer um uso intensivo do programa FISCALIS, especialmente através de seminários dirigidos a temáticas específicas, intercâmbio de funcionários, acções de formação e criação de grupos de projecto; explorar e adaptar às necessidades comunitárias os instrumentos existentes já desenvolvidos na OCDE ou noutras Organizações internacionais, se caso disso; explorar as melhores experiências dos países da União (como parece ser, na matéria, o caso dos países nórdicos) e produzir relatórios numa base regular, anual, sobre as actividades realizadas pelos Estados-Membros para ajuizar da eficiência dos instrumentos de assistência mútua, seriam importantes iniciativas para dar à prática dos mecanismos de assitência mútua e cooperação administrativa nas Administrações fiscais europeias o papel que teoricamente lhe é reconhecido quase unanimemente.

OS DEVERES DO PODER EXECUTIVO DERIVADOS DA OBRIGAÇÃO DE INTERCÂMBIO

A entrada em vigor da nova Directiva acompanhada por aquilo que parece ser o desejo da maioria dos Estados de aumentar a celebração de Acordos Administrativos Bilaterais de Troca de Informação em desenvolvimento das disposições convencionais e das de Direito Comunitário derivado, desenhados numa base de alfaiate por medida, mais do que por desenhadores de moda, isto é modelados pelos países, bilateralmente, tendo por pano de fundo a realidade concreta das suas relações económicas e a definição dos seus concretos e específicos interesses, poderá ter uma influência assinalável nos resultados desta assistência mútua e cooperação administrativa ao nível interno de cada Estado e como contributo para uma melhor realização do Mercado interno de que todos são partes interessadas.

Enfim, os novos instrumentos de cooperação administrativa com utilização do intercâmbio de informação, tanto para efeitos do Imposto sobre o Valor Acrescentado e Impostos Especiais de Consumo como da restante fiscalidade, reflectem a importância que a União e os Estados-Membros reconhecem a este Direito Comunitário derivado, o mesmo acontecendo em matéria de assistência na cobrança, restando esperar que num futuro mais ou menos próximo esse reconhecimento se traduza num maior e melhor recurso e uso dos mesmos, instalando sustentadamente uma nova filosofia nas relações de cooperação entre os Estados-Membros entre si e entre eles e as Instituições comunitárias.

Capítulo VI
O Fundamento Constitucional da Obrigação de Intercâmbio de Informação na União Europeia: O Princípio de Cooperação Leal

1. Considerações preliminares

Analisou-se até aqui o regime jurídico comunitário do intercâmbio de informação tributária, assim como se foram desbulhando os problemas associados à sua prática administrativa nos Estados-Membros. Ainda que, como se foi examinando, tenham melhorado nos últimos anos, tanto o aspecto legislativo – significativamente através da nova Directiva 2011/16/UE – como as dificuldades interpretativas a ele inerentes (mercê do labor do TJUE), o reforço deste instrumento fundamental pode vir, em nosso entender, das mãos do seu enquadramento constitucional. Entendemos que algumas das novidades que se operaram através do Tratado de Lisboa autorizam a sustentar que a obrigação de intercâmbio de informação tributária se fundamenta no princípio comunitário de cooperação leal, o que aporta, portanto, os benefícios jurídicos associados a todo o mandato derivado de um princípio geral do Direito Comunitário.

A esta análise se destinam as páginas seguintes.

2. O princípio da cooperação leal no Tratado da União Europeia e os seus antecedentes

2.1. O artigo 4º do Tratado da União Europeia

Dentro da estrutura do Tratado da União Europeia[1], o Título Primeiro contém alguns artigos – os primeiros oito – que estabelecem um conjunto de Disposi-

---

[1] Versões Consolidadas do Tratado da União Europeia e do Tratado que institui a Comunidade Europeia (publicado no Jornal Oficial C 321 E/37, de 29.12.2006).

ções Comuns precedendo a enunciação dos Princípios Democráticos (Título II), a regulamentação geral das Instituições (Título III), a disciplina relativa a Cooperações Reforçadas (Título IV) e as disposições relativas à Política Externa e de Segurança Comum da União (Título V), acabando com as Disposições Finais no Título VI[2].

Instituída a criação da União Europeia, definidos os valores em que se fundamenta, e fixados os respectivos objectivos, o artigo 4º trata da soberania e obrigações dos Estados-Membros, estabelecendo um princípio de colaboração destes na realização daqueles objectivos, desenvolvido quer na sua participação nas Instituições europeias, quer na colaboração, entre si e com elas, no desenvolvimento das normas contidas no Tratado, e na adopção nos seus ordenamentos jurídicos internos das medidas necessárias para assegurar a plena eficácia dessas mesmas disposições. De igual modo, disciplina as obrigações de respeito e de colaboração da União em idêntico contexto.

Dispõe o artigo 4º:

1. *Nos termos do artigo 5º, as competências que não sejam atribuídas à União nos Tratados pertencem aos Estados-Membros.*

2. *A União respeita a igualdade dos Estados-Membros perante os Tratados, bem como a respectiva identidade nacional, reflectida nas estruturas políticas e constitucionais fundamentais de cada um deles, incluindo no que se refere à autonomia local e regional. A União respeita as funções essenciais do Estado, nomeadamente as que se destinam a garantir a integridade territorial, a manter a ordem pública e a salvaguardar a segurança nacional. Em especial, a segurança nacional continua a ser da exclusiva responsabilidade de cada Estado--Membro.*

3. *Em virtude do princípio da cooperação leal, a União e os Estados-Membros respeitam-se e assistem-se mutuamente no cumprimento das missões decorrentes dos Tratados.*

   Os Estados-Membros tomam todas as medidas gerais ou específicas adequadas para garantir a execução das obrigações decorrentes dos Tratados ou resultantes dos actos das Instituições da União.

   Os Estados-Membros facilitam à União o cumprimento da sua missão e abstêm--se de qualquer medida susceptível de pôr em perigo a realização dos objectivos da União.

---

[2] A clarificação destes aspectos essenciais e também dos princípios que devem reger as relações entre o ordenamento comunitário e os ordenamentos internos, com inclusão na primeira parte dum Tratado é, na opinião de A. DASHWOOD, essencial na respectiva estrutura (cfr. "States in the European Union", ELrev., 1998, p.204).

O FUNDAMENTO CONSTITUCIONAL DA OBRIGAÇÃO DE INTERCÂMBIO DE INFORMAÇÃO

A actual redacção do artigo 4º nº 3 é aquela que se encontrava já no artigo I 5.2 do Projecto de Constituição Europeia[3], que não chegou, todavia, a ser ratificada.

O dever de colaboração dos Estados-Membros e da União Europeia assim desenhado tem consagração expressa como princípio da cooperação leal nos três parágrafos que integram o nº 3 deste artigo, direccionando-se o primeiro conjuntamente aos Estados-Membros e à União, e os segundo e terceiro apenas aos Estados-Membros.

No modelo comunitário, sendo as competências habitualmente concorrentes, sempre coexistirão, numa determinada matéria, actuações da União e dos Estados-Membros, numa relação estreita que se estende como tal à execução descentralizada das disposições comunitárias, as quais são aplicadas, fundamentalmente, pelas autoridades nacionais dos Estados-Membros e cuja justificação resulta coerente com os princípios da proporcionalidade e da subsidiariedade. Em tal contexto, o princípio da cooperação leal assume importância realçada, desde logo na definição das relações entre as autoridades nacionais dos Estados-Membros e as Instituições da União, face à necessidade de assegurar uma aplicação uniforme na execução do ordenamento comunitário, resolvendo a aparente contradição com a autonomia institucional e procedimental dos Estados-Membros na execução desse mesmo ordenamento.

A aplicação do Direito Comunitário requer a cooperação leal entre todos os entes envolvidos no processo de construção europeia, desde a própria União enquanto tal, as suas Instituições, e os órgãos dos diversos Estados que a integram, através de uma actuação conjunta, indispensável para a realização dos objectivos a atingir.

---

[3] O Tratado que estabelece uma Constituição para a Europa foi assinado em Outubro de 2004, com o objectivo de revogar, e substituir por um texto único, todos os Tratados existentes (excepto o Tratado Euratom), consolidando 50 anos de Tratados Europeus. Para entrar em vigor, o Tratado estabelecia a sua ratificação pelos Estados-Membros, de acordo com as respectivas normas constitucionais, quer pela via da ratificação parlamentar quer pela via do referendo. Na sequência das dificuldades de ratificação verificadas em certos Estados-Membros, os Chefes de Estado e de Governo decidiram, por ocasião do Conselho Europeu de 16 e 17 de Junho de 2005, lançar um «período de reflexão» sobre o futuro da Europa. Por ocasião do Conselho Europeu de 21 e 22 de Junho de 2007, os dirigentes europeus chegaram a um compromisso. Foi acordado um mandato para a convocação de uma Conferência Inter-governamental encarregada de finalizar e adoptar não uma Constituição mas sim um «Tratado de Reforma» para a União, de que veio a resultar o Tratado de Lisboa, assinado na cidade de Lisboa, em 13 de Dezembro de 2007, e que entrou em vigor em 1 de Dezembro de 2009, emendando o Tratado da União Europeia (TCE, *Maastricht*, 1992) e o Tratado que estabelece a Comunidade Económica Europeia (TCEE, *Roma*, 1957).

O INTERCÂMBIO DE INFORMAÇÃO TRIBUTÁRIA

2.2. Os antecedentes comunitários do artigo 4º do Tratado da União Europeia

Apresentando uma formulação que se revela já muito próxima do artigo 5º do futuro Tratado CEE, o artigo 105º do Projecto de Tratado visando a criação de uma Comunidade Política Europeia[4], estatui:

> *"Os Estados-Membros comprometem-se a tomar todas as medidas adequadas para assegurar a execução das leis, regulamentos, decisões ou recomendações da Comunidade e em facilitar a esta o cumprimento da sua missão.*
>
> *Comprometem-se por outro lado a absterem-se de qualquer medida incompatível com as disposições do presente Estatuto".*

Mais tarde, já em 1984, o artigo 13º do Projecto de Tratado para instituir a União Europeia[5], estabelecia[6]:

---

[4] Elaborado pela Assembleia da CECA, tornada Assembleia *ad hoc* por uma Resolução dos seis governos de 10 de Setembro de 1952, e transmitida em 9 de Março de 1953 sem que viesse a ter qualquer desenvolvimento. Ver *http://mjp.univ-perp.fr/europe/1953cpe3.htm*, com o artigo 105º com tradução pessoal. Talvez menos relevantes mas incluídos, ainda, no âmbito comunitário, existem concretizações várias do princípio consagrado no artigo 5º do Tratado CEE, em diversos Acordos assinados pela Comunidade, sendo o mesmo integrado no Acordo para a Criação do Espaço Económico Europeu, assinado no Porto em 2 de Maio de 1952, dispondo (artigo 3º último período, integrado nos Objectivos e Princípios): *"Por outro lado* (as partes contratantes) *facilitam a cooperação no quadro do presente Acordo".* A importância daqueles Acordos foi realçada numa entrevista de Charles Rutten, antigo representante permanente da Holanda junto da Comunidade Europeia numa conferência em Haia, em 29 de Novembro de 2006, subordinada ao tema "Os primeiros Acordos de Associação da Comunidade". Ver: *http://www.ena.lu/interview_charles_rutten_premiers_ accords_association_communaute_haye_novembre_2006-012500539.html.* É desde logo o caso do Acordo de Associação com a Grécia, de 9 de Julho de 1961 (Jornal Oficial, nº 26, de 18 de Fevereiro de 1963), cujo artigo 4º dispunha: "As partes contratantes tomam todas as medidas gerais ou especiais adequadas para assegurar a execução das obrigações derivadas do Acordo. Abstêm-se de qualquer medida susceptível de por em perigo a realização dos objectivos do Acordo". Devem ainda ser referidos certos Acordos celebrados com base no artigo 113º do Tratado CEE que continham disposições do seguinte tipo: *"As partes contratantes abstêm-se de qualquer medida susceptível de por em perigo a realização dos objectivos do Acordo.*
As partes contratantes tomam todas as medidas gerais ou especiais adequadas para assegurar a execução das obrigações do acordo.
Se uma parte contratante entender que a outra parte contratante faltou a uma obrigação do acordo, poderá tomar as medidas apropriadas nas condições e segundo os procedimentos previstos no artigo".
O mesmo com os Acordos com a Áustria, Israel, Islândia, Suíça, Finlândia, Noruega, Suécia e Portugal.
[5] Também conhecido por "Projecto Spinelli", adoptado pelo Parlamento Europeu em 14 de Fevereiro de 1984, com uma larga maioria (237 votos a favor, 31 contra e 43 abstenções) e que fixava como objectivo último a realização de uma federação europeia (JO C, nº 77, de 19 de Março de 1984, p. 53) *http://www.ena.lu/draft_treaty_establishing_european_union_14_february_1984-020302470.html.*
[6] Tradução pessoal, a partir do francês.

276

O FUNDAMENTO CONSTITUCIONAL DA OBRIGAÇÃO DE INTERCÂMBIO DE INFORMAÇÃO

"A União e os Estados-Membros cooperam numa base de confiança mútua na aplicação do Direito da União. Os Estados-Membros tomam todas as medidas gerais ou especiais adequadas para assegurar a execução das obrigações derivadas do presente Tratado ou resultantes dos actos das Instituições da União. Facilitam a esta o cumprimento da sua missão, e abstêm-se de qualquer medida susceptível de pôr em perigo a realização dos objectivos da União",

formulação que, vinte e sete anos depois da do artigo 5º do Tratado CEE, lhe junta um aperfeiçoamento interessante: o de situar expressamente o princípio em análise na confiança mútua necessária para a aplicação do Direito da União.

Todavia, são os artigo 5º do Tratado CEE e artigo 10º do Tratado CE que se assumem como os mais directos antecedentes do novo artigo 4º do Tratado da União Europeia (TUE), pelo que uma análise, posto que não muito detalhada, daqueles será relevante para o futuro tratamento que me proponho dar à temática do princípio da cooperação leal tal qual decorre do teor do artigo 4º

Ambos os preceitos estabeleciam:

"Os Estados-Membros tomam todas as medidas gerais ou especiais capazes de assegurar o cumprimento das obrigações decorrentes do presente Tratado ou resultantes de actos das Instituições da Comunidade. Os Estados-Membros facilitam à Comunidade o cumprimento da sua missão. Os Estados-Membros abstêm-se de tomar quaisquer medidas susceptíveis de pôr em perigo a realização dos objectivos do presente Tratado."

Além deste parentesco directo entre o artigo 5º do Tratado CEE e o artigo 10º do Tratado CE, a linhagem comunitária apresenta vários outros parentes, como é o caso dos Tratados sectoriais relativos à criação da Comunidade Europeia do Carvão e do Aço (CECA), da Comunidade Europeia da Energia Atómica (CEEA) e da Comunidade Europeia de Defesa (CED), com todos eles a incluírem disposições muito próximas das do artigo com que coabitavam ao tempo – o artigo 5º do Tratado CEE –.

No Tratado CECA[7] é o artigo 86º[8], segundo o qual os Estados-Membros se comprometiam a tomar todas as medidas, gerais ou especiais, capazes de asse-

---

[7] Assinado em 18.04.1951, entrou em vigor em 24.07.1952, não tendo sido publicado no Jornal Oficial. O Tratado CECA, assinado em Paris, congregava a França, a Alemanha, a Itália e os países do Benelux numa comunidade com o objectivo de introduzir a livre circulação do carvão e do aço, bem como o livre acesso às fontes de produção. Além disso, uma Alta Autoridade comum assegurava a vigilância do mercado, o respeito pelas regras da concorrência e a transparência dos preços. Este Tratado esteve na base das actuais Instituições. O Tratado era composto por quatro títulos. O primeiro referia-se à Comunidade Europeia do Carvão e do Aço, o segundo às Instituições da Comunidade, o terceiro às disposições económicas e sociais e o quarto às disposições gerais. Com-

O INTERCÂMBIO DE INFORMAÇÃO TRIBUTÁRIA

gurar o cumprimento das obrigações resultantes das decisões e recomendações das Instituições da Comunidade e de facilitar a esta o cumprimento da sua missão, comprometendo-se ainda a não tomar qualquer medida incompatível com a existência do Mercado comum (referido nos artigos 1º e 4º do mesmo Tratado).

A passagem do princípio da cooperação leal do elenco das Disposições Finais, como acontecia no Tratado CECA (artigo 86º) para o capítulo das Disposições Iniciais, quer do Tratado CEE (artigo 5º) quer do Tratado CE (artigo 10º), demonstram o aumento de importância que lhe foi conferida como contributo indispensável para a realização dos objectivos comunitários, assacando assim aos Estados uma função relevante e complementar na realização da construção europeia que deve pressupor a cooperação recíproca entre eles e as Instituições comunitárias para assegurar a plena concretização das disposições do Tratado.

No Projecto de Tratado que instituía a Comunidade Económica de Defesa (CED)[9], eram os artigos 112º a 116º que estabeleciam o compromisso dos Estados-Membros de facilitar à Comunidade a realização da sua missão, nomeadamente tomando todas as medidas adequadas para assegurar a execução das decisões das Instituições comunitárias, fornecendo-lhes informações e aceitando que os agentes comunitários exercessem nos seus territórios certos controlos

portava igualmente dois Protocolos, um sobre o Tribunal de Justiça e o outro sobre as relações da CECA com o Conselho da Europa. Incluía igualmente uma Convenção relativa às disposições transitórias sobre a aplicação do Tratado, às relações com os países terceiros e às medidas gerais de protecção. Cinquenta anos após a sua entrada em vigor, o Tratado caducou, tal como previsto, em 23 de Julho de 2002. Durante a sua vigência, foi alterado várias vezes pelos seguintes tratados: Tratado de Fusão (Bruxelas 1965), Tratados que alteram determinadas disposições financeiras (1970 e 1975), Tratado sobre a Gronelândia (1984), Tratado da União Europeia (Maastricht, 1992), Acto Único Europeu (1986), Tratado de Amesterdão (1997), Tratado de Nice (2001) e Tratados de Adesão (1972, 1979, 1985 e 1994).

[8] Nele relevam, sobretudo, os dois parágrafos iniciais, uma vez que o terceiro e o quarto tratam de aspectos específicos relativos a regulações internacionais das trocas de carvão e de aço e às possibilidades de controle dos agentes da Alta Autoridade no território dos Estados-Membros.

[9] Projecto assinado em Paris em 27 de Maio de 1952 e apresentado em 10 de Março de 1953 à Assembleia Parlamentar da CECA. Devido ao sucesso conseguido pela criação da CECA, os seis componentes desta Instituição decidiram criar uma Organização que zelaria pela defesa e protecção da Europa (Comunidade Europeia de Defesa – CED), tendo porém acontecido que, apesar de todos os esforços postos na sua construção, a iniciativa cifrou-se num fracasso, em resultado da recusa de aprovação da Assembleia Nacional francesa em 30 de Agosto de 1954, podendo talvez dizer-se que a grande importância deste evento adveio exactamente de seu fracasso, uma vez que, a partir de então, os Estados passaram a adoptar regras mais modestas e progressivas na vontade de aproximar os Estados europeus.

O FUNDAMENTO CONSTITUCIONAL DA OBRIGAÇÃO DE INTERCÂMBIO DE INFORMAÇÃO

com reconhecimento das imunidades e privilégios necessários[10]. Por outro lado, no artigo 121º os Estados resultavam obrigados a absterem-se de qualquer medida incompatível com as disposições do Tratado e a não subscreverem qualquer compromisso internacional em contradição com elas[11].

[10] Com tradução minha uma vez que só dispunha do texto em francês: *http://mjp.univ-erp.fr/europe/1952ced6.htm*:

Artigo 112º

Os Estados-Membros comprometem-se a tomar todas as medidas gerais ou específicas adequadas para assegurar a execução das obrigações resultantes das decisões e recomendações das Instituições da Comunidade e a facilitar a esta o cumprimento da sua missão.

Os Estados-Membros obrigam-se a abster-se de qualquer medida incompatível com as disposições do presente Tratado.

Artigo 113º

Todas as Instituições e todos os Serviços da Comunidade e dos Estados-Membros colaboram estreitamente no que respeite às questões de interesse comum.

Ajudam-se mutuamente em matéria administrativa e judicial, nas condições que serão definidas por acordos posteriores.

Artigo 114º

1. Os Estados-Membros comprometem-se a colocar à disposição do Comissariado todas as informações necessárias ao cumprimento da sua missão. O Comissariado pode solicitar aos governos que mandem proceder às verificações necessárias. Com base no pedido fundamentado do Comissariado, os seus agentes podem participar nas operações de verificação.

O Conselho decidindo por maioria de dois terços, pode formular directivas gerais relativas à aplicação do parágrafo anterior.

Se um Estado entender que as informações que lhe são pedidas pelo Comissariado não são necessárias ao cumprimento da missão deste, pode, num prazo de dez dias, dirigir-se ao Tribunal que decide com carácter de urgência. O recurso é suspensivo.

2. As Instituições da Comunidade, os seus membros e agentes não devem divulgar as informações que, pela sua natureza, estiverem cobertas quer pelo segredo profissional, quer pelo segredo militar.

Toda a violação desses segredos que tenha causado um prejuízo será objecto, no Tribunal, de uma acção de indemnização.

Artigo 115º

No limite das competências do Comissariado, os agentes encarregados de missões de controlo dispõem, face aos particulares, empresas privadas ou públicas do território dos Estados-Membros e na medida necessária ao cumprimento da sua missão dos direitos e poderes concedidos pelas legislações destes Estados aos agentes das Administrações cuja competência seja comparável. A missão de controlo e a qualidade doas agentes encarregados desta missão serão devidamente notificados ao Estado interessado.

Os agentes do Estado interessado podem, a pedido deste ou do Comissariado, participar nas operações de verificação.

Artigo 116º

A Comunidade goza, nos territórios dos Estados-Membros, das imunidades e privilégios necessários para cumprir a sua missão, nas condições a definir por uma convenção entre os Estados-Membros.

[11] Com tradução minha uma vez que só dispunha do texto em francês: *http://mjp.univ-perp.fr/europe/1952ced6.htm*:

Artigo 121º

Os Estados-Membros assumem a obrigação de não subscrever qualquer compromisso internacional em contradição com o presente Tratado.

O INTERCÂMBIO DE INFORMAÇÃO TRIBUTÁRIA

De realçar que, embora presentes neste articulado do Projecto de Tratado CED os diversos elementos que constam do artigo 5º do Tratado CEE, este adopta, todavia, uma perspectiva mais sintética, sendo também diferentes os contextos em que os princípios são enunciados: no Projecto CED o conjunto de artigos apresenta o princípio apenas como um meio para facilitar à Comunidade o cumprimento da sua missão, enquanto que o artigo 5º do Tratado CEE o apresenta com um objectivo bem mais lato.

Quanto ao Tratado que instituiu a Comunidade Económica da Energia Atómica (CEEA)[12], assinado ao mesmo tempo que o Tratado de Roma[13], ele inclui um artigo 192º que é a reprodução pura e simples do artigo 5º do Tratado CEE.

2.3. Os antecedentes não comunitários do artigo 4º do Tratado da União Europeia

Não resulta fácil encontrar fora do Direito Comunitário parentes da disposição comunitária actual de que falamos, e por isso alguns autores afirmam a este respeito o carácter inusitado em Direito internacional convencional de disposições exprimindo obrigações como as contidas no artigo 5º do Tratado CEE, pelo menos redigidas em termos similares. Possíveis disposições paralelas respeitam à consagração ou ilustração expressas do princípio geral da boa fé ou da autoridade dos Tratados.

Evocado várias vezes a este propósito, é o artigo 26º da Convenção de Viena sobre o Direito dos Tratados: *"Todo o Tratado em vigor obriga as partes e deve ser cumprido por elas de boa fé"*, e como artigo verdadeiramente aparentado, o artigo 2º nº 2 da Carta das Nações Unidas, de 26 de Junho de 1945 cujo teor é o seguinte:

A Organização e os seus membros, para a realização dos objectivos mencionados no artigo 1, agirão de acordo com os seguintes princípios:

1) ...;

2) Os membros da Organização, a fim de assegurarem a todos em geral os direitos e vantagens resultantes da sua qualidade de membros, deverão cumprir de boa fé as obrigações por eles assumidas em conformidade com a presente Carta;

...

com um nº 5 a juntar que:

5) Os membros da Organização dar-lhe-ão toda a assistência em qualquer acção que ela empreender em conformidade com a presente Carta e abster-se-ão de dar assistência a qualquer Estado contra o qual ela agir de modo preventivo ou coercivo.

---

[12] Ver *http://mjp.univ-perp.fr/europe/1957euratom5.htm*.
[13] Em 25 de Março de 1957.

280

O FUNDAMENTO CONSTITUCIONAL DA OBRIGAÇÃO DE INTERCÂMBIO DE INFORMAÇÃO

Esta assistência, retomando explicitamente o princípio fundamental da boa fé (que é mais geral do que a obrigação contida na segunda frase do artigo 5º do Tratado CEE), encontra-se em outras Convenções, também sob uma forma muitas vezes mais precisa que a segunda frase do artigo 5º As partes no Acto Geral para a Resolução Pacífica das Disputas Internacionais (Acto de 20/09/28 revisto em 28/04/49) envolvem-se, no artigo 13º, na obrigação de "facilitar os trabalhos da Comissão de conciliação e, em particular, fornecer-lhe, na maior medida possível, todos os documentos e informações úteis, assim como usar os meios de que disponham para lhes permitirem proceder no seu território e segundo a sua legislação à citação e à audição de testemunhas ou de peritos e a transportes nos locais".

Da mesma forma, pode relevar-se que os membros da OCDE acordaram num artigo 3º, estabelecendo que "para atingir os objectivos fixados no artigo 1º e satisfazer os compromissos enumerados no artigo 2º, os Estados devem:

a) Manter-se mutuamente informados e fornecer à organização as informações necessárias à realização das suas tarefas;

b) Consultar-se de forma contínua, efectuar estudos e participar em projectos aceites de comum acordo;

c) Cooperar estreitamente, se houver lugar a uma acção coordenada."

É sob uma forma também genérica, embora menos lacónica que a do artigo 5º do Tratado CEE, que o artigo 3º *in fine* do Estatuto do Conselho da Europa[14] prevê que todo o membro do Conselho "se comprometa a colaborar sincera e activamente na realização do fim definido no Capítulo 1".

Se todos estes exemplos provam que disposições comparáveis ao artigo 5º do Tratado CEE existem em outros actos convencionais internacionais, resulta no entanto que estes diversos exemplos não são senão adaptações do princípio da boa fé na execução dos Tratados, com afirmações de dimensão geral ou de cariz mais técnico, segundo as necessidades. Por outro lado, é só muito parcialmente que as disposições comunitárias podem ser aproximadas a estas disposições, nunca se encontrando nelas as diversas componentes daquelas, na sua coerência e na sua integralidade.

Os "parentes" aqui autonomizados não são, pois, muito esclarecedores, a não ser para mostrar que as Convenções que organizam relações entre Estados precisam amiudadas vezes, através de disposições expressas, de consagrar o princípio geral da boa fé na execução dos Tratados, e de disposições que realcem o significado da solidariedade entre os Estados contratantes, como é ainda o caso

---

[14] Tratado de Londres de 5 de Maio de 1949.

O INTERCÂMBIO DE INFORMAÇÃO TRIBUTÁRIA

do artigo 8º do Tratado de Varsóvia, de 14 de Maio de 1955, disposição geral segundo a qual as partes contratantes "declaram que agirão num espírito de amizade e de colaboração com o objectivo de desenvolver e de consolidar com vantagem as relações económicas e culturais existentes entre elas".

3. Significados do princípio de cooperação leal: as obrigações de cooperação, de lealdade, de solidariedade e respeito e de assistência mútua. Uma abordagem doutrinal e jurisprudencial do TJUE

O princípio da cooperação leal é um princípio geral de Direito Comunitário, hoje Direito da União Europeia[15], devendo ser visto como um princípio jurídico geral, pelo qual resultam impostas obrigações às Instituições da União de cooperarem umas com as outras, de cooperarem com as autoridades nacionais dos Estados-Membros, obrigando ainda estas a cooperarem entre si e com aquelas Instituições.

Trata-se efectivamente de um princípio com uma importância imensa[16], configurando um dever geral que vincula a actuação dos diversos intervenientes entre si com o propósito de assegurar o cumprimento dos objectivos da União e da sua ordem jurídica. É que a União, além de actuar por via das suas Instituições próprias, actua também, e em imensa medida, através das autoridades nacionais dos Estados-Membros, uma vez que são estas que administram e aplicam várias matérias do Direito Comunitário, desde a política agrícola comum, a política ambiental comunitária, a política de pesca, o IVA, etc. As competências e os orçamentos dos Estados-Membros, embora com as limitações resultantes do Tratado, são muito maiores quando comparados com os poderes da União, relativamente ao que acontece, por exemplo, em qualquer federação contemporânea com os poderes das suas regiões. Isto significa que a União, na esfera do Direito Comunitário, depende enormemente das actuações das autoridades nacionais dos Estados-Membros para fazerem aplicar as políticas comunitárias

---

[15] Sobre o princípio da cooperação leal, ver por todos, DE QUADROS, F.: Direito da União Europeia, Almedina, Coimbra, 2004, pp. 92 e ss. e DUARTE, M. L.: Direito da União e das Comunidades Europeias, vol. I, Lex Editora, Lisboa, 2001, p. 215 e em Estudos de Direito da União e das Comunidades Europeias, Coimbra Editora, Coimbra, 2000, pp. 81 e ss., onde apresenta o artigo 10º do Tratado da Comunidade Europeia como expressão de uma obrigação de cooperação entre os poderes públicos nacionais e as instituições comunitárias. Ainda TEMPLE LANG, J.: "The Core of the Constitutional Law of the Community – Article 5 EC", Gormley (ed.), Current and Future Perspectives on EC Competition Law, Klwuer, 1997, pp. 41-72; e MORTELMANS, K.: "The principle of Loyalty to the Community (Article 5 EC) and the Obligations of The Community Institutions", Maastricht Journal of European and Comparative Law, 5, 1998, pp. 67-88.

[16] LENAERTS, K. e VAN NUFFEL, P.: Constitutional Law of the European Union (2.ª edição), Sweet & Maxwell, Londres, 2005, pp. 115-123.

O FUNDAMENTO CONSTITUCIONAL DA OBRIGAÇÃO DE INTERCÂMBIO DE INFORMAÇÃO

pela forma que se quis que fossem aplicadas, ou seja com respeito do princípio de autonomia institucional e procedimental.

Mesmo sem terem essa intenção, os Estados-Membros poderiam obstruir seriamente a operacionalidade de muitas (senão de quase todas) dessas políticas, e por isso um dever geral de ajudar e não obstruir tinha de estar escrito no Tratado, configurando a relação simbiótica entre autoridades nacionais e autoridades comunitárias como afirmação clara de um princípio geral, princípio este que recebeu vários nomes dados pela doutrina: de lealdade, de fidelidade ou boa-fé comunitária, ou ainda de cooperação mútua. Aqui tratá-lo-emos tão só como de cooperação leal na medida em que foi essa a designação utilizada pelo Tratado de Lisboa na sua redacção portuguesa actual[17].

A importância do princípio e do dever geral de cooperação leal que dele resulta maximizam-se pelo facto de que os Tratados continuam a ser, em grande medida, omissos no que diz respeito à regulação das relações entre o Direito da União e os Direitos dos Estados-Membros. De facto, na medida em que não existiu nenhuma descrição expressa dessas regras, situação mantida pelo Tratado de Lisboa[18], elas regem-se, em grande medida, por princípios que decorrem precisamente do dever geral de cooperação leal[19], e que tiveram de ser confirmados pela jurisprudência do Tribunal de Justiça[20], a qual vem mostrando que este princípio de cooperação leal constitui a base legal para vários outros deveres e obrigações de Direito comunitário, que resultam agora bem estabelecidos pelas Sentenças, dando aos artigos que o vinham consagrando (artigo 10º TCE e artigo 5º TCEE) um conteúdo relevante que, mesmo que não aparecendo tra-

---

[17] A designação é a mesma na versão francesa – *principe de coopération loyale* –, na espanhola – *principio de cooperación leal* –, italiana – *principio di leale cooperazione* –, afastando-se ligeiramente na versão inglesa – *principle of sincere cooperation* –.

[18] A este respeito é de referir que apenas a Declaração nº 17 anexa à Acta Final da Conferência Intergovernamental que aprovou o Tratado de Lisboa, refere: *"A Conferência lembra que, em conformidade com a jurisprudência constante do Tribunal de Justiça da União Europeia, os Tratados e o Direito adoptado pela União com base nos Tratados primam sobre o Direito dos Estados-Membros, nas condições estabelecidas pela referida jurisprudência"*. A Conferência decidiu também anexar à Acta Final o parecer do Serviço Jurídico do Conselho sobre o primado do Direito comunitário constante do Documento 11197/07 (JUR 260), onde se esclarece que *"O facto de o princípio do primado não ser inscrito no futuro Tratado em nada prejudica a existência do princípio nem a actual jurisprudência do Tribunal de Justiça"*. É de referir, ainda, que o artigo I-6º do Tratado que estabelecia uma Constituição para a Europa determinava que *"A Constituição e o Direito adoptado pelas Instituições da União, no exercício das competências que lhe são atribuídas, primam sobre o Direito dos Estados-Membros"*, mas não existe norma equivalente na actual versão dos Tratados.

[19] DUARTE, M.L.: Estudos de Direito e das Comunidades Europeias, Coimbra Editora, Coimbra, pp. 85-86.

[20] Processo 26/62, *Van Gend en Loos*, de 5 de Fevereiro de 1963 e Processo 6/64, *Costa v. Enel*, de 15 de Julho de 1964.

O INTERCÂMBIO DE INFORMAÇÃO TRIBUTÁRIA

tado como um todo coerente, permite a extracção, caso a caso, das suas fundamentações e consequências.

Sendo objectivo dos Tratados a criação de uma nova ordem jurídica no âmbito de uma "Comunidade de Direito" – hoje uma "União de Direito" –, é indispensável assegurar a eficácia, a uniformidade e a independência dessa ordem jurídica e do seu Direito. Neste contexto se inscrevem princípios tão importantes como o primado do Direito da União sobre o Direito dos Estados-Membros[21], ou outros como é o da aplicabilidade imediata do Direito da União[22], o do efeito directo do Direito da União[23], o de interpretação do Direito nacional em conformidade com o Direito da União[24], o da responsabilidade civil extracontratual dos Estados-Membros por violação do Direito da União[25] ou o de fornecer protecção efectiva aos direitos reconhecidos pelo Direito da União[26].

---

[21] Processo 26/62, *Van Gend en Loos*, de 5 de Fevereiro de 1963; Processo 6/64, *Costa v. Enel*, de 15 de Julho de 1964; Processo 11/70, *Internationale Handelsgesellschaft*, de 17 de Dezembro de 1970; Processo 4/73, *Nold*, de 14 de Maio de 1974; Processo 106/77, *Simmenthal*, de 28 de Junho de 1978; Parecer 1/91, *Espaço Económico Europeu*, de 14 de Dezembro de 1991.

[22] Processo 26/62, *Van Gend en Loos*, de 5 de Fevereiro de 1963; Processo 43/75, *Defrenne*, de 8 de Abril de 1976; Processo 50/76, *Amsterdam Bulb*, de 2 de Fevereiro de 1977; Processo 106/77, *Simmenthal*, de 28 de Junho de 1978; Parecer 1/91, *Espaço Económico Europeu*, de 14 de Dezembro de 1991.

[23] Processo 26/62, *Van Gend en Loos*, de 5 de Fevereiro de 1963; Processo 9/70, *Franz Grad*, de 6 de Outubro de 1970; Processo 41/74, *Van Duyn*, de 4 de Dezembro de 1974; Processo 43/75, *Defrenne*, de 8 de Abril de 1976; Processo 148/78, *Ratti*, de 5 de Abril de 1979; Processo 8/81, *Ursula Becker*, de 19 de Janeiro de 1982; Processo 14/83, *von Colson*, de 10 de Abril de 1984; Processo 152/84, *Marshall*, de 26 de Fevereiro de 1986; Processo 12/86, *Demirel*, de 30 de Setembro de 1987; Processo C-156/91, *Hansa Fleisch*, de 10 de Novembro de 1992; Processo C-213/03, *Pêcheurs de l' étang de berre*, de 15 de Julho de 2004.

[24] Processo 148/78, *Ratti*, de 5 de Abril de 1979; Processo 14/83, *von Colson*, de 10 de Abril de 1984; Processo 157/86, *Murphy*, de 4 de Fevereiro de 1988; Processo C-106/89, *Marleasing/Comercial Internacional de Alimentación*, de 13 de Novembro de 1990; Processo C-91/92, *Faccini Dori*, de 14 de Julho de 1994; Processo C-262/97, *Engelbrecht*, de 26 de Setembro de 2000; Processo C-240/98, *Océano Grupo Editorial et Salvat Editores*, de 27 de Junho de 2000; Processo C-462/99, *Connect Austria*, de 22 de Maio de 2003; Processo C-397/01, *Pfeiffer e.a.*, de 5 de Outubro de 2004.

[25] Processos C-6/90 e C-9/90, *Francovich*, de 19 de Novembro de 1991; Processo C-91/92, *Faccini Dori*, de 14 de Julho de 1994; Processos C-178/94, C-179/94, C-188/94 e C-190/94, *Dillenkofer*, de 8 de Outubro de 1996; Processo C-5/94, *The Queen/Ministry of Agriculture, Fisheries and Food, ex parte Hedley Lomas (Ireland)*, de 23 de Maio de 1996; Processo C-424/97, *Haim v. Nordheim*, de 4 de Julho de 2000; Processo C-224/01, *Köbler*, de 30 de Setembro de 2003; Processo C-173/03, *Traghetti del Mediterraneo*, de 13 de Julho de 2006.

[26] Processo C-213/89, *The Queen/Ministry of State for Transport, ex parte Factortame*, de 19 de Junho de 1990; Processo C-262/97, *Engelbrecht*, de 26 de Setembro de 2000; Processo C-201/02, *Wells*, de 7 de Janeiro de 2004; Processo C-78/98, *Preston e.a.*, de 16 de Maio de 2000; Processo C-30/02, *Recheio – Cash & Carry*, de 17 de Junho de 2004; Processo C-315/2005, *Lidl Italia*, de 23 de Novembro de 2006.

O FUNDAMENTO CONSTITUCIONAL DA OBRIGAÇÃO DE INTERCÂMBIO DE INFORMAÇÃO

O papel fulcral do princípio da cooperação leal advém precisamente do facto de ele ser a base de aplicação de todos estes outros princípios gerais de Direito da União, apesar de não existir consagração formal deles como princípios "constitucionais". É que o princípio da cooperação leal do artigo 4º do TUE é vasto no seu objecto, aplicando-se em todas as áreas em que os objectivos da União, estabelecidos no artigo 3º TUE, são relevantes. O princípio do efeito directo do Direito da União, clarificado pelo Tribunal de Justiça em 1979, veio a ser expressamente baseado pelo Tribunal no artigo 5º do TCEE no Processo *Moormann*[27] e o princípio da aplicação uniforme, assegurando que as normas nacionais não podem nunca impedir que o Direito Comunitário seja totalmente aplicado, decorre também, como foi reconhecido no Processo *Peter*, do princípio geral da cooperação leal estabelecido no artigo 5º do TCEE[28]. A conexão do princípio

---

[27] Processo 190/87, de 20 de Setembro de 1988. Estando em causa o efeito directo do Direito da União (transposição de uma Directiva – a Directiva 83/643 do Conselho de 1 de Dezembro de 1983, relativa à simplificação dos controles físicos e das formalidades administrativas quanto ao transporte de mercadorias entre Estados-Membros –), o Tribunal de Justiça foi chamado a pronunciar-se sobre se o artigo 5º do Tratado CEE constitui base jurídica para que, em todos aqueles casos em que um Estado-Membro aplique contra um cidadão comunitário uma disposição de Direito nacional, a qual, por força de uma Directiva vinculativa emanada da Comunidade, já não poderia ser mantida em vigor, seja dado a este último o direito de, perante a aplicação dessa disposição nacional, vir invocar que tal Estado-membro não cumpriu em tempo útil uma obrigação imposta pela Directiva. E a resposta foi positiva estabelecendo que o artigo 5º do Tratado obriga os Estados-Membros a tomarem todas as medidas gerais ou particulares adequadas para assegurar a execução das obrigações decorrentes do Tratado ou resultantes dos actos das Instituições da Comunidade, decorrendo aliás do efeito obrigatório que o artigo 189º nº 3 reconhece à Directiva e da obrigação de cooperação enunciada no artigo 5º que o Estado-Membro destinatário não se podia subtrair às obrigações que a Directiva lhe impunha. Segundo a sentença: O direito de um particular invocar contra um Estado-Membro que não transpôs uma Directiva, ou não o fez de forma adequada, ou uma disposição dessa Directiva que seja incondicional e suficientemente precisa, fundamenta-se nas disposições conjugadas do artigo 189º, terceiro parágrafo, e do artigo 5º do Tratado CEE.

[28] Processo C-290/91, de 27 de Maio de 1993, relativo à Organização comum de mercado do leite e produtos lácteos, e condições e limites da aplicação do Direito nacional nos termos do Regulamento (CEE) 804/68 do Conselho – artigo 5º-C –, na redacção que lhe foi dada pelo Regulamento (CEE) 856/84, de 31 de Março de 1984. Nele, o Tribunal de Justiça declara que uma vez que o Direito Comunitário não prevê regras comunitárias para este efeito, as autoridades nacionais procedem, aquando da execução daquela regulamentação, de acordo com as normas formais e substantivas do seu Direito nacional, entendendo-se que as regras nacionais devem obrigatoriamente conciliar-se com a exigência de uma aplicação uniforme do ordenamento comunitário, para não tornarem praticamente impossível a aplicação da regulamentação comunitária e para evitar um tratamento desigual dos operadores económicos. Então, em primeiro lugar, e em conformidade com os princípios gerais em que assenta a Comunidade e que regulam as relações entre a Comunidade e os Estados-Membros, sempre caberá a estes, nos termos do artigo 5º do Tratado CEE, assegurar, nos seus territórios, a execução da regulamentação comunitária.

O INTERCÂMBIO DE INFORMAÇÃO TRIBUTÁRIA

da cooperação leal com o princípio de fornecer protecção efectiva aos direitos reconhecidos pelo Direito Comunitário, e de garantir responsabilidade civil extracontratual dos Estados-Membros pela violação daquele Direito, aparece estabelecida em vários Processos do TJUE, com destaque para os Processos *Francovich e Factortame*[29]. E a linguagem do Tribunal de Justiça é ainda mais forte na sua sentença de 19 de Janeiro de 1993[30], ao considerar ter havido por parte das autoridades nacionais italianas uma flagrante e inadmissível infracção ao segundo parágrafo do artigo 5º do TCEE, materializada no incumprimento da obrigação dele resultante de se absterem de todas as medidas susceptíveis de pôr em perigo a realização dos objectivos do Tratado e *afectando por esse mesmo motivo as bases essenciais da ordem jurídica comunitária.* Em causa estava o facto de

---

[29] Nos Processos C-6/90 e C-9/90, *Francovich*, de 19 de Novembro de 1991, a questão era a de saber se um Estado-Membro podia ser considerado responsável por perdas causadas por falhas na implementação de uma Directiva destinada a conceder direitos a pessoas singulares. O Tribunal vem dizer que a plena eficácia das normas comunitárias seria posta em causa e a protecção dos direitos que as mesmas reconhecem enfraquecida, se os particulares não tivessem a possibilidade de obter reparação quando os seus direitos são lesados pela violação do Direito Comunitário imputável a um Estado-Membro. Sendo assim, esta possibilidade de reparação a cargo do Estado-Membro é particularmente indispensável quando o pleno efeito das normas comunitárias esteja condicionado por uma acção por parte do Estado e, por conseguinte, os particulares não possam, na falta dessa acção, invocar perante os órgãos jurisdicionais nacionais os direitos que lhes são reconhecidos pelo Direito Comunitário. Ou seja, o princípio da responsabilidade dos Estados pelos prejuízos causados aos particulares por violações dos normativos comunitários que lhes sejam imputáveis é inerente ao sistema do Tratado, e a obrigação de estes Estados-membros repararem tais prejuízos tem também o seu fundamento no artigo 5º do Tratado, nos termos do qual os mesmos são obrigados a tomar todas as medidas gerais ou particulares para assegurar a execução do Direito Comunitário e, por conseguinte, para eliminar as consequências ilícitas da sua violação. No Processo C-213/89, *Factortame*, de 19 de Junho de 1990, um Tribunal nacional tinha ordenado ao Reino Unido que suspendesse a aplicação de certa legislação relativa à pesca. O procedimento, face à não competência dos Tribunais nacionais para o efeito seguiu para a Câmara dos Lords que solicitou a apreciação do TJUE. E foi este que opinou no sentido de que compete aos órgãos jurisdicionais nacionais, por aplicação do princípio da cooperação enunciado no artigo 5º do Tratado, garantir a protecção jurídica decorrente, para os particulares, do efeito directo das disposições do Direito Comunitário. Seria incompatível com as exigências inerentes à própria natureza do mesmo qualquer disposição de uma ordem jurídica nacional ou qualquer prática, legislativa, administrativa ou judicial, que tivesse como efeito diminuir a eficácia do Direito Comunitário por recusar ao juiz competente para aplicar esse Direito o poder de fazer, no momento exacto dessa aplicação, tudo o que fosse necessário para afastar as disposições legislativas nacionais susceptíveis de obstar, ainda que temporariamente, à plena eficácia das normas comunitárias. A plena eficácia do Direito Comunitário seria igualmente afectada se uma regra do Direito nacional pudesse impedir o juiz a quem é submetido um litígio de conceder medidas provisórias para garantir a plena eficácia da decisão jurisdicional a tomar sobre a existência dos direitos invocados com base no Direito Comunitário.

[30] Processo C-101/91, *Comissão/Itália.*

um Estado-Membro (a Itália), em lugar de adoptar imediatamente uma sentença do Tribunal de Justiça que declarou verificado um incumprimento por sua parte, adoptar disposições que, especificamente, se destinavam a prorrogar a legislação que constituiu o referido incumprimento.

Pode então concluir-se que a partir dos anos setenta, o TJUE começou a dar uma importância crescente, embora cautelosa, ao princípio da cooperação leal, tornando-o base de aplicação de outros princípios gerais de Direito Comunitário apesar de nem sempre haver consagração dos mesmos como princípios "constitucionais".

O princípio da cooperação leal integra-se naquilo que materialmente são os princípios constitucionais comunitários (porque como disse o TJUE os Tratados são a Carta Constitucional de uma Comunidade de Direito), e está estreitamente vinculado à solidariedade comunitária entre os Estados-Membros, solidariedade essa que aparece recolhida no Tratado da União Europeia como um dos princípios que regem as relações entre os Estados e os povos da Europa muito embora o seu significado não se encontre perfeitamente definido, sendo-lhe habitualmente assacado um sentido plurívoco, de carácter económico, político e social.

O princípio geral da cooperação leal inspira-se na consciência de que a ordem legal comunitária em si própria não é susceptível de realizar completamente os objectivos perseguidos pelo estabelecimento da União Europeia: contrariamente à ordem jurídica nacional, ela não se apresenta como um sistema autoregulado, assentando antes, para operar, no apoio dos diversos sistemas nacionais. Como tal, a UE não é apenas uma comunidade de interesses mas sim uma comunidade baseada na solidariedade, o que significa que as autoridades nacionais devem, não apenas observar os Tratados da União e o Direito Comunitário secundário, mas também implementá-los de forma a que resultem vivos e operantes.

A interacção entre os dois sistemas é tão multifacetada que cooperação leal e solidariedade resultam qualificados como conceitos essenciais no processo de construção europeia. A obrigação de actuar em cooperação leal e de forma solidária é largamente reconhecida na jurisprudência do TJUE, em particular quanto à eficácia prática (efeito útil) da Lei comunitária, direitos fundamentais e papel do Direito Comunitário.

A cooperação leal dentro da União materializa-se em deveres de lealdade no sentido restrito do termo (actuação de boa-fé) e em deveres de solidariedade. Governa a relação entre a União e os Estados-Membros, em ambas as direcções, e entre os próprios Estados-Membros, podendo obrigá-los a actuarem ou a absterem-se de uma certa acção em determinada situação, o que depois da reforma de Lisboa aparece consagrado de forma bem mais explícita.

A obrigação de solidariedade que está na base do sistema comunitário, revestindo papel essencial para a integração comunitária, cabe, perfeitamente, no

O INTERCÂMBIO DE INFORMAÇÃO TRIBUTÁRIA

artigo 4º nº 3 do TUE, como solidariedade entre Estados-Membros, conforme se retira da jurisprudência do TJUE. Na sua sentença pioneira de 10 de Dezembro de 1969[31], o Tribunal de Justiça fundamenta o princípio da cooperação (leal) na ideia de solidariedade que constitui a base do artigo 5º do TCEE, impedindo os Estados-Membros de adoptarem medidas proibidas pelos Tratados mesmo quando o desejem fazer nos domínios das suas competências reservadas[32]. Segundo o Tribunal de Justiça, a solidariedade que se encontra na base quer destas obrigações quer do conjunto do sistema comunitário em conformidade com o compromisso consagrado no artigo 5º do Tratado, tem depois o seu prolongamento, em benefício dos Estados, no procedimento de assistência mútua (previsto pelo então artigo 108º do mesmo Tratado) em caso de ameaça grave de dificuldades da balança de pagamentos de um Estado-Membro.

Neste contexto, a solidariedade entre Estados-Membros consiste na obrigação de que cada um deles tome em conta os interesses específicos dos parceiros, cumprindo as disposições do Tratado e dando corpo à obrigação de os informar quando uma decisão nacional seja susceptível de atingir interesses desses outros Estados-Membros. Por outro lado, e também ao nível comunitário, a solidariedade traduz-se igualmente em acções que visam a coesão económica e social prevista no Tratado, se bem que aqui se trate bem mais de um princípio de acção comunitária só muito indirectamente ligada ao artigo 4º do TUE.

O conceito constitucional de solidariedade reforça-se em diferentes contextos – económico, político, social, cultural e tecnológico – ou mesmo sob a forma de uma "cláusula ética" – espírito de solidariedade em dificuldades graves ou ameaça das mesmas[33] –. É que a solidariedade entre os componentes de uma mesma estrutura implica a afirmação de interesses comuns, a existência de vínculos de dependência e de expectativas que resultam relevantes na sociedade

---

[31] Processos conjuntos 6/69 e 11/69, *Comissão/França*.

[32] Em causa estava um pedido da França à Comissão Europeia para "manter e mesmo aumentar, a título provisório, o benefício concedido aos exportadores franceses relativo à taxa de redesconto preferencial, aplicada pelo Banco de França aos créditos a curto e a médio prazo autorizados para as exportações com destino aos países da Comunidade». A Comissão, considerando que o Governo francês não cumpriu as obrigações que lhe incumbem por força dos Tratados, intentou perante o Tribunal, a correspondente acção de infracção. Contestando o procedimento seguido pela Comissão no âmbito do Tratado CEE, o Governo francês, invocou que «a insuficiência das normas do Tratado no domínio monetário», fazia com que o manuseamento da taxa de desconto relevasse directamente da política monetária, a qual era da competência exclusiva dos Estados-Membros e que, consequentemente, ao desencadear acções que culminaram na decisão de 23 de Julho de 1968, e na instauração do procedimento de infracção, a Comissão tinha actuado arrogando-se uma competência que o Tratado lhe não atribuía.

[33] Artigo 122º do TFUE.

288

O FUNDAMENTO CONSTITUCIONAL DA OBRIGAÇÃO DE INTERCÂMBIO DE INFORMAÇÃO

estatal e em agrupamentos formados por particulares, da mesma forma que entre os componentes de uma Federação e, mais em geral entre os próprios Estados-Membros de uma Organização internacional. Como se refere na sentença do Tribunal de Justiça de 23 de Setembro de 2003[34], "A Comunidade tem como missão, através da criação de um Mercado comum e de uma União económica e monetária, e da aplicação das políticas ou acções comuns a que se referem os artigos 3º e 4º, promover, em toda ela, o desenvolvimento harmonioso, equilibrado e sustentável das actividades económicas, um elevado nível de emprego e de protecção social, a igualdade entre homens e mulheres, um crescimento sustentável e não inflacionista, um alto grau de competitividade e de convergência dos comportamentos das economias, um elevado nível de protecção e de melhoria da qualidade do ambiente, o aumento do nível e da qualidade de vida, a coesão económica e social e a solidariedade entre os Estados-Membros".

Na jurisprudência do TJUE, a solidariedade, embora como se referiu nem sempre explicitamente invocada apresenta duas vertentes: uma vertente positiva, de assistência a outro Estado-Membro, e de colaboração/coordenação das acções das autoridades de um Estado-Membro com as do outro Estado-Membro, para assegurar a execução das obrigações decorrentes do Direito Comunitário; e uma vertente negativa, de interdição de certos comportamentos com o objectivo geral de não romper a igualdade dos Estados-Membros face às obrigações do Direito Comunitário e, especificamente, às obrigações financeiras (se um Estado-Membro está com dificuldades na cobrança dos seus recursos, está em causa também o interesse da União e o dos outros Estados-Membros face ao financiamento do sistema de recursos próprios da Comunidade).

A vertente positiva, aparece referenciada no Processo *Matteuci*[35]. A questão dizia respeito à aplicação do princípio comunitário de não discriminação em resultado de uma Convenção germano-belga assinada para efeitos culturais e portanto fora de aplicação do Tratado CEE. Em causa estava a colisão entre as obrigações comunitárias e os efeitos jurídicos resultantes de uma Convenção celebrada entre Estados-Membros. A Comissão, nas suas observações[36], entendia poder retirar do artigo 5º do TCEE uma obrigação para os Estados-Membros de se absterem de toda e qualquer medida susceptível de obstaculizar a execução por outro Estado-Membro das suas obrigações resultantes do Direito Comunitário. O Tribunal de Justiça não se colocou nessa perspectiva antes estabelecendo que "nos termos do artigo 5º do Tratado, os Estados-Membros tomam todas as medidas gerais ou específicas adequadas para assegurar a execução das

---

[34] Processo C-30/01, *Comissão/Reino de Espanha*.
[35] Processo 235/87, de 27 de Setembro de 1988.
[36] Ver Conclusões do Advogado-Geral G. Slynn.

O INTERCÂMBIO DE INFORMAÇÃO TRIBUTÁRIA

obrigações decorrentes do Tratado. Por conseguinte, se a aplicação de uma disposição de Direito comunitário corre o risco de ser entravada por uma medida adoptada no âmbito da implementação de uma Convenção bilateral, mesmo celebrada fora do âmbito de aplicação do Tratado, os Estados-Membros são obrigados a facilitar a aplicação desta disposição e a assistir, para o efeito, qualquer outro Estado-Membro a quem incumba uma obrigação por força do Direito Comunitário".

Também no Processo *De Peijper*[37], a propósito dos controles levados a cabo a quando da importação de medicamentos provenientes de outro Estado-Membro, o Tribunal de Justiça realça que uma simples colaboração entre as autoridades dos Estados-Membros permitir-lhes-ia obter reciprocamente, em relação a produtos de grande difusão mais ou menos uniformizados, os necessários documentos de verificação, colaboração qualificada como uma espécie de regra de conduta implícita necessária à execução das obrigações decorrentes do Direito Comunitário.

É também e ainda a solidariedade nesta acepção lata que resulta do Processo 42/82, *Comissão/República Francesa*, de 22 de Março de 1983, onde se estabelece que «para evitar entraves às importações de vinho, a obrigação de colaboração entre os Estados-Membros, que é inerente ao sistema comunitário de controlo, exige que, quando houver alteração de prática recíproca estabelecida há vários anos entre o Estado-Membro de importação e o Estado-Membro de exportação em matéria de controlo de acompanhamento, o Estado-Membro importador que opera a alteração dê aviso prévio ao Estado-Membro de exportação relativamente à nova prática, afim de não pôr as autoridades deste na impossibilidade de se prepararem para a nova prática e de a terem em conta no estabelecimento dos documentos de acompanhamento».

Quanto à vertente negativa, o Tribunal de Justiça, na sentença de 7 de Fevereiro de 1979[38], retoma as conclusões do Processo 39/72[39], mas precisa que "O Estado-Membro que não toma, nos prazos exigidos, e em conjunto com os

---

[37] Processo 104/75, de 20 de Maio de 1976.

[38] Processo 128/78, *Comissão/Reino Unido*.

[39] Processo *Comissão/Itália*, de 7 de Fevereiro de 1973, onde se discutia um regime de prémios de abate de vacas e de prémios de não comercialização de leite e produtos lácteos, e em que o Tribunal de Justiça entendeu que "a ruptura unilateral, por parte de um Estado-Membro, em obediência ao que considera ser o interesse nacional, do equilíbrio entre as vantagens e os ónus que decorrem da sua pertença à Comunidade, põe em causa a igualdade dos Estados-Membros face ao Direito comunitário e cria discriminações em prejuízo dos seus nacionais, a começar pelos do próprio Estado-Membro que viola as normas comunitárias. Este incumprimento dos deveres de solidariedade que assumiram os Estados-Membros pelo facto sua adesão à Comunidade afecta os fundamentos mais essenciais do ordenamento jurídico comunitário".

O FUNDAMENTO CONSTITUCIONAL DA OBRIGAÇÃO DE INTERCÂMBIO DE INFORMAÇÃO

outros Estados-Membros, as disposições cuja aplicação lhe incumbe, põe em causa a solidariedade comunitária, impondo (...) aos outros Estados-Membros, a necessidade de remediar as suas omissões, e apropriando-se, (...), de uma vantagem concorrencial indevida em detrimento dos seus parceiros"[40].

E, se se juntar ao princípio da solidariedade que deve presidir à construção europeia[41], a coesão económica e social que deve estar também presente nessa construção, melhor se compreendem as razões deste princípio ou objectivo. Se a Europa for entendida como um simples Mercado comum, numerosos serão os países e os cidadãos a sentirem-se frustrados nas suas aspirações de ver uma Comunidade unida, possuindo uma entidade própria, e não uma simples Europa dos operadores económicos. Por outro lado, parece lógico que, sendo as empresas dos países mais ricos aquelas que ao fim de contas mais beneficiarão com o funcionamento desse Mercado, estes países devam contribuir para mitigar os efeitos que a livre concorrência terá para os países menos desenvolvidos. O nº 3 do actual artigo 3º do Tratado UE estabelece que "A União promove a coesão económica, social e territorial, e a solidariedade entre os Estados-Membros", estabelecendo o artigo 4º nº 2 alínea c) do TFUE uma competência par-

---

[40] Parágrafo 9 do Acórdão.

[41] A doutrina publicista tem-se inclinado mais para a noção de interesse geral, mas a solidariedade, conquistou também um lugar importante no processo de integração europeia. A solidariedade é uma resposta principalmente dada pela autoridade pública, mas também pelos indivíduos, reagindo individual ou colectivamente a uma situação que acusa uma insuficiência ou uma carência que convém remediar. As duas noções, interesse geral e solidariedade, estão interligadas – a solidariedade casa com a noção de interesse geral, assumindo-se como seu prolongamento (sobretudo em matéria institucional ou em certas políticas comunitárias primárias, ou ainda no domínio dos acordos externos ligando a União aos países em vias de desenvolvimento – solidariedade extracomunitária –). A solidariedade é uma noção que ocupa um lugar expressamente consagrado nos textos fundamentais, principalmente face às ambições políticas e valores da União, da promoção de uma sociedade de progresso e de um sistema institucional que integre elementos pertinentes de solidariedade no seu funcionamento e na distribuição dos poderes. Este lugar de princípio fundador da integração europeia confere-lhe uma fundamentalidade que permite situar a solidariedade acima do interesse geral. E é esta fundamentalidade que serve ao desenvolvimento do conceito. De facto, a intensidade da integração conduziu as autoridades comunitárias a interrogarem-se sobre a necessidade de desenvolver uma segunda aproximação, positiva, fundando nela a aplicação de mecanismos de suporte, de proximidade ou de solidariedade, na procura constante de assim capturar a perspectiva principalmente económica da construção europeia, assistindo-se nos últimos anos a um renovar da solidariedade na União, tanto ao nível institucional (nomeadamente pela subida sintomática, do poder do Parlamento Europeu que integra a legitimidade dos povos enquanto entidades solidárias), mas principalmente ao nível do Direito derivado, cuja elaboração testemunha uma presença crescente da solidariedade (como acontece com as expressões múltiplas da solidariedade comunitária no quadro das derrogações em matéria de ajudas de Estado, para não citar outros exemplos).

O INTERCÂMBIO DE INFORMAÇÃO TRIBUTÁRIA

tilhada da União e dos Estados-Membros nesse domínio. O Título XVII desenvolve esta coesão económica, social e territorial, com o artigo 174º a estabelecer:

A fim de promover um desenvolvimento harmonioso do conjunto da União, esta desenvolverá e prosseguirá a sua acção no sentido de reforçar a sua coesão económica, social e territorial.

Em especial, a União procurará reduzir a disparidade entre os níveis de desenvolvimento das diversas regiões e o atraso das regiões menos favorecidas.

Entre as regiões em causa, é consagrada especial atenção às zonas rurais, às zonas afectadas pela transição industrial e às regiões com limitações naturais ou demográficas graves e permanentes, tais como as regiões mais setentrionais com densidade populacional muito baixa e as regiões insulares, transfronteiriças e de montanha.

Uma outra reflexão merece atenção. Se, por um lado, o princípio da cooperação leal pode ser visto como sendo o contraponto, em certa medida, ao princípio da autonomia dos Estados-Membros (e de uma forma geral, dos diversos intervenientes), não deixa de ser certo, por outro lado, que a tensão entre aquela autonomia e a necessidade de unidade da ordem jurídica é resolvida através dele. O princípio da cooperação leal comporta em si mecanismos para resolver esta tensão, no respeito ainda por aquela autonomia, resultando então como contributo fundamental para a existência de uma ordem jurídica europeia una. O reconhecimento da autonomia das diversas entidades abrangidas – os Estados-Membros, a União e as suas Instituições – advém da necessidade do respeito mútuo dos seus objectivos e das suas atribuições e competências, respeito mútuo esse que deve estar presente a um nível institucional, de forma a salvaguardar a prossecução das atribuições das diversas Instituições, e a um nível material, de forma a garantir a eficácia do Direito da União face à actuação unilateral dos Estados-Membros, e à autonomia dos respectivos Direitos nacionais.

Ora, é através do princípio da cooperação leal que a autonomia das entidades em causa é salvaguardada, na medida em que obriga cada uma e todas elas ao respeito das diversas e respectivas atribuições e competências, numa relação que se assim não for entendida parece paradoxal. Ou seja, o princípio da autonomia resulta, neste contexto, simultaneamente limitado e garantido pelo princípio da cooperação leal.

Princípio da cooperação leal que é, por vezes, visto pela doutrina como análogo ao princípio da lealdade ou fidelidade existente nos Estados federais[42]. Uma

---

[42] DE WITTE, B.: Interpreting the EC Treaty like a Constitution: The Role of the European Court of Justice in Comparative Perspective, in Bakker, Heringa, Stroink (eds), Judicial Control – Comparative Essays on Judicial Review, Antwerpen, Maklu, 1995, pp. 133-152; BLECKMANN, A.: Europarecht, 7.ª edição, 1997, Carl Heymanns Verlag, Colónia, 1997, pp. 169 e ss.; DUE, O.: Article 5 du

O FUNDAMENTO CONSTITUCIONAL DA OBRIGAÇÃO DE INTERCÂMBIO DE INFORMAÇÃO

eventual inspiração no sistema federal (alemão) não tornaria, porém, automaticamente este princípio num traço federalizante da União. Em bom rigor, na medida em que a União é uma estrutura complexa, que envolve processos de tomada de decisão descentralizada e a vários níveis, o princípio da cooperação leal é aqui essencial para a garantia do seu funcionamento[43], tendo por objectivo regular, de forma flexível, os diversos conflitos susceptíveis de se verificarem num sistema político com múltiplos níveis de acção e de decisão (como é o caso da União), gerando as adequadas soluções. E porque o princípio da cooperação leal – com o decorrente dever geral de cooperação leal – não tem, à partida, um conteúdo pré-definido no que diz respeito às actuações das entidades vinculadas, os deveres concretos que dele derivam dependem de situações concretas, possibilitando que tal conteúdo esteja em constante evolução, com um grau de flexibilidade que lhe permite ir respondendo aos desafios que a construção europeia lhe vai sucessivamente colocando.

Tal como se encontra postulado, o princípio da cooperação leal é muito compreensivo, aplicando-se, nos Estados-Membros, a todas as autoridades, legislativas, executivas, administrativas e judiciais; e nacionais, locais e regionais[44]. Aplica-se também aos Estados-Membros nas suas relações internacionais com Estados-não membros e com Organizações internacionais, e, nos termos de jurisprudência claramente estabelecida pelo TJUE, aplica-se ainda para impôr deveres recíprocos às Instituições comunitárias (na prática, primariamente à Comissão) de cooperarem com as autoridades nacionais, de cooperarem entre si, e aplica-se também nas relações entre as autoridades nacionais de diferentes Estados-Membros[45].

Traité CEE: Une disposition de caractère fédéral? Collected Courses of The Academy of European Law, Vol. II – 1, Klwuer Law International, Londres, 1991, pp. 23-25, e DE WITTE, B.: The role of Institutional Principles in the Judicial Development of the European Union Legal Order, The Europeanization of Law – The Legal Effects of European Integration, F. Snyder (ed), Oxford, 2000, p. 86. No Direito federal alemão, à Federação (*Bund*) e aos diversos Estados federados (*Länder*), compete um dever recíproco de articulação e de trabalho em conjunto, independentemente dos deveres concretos de cooperação constantes da Lei Fundamental alemã (*Grundgesetz*); DUARTE, M. L.: Direito da União e das Comunidades Europeias, Vol. I, ob. cit., p. 207.

[43] VON BOGDANDY, A.: European Integration. Doctrine of principles, Jean Monnet Working Paper 9/03, Max Planck Institute for Comparative Public Law and International Law, Heidelberg, 2003, p. 49: *http://centers.law.nyu.edu/jeanmonnet/papers/03/030901.pdf*.

[44] Nenhuma autoridade nacional ou Tribunal está para além do seu objecto, excepto se houver específicas regras comunitárias: Processo C-453/00, *Kühne & Heitz NV*, de 13 de Janeiro de 2004; Processos conjuntos C-231/00 e outros, *Lattepiù*, de 25 de Março de 2004 e Processo C-234/04, *Kapferer*, de 16 de Março de 2006.

[45] Processo 52/84, *Comissão/Bélgica*, de 15 de Janeiro de 1986; Processo 44/84, *Hurd*, de 15 de Janeiro de 1986; Processo C-165/91, *Van Munster*, de 5 de Outubro de 1994; Processo C-202/

O INTERCÂMBIO DE INFORMAÇÃO TRIBUTÁRIA

No Processo *Kühne & Heitz NV*[46], e a propósito dos efeitos de uma sentença prejudicial do Tribunal de Justiça proferida depois duma decisão administrativa definitiva (da Holanda), relativa ao pagamento de restituições à exportação, foi colocada ao Tribunal de Justiça a questão de saber se e, em que condições, o princípio da cooperação (decorrente do artigo 10º do TCE) impõe a um órgão administrativo, nas circunstâncias mencionadas, que reconsidere uma decisão que se tornou definitiva, de modo a garantir ao Direito Comunitário, tal como este deve ser interpretado à luz de uma decisão prejudicial posterior, a sua plena eficácia. A resposta do Tribunal de Justiça foi a de que o princípio da cooperação impõe que um órgão administrativo, ao qual foi apresentado um pedido nesse sentido, reexamine uma decisão administrativa definitiva para ter em conta a interpretação da disposição pertinente entretanto feita pelo TJUE[47]. Numa outra Sentença, de 10 de Fevereiro de 2000[48], o Tribunal opina que o princípio da cooperação leal impunha à Instituição competente que procedesse a uma apreciação correcta dos factos relevantes para a aplicação das regras relativas à determinação da legislação aplicável em matéria de Segurança Social, no sentido de se assegurar da exactidão das menções constantes do certificado, já que, para as Instituições competentes do Estado-Membro para o qual os trabalhadores são destacados, resultará que as obrigações de cooperação que decorrem do artigo 5º do Tratado não seriam respeitadas se as Instituições desse Estado-Membro considerassem que não estavam vinculadas pelas menções do mesmo e sujeitassem (também) os trabalhadores em referência ao seu próprio, ignorando que o certificado estabelece uma presunção de regularidade da inscrição dos trabalhadores destacados no regime de Segurança Social do Estado--Membro em que está sediada a empresa de trabalho temporário, presunção que

/97, *FTS*, de 10 de Fevereiro de 2000 e Processo C-326/00, *IKA v. Ioannides*, de 25 de Fevereiro de 2003.

[46] Processo C-453/00, de 13 de Janeiro de 2004.

[47] Quando, segundo o Direito nacional: disponha do poder de revogação desta decisão; a decisão em causa se tenha tornado definitiva em consequência de uma sentença de um órgão jurisdicional nacional que decidiu em última instância; a mesma, face à jurisprudência do Tribunal de Justiça posterior a ela, se fundamente numa interpretação errada do Direito Comunitário aplicada sem que ao Tribunal de Justiça tivesse sido submetida uma questão prejudicial e o interessado se tenha dirigido ao órgão administrativo imediatamente depois de ter tido conhecimento da referida jurisprudência.

[48] Processo C-202/97, *FTS*, onde se discutiam questões conexas com a legislação aplicável à Segurança Social dos trabalhadores migrantes, destacados temporariamente num Estado-Membro diferente do do estabelecimento do empregador, e com a força probatória nas Instituições de Segurança Social dos outros Estados-Membros de um Certificado (o E 101) emitido pela Instituição competente do Estado-Membro do estabelecimento.

O FUNDAMENTO CONSTITUCIONAL DA OBRIGAÇÃO DE INTERCÂMBIO DE INFORMAÇÃO

se impõe à Instituição competente do Estado-Membro no qual estão destacados esses trabalhadores[49].

Podemos então concluir que o princípio da cooperação leal se apresenta, talvez, como o mais importante dos "princípios gerais", por ser ele a base legal da obrigação para Tribunais e autoridades nacionais, de cumprirem todos os outros princípios gerais, não esquecendo que a vasta maioria dos direitos concedidos pelo Direito Comunitário apenas pode ser garantida nos Tribunais nacionais, que aplicam toda a legislação nacional exigida pelo ordenamento comunitário de uma forma "efectiva"[50].

Ele serve assim de base à exigência de que os Tribunais nacionais dêem efectiva e eficaz protecção aos direitos concedidos pelo Direito Comunitário, e garantam recurso, em caso da sua violação, pelo menos "equivalente" ao facultado pela violação dos correspondentes direitos sob o Direito nacional. O mesmo se diga quanto ao dever dos Tribunais nacionais de, até onde seja possível, interpretarem a legislação nacional de forma consistente com as Directivas comunitárias que essa legislação é suposto implementar e à consequência de que as Directivas, quando não devidamente implementadas, criam para os particulares (pessoas e empresas) direitos contra as autoridades do respectivo Estado-Membro, consequência que em geral não se retira do Direito comunitário derivado, uma vez que as Directivas, só por si, não criam direitos para os privados (direitos que, expressamente, só existiriam se a legislação de transposição os concedesse).

É ainda este princípio, como se viu anteriormente, que constitui a base legal da regra de que a legislação nacional que afecta qualquer das liberdades garan-

---

[49] Os deveres de cooperação da Comissão com as autoridades nacionais resultam expressos na sentença de 15 de Janeiro de 1986 (Processo 52/84, *Comissão/Bélgica*), com o Tribunal de Justiça a decidir que o facto de o Estado-Membro destinatário poder alegar contra uma acção de incumprimento do Direito Comunitário (no caso a concessão de um auxílio a uma empresa do sector cerâmico-sanitário) com a existência de uma impossibilidade absoluta de execução da decisão não deve ser tomada em conta. Ou seja, quando um Estado-Membro, na execução de uma decisão, depare com dificuldades imprevistas e imprevisíveis ou tome consciência de consequências não encaradas pela Comissão, deve submeter estes problemas à apreciação desta última, propondo modificações apropriadas à Decisão em causa, caso em que a Comissão e o Estado-Membro devem, por força da regra que impõe aos Estados-Membros e às Instituições comunitárias deveres recíprocos de cooperação leal e que inspira nomeadamente o artigo 5º do Tratado, colaborar de boa-fé com vista a superar as dificuldades, no pleno respeito das disposições do Tratado e, no caso em apreço, das que dizem respeito aos auxílios de Estado.

[50] Em contraste, relativamente poucos direitos ao abrigo do Direito Comunitário são protegidos primária ou exclusivamente nos Tribunais comunitários, embora estes direitos sejam, obviamente, mais facilmente identificados e melhor conhecidos.

O INTERCÂMBIO DE INFORMAÇÃO TRIBUTÁRIA

tidas pelo Tratado as pode obstaculizar ou restringir apenas com um objectivo legítimo (*i.e.* não-proteccionista); de interesse geral, e apenas quando a respectiva legislação for apropriadamente redigida; a restrição não seja de alcance mais amplo que o estritamente necessário para atingir aquele objectivo; e a medida faça parte de uma política nacional aplicada de forma consistente.

Fruto de todas estas características, o princípio da cooperação leal apresenta uma grande variedade de consequências práticas específicas em situações, também elas, específicas. Muitas foram já discutidas na jurisprudência do Tribunal de Justiça, e sem dúvida muitas mais serão identificadas no futuro. Todavia, e por mais lato que pareça ser o seu campo de aplicação, devem evitar-se excessos como seria a dedução, de forma geral e absoluta, de que ele ultrapassa o quadro do Tratado, aplicando-o mesmo em situações, objectivos ou interesses que nele não foram especificamente previstos, preocupação que justifica e aconselha uma aproximação metódica, encarando as diferentes componentes que o integram na sua formulação tal qual resulta da disposição que o consagra.

Antes de mais, o nº 3 do artigo 4º do TUE deve ser enquadrado sistematicamente nas restantes disposições do mesmo artigo, que estabelecem princípios gerais para as relações entre os Estados-Membros e a União. Em particular, estabelece-se no nº 1 o princípio de que cabem aos Estados-Membros as competências que não sejam atribuídas à União e no nº 2, o princípio da igualdade dos Estados-Membros e do respeito pelas identidades nacionais. A consagração no nº 3 do princípio da cooperação leal confirma a relação deste com o princípio da autonomia institucional dos Estados-Membros.

O teor deste terceiro parágrafo do nº 3 do artigo 4º, no concreto das obrigações dele constantes, foi entendido por alguns autores, numa interpretação que se consubstancia num alcance muito limitado da obrigação de cooperação, i.e. como uma espécie de *pactum de agendo*, de certa forma similar à obrigação de negociação derivada de um *pactum de contraendo*, obrigando os Estados a negociarem de boa-fé a adopção de um Tratado internacional. Nele se enumeram três deveres gerais e de certo modo indeterminados de colaboração, dirigidos aos Estados-Membros e à União, que numa primeira análise parecem difíceis de interpretar e de aplicar de forma autónoma, o que justificou estas primeiras interpretações doutrinais[51]. Todavia, com esta sempre conviveu uma outra posi-

---

[51] Que analisarei chamando à colação as análises, comentários e jurisprudência feitas a propósito do segundo parágrafo do artigo 10º TCE e terceira frase do artigo 5º TCEE. O artigo 5. º do Tratado CEE era então visto como estabelecendo um dever impreciso de alcance político ou moral, cujo cumprimento era, afinal, deixado à boa vontade dos Estados-Membros Ou seja, mais não era do que uma manifestação da norma *"pacta sunt servanda"* – Cfr. BLANQUET, M.: L'article 5 du Traité CEE, ob. cit., pp. 243 e ss.

O FUNDAMENTO CONSTITUCIONAL DA OBRIGAÇÃO DE INTERCÂMBIO DE INFORMAÇÃO

ção, defendendo uma interpretação ainda mais restritiva, que reconduzia o alcance desta norma à natureza de "anúncio" de outras disposições, de carácter específico, e que consubstanciavam as obrigações dos Estados-Membros quanto à adopção de medidas determinadas e de alcance concreto.

Defendida era também, mesmo já ao tempo do artigo 5º do Tratado CEE, uma outra visão: se numa primeira análise, a obrigação de cooperação assim imposta parece apresentar uma visão simplificadora da repartição das competências entre a União e os Estados-Membros, com um domínio de aplicação estritamente limitado aos sectores de competência comunitária[52], uma análise mais atenta e integrada permitirá, porém, concluir que esse dever de cooperação obriga os Estados-Membros mesmo na ausência de qualquer obrigação comunitária prévia a seu cargo.

Isto foi afirmado em várias sentenças[53], com realce para a de 15 de Janeiro de 1986[54], que tinha por objecto a interpretação dos artigos 5º e 7º do Tratado CEE, a respeito da cobrança de impostos nacionais sobre os vencimentos, pagos pela Escola Europeia de Culham, no Reino Unido, aos membros britânicos do seu pessoal docente. Nos parágrafos 47 e 48 da sua fundamentação, o Tribunal de Justiça estatui que para que uma disposição produza efeito directo nas relações entre os Estados-Membros e os seus nacionais é necessário, segundo a jurisprudência constante do Tribunal, que ela seja clara e incondicional e que não esteja subordinada a nenhuma medida de execução discricionária. Ora, na situação em análise, a condição não se encontrava preenchida face ao que decorre do artigo 5º do Tratado CEE, visando não prejudicar, com medidas unilaterais, o sistema de financiamento da Comunidade e da repartição dos encargos financeiros entre os Estados-Membros. As diferenças verificadas no Processo entre a prática dos Estados-Membros relativa às modalidades e processos de isenção fiscal dos docentes mostravam, efectivamente, que o conteúdo dessa obrigação não era suficientemente preciso, competindo então a cada Estado-Membro interessado decidir, ele próprio, as modalidades por meio das quais podia evitar que a sua prática fiscal (relativamente aos docentes das Escolas Europeias) produzisse efeitos prejudiciais para o sistema de financiamento da Comunidade e de repartição dos encargos financeiros entre os Estados-Membros.

---

[52] Para operar, esta cooperação supunha uma obrigação preexistente, com origem no Direito Comunitário primário ou derivado, traduzindo-se no dever de os Estados tomarem todas as medidas necessárias para executar as obrigações que lhes cabem, o que não funcionará, evidentemente, senão nos domínios em que a Comunidade esteja dotada de uma competência para tomar decisões obrigatórias.

[53] Processo 78/70, *Deutsche Grammaphon/Metro*, de 8 de Junho de 1971; e Processo 13/77, *INNO/ /ATAB*, de 16 de Novembro de 1977, entre outros.

[54] Processo 44/84, *Hurd/Jones*.

O INTERCÂMBIO DE INFORMAÇÃO TRIBUTÁRIA

O Tribunal de Justiça opina assim que o dever de cooperação e assistência leais que incumbem aos Estados-Membros em relação à Comunidade, e que tem a sua expressão na obrigação prevista no artigo 5º do Tratado CEE, de facilitar a esta o cumprimento da sua missão e de não pôr em perigo a realização dos objectivos do Tratado, lhes proíbe que sujeitem aos impostos nacionais os vencimentos pagos pelas Escolas Europeias aos seus docentes se o encargo resultante de uma tal cobrança de impostos tiver de ser suportado pelo orçamento da Comunidade. Ou seja, o Tribunal confirma que, face ao teor da primeira e segunda frases do artigo 5º do TCEE, os deveres de cooperação impostos pelo artigo aos Estados-Membros podem, em certas circunstâncias, transcender específicos deveres tornados obrigatórios em outros preceitos[55]. A obrigação de cooperação situar-se-ia então para além do quadro comunitário restritamente entendido.[56]

A disposição correspondente ao primeiro parágrafo do nº 3 do artigo 4º do Tratado UE: *"Em virtude do princípio da cooperação leal, a União e os Estados-Membros respeitam-se e assistem-se mutuamente no cumprimento das missões decorrentes dos Tratados"*, clarifica a aplicação do princípio da cooperação leal à União no que diz respeito às suas relações com os Estados-Membros[57], e clarifica o decorrente dever de respeito e assistência mútuos, (não obstante ser certo que a consagração destes deveres de respeito e assistência mútuos no âmbito das relações entre Estados-Membros e União, bem como entre Estados-Membros entre si, já se podiam retirar da anterior redacção do artigo 10º TCE e, estão também contidos, em grande medida, nos restantes parágrafos do artigo 4º nº 3), podendo dizer-se daquela disposição que constitui uma inovação ao fazer, pela primeira vez, uma enunciação geral de deveres contidos no princípio que poderão não corresponder exactamente aos que derivam dos restantes parágrafos do artigo 4º nº 3 TUE.

---

[55] No Processo 229/83, *Leclerc/Au blé vert*, de 10 de Janeiro de 1985, o Advogado-Geral realçava que "era possível deduzir do sistema geral do Tratado ou de outras fontes relevantes uma definição dos deveres gerais implícitos no artigo 5º".

[56] Com a Comissão, como guardiã dos Tratados, a dever exercer a sua missão para verificar o respeito por essa obrigação, mesmo nos domínios puramente nacionais.

[57] Cremos ser também neste âmbito de dever mútuo de cooperação leal entre União e Estados-Membros que deve ser enquadrada a cooperação inter-parlamentar entre Parlamentos nacionais e o Parlamento Europeu, nos termos do Protocolo relativo ao papel dos Parlamentos Nacionais na União Europeia [artigo 12º alínea f) TUE e Protocolo]. Na verdade, este Protocolo contém deveres de cooperação não só do Parlamento Europeu, mas também das restantes Instituições da União e dos diversos Parlamentos nacionais dos Estados-Membros, de envio de informação, de consulta, de ponderação dos contributos. O Protocolo também prevê a cooperação entre os diversos Parlamentos nacionais.

O FUNDAMENTO CONSTITUCIONAL DA OBRIGAÇÃO DE INTERCÂMBIO DE INFORMAÇÃO

Ou seja, existem obrigações que, apesar de poderem decorrer do princípio geral de cooperação leal, podiam não resultar em sentido próprio da letra dos segundo e terceiro parágrafos do nº 3, especialmente ao nível do dever de assistência mútua, pelo que a inovação e utilidade do primeiro parágrafo está, mais uma vez, relacionada com a clareza da consagração formal dos deveres, e com o facto de os mesmos passarem a estar enquadrados num clausulado geral, aplicável aos Estados-Membros e também às relações entre a União e os Estados--Membros, além da clarificação da existência de deveres recíprocos da União com os Estados-Membros, quer de respeito quer de assistência. Neste âmbito se poderão inscrever, por exemplo, os mecanismos de controlo do princípio da subsidiariedade ou os reforçados poderes de intervenção dos Parlamentos nacionais dos Estados-Membros. Outros exemplos de como estes deveres (positivos e negativos) se aplicam à União são os de assistência e de auxílio material, os de colaboração com as entidades nacionais na execução do Direito da União, ou também (e ainda) o de salvaguarda, por parte da União, da autonomia e da diversidade organizacional e processual dos Estados-Membros, bem como de respeito pela sua competência reservada.

Em resultado de todo o exposto, sente-se que o que realmente faz falta, é encontrar uma interpretação que atribua um significado útil ao princípio da cooperação leal como resulta hoje do artigo 4º nº 3, e precise as obrigações nele contidas.

As aproximações clássicas distinguem duas abordagens: uma mais analítica e outra mais sintética, com a primeira a revelar-se como tarefa impossível, tanto mais quanto é certo estarmos, como se disse, perante um preceito em evolução e com concretizações que só o futuro, de forma mais ou menos casuística, preencherá, e a segunda a permitir reduzir as obrigações a duas: uma obrigação positiva, de acção, e outra de conteúdo negativo, de abstenção. No intermédio, pareceria razoável fazer uma abordagem de acordo com as frases ou parágrafos do normativo, o que reconduz a análise a três vertentes, seguindo os três parágrafos, e combinando alguma doutrina com abundante jurisprudência, por referência aos anteriores artigo 10º do TCE e artigo 5º do Tratado CEE, já que por um lado não existe ainda grande jurisprudência relativa ao novo artigo 4º nº 3 do TUE, e, por outro, este artigo contém em si o teor dos seus antecedentes comunitários, embora os não esgote como se disse, e melhor os explicite. Deve ter-se em conta, todavia, que a jurisprudência do Tribunal de Justiça que utiliza aqueles dois artigos, não identifica, em geral, a pertinente frase ou parágrafo da disposição normativa (artigo 5º TCEE ou artigo 10º TCE), combinando amiudadas vezes duas frases e pondo acento tónico apenas na obrigação positiva e/ou negativa referidas, o que dificultaria tal análise.

299

O INTERCÂMBIO DE INFORMAÇÃO TRIBUTÁRIA

Análise diferente seria a de verificar se a norma, como um todo, pode ou não ser entendida com um mais amplo conteúdo, que dê lugar a uma série de obrigações e deveres não obrigatoriamente positivados expressamente noutros normativos comunitários, e independentes da existência de disposições que em particular se dirijam à adopção das medidas necessárias para assegurar a plena eficácia do Direito comunitário[58].

Se não deixa de ser verdade que num primeiro momento a disposição que analisamos foi aplicada na jurisprudência do TJUE essencialmente para reforçar a eficácia das disposições expressamente previstas, ou de obrigações que se deduziam do seu sistema geral, operando assim o efeito útil das disposições do Tratado e dando corpo a uma interpretação teológica e finalista dirigida a garantir a realização dos seus objectivos (interpretação que continua a ser de capital importância, devendo ser usada como bom critério de interpretação), é também verdade que se revela indispensável que essa interpretação seja completada com a que possibilite uma aplicação autónoma que não exija, como condição *sine qua non*, que o normativo em questão seja obrigatoriamente reportado às disposições concretas do Tratado, nomeadamente a obrigação de realização do Direito comunitário, tanto em termos normativos como de execução administrativa e de garantia desse Direito (sob o duplo aspecto de obrigação para os Estados-Membros de sancionarem as infracções, de assegurarem a sua protecção jurisdicional) e de actuarem supletivamente numa situação caracterizada pela omissão do legislador comunitário, e de obrigação de informação das Instituições comunitárias.

Aplicação autónoma essa que envolve deveres dos Estados para com a União, que constitui o caso geral, mas também (e no próprio interesse da União) deveres de uns Estados-Membros para com os outros Estados-Membros, além dos deveres das próprias Instituições europeias entre si e para com os Estados--Membros.

Quanto ao dever dos Estados-Membros de actuarem colectivamente e cooperarem entre si, o Tribunal de Justiça repetidamente invocou o artigo 5º do TCEE como impondo deveres de solidariedade aos Estados-Membros a implicar, entre outras coisas, um dever de não actuar unilateralmente como confirma

---

[58] Como pretende demonstrar TEMPLE LANG dela fazendo derivar obrigações que transcendem o resto das disposições dos Tratados, embora com a limitação de que a Comissão a não poderia usar para criar novas espécies de obrigações para os Estados-Membros (TEMPLE LANG, J.: "Community constitutional law: article 5 EEC Treaty", Common Market Law Review, 1990, p. 646); ou DUE que combina uma abordagem de situações em que ela é um reforço de outras disposições com situações em que ela pode ser fonte de obrigações novas (DUE, O.: Article 5 du Traité CEE. Une disposition de caractère fédéral?, ob. cit., pp. 15-35).

O FUNDAMENTO CONSTITUCIONAL DA OBRIGAÇÃO DE INTERCÂMBIO DE INFORMAÇÃO

especificamente o artigo 116º daquele mesmo Tratado, e um dever de cooperação entre os Estados-Membros inerente ao sistema comunitário que tem aplicação digna de realce quando sejam adoptadas novas medidas nacionais que possam criar obstáculos ao comércio intra-comunitário. Logo na sentença de 10 de Dezembro de 1969[59], já referida, mas também em várias outras[60] afirma-se que o artigo 5º do TCEE impõe um dever de cooperação entre os Estados-Membros que não permite que o exercício das suas competências reservadas inclua a adopção de medidas unilaterais proibidas pelo Tratado[61], enquanto que na sentença de 17 de Dezembro de 1981[62], estando em causa a homologação de produtos desinfectantes, o Tribunal decide que "embora um Estado-Membro seja livre de sujeitar um produto do tipo do que está em análise, e que já foi objecto de uma aprovação em outro Estado-Membro, a um novo procedimento de exame e de aprovação, também é certo que as autoridades dos Estados-Membros são, todavia, entendidas com a obrigação de contribuírem para um aligeiramento dos controles no comércio intracomunitário, daqui resultando que elas não têm o direito de exigir necessidade de análises técnicas ou químicas ou de ensaios laboratoriais, sempre que as mesmas análises e ensaios já tenham sido efectuados num outro Estado-Membro e os seus resultados estejam à disposição destas autoridades ou puderem, a seu pedido, ser-lhes colocados à disposição".

Ou seja, tanto o artigo 10º do TCE como o artigo 5º do Tratado CEE fomentaram, a partir de certa altura, uma jurisprudência abundante, tendo sido elas, talvez, as disposições mais dinâmicas nas mãos do TJUE, não tanto por causa de

---

[59] Processos 6 e 11/69, *Comissão/França*.

[60] Processo 22/70, *Comissão/Conselho*, de 31 de Março de 1971, parágrafos 77 ("Resulta da articulação destas diferentes disposições que, tratando-se dum objectivo abrangido por uma política comum, os Estados-Membros eram em todo o caso obrigado a uma acção solidária para defesa dos interesses da Comunidade") e 90 ("Deve, pois, admitir-se que, no prosseguimento da negociação e pela conclusão simultânea do acordo, segundo as modalidades decididas pelo Conselho, os Estados-Membros agiram e continuam a agir no interesse e por conta da Comunidade, em conformidade com as obrigações que lhe incumbem por força do artigo 5º do Tratado). O mesmo nos Processos conjuntos 3-5/76; *Krammer*, de 14 de Julho de 1976, parágrafos 44 e 45 das Conclusões do Advogado-Geral; no Processo 141/78, *França/Reino Unido*, de 4 de Outubro de 1979, parágrafo 8 (A Comissão fez realçar, e com razão, que esta Resolução aplica, no domínio particular ao qual se aplica, os deveres de cooperação que os Estados-Membros assumiram, pelo artigo 5º do TCEE, aderindo à Comunidade. O respeito por esses direitos impõe-se muito particularmente numa situação em que resultou impossível instaurar uma política comum e num domínio, como é o da conservação dos recursos biológicos do mar, ou em que os resultados úteis só podem ser obtidos graças à colaboração de todos os Estados-Membros) e ainda Processo 32/79, *E.C.R.*, de 10 de Julho de 1980, parágrafo 10.

[61] Parágrafos 16 e 17 e 30 e 41 da Sentença.

[62] Processo 272/80, *E.C.R.*

eventual função autónoma que possuam mas por causa do que pode ser realizado por elas em combinação com as específicas obrigações que o Tratado impõe. E apesar do facto de aqueles normativos terem estado, durante muito tempo, claramente direccionados para os Estados-Membros enquanto tais, o Tribunal de Justiça foi capaz, em algumas das suas sentenças, de retirar do artigo 10º do TCE um dever para as Instituições comunitárias de conduzirem um diálogo interinstitucional em termos de uma cooperação leal, como mera aplicação do princípio de que as elas são obrigadas, elas próprias, a respeitar os fundamentos da Lei comunitária tanto quanto o estão os Estados-Membros (que não podem tirar partido ou fundamentar-se na sua ordem jurídica interna para permitir ou justificar faltas às suas obrigações comunitárias, estando também proibidos de alegar com disposições ou práticas de ordem interna para fundamentar o não respeito por essas obrigações). Esta jurisprudência tem surpreendido os Estados-Membros e as próprias Instituições comunitárias, as quais passaram a ver-se não apenas como beneficiárias dessas disposições dos Tratados, mas também como obrigadas por elas e como tal, preocupadas e confusas, tendo em conta os seus constrangimentos.

Voltando ao artigo 4º nº 3 do TUE, e ao princípio da cooperação leal nele contido, na sua redacção actual, dir-se-á resultar agora claramente da respectiva letra a consagração de um dever geral no âmbito das relações entre os intervenientes a dois níveis: um dever geral de respeito e um dever geral de colaboração.

O dever geral de respeito mútuo da União e dos Estados-Membros no âmbito do desempenho das respectivas atribuições e competências implica, à partida, um dever negativo de não interferência no desempenho das mesmas, de abstenção de actuações para além das atribuições próprias em detrimento das atribuições alheias (de actuar *ultra vires*), bem como um dever geral de não ingerência na forma como cada uma das entidades em causa actua.

No que toca aos Estados-Membros, estas obrigações de carácter negativo significam que se devem abster de actuar em sentido contrário ao Direito da União, quer através do poder legislativo, quer através do poder executivo, ou através do poder judicial. Quanto à União, ela resulta agora mais claramente vinculada a um dever de respeito pela autonomia de actuação (actuação e organização interna) dos Estados-Membros, dever que é, assim, complementar do estabelecido no artigo 4º nº 2 TUE quanto a essa autonomia.

Acrescentando e completando este dever negativo de abstenção de actuação, o preceito implica igualmente obrigações de carácter positivo, entendidas como actuações dirigidas à salvaguarda dos âmbitos de atribuições e competências de cada um e de todos os intervenientes. Os Estados-Membros devem actuar individualmente não só de forma a impedir violações do Direito da União

O FUNDAMENTO CONSTITUCIONAL DA OBRIGAÇÃO DE INTERCÂMBIO DE INFORMAÇÃO

mas também, e no âmbito das relações entre eles, actuarem de forma cooperante, até mesmo quando o Direito Comunitário seja omisso em termos específicos, como acontecerá, por exemplo, nos procedimentos de reconhecimento
mútuo, com o Tribunal de Justiça a dizer que *"Na medida em que o Direito comunitário não dispôs expressamente, os objectivos do Tratado, e nomeadamente a liberdade de
estabelecimento, eles podem ser realizados por medidas emitidas pelos Estados-Membros que,
nos termos do artigo 5.º do Tratado devem tomar todas as medidas gerais ou particulares adequadas para assegurar a execução das obrigações decorrentes do presente Tratado ou resultantes de actos das Instituições da Comunidade e abster-se de qualquer medida susceptível de
pôr em perigo a realização dos fins do Tratado"*[63]. Quanto à União, ela deve salvaguardar a autonomia organizacional e processual dos Estados-Membros, suprimindo
excessos regulamentadores por parte dos seus órgãos, protegendo a diversidade
e actuando de acordo com o princípio da subsidiariedade, ao mesmo tempo que
deve assistir os Estados-Membros no cumprimento das missões decorrentes dos
Tratados.

Além do dever de respeito a significar essencialmente obrigações unilaterais
de abstenção de actuação desleal ou que agrave ou possa conduzir ao agravamento de situações em que essa actuação se revelava necessária, consagra-se
pois, igualmente, um dever geral de assistência mútua entre a União e os Estados-Membros e destes entre si. Nestas, o conteúdo principal corresponderá a
obrigações de carácter positivo, com a União e os Estados-Membros a ficarem
adstritos à tomada de todas as medidas que facilitem ou auxiliem o cumprimento das respectivas atribuições, numa forte cooperação, traduzida no dever
de actuação conjunta e concertada, envolvendo, nomeadamente, a disponibilização de meios e de informação, a colaboração, a participação, etc. e numa obrigação de assistência mútua, neste contexto, determinando a actuação conjunta,
da União e dos Estados-Membros num espírito de entreajuda.

Questão que tem vindo a ser levantada e discutida é a de saber se, e em que
circunstâncias, este princípio pode ter efeitos directos. À primeira vista, ele
parece um princípio demasiado largo e vago para ter tais efeitos, o que é confirmado pelo facto de a disposição que o consagra impôr uma obrigação quanto aos
resultados mas não quanto aos meios a utilizar, dando aos Estados-Membros
liberdade na forma da sua realização. Esta afigura-se, todavia, uma visão desac-
tualizada e incorrecta quando se tem em conta a jurisprudência do Tribunal
de Justiça. Muita dessa jurisprudência respeita aos deveres dos Tribunais nacionais com fundamento neste princípio de cooperação leal, o que significará que
os artigos que o consagram (artigo 5.º do TCEE, artigo 10.º do TCE e actual artigo

---

[63] Processo C-340/89, *Vlassopoulou*, de 7 de Maio de 1991.

O INTERCÂMBIO DE INFORMAÇÃO TRIBUTÁRIA

4º, nº 3 do TUE) possuem alguns efeitos directos. Têm-nos indubitavelmente sempre que são combinados com outras disposições da lei comunitária que, elas próprias, sejam directamente aplicáveis. Mas não só! No caso *Francovich*[64] o Tribunal decidiu que os Tribunais nacionais são obrigados pelo artigo 5º do TCEE a estabelecer compensação indemnizatória contra os seus Estados em caso de perdas causadas por falhas na implementação de uma Directiva, e isto mesmo que não esteja envolvida nem seja aplicável outra disposição além do artigo 5º do TCEE[65].

Noutro caso, o do Processo *Walt Wilhelm*[66], decide-se que, mesmo quando não haja outra disposição relevante do Direito comunitário que seja directamente aplicável, o artigo 5º do TCEE obriga os Tribunais nacionais a evitarem conflitos com decisões da Comissão – no caso concreto evitar impor uma penalidade ao abrigo do Direito nacional para condutas pelas quais uma penalidade já tenha sido aplicada pelo Direito Comunitário –. Resulta então claro que o artigo 5º do TCEE pode ter alguns efeitos directos, mesmo quando não esteja combinado com qualquer regra directamente aplicável da lei comunitária, uma vez que o dever geral de aplicar esta de uma forma global inclui um dever de não aplicar regras da Lei nacional que possam interferir com essa aplicação global (apresentando-se então como um dever que tem efeitos directos).

Após o Processo *Francovich*, o artigo 5º passou a ser encarado como uma norma de alcance muito mais vasto, com utilização em variadas situações[67], o que certamente fará com que os Tribunais nacionais passem, no futuro, a tê-lo muito mais em conta, abandonando a posição de subestimação dos efeitos directos do princípio da cooperação leal, que foi base relevante em diversos acórdãos do TJUE[68].

---

[64] Processos conjuntos C-6/90 e C-9/90, de 19 de Novembro de 1991.

[65] A regra de que uma Directiva pode ser a base contra um Estado-Membro que falhou na respectiva implementação é baseada no artigo 5º TCEE e por definição envolve efeitos directos. O dever dos Tribunais nacionais interpretarem a lei nacional de uma forma consistente com uma Directiva é baseado no artigo 5º TCEE, tendo sido a jurisprudência baseada neste artigo que diminuiu a importância prática da distinção entre as regras que são directamente aplicáveis e aquelas que o não são.

[66] Processo 14/68, de 13 de Fevereiro de 1969.

[67] Casos de ajudas e casos de fusão e cisão, com as promessas feitas pelos Estados-Membros à Comissão (promessas para protecção dos concorrentes) a serem consideradas legalmente vinculantes em razão do artigo 5º do TCEE, pelo que se não forem realizadas fundamentarão uma acção para compensação contra o respectivo Estado. Idem com os casos em que um Estado-Membro infrinja as regras dos direitos fundamentais na esfera do Direito comunitário, em que o artigo 5º parece fornecer a base para pedidos de indemnização.

[68] Processo 148/78, *Ratti*, de 5 de Abril de 1979; Processo C-106/89, *Marleasing* de 13 de Novembro de 1990; Processo C-6/90, *Francovich*, de 19 de Novembro de 1991; Processo C-48/93, *Factortame*, de 5 de Março de 1996 e Processo C-428/01, *Costanzo*, de 27 de Janeiro de 2004.

O FUNDAMENTO CONSTITUCIONAL DA OBRIGAÇÃO DE INTERCÂMBIO DE INFORMAÇÃO

Estamos no campo dos princípios gerais do Direito em geral e nos do Direito Comunitário em particular. Assumindo que os princípios gerais do Direito Comunitário assumem especial destaque na jurisprudência do Tribunal de Justiça, a verdade é que o conceito de princípio geral do Direito é, até hoje, controvertido[69]. A própria terminologia é divergente, tanto na doutrina em geral como na do TJUE[70], havendo, em todo o caso, unanimidade quanto ao facto de os princípios gerais do Direito assumirem grande importância na jurisprudência ao nível da integração de lacunas e como auxiliares de interpretação, o que resulta, em grande medida, do facto de a ordem jurídica comunitária constituir uma ordem jurídica em desenvolvimento que, atenta a sua abertura ao alargamento e aprofundamento da integração, tem necessariamente de apresentar lacunas e de carecer de adequada interpretação. É o reconhecimento desta situação tem levado o Tribunal de Justiça a não classificar com exactidão os princípios gerais do Direito, salvaguardando assim a flexibilidade de que necessita para poder decidir as várias questões substantivas que lhe são colocadas independentemente das diferenças terminológicas.

Neste contexto, é geralmente aceite pela doutrina que fazem parte dos princípios gerais as normas fundamentais do Direito Comunitário primário não positivado que são inerentes à própria ordem jurídica das Comunidades Europeias ou que são comuns às ordens jurídicas dos Estados-Membros. Por regra, é possível distinguir entre os princípios gerais do Direito Comunitário em sentido estrito (que são aqueles que são desenvolvidos exclusivamente a partir do espírito e do próprio sistema do Tratado UE e que têm por objecto problemas específicos do âmbito comunitário), e os princípios gerais do Direito que são comuns aos ordenamentos jurídicos dos Estados-Membros, com o primeiro grupo a resultar directamente do Direito comunitário primário e o segundo grupo a ser definido pelo Tribunal de Justiça, essencialmente, através de uma análise crítico-valorativa de Direito comparado. Como quer que seja, os princípios gerais do Direito caracterizam-se pelo facto de representarem princípios fundamentais da Comunidade e dos seus Estados-Membros, o que explica o facto de terem o grau de normas de Direito primário na hierarquia de normas da ordem jurídica comunitária[71].

---

[69] SCHWARZE, J.: <u>European Administrative Law</u>, Luxembourg: Office for Official Publications of the European Communities, Luxemburgo, 2006, p. 65, e SARIYIANNIDOU, E.: <u>Institutional balance and democratic legitimacy in the decision-making process of the EU</u>, University of Bristol, 2006, p. 145.
[70] Com os Advogados-Gerais do TJUE a utilizarem expressões como "norma jurídica geralmente reconhecida", "princípio jurídico geralmente reconhecido", "princípios jurídicos elementares", "princípio fundamental", etc.
[71] Foram reconhecidos como princípios gerais do Direito Comunitário princípios importantes do Estado de Direito, como a ideia de proporcionalidade, a certeza jurídica ou o direito de cada indi-

O INTERCÂMBIO DE INFORMAÇÃO TRIBUTÁRIA

Característica dos princípios gerais do Direito é a transversalidade, caracterizada, em primeira linha, pelo seu valor constitucional dentro da ordem jurídica comunitária. Eles são, por regra, a materialização de conceitos jurídicos e valores fundamentais que são próprios de determinada ordem jurídica, distinguindo-se das regras jurídicas específicas pelo facto de reivindicarem um certo grau de aplicabilidade geral, não se restringindo a uma certa área do Direito. Para ser princípio de Direito, quer o seu fundamento, quer o seu âmbito de aplicação, quer ainda o seu conteúdo e as consequências jurídicas que decorrem da sua eventual violação, são concretizações que o legislador ou a jurisprudência exigem para que possa ser aplicado.

O equilíbrio institucional no seio da Comunidade não assenta no princípio da separação de poderes, na acepção do Direito constitucional, mas sim no princípio da separação de competências, segundo o qual as competências da Comunidade são exercidas pelos órgãos que, nos termos do Tratado, dispõem das melhores condições para o efeito. Ao contrário do princípio da separação de poderes, que tem designadamente como objectivo a protecção do indivíduo através da moderação do poder público, o princípio da separação de competências visa melhor alcançar em termos efectivos os objectivos comunitários. Consciente deste facto, o Tribunal de Justiça desenvolveu logo a partir de 1958, primeiro na Sentença *Meroni*[72] e depois em jurisprudência constante, o conceito de «equilíbrio institucional», tendo-se baseado, para o efeito, numa perspectiva de conjunto dos princípios organizativos e dos poderes de actuação previstos nos Tratados constitutivos das Comunidades Europeias, em especial do Tratado CE, e tendo-lhe atribuído a natureza de um princípio jurídico-organizativo susceptível de fiscalização jurisdicional. Também o papel desempenhado pelos princípios gerais do Direito ao nível da integração de lacunas é relevante sobretudo em áreas do Direito que dispõem de uma baixa densidade normativa, mais necessária do que em áreas menos regulamentadas.

---

víduo a uma tutela jurisdicional efectiva. O mesmo sucedeu com vários princípios gerais de boa administração, como sucede com o princípio da tutela da confiança legítima; o princípio *ne bis in idem;* o princípio da audição dos interessados – também sob a forma da possibilidade de apresentação de defesa num processo susceptível de culminar num acto que afecte os interesses dos particulares –; a obrigatoriedade de fundamentação dos actos jurídicos; ou o princípio do inquisitório. Na direcção do Estado social, são de referir, por um lado, o reconhecimento do princípio da solidariedade e o dever de assistência das autoridades em relação aos seus agentes No contexto do reconhecimento de vínculos de natureza de algum modo próxima dos "vínculos federais" no seio da Comunidade Europeia, são frequentemente realçados o princípio da colaboração entre os Estados-Membros e o seu dever de cooperação para com a Comunidade. Neste sentido, o Tribunal de Justiça, invocando o artigo 10º do TCE, desenvolveu o princípio da lealdade comunitária recíproca.
[72] Processos 9 e 10/56, de 13 de Junho de 1958.

O FUNDAMENTO CONSTITUCIONAL DA OBRIGAÇÃO DE INTERCÂMBIO DE INFORMAÇÃO

Pode dizer-se que a base legal para a incorporação dos princípios gerais de Direito Comunitário é fornecida, hoje, por quatro artigos: dois do TUE – o artigo 6º e o artigo 19º – e dois do TFUE – o artigo 263º e o artigo 268º em conjugação com o artigo 340º nº 2 –. Os dois primeiros estabelecem que o Tribunal de Justiça deve rever e anular a legalidade dos actos legislativos se houver uma violação de qualquer formalidade essencial, violação dos Tratados ou de qualquer norma jurídica relativa à sua aplicação, ou desvio de poderes, cabendo-lhe ainda decidir em matéria de responsabilidade extracontratual dos Estados-Membros sobre a obrigação de indemnização pelos danos causados pelas suas Instituições ou pelos seus agentes no exercício das suas funções, de acordo com os princípios gerais comuns aos Direitos nacionais dos Estados-Membros. Face aos mesmos, o Tribunal de Justiça da União Europeia tem o dever de garantir o respeito do Direito na interpretação e aplicação dos Tratados, tendo em conta que a União reconhece os direitos, as liberdades e os princípios enunciados na Carta dos Direitos Fundamentais da União Europeia, que tem o mesmo valor jurídico que os Tratados.

Neste quadro o princípio da cooperação leal, que teve um impacto substancial no desenvolvimento dos princípios gerais, sendo mesmo instrumental no desenvolvimento do primado do Direito Comunitário, do efeito directo e indirecto (dever de interpretação consistente) e da responsabilidade do Estado, foi nos Processos *Hillmar Kellinghusen*[73] considerado como um princípio geral nos seguintes termos: "No que diz respeito ao artigo 5º do Tratado, há que recordar que, segundo a jurisprudência do Tribunal de Justiça, as relações entre os Estados-Membros e as Instituições comunitárias regem-se, em virtude desta disposição, por um princípio de cooperação leal. Este princípio obriga não apenas os Estados-Membros a tomarem todas as medidas adequadas para garantir o alcance e a eficácia do Direito Comunitário como impõe igualmente às Instituições comunitárias deveres recíprocos de cooperação leal com os Estados-Membros".

Resulta então que, como nos recorda a literatura científica especializada, os princípios gerais apresentam essencialmente as seguintes funções relevantes: uma função informadora, que inspira o legislador na fundamentação do ordenamento jurídico; uma função normativa actuando como fonte supletiva, de integração do Direito na ausência de norma expressa e uma função interpretativa, operando como critério orientador do juiz ou intérprete[74].

---

[73] Processos C-36 e 37/97, de 22 de Outubro de 1998.

[74] Segundo PERFECTO YEBRA, M. O.: <u>El Derecho Finaciero en los Tratados de la Unión Europea</u>, Ministerio de Economia y Hacienda, Instituto de Estudios Fiscales, Madrid, 2007, pp. 21 e ss., "os princípios jurídicos desempenham una triple función: A) Funadamentan el ordenamiento jurí-

O INTERCÂMBIO DE INFORMAÇÃO TRIBUTÁRIA

Neste contexto, a importância do princípio da cooperação leal manifesta-se não apenas quando impõe às autoridades nacionais um largo conjunto de obrigações legais, mas também porque sumaria e incorpora a relação de cooperação de boa fé e de simbiose entre as Instituições comunitárias e as autoridades nacionais. Esta relação é fundamentalmente forte porque significa, por exemplo, que se a legislação nacional for contrária ao Direito Comunitário, é um Tribunal nacional e não o Tribunal Europeu que retira as consequências – se, p.e. um governo causar perdas por infringir a lei comunitária, é o Tribunal nacional que deve estabelecer a compensação dos prejuízos, e não os Tribunais comunitários –. Os Tribunais nacionais são aqui aliados do Tribunal de Justiça, com cada juiz nacional a ser também um juiz da Lei comunitária. Uma satisfatória operacionalidade desta relação é essencial para as Instituições comunitárias, sobretudo tendo em conta a sua pequena dimensão quando comparada com a das autoridades nacionais, tornando aquelas dependentes destas para uma eficaz actuação.

Que conclusões retirar, a final, desta abordagem ao princípio da cooperação leal?

Primeiro, que estabelece e contém em si princípios gerais de conduta, afectando todos os intervenientes no processo de integração europeia: os Estados-Membros, a União e as suas Instituições.

Segundo, que se trata de um princípio híbrido na sua natureza: ao mesmo tempo que estabelece princípios ele é também a expressão mais concreta dos princípios gerais de Direito, aplicando-se igualmente, agora ainda dentro do Tratado, à cooperação judicial e policial em matérias criminais (o antigo terceiro pilar). Torna-se, assim, um instrumento de integração sem qualquer limitação lógica[75].

---

dico al que dotan de unidad y representan las bases esenciales del mismo; inspiran la aplicación de la ley y la costumbre. Este es el carácter *informador* y la realizan, sobre todo, los princípios axiológicos. B) Son un sistema integrador de las lagunas de la ley, esta función la desempeñan en primera lugar los principios dogmáticos. C) Son normas orientadores de la actividad interpretativa; para ello se usan las tres classes de principios aunque las instituciones también ofrecen función integradora". Estas funções são integradas pela classificação dos princípios em três grandes grupos a saber: "1º Principios *dogmáticos* obtenidos por deducción o inducción generalizada de las normas existentes y que representan las ideas rectoras del orden jurídico. 2º Principios *axiológicos* que representan criterios de valor, naturales o sociales, que sirven de justificación del Derecho positivo en un determinado momento histórico (están hoy dia en las Constituciones). 3º Principios *institucionales*, es decir los determinantes de la regulación jurídica de cada institución porque acogen la finalidad de la institución misma."

[75] Só assim se perspectiva a ambição de uma UE fundada na democracia e no primado do Direito, na qual os princípios gerais e os objectivos fundamentais dos Tratados beneficiem tanto os cidadãos da União como os restantes participantes do Mercado – o respeito dos direitos fundamentais, a

O FUNDAMENTO CONSTITUCIONAL DA OBRIGAÇÃO DE INTERCÂMBIO DE INFORMAÇÃO

Com isto na ideia, o enorme potencial do princípio da cooperação leal – que se está a tornar cada vez mais visível porque é usado em si mesmo como um princípio geral – será, por certo, terreno propício para muito maiores desenvolvimentos, sobretudo tendo em conta as clarificações e precisões introduzidas no Tratado pelo novo artigo 4º nº 3.

4. Âmbito de aplicação do princípio da cooperação leal
4.1. Âmbito objectivo: o cumprimento das missões decorrentes dos Tratados
Como se tentou realçar, como princípio, o da cooperação leal possui uma dimensão valorativa que permite caracterizá-lo como princípio "constitucional" no Direito comunitário, assumindo peculiar importância na interpretação das normas dos Tratados e, em consequência, apresentando-se como importante contributo para a estabilidade desses mesmos Tratados.

Na realidade, ele pertence àquele grupo de princípios que revelam valores fundamentais dedutíveis dos próprios Tratados escritos e, na medida em que orienta as regras jurídicas materiais, configura-se como valor jurídico a atrair a fixação de um padrão de eticidade para o próprio Direito Comunitário primário. Como tal, fornecerá o intérprete com elementos axiológicos para a boa interpretação e desenvolvimento de uma lógica sistémica ao ordenamento comunitário, oferece uma capacidade de enquadramento valorativo de regras ou normas jurídicas aos casos concretos, operacionalizando a interpretação dos Tratados através de uma justificação valorativa das regras de Direito.

Pode dizer-se que, como princípio, ele representa uma *guiding-force* da totalidade do ordenamento jurídico comunitário.

É um princípio relevante não apenas quanto às questões do Direito expressamente positivado, mas também ao sentido da concepção sociológica dos valores subjacentes ao ordenamento jurídico-constitucional. Com ele, a importância

protecção das legítimas expectativas, a aplicação da regra do *ne bis in idem*, e muitos outros estão no coração do sistema da UE do ponto de vista do funcionamento da União, com o princípio da cooperação leal a ocupar um lugar central e característico no edifício – edifício em que, segundo TEMPLE LANG, Community constitutional law: article 5 EEC Treaty, ob. cit., p. 648: "o desenvolvimento dos princípios gerais de direito é o resultado de um simbiose entre os Tribunais nacionais e o Direito comunitário, naquilo em que cada um pode enriquecer e reforçar o outro. O desenvolvimento de padrões comuns de justiça na aplicação do Direito comunitário fará surgir um sentido de tradição comum, não apenas baseado em interesses económicos comuns e partilhados através de diferenças de língua e das tradições legais nacionais. É uma totalmente nova criação não económica com enorme potencial psicológico e político para contribuir para a história europeia".
[76] No Processo 78/70, *Deutsche Grammaphon/Metro*, de 8 de Junho de 1971; Processo 13/77, *INNO/ /ATAB*, de 16 de Novembro de 1977; Processo 141/78, *França/Reino Unido*, de 4 de Outubro de 1979; e Processo 272/80, *E.C.R.*, de 17 de Dezembro de 1981.

O INTERCÂMBIO DE INFORMAÇÃO TRIBUTÁRIA

da distinção entre regras do Direito Comunitário que são directamente aplicáveis e as que o não são pode ser reduzida se os Tribunais nacionais que estão vinculados por ele, não quebrarem as obrigações que recaem e obrigam os Estados-Membros. Importante é que os Estados-Membros não sejam livres de aplicar uma obrigação resultante do ordenamento comunitário, implementando-a de forma incompleta ou não efectiva, realçando o TJUE em diversas sentenças[76] que o artigo 5º do TCEE indica que os deveres de cooperação por si impostos podem transcender deveres obrigatórios legalmente constantes de regras de Direito nacional, se destas resultar prejuízo para a aplicação plena e uniforme do Direito Comunitário.

A cooperação em análise ocupa-se em primeiro lugar da aplicação efectiva das disposições comunitárias, entendida de forma abrangente. Com a supressão das fronteiras interiores, passou a exigir-se uma colaboração muito mais estreita entre os intervenientes no funcionamento do Mercado comunitário em geral, e em particular no que respeita às autoridades nacionais. E quando o essencial seja a coerência do conjunto comunitário, estando em causa uma acção colectiva dos Estados-Membros, isto é uma acção porventura comum mas não comunitária, resultando a escolha dessa acção colectiva de um interesse comum mas em que o carácter interestadual deriva do facto de que as competências em causa são reservadas aos Estados, está-se aqui, ainda e indiscutivelmente, no sistema comunitário, embora não no campo das competências comunitárias.

Na sentença *Matteucci*[77] encontra-se a expressão até agora mais clara da obrigação de cooperação leal entre os Estados-Membros, com o Tribunal a declarar que:

---

[77] Processo 235/87, de 27 de Setembro de 1988. *Annunziata Matteucci*, de nacionalidade italiana, nascida na Bélgica, filha de pais italianos residentes na Bélgica, depois de concluídos os seus estudos neste país, e dado que aí não existia uma escola que pudesse fornecer a formação por si pretendida, solicitou uma bolsa para a continuação e especialização da sua formação em canto e ginástica rítmica, em Berlim, de Setembro de 1985 a Agosto de 1986, findo a qual, e com a atribuição do respectivo diploma, regressaria à Bélgica com o objectivo de aí exercer a função de professora de ginástica rítmica e expressão corporal. A bolsa integrava-se no âmbito de um Acordo cultural da Bélgica com a República Federal da Alemanha. Em resposta ao pedido, a Instituição em causa informou de que «as bolsas atribuídas por governos estrangeiros à "communauté française" em aplicação de Acordos culturais eram exclusivamente reservadas a candidatos de nacionalidade belga, informação que a candidata considerou como um indeferimento do seu pedido, tendo interposto recurso para o Conselho de Estado, invocando que a decisão era incompatível com o Direito Comunitário. Face a isto o Conselho de Estado entendeu que o Processo levantava problemas de interpretação do Direito Comunitário, estando em causa o princípio da igualdade de tratamento entre os trabalhadores nacionais e comunitários estabelecidos no território de um desses dois Estados-membros, e o de saber se um Acordo bilateral, mesmo concluído fora do âmbito de aplicação do Tratado e anterior a este, que reservava o benefício das bolsas em questão aos nacio-

310

O FUNDAMENTO CONSTITUCIONAL DA OBRIGAÇÃO DE INTERCÂMBIO DE INFORMAÇÃO

"Nos termos do artigo 5º do Tratado, os Estados-Membros tomarão todas as medidas gerais ou especiais capazes de assegurar o cumprimento das obrigações decorrentes do Tratado. Por conseguinte, se a aplicação de uma disposição de Direito Comunitário corre o risco de ser entravada por uma medida adoptada no âmbito da implementação de uma Convenção bilateral, mesmo celebrada fora do âmbito de aplicação do Tratado, os Estados-Membros são obrigados a facilitar a aplicação desta disposição e a assistir, para o efeito, qualquer outro Estado-Membro a quem incumba uma obrigação por força do Direito Comunitário".

Esta obrigação de cooperação leal entre Estados-Membros da UE tem um carácter plurívoco que adquiriu, a partir das suas primeiras aplicações, e através de um processo de generalização e abstracção, um significado político em forma de certo modo paralela à do processo funcional de integração, constituindo a manifestação mais evidente de ruptura desta cooperação o incumprimento deliberado das obrigações comunitárias, actuação que impede a aplicação uniforme e simultânea do Direito comunitário e põe em perigo as próprias bases da Comunidade, agora União Europeia. O princípio de cooperação não se limita, contudo, a exigir este cumprimento, tendo em conta o objecto e a finalidade das normas[78], mas implica, obrigatoriamente, a sua concretização num conjunto de deveres dirigidos a assegurar a plena eficácia das disposições comunitárias[79], garantindo a indispensável realização dos valores que lhes subjazem, como sejam a solidariedade, a lealdade e a confiança mútua. Com a sua função de princípio geral, ele aporta critérios directivos de resolução e de actuação que acercam o Direito às exigências da realidade social através da implementação de valores sociais (função fundamentadora ou informadora).

Nesta função, que pretende facilitar a eficácia e a efectividade das disposições comunitárias, que se expressam em regras de carácter imperativo, resultam obrigados, de forma imediata e directa, a totalidade dos órgãos estatais, e a União com as Instituições que a integram, os quais devem levar a cabo, por sua própria iniciativa e dentro das respectivas competências de actuação, as medidas reque-

---

nais dos dois Estados-Membros partes no acordo, poderia constituir obstáculo à aplicação daquele princípio. O Tribunal de Justiça vem confirmar a aplicação do princípio estatuindo que mesmo quando os Estados-Membros tenham concluído Tratados entre si (i.e. sem envolver países terceiros) e ainda que anteriores à sua adesão à Comunidade, o primado do Direito Comunitário aplica-se em virtude do artigo 10º do TCE (ex artigo 5º do TCEE).

[78] DAUSES, M. A.: Quelques réflexions sur la signification et la portée de l'article 5 du traité CEE, R. BIEBER e G. RESS (eds), Die Dunamyk des Europäischen Gemeinschatsrechts/The dynamics of EC Law, Nomos, Baden-Baden, 1987, p. 229.

[79] CONSTANTINESCO, V.: Compétences et pouvoirs dans les Communautés Européennes, LGDJ, Paris, 1974, p. 284.

O INTERCÂMBIO DE INFORMAÇÃO TRIBUTÁRIA

ridas pela execução normativa, administrativa e judicial do ordenamento comunitário.

De um ponto de vista positivo, impõe a necessidade de desenvolver um comportamento activo dirigido a facilitar a execução do ordenamento comunitário, enquanto que no seu aspecto negativo ou de abstenção, limita a discricionariedade dos intervenientes, impedindo-os de adoptar, no exercício das competências, medidas que ponham em perigo a realização dos objectivos das disposições comunitárias[80].

Quanto aos Estados-Membros, as medidas de execução que devem adoptar dependem, em primeiro lugar, da definição típica normativa dos actos comunitários. A necessidade de transpor as Directivas obriga os Estados-Membros, salvo em casos excepcionais, a adoptarem medidas de transposição interna, e mesmo o carácter geral e directamente aplicável das disposições dos Regulamentos não exclui, independentemente da sua tendência para a imediaticidade normativa, que o próprio Regulamento habilite expressa ou implicitamente os Estados ou as Instituições para que possam adoptar disposições de execução.

No acórdão *Scheer*[81], o Tribunal de Justiça enunciou de forma clara a obrigação dos Estados-Membros derivada da obrigação de cooperação, de adoptarem as medidas necessárias para assegurar a eficácia das disposições comunitárias: os Estados-Membros devem, com base neste princípio, adoptar as medidas de execução que sejam imprescindíveis para a aplicação das disposições comunitárias, de forma espontânea, sem necessidade de uma habilitação específica, e à margem do facto de que o Regulamento expressamente os habilite a adoptar medidas concretas. Tratando-se de um caso em que existia uma falha de regulamentação[82] "a intervenção dos Estados-Membros, longe de representar uma anomalia, não constituía senão o cumprimento da obrigação geral formulada pelo artigo 5º do Tratado, nos termos da qual os Estados-Membros devem tomar todas as medidas adequadas para assegurar a execução das obrigações resultantes dos actos das Instituições e, em geral, facilitar à Comunidade a realização da sua missão"[83]. É certo que na execução das disposições dos Regulamentos

---

[80] SMIT, H. e HERZOG, P.: Article 5, The law of European Economic Community. A commentary on the EEC Treaty, Mathew Bender, Nova Yorque, 1992, pp. 1-69.

[81] Processo 30/70, *Scheer/Einfuhr-und Vorratsstelle für Getreide und Futtermittel*, de 17 de Dezembro de 1970.

[82] Na situação, a organização dos Mercados agrícolas de cereais.

[83] E mais à frente, nos parágrafos 8 e 10 da mesma sentença: "Que, na medida em que, aliás, as modalidades de aplicação indispensáveis ao funcionamento do regime de importação e de exportação previstos pelo artigo 16º do Regulamento não tinham ainda sido determinadas pela Comunidade, os Estados-Membros tinham o direito e, em virtude das disposições gerais do artigo 5º

O FUNDAMENTO CONSTITUCIONAL DA OBRIGAÇÃO DE INTERCÂMBIO DE INFORMAÇÃO

é frequente que as Instituições comunitárias outorguem aos Estados uma margem de apreciação que lhes permita adaptarem as suas disposições às suas específicas circunstâncias internas com um certo grau de discricionariedade. Esta discricionariedade é, todavia, sempre limitada uma vez que as normas de execução devem ser compatíveis com as disposições gerais do ordenamento comunitário e estão também condicionadas pela necessidade de serem coerentes com a finalidade da disposição regulamentar.

O Tribunal veio mesmo a realçar que os Estados, neste contexto, estão obrigados, de forma activa, a organizar procedimentos e instrumentos de controlo, assim como a estabelecer sanções aplicáveis em caso de infracção, devendo ainda prestar-se assistência mútua para a aplicação dos Regulamentos e para o respectivo controlo, mesmo que os aspectos de controlo ou de sanção possam estar previstos expressamente em habilitações mais específicas que se lhes refiram expressamente. Enfim, devem designar as autoridades encarregadas da execução das disposições comunitárias, derrogar qualquer disposição nacional contrária ou que obstaculize a plena eficácia da disposição comunitária e adaptar as suas disposições nacionais a fim de que as normas comunitárias possam produzir todos os seus efeitos. Alcance similar tem a cláusula de estilo prevista nas Directivas, onde se indica, com carácter geral, que os Estados-Membros adoptarão a seu devido tempo as disposições legais, regulamentares e administrativas destinadas à execução da Directiva, e comunicá-las-ão à Comissão.

Se ao abrigo do princípio da cooperação leal, todas as autoridades nacionais são agora autoridades comunitárias e todo o Tribunal nacional é agora um Tribunal comunitário de jurisdição geral dentro da esfera da sua competência ao abrigo da lei nacional, então:

- Os deveres gerais dos tribunais nacionais, adiante sumariados, serão, de facto, a base de toda a estrutura legal comunitária. Aparte os princípios fundamentais de directa aplicação e primazia do Direito Comunitário, quase todos esses deveres derivam ou são baseados no artigo 4º nº 3;
- Os deveres gerais das restantes autoridades nacionais determinarão que, quando necessário, sejam obrigadas a fazer com que as Instituições comunitárias, as leis comunitárias e as políticas comunitárias, tenham a necessária efectividade e operem da forma como foram objectivamente pensadas para actuar e, em qualquer caso, sem interferir negativamente com esse objectivo;

do Tratado, a obrigação de tudo fazerem para assegurar o efeito útil do conjunto das disposições do Regulamento".

O INTERCÂMBIO DE INFORMAÇÃO TRIBUTÁRIA

- Os deveres das Instituições comunitárias concretizarão actuações de respeito e assistência na aplicação eficaz do Direito da União.

Ou seja, o princípio de cooperação leal envolve um mandato ao poder judicial: na ordem legal comunitária, os Tribunais nacionais agem como juízes de Direito comum, como um Tribunal geral comunitário[84].

[84] Assim, e numa listagem não exaustiva, constituem, nomeadamente, deveres gerais com relevância primária para os tribunais nacionais:
– O dever de dar protecção eficaz aos direitos ao abrigo do Direito Comunitário (Processo 231/83, *Cullet*, de 29 de Janeiro de 1985; Processo C-265/95, *Comissão v. França (French Farmer's)*, de 9 de Dezembro de 1997; Processo C-280/95, *Comissão/Itália*, de 29 de Janeiro de 1998; Processos C-411/98, *Ferlini*, de 3 de Outubro de 2 000, e Processo C-112/00, *Schmidberg*, de 12 de Junho de 2003), e eficaz e efectiva aplicação dos deveres impostos pela lei comunitária, o que inclui um dever de proteger os direitos legais comunitários contra interferência dos privados ou das autoridades nacionais (Processo C-198/01, *Fiammiferi*, de 9 de Setembro de 2003). Inclui também um dever de afastar ou desconsiderar disposições da lei nacional que sejam inconsistentes com o Direito Comunitário, e um dever de adaptar ou mesmo criar procedimentos que salvaguardem esses direitos (Processo C-213/89, *Factortame*, de 19 de Junho de 1990; Processo C-262/97, *Engelbrecht*, de 26 de Setembro de 2000. No *Factortame* II (Processos conjuntos C-46/93 e C-48/93, de 5 de Março de 1996) o Tribunal nacional assumira a existência de uma lei nacional a dizer que "no remedy", estava disponível);
– O dever de decidir contra autoridades nacionais que infrinjam o Direito Comunitário e estabelecer compensação por isso (Processo C-6/90 e 9/90, *Francovich*, de 19 de Novembro de1991; Processo C-424/97, *Haim v. Nordheim*, de 4 de Julho de 2000; Processo C-224/01, *Köbler*, de 30 de Setembro de 2003, Processo C-173/03, *Traghttidei Mediterraneo*, de 13 de Junho de 2006);
– O dever de conceder os meios de revisão judicial das acções comunitárias e das nacionais, para permitir protecção dos direitos comunitários ao abrigo do artigo 234º (Processo C-167/01, *Kamer van Koophandel*, de 30 de Setembro de 2003);
– O dever de garantir os meios para a aplicação uniforme do Direito Comunitário, o qual, não obstante não ser um dever absoluto, permitirá que seja requerida aos Tribunais a tomada de acções destinadas a resolver interpretações ou conclusões conflituantes em assuntos importantes ou em assuntos para os quais é necessária uniformidade por razões práticas. Os Tribunais nacionais não devem adoptar decisões que conflituem com o Tribunal de Justiça;
– O dever de assegurar que as sanções para a violação da Lei comunitária devam ser, pelo menos, equivalentes às que resultam da lei nacional (princípio da equivalência (Processo C-106/89, *Marleasing*, de 13 de Novembro de 1990; Processo C-91/92, *Faccioni Doni*, de 14 de Julho de 1994; Processo C-262/97, *Engelbrecht*, de 27 de Setembro de 2000; Processo C-240/98, *Oceano Grupo*, de 27 de Junho de 2000; Processo C-462/99, *Connect Austria*, de 22 de Maio de 2003; Processo C-160/01, *Mau*, de 15 de Maio de 2003; Processo C-397/01, *Pfeiffer*, de 5 de Outubro de 2004));
– O dever de interpretar a Lei nacional, até onde seja possível, de forma consistente com as Directivas da UE (Processo 41/74, *Van Duyn*, de 4 de Dezembro de 1974);
– O dever de proteger direitos concedidos pelas Directivas, mesmo se não implementadas, contra as autoridades nacionais dos Estados-Membros (Processo C-312/93, *Peterbroeck*, de 14 de Dezembro de 1995, Processo C-240/98 *Oceano Grupo Editorial e Salvat Editores*, de 27 de Junho de 2000, Processo C-222/05, Conclusões do Advogado Geral POIARES MADURO, de 1 de Março 2007);

O FUNDAMENTO CONSTITUCIONAL DA OBRIGAÇÃO DE INTERCÂMBIO DE INFORMAÇÃO

Mas há também um mandato às autoridades legislativas e executivas, mandato que se situa no âmbito dos deveres gerais, também eles ao abrigo do princípio da cooperação leal face aos amplos fins da respectiva actuação na aplicação do sistema legislativo comunitário, dependente como está da aplicação nacional do Direito Comunitário. Podem elencar-se, de forma exemplificativa, os seguintes deveres gerais:

- O dever de que a legislação nacional e outras medidas nacionais não podem restringir liberdades concedidas pelo Direito Comunitário, excepto para fins legítimos de interesse geral, e se a legislação não for mais restrita do que o necessário para atingir o fim;
- O dever de que as autoridades nacionais devem cooperar estreitamente com a Comissão, especialmente quando sentirem dificuldades em aplicar os normativos comunitários ou tiverem dúvidas na bondade das suas soluções, e sempre que a Comissão peça informação[85];
- O dever de que as autoridades nacionais não devem interferir com a eficácia da Lei comunitária, ou seja, mesmo as autoridades não judiciais devem desconsiderar as disposições legais nacionais que impeçam a lei comunitária de ser completamente aplicada[86];
- O dever de que os direitos da pessoa e os "princípios gerais de Direito" (proporcionalidade, certeza jurídica, legalidade e outros), tanto substantiva como processualmente, devem ser respeitados tanto pelas Instituições da União como pelos Tribunais nacionais e outras autoridades nacionais, sempre que actuam na esfera do Direito Comunitário ou aplicam o Direito Comunitário, devendo usar os procedimentos comunitários, quando aplicáveis[87];
- O dever de que as disposições comunitárias devem ser complementadas por medidas nacionais que as tornem totalmente eficazes, quando isso seja requerido pelas disposições relevantes do Direito Comunitário, nomeadamente prevendo medidas nacionais que se apresentem como indispensáveis para a realização de um objectivo comunitário claramente definido;

– O dever de levantar questões do Direito Comunitário, por iniciativa própria do Tribunal, quando caso disso (Processo C-126/97, *Eco Swiss China Time v. Benetton International*, de 1 de Junho de 1999).

[85] No que toca à cooperação em assuntos fiscais. Processo C-349/03, *Comissão/Reino Unido*, de 21 de Julho de 2005. Existem muitas outras sentenças em diferentes matérias nomeadamente em relação à Lei da concorrência e aspectos de bem-estar social.

[86] Processos C-31/91 e outros, *Lageder*, de 1 de Abril de 1993; Processo C-313/99, *Mulligan*, de 20 de Junho de 2002; e Processo C-480/00, *Ribaldi* e outros, de 25 de Março de 2004.

[87] Processo C-159/99, *Comissão/Itália*, de 17 de Maio de 2001.

O INTERCÂMBIO DE INFORMAÇÃO TRIBUTÁRIA

– O dever de que as Directivas devem ser implementadas de forma completa, com todas as consequências específicas daí resultantes[88], incluindo a criação e manutenção de estruturas eficazes (i.e. razoavelmente eficientes), que garantam uma aplicação satisfatória e um cumprimento efectivo.

Na sua jurisprudência, o Tribunal de Justiça não distingue mais do que o que é necessário entre os deveres dos Tribunais nacionais e os deveres das autoridades não judiciais, por vezes com o efeito de aplicar a estes organismos deveres legais que são mais facilmente realizados por aqueles. Parece claro que muitas autoridades administrativas não estão suficientemente conscientes destes deveres, e que o artigo 4º nº 3 nem sempre é totalmente respeitado, nomeadamente quanto ao dever de não interferir com a eficácia do Direito Comunitário. A eficácia significa que a acção nacional pode ser necessária para completar, para preencher lacunas, para impedir evasão ou incumprimento, ou para remediar defeitos processuais não devidos a ausência de política comunitária ou legislação comunitária. "Eficazmente" significa na prática, e não apenas na teoria, ou no papel, e então atrasos no fornecimento de soluções, ou nos tempos limite de actuação, ou ainda indevidas e onerosas cargas de prova, significarão que o dever não resulta eficazmente cumprido. Consequências desproporcionais para erros processuais ou falhas, pouco graves, significarão também que os procedimentos destinados a permitir a reclamação de direitos não funcionam eficazmente.

Além do Tribunal de Justiça, as restantes Instituições comunitárias também pouco têm usado este princípio, com excepção da Comissão Europeia[89]. Na jurisprudência do principio da cooperação leal, agora vertido no artigo 4º nº 3 do TUE como um todo, muitas das sentenças são resultantes do envio dos Tribunais nacionais ao abrigo do artigo 267º TFUE[90] e poucos respeitam a casos

---

[88] Processo 102/81, *Nordzee Deutsche Hochseefischerei*, de 23 de Março de 1982; Processo C-265/95, *Comissão França (French Farmers)*, de 9 de Dezembro de 1997; e Processo C-126/97, *Eco Swiss China Time v. Benneton*, de 1 de Junho de 1999.

[89] O artigo 10º TCE foi usado, sobretudo, quando a Comissão estava a construir uma política comunitária por passos legais, v.g., ao desenvolver a sua política de pescas, ou a sua política de telecomunicações. Foi nesses casos que a Comissão, à procura de novos argumentos legais, considerou valioso usar o princípio da cooperação leal.

[90] Artigo 267º: *O Tribunal de Justiça da União Europeia é competente para decidir, a título prejudicial:*
a) Sobre a interpretação dos Tratados;
b) Sobre a validade e a interpretação dos actos adoptados pelas Instituições, órgãos ou organismos da União.
Sempre que uma questão desta natureza seja suscitada perante qualquer órgão jurisdicional de um dos Estados-Membros, esse órgão pode, se considerar que uma decisão sobre essa questão é necessária ao julgamento da causa, pedir ao Tribunal que sobre ela se pronuncie.
Sempre que uma questão desta natureza seja suscitada em processo pendente perante um órgão jurisdicional nacional cujas decisões não sejam susceptíveis de recurso judicial previsto no Direito

O FUNDAMENTO CONSTITUCIONAL DA OBRIGAÇÃO DE INTERCÂMBIO DE INFORMAÇÃO

trazidos pela Comissão, embora a Comissão pareça recentemente vir a fazer mais uso do artigo.

Várias razões podem ser apresentadas para justificar este facto: primeiro, os casos levados ao TJUE pela Comissão são os considerados importantes para a política económica[91], e neles muitos aspectos do princípio da cooperação leal são relevantes enquanto fundamento legal; em segundo lugar, muitas das consequências do artigo 4º nº 3 têm sido encaradas mais como processuais do que substanciais[92], e se um Tribunal nacional ou uma autoridade administrativa nacional falham no cumprimento das suas obrigações ao abrigo do agora artigo 4º nº 3, o aspecto processual pode não parecer ser suficientemente importante para justificar procedimentos contra o Estado-Membro ao abrigo do artigo 258º do TFUE[93].

interno, esse órgão é obrigado a submeter a questão ao Tribunal. Se uma questão desta natureza for suscitada em processo pendente perante um órgão jurisdicional nacional relativamente a uma pessoa que se encontre detida, o Tribunal pronunciar-se-á com a maior brevidade possível.

[91] A mais óbvia categoria de casos economicamente importantes ao abrigo do artigo 4º nº 3 abrangerá aqueles em que medidas nacionais restringem liberdades concedidas pelo Direito Comunitário para finalidades injustificadas ou por meios desnecessariamente restritivos. O facto de poucos destes casos terem sido iniciados pela Comissão resulta do facto de serem politicamente controversos, dependendo cada um deles de circunstâncias muito específicas do Estado-Membro em questão, necessitando de uma considerável quantidade de trabalho da Comissão, e não conduzindo necessariamente a Sentenças que possam ser qualificados como precedentes em outros Estados-Membros.

[92] A importância do princípio da cooperação leal (artigo 10º TCE) tem sido subestimada por muitos advogados e não apenas pelos advogados da Comissão. Em resultado, os advogados não têm sentido confiança suficiente para levar a Tribunal casos baseados primária ou totalmente nesse artigo, limitando-se a apresentar incidentalmente argumentos nele referenciados no contexto de casos, bem ou mal, diferentemente fundamentados. E porque muitas das consequências daquele artigo 10º são matérias processuais que se levantam no contexto dos casos sobre outras disposições comunitárias, tem havido uma tendência para assumir, incorrectamente, que o artigo 10º TCE respeitava apenas aos procedimentos.

[93] Artigo 258º (artigo 226º TCE): *Se a Comissão considerar que um Estado-Membro não cumpriu qualquer das obrigações que lhe incumbem por força dos Tratados, formulará um parecer fundamentado sobre o assunto, após ter dado a esse Estado oportunidade de apresentar as suas observações. Se o Estado em causa não proceder em conformidade com este parecer no prazo fixado pela Comissão, esta pode recorrer ao Tribunal de Justiça da União Europeia.*

Estas são, obviamente, explicações válidas mas parciais. A Comissão tem provavelmente subestimado a importância do articulado relativo ao princípio da cooperação leal, com os seus Serviços jurídicos a iniciarem muito raramente casos ao abrigo do artigo 258º, e com os restantes Serviços (da Comissão) provavelmente mesmo não conscientes da importância desse articulado, por estarem primariamente preocupados com a política substantiva, e com os mais óbvios casos de falhas na implementação de Directivas (o uso do princípio e do artigo 10º TCE tem sido frequentemente usado nos casos em que um Estado-Membro falha na prestação de informação à Comissão). Estando

O dever de cooperação leal reforça a obrigação de transposição, fundamentada nos artigos 288º e ss. do TFUE e nas próprias disposições da Directiva, impondo aos Estados que adoptem medidas com o grau de clareza e precisão necessários para que os particulares não possam invocar dificuldades processuais ou materiais, (salvo as que se consubstanciem em disposições derrogatórias)[94].

As medidas de execução, por qualquer forma e seja qual for a sua fonte, revelam natureza subordinada e acessória[95], o que exclui a possibilidade de que os Estados-Membros possam criar requisitos de carácter complementar contrários aos objectivos do legislador comunitário ou possam modificar, como quer que seja, o conteúdo e alcance de uma disposição comunitária[96]. O princípio da cooperação leal não dá às Instituições comunitárias poderes adicionais de adoptarem decisões obrigatórias para os Estados-Membros[97]. Contudo, quando uma medida comunitária é adoptada, esse princípio, nos termos em que é positivado, cria automaticamente obrigações dela derivadas[98].

a jurisprudência relativa a este princípio dispersa por muitas sentenças, sobre assuntos muito diversificados, talvez sejam poucos os advogados que lêem todas elas e daí extraem as derivadas consequências.

[94] E mais, no período que decorre desde a entrada em vigor da Directiva até que termine o prazo para efectivar as medidas de transposição, os Estados-Membros devem abster-se "de adoptar disposições que possam comprometer gravemente o resultado pretendido pela Directiva (Processo C-129/96, *Inter-Environment Wallonie*, de 18 de Dezembro de 1997, e GONZÁLEZ ALONSO, L. N.: "Las obligaciones de los Estados miembros durante el plazo de transposición de las Directivas", *Comentario a la sentencia del TJCE de 18 de diciembre de 1997, Inter-Environment Wallonie*, RDCE, 1998, pp. 243-259), abstenção que se fundamenta no artigo 4º nº 3 do TUE, em relação com o artigo 288º TFUE e com as disposições da Directiva (mais especificamente o TJUE indicou que a finalidade do prazo de transposição é conceder aos Estados-Membros um período de tempo para se adequarem às obrigações derivadas da Directiva e seria contrário a esse objectivo adoptar normas internas com outra finalidade).

[95] PESCATORE, P.: Le Droit de l'intégration, Sijthoff, Leiden, 1972, p. 63. Apesar do carácter detalhado de algumas Directivas, que é revelador de uma particular intensidade normativa das Instituições comunitárias, a verdade é que de um ponto de vista jurídico nelas não se expressa verdadeiramente um poder normativo comunitário mas apenas uma forma de harmonização das disposições internas que se mantêm submetidas a uma competência estatal.

[96] Processo 40/69, *Bollmann*, de 18 de Fevereiro de 1970.

[97] O Tribunal de Justiça e o Tribunal de Primeira Instância disseram várias vezes que o artigo 5º do TCEE não dava à Comissão o poder de adoptar Decisões vinculando os Estados-Membros (Processos T-116/89, *Prodifarma*, de 13 de Dezembro de 1990; Processo T-114/89, *Ziekenfondsen*, de 13 de Dezembro de 1990; Processo T-113/89, *Nefarma*, de 13 de Dezembro de 1990), embora a Comissão possa pedir informação e ao abrigo desse artigo 5º os Estados-Membros sejam obrigados a fornecê-la, se estiver dentro dos poderes da Comissão: Processo C-303/90, *França v. Comissão*, de 13 de Novembro de 1991 e Conclusões do Advogado Geral TESAURO.

[98] O princípio tem também por efeito tornar vinculantes certas espécies de medidas comunitárias (que de outro modo o não seriam), sempre que as consequências de as mesmas não serem respei-

O FUNDAMENTO CONSTITUCIONAL DA OBRIGAÇÃO DE INTERCÂMBIO DE INFORMAÇÃO

Sendo difíceis de elencar todos os deveres ao abrigo do artigo 4º nº 3, de forma satisfatória, relevante é concluir que dele deriva, claramente, um conjunto de deveres positivos e de deveres negativos. Os positivos podem ser sumariados, em termos gerais, como um dever de implementar, um dever de aplicar; um dever de actuar em suplemento; um dever de ajudar e um dever de respeitar os princípios de Direito Comunitário; assim como um dever de se engajar numa acção colectiva, sem esquecer de que os mesmos podem necessitar, para serem operacionais, de serem expressos em termos mais práticos e específicos.

No que respeita, concretamente, aos Estados-Membros, e sintetizando a doutrina do TJUE, cabe-lhes obrigatoriamente: auxiliar a Comissão no desenvolvimento das suas missões, nomeadamente a de supervisão, fornecendo-lhe toda a informação necessária[99]; estabelecer as sanções adequadas ao incumprimento do Direito da União quando este é omisso[100]; aplicar o Direito da União de forma diligente, garantindo a sua efectividade[101]; e revogar os preceitos do Direito nacional incompatíveis com o Direito da União[102] e abster-se de aprovar tais preceitos[103].

Com as alterações introduzidas pelo Tratado de Lisboa, o princípio consagrado no artigo 4º nº 3 TUE, foi "deslocado" de um dos antigos pilares da União para o campo das suas Disposições gerais, o que lhe concede um âmbito de aplicação geral, a todo o Direito da União, pelo menos numa perspectiva formal.

---

tadas forem suficientemente sérias. Mais precisamente, parece que se uma medida, não vinculante, tiver por objectivo criar um regime temporário ou permanente destinados a evitar concretas dificuldades, sendo esse regime suficientemente importante e cuidadosamente concebido e regulado, a existência do princípio de cooperação leal torna-o vinculante, pelo menos se tiver sido unanimemente adoptado pelo Conselho (Processo 141/78, *França/Reino Unido*, de 4 de Outubro de 1979). Ou seja, o princípio da cooperação leal cria um dever geral para os Estados-Membros de cumprirem de boa-fé os seus acordos ou promessas, feitos no contexto dos assuntos comunitários, e não voltar atrás neles, facto que dá claramente efeitos legais a uma variedade de situações. Da mesma forma, os Estados-Membros resultam vinculados a considerar cuidadosamente e a dar relevância aos conselhos e opiniões expressas pela Comissão. Mesmo se não estiverem legalmente vinculados a cumpri-los, estarão vinculados a não agirem directamente de forma contrária aos pontos de vista ou vontade expressas pela Comissão como acontecerá por exemplo numa proposta ao Conselho.

[99] Processo 96/81, *Comissão v. Países Baixos*, de 25 de Maio de 1982.

[100] Processo 68/88, *Comissão v. Grécia*, de 21 de Setembro de 1989 e Processo C-213/99, *de Andrade*, de 7 de Dezembro de 2000. Ver ainda RANGEL DE MESQUITA, M. J.: O Poder Sancionatório da União e das Comunidades sobre os Estados-Membros, ob. cit., pp. 143-144 e 391-394 e GRAIG, P.: EU Administrative Law, ob. cit., p. 793.

[101] Processo 34/89, *Itália v. Comissão*, de 11 de Outubro de 1990.

[102] Processo 74/86, *Comissão v. R.F.A.*, de 26 de Abril de 1988; Processo C-198/01, *Fiammiferi*, de 9 de Setembro de 2003.

[103] Processo 229/83, *Leclerc*, de 10 de Janeiro de 1985.

O INTERCÂMBIO DE INFORMAÇÃO TRIBUTÁRIA

Ou seja, todos os deveres decorrentes do princípio da cooperação leal, habitualmente relacionados com os artigo 5º TCEE e artigo 10º TCE, passaram a ter uma aplicação imediata e absoluta, mesmo nas áreas anteriormente identificadas com os pilares relativos à Política externa e de Segurança comum e à Cooperação policial e judicial em matéria penal, questão que está também relacionada com o facto de o Tratado de Lisboa abolir a estrutura da União baseada em pilares, procedendo à fusão da União e da Comunidade Europeia numa única entidade.

4.2. Âmbito subjectivo: Instituições comunitárias e Estados-Membros

O princípio da cooperação leal é, na esfera do Direito da União, um princípio relativo à própria organização interna, estrutura e funcionamento da União, abrangendo portanto no seu âmbito subjectivo dois sujeitos: a União e os Estados-Membros, facto que aparece hoje bem expresso no artigo 4º nº 3 do TUE.

O dever geral de cooperação leal garante a natureza simbiótica da relação entre Administrações dos Estados-Membros e Administração da União (entre as próprias Instituições da União, entre as autoridades dos Estados-Membros entre si e, de uma forma genérica, entre os Estados-Membros e a União).

No caso da construção europeia, e como dissemos já, o desenvolvimento e a concretização deste princípio foram marcados pelo facto de a ordem jurídica da União possuir um sistema judicial de garantia do cumprimento das obrigações derivadas dos Tratados. De facto, o princípio da cooperação leal veio a ser reconhecido no âmbito do Direito Comunitário pela jurisprudência do Tribunal de Justiça como um princípio geral com diversos afloramentos ao longo do Tratado.

Se a letra do preceito sempre expressou o dever dos Estados-Membros para com a Comunidade (hoje União), a jurisprudência do TJUE (embora reconheçamos que nem sempre totalmente líquida), a par com a opinião de alguma doutrina, retiraram dela um âmbito subjectivo bem mais abrangente para o dever de cooperação leal[104].

4.2.1. Os deveres de cooperação leal das Instituições comunitárias: com os Estados-Membros e entre si

Logo na sentença de 10 de Fevereiro de 1983[105], o TJUE se pronuncia pela obrigação das Instituições de cooperarem de forma activa com os Estados-Membros

---

[104] As obrigações derivadas do princípio de cooperação leal constituíram, talvez, o desenvolvimento mais interessante da jurisprudência relativa ao artigo 5º do Tratado CEE: DUE, O.: Article 5 du Traité CEE. Une disposition de caractère fédéral?, ob. cit., p. 31.

[105] Processo 230/81, *Luxemburgo/Parlamento*.

O FUNDAMENTO CONSTITUCIONAL DA OBRIGAÇÃO DE INTERCÂMBIO DE INFORMAÇÃO

em tudo aquilo que seja requerido para assegurar a aplicação efectiva e a plena eficácia das disposições comunitárias, referindo expressamente o "princípio que impõe aos Estados-Membros e às Instituições deveres recíprocos de cooperação leal, inspirado especialmente no artigo 5º do Tratado CEE"[106]. Até então, a jurisprudência tinha realçado que os Estados deviam respeitar a organização interna das Instituições e o seu adequado funcionamento, mas não havia afirmado o dever recíproco das Instituições. A partir daí, e em muitas outras sentenças, o Tribunal de Justiça reafirma o princípio, como bem se destaca na de 10 de Julho de 1990[107], ao dizer-se: "Quando um Estado-Membro encontre dificuldades imprevisíveis na aplicação de um Regulamento da Comissão, que tornem a execução das obrigações por ele impostas absolutamente impossíveis, incumbe-lhe submeter tais problemas à Comissão propondo-lhe soluções apropriadas. Em tal caso, a Comissão e o Estado-Membro devem, em virtude dos deveres recíprocos de cooperação leal que lhes impõe nomeadamente o artigo 5º do Tratado, colaborar de boa-fé para ultrapassar as dificuldades no pleno respeito pelas disposições do Tratado"[108].

Numa sentença bem mais recente, de 18 de Dezembro de 2007[109], em que se discutia a decisão da Comissão Europeia de não divulgar documentos relativos a um Parecer que lhe tinha sido pedido por um Estado-Membro, uma determinada Organização não governamental actuando no domínio visado no Parecer, invocava a favor da divulgação o princípio da transparência do artigo 255º, nºs 1 e 2 do TCE, sendo certo que, questionado sobre o pedido, esse Estado-Membro havia solicitado à Comissão que a divulgação fosse negada, decisão que esta adoptou. Chamado a pronunciar-se, o TJUE entendeu que uma vez que a implementação de regras do Direito Comunitário é confiada conjuntamente à Instituição comunitária e ao Estado-Membro e que, por isso, essa implementação depende sempre do diálogo que se deve estabelecer entre eles, estes são obrigados, de acordo com o dever de cooperação leal a agir e a cooperar de forma que as referidas regras possam ter uma aplicação efectiva, apenas se admitindo excepções à divulgação no caso de o Estado-Membro fundamentar adequadamente a sua oposição à Comissão, o que não fez.

---

[106] As Instituições devem tomar em consideração os interesses dos Estados, uma vez que estes não são alheios ao interesse comunitário, obrigação esta que resulta acrescida e exigente uma vez que as actividades entendidas como missões decorrentes dos Tratados são por vezes difíceis de concretizar.

[107] Processo 217/88, *Comissão/Alemanha*.

[108] No mesmo sentido, os Processos 213/88 e C-39/89, *Luxemburgo/Parlamento Europeu*, de 28 de Novembro de 1991.

[109] Processo C-64/05 P, *Suécia/Comissão*.

O INTERCÂMBIO DE INFORMAÇÃO TRIBUTÁRIA

Note-se que segundo alguns autores, os deveres impostos às Instituições comunitárias, embora também impostos pelo artigo 5º TCEE, podiam considerar-se obrigatórios por uma regra geral mais ampla, da qual o artigo 5º constituía uma específica, ou "uma fonte particular de inspiração"[110].

Neste contexto, as obrigações a cargo das Instituições comunitárias a título do princípio da cooperação leal abrangerão não só o respeito pelas competências nacionais, mas também uma especial colaboração, não se tratando apenas de um dever de facilitar aos Estados-Membros a realização da "sua missão", mas de uma obrigação de apoio quando eles agem a título da sua missão comunitária. Sendo certo, como reconheceu o Tribunal Europeu de Justiça, que lhes cabe (nos termos do artigo 164º do Tratado CEE), o dever de velar pelo respeito na interpretação e na aplicação do Tratado e de exercer para tal "o controlo jurisdicional do respeito pela obrigação de cooperação leal", mesmo que se trate, como era o caso, das obrigações da Comissão[111], a verdade é que tem sido pouco o desenvolvimento destes deveres enquanto princípio geral, especialmente com referência à amplitude e rigor das obrigações que dele decorrem para os Estados-Membros e para as Instituições da União.

Por outro lado, ainda que não resulte relevante a propósito do tema objecto do nosso estudo, é de referir que a jurisprudência do TJUE veio ainda a definir a inclusão no princípio de cooperação leal de obrigações das Instituições entre si. Embora durante muito tempo, as relações entre as Instituições se tenham mantido no âmbito interno do sistema comunitário, diferentemente das relações entre as Instituições e os Estados, há que reconhecer que tanto num caso

---

[110] BLANQUET, M.: L'article 5 du Traité CEE, ob. cit., p. 291.

[111] Decisão no Processo 2/88, *J. J. Zwartveld e.a.*, de 13 de Julho de 1990. Neste Processo, o Tribunal de Justiça reconheceu a existência de um dever de cooperação leal mútua entre a União e os Estados-Membros, no âmbito da "Comunidade de Direito", com base no então artigo 5º TCEE. Este Processo deve ser considerado especialmente importante no caso da colaboração com os Tribunais dos Estados-Membros encarregados de aplicar o Direito da União, sendo certo que o TJUE tinha já evocado por vezes um "princípio" ou "dever" de "cooperação leal", de âmbito bilateral, para reger as relações entre a Comunidade e os Estados-Membros, a posição resulta mais clara nesta Sentença *Zwartveld/Holanda* onde se refere: "Na Comunidade de Direito que constitui a Comunidade Económica Europeia, as relações entre os Estados-Membros e as Instituições comunitárias são regidas, em virtude do artigo 5º do Tratado, por um princípio de cooperação leal. Este princípio obriga não somente os Estados-Membros a tomar todas as medidas adequadas para garantir a aplicação e eficácia do Direito comunitário, incluindo, se necessário, pela via penal, mas impõe igualmente às Instituições comunitárias deveres recíprocos de cooperação leal com os Estados-Membros. Tratando-se das Instituições comunitárias, esta obrigação de cooperação apresenta uma importância especial desde logo porque se estabelece com as autoridades judiciais dos Estados-Membros, encarregados de velar pela aplicação e pelo respeito do Direito Comunitário na ordem jurídica nacional".

O FUNDAMENTO CONSTITUCIONAL DA OBRIGAÇÃO DE INTERCÂMBIO DE INFORMAÇÃO

como no outro se trata de operar, necessariamente colaborando, na realização dos objectivos comunitários[112].

No Tratado de Lisboa foi estabelecido, por forma expressa, um dever de cooperação leal entre as Instituições da União. O artigo 13º nº 2 TUE, depois de estabelecer o princípio da legalidade da actuação das Instituições[113], determina que "as Instituições mantêm entre si uma cooperação leal"[114]. A existência de

---

[112] Assim, e logo na Sentença do Processo *Ajuda especial à Turquia* (Processo 204/86, de 27 de Setembro de 1988), o Tribunal afirma: "Com efeito, o funcionamento do processo orçamental, tal como foi concebido pelas disposições financeiras do Tratado, funda-se essencialmente no diálogo interinstitucional. No âmbito desse diálogo, prevalecem os mesmos deveres recíprocos de cooperação leal que, como reconheceu o Tribunal, presidem às relações entre os Estados-Membros e as Instituições comunitárias". Posteriormente, o mesmo reconhecimento da aplicação do princípio da cooperação leal no âmbito das relações inter-institucionais veio a ser feito fora do processo orçamental, com a reafirmação genérica pelo Tribunal de Justiça de que "prevalecem entre as Instituições comunitárias deveres recíprocos de cooperação leal iguais aos que regem as relações entre os Estados-Membros e as Instituições comunitárias" (Processo 70/88, *Chernobyl (Parlamento Europeu v. Conselho)*, de 4 de Outubro de 1991 e Processo C-65/93, *Parlamento Europeu v. Conselho*, de 30 de Março de 1995). Para além disso, uma das declarações adoptadas pela Conferência Intergovernamental aquando da aprovação do Tratado de Nice, mais especificamente a nº 3, referia-se já a um dever de cooperação leal que se aplicaria às *"relações entre as próprias Instituições comunitárias"*, tendo sido através desta Declaração que se corporizou a possibilidade de celebração de Acordos interinstitucionais *"quando, no âmbito deste dever de cooperação leal, seja necessário facilitar a aplicação do disposto no Tratado que institui a Comunidade Europeia"*. Estes Acordos não podiam *"alterar nem completar as disposições do Tratado"* e apenas podiam ser celebrados *"com o assentimento"* do Parlamento Europeu, do Conselho e da Comissão.

[113] O preceito estabelece que *"cada Instituição actua dentro dos limites das atribuições que lhe são conferidas pelos Tratados, de acordo com os procedimentos, condições e finalidades que estes estabelecem"*.

[114] Com este âmbito tão abrangente do princípio da cooperação leal, não regendo apenas a actuação dos Estados-Membros, mas regulando também a organização interna da União, seria mesmo possível, na opinião de DUARTE, M. L.: Direito da União e das Comunidades Europeias, ob. cit., p. 216, e tendo em conta os Processos T-331/94, *IPK-München*, de 15 de Outubro de 1997 (Tribunal de Primeira Instância) e C-433/97, *IPK-München*, de 5 de Outubro de 1999, defender a sua aplicação nas relações entre as Instituições e os privados. De facto, face à ausência de consagração expressa, no âmbito dos Tratados, do princípio de separação e interdependência de poderes, a sua função de regulação do funcionamento das Instituições políticas acaba por ser preenchida pelo artigo 13º nº 2 TUE, ao estabelecer, por um lado, o princípio da legalidade ou da competência das Instituições – as Instituições apenas podem actuar "dentro dos limites das atribuições que lhes são conferidas pelos Tratados, de acordo com os procedimentos, condições e finalidades que estes estabelecem" – e, por outro lado, o princípio da cooperação leal (sobre o princípio da cooperação leal como garante do equilíbrio institucional, GRAIG, P.: EU Administrative Law, Oxford University Press, 2006, pp. 273 e ss.). Este facto é tão mais importante quanto as diversas Instituições da União possuem fontes de legitimidade distintas.

Nesta relevância interna do princípio da cooperação leal (há quem refira, quanto a este aspecto, uma relevância "horizontal" do princípio, DE WITTE, B.: Interpreting the EC Treaty like a Constitu-

O INTERCÂMBIO DE INFORMAÇÃO TRIBUTÁRIA

um princípio de cooperação leal ao nível interinstitucional é de extrema importância para o regular funcionamento da União[115].

4.2.2. Os deveres de cooperação leal dos Estados-Membros: com as Instituições comunitárias e entre si

No geral, o artigo 10º do TUE cria deveres genéricos aos Estados-Membros de cumprirem com lealdade todos os compromissos em virtude da sua adesão à União, assumidos no contexto dos assuntos comunitários e decorrentes das missões dos Tratados, o que, claramente, dá amplos efeitos legais a uma série de situações.

Na sentença de 10 de Fevereiro de 1983[116], onde se questionava uma deliberação do Parlamento Europeu sobre a sua sede e diferentes locais de trabalho, o Tribunal de Justiça chamado a pronunciar-se vem reconhecer a competência dos Estados-Membros na matéria, ao abrigo dos três Tratados (CECA – artigo 77º; CEE – artigo 216º e CEEA – artigo 189º), competência que lhes atribui a responsabilidade de completar, quando necessário como era o caso, o sistema de normativos institucionais previstos nos Tratados para assegurar o funcionamento das Comunidades, responsabilidade que deve ser entendida não só como um direito mas também como um dever de exercer tal competência. E a fundamentação é a de que incumbem aos Estados-Membros e às Instituições

tion, ob. cit., p. 143), a vincular não só a União nas suas relações com outras entidades (os Estados--Membros) mas também as próprias Instituições da União nas suas relações entre si, devem considerar-se abrangidos não apenas as Instituições mas também os restantes órgãos (DUARTE, M. L.: Direito da União e das Comunidades Europeias, vol. I, ob. cit., pp. 89-90. Em sentido discordante da distinção DE QUADROS, F.: Direito da União Europeia, ob. cit., pp. 217 e ss.): o dever de cooperação leal tem uma aplicação transversal a todas as entidades abrangidas pela União, sejam Instituições, Órgãos ou Organismos da União (DUARTE, M. L.: Direito da União e das Comunidades Europeias, vol. I, ob. cit., p. 90; DE QUADROS, F.: Direito da União Europeia, ob. cit., pp. 22 e ss.; DE WITTE, B.: Interpreting the EC Treaty like a Constitution, ob. cit., pp. 143 e ss.). Numa sentença bem recente, de 24 de Novembro de 2010 (Processo C-40/10, Comissão/Conselho), em que estava em causa uma alteração pelo Conselho (divergente da proposta elaborada pela Comissão) de um Regulamento relativo à adaptação anual das remunerações e das pensões dos funcionários e dos outros agentes da União Europeia, o Tribunal na sua apreciação refere que a Comissão deve respeitar o dever de cooperação leal entre as Instituições, reconhecido pela jurisprudência[114] e, desde a entrada em vigor do Tratado de Lisboa, explicitamente consagrado pelo artigo 13º, nº 2, segundo período, do TUE, podendo, como resulta do artigo 241º TFUE, solicitar à Comissão que proceda a todos os estudos que considere oportunos para realização dos objectivos comuns e que lhe submeta todas as propostas adequadas, o que não aconteceu no caso, motivo pelo qual resultou condenado o Conselho e anulado o Regulamento em causa.

[115] DUARTE, M. L.: A teoria dos poderes implícitos e a delimitação das competências entre a União e os Estados-Membros, Lex, Lisboa, 1977, pp. 306 e ss.

[116] Processo 230/81, Luxemburgo v. Parlamento Europeu.

O FUNDAMENTO CONSTITUCIONAL DA OBRIGAÇÃO DE INTERCÂMBIO DE INFORMAÇÃO

comunitárias deveres recíprocos de cooperação leal inspirados, nomeadamente, no artigo 5º do TCEE[117].

Embora sem se poder descer a uma enumeração taxativa, como já atrás se deixou referido, uma exemplificação destinada a enfatizar alguns dos deveres aí incluídos será relevante e fornece uma mais valia na aproximação ao conteúdo daquela formulação tão genérica, exemplificação que sempre terá como suporte a doutrina em geral e a do Tribunal de Justiça em particular.

Os deveres de cooperação leal com as Instituições comunitárias significam ou envolvem, desde logo uma obrigação de não actuarem em áreas em que as Instituições comunitárias, nomeadamente a Comissão, detêm a competência de actuação, dever que é, aliás, reconhecido pelo Título VI do TUE relativamente à cooperação no campo da Justiça e dos Assuntos Internos[118].

---

[117] Num outro Processo, que conduziu ao Despacho do Tribunal de Justiça, de 13 de Julho de 1990 (Processo C-2/88, *Zwartveld/Holanda*), em que estava em causa um pedido de cooperação da Comissão com os Países Baixos na fase de um processo judicial de infracção de um contribuinte, o Tribunal, repetindo que, diferentemente dos Tratados internacionais normais, o Tratado que institui a Comunidade Económica Europeia criou uma ordem jurídica própria, integrada no sistema jurídico dos Estados-Membros aquando da entrada em vigor do Tratado, e reforçando a sua anterior posição (Processo *Os Verdes/Parlamento Europeu*, de 23 de Abril de 1986) sobre o princípio de que a Comunidade Económica Europeia é uma Comunidade de Direito sujeita a fiscalização, tanto dos actos dos seus Estados-Membros como das suas Instituições (que têm de ser conformes com a Carta constitucional que é o Tratado), opina no sentido de que nessa Comunidade de Direito, as relações entre os Estados-Membros e as Instituições regem-se, por força do artigo 5º do TCEE, por um princípio de cooperação leal, o qual obriga não só aqueles a tomarem todas as medidas para garantir o alcance e a eficácia do Direito Comunitário, mas impõe igualmente às Instituições comunitárias deveres recíprocos de cooperação leal com os Estados-Membros. Dever de cooperação que volta a ser afirmado pelo TJUE numa Sentença de 28 de Fevereiro de 1991 (Processo C-234//89, *Delimitis/Henninger Brau AG*), a propósito de um litígio sobre compatibilidade com o Tratado (artigo 85º do TCEE) de certas categorias de acordos de compra exclusiva.

[118] Num Processo contra a Irlanda, a Comissão argumentava que era contrário ao então artigo 10º do TCE que aquele país tivesse, numa disputa sobre o reactor nuclear de *Sellafield*, enviado o caso para arbitragem ao abrigo da Lei das Nações Unidas da Convenção do Mar, sem primeiro informar e consultar a Comissão, desrespeitando o artigo 292º, segundo o qual "Os Estados-Membros comprometem-se a não submeter qualquer diferendo relativo à interpretação ou aplicação do presente Tratado a um modo de resolução diverso dos que nele estão previstos". O Tribunal confirmou que a Irlanda estava em violação a ambos os artigos – ao artigo 292º e ao artigo 10º –. Deste modo depreende-se que é o TJUE quem tem o "monopólio da competência" relativamente aos diferendos entre Estados-Membros quanto à aplicação e interpretação do Direito Comunitário. O Tratado de Roma atribui ao Tribunal de Justiça a missão de assegurar o respeito pelo Direito, na interpretação e aplicação do presente Tratado, o que implica que o Tribunal de Justiça interpreta e aplica todo o Direito Comunitário, sendo essa uma competência exclusiva do TJUE que visa preservar a autonomia da ordem jurídica comunitária. Se assim não fosse, esta ver-se-ia vulnerável com os Estados-Membros a poderem submeter as controvérsias relativas à interpretação ou aplicação do

O INTERCÂMBIO DE INFORMAÇÃO TRIBUTÁRIA

Da mesma forma, os Estados-Membros, ao abrigo deste dever estão proibidos de adoptarem medidas susceptíveis de afectar o funcionamento das Instituições comunitárias[119], devendo ainda tomar em devida consideração, ponderando cuidadosamente, os conselhos e opiniões expressos pela Comissão mesmo quando não legalmente obrigatórios[120].

Significa também que deve haver respeito mútuo e cortesia entre as Instituições e os Estados-Membros[121], bem como a obrigação de informar as Instituições comunitárias quando caso disso. Nesta obrigação de informação, o destaque vai para o dever de informar a Comissão sobre a forma como foi

Direito Comunitário a procedimentos de resolução diferentes dos estabelecidos pelo ordenamento comunitário. A importância desta posição do TJUE está no facto de que, fora dos casos de falta de comunicação da informação à Comissão, esta raramente argumentava em procedimentos de infracção com uma independente violação do artigo 10º, referindo-o apenas, na maioria dos casos, em suplemento de um outro argumento ou fundamento. Ora, o Tribunal, neste Processo (Processo C-459/03, *Comissão v. Irlanda*, de 30 de Maio de 2006), considerou os dois artigos separadamente, situação repetida num Processo contra a Alemanha, por ratificar e implementar Acordos bilaterais nos transportes com (então) não Estados-Membros sem consultar a Comissão, em que o artigo 10º TCE foi invocado e o fundamento aceite pelo Tribunal (Processo C-433/03, *Comissão v. Alemanha*, de 14 de Julho de 2005). Também no Processo 186/85 (Sentença de 7 de Maio de 1987), que opunha a Comissão à Bélgica, tendo por referência prestações familiares para os funcionários comunitários, e em que a Bélgica procedeu individualmente à alteração de práticas numa área em que era necessária uma estreita colaboração entre os Estados-Membros e a Comissão, o Tribunal de Justiça, contrariamente à opinião do Advogado-Geral J. MISCHO no Processo, não baseou a sua Sentença em normas específicas do Protocolo de cooperação existente entre os Estados-Membros e a Comissão, mas sim no artigo 5º do TCEE. Já bem mais recentemente, num Parecer proferido nos termos do artigo 218º nº 11 do TFUE relativamente a um Projecto de Acordo visando a criação de um sistema unificado de resolução de litígios em matéria de patentes (através de um Tribunal das Patentes Europeias e Comunitárias) e da compatibilidade do referido Projecto com os Tratados (Parecer 1/09 do Tribunal de Justiça (Tribunal Pleno), de 8 de Março de 2011), o TJUE na sua apreciação expressamente estatui (Parágrafo 68 do Parecer): "Importa salientar, igualmente, que compete aos Estados-Membros, nomeadamente, por força do princípio de cooperação leal enunciado no artigo 4º, nº 3, primeiro período, assegurar no seu respectivo território a aplicação e o respeito do Direito da União". E continua "Além disso, por força do segundo período desta mesma disposição, os Estados-Membros tomarão todas as medidas gerais ou específicas adequadas para garantir a execução das obrigações decorrentes dos Tratados ou resultantes de actos das Instituições da União. Neste quadro, cabe aos órgãos jurisdicionais nacionais e ao Tribunal de Justiça garantir a aplicação plena do Direito da União em todos os Estados-Membros, bem como a protecção jurisdicional dos direitos conferidos aos particulares pelo referido Direito".

[119] Como foi confirmado no Processo C-333/88, *Tither/Commissioners of Inland Revenue*, de 22 de Março de 1990.

[120] Não devem, por exemplo, actuar por forma directa, de forma contrária aos pontos de vista ou desejos expressos pela Comissão numa Proposta ao Conselho.

[121] A significar, por exemplo, que um Governo possa criticar a Comissão, mas não o deva fazer directamente mas de forma a dar a esta a possibilidade de responder.

O FUNDAMENTO CONSTITUCIONAL DA OBRIGAÇÃO DE INTERCÂMBIO DE INFORMAÇÃO

implantado o Direito Comunitário já que, nomeadamente no que toca às Directivas – que são afinal instruções legalmente vinculativas para os Estados-Membros, obrigando-os a um certo resultado, que pode ser descrito mais precisa ou mais latamente, mas sempre deixando o método para o alcançar às respectivas autoridades nacionais –, este dever assume particular importância[122].

Relevância ainda para o dever de preencher eventuais falhas no Direito Comunitário e de as complementar na medida do indispensável. Se o Conselho cometer qualquer omissão na adopção de medidas dentro da exclusiva competência da União, não há, em alguns casos, objecção a que os Estados-Membros introduzam ou mantenham medidas nacionais para realizar os objectivos comunitários "de acordo com o dever de cooperação que lhes é imposto pelo artigo 5º do TCEE". Se não há um princípio geral que exija aos Estados-Membros esta actuação, a referência ao artigo 5º significa que o Estado-Membro que actue assim deve fazê-lo em acordo com a Comissão[123], uma vez que esta deve ser chamada sempre que o Estado-Membro esteja a "legislar por conta da Comunidade". Certo é, porém, que as medidas adoptadas apenas podem ser temporárias e provisórias, devendo cessar logo que sejam introduzidas as medidas comunitárias em falta[124].

Mas a opinião manifestada pelo TJUE de que o princípio da cooperação rege as relações entre as Instituições e os Estados, e entre as próprias Instituições, levantava, porém, a questão absolutamente crucial para fundamentar neste traba-

---

[122] Diversas sentenças do TJUE (Processo C-290/89, *Comissão/Bélgica*, de 11 de Junho de 1991; Processos 6 e 9/90, *Comissão/Itália*, de 19 de Novembro de 1991; Processo 61/90, *Comissão/Grécia*, de 7 de Abril de 1992) salientam que o cumprimento da missão da Comissão Europeia de garante da aplicação do Direito Comunitário apenas pode ser realizado se aos Estados-Membos couber e for cumprida por estes a obrigação de informação completa a esse respeito. Informação à Comissão que incluirá ainda a relativa a todas as situações em que ela esteja a investigar um eventual incumprimento pelo Estado-Membro do Direito Comunitário. Resulta claro em vários Processos, v.g. a Sentença de 22 de Março de 1994[122], que o TJUE considera que a falha em responder aos pedidos da Comissão (naquele Processo o facto de um Estado-Membro não dar seguimento a um pedido da Comissão de comunicação da sua legislação nacional, numa área abrangida pelo Tratado), torna mais difícil para esta o cumprimento da sua missão e constitui, portanto, uma violação da obrigação de cooperação instituída pelo artigo 5º do Tratado.

[123] Processo 804/79, *Comissão/Reino Unido*, de 5 de Maio de 1981 e Processo 325/85, *Irlanda/Comissão*, de 15 de Dezembro de 1987.

[124] Processo C-158/89, *Weingut Dietz-Matti/Bundesamt für Ernährung und Forstwirtschaft*, de 15 de Dezembro de 1987. De realçar finalmente o dever de manter a informação confidencial. No Despacho do seu Presidente, de 3 de Maio de 1991 (Processos C-372/90 P, C-372/90 P-R et C-22//91 P, *Samenwerkende electriciteits-produktiebedrijven NV.*), o Tribunal de Justiça realçou que os Estados--Membros (as suas autoridades nacionais) estavam obrigados, em virtude dos deveres do artigo 5º do Tratado, à confidencialidade das informações.

O INTERCÂMBIO DE INFORMAÇÃO TRIBUTÁRIA

lho doutoral a exigência da obrigação de intercâmbio de informação tributária, de saber se se poderia concluir que esse mesmo princípio abrangia expressamente as obrigações de cooperação entre os Estados em si mesmos considerados.

O Tribunal veio, todavia, a salientar que essa colaboração é "inerente ao sistema comunitário"[125], pelo que os Estados enquanto membros da União devem assistir-se mutuamente com a finalidade de favorecer a realização dos objectivos comunitários e de uma forma que não reflicta simplesmente uma colaboração voluntária ou de mera conveniência, não se revelando necessário que haja a previsão expressa desse tipo de deveres de ajuda e assistência para que os mesmos resultem exigíveis.

A importância do princípio de cooperação leal, neste âmbito, é clara: na ausência de um dever geral de cooperação, os Estados-Membros poderiam, mesmo inadvertidamente, bloquear a actuação da União num número significativo de áreas. Numa outra Sentença, de 18 de Julho de 2007[126], o TJUE vem reconhecer que, embora a exigência de segurança jurídica se oponha a que os direitos que os particulares retiram do Direito Comunitário estejam sujeitos, na prática, a condições e limites fixados pelas normas administrativas nacionais importa, não obstante, declarar que, no âmbito do destacamento transnacional de trabalhadores, as dificuldades que podem surgir na comparação dos sistemas nacionais sem uma cooperação eficaz entre as Administrações dos Estados-Membros. A celebração de Acordos administrativos tendo em vista assegurar o reconhecimento mútuo desses regimes faz parte de tal cooperação e, em termos mais gerais, do dever de cooperação leal entre Estados-Membros nos domínios abrangidos pelo Direito Comunitário.

Também no Processo C-165/91, *Van Munster*, de 5 de Outubro de 1994[127], o Tribunal de Justiça defende que, existindo e sendo admitidas diferenças entre os

---

[125] Processo 42/82, *Comissão/França*, de 22 de Março de 1983, com o Tribunal a declarar que "a obrigação de colaboração entre os Estados-Membros que é inerente ao sistema comunitário exige que num caso de mudança de prática seja dado um pré-aviso às autoridades do Estado-Membro interessado visando a nova prática, afim de dar a estas a possibilidade de se prepararem para a nova prática." Tratava-se de uma alteração no controlo dos documentos que acompanhavam as importações de vinhos e o Tribunal decidiu que era necessário um pré-aviso às autoridades dos outros Estados-Membros para que se adequassem aos novos procedimentos.

[126] Processo C-490/04, *Comissão/República Federal da Alemanha*, em que se discutia a liberdade de prestação de serviços, a propósito do caso de destacamento de trabalhadores, e de restrições postas ao tratamento dos mesmos no respeitante às contribuições para o fundo nacional de férias, à obrigatoriedade de tradução de documentos e a uma declaração relativa ao lugar de afectação dos trabalhadores destacados.

[127] Em que se discutia o regime de segurança social aplicável a um trabalhador que tinha exercido a sua actividade profissional em dois Estados-Membros distintos, com diferentes legislações na

O FUNDAMENTO CONSTITUCIONAL DA OBRIGAÇÃO DE INTERCÂMBIO DE INFORMAÇÃO

regimes de Segurança Social de cada Estado-Membro, a divergência de legislações deve ser resolvida através do princípio de cooperação leal, que obriga as autoridades competentes dos Estados-Membros a pôrem em prática todos os meios de que dispõem para realizar os objectivos do artigo 48º do Tratado.

Ainda na Sentença de 25 de Fevereiro de 2003[128], o Tribunal de Justiça, a propósito da aplicação de específicos instrumentos de Direito Comunitário secundário na matéria, salienta que cabia às Instituições nacionais dos dois Estados-Membros envolvidos assumirem conjuntamente a tarefa de na aplicação dos artigos relevantes daqueles Regulamentos, deverem cooperar entre si para assegurar uma aplicação correcta das disposições aplicáveis à situação, nos termos do artigo 10º do TCE[129].

Também na sentença de 5 de Março de 2009[130], o TJUE vem a considerar que "há que observar que o procedimento de informação mútua dos Estados-Membros entre si e com a Comissão, criado pela Decisão 3052/95, não visa preservar os direitos deste ou daquele operador, mas sim identificar os problemas encon-

matéria, e a compatibilidade das soluções aplicáveis com os artigos 48º a 51º do TCEE, e com a Directiva 79/7/CEE, do Conselho.

[128] Processo C-326/00, IKA/*Vasileios Ioannidis,* sobre o direito a ser reembolsado na Grécia das despesas de saúde suportadas por um cidadão grego, que numa visita à Alemanha necessitou de cuidados médicos, alegadamente de carácter urgente e inadiável.

[129] Nos Processos apensos C-200/07 e C-201/07, *Bressol e o.* e *Chaverot e o.,* respeitante a uma acção de anulação – intentada por um conjunto de estudantes e por pessoal administrativo e docente das Instituições de ensino superior da Comunidade francesa da Bélgica – de um Decreto adoptado em 16 de Junho de 2006 pelo Parlamento da Comunidade francesa da Bélgica, que regulava o número de estudantes em determinados cursos do primeiro ciclo do ensino superior, a Advogada Geral ELEANOR SHARPSTON, nas suas Conclusões 132, salienta que: "o dever de cooperação leal entre as Instituições europeias e as autoridades nacionais, como previsto no artigo 10º do TCE e recordado no artigo 19º do Protocolo, que se impõe tanto às autoridades jurisdicionais dos Estados-Membros quando actuam no quadro das suas competências, como às Instituições comunitárias, assume especial importância quando essa cooperação respeita às autoridades judiciais dos Estados-Membros encarregadas de velar pela aplicação e pelo respeito do Direito comunitário na ordem jurídica nacional, deve ser utilizado no âmbito deste litígio. O Parlamento Europeu e as autoridades jurisdicionais nacionais devem, pois, cooperar a fim de evitar qualquer conflito na interpretação e na aplicação das disposições do Protocolo".

[130] Processo C-88/07, *Comissão/Espanha,* em que a Comissão das Comunidades Europeias pede ao Tribunal de Justiça que declare que o Reino de Espanha tendo, ao abrigo de uma prática administrativa nacional, retirado do mercado numerosos produtos com composição à base de espécies vegetais, fabricados e/ou comercializados legalmente noutro Estado-Membro, e não tendo comunicado essa medida à Comissão, não cumpriu as obrigações que lhe incumbem por força do Direito comunitário, que neste caso e especificamente estabelece um procedimento de informação mútua relativo a medidas nacionais que derrogam o princípio da livre circulação de mercadorias na Comunidade.

O INTERCÂMBIO DE INFORMAÇÃO TRIBUTÁRIA

trados na execução da liberdade de circulação de mercadorias, a fim de encontrar as soluções que melhor se lhes adaptem. Do mesmo modo, quando as autoridades espanholas foram informadas de que os produtos (da gama *Biover*) tinham sido importados da Bélgica, se considerassem insuficiente a prova de que os mesmos eram aí legalmente fabricados e/ou comercializados, cabia-lhes verificar esse mesmo facto junto das autoridades belgas, em conformidade com a obrigação de cooperação leal prevista no artigo 10º CE"[131].

O dever de cooperação leal incide sobre os Estados-Membros como um todo, abrangendo os seus diversos poderes, ou seja, vinculando a actuação dos Tribunais[132], da Administração pública[133] e das Instituições políticas. A sua aplicação é também compreensiva no sentido de que se estende a todas as entidades públicas dos Estados-Membros, incluindo Administração central, Autarquias locais e Regiões autónomas. A este nível não poderemos esquecer que a administração, execução e salvaguarda do Direito da União depende, em larga medida, das Administrações públicas e dos Tribunais dos Estados-Membros, já que os poderes dos Estados-Membros no âmbito da implemeñtação e execução de politicas e objectivos estratégicos, embora limitados pelos Tratados, são superiores aos da União. Isto significa que a União depende da actuação das Administrações públicas nacionais, no âmbito do Direito da União, para a implementação das suas próprias políticas. Mas não só.

As obrigações dos Estados-Membros, quer aquelas que apresentam carácter mútuo – lealdade no sentido da garantia de efectividade das competências do Estado-Membro parceiro –, quer as que são mais de natureza estatal – colaboração na realização das tarefas das Instituições comunitárias; cooperação para a realização do Direito Comunitário e para as acções supletivas e solidariedade interestadual para a realização das obrigações comunitárias) –, incluem-se nos

---

[131] No mesmo sentido a opinião da Advogada Geral nas suas Conclusões relativas ao Processo C-73/08 (*Nicolas Bressol e o. e Céline Chaverot e o./Gouvernement de la Communauté française*): "Por último, recordo que um dos objectivos da Comunidade enumerados no artigo 2º do TCE é promover a solidariedade entre os Estados-Membros, e que os Estados-Membros têm um dever mútuo de cooperação leal com base no artigo 10º CE. Parece-me que estas disposições têm, neste caso, uma especial relevância. Sempre que os padrões linguísticos e a diversidade das políticas nacionais de acesso ao ensino superior encorajem volumes particularmente elevados de mobilidade estudantil, que causem dificuldades reais no Estado-Membro de acolhimento, incumbe certamente ao Estado--Membro de acolhimento e ao Estado-Membro de partida procurar activamente uma solução negociada que respeite o Tratado".

[132] Como se decidiu no Processo 106/77, *Simmenthal*, de 9 de Março de 1978 e no Processo C-213//89, *Factortame*, de 19 de Julho de 1990.

[133] Decisão no Processo 103/88, *Fratelli Costanzo*, de 22 de Junho de 1989 e no Processo C-201/02, *Delena Wells* de 7 de Janeiro de 2004.

O FUNDAMENTO CONSTITUCIONAL DA OBRIGAÇÃO DE INTERCÂMBIO DE INFORMAÇÃO

deveres decorrentes do princípio da cooperação leal, visto não como possuindo um alcance limitado, mas como incluindo todos os deveres que se dirigem (no essencial) exclusiva e especificamente aos Estados-Membros, face às características, necessidades, fraquezas da ordem jurídica comunitária e às possibilidades dos sistemas nacionais. O princípio é, neste ponto específico do papel comunitário das autoridades nacionais, de tal forma abrangente que se pode considerar que ele desenha, a final, os contornos de um verdadeiro "estatuto de Estado--Membro".

A orientação geral da jurisprudência corresponde a uma concepção muito extensiva – opinião segundo a qual a lealdade comunitária, conforme ao princípio da cooperação leal, engloba todas as Instituições dos diferentes governos no exercício das suas funções, quer seja a título comunitário ou individual. É que, para lá do respeito pelo Direito Comunitário, o normativo que consagra o princípio da cooperação leal "define" as autoridades públicas nacionais como estando investidas de missões e sujeitas a deveres específicos, a título do interesse comunitário. Da mesma maneira que isto pode conduzir a identificar muito explicitamente, para tal efeito, uma missão das jurisdições nacionais que as conduz à obrigação de agir para além do contexto jurídico interno, pode pensar-se também que esse mesmo normativo do Tratado é susceptível de permitir o desenvolvimento de um estatuto dos órgãos administrativos nacionais (ainda que individualizados), enquanto instâncias de realização dos objectivos comunitários, estatuto comunitário esse que clarificaria a sua situação, nomeadamente face à Comissão, permitindo a tomada em conta da cooperação interna entre eles e os Serviços comunitários. Em consequência, do mesmo modo que nos podemos apoiar no artigo 4º nº 3 do TUE para efeitos de invocabilidade das Directivas diante das jurisdições nacionais, também os deveres dos órgãos das Administrações poderiam ser explicitados e reforçados pela referência ao princípio da cooperação leal do mesmo normativo.

Resultam também incluídas, como se mencionou, as autoridades legislativas e judiciais, com os Parlamentos nacionais, apresentados embora como uma Instituição constitucionalmente independente, a estarem indiscutivelmente compreendidos entre os destinatários dos deveres do princípio da cooperação leal[134].

---

[134] Depois os Tribunais nacionais: em geral, e especificamente, o TJUE deduziu do princípio de cooperação enunciado nos Tratados, que incumbe às jurisdições nacionais assegurar a protecção jurídica resultante, nos casos em que tal se verifique, do efeito directo das disposições de Direito Comunitário, tendo-o estabelecido pela primeira vez no Processo *Rewe/Landwirtschaftskammer für das Saarland* (Processo 33/76, de 16 de Dezembro de 1976) Esta missão de cooperação arrasta obrigações para os próprios juízes, e não se limita, pois, à obrigação face à ordem jurídica interna de pôr

5. O princípio de cooperação leal como fundamento da obrigação de intercâmbio de informação

5.1. A cooperação administrativa no marco do princípio da cooperação leal

Como se demonstrou ao longo deste capítulo, o primeiro parágrafo do artigo 4º nº 3 do TUE consagra agora, de forma expressa, o princípio da cooperação leal como princípio geral do Direito da União, e que antes do Tratado de Lisboa era visto apenas como aflorado implicitamente quer no artigo 10º do TCE quer já antes no artigo 5º do TCEE. O princípio deixa, assim, de ser um princípio "não escrito" de Direito da União, para passar a ter consagração formal no Tratado.

E embora não tenha havido, segundo penso, uma alteração do seu regime, é de registar, todavia, a consagração, também expressa, no âmbito do princípio de cooperação leal, de um dever genérico de respeito e de assistência mútua entre a União e os Estados-Membros, nos termos dos Tratados. Como se disse, estabelece-se também formalmente, e pela primeira vez, que este dever não vincula apenas os Estados-Membros em relação à União, mas também a União face aos Estados-Membros e ainda os Estados-Membros entre si.

Viu-se assim como os deveres de respeito e assistência mútua que impendem sobre a União e os Estados-Membros se estabelecem no primeiro parágrafo do artigo 4º nº 3 do TUE, enunciando os outros parágrafos do mesmo artigo e

---

em vigor um sistema institucional e procedimental de protecção judicial. No caso *Von Colson* (Processo 14/83, de 10 de Abril de 1984), a relação explícita estabelecida entre o artigo 5º TCEE e as autoridades jurisdicionais versava a obrigação de interpretar o Direito nacional à luz do texto e da finalidade de uma Directiva. Este fundamento, esta missão comunitária tirada do princípio de cooperação leal, em ligação com o efeito directo do Direito comunitário, explica a possibilidade do juiz pronunciar (mesmo sem fundamento no Direito nacional) a suspensão à execução de uma lei, e explica igualmente o direito à restituição do indevido e a obrigação de reparar os ataques aos direitos individuais resultantes da violação do Direito Comunitário pelos Estados-Membros. Embora, em geral, não se ponham dúvidas sobre a incontestabilidade do primado do Direito Comunitário, várias jurisdições nacionais manifestavam a este respeito algumas reticências e hesitações, as quais resultam assim complementarmente dissipadas, face ao reconhecimento de que os juízes nacionais estão ligados, enquanto órgão jurisdicional dos Estados-Membros, pelas obrigações decorrentes do princípio da cooperação leal (o próprio reenvio prejudicial, para além do artigo 267º TFUE, deve encontrar o seu fundamento no artigo 4º nº 3 do TUE). Por último interessa referir que as obrigações que o princípio da cooperação leal impõe aos Estados-Membros podem ainda corresponder a deveres de entidades que se situem à margem da esfera pública. No caso *Thieffry* (Processo 71/76, de 28 de Abril de 1977), o TJUE reteve, com efeito, uma aproximação extensiva quanto a este aspecto do campo de aplicação do então artigo 5º TCEE. Referindo-se expressamente à primeira frase do seu nº 1, e ao nº 2, ele deduziu uma obrigação para as autoridades públicas competentes – e entre elas as corporações profissionais legalmente reconhecidas – de assegurar de maneira conforme ao Direito Comunitário a aplicação de legislação ou de práticas nacionais, colocando assim, uma ordem profissional entre os destinatários do princípio da cooperação leal.

O FUNDAMENTO CONSTITUCIONAL DA OBRIGAÇÃO DE INTERCÂMBIO DE INFORMAÇÃO

número os deveres genéricos relativos a obrigações positivas e negativas dos Estados-Membros para com a União, visando o conjunto dos normativos que todos tomem as medidas necessárias para garantir que o Direito da União seja efectivamente aplicado.

Tendo em conta a jurisprudência do Tribunal de Justiça há agora uma lista bastante longa de situações em que o princípio da cooperação leal se aplica, ou nas quais resulta claro que ele se deve aplicar, sem esquecer que novas situações se juntarão no futuro a esse âmbito de aplicação, como é próprio de todo o princípio geral do Direito. Embora na prática o Tribunal de Justiça não analise habitualmente os casos de aplicação do princípio da cooperação leal em detalhe, é útil fazer uma aproximação sistemática a essas situações.

Em termos mais gerais, deve concluir-se que o artigo 4º nº 3 do TUE impõe um dever de tomar qualquer acção que seja necessária para fazer funcionar o sistema legislativo comunitário da forma como foi pretendido que ele funcionasse. Se o Direito Comunitário concede um direito, impõe um dever ou exige um resultado específico, e nele não está estabelecido para tal nenhum mecanismo particular, o artigo 4º nº 3 impõe, só por si, aos Tribunais e autoridades nacionais o dever de o realizarem, já que, na sua condição de princípio geral, tem uma função informativa do ordenamento comunitário. Esta conclusão pode ser mais útil relativamente às autoridades administrativas do que em relação aos Tribunais, embora nestes também se possa revelar particularmente proveitosa quando articulada em conexão com lacunas na cobertura do Direito Comunitário.

Quanto aos deveres de conteúdo positivo e de conteúdo negativo que emergem do dever de cooperação leal, nem sempre é fácil, no concreto, integrar as actuações abrangidas. Em geral parece ser mais simples provar um dever negativo, de não interferir com as medidas comunitárias, do que um dever positivo. Será também mais fácil para um Tribunal decidir sobre a existência de um dever, quando já exista capacidade instalada para o realizar, ou nos casos em que haja na legislação nacional um princípio similar[135].

No caso de um dever negativo – evitar obstruir uma política comunitária a questão principal é, em geral, saber se a medida nacional tomada em seu detrimento foi adoptada com um propósito legítimo (i.e., não-proteccionista), se o foi no interesse geral do Estado-Membro em questão e, verificado que seja esse condicionalismo, se ela não é mais restritiva (interferindo em maior medida com a liberdade garantida pelo Direito Comunitário) do que o que é necessário e

---

[135] O dever de dar protecção a direitos ao abrigo do Direito comunitário que são "equivalentes" aos concedidos a direitos correspondentes sob a lei nacional é um bom exemplo de um dever para aplicar os procedimentos ou mecanismos nacionais existentes às disposições do Direito comunitário, ao abrigo do princípio da cooperação leal.

O INTERCÂMBIO DE INFORMAÇÃO TRIBUTÁRIA

apropriado para atingir aquele objectivo. O mesmo é dizer, aplicar o princípio de proporcionalidade.

No caso de um dever positivo podemos, de uma forma geral, considerar que decorre do principio de cooperação leal, o dever de cooperar com os outros Estados-Membros e/ou com a União, pelo menos do mesmo modo, ou de modo análogo, à forma como se prosseguem e tutelam os próprios interesses dos Estados-Membros[136]. O princípio da cooperação leal como dever dos Estados--Membros é especialmente importante, como já se referiu, devido ao papel central destes ao nível da implementação das políticas da União e da execução do Direito da União.

E a este nível foram introduzidas pelo Tratado de Lisboa diversas inovações que podem ser vistas como concretizações do dever de cooperação leal, e que afectam o objecto deste nosso trabalho. O Tratado de Lisboa elencou a "cooperação administrativa" no artigo 6º TFUE, alínea h), entre as matérias em que a União tem competência para apoiar os Estados-Membros. Trata-se de um novo artigo que atribui competência à União para desenvolver acções destinadas a aprovar, coordenar e completar a acção dos Estados-Membros em alguns domínios, entre os quais a cooperação administrativa, sentido que justifica depois o artigo 197º do mesmo TFUE[137], também ele de carácter inovador. As medidas neste domínio serão tomadas pelo Parlamento Europeu e pelo Conselho, nos termos do procedimento legislativo ordinário, sem esquecer que, por se tratar de matéria de coordenação e complementar à acção nacional, fica excluída, repete-se, a harmonização de legislações e regulamentações nacionais.

À laia de conclusão, realça-se a importância do actual artigo 4º em todos os seus números. Primeiro, porque eles retomam a disciplina do anterior artigo 10º

---

[136] RANGEL DE MESQUITA, M. J.: O Poder Sancionatório da União e das Comunidades sobre os Estados-Membros, Almedina, Coimbra, 2006, pp. 148-149.

[137] Artigo 197º (TITULO XXIV A Cooperação Administrativa)

1. A execução efectiva do direito da União pelos Estados-Membros, essencial para o bom funcionamento da União, é considerada matéria de interesse comum.

2. A União pode apoiar os esforços dos Estados-Membros para melhorar a sua capacidade administrativa de dar execução ao direito da união. Tal acção pode consistir, designadamente, em facilitar o intercâmbio de informações e de funcionários, bem como em apoiar programas de formação. Nenhum Estado-Membro é obrigado a recorrer a este apoio. O Parlamento Europeu e o Conselho, por meio de regulamentos adoptados de acordo com o processo legislativo ordinário, estabelecem as medidas necessárias para este efeito, com exclusão de qualquer harmonização das disposições legislativas e regulamentares dos Estados-Membros.

3. O presente artigo não prejudica a obrigação dos Estados-Membros de darem execução ao direito da União, nem as prerrogativas e deveres da Comissão. O presente artigo também não prejudica as outras disposições dos Tratados que prevêem a cooperação administrativa entre os estados-membros e entre estes e a União.

O FUNDAMENTO CONSTITUCIONAL DA OBRIGAÇÃO DE INTERCÂMBIO DE INFORMAÇÃO

do TCE e confirmam que os Estados-Membros não quiseram limitar o seu objectivo ou os seus efeitos; segundo, porque tornam explicita a natureza recíproca das obrigações que resultam, para os Estados-Membros e Instituições da União, do dever de "cooperação leal", estendendo mesmo o principio a duas áreas novas – a área da Politica Externa Comum e Segurança e na área da Cooperação policial e judicial em matérias criminais; terceiro, porque a clarificação que vieram operar poderá representar um importante contributo para fomentar a médio e longo prazo um desenvolvimento recente materializado no uso pela Comissão do princípio da cooperação leal como uma base legal independente em novos casos apresentados no Tribunal de Justiça.

Para além disso, o artigo 197º nº 1 TFUE vem considerar a matéria da execução do Direito da União, como matéria de interesse comum. O preceito ao estabelecer que "A execução efectiva do Direito da União pelos Estados-Membros, essencial para o bom funcionamento da União, é considerada matéria de interesse comum", esclarece que também a União tem competência para actuar no âmbito de execução do Direito Administrativo dos Estados-Membros (que regula a actuação das Administrações nacionais na execução do Direito da União), na medida do interesse comum nessa matéria.

De facto, e como consequência de ser considerada matéria de interesse comum, estabelece-se no nº 2 do mesmo preceito a possibilidade de apoio da União aos "esforços dos Estados-Membros para melhorar a sua capacidade administrativa de dar execução ao Direito da União", nomeadamente facilitando o "intercâmbio de informações e de funcionários", bem como apoiando "programas de formação", muito embora os apoios a programas de formação das Administrações sejam exclusivamente voluntários por parte dos Estados-Membros. Prevista resulta então, e a titulo exemplificativo, a possibilidade de disciplina comunitária de regras de circulação de informações entre as Administrações dos Estados-Membros, sendo ainda atribuída competência ao Parlamento Europeu e ao Conselho para, por meio de Regulamentos adoptados de acordo com o processo legislativo ordinário, estabelecerem as medidas necessárias para este fim, com a ressalva, em todos os casos de ser proibida, à partida, a harmonização das disposições legislativas e regulamentares dos Estados-Membros neste âmbito.

Este poder de a União apoiar a capacidade dos Estados-Membros de execução do Direito da União não prejudica a obrigação dos Estados-Membros de darem execução a esse mesmo Direito, nem as prerrogativas e deveres da Comissão, como prevê o artigo 197º nº 3 do TFUE, não podendo, pois, ser invocada a falta de apoio como causa de desculpa pela não execução do Direito da União.

É claro que as obrigações ao abrigo do artigo 4º se podem levantar como consequências incidentais de deveres legais ao abrigo de Regulamentos comunitários, Directivas e Decisões (porque é sempre mais fácil deduzir obrigações legais específicas de medidas comunitárias que são elas próprias juridicamente obrigatórias), mas também como resultado de declarações de política comunitária (não legalmente obrigatórias), se a politica for suficientemente clara e se houver uma intenção de que deva ser promovida (ou pelo menos de que não deve ser frustrada) por medidas nacionais.

Pode defender-se que existe actualmente na Europa comunitária, um dever reforçado de cooperação administrativa. E o que permite chegar a esta conclusão é a interpretação do novo n° 3 do artigo 4º do TUE e dos artigos 6º alínea g) e 197º, ambos do TFUE[138].

Começando pelo artigo 6º alínea g) do TFUE, pode dizer-se que a cooperação administrativa resulta integrada na definição e execução das politicas e acções da União, com os objectivos de: promover um espaço de liberdade, segurança e justiça sem fronteiras em que seja assegurada a livre circulação de pessoas, em conjugação com medidas adequadas em matéria de controlos na fronteira externa, de asilo e imigração, bem como de prevenção da criminalidade e combate a este fenómeno (artigo 3º nº 2 do TUE); estabelecer um Mercado interno e desenvolver de forma sustentável a Europa (artigo 3º nº 3, 1º parágrafo); e promover a coesão económica, social e territorial, e a solidariedade entre os Estados-Membros (artigo 3º nº 3, 3º parágrafo).

Por outro lado, o artigo 197º, no Título relativo à cooperação administrativa, integrado em desenvolvimento do artigo 6º nas Politicas e Acções da união (Parte III do TFUE), determina que "a execução efectiva do Direito da União pelos Estados-Membros, essencial para o bom funcionamento da União, é considerada matéria de interesse comum", ao mesmo tempo que estabelece o "apoio da União nos esforços dos Estados-Membros para melhorar a sua capacidade administrativa de dar execução ao Direito da União", sem que tal deva prejudicar "a obrigação dos Estados-Membros de darem execução ao Direito da União, nem as prerrogativas e deveres da Comissão".

---

[138] Artigo 6º: A União dispõe de competência para desenvolver acções destinadas a apoiar, coordenar ou completar a acção dos Estados-Membros. São os seguintes os seguintes os domínios dessas acções, na sua finalidade europeia:
a) Protecção e melhoria da saúde humana;
b) Industria,
c) Cultura;
d) Turismo;
e) Educação, formação profissional, juventude e desporto;
f) Protecção civil;
g) Cooperação administrativa.

O dever de cooperação leal desde sempre consagrado nos Tratados e na jurisprudência do Tribunal de Justiça, mas agora com uma formulação "constitucional" bem mais clara e alargada pelo Tratado de Lisboa, traduz-se, em sede de cooperação administrativa, no dever de os vinte e sete Estados-Membros assegurarem que as medidas nacionais nesse âmbito se conjugam e articulam convenientemente na prossecução dos interesses europeus. E a articulação entre todos os Estados-Membros na protecção dos objectivos, politicas e acções da União, é um dever imposto pelos Tratados da União, mas, também, e simultaneamente, a melhor forma de prossecução dos interesses nacionais.

Na Europa comunitária, este comportamento de cooperação administrativa, apresenta-se, indiscutivelmente, como a melhor forma de salvaguardar valores fundamentais como as liberdades de circulação, assegurando também a liberdade de iniciativa económica, ao mesmo tempo que aparece também como garante da coesão económica, social e territorial (esta última a aparecer como uma novidade do Tratado de Lisboa, acrescentada à clássica coesão económica e social, desde há muito promovida pela UE).

5.2. A cooperação administrativa no âmbito fiscal

A cooperação administrativa em matéria fiscal, face aos objectivos que lhe apontamos no Capítulo I, integra-se em todo este contexto.

A luta contra a evasão e fraude fiscal; a protecção dos interesses financeiros da União; a sustentabilidade e articulação dos sistemas fiscais existentes na União, tanto nos impostos harmonizados (como é o caso do Imposto sobre o Valor Acrescentado e dos Impostos Especiais de Consumo), como naqueles que o não são (e independentemente dos esforços de coordenação no que a estes respeita); e a protecção dos operadores económicos que actuam correctamente num espaço onde coabitam diferentes leis fiscais e diferentes obrigações tributárias (acrescidas de uma diversidade de idiomas), a significar maiores custos fiscais de conformidade e de cumprimento, são exemplos de sectores em que as actuações isoladas dos Estados são tão injustas como ineficazes.

Quanto à protecção dos recursos financeiros, há que não esquecer que a atitude de um Estado-Membro pode conduzir a consequências financeiras directamente prejudiciais à União e a consequências igualmente negativas no seu sistema de financiamento e de injustiça na repartição das cargas financeiras entre Estados-Membros, comportamento nacional que contraria os deveres de assistência mútua e de cooperação leal que incumbem aos Estados face à União e que têm expressão no artigo 4º nº 3 do TFUE.

No respeitante à sustentabilidade dos sistemas fiscais coexistentes nos vários Estados-Membros, não pode esquecer-se que apenas os sistemas fiscais que actuem com justiça e eficácia desempenham um papel essencial na garantia da equidade das relações económicas, do comércio e do investimento, constituindo além disso, a base financeira para o financiamento das despesas públicas. Sistemas fiscais que actuem de forma justa e eficiente são essenciais também na promoção da democracia e na legitimação do Estado uma vez que, por definição, os contribuintes tendem a manter apenas governos que considerem responsáveis. Eles ajudam a construir um forte contrato social entre os cidadãos e os seus governos a todos os níveis, o qual encoraja o cumprimento fiscal, conduz a uma melhor governação democrática e económica, gerando mais altos rendimentos através de maior crescimento e impostos de base mais alargada, permitindo um melhor combate à fraude e evasão fiscais, ao branqueamento de capitais, à corrupção e ao financiamento do terrorismo. Em suma: à boa governação na área fiscal.

A boa governação fiscal foi definida pela primeira vez pelo Conselho ECOFIN, nas suas Conclusões de 14 de Maio de 2008, como integrando os princípios de transparência, do intercâmbio de informações e da concorrência fiscal leal e passou a ser um assunto recorrente nos debates internacionais. Os próprios países do G20, no seu plano de acção de Novembro de 2008, acordaram em trabalhar na aplicação de regras de transparência em questões financeiras e de cooperação administrativa na área fiscal[139]. Boa governação em

---

[139] Ligado com a temática da realização dos fins comunitários, a temática da boa governação tem-se posto com maior acuidade depois do Tratado de Lisboa e sobretudo depois da actual crise económica e financeira, levando a que milhões de cidadãos que se debatem com as dificuldades económicas actuais tenham de suportar uma carga fiscal adicional enquanto outros não pagam o que devem. A transparência e o intercâmbio de informações em matéria fiscal são a base de uma leal concorrência na economia global e de uma carga fiscal equitativa sobre os contribuintes cumpridores e honestos. A governação fiscal é condição prévia importante para preservar a integridade dos mercados financeiros, dela resultando maiores recursos disponíveis para os Estados-Membros e países em desenvolvimento, indispensáveis para que as politicas comunitárias possam ser concretizadas, constituindo a falta de boa governação em questões fiscais verdadeiro incentivo à fraude e evasão fiscais, factor de graves consequências para os orçamentos nacionais e para o sistema de recursos da União Europeia (com um custo na UE estimado em 2,5% do PIB por ano), e colocando empresas e cidadãos cumpridores em situação de desvantagem competitiva. Ora, como a globalização tem criado dificuldades no combate à fraude fiscal a nível internacional, e acontecendo que os 27 Estados-Membros da UE apresentam grandes diferenças entre eles (com alguns a serem particularmente afectados), a melhoria da cooperação internacional no quadro da União (e também a nível internacional) constitui factor de enorme importância. Um número considerável de empresas multinacionais foram estruturadas de forma a tirar partido do tratamento fiscal diferenciado nas diferentes jurisdições em que estão presentes que é permeável a esquemas de evasão fiscal, e favorece as que são grandes ou internacionais relativamente àquelas que são pequenas, domésticas ou novas. A UE tem, pois, de se empenhar na aplicação de uma abordagem coerente em relação à boa governação fiscal, assim contribuindo para a construção e manutenção de sistemas fiscais susten-

O FUNDAMENTO CONSTITUCIONAL DA OBRIGAÇÃO DE INTERCÂMBIO DE INFORMAÇÃO

matéria fiscal (quer segundo a Comunicação da Comissão ao Conselho, ao Parlamento Europeu e ao Comité Económico e Social Europeu, intitulada "Promover a boa governação em questões fiscais", de 28 de Abril de 2009 – COM (2009) 201 final –, quer segundo as Conclusões do Conselho da União Europeia de Junho de 2009[140] e o Relatório da Comissão dos Assuntos Económicos e Monetários do Parlamento Europeu, de 2 de Fevereiro de 2010[141]) é igualmente sinónimo de transparência, intercâmbio de informações e leal concorrência fiscal.

Finalmente, quanto à protecção e apoio aos contribuintes que correctamente actuam no Mercado único europeu, é indispensável uma actuação concertada que permita a redução dos custos de conformidade decorrentes da coexistência de vinte e sete diferentes sistemas jurídico-fiscais, de diferentes estruturas administrativas das Administrações que os suportam, e das dificuldades sentidas em termos de meios logísticos e de capacidade dos recursos humanos, nomeadamente nos aspectos para os quais não foi possível ainda estabelecer normas comuns.

A propósito da importância da coordenação dos sistemas de fiscalidade directa dos Estados-Membros no Mercado interno, a Comunicação da Comissão de 19 de Dezembro de 2006[142] (no contexto das regras em matéria de tributação à saída aplicadas pelos Estados-Membros aos particulares e empresas que transferem o seu domicílio fiscal de um Estado-Membro para outro, e da sua compatibilidade com as exigências do Tratado e da jurisprudência do Tribunal de Justiça a propósito[143]), declara que, se dois Estados-Membros decidirem exercer os seus direitos fiscais sobre o mesmo rendimento, devem garantir que tal não ocasione uma dupla tributação devendo para o efeito escolher o método mais adequado, ponto de vista que é confirmado por aquela jurisprudência, o mesmo valendo em relação a uma eventual dupla não tributação que

---

táveis e transparentes nos países, e para a erradicação da fraude fiscal que leva a consideráveis perdas anuais de receitas. Por sua vez, os Estados-Membros devem coordenar as suas politicas a fim de reforçarem as políticas e acções comunitárias e minorarem os efeitos nocivos de todo este contexto de que também resultam negativamente afectados.

[140] Boa Governação na Área Fiscal – Conclusões do Conselho, de 9 de Junho de 2009, 10252/4/09 REV 4, FISC 72.

[141] Relatório sobre a Promoção da Boa Governação em Questões Fiscais – Documento A7-0007//2010, de 2.2.2010.

[142] Comunicação da Comissão ao Conselho, ao Parlamento Europeu e ao Comité Económico e Social Europeu, Tributação à saída e necessidade de coordenação das políticas fiscais dos Estados--Membros: COM (2006) 825 final.

[143] Processo C-9/02, *Lasteyrie/França*, de 17 de Abril de 2004 e Processo C-470/04, *N/Inspecteur van de Belastningsdiennst*, de 7 de Setembro de 2006.

O INTERCÂMBIO DE INFORMAÇÃO TRIBUTÁRIA

incentivaria os contribuintes a estruturarem as suas actividades transfronteiras de modo a tirarem partido das lacunas existentes entre os diversos regimes fiscais nacionais, dissuadindo-os de tomarem as suas decisões comerciais com base em critérios económicos sólidos.

As distorções decorrentes das disparidades legislativas entre os Estados-Membros obstam ao funcionamento correcto do Mercado interno na medida em que podem dissuadir pessoas e empresas de investir noutros Estados-Membros. Salienta, todavia, que, independentemente do método escolhido pelos Estados-Membros para eliminar as disparidades entre os regimes fiscais respectivos, apenas uma cooperação administrativa eficaz será fundamental para garantir o êxito das medidas. Ou seja, os Estados-Membros devem aproveitar plenamente as possibilidades oferecidas pela Directiva relativa à assistência mútua em geral (*maxime* no que respeita ao intercâmbio de informação) e pela Directiva relativa à assistência mútua na cobrança de créditos fiscais. Neste contexto, a Comissão incentiva igualmente os Estados-Membros a utilizarem melhor os meios que já se encontram ao seu alcance para melhorar o intercâmbio de informações e a assistência em matéria de cobrança entre as Administrações fiscais em causa, mostrando-se disposta a apoiar os Estados-Membros na análise da possibilidade do estabelecimento de um intercâmbio automático de informações nesse domínio.

Em suma, a luta contra a fraude e evasão fiscal, a protecção dos interesses financeiros e do orçamento da União, a sustentabilidade e articulação dos sistemas fiscais em vigor, e a protecção dos contribuintes operando de forma correcta no Mercado europeu, são problemas de todos os Estados (e da União) e só uma acção concertada, de assistência mútua e de cooperação administrativa, num espírito de respeito recíproco e de lealdade de actuação, pode aspirar a inflectir as dificuldades que se vêm desenhando há bastante tempo mas cujos contornos se têm clarificado mais nos dias que correm.

São estes, realça-se uma vez mais, os objectivos prioritários, "constitucionais", bem objectivados no Documento "Promover a Boa Governação em Matéria Fiscal" já referido[144], onde se sublinha a necessidade de intensificar as acções destinadas a alcançar uma boa governação internacional na área fiscal, apontando a indispensável contribuição concreta da UE para o efeito, com o Conselho ECOFIN, de 14 de Maio de 2008, a reconhecer a necessidade de promover, numa base geográfica tão ampla quanto possível[145], os princípios da boa gover-

---

[144] Comunicação da Comissão ao Conselho, ao Parlamento Europeu e ao Comité Económico e Social Europeu (COM (2009) 201 final), de 28.04.2009.
[145] Com idêntico objectivo, o COM (2010) 163 final, de 21.04.2010, mais voltado para países fora da UE.

O FUNDAMENTO CONSTITUCIONAL DA OBRIGAÇÃO DE INTERCÂMBIO DE INFORMAÇÃO

nação na área fiscal, razão que fundamentou a solicitação de que passasse a ser incluída uma disposição sobre esta exigência na área fiscal nos Acordos pertinentes celebrados pela Comunidade (agora União) e pelos Estados-Membros com países terceiros ou grupos de países terceiros. O objectivo desta medida, mais do que lutar contra paraísos fiscais enquanto tais, é o de chegar a acordo com o maior número possível de países terceiros sobre princípios comuns em matéria de cooperação e transparência.

Na sequência, a Comissão propõe-se recensear a contribuição concreta da UE para a boa governação na área da fiscalidade directa, tendo em atenção os seguintes aspectos: apurar qual o grau de coerência entre os princípios da boa governação na área fiscal e as políticas fiscais dos próprios Estados-Membros; saber como pode ser melhorada a governação na UE; recensear o conjunto dos instrumentos de que a Comunidade Europeia e os Estados-Membros dispõem para promover a boa governação ao nível internacional e averiguar quais as possibilidades de uma acção dos Estados-Membros mais coordenada, que possa apoiar, simplificar e complementar as medidas adoptadas por outras instâncias internacionais como a OCDE e a ONU.

É preciso, todavia, reforçar a boa governação na área fiscal tanto na UE como a nível internacional e isso passa pela conjugação de uma melhor governação nessa área dentro da União e de acções destinadas aos países terceiros. Para tal propunha ainda a Comissão: a substituição da Directiva 77/799/CEE que regulamentava à data a assistência mútua da fiscalidade directa por uma nova Directiva que introduza *ex novo* dois mecanismos de que urge dispor – a introdução de uma cláusula de nação mais favorecida, nos termos da qual um Estado-Membro seria obrigado a prestar a outro Estado-Membro o nível de cooperação que aceitou em relação a um país terceiro e sobretudo, a proibição de que um Estado-Membro invoque o sigilo bancário para não residentes como fundamento da recusa de fornecer informações relativas a um contribuinte ao seu Estado-Membro de residência –. Esta substituição já foi efectuada, como se foi analisando, com a entrada em vigor da Directiva 2011/16/UE.

Proposta era também a substituição da Directiva de assistência mútua na cobrança de créditos fiscais, visando aumentar a eficácia da assistência, reforçando a capacidade de cobrança dos impostos não pagos pelas Administrações Fiscais, como boa contribuição para a luta contra a fraude fiscal, o que também já foi concretizado com a publicação da Directiva 2010/24/UE.

Propostos ainda aperfeiçoamentos na Directiva relativa à tributação da poupança, alargando o seu âmbito de aplicação a alguns pagamentos de juros a residentes da UE efectuados através de estruturas intermediárias isentas de imposto, estabelecidas em países que não são membros da UE, e passagem ao intercâmbio automático de informações como mecanismo obrigatório para

O INTERCÂMBIO DE INFORMAÇÃO TRIBUTÁRIA

todos os Estados-Membros, depois de avaliar se o período transitório de que beneficiaram alguns países[146] deve ou não terminar. Igualmente relevante será prosseguir as discussões com outros países terceiros a fim de com eles estudar a adopção de medidas adequadas equivalentes às consagradas na Directiva da Poupança e prosseguir também no trabalho de congelamento e de desmantelamento das medidas fiscais prejudiciais para as empresas nos Estados-Membros, nos termos do Código de conduta relativo à fiscalidade das empresas, sendo opinião da Comissão que o Grupo de Trabalho do Conselho deveria desenvolver uma política coerente de acção coordenada destinada a países terceiros que exercem práticas prejudiciais em matéria de fiscalidade das empresas, mediante a adopção de uma estratégia comum relativamente à aplicação de medidas anti--abuso[147].

5.3. O intercâmbio de informação tributária como obrigação derivada do princípio de cooperação leal

Como se viu neste Capítulo, o artigo 4º nº 3 do TUE cria deveres para as autoridades nacionais (e para as Instituições comunitárias quando as abrange) relativamente às "obrigações", "tarefas" e "objectivos" da Comunidade. Uma vez que não elenca ou define expressamente nenhum deles, acontece que no geral apenas tem sido aplicado conjuntamente com outras disposições do Direito Comunitário, ou como declaração de política comunitária concreta, a determinar, casuisticamente.

É que as obrigações ao abrigo do artigo 4º nº 3 podem levantar-se como consequências incidentais de deveres legais ao abrigo de Regulamentos, Directivas e Decisões, comunitários mas também como resultado de declarações de política comunitária, se a política for suficientemente clara e se houver uma intenção de que deva ser promovida (ou pelo menos de que não deva ser frustrada)

---

[146] Liechtenstein, Suíça, Mónaco, Andorra e São Marino.

[147] Ao nível dos países terceiros, propunha-se uma actuação destinada a conferir à questão da boa governação na área fiscal a prioridade política adequada pelo Conselho, promovendo a abordagem e o debate sobre os princípios de boa governação na área fiscal no âmbito de um diálogo político antes de se iniciarem as negociações comerciais, tendo em vista a simplificação das mesmas, sobretudo nos casos em que se saiba de antemão que tal assunto é controverso no caso concreto. Na negociação de Acordos com esses países, a previsão expressa de disposições semelhantes às aplicáveis na UE em matéria de auxílios estatais, e a previsão da celebração de Acordos antifraude específicos na área fiscal que contenham, sempre que necessário, disposições em matéria de transparência e de intercâmbio de informações para fins fiscais a nível comunitário (para acelerar o processo de aplicação dos compromissos assumidos por certas jurisdições com vista a uma maior transparência e ao intercâmbio de informações) são passos indispensáveis a uma nova estratégia de actuação.

O FUNDAMENTO CONSTITUCIONAL DA OBRIGAÇÃO DE INTERCÂMBIO DE INFORMAÇÃO

por medidas nacionais[148]. Ou seja, não se têm retirado do teor do artigo que enuncia o princípio da cooperação leal, por si só, as consequências que o mesmo comporta, fazendo-o surgir, habitualmente, apenas como complemento de disposições específicas da Lei comunitária[149].

Lei comunitária que não estabelece expressamente quais as autoridades nacionais que são responsáveis por qualquer das suas regras, ou quais devem ser os seus procedimentos, desde que o resultado em questão seja atingido (ou o efeito evitado, quando caso disso). No geral, são as autoridades nacionais que devem decidir sobre a forma de realizarem as suas obrigações ao abrigo do princípio da cooperação leal, o mesmo é dizer, a elas compete definir as actuações conducentes à obtenção de um determinado resultado ou ao afastamento da ocorrência de um qualquer outro resultado particular, muito embora em algumas situações as obrigações resultantes do artigo 4º nº 3 se lhes imponham de forma bastante precisa[150].

Como se viu, foi a partir deste princípio de cooperação leal aparentemente vago, que o Tribunal de Justiça, de uma forma cada vez mais frequente[151], e com

---

[148] A regra de que as Directivas podem ter efeitos directos, agora vista como baseada no artigo 4º nº 3, poderá apresentar-se como extremamente importante. Por outro lado, quando, por exemplo, uma Directiva exija especificamente a um Estado-Membro que dê detalhes à Comissão sobre as medidas que tomou para implementar, a falha em fazer isso é vista como uma violação da Directiva mas não do princípio da cooperação leal. Todavia, na ausência de uma disposição específica de Direito Comunitário secundário, haverá certamente um dever similar ao abrigo do artigo 4º nº 3 que deveria ser respeitado.

[149] Uma grande parte dos exemplos da sua aplicação envolve efeitos directos, se bem que não possa ser usado por um tribunal nacional sem que uma disposição comunitária ou objectivo comunitário seja suficiente mente claro para ser a base de obrigações precisas e susceptíveis de apreciação em tribunal.

[150] Não pode esquecer-se que, caso subsistam dúvidas para a autoridade nacional sobre o modo como deve realizar os seus deveres, é o próprio artigo 4º nº 3, em si mesmo, que lhes impõe um dever de consultar a Comissão, sendo certo que a omissão de tal dever pelo Estado não legitimará o seu argumento de que era difícil cumprir a obrigação ou de que não sabia como fazê-lo, com a doutrina jurisprudencial estabelecer repetidamente que um Estado não pode apoiar-se em nenhuma disposição da lei nacional como desculpa para não levar a cabo as suas obrigações neste contexto. O dever de consultar a Comissão para procurar soluções para as dificuldades que o Estado tenha encontrado na realização dos seus deveres legais foi estabelecido pelo Tribunal no Processo 94/87, *Comissão v. Alemanha*, de 2 de Fevereiro de 1989 (parágrafo 9. "A Comissão e o Estado-Membro respectivo devem respeitar o princípio do artigo 5º do Tratado, que impõe um dever de genuína cooperação dos Estados-Membros e das instituições comunitárias, e devem trabalhar conjuntamente de boa fé com vista a ultrapassarem dificuldades enquanto estão a cumprir totalmente as disposições do Tratado, e em particular das disposições sobre ajudas.").

[151] Nos últimos dez anos ou á volta disso, o Tribunal citou o artigo 5º mais frequentemente, embora raramente entenda necessário discutir as suas implicações em detalhe ou em extensão. Por exem-

O INTERCÂMBIO DE INFORMAÇÃO TRIBUTÁRIA

crescente confiança, tem deduzido obrigações práticas e concretas[152]. A jurisprudência do Tribunal baseada total ou parcialmente no artigo 5º CEE ou no artigo 10º CE (como antecedentes directos do actual artigo 4º do TUE), embora não codificada, e podendo ser expressa e classificada de diferentes maneiras, é importante para os juristas públicos, para os funcionários públicos e para os tribunais nacionais[153]. Do mesmo modo se tem revelado a restante doutrina, com destaque para as opiniões expressas por eminentes especialistas em Direito Comunitário, as quais vêm reforçando o papel do princípio da cooperação leal.

De toda a análise efectuada é legítimo concluir que o princípio de cooperação leal se apresenta com duas vertentes diferenciadas: uma vertente positiva e uma vertente negativa.

Na sua vertente negativa ele implica apenas obrigações unilaterais de abstenção de actuações em sentido contrário ao Direito da União, quer através do poder legislativo, quer através do poder executivo ou judicial: "Os Estados-Membros, devem abstêm-se de qualquer medida susceptível de pôr em perigo a realização dos objectivos da União" (artigo 4º nº 3 terceiro parágrafo).

Na outra vertente, e como mandato positivo, o princípio gera, obrigações de colaboração dos Estados-Membros que se devem assistir mutuamente entre si e com a União no cumprimento das missões decorrentes dos Tratados, na tomada de todas as medidas gerais ou específicas adequadas para garantir a execução das obrigações decorrentes dos Tratados ou resultantes dos actos das Instituições da União. Entre estas obrigações de colaboração há que distinguir aquelas que implicam relações de cooperação e aquelas outras que fazem nascer relações de assistência mútua, abrangendo tanto as relações entre Instituições comunitárias e Estados-Membros, como entre Instituições comunitárias entre

---

plo no Processo C-67/91, *Direccion de Defensa de la competência/Asociación Española de Banca Privada* e.a., de 16 de Julho de 1992, o Tribunal, no parágrafo 39, refere "o princípio da cooperação entre as instituições comunitárias e os Estados-Membros" e explica com detalhe, os deveres das autoridades nacionais de concorrência sem mencionar explicitamente o artigo 5º

[152] Como se mencionou, o exemplo mais surpreendente disto respeita ao efeito directo das Directivas: este princípio, clarificado em 1979, não foi expressamente declarado como baseado no artigo 5º até 9 anos mais tarde no Processo 190/87, *Moormann*, de 20 de Setembro de 1988, cujo nº 39 estabelece: "Em interpretação não desrespeita de forma alguma as exigências impostas pelo princípio da cooperação entre as instituições comunitárias e os Estados-Membros. Com efeito, estes não são obrigados a ignorar as informações que lhes são comunicadas e a sofrer, assim de "amnésia aguda", para utilizar os próprios termos da Comissão e do tribunal nacional. Estas informações constituem, na verdade, indícios que podem eventualmente ser tidos em conta para justificar a abertura de um processo nacional".

[153] Como se referiu a pp. 589 e ss.

O FUNDAMENTO CONSTITUCIONAL DA OBRIGAÇÃO DE INTERCÂMBIO DE INFORMAÇÃO

si e, particularmente, no que nos interessa, as que se estabelecem entre os Estados-Membros.

Nas relações entre Estados-Membros, a assistência mútua e a cooperação administrativa em matérias fiscais têm como vertente privilegiada o intercâmbio de informação tributária, sendo dever dos Estados-Membros assegurar a aplicação do princípio da cooperação leal no seu próprio interesse e no interesse da União em que se integram.

Os actuais sistemas fiscais privilegiam, por razões de natureza financeira e também de eficiência económica e de equidade (nomeadamente horizontal), a utilização de bases amplas de tributação, evidenciadoras de múltiplas manifestações de capacidade económica dos contribuintes, quer se trate de pessoas singulares ou colectivas. Constituindo o rendimento, o consumo de bens e serviços e a propriedade e riqueza, as três bases fundamentais de incidência fiscal (e parafiscal), o Estado e as respectivas Administrações tributárias necessitam de conhecer essas realidades económicas, de forma actualizada e detalhada, na prossecução das suas atribuições e competências de determinação, liquidação, fiscalização e cobrança dos impostos. E isso é-lhes facultado pelos contribuintes e agentes económicos em geral, com carácter de obrigatoriedade, como consequência natural da própria natureza coerciva da realidade "imposto". Sendo assim, as Administrações tributárias têm acesso e são "fiéis depositárias" de um manancial relevante de informação e de dados seguramente ímpar face a outros Departamentos e Instituições públicas ou privadas[154]. O contributo que tais

---

[154] Em áreas e aspectos como:
– Tipo, natureza e valor de rendimentos (do trabalho, lucros, rendas, juros, mais-valias, etc.);
– Tipo e valor de bens e serviços produzidos e consumidos, tanto nacionais, como importados e exportados;
– Valor e modalidades da propriedade e da riqueza mobiliária e imobiliária;
– Estrutura económica e financeira das empresas e sectores de actividade;
– Formas e montantes da poupança e respectivas aplicações (para a reforma, para cobertura social, para aquisição de activos duradouros, quer pelas pessoas singulares, quer pelas empresas, etc.);
– Distribuição espacial e sectorial de pessoas, actividades e bens (por áreas territoriais do país, por sectores de actividade económica, por tipos de especialização profissional, etc.).
Se a estes dados adicionarmos um conjunto de outros que resultam do facto de os tipos actuais de tributação do rendimento apresentarem preocupações acrescidas com a personalização e progressividade da carga tributária, modelando a tributação em conceitos elaborados de "rendimento líquido", impondo a necessidade do conhecimento/valorização não só de certos atributos de carácter individual (como o estado civil de direito ou de facto, número e idade de dependentes, etc.), mas também de elementos de foro pessoal e familiar (como despesas com saúde, lares, educação, juros e rendas habitacionais, etc.), normalmente alvo de protecção legal, dada a particular sensibilidade de tais realidades, resulta a existência de um manancial de informações de relevante utilidade.

O INTERCÂMBIO DE INFORMAÇÃO TRIBUTÁRIA

dados e informações poderão dar materializa-se na partilha e troca de informação entre as várias Administrações fiscais, que assim se encontrarão melhor apetrechadas nas tarefas que são chamadas a realizar como garantes da correcta aplicação dos sistemas fiscais.

A determinação da justa carga tributária dos obrigados fiscais, a sua efectiva exigência aos mesmos, e a diminuição dos respectivos custos de contexto, sejam eles os custos administrativos sejam os custos de cumprimento, são domínios em que a cooperação leal se materializa privilegiadamente no intercâmbio de informação administrativa fiscal. As informações visando as variáveis de que dependem o lançamento, liquidação e cobrança dos impostos dos contribuintes, as melhores práticas em termos de organização interna das Administrações, da correcta gestão de recursos, da mais eficiente utilização das modernas tecnologias, da racional utilização de concertados procedimentos de auditoria tributária, da formação e diálogo dos funcionários tributários europeus para os novos desafios da construção e integração europeia são mecanismos de cooperação e assistência mútua perfeitamente cabimentados no princípio da cooperação leal[155].

Os vectores base em matéria de boa governação no sector fiscal são, como se viu, a transparência do sistema fiscal e o estabelecimento de uma concorrência fiscal leal, tudo no contexto de um bom sistema de intercâmbio de informação tributária.

O intercâmbio de informação tributária que foi eleito como obrigatório para assegurar a correcta tributação dos rendimentos da poupança na EU e que se apresenta como condição indispensável para o sistema comunitário de tributação da despesa, tem também de ser entendido como absolutamente necessário na tributação do rendimento para que todos aqueles objectivos resultem assegurados. Só o reforço do diálogo e da cooperação internacionais no domínio da fiscalidade, no âmbito da obrigação de cooperação leal que lhes resulta imposta pelo Tratado da UE no artigo 4º nº 3, permitirá que lhes seja fornecida adequada resposta.

É urgente superar as dificuldades que se vêm constatando no intercâmbio de informação. O facto de que na era actual das tecnologias, da informatização, das bases de dados, das comunicações, continue a existir um "síndroma", uma

---

[155] Em tudo isto é essencial conferir às Administrações tributárias os meios necessários para processarem eficazmente os dados fiscais e assegurarem o cumprimento fiscal de todos os intervenientes económicos, ao nível nacional e internacional. Numa economia crescentemente globalizada é cada vez mais difícil para os sistemas fiscais nacionais funcionarem eficazmente sem cooperação internacional e a ela têm de ser chamados princípios internacionais com aplicação no Direito Fiscal.

O FUNDAMENTO CONSTITUCIONAL DA OBRIGAÇÃO DE INTERCÂMBIO DE INFORMAÇÃO

espécie de temor de *"big brother"*, neste caso fiscal, gerador de vários "irmãos gémeos", um dos quais é o sigilo ou segredo fiscal, tem de ser ultrapassado. É indispensável ir mais além nesta área da troca e partilha de informação, justificada pela busca das vantagens múltiplas que no plano técnico, económico e da eficácia e eficiência públicas, podem resultar da cooperação institucional entre as Administrações fiscais dos Estados-Membros.

Cooperação que poderia ainda concretizar-se na elaboração de estudos técnico-científicos das várias Administrações em parceria, com relevância no papel que podem desempenhar no aconselhamento e acompanhamento das políticas públicas, sobretudo na área económica e social. Cooperação ainda no assegurar de que a utilização das metodologias mais evoluídas de tratamento de dados se coadunem com a sua disponibilização agregada ("listagens").

Contributo deve ainda ser o da força informadora e integradora dos deveres de informação tributária que o Tratado da União Europeia melhor expressou como enquadrados ou reconhecidos "constitucionalmente" no princípio da cooperação leal do artigo 4º nº 3 do TUE, através das obrigações de comportamentos positivos de colaboração que derivam da implementação do mesmo pelas legislações nacionais.

Os mandatos aos poderes legislativo executivo e judicial, em decorrência do princípio da cooperação leal, haverão de se concretizar em termos da cooperação administrativa em geral, e do intercâmbio de informação em especial, numa aproximação que dê resposta às dificuldades de índole jurídico-normativa e de carácter administrativo referidas no Capítulo anterior.

Entendemos que ao nível normativo, as iniciativas das Instituições comunitárias e a contribuição dos Estados-Membros para que as mesmas resultem bem implementadas, garantindo a tempestiva, correcta e completa transposição das Directivas comunitárias sobre assistência mútua e cooperação administrativa, e a criação dos instrumentos jurídicos necessários à sua execução ou à dos Regulamentos com idêntico alcance, são exigências do princípio da cooperação leal.

O mesmo acontece com a obrigação de regulamentação exaustiva que permita articular, em desenvolvimento harmónico, o conjunto de deveres e direitos ou garantias, em sede de utilização da informação obtida e disponibilizada. De facto, sendo certo que o aumento da cooperação administrativa supõe, inevitavelmente, um progressivo, contínuo e crescente dever de colaboração dos contribuintes, com acrescidos fornecimentos de informação tributária (e associados custos de cumprimento), todos os intervenientes nas obrigações inerentes ao princípio da cooperação leal têm a obrigação de lhes assegurarem todas as garantias no que respeita à utilização dessa informação, tanto legislativa como administrativa ou judicialmente.

O INTERCÂMBIO DE INFORMAÇÃO TRIBUTÁRIA

De um ponto de vista administrativo, a atenção deverá voltar-se para os aspectos organizativos, com estruturas de funcionamento nas várias entidades que minimizem a existência de lacunas e defeitos nos mecanismos de cooperação administrativa que dificultem ou obstaculizem a sua concretização de forma satisfatória, e para os suportes formais que respondam aos aspectos técnicos da partilha de informação.

Capítulo VII
Conclusões

1. Os avanços na tecnologia em geral e nas comunicações em particular, aceleraram imensamente o ritmo do comércio fora de fronteiras e deram à economia uma diferente dimensão, permitindo uma modificação profunda nos mecanismos e processos de contacto, diminuindo as distâncias, geográfica e temporalmente consideradas, e alargando exponencialmente os mercados de recrutamento de factores de produção e de colocação de produtos, serviços e capitais. As novas empresas multinacionais, elegendo como estratégia a maximização do resultado económico numa actuação mundializada, deslocalizam os diferentes factores de produção e as bases de tributação que lhes correspondam ao sabor da procura das condições mais favoráveis, com o planeamento fiscal internacional, a desempenhar um importante papel na vida empresarial. Numa relação de contínua causa-efeito, os vários Estados foram-se envolvendo numa concorrência fiscal, que na maior parte das situações, se apresenta como prejudicial ou lesiva, causando graves perdas de receitas para os países preteridos e implicando anómalas distorções na afectação e distribuição mundial de recursos.

2. As reacções às práticas e efeitos da concorrência fiscal prejudicial verificaram-se aos três níveis possíveis de actuação. Ao nível individual, cada um dos países afectados inseriu na sua legislação interna cláusulas gerais e especiais anti-abuso; ao nível bilateral, introduziram-se disposições cautelares no articulado das Convenções destinadas a eliminar a Dupla Tributação; na actuação multilateral, destacam-se os trabalhos da OCDE, na forma de Relatórios sobre a concorrência fiscal prejudicial, de base anual desde 1998, e os da União Europeia, com especial realce para o habitualmente designado "Código de Conduta" em contínuo processo de actualização e aperfeiçoamento. Não obstante as dificuldades inerentes a um instrumento que apenas representa um compromisso político dos Estados-Membros, há elementos de juízo para reconhecer que a valo-

O INTERCÂMBIO DE INFORMAÇÃO TRIBUTÁRIA

ração dos objectivos que inspiraram o Código de Conduta, enquanto vocacionados para eliminação dos efeitos nocivos da concorrência em matéria de tributação, é positiva.

3. Uma boa cooperação fiscal internacional, materializada numa efectiva, eficaz e eficiente assistência mútua e cooperação administrativa, com recurso a adequados intercâmbios de informações entre Estados, é instrumento indispensável às Administrações fiscais no desempenho das funções que lhe são atribuídas, compensando a desvantagem de estarem travadas por fronteiras territoriais no controle de operações realizadas pelos contribuintes, sem entraves, a nível mundial.

4. A União Europeia representa, em especial, um espaço de confluência de interesses cuja articulação exige uma tutela onde pontuam marcantes necessidades de cooperação e assistência mútua. A luta contra a fraude em geral e protecção dos interesses financeiros que constituem o alicerce das políticas comunitárias; a necessidade de uma base coordenada de funcionamento dos sistemas fiscais que vigoram em cada um dos seus Estados-Membros, sem que deles resultem entraves ao desenvolvimento sócio-económico de todos e de cada um dos Estados; e, a plena realização do Mercado Interno são factores a determinar a expressão e medida daquela cooperação internacional nas suas diversificadas vertentes. A existência de múltiplos sistemas fiscais é também sinónimo de múltiplos conjuntos de obrigações fiscais a cumprir, sendo obrigatório e urgente aliviar a carga que representa para as empresas que operam no Mercado único. As técnicas de cooperação administrativa em matéria fiscal possibilitam soluções conducentes à diminuição dos custos de conformidade das actuações económicas transfronteiras, quer dos de cumprimento para os contribuintes quer dos administrativos correlativos.

5. A cooperação envolve duas vertentes para os Estados-Membros: uma obrigação de pôr em aplicação o Direito Comunitário; e uma obrigação de acção supletiva quando, perante atrasos ou descontinuidades do aparelho decisório, a lógica da cooperação integre, em determinadas circunstâncias, uma acção supletiva por parte deles. Na colaboração trata-se para os Estados-Membros de permitir à Comunidade a realização da sua missão, sustentando e permitindo a acção e funcionamento dos órgãos comunitários, enquanto que na cooperação há uma actuação em complemento ou mesmo em substituição dessa acção comunitária. A colaboração dos Estados-Membros apresenta-se sob duas formas: uma colaboração estrutural, que permita o funcionamento dos órgãos comunitários, e uma colaboração funcional, materializada na coexistência de um conjunto de obrigações com o objectivo de ajudar e sustentar a acção desses órgãos.

6. A cooperação administrativa e assistência mútua em geral, e o intercâmbio de informação em particular, materializam obrigações de cooperação a cargo

CONCLUSÕES

dos Estados-Membros, a exercer com apelo às suas próprias competências, no contexto da missão que partilham com as Instituições comunitárias de realização dos objectivos comunitários, e de colaboração com essas Instituições para que elas possam cumprir as missões que lhes estão atribuídas.

7. Subjacentes à actuação dos Estados-Membros no intercâmbio de informação tributária estão princípios vários do Direito Comunitário: os que subjazem às actuações que permitem realizar o intercâmbio de informação e os que se referem ao uso da informação trocada. Nos primeiros, o destaque vai para os princípios de equivalência, da reciprocidade, de subsidiariedade e de actuação por conta própria na realização de investigações a pedido de outro Estado-Membro. Nos segundos relevam essencialmente o princípio da especialidade e o da confidencialidade.

8. A Directiva 77/799/CEE estabeleceu, em geral, o intercâmbio de informação como meio de luta contra a fraude e a evasão fiscais para além das fronteiras dos Estados-Membros, conducentes a perdas orçamentais e a violações do princípio da justiça fiscal, bem como à ocorrência de distorções nos movimentos de capitais e nas condições de concorrência, afectando consequentemente o funcionamento do Mercado Comum. Em especial, os seus objectivos materializam-se no correcto estabelecimento dos Impostos sobre o rendimento e a fortuna, e por referência à jurisprudência do Tribunal de Justiça, como instrumento a utilizar na proibição da violação das liberdades de circulação.

9. No âmbito subjectivo, o intercâmbio de informação pode ser utilizado para a determinação de impostos de um obrigado fiscal, residente ou não de um dos Estados envolvidos, que esteja a ser investigado no Estado requerente, não existindo limite em relação às pessoas de quem podem ser obtidos ou retirados os dados solicitados, nem também sobre as pessoas a que pode referir-se a informação solicitada. A informação trocada entre as Administrações deve ser o mais abrangente possível, abarcando questões de facto e de direito, pessoas singulares ou colectivas, actividades económicas ou questões meramente contabilísticas, de sujeitos passivos concretos e individualizados ou não, como será o caso de dados estatísticos de um sector, de dados sobre preços de mercado, de técnicas de análise de risco ou de esquemas de evasão ou fraude fiscais.

10. Em causa estão os critérios ou princípios da importância ou relevância tributária e da subsidiariedade: a informação deve ser juridicamente relevante para fins tributários de quem a solicita e ser aferida em função das necessidades de aplicação das leis aplicáveis relativas aos impostos de qualquer natureza e denominação; exige-se ao Estado requerente que tenha esgotado todos os meios ao seu alcance para obter tais informações no seu próprio território antes de dirigir o pedido ao outro Estado.

O INTERCÂMBIO DE INFORMAÇÃO TRIBUTÁRIA

11. No âmbito temporal, é a entrada em vigor no Direito interno dos instrumentos que estabeleçam o intercâmbio de informação (com a necessária transposição, se caso disso) que marca o momento a partir do qual os Estados-Membros passarão a trocar informação sobre factos e relações jurídicas tanto anteriores como posteriores, com a Directiva a reconhecer o princípio da eficácia máxima, mandando aplicar a norma (convencional ou comunitária) que estabeleça maiores e mais amplas obrigações de intercâmbio de informação, com independência de saber se as relações ou factos jurídicos objecto de transmissão tiveram lugar antes ou depois da entrada em vigor da norma interna de transposição da Directiva. As únicas limitações resultarão do Direito interno e referir-se-ão à prescrição ou caducidade.

12. Falar em limites ao intercâmbio de informação implica contrapor dois interesses distintos: o da protecção do contribuinte e o do interesse público subjacente à obtenção da informação tributária, pressupondo uma ponderação ou balanço entre os mesmos. Devem distinguir-se os limites que respeitam à informação em si mesma e aqueles que visam o uso que dela pode ser feito. Quanto aos primeiros, relevam grosso modo, e em geral, os limites conexos com a protecção da intimidade e com a reciprocidade (na nova Directiva aferível apenas em razões de Direito e não numa perspectiva meramente fáctica). Depois, e para quem a solicita, deve tratar-se de informação relevante (e aqui devem incluir-se as questões temporais conexas com a caducidade e prescrição); e de informação que não possa ser obtida pelos meios disponíveis, sem risco de prejuízo da realização dos objectivos por ela pretendidos. Para quem a fornece, e sem que releve o interesse próprio na informação solicitada, a informação deve poder ser obtida de acordo com a legislação e prática administrativa (não contrária à Lei ou ordem pública); e abranger informações não qualificáveis como segredos comerciais, industriais ou profissionais (tendo em conta o afastamento do segredo bancário que decorre da nova Directiva). Quanto aos segundos, podem distinguir-se aqueles que respeitam às pessoas que a podem manejar; à forma como deve manejada; e aos fins em que pode ser utilizada.

13. Quanto à jurisprudência do Tribunal de Justiça da União Europeia sobre a assistência mútua, cooperação administrativa e intercâmbio de informação para fins fiscais, embora nem sempre consistente, com alguma discrepância de posições por vezes não compleensível facilmente, foi a propósito das liberdades fundamentais comunitárias que se iniciou a referência à utilização da Directiva 77/799/CEE, estabelecendo o seu carácter de instrumento de obtenção de informação e operacionalização de uma melhor supervisão fiscal, susceptível de contrariar os argumentos esgrimidos pelos Estados-Membros para justificarem medidas fiscais nacionais de carácter discriminatório ou restritivo,

352

invocando a necessidade de preservar a eficácia dos controlos fiscais ou a de evitar a evasão fiscal.

14. Deduz-se da jurisprudência do TJUE que aos Estados-Membros é exigível um papel activo na recolha da informação de que necessitem para apreciar os critérios que a sua legislação exija para aferição do direito de um contribuinte a um determinado tratamento fiscal (v.g. a concessão de um benefício ou vantagem fiscal), quer solicitando a mesma aos outros Estados-Membros, quer recolhendo-a do contribuinte. O facto de a informação não ser disponibilizada pela autoridade fiscal requerida não pode ser aceite como justificação para negar a um residente de outro Estado-Membro um benefício fiscal, havendo de ser dada ao contribuinte a possibilidade de produzir a prova do seu direito à fruição do benefício.

15. Entendemos que se pode proceder a uma categorização dos intercâmbios de informação em função de três critérios: o tipo de iniciativa; o procedimento de captação; e o alcance subjectivo da informação requerida. Com base no tipo de iniciativa, o intercâmbio de informação apresenta como variantes a informação a pedido sobre um concreto obrigado tributário; a informação trocada de forma massificada e automática; e a informação oferecida de forma espontânea. Se o critério classificador for o do procedimento de captação da informação, podem distinguir-se os pedidos de informação pela Administração de um Estado; a presença de funcionários de um Estado no território do outro Estado; e a realização de controlos fiscais simultâneos. Finalmente, segundo o alcance subjectivo da informação requerida, diferenciam-se pedidos individuais e intercâmbios de informação sectoriais.

16. O intercâmbio comunitário de informação tributária não tem permitido que dele se retirem os resultados esperados, continuando a verificarem-se perdas de receita fiscal relacionadas com operações internacionais de contribuintes residentes, de dimensão acrescida quando comparadas com as das transacções internas. Como entraves mais salientes à eficácia e eficiência da troca internacional de informação tributária, encontram-se as dificuldades derivadas da regulamentação contida no marco normativo comunitário e sua transposição para o ordenamento nacional, e as resultantes da sua aplicação prática pelas Administrações tributárias nacionais, tanto em geral, como em especificidades próprias de cada um dos tipos de intercâmbio.

17. Ao nível jurídico-normativo, a análise revela as dificuldades derivadas da aplicação dos princípios que regem o intercâmbio de informação e as resultantes da introdução no Direito nacional dos respectivos instrumentos de Direito derivado. A correcta e atempada transposição para o Direito interno das Directivas faz apelo a uma regulamentação exaustiva e profunda, abrangendo variáveis diversas, num conjunto de deveres e direitos ou garantias cuja articulação e

desenvolvimento nem sempre resultam harmónicos. A destacar as dificuldades de articulação entre o fornecimento de informação tributária e as garantias que devem ser asseguradas no que respeita à utilização dessa informação, tendo em conta a diversidade de normas e procedimentos dos diversos Estados-Membros, com alguns deles a optarem por uma transcrição quase literal das Directivas de cooperação administrativa e assistência mútua.

18. A prática e a cultura ou tradição administrativa de obtenção de informação são, todavia, os aspectos que verdadeiramente evidenciam a vontade e o patamar de colaboração dos países, traduzindo o respectivo nível de efectivação, que é bem diferente, com alguns Estados a privilegiarem a obtenção de informação a posterior no que respeita ao controlo dos elementos declarados pelo contribuinte, ou seja a informação a pedido em resultado de auditorias fiscais individuais, e outros a situarem-se mais a montante, optando por novas metodologias de auditoria tributária, com utilização de técnicas de gestão de contribuintes por perfis de risco, o que apela preferentemente a acordos para obtenção de troca automática, regular e massificada de informação. Os meios materiais e humanos adstritos à sua execução e a experiência adquirida nas actuações exigíveis, assim como as próprias características de funcionamento das Administrações que resultam em lacunas ou defeitos evidenciados nos mecanismos de troca de informação, dificultam a respectiva concretização de forma satisfatória.

19. Obstáculos comuns às diversas formas de intercâmbio de informação, anulando muitas das suas potencialidades, são ainda a lentidão nas respostas, as respostas inadequadas ou incompletas (nomeadamente em caso de fraude, onde, como se sabe, os factores tempo e precisão dos dados desempenham um papel muito importante) e as características, estrutura e competência dos órgãos responsáveis pelas trocas de informação. É pertinente defender que a relação entre o órgão competente em matéria de troca de informação ao nível central e os órgãos centralizados ou não com competências na liquidação, fiscalização e controlo, avance em estabilidade e fluidez. Noutra vertente, não menos relevante, há que destacar a indispensabilidade de uma comunicação fluída e de uma boa articulação entre os órgãos competentes para o intercâmbio de informação e os órgãos responsáveis pelo tratamento e armazenamento de dados nas bases informáticas, e com os responsáveis pela planificação e selecção dos contribuintes para controlo, só assim se assegurando a efectiva utilização da informação recebida e uma capaz fundamentação da informação solicitada.

20. O desenvolvimento do intercâmbio de informação como contributo para uma melhor governação fiscal dentro da União implica a existência de actualizados e operantes mecanismos de actuação. Nesse sentido acaba de ser aprovada a substituição da Directiva 77/799/CEE pela Directiva 2011/16/UE (com

CONCLUSÕES

data transposição para o Direito interno dos Estados-Membros até 1 de Janeiro de 2013) que dá novas funcionalidades e operacionalidades aos diversos mecanismos de intercâmbio de informação. A nova Directiva possui regras mais claras, explícitas e precisas. Põe fim ao segredo bancário na UE como limite ao fornecimento de informações; disciplina prazos; regula investigações destinadas à obtenção dos dados e a finalidade fiscal da informação solicitada. Reconhece, também, um maior papel ao intercâmbio automático de informações; estabelece um sistema articulado de contactos directos entre as Administrações; e introduz ajustamentos e melhoramentos do sistema de troca de informações, prevendo que as mesmas sejam efectuadas por meio de formulários, formatos e canais de comunicação normalizados. Além disso, elimina a faculdade de um Estado-Membro poder recusar o fornecimento de informação por dela não retirar qualquer interesse, e põe acento tónico nos procedimentos de avaliação pelos Estados-Membros e Comissão, visando o seu aperfeiçoamento ou adaptação, e a partilha das melhores práticas.

21. A nova Directiva deve ser entendida como contendo regras mínimas, ou seja não impedindo quaisquer Estados-Membros de estabelecerem entre eles uma cooperação mais alargada, sendo certo que sempre que um Estado ofereça uma cooperação mais alargada do que a prevista pela Directiva a um país terceiro, ele resultará obrigado ao mesmo tipo de cooperação com Estados-Membros que nela desejem participar. Também o Regulamento (CE) 1798/2003, de 7 de Outubro de 2003, disciplinando actualmente a cooperação administrativa e assistência mútua no Imposto sobre o Valor Acrescentado será substitído, com a introdução de vários aperfeiçoamentos, a partir de 1 de Janeiro de 2012, pelo Regulamento (UE) 904/2010, o mesmo acontecendo com a assistência mútua na cobrança de créditos fiscais onde a vontade de aumentar a eficácia da assistência reforçando a capacidade de cobrança pelas Administrações Fiscais dos impostos não pagos levou à substituição da Directiva 2008/55/CE, pela Directiva 2010/24/UE, de 16 de Março de 2010. Os novos instrumentos activam uma etapa mais avançada na cooperação administrativa, com a preocupação primeira de homogeneizar as respectivas normas, obrigações e direitos através de instrumentos que possam ser aceites e qualificados como idóneos para todos os Estados-Membros.

22. Há, com as novas Directivas e Regulamento, com destaque para a Directiva 2011/16/UE, um avanço em relação à anterior quanto aos três princípios fundamentais da cooperação administrativa, a saber: a disponibilidade, o acesso e o intercâmbio de informação. A nova Directiva materializa mais vincadamente um espírito de partilha de experiências, sobretudo nos sectores de forte risco, possibilitando novas metodologias de utilização das técnicas de gestão de contribuintes por perfis de risco, e de concretização de práticas de *benchmarking*,

O INTERCÂMBIO DE INFORMAÇÃO TRIBUTÁRIA

que permitam aos vários Estados-Membros (às suas Administrações fiscais) poderem utilizar aquelas experiências para diversos fins, desde a correcta determinação dos impostos directos, o combate à lavagem de dinheiro e a práticas de terrorismo, até um melhor apetrechamento para a utilização dos recursos diminuídos de que hoje dispõem, num diálogo intensificante e colaborante com os contribuintes cumpridores e numa acção atempada, incisiva e fracturante dos defraudadores e das engenharias de planeamento fiscal agressivo.

23. Em nosso entender, o dever de cooperação administrativa que estes instrumentos vêm reforçar, encontra expressão constitucional no novo nº 3 do artigo 4º do TUE e nos artigos 6º alíneas g) e h) e 197º, ambos do TFUE (constituindo inovações introduzidas pelo Tratado de Lisboa), que podem ser vistos, portanto, como concretizações do princípio de cooperação leal. De facto, o Tratado de Lisboa elencou a cooperação administrativa no artigo 6º, alínea h), do TFUE entre as matérias em que a União tem competência para apoiar os Estados-Membros.

24. O princípio de cooperação leal desde sempre consagrado nos Tratados e na jurisprudência do Tribunal de Justiça, apresenta agora uma formulação "constitucional" bem mais clara e alargada, traduzindo-se, em sede de cooperação administrativa, no dever de os vinte e sete Estados-Membros assegurarem que as medidas nacionais nesse âmbito se conjugam e articulam convenientemente na prossecução dos interesses europeus, sendo essa articulação na realização dos objectivos, politicas e acções da União, um dever que, imposto nos respectivos Tratados, se apresenta, em simultâneo, como a melhor forma de prossecução dos interesses nacionais.

25.   Na Europa comunitária, este comportamento de cooperação leal entre Estados-Membros e Instituições comunitárias – Estados-Membros entre si e com as Instituições comunitárias, e destas entre si e com o Estados-Membros – apresenta-se, indiscutivelmente, como a melhor forma de salvaguardar valores fundamentais como as liberdades de circulação, mas também servindo de garante da coesão económica, social e territorial, esta última uma novidade do Tratado de Lisboa, acrescentada à clássica coesão económica e social desde há muito promovida pela UE.

26. O artigo 4º nº 3 do TUE consagra hoje, de forma expressa, o princípio da cooperação leal como princípio geral do Direito da União. E embora não tenha havido uma alteração do seu regime é de registar, todavia, a consagração, também ela expressa no âmbito do princípio de cooperação leal, de um dever genérico de respeito e de assistência mútua entre a União e os Estados-Membros, nos termos dos Tratados. Estabelece-se formalmente, e pela primeira vez, que este dever não vincula apenas os Estados-Membros em relação à União, mas também a União face aos Estados-Membros e ainda os Estados-Membros entre si.

CONCLUSÕES

27. Tendo em conta a jurisprudência do Tribunal de Justiça há agora uma lista bastante longa de situações em que o princípio da cooperação leal se aplica, ou nas quais resulta claro que ele se deve aplicar, sem esquecer que novas situações se lhe juntarão no futuro, como é próprio de todo o princípio geral do Direito. Embora na prática o Tribunal de Justiça não categorize os casos de aplicação do princípio da cooperação leal em detalhe, uma aproximação sistemática a essas situações permite melhor entender as coordenadas da respectiva aplicação.

28. No respeitante aos Estados-Membros, o princípio da cooperação leal é especialmente importante devido ao papel central destes ao nível da implementação das políticas da União e da execução do Direito da União, incidindo sobre os mesmos como um todo, e abrangendo os seus diversos poderes, ou seja, vinculando a actuação dos Tribunais, da Administração pública e das Instituições políticas. A sua aplicação é também compreensiva no sentido de que se estende a todas as entidades públicas dos Estados-Membros, incluindo Administração central, Autarquias locais e Regiões autónomas.

29. O princípio da cooperação leal apresenta duas vertentes, uma positiva e outra negativa. Na sua vertente negativa ele implica apenas obrigações unilaterais de abstenção por parte dos Estados-Membros. Como mandato positivo, o princípio gera obrigações de colaboração, as quais abrangem tanto as relações de cooperação – entre Instituições comunitárias e Estados-Membros, entre Instituições entre si, e, particularmente, entre Estados-Membros –, como as relações de assistência mútua. Por isso, entendemos que os deveres de coperação administrativa e assistência mútua em geral, e os de informação tributária em particular, têm enquadramento ou reconhecimento "constitucional" no princípio de cooperação leal do artigo 4º nº 3, através dos pedidos de comportamentos positivos de colaboração derivados da respectiva implementação pelas legislações nacionais.

BIBLIOGRAFIA

A. DASHWOOD, "States in the European Union", *European Law Review*, nº 23, 1998.

ABRIL ABADÍN, E., "Derecho Comunitario, Derechos nacionales e I.V.A. comunitario", *Crónica Tributaria*, nº 27, 1978.

AGULLÓ AGÜERO, A., "Intercambio de información tributaria y derecho de la información (Notas sobre la incorporación al derecho interno de las Directivas comunitarias en materia de intercambio de información", *Noticias de la Unión Europea*, nº 46, 1988.

ALBI IBÁÑEZ, E., "El futuro de los sistemas tributarios europeos", *Ekonomiaz*, nº 38, 1997.

ALBORS-LLORENS, A., "The principle of state liability in EC law and the supreme courts of the member states", *Cambridge Law Journal*, nº 66, 2007.

AMADO GOMES, C., "O livro das ilusões: A responsabilidade do Estado por violação do Direito Comunitário apesar da Lei 67/2007, de 31-12", *Centro de Estudos Judiciários*, Porto, Março de 2009.

AMATUCCI, A., *Notions of abuse in Tax Law, Italy*, Meeting of European Professors of Tax Law, Osnabrück, 1998.

ARNOLD, B. J., *Taxation of Foreign Source Income: An International Comparison*, Canadian Tax Foundation, Toronto, 1986.

AUJEAN, M., "Los sistemas fiscales en la Unión Europea: Competencia o coordinación", *Hacienda Pública Española*, Número monográfico, 1997.

AVI-YONAH, R.,"Globalization, tax competition, and the fiscal crisis of the Welfare State", *Harvard Law Review*, vol. 113, nº 7, 2000.

AZEVEDO SOARES, A., *Lições de Direito Internacional Público*, 4ª edição, Livraria Almedina, Coimbra 1988.

BACHETTA, P./ESPINOSA, M. P., "Information Sharing and Tax Competition among Governments", *Journal of International Economics*, nº 39, 1995.

– "Exchange-of-Information Clauses in International Tax Treaties", *International Tax and Public Finance*, vol. 7, nº 3, 2000.

BECKER, H., "Limits on Exchange of Information in connection with tax audit practice", *Intertax*, núm. 2, 1982.

BEN TERRA/WATTEL, P., *European Tax Law*, Kluwer Law International, 4ª Ed., 2005.

BENASSY-QUERE, A./FONTAGNÉ, L., "Harmonisation, coordination ou concurrence quel choix pour la fiscalité?", *La Documentation française, Problèmes économiques*, nº 27132, Paris, 2001.

BERLIN, D., "Chronique de jurisprudence fiscale européene". *Revue Trimestrielle de Droit Europeen*, Année 34, nº 3, 1998.

BIBLIOGRAFIA

BERNASCONI, P., "Cooperarazione internazionale contro la frode fiscale: tendenze recenti in base al modello svizzero". *Diritto e practica tributaria*, v. 69, nº 6, 1991.

BERTONI, P., "La lutte contre l' evasion fiscale dans le cadre du marché unique européen. La coopération administrative", *La Revue du Trésor*, nº 12, 1994.

BISHOP, M., "The mystery of the vanishing taxpayer", *The Economist*, Janeiro, 2000.

BLANQUET, M., "*L' article 5 du Traité C.E.E.*", Librairie Générale de Droit et de Jurisprudence, Paris, 1993.

BOKOBO MOICHE, S., "Código de conducta fiscal en el ámbito de las empresas: la armonización de la imposición directa en la Unión Europa", *Cronica Tributaria*, nº 93, 2000.

BORJA SANCHIS, A., *La asistencia administrativa en materia de liquidación tributaria en la Union Europea*, ed. Diálogo, Valencia, 2005.

BRACEWELL-MILNES, B., "Economic taxable capacity", *Intertax*, vol. 29, 2001.

BURGIO, M., "La Comunidad Europea y la evasión fiscal internacional", *Hacienda Pública Española*, nº 96, 1985.

BUSTAMANTE ESQUÍVIAS, M. D., "*Instrumentos de asistencia mutua en materia de intercambios de información (impuestos directos y IVA)*", Documentos de trabalho do IEF, nº 23/02, Madrid, 2002.

– "Fiscalidad internacional e intercambio de información", cap. 15, en Cordón Ezquerro, T. (director), *Manual de Fiscalidad Internacional*, 1ª edición, IEF, Madrid, 2001.

CAAMAÑO ANIDO, M. A./CALDERÓN CARRERO, J. M., "La Contabilidad, el establecimiento permanente y el Derecho comunitario: el caso Futura participations", *Quincena Fiscal*, número 18, Octubre 1998.

– "La erosión de las medidas de "control fiscal" del Estado de residencia: una reflexión al hilo de la jurisprudencia comunitaria dictada en el Caso ICI", *Revista de Contabilidad y Tributación*, nº 207, 2000.

– "Globalización Económica y Poder Tributario: Hacia un nuevo Derecho Tributario?", *REDF*, nº 114, 2002.

CALDERÓN CARRERO, J. M., "Ultimas iniciativas comunitarias para la tributación de las personas físicas no residentes: perfiles de la Recomendación 94/79/CEE de la Comisión", *Quincena Fiscal*, nº 11, 1994.

– "Algunas reflexiones en torno a los problemas de interpretación y calificación que plantea la aplicación de los Convenios de Doble Imposición Internacional: Análisis a la luz del nuevo modelo de Convenio O.C.D.E. 1992", *Revista de Derecho Financiero y Hacienda Pública*, nº 229, 1994.

– "Algunas consideraciones en torno a la tributación de los no residentes socios de entidades en régimen de transparencia fiscal". *Impuestos,* nº 7, 1995.

– "Estudio de la normativa española sobre subcapitalización de sociedades a la luz del principio de no discriminación: Análisis de su compatibilidad con los convenios de doble imposición y con el ordenamiento comunitario", *Crónica Tributaria*, nº 76, 1995.

– "Spanish thincapitalisation in the Light of the Non-discrimination principle: Its Interrelationship with Double Tax Treaties and EC Law", *International Tax Review*, nºs 8-9, 1996.

– *La Doble Imposición Internacional y los Métodos para su Eliminación*, Mc. Graw--Hill, Madrid, 1997.

– "Safe Harbor for Multinational Enterprises Operating in Spain: the new

Spanish APA procedure", *Tax Notes International*, Octubre, 1997.

– "Amendments to the Spanish methods for the international economic double taxation avoidance and to the tax treatment of holding entities", *International Tax Review*, nº 5, 1997.

– *Advance Pricing Agreements: A Global Analysis (Is.there a Safe Harbour for Multinational Enterprises Operating in a Global Economy?)*, Kluwer Law International, Londres, 1998.

– Taxpayer Protection within the Exchange of Information Procedure Between State Tax Administrations", *Intertax*, vol. 28, nº 12, 2000.

– "La protección de los obligados tributarios en el procedimiento de intercambio de información", *Revista de Contabilidad y Tributación*, nº 211, 2000.

– *Intercambio de información y fraude fiscal internacional*, Centro de Estudios Financieros, Madrid, 2000.

– "La tributación de los artistas y deportistas no residentes en el marco de los convenios de doble imposición", *Carta Tributaria*, nº 14, 2001.

– "Tendencias actuales en materia de intercambio de información entre Administraciones Tributarias", *Crónica Tributaria*, nº 99, 2001.

– "El intercambio de información entre administraciones en un contexto de globalización económica y competencia fiscal perniciosa", cap. 8, en Soler, Roch, Mª T. y Serrano Antón, F. (directores): *Las medidas anti-abuso en la normativa interna española y en los Convenios para evitar la doble imposición internacional y su compatibilidad con el Derecho Comunitario*, Instituto de Estudios Fiscales, Madrid, 2002.

– "Algunas consideraciones en torno a la interrelación entre los Convenios de Doble Imposición y el Derecho Comunitario Europeo: ¿Hacia la "comunitarización" de los CDIs? (parte I)", *Crónica Tributaria*, nº 102, 2002.

– Comentario a la Sentencia del TJUE, Caso C-533/03, *Comissão/Conselho*, de 26.1.2006, Crónica Tributaria, nº 133, 2009.

CALDERÓN CARRERO, J. M./PINA, M. D., "Interpretation of Tax Treaties", *European Taxation*, vol. 39, nº 10, 1999.

CARAMELO GOMES, J. L., *O Juiz Nacional e o Direito Comunitário – O Exercício da Autoridade Jurisdicional Nacional na Jurisprudência do Tribunal de Justiça da Comunidade Europeia*, Almedina, Coimbra, 2006.

CARBAJO VASCO, D., *El intercambio de información en los convenios de doble imposición internacional*, Instituto de Estudios Fiscales, Madrid, 1985.

CARLOS DOS SANTOS, A., "Point of the Code of Conduct or the Primacy of Politics over Administration", *European Taxation*, vol. 40, nº 9, 2000.

– "Sobre o Imposto Europeu", *Revista dos TOC*, nº 99, 2008.

CARMONA FERNÁNDEZ, N., "Medidas anti-elusión fiscal: medidas anti abuso de los Convénios", em *Fiscalidad Internacional*, coordenado por Serrano Anton, F., CEF, Madrid, 2001.

CARRASCO PARRILLA, P. J., *El proceso de armonización fiscal en la Unión Europea*, Estudios sobre Fiscalidad Internacional y Comunitaria, ed. Constitución y Ley, SA., Madrid, 2005.

CARRASCO REIJA, L./CARRASCO REIJA, J., "Planificación Fiscal Internacional (II): países intermedios", *Revista de Contabilidad y Tributación*, nº 117, 1992.

– "Planificación Fiscal Internacional (III): paraisos fiscales", *Revista de Contabilidad y Tributación*, Centro de Estudios Financieros, nº 119, 1993.

BIBLIOGRAFIA

– "Planificación Fiscal Internacional (IV): medidas anti elusión", *Revista de Contabilidad y Tributación*, Centro de Estudios Financieros, nº 121, 1993.

CASADO OLLERO, G., "Extrafiscalidad e incentivos fiscales à la inversión en la CEE", *Hacienda Pública Española*, nº 96, 1985.

CASADO OLLERO, G./PEÑA VELASCO, G., "El régimen del intercambio de información tributaria", en Estudios sobre el Convenio entre España y EE.UU. para evitar la doble imposición, *Gaceta Fiscal*, Madrid, 1999.

CASALTA NABAIS, J., "A soberania fiscal no actual quadro de internacionalização, integração e globalização económicas", *Estudos em Homenagem ao Prof. Doutor André Gonçalves Pereira*, Coimbra Editora, Coimbra, 2006.

– *Por uma liberdade com responsabilidade – Estudos sobre deveres e direitos fundamentais*, Coimbra Editora, Coimbra, 2007.

– *O dever fundamental de pagar impostos – Contributo para a compreensão constitucional do Estado contemporâneo*, Almedina, Coimbra, 2009.

– *Por um Estado Social Suportável*, Estudos de Direito Fiscal, vol. III, Almedina, Coimbra, 2010.

CASERO BARRÓN, R., "El Treaty Shopping visto desde la óptica del Derecho comunitario", *Revista Técnica Tributaria*, nº 32, 1996.

CHAHID-NOURAÏ/NOËLDIAZ, O., «La fiscalité pourrait-elle constituer un outil efficace dans un marché européen obligué de se protéger?", *Révue de affaires européens*, nº 1, 1994.

CHRÉTIEN, M., *A la recherche du Droit international fiscal commun*, ed. Librairie du Recueil Sirey, Paris, 1995.

CNOSSEN, S., *Tax coordination in the European Community*, Kluwer, Holanda, 1987.

– "The Case for Tax Diversity in the European Community", *European Economic Review*, nº 34, 1990.

COLLINS, M. H., "Evasion and avoidance of tax at the international level", *European Taxation*, vol. 28, nº 9, 1988.

CONSTANTINESCO, V., "Compétences et pouvoirs dans les Communautés Européennes. Contribution à l'étude de la nature juridique des Communautés", *Révue internationale de droit comparé*, vol. 28, nº 4, Paris, 1974.

– "L'article 5 CEE, de la bonne foi à la Loyauté Communautaire, Du Droit International au Droit de l' Integration", *Liber Amicorum Pierre Pescatore*, Nomos, Baden-Baden, 1987.

CORDELL, A./IDE, T. R./SOETE, L./KAMP, K., *The New Wealth of Nations: Taxing Cyberspace*, Between The Lines, Toronto, 1997.

CORDERO GONZALEZ, E., "El intercambio de información sobre las rentas del capital mobiliario en la Unión Europea", *Crónica Tributaria*, nº 113, 2004.

CRUZ AMORÓS, M., "El intercambio de información y el fraude fiscal", *Nuevas tendencias en Economía y Fiscalidad Internacional*, ICE nº 825, 2005.

CRUZ PADIAL, I., "Globalización Económica sinónimo de desnaturalización tributaria", *Cronica Tributaria*, nº 109, 2003.

DAUSES, M. A., "Quelques réflexions sur la signification et la portée de l'article 5 du traité CEE", Bieber, R., y Ress, G., (Hrsg.), *The Dynamics of EC Law*, Nomos, Baden-Baden, 1987.

DE LA HUCHA CELADOR, F., "La armonización fiscal en la Unión Europea y su incidencia en el Sistema Tributario Español", *Perspectivas del Sistema Financiero*, num. 82, 2004.

DE QUADROS, F., Responsabilidade dos poderes públicos no direito comunitário: responsabilidade extracontratual da comunidade europeia e responsabilidade do Estado por incumprimento do Direito Comunitário, Sep. *3º Colóquio hispano-luso de derecho administrativo*, Valladolid, 1997.
– *Direito da União Europeia*, Almedina, Coimbra, 2004.
– *Direito da União Europeia*, 4.ª ed., Almedina, Coimbra, 2009.

DE QUADROS, F./GUERRA MARTINS, A. M., *Contencioso da União Europeia*, 2.ª edição, Almedina, Coimbra, 2007.

DE VITI, M., *First Principles of Public Finance*, trad. Marger, E., Harcourt-Brace, New York, 1935.

DE WITTE, B., *Interpreting the EC Treaty like a Constitution: The Role of the European Court of Justice in Comparative Perspective*, Bakker, Heringa, Stroink (eds), Antwerpen, 1995.
– *The Role of Institutional Principles in the Judicial Development of the European Union Legal Order*, ed. F. Snyder, The Europeanisation of Law – The Legal Effects of European Integration, Hart Publishing, Oxford, 2000.
– *Institutional Principles: A Special Category of General Principles of EC Law*, eds. U. Bernitz and J. Nergelius (eds), General Principles of European Community Law, Kluwer law International, 2000.

DELGADO PACHECO, A., "La asistencia mutua entre Administraciones tributarias", *Impuestos*, nº 6, 1989.
– "La asistencia mutua y el intercambio de información en el Convenio". Cap. XIX, Martínez de la Fuente, A. (cood), Ed. Gaceta Fiscal S.A., 1991.

DIBOUT, P., "Territorialité de l' impôt, répression de l' évasion fiscale et liberté d' établissement dans la Communauté Européenne." *Droit Fiscal*, nº 48, 1998.

DOCCLO, C., "Exchange of Information: Belgian Report", *EEC Tax Project*, Estocolmo, 1998.

DOERNBERG, R./VAN RAAD, K., *"1996 United States Model Income Tax Convention – Analysis, Commentary and Comparison"*, The Hague, Kluwer, 1997.

DOMINGUEZ BARRERO, F., "Los elementos de la planificación fiscal. Una aproximación teórica", *Hacienda Pública Española*, nº 131, 1994.

DUARTE, M. L., *A teoria dos poderes implícitos e a delimitação das competências entre a União e os Estados-Membros*, Lex, Lisboa, 1977.
– *Direito da União e das Comunidades Europeias*, vols. I e II, Coimbra Editora, 2000 e 2006.

DUARTE MORAIS, R., *Imputação de Lucros de Sociedades Não Residentes Sujeitas a um Regime Fiscal Privilegiado*, Universidade Católica, 2005.

DUE, O., "Article 5 du Traité CEE: Une disposition de caractère fédéral?", *Collected Courses of The Academy of European Law*, Vol. II, book 1, Klwuer, Londres, 1991.

ELLIS MAARTEN, J., "The Code of Conduct in 2000: Cracking the Code or Coating the Crack?", *European Taxation*, vol. 40, nº 9, 2000.

EMONNOT, C., "L' harmonisation de la fiscalité des revenues du capital en Europe: pragmatisme ou dogmatisme?", *Révue d'économie politique*, nº 5, 2001.

FALCON Y TELLA, R., *Derecho financiero y tributario de las Comunidades Europeas*, Universidad Complutense, Civitas, Madrid, 1988.

FERNANDES FERREIRA, R., "Sobre encuadramento fiscal da subcapitalização das empresas", *Ciência e técnica fiscal*, Ministério das Finanças, Lisboa, 1998.

FERNÁNDEZ BRIONES, L., "Criterios para diseñar un régimen fiscal que evite el uso de sociedades domiciliadas en paraísos fiscales para reducir los impuestos españoles", Monografía nº 49. *Instituto de Estudios Fiscales*, 1987.

– "Las sociedades instrumentales", trabajo presentado en el *Seminario sobre elusión fiscal internacional* organizado por la *Escuela de la Hacienda Pública*, 1991.

FERNÁNDEZ CAINZOS, J. J., "Sector público y fiscalidad internacional en una economía globalizada", *Información Comercial Española*, nº 777, 1999.

FERNANDEZ MARÍN, F., *El intercâmbio de información como asistencia tributaria externa del Estado en la Unión Europea*, Tirant lo blanch, València, 2006.

– *La tutela de la Unión Europea al contribuyente en el intercambio de información tributaria*, Atelier, Barcelona, 2007.

FIGUEROA HUGO, A., "El intercambio de información previsto en el Modelo de Acuerdo de las Naciones Unidas para evitar la doble imposición entre países desarrollados y países en desarrollo", *Revista Iberoamericana de Derecho Tributario*, nº 6, 1997.

FREITAS PEREIRA, M. H., "*Concorrencia Fiscal Prejudicial – O Código de Conducta da Uniao Europeia*", Conferencia pronunciada en el 1º Congreso Internacional de Direito Fiscal celebrado en el Auditorio de la Univ. Fernando Pessoa de Porto, 1998.

FRITZ SCHARPF, W., "Economic Integration, Democracy and the Welfare State", *MPIfG Working Paper* 96/2, 1996.

– "The Viability of Advanced Welfare States in the International Economy: Vulnerabilities and Options", *MPIfG Working Paper* 99/9, 1999.

GARCIA ANOVEROS, J., "Las reformas fiscales", *REDF*, nº 100, 1998.

GARCIA DE ENTERRIA, E., "La significación de las libertades públicas y Derecho administrativo", em *Anuario de Derechos Humanos*, Madrid, nº 1, 1981.

GARCÍA PRATS, F. A., "Exchange of information under article 26 of the UN Model Tax Convention", *Bulletin for International Fiscal Documentation*, nº 12, 1999.

– "Prevention of Use and Abuse of Tax Havens. Exchange of Information", *Rivista di Diritto Tributario Internazionale*, nº 2, 1999.

– "La Propuesta de directiva de imposición sobre el ahorro: algunos apuntes", *Crónica Tributaria*, nº 96, 2000.

– "El sujeto pagador de rendimientos ante la aplicación del IRNR", *Gaceta Fiscal*, nº 186, 2000.

– "La asistencia mutua en materia de recaudación tributaria", *Crónica Tributaria*, nº 101, 2001.

– "Incidencia del Derecho Comunitario en la configuración jurídica del Derecho Financiero (I): La acción del Tribunal de Justicia de Luxemburgo", *Revista de Derecho Financiero y Hacienda Pública*, nº 259, 2001.

GARCÍA SOBRINO, E., "La cooperación administrativa en la Unión Europea: El programa Fiscalis 2007", *Documentos del Instituto de Estudios Fiscales*, nº 23, 2004.

GENSCHEL, P., "Globalization, Tax Competition and The Viability of The Welfare State", *MPIfG Working Paper* 01/1, Maio, 2001.

GARRET, G., "Capital Mobility, trade, and the domestic politics of economic policy", *International Organization*, nº 49, 1995.

- "Global Markets and National Politics: collision course or virtuous circle?" *International Organization*, nº 52, 1998.
- *Partisan politics in the global economy*, Cambridge University Press, Cambridge, 1998.

GÓMEZ-POMAR RODRÍGUEZ, J., "Presente y futuro del intercambio de información y la asistencia mutua en las relaciones fiscales internacionales", *Crónica Tributaria*, nº 71, 1994.

GONZÁLEZ ALONSO, L. N., "Las obligaciones de los Estados miembros durante el plazo de transposición de las directivas (Comentario a la sentencia del TJCE de 18 de diciembre de 1997, Inter-Environment Wallonie)", *RDCE*, 1998.

GONZALEZ MENDEZ, A., *La Protección de Datos Tributários y su Marco Constitucional*, Tirant lo Blanch, Valencia, 2003.

GORDON, R. E./VENUTI, J., "Exchange of Information under Tax Treaties", *Tax Management International Journal*, nº 8, 1986.

GRAIG, P., *EU Administrative Law*, Oxford University Press, 2006.

GRAU RUÍZ, M. A., "La adopción de medidas cautelares en el marco de la asistencia mutua en materia de recaudación. (Comentario a propósito de la Resolución del T.E.A.C. de 25 de enero de 1995)", *Crónica Tributaria*, nº 80, 1996.
- "El convenio sobre asistencia mutua en asuntos fiscales: su trascendencia para el Derecho Fiscal Internacional español", *Revista de Contabilidad y Tributación*, nº 170, 1997.
- *"El principio del consentimiento a los impuestos sus repercusiones en el ámbito comunitario"*, XVII Jornadas de Estudio de la Dirección General del Servicio Jurídico del Estado, 1998.

- "La recaudación de tributos a favor de otro Estado: algunas novedades introducidas por los últimos Convenios de España con Francia y Bélgica", *Crónica Tributaria*, nº 87, 1998.
- "La asistencia mutua en materia de recaudación de derechos de aduana. (Comentario a la STJCE de 17 de julio de 1997, Asunto C-97/95, entre Pascoal & Filhos, Lda. y Fazenda Pública)", *Impuestos*, nº 1, 1999.
- *La cooperación internacional para la recaudación de tributos: el procedimiento de asistencia mutua*, La Ley, Madrid, 2000.
- "Avances propuestos en la asistencia mutua en materia de recaudación", *Crónica Tributaria*, nº 94, 2000.
- "Exchange of information between Spain and other EU Member States", *ECTR*, nº 4, 2000.
- "Mutual Assistance for the Collection of Tax Claims", *Intertax*, vol. 28, nº 6-7, 2000.
- "La prestación de asistencia mutua en materia de recaudación por las autoridades españolas: nota acerca de las Resoluciones del TEAC de 11 de junio de 1999 y 23 de junio de 2000", *Crónica Tributaria*, nº 97, 2001.
- Comentário ao Acórdão Comissão contra Reino Unido, STJCE 21.7.2005, *IEF, Comentarios de Jurisprudencia Comunitária*, 2005.
- "Convention on mutual administrative assistance in tax matters and Community rules: how to improve their interaction?" *EC Tax Review*, 4, 2006.

GRAU RUÍZ, M. A./HERRERA MOLINA, P., The link between tax coordination and tax harmonization: limits and alternatives", *EC Tax Review*, 12, 2003.

KLIP, A. H./VERVAELE, J. A., *Supranational rules governing cooperation in administrative and criminal matters, European Coo-*

peration between Tax, Customs and Judicial Authorities, European Monographs, Kluwer, 2002.

HECQUARD-THERON, M., "La notion d' État en droit communautaire", *RTDE*, nº 4, 1990.

HUGOUNENQ, R./LE CACHEUX, J./MADIÈS, T., "Les risques de la concurrence fiscale en Europe". *Problemes Economiques*, nº 2644, París, 1999.

IBÁÑEZ MARCILLA, S., "Las normas tributarias de la Unión Europea y el principio de reserva de ley en materia tributaria", *Crónica Tributaria*, nº 80, 1996.

J. CORDELL, A., "New Taxes for a New Economy", *Government Information in Canada/Information Gouvernementale au Canada*, Vol. 2, nº 4.2, *http://www.usask. ca/library/gic/v2n4/cordell/cordell.html*

KAKOURIS, C. N., *La relation de l'ordre juridique communautaire avec les ordres juridiques dês Etats membres*, Du droit international au droit de l'integration, Liber Amicorum Pierre Pescatore, Baden-Baden: Nomos Verlag, 1987.

KEEN, M., "VAT attacks", *IMF Working Papers*, nº 142, 2007.

KEEN, M./LIGTHART, J. E., "Information Sharing and International Taxation", *Discussion Papers Center Nº 117*, Tilburg University, 2004.

– "Information Sharing and International Taxation", *Tilburg University, Center for Economic Research, Discussion Papers*, nº 117, 2004.

KEEN, M./SMITH, S., "VAT Fraud and evasion: what do we know and what can be done?" *IMF Working Papers*, nº 31, 2007.

KOVAR, R., "Rapports entre le droit communautaire et les droits nationaux", Trente anos de Droit communautaire, *Collection Perpectives européennes*, Bruxelles, Comission des CE, 1982.

LAMAGRANDE, A., "Los desafíos de la Administración Tributaria frente à la globalización", *Crónica Tributaria*, nº 87, 1998.

LARENZ, K., *Metodologia de la Ciencia del Derecho*, Ariel, Madrid, 1994.

LASO PEREZ, J., *La cooperación leal en el ordenamiento comunitario*, Ed. Colex, Madrid, 2000.

LAURIA, F., *L' Unione Europea – origine, sviluppi e problemi attuali*, UTET, Torino, 1996.

LEHNER, M., "Limitation of national power of taxation by the fundamental freedoms and non-discrimination clauses of the EC Treaty", *EC Tax Review*, nº 1, 2000.

LENAERTS, K. VAN/NUFFEL, P., *Constitutional Law of the European Union* (2.ª edição), Sweet & Maxwell, Londres, 2005.

LIGTHART, J. E., "Information Exchange for Consumption Tax Purposes: An Empirical Exploration," *Information Economics and Policy*, Vol. 19, No. 1, 2007.

LODIN, S. O., "What ought to be taxed and what can be taxed: a new International Dilenma", *Bulletin for International Fiscal Documentation*, vol. 54, núm. 5, 2000.

LÓPEZ FEITO, F., "Guía de la OCDE sobre el intercambio de información fiscal entre Estados", *Cuadernos de Formación. Inspección de Tributos*, nº 24, 1993.

LÓPEZ RODRÍGUEZ, J., "A modo de introducción: reflexiones generales en torno a la actividad internacional de las Administraciones Tributarias nacionales", *Revista Iberoamericana de Derecho Tributario*, nº 6, 1997.

LUDWIG, R., "L' assistance internationale au recouvrement de l'impôt", *Revue du Tresor*, vol. 56, nº 10-12, 1975.

M. HAMMER, R./JEFFREY OWENS, Promoting Tax Competition, OCDE, International Tax Dialogue web, *www.oecd.org/dataoecd/63/11/1915964.pdf.*

MALDONADO GARCÍA-VERDUGO, A., "Ejercicios sobre competencia fiscal perjudicial en el seno de la Unión Europea y de la OCDE: semejanzas y diferencias". *Crónica Tributaria,* nº 97, 2001.

MALHERBE, J., "General Report", en Protection of Confidential Information in tax matters, IFA, *Cahiers de Droit Fiscal International,* vol. LXXVIb, Kluwer, Deventer, 1991.

MALHERBE, J./BERLIN, D./OLIVIER, J. B. D., *L'elusione fiscale: l' esperienza dell' Unione Europea,* Convegno di studio. L' elusione fiscale nell' esperienza europea, Universita degli Studi di Bologna, Corso di perfezionamento in diritto tributario 'A. Berliri', 1995.

MARTÍN FERNÁNDEZ, J./GRAU RUÍZ, M., "Notas sobre el programa Fiscalis de la Unión Europea", *Quincena Fiscal,* nº 11, 2000.

MARTIN JIMENEZ, A., *Towards corporate tax harmonization in the European Community: an institutional and procedural analysis,* Kluwer, Holanda, 1999.

MATA SIERRA, M., *La armonización fiscal en la Comunidad Europea,* Lex Nova, Valladolid, 1993.

MENÉNDEZ REXACH, A., La cooperación ¿un concepto jurídico?, Documentación Administrativa, nº 240, 1994.

MILLIET EINBINDER, M., "Intercambio de información tributaria entre los países miembros de la O.C.D.E. Una encuesta de las prácticas actuales", *Revista Iberoamericana de Derecho Tributario,* nº 6, 1997.

MINTZ, J. M., "Is National tax policy viable in the face of global competition?", *Tax Notes International,* vol. 19, núm.1, 1999.

MIRANDA, J., *Direito Internacional Público, I,* Lições policopiadas, Faculdade de Direito, Lisboa, 1991.

MORELL OCAÑA, L., "Una teoria de la cooperación", *Documentação Administrativa,* nº 240, 1994.

MORENO VALERO, P., *La armonización del IVA Comunitario: un proceso inacabado,* Colección de Estúdios, CES, Madrid, 2001.

MORTELMANS, K., *Les lacunes provisoires en droit communautaire,* Cahiers de Droit Européen (CDE), Bruylant, Bruxelas, 1981.

– "The principle of Loyalty to the Community (Article 5 EC) and the Obligations of The Community Institutions", *Maastricht Journal of European and Comparative Law,* 5, 1998.

MOTA DE CAMPOS, J./MOTA DE CAMPOS, J. L., *Manual de Direito Comunitário,* 5.ª edição, Coimbra Editora, 2007.

MOTA LOPES, C., *Quanto custa pagar impostos em Portugal? Os custos de cumprimento da tributação do rendimento,* Almedina, Coimbra, 2008.

MUNNELL, A. H., "Taxation of Capital Income in a Global Economy: An Overview", *NewEngland Economic Review,* 1992.

MUSGRAVE, R./MUSGRAVE, P., *Public Finance in Theory and Practice,* McGraw-Hill, New York, 1989.

OLIVER, J. D. B., "Exchange of information and OECD Model Treaty", *Intertax,* núm. 3, 1995.

OWENS, J., "Globalisation: The Implications for Tax Policies", *Fiscal Studies,* vol. 14, nº 3, 1993.

– *Taxation in a Global Economy,* Institute of Fiscal Studies, Londres, 1994.

– "Inspección de la tributación de las empresas multinacionales", *Cuadernos de Formación Tributos,* nº 30, 1995.

– "Emerging issues in Tax Reform: The Perspective of an International Bureaucrat", *Tax Notes International,* vol. 15, nº 25, 1997.

BIBLIOGRAFIA

– "Nuevos temas en matería de reforma fiscal. El punto de vista de un administrador internacional", *Hacienda Pública Española*, nº 143, 1997.
– "Tax Reform for the 21st Century", *Tax Notes International*, nº 7, 1997.
– "El inspector financiero llega al espacio cibernético", *Hacienda Pública Española*, nº 144, 1998.

PABLOS ESCOBAR, L./VALIÑO, A., "Evasión y elusión fiscal internacional a través del uso de sociedades conductoras", *Actualidad Financiera*, nºs 22 e 23, 1989.

PAGAN, J. C., "UK National Report", en International Mutual Assistance through Exchange of Information, IFA, *Cahiers de Droit Fiscal International*, vol. LXXVb, Kluwer, Deventer, 1990.

PALAO TABOADA, C., "El procedimiento amistoso en los convenios internacionales para evitar la doble imposición", *Hacienda Pública Española*, nº 16, 1972.
– "Spain: National Report", International Mutual Assistance through Exchange of Information, IFA, *Cahiers de Droit Fiscal International*, LXXVb, Kluwer, Deventer, 1990.

PALAO TABOADA, C./SERRANO ANTON, F., *Fiscalidad Internacional*, Centro De Estudios Financieros, Madrid, 2001

PARLY, F., "France: The Code of Conduct and the Fight against Harmful Tax Competition", *European Taxation*, vol. 40, nº 9, 2000.

PARRONDO, A. J., *La utilización de los paraísos fiscales en el marco de la planificación fiscal internacional*, ponencia presentada en el VI Congreso Tributario celebrado en San Miguel de Tucumán-Argentina, 1998.

PENNY, M., "Implications of the Council of Europe and OECD Convention on Mutual Administrative Assistance in Tax Matters", *Tax Planning International Review*, nº 5, 1998.

PEREZ LUÑO, A., *Derechos humanos, Estado de Derecho y Constitución*, Tecnos, Madrid, 1984.

PÉREZ RODILLA, G., "La colaboración de las Administraciones fiscales en el ámbito de la UE en la lucha contra el fraude fiscal", en Cordón Ezquerro, T. (director), *Manual de Fiscalidad Internacional*, cap. 16, 1ª edición e cap. 27, 2ª edición, IEF, Madrid, 2001 e 2004.

PÉREZ-NAVARRO, G., "Intercambio de información: la perspectiva de la O.C.D.E.", *Revista Iberoamericana de Derecho Tributario*, nº 6, 1997.

PESCATORE, P., *Le Droit de l'intégration*, Sijthoff, Leiden, 1972.
– "Aspects judiciaires de l'acquis communautaire", *Revue Trimestrielle de Droit Européen*, 1981.

PIRES, M., "Portugal National Report", International Mutual Assistance through Exchange of Information, IFA, *Cahiers de Droit Fiscal International*, LXXVb, Kluwer, Deventer, 1990.
– "Quo Vadis International Tax Law?", *Intertax*, vol. 29, núm. 12, 2001.

PITA, C., "Intercambio de información y Administración Tributaria", *Revista Iberoamericana de Derecho Tributario*, nº 6, 1997.

PITTA E CUNHA, P., *Aspectos fiscais da integração económica internacional*, ed. Centro de Estudos Fiscais, Lisboa, 1964.

PLAMBECK, C. H., "The Taxation Implications of Global Trading", *Tax Notes* nº 48, 1990.

PRAZERES LOUSA, M., "Enquadramento fiscal da subcapitalizaçao das empresas", *Ciência e técnica fiscal*, Ministèrio das Finanças, Lisboa, 1998.

PUGLIATTI, S., *Abrogazione. A) Teoria generale e abrogazione degli atti normativi*, Enc. Dir., vol. I, Giuffrè, Milano, 1958.

RANGEL DE MESQUITA, M. J., *O Poder Sancionatório da União e das Comunidades sobre os Estados-Membros*, Almedina, Coimbra, 2006.

– *O Regime da Responsabilidade Civil extracontratual do Estado e demais Entidades Públicas e o Direito da União Europeia*, Almedina, Coimbra, 2009.

RAZIN, A./Y SLEMROD, J. (eds.), *Taxation in the global economy*, University of Chicago Press, Chicago, 1990.

ROCHE LAGUNA, I., *La transformación de las legislaciones nacionales. La integración europea como limite a la soberanía fiscal de los Estados miembros. Armonización de la imposición directa en la Comunidad Europea*, Tirant lo Blanch, València, 2000.

RODRÍGUEZ MORENO, R., "La asistencia mutua en los impuestos directos y el IVA", Curso sobre fiscalidad y finanzas España-CEE, *Escuela de la Hacienda Pública*, M.E.H., 1986.

– "La asistencia mutua en la Unión Europea: cooperación entre autoridades tributarias en el ámbito de los impuestos directos y del Impuesto sobre el Valor Añadido", *Revista Iberoamericana de Derecho Tributario*, nº 62, 1997.

ROSEMBUJ, T., "Competencia fiscal lesiva", *Impuestos*, nº 3, 1999.

RUBIO GUERRERO, J. J., "Situación actual y perspectivas de futuro de los impuestos directos en la Unión Europea", *Documentos del Instituto de Estudios Fiscales*, nº 15, 2004.

RUIBAL PEREIRA, L., "Código de conducta para la fiscalidad de las empresas", *Noticias de la Unión Europea*, nº 179, 1999.

– "La compatibilidad de los regímenes fiscales privilegiados en la Unión Europea con los criterios contenidos en el Código de conducta y las normas sobre ayudas de Estado", cap. 6, en Soler, Roch, Mª T. y Serrano Antón, F. (directores): *Las medidas antiabuso en la normativa interna española y en los Convenios para evitar la doble imposición internacional y su compatibilidad con el Derecho Comunitario*, IEF, Madrid, 2002.

RUSSO, R., "The 2005 OECD Model Convention and Commentary: an overview", em *European Taxation*, vol. 45, 2005.

SACCHETTO, C., *Tutella all' estero dei crediti tributário dello Stato*, ed. Cedam, Padova, 1978.

– "La colaboración internacional en matéria tributaria", *Boletín de Fiscalidad internacional*, nº 15, 1998.

SALDANHA SANCHES, J. L., O Combate à fraude fiscal e a defesa do contribuinte: Dois objectivos inconciliáveis? Colóquio sobre os efeitos da globalização na tributação do rendimento e da despesa, Centro de Estudos Fiscais, MFP, Lisboa, 2000.

SANCHEZ LOPEZ, M. E., El intercambio internacional de información tributaria. Perspectivas de una nueva significación de este instrumento", *Crónica Tributaria*, nº 114, 2005.

– *Los mecanismos de cooperación adimistrativa en el ámbito internacional: intercambio de información y asistencia en materia de recaudación. Deslinde y complementariedad*, en AA.VV., Estudios sobre fiscalidad internacional y comunitaria, Colex, Madrid, 2005.

SANTOS JUSTO, A., *Direito Privado Romano, II (Direito das Obrigações)*, 3.ª edição, STVDIA IVRIDICA, nº 76, Coimbra Editora, Coimbra, 2008.

SCHUKNECHT, L., *Public Spending in the 20th Century. A Global Perspective*, Cambridge University Press, 2000, *http://assets.cambridge.org*

SEEMANN, E., "Exchange of information under international tax conventions", The International Lawyer, vol. 17, núm. 2, 1983.

SERRANO ANTÓN, F., "Las medidas anti--abuso en los Convenios para evitar la doble imposición internacional", cap. 3, en Soler, Roch, Mª T. y Serrano Antón, F. (directores): *Las medidas anti--abuso en la normativa interna española y en los Convenios para evitar la doble imposición internacional y su compatibilidad con el Derecho Comunitario*, Instituto de Estudios Fiscales, Madrid, 2002.

– "La claúsula de procedimiento amistoso de los Convenios para evitar la doble imposición internacional. La experiencia española y el Derecho comparado", *Crónica Tributaria*, nº 114, 2005.

SHOUP, C. S. (ed), *Fiscal Harmonisation in Common Markets. Volumen I (Teoría) y volumen II (Práctica)*, Columbia University Press, New York Londres, 1987.

SILVA CUNHA, J., *Direito Internacional Público*, 5.ª edição, Almedina, Coimbra, 1991.

SIMONS, H., *Personal Income Taxation*, University of Chicago Press, Chicago, 1938.

SLEMROD, J., "Complexity, Compliance Costs, and Tax Evasion", *Taxpayer Compliance*, Vol. 2, University of Pennsylvania Press, 1989.

– "Tax Principles in an International Economy", (eds. M. Boskin y C. McLure) *World Tax reform: case studies of developed and developing countries*, en el International Center for Economic Growth, San Francisco, 1990.

SMIT, H./HERZOG, P., *Article 5, The law of European Economic Community. A commentary on the EEC Treaty*, Mathew Bender, New York, 1992.

SOETE, L./KAMP, K., *The "BIT TAX": the case for further research*, MERIT, University of Maastricht, Agosto, 1996, *www.merit.unu.edu/publications/rmpdf/1996/rm1996-019.pdf*

SOLER ROCH, M. T., "Una reflexión sobre el principio de residencia como criterio de sujeción al poder tributario del Estado" en *Presente y Futuro de la Imposición Directa en España*, Lex Nova, Valladolid, 1997.

SOMMERHALDERRUDD, A., "Harmful Tax Competition or Harmful Tax Harmonization", *EC Tax Review*, vol. 8, núm. 4, 1999.

TANZI, V., *Taxation in an Integrating World*, Brookings, Washington D. C., 1995.

– "Globalization, Tax Competition and the Future of Tax Systems", *IMF Working Papers*, nº 96/141, Washington D. C., 1996.

– *Is there a Need for a World Tax Organization?* IMF, Washington, 1996.

– "The Impact of Economic Globalization on Taxation", *Bulletin for International Fiscal Documentation*, Vol. 52, No. 8-9, Amsterdam, 1998.

– "Globalization and The Future of Social Protection", *IMF Working Paper*, nº 00/12, 2000.

– "Globalization, Technological Developments and the Work of Fiscal Termites", *IMF Working Paper*, nº 00/1811, 2000.

– "Globalization and the Need for Fiscal Reform in Developing Countries", *Journal of Policy Modelling*, Vol. 26, nº 4, 2004.

– *Fiscal Policy in the Future: Challenges and Opportunities*, versão editada de um resumo de um discurso proferido na Conferência sobre "Fiscal Policy Challenges in Europe", Berlim, 2007.

TANZI, V./SCHUKNECHT, L., "Reconsidering the Fiscal Role of Government: The International Perspective", *The American Economic Review*, Vol. 87, nº 2, 1997.

TANZI, V./ZEE, H. H., "Taxation in a borderless world: the role of information exchange", *Intertax*, vol. 28, núm. 2, 2000.

– "Consequences of the Economic and Monetary Union for the coordination of tax systems in the European Union: Lessons from the US experience", *IMF Working Paper*, 115, 1998.

– "Taxation in a borderless world: the role of information exchange", *Intertax*, vol. 28, núm. 2, 2000.

TEMPLE LANG, J., "Community constitutional law: article 5 EEC Treaty", *Common Market Law Review*, 1990.

– *The Common Market and Common Law*, Chicago, 1966.

– "The Core of the Constitutional Law of the Community – Article 5 EC", (ed. L. Gormley) *Current and Future Perspectives on EC Competition Law*, The Hague, Kluwer Law International, 1997.

TIBERGHIEN, A., *Manuel de Droit Fiscal*, Ced-Samson, Bruxelles, 1987.

TIBEOUT, C. H., "A pure theory of local expenditures", *Journal of Political Economy*, 64, 1956.

TOBIN, J., "A Proposal for International Monetary Reform", *Eastern Economic Journal*, New Jersey, nº 4, 1978.

VALENCIA ALONSO, F., "La asistencia mutua en el Mercado Unico", *Cuadernos de Formación. Inspección de Tributos*, nº 24, 1993.

VAN RAAD, K., *Materials on International & EC Tax Law*, The Hague: IBFD/ITE, Leiden, 2002.

VEGA BORREGO, F. A., "Consecuencias de la incorrecta ejecución de la Directivas en materia tributaria", *Revista de Contabilidad y Tributación*, nº 186, 1998.

VESSILLIER, E., "Hacia la armonización de los sistemas fiscales de los países de la Comunidad económica Europea", *Hacienda Pública Española*, nº 13, 1971.

VILLA GIL, J. M., "El intercambio de información" en *Estudios de doble imposición internacional*, IEF, Madrid, 1980.

– "Residencia y ciudadanía. Su tratamiento y repercusiones jurídicas", *Estudios sobre el Convenio entre España y Estados Unidos para evitar la doble imposición* Cap. VI Antonio Martínez Lafuente, (ed.) Gaceta Fiscal, Madrid, 1991.

VILLAR EZCURRA, M., Las disposiciones fiscales en el Tratado por el que se establece una Constitución para Europa" em *Comentarios a la Constitución Europea, libro III*, dirigido por Alvarez Conde, e Garrido Mayol, Tirant lo Blanch, Valencia, 2004.

– "Exigencias del Derecho Comunitario a la metodología del Derecho Financiero y Tributario", *Crónica Tributaria*, nº 100, 2001.

VOGEL, K., "Worldwide vs. Source Taxation of Income. A Review and Reevaluation of Arguments", *Intertax*, 8, 9, 10 e 11, 1988.

– *Taxation of cross-border income, harmonization and tax neutrality under European Community Law. An institutional approach*. Deventer-Kluwer, Amberes, Bélgica, 1994.

– *Double Taxation Conventions*, Kluwer, 1997.

VON BOGDANDY, A., "European Integration. Doctrine of principles, Jean Monnet" *Working Paper 9/03, Max Planck Institute for Comparative Public Law and International Law*, Heidelberg, 2003.

WALLACE OATES, E., "Fiscal competition or harmonization? some reflexions", *National Tax Journal*, vol. 54, 2001.

WISSELINK, M. A., "Abuse of tax treaties" em AAVV, *International Tax Avoidance*. Vol. A: General and conceptual material. International Series of the Rotterdam Institute for Fiscal Studies, Erasmus University, Rotterdam, nº 1, Deventer, 1979.

– "International exchange of tax information between European and other countries", *EC Tax Review*, vol. 6, núm. 2, 1997.

XAVIER DE BASTO, J. G., "A tributação do Consumo e a sua coordenação Internacional", *Boletim da Direcção Geral das Contribuições e Impostos*, nº 361, Janeiro--Março 1991.

YEBRA MARTUL-ORTEGA, P., *La armonización fiscal europea*, Marcial Pons, Madrid, 1995.

– *El Derecho Financiero en los Tratados da La Unión Europea*, Ministerio de Economia y Hacienda, Instituto de Estudios Fiscales, Madrid, 2007.

ZEE, H., *Overcoming The Tobin Tax's implementation Problems: Tax Cross-Border Capital Flows, Not Currency Exchanges*, ed. New Rules for Global Finance Coalition, Washington, D. C., Novembro, 2003.

ANEXO JURISPRUDENCIAL

Índice de sentenças do Tribunal de Justiça das Comunidades Europeias citadas ao longo deste trabalho de investigação

Processo 26/62, *Van Gend en Loos,* de 5 de Fevereiro de 1963.

Processo 6/64, *Costa/Enel,* de 15 de Julho de 1964.

Processo 14/68, *Walt Wilhelm e.a/Bundeskartellamt,* de 13 de Fevereiro de 1969.

Processo 40/69, *Bollmann,* de 18 de Fevereiro de 1970.

Processo 9/70, *Franz Grad,* de 6 de Outubro de 1970.

Processo 11/70, *Internationale Handelsgesellschaft,* de 17 de Dezembro de 1970.

Processo 30/70, *Scheer/Einfuhr-und Vorratsstelle für Getreide und Futtermittel,* de 17 de Dezembro de 1970.

Processo 39/72, *Comissão/Itália,* de 7 de Fevereiro de 1973.

Processo 34/73, *Fratelli Varíola Spa/Administrazione delle Finanze dello Stato,* de 10 de Outubro de 1973.

Processo 4/73, *Nold,* de 14 de Maio de 1974.

Processo 41/74, *Van Duyn,* de 4 de Dezembro de 1974.

Processo 43/75, *Defrenne,* de 8 de Abril de 1976.

Processo 48/75, *Roye,* de 8 de Abril de 1976.

Processo 50/76, *Amsterdam Bulb,* de 2 de Fevereiro de 1977.

Processo 71/76, *Thieffry/Conseil de l' ordre des avocats de la Cour de Paris,* de 28 de Abril de 1977.

Processo 38/77, *Enka Bv/Inspecteur der invoerrechten en accignzen,* de 23 de Novembro de 1977.

Processo 106/77, *Amministrazione delle finanze dello Stato/Simmenthal,* de 9 de Março de 1978.

Processo 148/78, *Ratti,* de 5 de Abril de 1979.

Processo 141/78, *França/Reino Unido,* de 4 de Outubro de 1979.

Processo 10/79, *Toffoli,* de 6 de Novembro de 1979.

Processo 192/79, *Comissão/Bélgica,* de 6 de Maio de 1980.

Processo 8/81, *Úrsula Becker,* de 19 de Janeiro de 1982.

Processo 102/81, *Nordzee Deutsche Hochseefischerei,* de 23 de Março de 1982.

Processo 96/81, *Comissão v. Países Baixos,* de 25 de Maio de 1982.

Processo 230/81, *Luxemburgo v. Parlamento Europeu,* de 10 de Fevereiro de 1983.

Processo 42/82, *Comissão/França,* de 22 de Março de 1983.

Processo 244/81, *Klöckner-Werke,* de 11 de Maio de 1983.

Processo 14/83, *von Colson,* de 10 de Abril de 1984.

ANEXO JURISPRUDENCIAL

Processo 229/83, *Leclerc*, de 10 de Janeiro de 1985

Processo 231/83, *Cullet*, de 29 de Janeiro de 1985.

Processo 152/84, *Marshall*, de 26 de Fevereiro de 1986.

Processo C-25/94, *Comissão v. Conselho*, de 19 de Março de 1986.

Processo 34/86, *Conselho v. Parlamento*, de 3 de Julho de 1986.

Processo 40/85, *Bélgica/Comissão*, de 10 de Julho de 1986.

Processo 394/85, *Comissão/Itália*, de 17 de Junho de 1987.

Processo 291/84, *Comissão/Holanda*, de 17 de Setembro de 1987.

Processo 12/86, *Demirel*, de 30 de Setembro de 1987.

Processo 80/86, *Kolpinghuis*, de 8 de Outubro de 1987.

Processo 157/86, *Murphy*, de 4 de Fevereiro de 1988.

Processo 74/86, *Mercado vitivinícola (Comissão v. R.F.A)*, de 26 de Abril de 1988.

Processo 103/88, *Fratelli Costanzo*, de 22 de Junho de 1988.

Processo 190/87, *Handelsonderneming Moormann BV*, de 20 de Setembro de 1988.

Processo 267/86, *Van Eycke*, de 21 de Setembro de 1988.

Processo 272/86, *Comissão/Grécia*, de 22 de Setembro de 1988.

Processo 204/86, *Ajuda especial à Turquia (Grécia/Conselho)*, de 27 de Setembro de 1988.

Processo 235/87, *Annunziata Mateucci*, de 27 de Setembro de 1988.

Processo 94/87, *Comissão/Alemanha*, de 2 de Fevereiro de 1989.

Processo 68/88, *Comissão/Grécia*, de 21 de Setembro de 1989.

Processo C-213/89, *Factortame*, de 19 de Junho de 1990.

Processo C-188/89, *Foster e.a./British Gas*, de 12 de Julho de 1990.

Processo C-2/88, *Zwartveld/Holanda*, de 13 de Julho de 1990.

Processo 34/89, *Itália v. Comissão*, de 11 de Outubro de 1990.

Processo C-106/89, *Marleasing*, de 13 de Novembro de 1990.

Processo T-113/89, *Nefarma*, de 13 de Dezembro de 1990.

Processo T-114/89, *Ziekenfondsen*, de 13 de Dezembro de 1990.

Processo T-116/89, *Prodifarma*, de 13 de Dezembro de 1990.

Processo C-234/89, *Delimitis*, de 28 de Fevereiro de 1991.

Processo C-340/89, *Vlassopoulou*, de 7 de Maio de 1991.

Processo 70/88, *Chernobyl (Parlamento Europeu v. Conselho)*, de 4 de Outubro de 1991.

Processo C-303/90, *França v. Comissão*, de 13 de Novembro de 1991.

Processos conjuntos C-6/90 e C-9/90, *Francovich*, de 19 de Novembro de 1991.

Processos 213/88 e C-39/89, *Luxemburgo/ /Parlamento Europeu*, de 28 de Novembro de 1991.

Parecer 1/91, *Espaço Económico Europeu*, de 14 de Dezembro de 1991.

Processo C-204/90, *Bachmann*, de 28 de Janeiro de 1992.

Processo C-300/90, *Comissão/Bélgica*, de 28 de Janeiro de 1992.

Processo C-60/91, *Batista Morais*, de 19 de Março de 1992.

Processo C-67/91, *Direccion de Defensa de la competência/ Asociación Española de Banca Privada e.a.*, de 16 de Julho de 1992.

Processo C-156/91, *Hansa Fleisch*, de 10 de Novembro de 1992.

Processos C-31/91 e outros, *Lageder*, de 1 de Abril de 1993.

ANEXO JURISPRUDENCIAL

Processo C-1/93, *Halliburton Services*, de 12 de Abril de 1994.

Processo C-91/92, *Faccioni Doni*, de 14 de Julho de 1994.

Processo C-165/91, *Van Munster*, de 5 de Outubro de 1994.

Processo C-279/93, *Schumacker*, de 14 de Fevereiro de 1995.

Processo C-65/93, *Parlamento Europeu v. Conselho*, de 30 de Março de 1995.

Processo C-312/93, *Peterbroeck*, de 14 de Dezembro de 1995.

Processos conjuntos C-46/93 e C-48/93, *Brasserie du pêcheur SA*, de 5 de Março de 1996.

Processo C-5/94, *The Queen/Ministry of Agriculture, Fisheries and Food, ex parte Hedley Lomas (Ireland)*, de 23 de Maio de 1996.

Processos C-178/94, C-179/94, C-188/94 e C-190/94, *Dillenkofer*, de 8 de Outubro de 1996.

Processo C-250/95, *Futura Participations*, de 15 de Maio de 1997.

Processo C-265/95, *Comissão v. França (French Farmers)*, de 9 de Dezembro de 1997.

Processo C-129/96, *Inter-Environment Wallonie*, de 18 de Dezembro de 1997.

Processo C-280/95, *Comissão/Itália*, de 29 de Janeiro de 1998.

Processo C-80/94, *Wielocks*, de 28 de Abril de 1998.

Processo C-126/97, *Eco Swiss China Time v. Benneton*, de 1 de Junho de 1999.

Processo C-254/97, *Baxter*, de 8 de Julho de 1999.

Processo C-433/97, *IPK-München*, de 5 de Outubro de 1999.

Processo C-55/98, *Vestergaard*, de 28 de Outubro de 1999.

Processo C-202/97, *FTS*, de 10 de Fevereiro de 2000.

Processo C-420/98, *W. N.*, de 13 de Abril de 2000.

Processo C-78/98, *Preston e.a.*, de 16 de Maio de 2000.

Processo C-240/98, *Oceano Grupo Editorial et Salvat Editores*, de 27 de Junho de 2000.

Processo C-424/97, *Haim v. Nordheim*, de 4 de Julho de 2000.

Processo C-262/97, *Engelbrecht*, de 26 de Setembro de 2000.

Processo C-411/98, *Ferlini*, de 3 de Outubro de 2000.

Processo C-213/99, *de Andrade*, de 7 de Dezembro de 2000.

Processo C-159/99, *Comissão /Itália*, de 17 de Maio de 2001.

Processo C-313/99, *Mulligan*, de 20 de Junho de 2002.

Processo C-136/00, *Danner*, de 3 de Outubro de 2002.

Processo C-436/00, *X e Y*, de 21 de Novembro de 2002.

Processo C-324/00, *Lankhorst-Hohorst*, de 12 de Dezembro de 2002.

Processo C-326/00, *IKA v. Ioannides*, de 25 de Fevereiro de 2003.

Processo C-160/01, *Mau*, de 15 de Maio de 2003.

Processo C-462/99, *Connect Austria*, de 22 de Maio de 2003.

Processo C-112/00, *Schmidberg*, de 12 de Junho de 2003.

Processo C-422/01, *Skandia*, de 26 de Junho de 2003.

Processo C-198/01, *Fiammiferi*, de 9 de Setembro de 2003.

Processo C-315/02, *Lenz*, de 15 de Julho de 2004.

Processo C-39/04, *Laboratórios Fournier*, de 15 de Julho de 2004.

Processo C-470/04, *N*, de 7 de Setembro de 2006.

Processo C-196/04, *Cadbury Schweppes*, de 12 de Setembro de 2006.

Processo C-386/04, *Centro di Musicologia*, de 14 de Setemro de 2006.

ANEXO JURISPRUDENCIAL

Processo C-150/04, *Comissão/Dinamarca*, de 30 de Janeiro de 2007.

Processo C-347/04, *Rewe Zentralfinanz*, de 29 de Março de 2007.

Processo C-102/05, *Skatteverket*, de 10 de Maio de 2007.

Processo C-464/05, *Geurts e Vogten*, de 25 de Outubro de 2007.

Processo C-360/06, *Bauer Verlag*, de 2 de Outubro de 2008.

Processo C-418/07, *Papillon*, de 27 de Novembro de 2008.

Processo C-377/07, *STEKO*, de 22 de Janeiro de 2009.

Processo C-318/07, *Persche*, de 27 de Janeiro de 2009.

Processo C-45/07, *Comissão/Grécia*, de 12 de Fevereiro de 2009.

Processo C-88/07, *Comissão/Espanha*, de 5 de Março de 2009.

Processo C-540/07, *Comissão/Itália*, de 16 de Julho de 2009.

Processo C-3/08, *Leyman*, de 1 de Outubro de 2009.

Processo C-115/08, *ČEZ*, de 27 de Outubro de 2009.

Processo C-540/07, *Comissão/República Italiana*, de 19 de Novembro de 2009.

Processo C-62/09, *Association of the British Pharmaceutical Industry*, de 11 de Fevereiro de 2010.

Processo C-38/06, *Comissão/Portugal*, de 4 de Março de 2010.

Processo C-221/08, *Comissão/Irlanda*, de 4 de Março de 2010.

Processo C-105/08, *Comissão/Portugal*, de 17 de Junho de 2010.

Processo C-233/09, *Dijkman*, de 1 de Julho de 2010.

Processo C-334/08, *Comissão/Itália*, de 8 de Julho de 2010.

Processo C-345/09, *Van Delft e o.*, de 15 de Julho de 2010,

Processo C-188/09, *Profaktor Kulesza, Frankowski, Jóüwiak, Or owski*, de 29 de Julho de 2010.

Processo C-409/06, *Winner Wetten*, de 8 de Setembro de 2010.

Processo C-132/09, *Comissão/Bélgica*, de 30 de Setembro de 2010.

Processo C-97/09, *Schmelz*, de 26 de Outubro de 2010.

Processo C-225/09, *Jakubowska*, de 2 de Dezembro de 2010.

Processos apensos C-436/08 e C-437/08, *Haribo Lakritzen Hans Riegel BetriebsgmbH* e *Österreichische Salinen AG*, de 10 de Fevereiro de 2011.

Processo C-327/09, *Mensch und Natur*, de 14 de Abril de 2011.

Processo C-375/09, *Polska Tele 2*, de 3 de Maio de 2011.

Processo C-267/09, *Comissão/Portugal*, de 5 de Maio de 2011.

Processo C-305/09, *Comissão/Itália*, de 5 de Maio de 2011.

ANEXO DOCUMENTAL

Documentos da UE

2011

Proposta de Directiva do Conselho relativa ao regime fiscal comum aplicável às sociedades-mães e sociedades afiliadas de Estados-Membros diferentes – COM (2010) 784 final, de 4.1.2011.

Comunicação da Comissão ao Parlamento Europeu, ao Conselho e ao Comité Económico e Social Europeu sobre os trabalhos efectuados pelo Fórum Conjunto da UE em matéria de Preços de Transferência entre Abril de 2009 e Junho de 2010 e propostas conexas – COM (2011) 26 final, de 25.1. 2011.

Decisão da Comissão, de 25 de Janeiro de 2011, sobre o grupo de peritos do Fórum Conjunto da UE em matéria de Preços de Transferência – JO C 24 de 26.1.2011.

Directiva 2011/16/EU, do Conselho, de 15 de Fevereiro de 2011, relativa à cooperação administrativa no domínio da fiscalidade e que revoga a Directiva 77/799/CEE – JO L 64 de 11.3.2011.

Proposta de Directiva do Conselho relativa a uma matéria colectável comum consolidada do Imposto sobre as Sociedades (MCCCIS) – COM (2011) 121 final, de 16.3. 2011.

2010

Directiva 2010/24/UE, do Conselho, de 16 de Março de 2010, relativa à assistência mútua na cobrança de créditos respeitantes a impostos, direitos e outras medidas – JO L 84 de 31.3.2010.

Parecer da Autoridade Europeia para a Protecção de Dados sobre a proposta de Directiva do Conselho relativa à cooperação administrativa no domínio da fiscalidade – JO C 101 de 20.4.2010.

Comunicação da Comissão ao Parlamento Europeu, ao Conselho e ao Comité Económico e Social: Fiscalidade e Desenvolvimento Cooperar com os Países em Desenvolvimento para promover a boa governação em matérias fiscais – COM (2010) 163 final, de 21.04.2010.

Parecer 2010/C 101/01, da Autoridade Europeia para a Protecção de Dados sobre a proposta de Directiva do Conselho relativa à cooperação administrativa no domínio da fiscalidade – JO C 101, de 24.4. 2010.

Resolução do Conselho, de 8 de Junho de 2010, sobre a coordenação das normas relativas às sociedades estrangeiras controladas (SEC) e à subcapitalização na União Europeia – JO C 56, de 16.6.2010.

Directiva 2010/24/UE do Conselho de 16 de Março de 2010, relativa à assistência mútua em matéria de cobrança de créditos de taxas, impostos directos e outras medidas – JO L 189, de 22.7.2010.

Comunicação da Comissão ao Parlamento Europeu, ao Conselho, ao Comité Económico e Social Europeu e ao Comité das Regiões: A tributação do sector financeiro – COM (2010) 549 final, de 07.10.2010.

Regulamento (UE) 904/2010 do Conselho de 7 de Outubro de 2010 relativo à cooperação administrativa e à luta contra a fraude no domínio do Imposto sobre o Valor Acrescentado – JO L 268, de 12.10.2010,

Comunicação da Comissão ao Parlamento Europeu, ao Conselho, ao Comité Económico e Social Europeu e ao Comité das Regiões: Um Acto para o Mercado Único. Para uma economia social de mercado altamente competitiva. 50 Propostas para, juntos, melhor trabalhar, empreender e fazer comércio – COM (2010) 608, de 11.11. 2010.

Livro Verde sobre o futuro do IVA: Rumo a um sistema de IVA mais simples, mais sólido e eficaz – COM (2010) 695 final, de 1.12.2010.

Comunicação da Comissão ao Conselho, ao Parlamento Europeu e ao Comité Económico e Social Europeu: Eliminar os obstáculos fiscais transfronteiras em benefício dos cidadãos da UE – COM (2010) 769 final, de 20.12.2010

2009

Proposta de Directiva do Conselho relativa à assistência mútua em matéria de cobrança de créditos respeitantes a impostos, taxas, direitos e outras medidas – COM (2009) 29 final, de 02.2.2009.

Relatório da Comissão ao Conselho nos termos do artigo 8º da Directiva 2003//49/CE do Conselho relativa a um regime fiscal comum aplicável aos pagamentos de juros e royalties efectuados entre sociedades associadas de Estados Membros diferentes – COM (2009) 179 final, de 17.04.2009.

Comunicação da Comissão ao Conselho, ao Parlamento Europeu e ao Comité Económico e Social Europeu: Promover a boa governação em questões fiscais – COM (2009) 201 final, de 28.4.2009.

Relatório da Comissão ao Parlamento Europeu e ao Conselho: Protecção dos interesses financeiros das Comunidades – Luta contra a fraude – Relatório anual de 2008 – COM (2009) 372 final, de 15.7. 2009.

Relatório da Comissão ao Conselho e ao Parlamento Europeu sobre a aplicação do Regulamento (CE) nº1798/2003 do Conselho relativo à cooperação administrativa no domínio do Imposto sobre o Valor Acrescentado – COM (2009) 428 Final, de 18.8.2009.

Proposta de Regulamento do Conselho relativo à cooperação administrativa e à luta contra a fraude no domínio do Imposto sobre o Valor Acrescentado (Reformulação) – COM (2009) 427 final, de 18.8.2009.

Relatório da Comissão ao Conselho e ao Parlamento Europeu sobre a aplicação das disposições relativas à assistência mútua em matéria de cobrança de créditos respeitantes a certas quotizações, direitos, impostos e outras medidas em 2005-2008 – COM (2009) 451 final, de 04.09.2009.

Comunicação da Comissão ao Conselho, ao Parlamento Europeu e ao Comité Económico e Social Europeu relativa aos trabalhos efectuados pelo Fórum Conjunto da UE sobre Preços de Transferência entre Março de 2007 e Março de 2009 e a uma proposta de Código de Conduta revisto para a efectiva implementação da Convenção de Arbitragem (90/436/CEE de 23 de Julho de 1990) – COM (2009) 472 final, de 14.09.2009.

Directiva 2009/133/CE do Conselho, de 19 de Outubro de 2009, relativa ao regime fiscal comum aplicável às fusões, cisões, cisões parciais, entradas de activos e permutas de acções entre sociedades de Estados-Membros diferentes e à transferência da sede de uma SE ou de uma SCE de um Estado-Membro para outro – JO L 310 de 25.11.2009.

Regulamento (CE) nº 1174/2009 da Comissão, de 30 de Novembro de 2009 – JO L 314 de 1.12.2009.

Código de Conduta revisto para a efectiva implementação da Convenção relativa à eliminação da dupla tributação em caso de correcção de lucros entre empresas associadas – JO C 322 de 30.12.2009.

2008

Comunicação da Comissão ao Conselho e ao Parlamento Europeu relativa a medidas para modificar o sistema do IVA com vista a combater a fraude – COM (2008) 109 final, de 22.2.2008.

Proposta de Regulamento do Conselho que altera o Regulamento (CE) nº 1798/2003 com vista a lutar contra a fraude fiscal ligada às operações intracomunitárias – COM (2008) 147 final, de 17.03.2008.

Relatório da Comissão ao Parlamento Europeu e ao Conselho – Protecção dos interesses financeiros das Comunidades.Luta contra a fraude.Relatório anual de 2007 – COM (2008) 475 final, de 22.7.2008.

Relatório da Comissão ao Conselho em conformidade com o artigo 18º da Di-

rectiva 2003/48/CE do Conselho relativa à tributação dos rendimentos da poupança sob a forma de juros – COM (2008) 552 final, de 15.09.2008.

Relatório da Comissão ao Parlamento Europeu: Avaliação final do programa Fiscalis 2003-2007 em conformidade com o artigo15º da Decisão nº 2235/2002/CE do Parlamento Europeu e do Conselho, de 3 de Dezembro de 2002, relativa à adopção de um programa comunitário destinado a melhorar o funcionamento dos sistemas de tributação no Mercado Interno – COM (2008) 623 final, de 09.10.2008.

Proposta de Directiva do Conselho que altera a Directiva 2003/48/CE do Conselho relativa à tributação dos rendimentos da poupança sob a forma de juros – COM (2008) 727 final, de 13.11.2008.

Comunicação da Comissão ao Conselho, ao Parlamento Europeu e ao Comité Económico e Social Europeu: Estratégia coordenada destinada a melhorar a luta contra a fraude no IVA na União Europeia – COM (2008) 807 final, de 01.12.2008.

2007

Comunicação da Comissão ao Conselho, ao Parlamento Europeu e ao Comité Económico e Social Europeu relativa às actividades do Fórum Conjunto da UE sobre Preços de Transferência no domínio da prevenção e resolução de litígios e às directrizes para os acordos prévios em matéria de preços de transferência na UE – COM (2007) 71 final, de 26.2.2007.

Comunicação da Comissão ao Conselho, ao Parlamento Europeu e ao Comité Económico e Social Europeu: Execução do programa comunitário para o aumento do crescimento e do emprego e o reforço da competitividade das empresas da UE: Progressos realizados em 2006 e próximas etapas para uma proposta relativa à matéria colectável comum consolidada do Imposto sobre as Sociedades (MCCCIS) – COM (2007) 223 final, de 02.5.2007.

Comunicação da Comissão ao Conselho sobre determinados elementos fundamentais que contribuem para o estabelecimento da estratégia contra a fraude em matéria de IVA a nível da UE – COM (2007) 758 final, de 23.11.2007.

Regulamentos (CE) 1437/2007, de 26 de Novembro de 2007 – JO L 322 de 7.12.2007.

Decisão nº 1482/2007/CE do Parlamento Europeu e do Conselho, de 11 de Dezembro de 2007, que cria um programa comunitário destinado a melhorar o funcionamento dos sistemas de tributação no Mercado Interno (Programa Fiscalis 2013) e que revoga a Decisão nº 2235/2002/CE – JO L 330, de 15.12.2007.

2006

Relatório da Comissão ao Conselho e ao Parlamento Europeu sobre a utilização das disposições relativas à assistência mútua em matéria de cobrança de créditos respeitantes a certas quotizações, direitos, impostos e outras medidas – COM (2006) 43 final, de 08.2.2006.

Comunicação da Comissão ao Conselho, ao Parlamento Europeu e ao Comité Económico e Social Europeu: Execução do programa comunitário de Lisboa: Progressos realizados e acção futura para uma matéria colectável comum consolidada do Imposto sobre as Sociedades (MCCCIS) – COM (2006) 157 final, de 05.04.2006.

Proposta de Decisão do Parlamento Europeu e do Conselho que cria um programa comunitário destinado a melhorar o funcionamento dos sistemas de tributação no Mercado Interno (Programa Fiscalis 2013) – COM (2006) 202 Final, de 17.05.2006.

Comunicação da Comissão ao Conselho, ao Parlamento Europeu e ao Comité Económico e Social Europeu sobre a necessidade de desenvolver uma estratégia coordenada tendo em vista melhorar a luta contra a fraude fiscal – COM (2006) 254 final, de 31.5.2006.

Resolução do Conselho e dos Representantes dos Governos dos Estados-Membros, reunidos no Conselho, de 27 de Junho de 2006 relativa a um Código de Conduta relativo à documentação dos preços de transferência para as empresas associadas na União Europeia (DPT UE) – JO C 176, de 28.07.2006.

Código de conduta para a efectiva aplicação da Convenção relativa à eliminação da dupla tributação em caso de correcção de lucros entre empresas associadas – JO C 176, de 28.7.2006.

Comunicação da Comissão ao Conselho, ao Parlamento Europeu e ao Comité Económico e Social Europeu de 19 de Dezembro de 2006 – Tributação à saída e necessidade de coordenação das políticas fiscais dos Estados-Membros – COM (2006) 825 final, de 19.12.2006.

Comunicação da Comissão ao Conselho, ao Parlamento Europeu e ao Comité Económico e Social Europeu: O tratamento fiscal dos prejuízos num contexto transfronteiras – COM (2006) 824 final, de 19.12.2006.

Comunicação da Comissão ao Conselho, ao parlamento Europeu e ao Comité

Económico e Social Europeu: Coordenar os sistemas de fiscalidade directa dos Estados-Membros no Mercado Interno – COM (2006) 823 final, de 19.12.2006.

2005

Comunicação da Comissão ao Conselho e ao Parlamento Europeu: A contribuição das políticas fiscais e aduaneiras para a Estratégia de Lisboa – COM (2005) 532 final, de 25.10.2005.

Comunicação da Comissão ao Conselho, ao Parlamento Europeu e ao Comité Económico e Social Europeu sobre os trabalhos efectuados pelo Fórum Conjunto da UE em matéria de Preços de Transferência no domínio da documentação dos preços de transferência para as empresas associadas na UE. Proposta de Código de Conduta relativo à documentação dos preços de transferência para as empresas associadas na UE – COM (2005) 543 final, de 07.11.2005.

Comunicação da Comissão ao Conselho, ao Parlamento Europeu e ao Comité Económico e Social Europeu – Luta contra os obstáculos causados pelo Imposto sobre as Sociedades que afectam as pequenas e médias empresas no Mercado Interno – Descrição de um eventual regime piloto de tributação de acordo com as regras do Estado de residência – COM (2005) 702 final, de 23.12.2005.

2004

Comunicação da Comissão: Construir o nosso futuro em comum, desafios políticos e recursos orçamentais da União alargada, 2007-2013 – COM (2004) 101 final, de 10.2.2004.

Relatório da Comissão ao Conselho e ao Parlamento Europeu sobre o recurso aos instrumentos de cooperação administrativa na luta contra a fraude no IVA – COM (2004) 260 final, de 16.4.2004.

Comunicação da Comissão ao Conselho, ao Parlamento Europeu e ao Comité Económico e Social Europeu, de 23 de Abril de 2004, sobre os trabalhos efectuados pelo fórum conjunto da UE em matéria de preços de transferência no domínio da tributação das empresas entre Outubro de 2002 e Dezembro de 2003 e da proposta para um Código de Conduta para a efectiva implementação da Convenção de Arbitragem (90/436/CEE) – COM (2004) 297 final, de 23.4.2004.

Comunicação da Comissão, de 14 de Julho de 2004, "Perspectivas financeiras 2007-2013" – COM (2004) 487, de 14.7.2004.

Relatório da Comissão sobre o funcionamento do sistema de recursos próprios – COM (2004) 505 final, de 14.7.2004

Proposta de Regulamento do Conselho que altera o Regulamento (CE) nº 1798/2003 no que respeita à introdução de modalidades de cooperação administrativa no âmbito do regime de balcão único e do procedimento de reembolso do Imposto sobre o Valor Acrescentado – COM (2004) 728 final, de 29.10.2004.

Regulamento (CE) nº 1925/2004 da Comissão, de 29 de Outubro de 2004, que estabelece as normas de execução de certas disposições do Regulamento (CE) nº 1798/2003 do Conselho relativo à cooperação administrativa no domínio do Imposto sobre o Valor Acrescentado – J O L 331, de 5.11.2004.

Regulamento (CE) 2073/2004, de 16 de Novembro de 2004, relativo à cooperação administrativa no domínio dos

Impostos Especiais de Consumo – JO L 359, de 4.12.2004.

Directiva 2004/106/CE do Conselho, de 16 de Novembro de 2004, que altera a Directiva 77/799/CEE do Conselho relativa à assistência mútua das autoridades competentes dos Estados-Membros no domínio dos impostos directos, de certos impostos especiais de consumo e dos Impostos sobre os Prémios de Seguro e a Directiva 92/12//CEE do Conselho relativa ao regime geral, à detenção, à circulação e aos controlos dos produtos sujeitos a Impostos Especiais de Consumo – JO L 359, de 4.12.2004.

2003

Parecer do Comité Económico e Social Europeu sobre a Proposta de Directiva do Parlamento Europeu e do Conselho que altera a Directiva 77/799/CEE do Conselho relativa à assistência mútua das autoridades competentes dos Estados-Membros no domínio dos impostos directos e indirectos – COM (2003) 446 final/2, de 31.7.2003.

Directiva 2003/93/CE do Conselho, de 7 de Outubro de 2003, que altera a Directiva 77/799/CEE do Conselho relativa à assistência mútua das autoridades competentes dos Estados-Membros no domínio dos impostos directos e indirectos – JO L 264 de 15.10.2003.

Regulamento (CE) nº 1798/2003, do Conselho, de 7 de Outubro de 2003, relativo à cooperação administrativa no domínio do Imposto sobre o Valor Acrescentado e que revoga o Regulamento (CEE) nº 218/92 – JO L 264 de 15.10.2003.

Comunicação da Comissão ao Conselho, ao Parlamento Europeu e ao Comité Económico e Social Europeu: Um Mercado Interno sem obstáculos em matéria de fiscalidade das empresas – realizações, iniciativas em curso e desafios a ultrapassar – COM (2003) 726 final, de 24.11.2003.

Proposta de Regulamento do Parlamento Europeu e do Conselho relativo à cooperação administrativa no domínio dos Impostos Especiais de Consumo. Proposta de Directiva do Parlamento Europeu e do Conselho que altera a Directiva 77/799/CEE do Conselho relativa à assistência mútua das autoridades competentes dos Estados-Membros no domínio dos impostos directos, de certos Impostos Especiais de Consumo e dos Impostos sobre os Prémios de Seguro e a Directiva 92/12/CEE do Conselho relativa ao regime geral, à detenção, à circulação e aos controlos dos produtos sujeitos a Impostos Especiais de Consumo – COM (2003) 797 final, de 18.12.2003.

Comunicação da Comissão ao Conselho, ao Parlamento Europeu e ao Comité Económico e Social Europeu: Tributação dos dividendos das pessoas singulares no Mercado Interno – COM (2003) 810 final, de 19.12.2003.

Proposta de Directiva do Conselho que altera a Directiva 2003/49/CE relativa a um regime fiscal comum aplicável aos pagamentos de juros e royalties efectuados entre sociedades associadas de Estados-Membros diferentes – COM (2003) 841, de 30.12.2003.

2002

Decisão 2235/2002/CE do Parlamento Europeu e do Conselho, de 3 de Dezembro de 2002, relativa à adopção de um programa comunitário destinado a melhorar o funcionamento dos sistemas de tributação no Mercado Interno

(Programa Fiscalis 2003-2007) – JO L 341, de 17.12.2002.

2001

Proposta de Directiva do Parlamento Europeu e do Conselho que altera a Directiva 77/799/CEE do Conselho relativa à assistência mútua das autoridades competentes dos Estados-Membros no domínio dos Impostos directos e indirectos. Proposta de Regulamento do Parlamento Europeu e do Conselho relativo à cooperação administrativa no domínio do Imposto sobre o Valor Acrescentado – COM/2001/0294, de 18.6.2001.

Comunicação da Comissão ao Conselho, ao parlamento Europeu e ao Comité Económico e Social Europeu Para um Mercado interno sem obstáculos fiscais. Estratégia destinada a proporcionar às empresas uma matéria colectável consolidada do Imposto sobre as Sociedades para as suas actividades a nível da UE – COM (2001) 582 final, de 23.10.2001.

1999

Decisão do Conselho, de 28 de Junho de 1999, que fixa as regras de exercício das competências de execução atribuídas à Comissão – JO L 184, de 17.7.1999.

1998

Regulamento (CE) nº 696/98, da Comissão, de 27 de Março de 1998, que aplica o Regulamento (CE) nº 515/97 do Conselho relativo à assistência mútua entre as autoridades administrativas dos Estados-membros e à colaboração entre estas e a Comissão, tendo em vista assegurar a correcta aplicação das regulamentações aduaneira e agrícola – JO L 96, de 28.3.1998.

1997

Regulamento (CE) nº 515/97, do Conselho relativo à assistência mútua entre as autoridades administrativas dos Estados-membros e à colaboração entre estas e a Comissão, tendo em vista assegurar a correcta aplicação das regulamentações aduaneira e agrícola – JO L 82, de 22.3.1997.

1996

Tributação na União Europeia. Relatório sobre o desenvolvimento dos sistemas fiscais – COM (96) 546 final, de 22.10.1996.

1992

Comunicação da Comissão ao Conselho e ao Parlamento Europeu em consequência das conclusões do Comité Ruding indicando as Directrizes sobre a tributação das empresas conexa com o maior desenvolvimento do Mercado Interno. Conclusões e Recomendações do Comité de Peritos em tributação das empresas, comummente chamado Comité Ruding (Documento de trabalho da Comissão Europeia) – SEC (92) 1118 final, de 26 de Junho de 1992.

1990

Convenção 90/436/CEE relativa à eliminação da dupla tributação no caso de correcção dos lucros provenientes de operações entre empresas associadas – JO L 225 de 20.08.1990.

1977

Directiva 77/799/CEE do Conselho, de 19 de Dezembro de 1977, relativa à assistência mútua das autoridades competentes dos Estados-Membros no domínio dos impostos directos e dos Impostos sobre os Prémios de Seguros – JO L 336, de 27.12.1977.

ANEXO DOCUMENTAL

Documentos da OCDE
2011
Lutter Contre la Planification Fiscale Agressive par l'Amélioration de la Transparence et de la Communication de Renseignements.

Rapport sur les initiatives en matière de communication de renseignements. Centre de politique et d' administrations fiscales.

2010
2010 version of the Transfer Pricing Guidelines for Multinational Enterprises and Tax Administrations.

2010 Update to the Model Tax Convention.

2010 Report on the Attribuition of Profits to Permanent Establishments.

Transfer Pricing Legislation – A suggested Approach (November 2010). Secretariado da OCDE.

Transfer Pricing Methods (Julho de 2010).

Notas explicativas sobre preços de transferência, redigidas pelo Secretariado, com o objectivo de fornecerem uma primeira aproximação a alguns aspectos chave cobertos pelas *Guides Lines* em sede de Preços de Transferência.

Protocolo adicional à Convenção sobre Assistência Mútua da OCDE e do Conselho da Europa em matérias fiscais.

Tax Co-operation 2010: Towards a Level Playing Field Assessment by the Global Forum on Transparency and Exchange of Information.

Implementing the Tax Transparency Standards: A Handbook for Assessors and Jurisdictions.

2009
Tax Co-operation 2009: Towards a Level Playing Field 2009 Assessment by the Global Forum on Transparency and Exchange of Information.

2008
Tax Co-operation: Towards a Level Playing Field – 2008 Assessment by the Global Forum on Taxation.

The Convention on Mutual Administrative Assistance in Tax Matters – Twentieth Anniversary Edition.

2007
Improving Access to bank information for tax purposes: The 2007 Progress Report, OECD, 2007.

Tax Co-operation: Towards a Level Playing Field 2007 Assessment by the Global Forum on Taxation.

2006
Manual para aplicação das disposições da Troca de Informações em Matéria Tributária, da OCDE, de 23 de Janeiro de 2006.

2005
Enabling Effective Exchange of Information: Availability and Reliability Standard. Joint Ad Hoc Group on Accounts (JAHGA).

2004
The OECD's Project on Harmful Tax Practices: The 2004 Progress Report.

2003
Improving Access to bank information for tax purposes: The 2003 Progress Report, OECD, 2003.

2002
Acordo de Troca de Informação em Matéria Tributária, OCDE, Paris, 2002.

2001
2001: The OECD's Project on Harmful Tax Practices Progress Report.

2000
Towards global Tax-Cooperation: Progress in Identifying and Eliminating Harmful Tax Practices (2000).
Improving Access to bank information for tax purposes, OECD, 2000.

1998
Harmful Tax Competition: An emerging global issue, OCDE, Paris, 1998.

1997
SMF: standard magnetic format, Conselho da OCDE; C (97) 30/FINAL.

1995
Transfer Pricing Guidelines for Multinational Enterprises and Tax Administrations, OECD (1995).

1994
Tax Information Exchange between OECD Member Countries: A survey of Current Practices, OCDE, Paris, 1994.

1992
Recomendação C (92) 81 do Conselho da OCDE de 23 de Julho de 1992.

1988
Convenção sobre Assistência Mútua da OCDE e do Conselho da Europa em matérias fiscais.

1987
International Tax Avoidance and Evasion through the Use of Tax Havens.
OECD Manual on the Implementation of Exchange of Information for Tax Purposes – Module on Automatic (or Routine) Exchange of Information.

Documentos da ONU
1997
United Nations International Law on the Eve of the Twenty-first Century, Views from the International Law Commission, Le Droit International à l'Aube du XXe. Siécle, Réflexions de Codificateurs, United Nations, New York, 1997

1951
Conventions fiscales internationales. Volume III. Répertoire mondial des Conventions fiscales internationales, Ed. Publications des Nations Unies.

Documentos do CIAT
Manual CIAT para a implantação e prática do Intercâmbio de Informações, de 2006.

ÍNDICE

NOTA PRÉVIA	5
PRÓLOGO	7
ABREVIATURAS	11

CAPÍTULO I. INTRODUÇÃO — 15

CAPÍTULO II. A COOPERAÇÃO INTERNACIONAL EM MATÉRIA
TRIBUTÁRIA: UM CONTEXTO ECONÓMICO,
SOCIAL E JURÍDICO — 19

1. A globalização e os seus efeitos em matéria tributária. A concorrência
fiscal prejudicial — 19

2. As medidas de combate à concorrência fiscal prejudicial e outras práticas
fiscais abusivas. A cooperação internacional em matéria tributária — 33

2.1. Problemáticas. A cooperação como solução — 33

2.2. As medidas unilateralmente tomadas pelos Estados — 35

2.3. As medidas bilaterais. Tratados e respectivas cláusulas antiabuso,
proibitivas do *treaty shopping* e preventivas da dupla não tributação.
A cláusula sobre intercâmbio de informação do artigo 26º da Convenção
Modelo da OCDE — 38

2.4. As medidas multilaterais. Os esforços para a cooperação dos paraísos
fiscais e para a eliminação das práticas fiscais prejudiciais dos países.
Os acordos específicos para o intercâmbio de informações — 41

3. A cooperação tributária na União Europeia — 45

3.1. Como instrumento de luta contra a fraude em geral e de protecção
dos interesses financeiros comunitários — 46

3.2. Como condição necessária para a subsistência do modelo actual
de tributação — 60

3.3. Como factor de eliminação dos obstáculos fiscais à realização
do Mercado Interno — 77

ÍNDICE

CAPÍTULO III. A COOPERAÇÃO EM MATÉRIA TRIBUTÁRIA.
COOPERAÇÃO, COLABORAÇÃO.
COORDENAÇÃO E HARMONIZAÇÃO.
A COOPERAÇÃO ADMINISTRATIVA E O INTERCÂMBIO
DE INFORMAÇÃO 85

1. Considerações gerais sobre cooperação, colaboração, coordenação
   e harmonização 85
2. Harmonização fiscal e coordenação fiscal na União europeia 94
3. Cooperação administrativa em matéria tributária. Intercâmbio
   de informação, assistência na cobrança e outros aspectos
   de cooperação administrativa e assistência mútua em matéria
   fiscal 105
4. O intercâmbio de informação e assistência mútua como instrumento
   da obrigação de colaboração e cooperação dos Estados-Membros ... 119

CAPÍTULO IV. O INTERCÂMBIO COMUNITÁRIO DE INFORMAÇÃO
E O SEU REGIME JURÍDICO 127

1. Princípios que regem o intercâmbio de informação 127
2. Fontes, objectivo e funções do intercâmbio de informação 132
2.1. Fontes normativas. O Direito Comunitário 132
2.2. Objectivo e funções 140
   2.2.1. No âmbito internacional 140
   2.2.2. A doutrina do Tribunal de Justiça da União Europeia acerca
          do objectivo da Directiva 77/799/CEE 145
3. Elementos definidores do intercâmbio de informação 159
3.1. Âmbito subjectivo 159
3.2. Âmbito objectivo 163
3.3. Âmbito temporal 170
3.4. Limites 174
4. Categorias de intercâmbio de informação 194
4.1. Segundo o tipo de iniciativa 195
   4.1.1. Intercâmbio de informação a pedido e pedido de notificação
          administrativa 195
   4.1.2. Intercâmbio automático de informação 200
   4.1.3. Intercâmbio espontâneo de informação 203
4.2. Segundo o procedimento de captação da informação 207
   4.2.1. Pela Administração tributária requerida 207
   4.2.2. Com a presença de funcionários de um Estado-Membro
          no território de outro 207
   4.2.3. Através da realização de controlos fiscais simultâneos 210

ÍNDICE

4.3. Segundo o alcance subjectivo da informação requerida — 212
    4.3.1. Pedidos individuais — 212
    4.3.2. Intercâmbios de informação sectoriais — 212

CAPÍTULO V. OS DEVERES DO PODER EXECUTIVO DERIVADOS
             DA OBRIGAÇÃO DE INTERCÂMBIO DE INFORMAÇÃO
             E OS PROBLEMAS ASSOCIADOS À PRATICA
             ADMINISTRATIVA — 215
1. A obrigação intracomunitária de intercâmbio de informação e a sua
   realidade actual — 215
2. Dificuldades derivadas da regulação contida no marco normativo
   comunitário — 222
2.1. A transposição das Directivas para o ordenamento nacional — 222
2.2. A normativa comunitária e a sua aplicação pelas Administrações
   tributárias nacionais — 232
    2.2.1. Problemática geral — 232
    2.2.2. Aspectos específicos de cada um dos tipos de intercâmbio
        de informação — 235
    2.2.3. Problemáticas associadas aos procedimentos de captação
        da informação — 249
3. A implementação administrativa do intercâmbio de informação
   e a sua problemática actual — 253
3.1. A estrutura administrativa comunitária para a gestão do intercâmbio
   de informação — 253
3.2. Os problemas da prática administrativa interna — 257
    3.2.1 Obstáculos de carácter geral — 257
    3.2.2. Problemas respeitantes às distintas formas de intercâmbio
        de informação — 261

CAPÍTULO VI. O FUNDAMENTO CONSTITUCIONAL DA OBRIGAÇÃO
             DE INTERCÂMBIO DE INFORMAÇÃO NA UNIÃO
             EUROPEIA: O PRINCÍPIO DE COOPERAÇÃO LEAL — 273
1. Considerações preliminares — 273
2. O princípio da cooperação leal no tratado da União Europeia
   e os seus antecedentes — 273
2.1. O artigo 4º do Tratado da União Europeia — 273
2.2. Os antecedentes comunitários do artigo 4º do Tratado da União
   Europeia — 275
2.3. Os antecedentes não comunitários do artigo 4º do Tratado da União
   Europeia — 280

ÍNDICE

3. Significados do princípio de cooperação leal: as obrigações
de cooperação, de lealdade, de solidariedade e respeito e de assistência
mútua. Uma abordagem doutrinal e jurisprudencial do TJUE — 282
4. Âmbito de aplicação do princípio da cooperação leal — 309
4.1. Âmbito objectivo: o cumprimento das missões decorrentes
dos Tratados — 309
4.2. Âmbito subjectivo: Instituições comunitárias e Estados-Membros — 320
4.2.1. Os deveres de cooperação leal das Instituições comunitárias
com os Estados-Membros e entre si — 320
4.2.2. Os deveres de cooperação leal dos Estados-Membros:
com as Instituições comunitárias e entre si — 324
5. O princípio de cooperação leal como fundamento da obrigação
de intercâmbio de informação — 332
5.1. A cooperação administrativa no marco do princípio da cooperação leal — 332
5.2. A cooperação administrativa no âmbito fiscal — 337
5.3. O intercâmbio de informação tributária como obrigação derivada
do princípio de cooperação leal — 342

CAPÍTULO VII. CONCLUSÕES — 349

BIBLIOGRAFIA — 359

ANEXO JURISPRUDENCIAL — 373

ANEXO DOCUMENTAL — 377